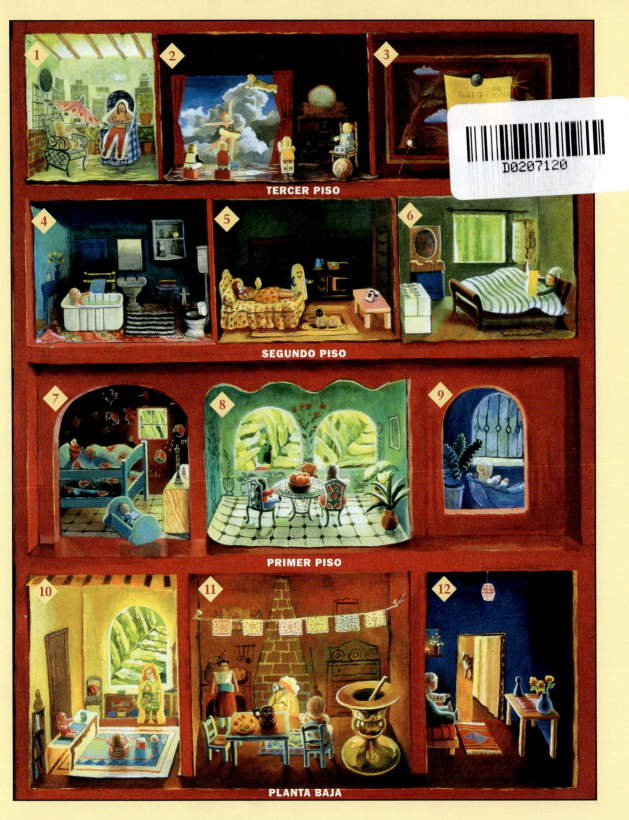

Las actividades que corresponden a esta imagen se encuentran en las páginas 12, 84, 115, 154, 218, 261, 317, 359, 408, 460.

Nuevos horizontes

Lengua, conversación y literatura

Nuevos horizontes

Lengua, conversación y literatura

Graciela Ascarrunz Gilman (late)

University of California, Santa Barbara

Nancy Levy-Konesky

Yale College
Teacher Preparation Program

Karen Daggett

Boston College

WILEY

John Wiley & Sons, Inc.

Nuevos horizontes
Lengua, conversación y literatura
Gilman (late); Levy-Konesky; Daggett

Publisher:	Jay O'Callaghan
Acquisitions Editor:	Helene Greenwood
Developmental Editor:	Elena Herrero
Editorial Development:	Cathy Shapiro; Harriet Dishman, Elm Street Publications
Senior Production Editor:	William A. Murray
Marketing Manager:	Jeffrey Rucker
Senior Designer:	Maddy Lesure
Senior Illustration Editor:	Sandra Rigby
Associate Photo Editor:	Elle Wagner
Media Editor:	Sasha Giacoppo

This book was set in Trump Mediaeval 10/12
by Pre-Press Company, Inc. and printed and bound by Von Hoffmann Press, Inc.
The cover was printed by Von Hoffmann Press, Inc.

Cover illustration:
Elena Climent, *Dollhouse in Red Cupboard*, 2002.
Oil on canvas, 27 9/16 × 36 1/4 inches. Photo provided courtesy of
Mary-Anne Martin/Fine Art, New York. Reproduced with permission.

This book is printed on acid free paper. ∞

To order books or for customer service please, call 1-800-CALL WILEY (225-5945).

Library of Congress Cataloging-in-Publication Data:

Gilman, Graciela Ascarrunz de.
    Nuevos horizontes : lengua, conversación y literatura / Graciela Ascarrunz Gilman,
Nancy Levy-Konesky, Karen Daggett.
      p.cm.

    Rev. ed. of: Horizontes : repaso y conversación. 5. ed. c2005.
    Includes bibliographical references and index.

    ISBN-13: 978-0-471-47597-2 (pbk.)
    ISBN-10: 0-471-47597-1 (pbk.)
    1.Spanish language--Grammar. 2.Spanish language--Textbooks for foreign
speakers--English. I.Levy-Konesky, Nancy, 1950- II. Daggett, Karen, 1953- III. Title.

PC4112.G49 2005
468.2'421--dc22

                             2005048625

Printed in the United States of America

10 9 8 7 6 5 4 3 2 1

Contenido

LECCIÓN 4   *¡Qué grande es tu familia!*   *150*

LECCIÓN 7   *¿Conoces mi ciudad?*   290

LECCIÓN 10

¿Cómo consigo la información?   *432*

Preface

The ***Nuevos horizontes*** program is designed to help you move from elementary to advanced Spanish at the college level. This grammar, culture, and literary text, together with a workbook/laboratory manual, an audio program, a DVD program, and a web site, create a new and exciting learning environment for you to explore. ***Nuevos horizontes*** includes a complete and thorough review of what you learned in beginning Spanish-language classes, as well as carefully chosen new materials that you will find engaging and effective.

As the title suggests, ***Nuevos horizontes*** is created to lead you to *new* places, where you can realistically expect to use the grammar structures and vocabulary that you have already learned. Here, in real-life contexts, you will continue to develop the ability to listen, read, write, speak in Spanish, and to interact with and appreciate the vast and diverse Hispanic world.

The following are hallmarks of the *Nuevos horizontes* program:

- The thorough grammar explanations are presented entirely in Spanish and in interesting cultural contexts. An all-Spanish text is a natural complement to a classroom in which only Spanish is spoken. You are freed from dependence upon English and are encouraged to quickly and effectively acquire Spanish language proficiency. We believe that this is a direct and natural route to Spanish language mastery and understanding of the Hispanic cultures. The clarity of the presentations allows you to study the structures independently before coming to class, thus allowing more time *in* class for clarification, practice, communication, and interaction.
- Culture is a living, evolving phenomenon rooted in history and shaped by experience. With this in mind, we have provided a fully integrated cultural component. Readings of varying lengths offer timeless historical, geographical and literary information. Still others present current events and the latest trends in Spanish-speaking countries. Photographs, maps, and a variety of authentic visual materials are used actively to enhance the presentation and assimilation of new information. Each of the ten chapters highlights a particular theme and a specific country. It is our hope that you will gain an extensive understanding and appreciation of the uniqueness and the diversity of the Hispanic world.
- The fascinating mix of readings in the ***Nuevos horizontes*** literary strand will help you further appreciate the cultures of the people who live the language. A unique part of these cultures is expressed through literature, and this textbook will introduce you to what we think is an engaging

sample of the way in which native speakers of Spanish use their language to record the way they think, act, and feel in a variety of situations. A thoughtful compilation of vocabulary coupled with pre- and post-reading exercises and activities will help you reach your goal of understanding and enjoying these literary texts. As a result, you will be prepared and enriched, and you will want to express your reactions to these literary selections in your increasingly fluent Spanish.

- Thematic and functional vocabulary presentations are supported by a variety of exercises and activities that facilitate the development of communication skills.
- Task-based communicative exercises and activities, and suggestions for involvement in Latino communities both real and virtual, help you to actualize new grammar and vocabulary and to perform using authentic Spanish. Graded activities guide you logically as you develop a broader base of Spanish language skills and become a confident communicator and cultural connoisseur.
- Writing activities provide an integrative format that helps you express yourself correctly and creatively in writing.
- Use of authentic reading materials exposes you to real language and prepares you to read at higher levels.

We have written **Nuevos horizontes** entirely in Spanish to accelerate your Spanish language acquisition. Please don't feel intimidated by this approach. We are convinced that your freedom from dependence on English will give you an unexpected confidence in your ability to communicate in Spanish and a stronger command of the language. You will find that the clear and concise presentation of grammar structures will effectively eliminate your need for English explanations. The **Nuevos horizontes** program is designed to give you opportunities to use the language in contexts that are as close as possible to what you would encounter in a Spanish-speaking community.

The program encourages you to take personal responsibility for your learning. Make a genuine attempt to absorb the grammatical concepts on your own. Take advantage of class time to ask questions, to understand what your instructor is saying, and to communicate with your classmates and participate in activities that, we believe, will inspire you to share your thoughts and ideas.

TEXT ORGANIZATION

In **Nuevos horizontes**, you will find the material divided into ten lessons, each of which is organized as follows:

Enfoque

This section highlights a specific geographic region of the Hispanic world and serves as an invitation to visit. This lesson opener contains a map of the area and colorful photographs that reflect the theme of the lesson as well as the target country. A series of warm-up questions immediately involves you in discussions related to the lesson theme.

Vocabulario para la comunicación

The drawing at the beginning of each lesson depicts a scene from everyday life (such as **Primer día de clase, En el aeropuerto, Los quehaceres domésticos, En la sala de espera).** It is followed by a list of high-frequency vocabulary words to help you concentrate immediately on speaking. We won't overload you with new words and we will make sure the vocabulary we give you is appropriate for conversation about the topic presented in the corresponding chapter. A series of exercises follow, to offer you ample opportunity to master your new words and phrases.

Perspectivas

Reading—and understanding what you read—is important in order to learn to speak fluently. For **Perspectivas** we have chosen topics with your interests in mind. You'll find they combine cultural, practical, and contemporary issues with aspects of Spanish and Latin American life. After these cultural readings we'll ask you some questions and invite you to find a partner for more extensive discussion.

Estructuras

Studying the grammar at home will pay off in class when you do the activities that are designed to help you put grammar concepts to practical use.

Reading selections help you see all-important grammar concepts employed in authentic material from newspapers, magazines, advertisements, and so forth. Here you will see "textbook Spanish" translated into daily interchanges among Spanish speakers. This is how verbs, pronouns, prepositions, and other grammatical items become genuine tools of communication. Grammatical presentations will give you concise explanations of several related points in the paragraphs you have read.

The **Práctica** exercises are based on real-life situations and contain a variety of formats. Some of these have specific answers; others are more open ended and call for your creative input. All are closely related to the lesson theme and geographic area. The idea is to give you repeated opportunities to practice the same vocabulary and grammar so that by the end of a lesson you can express yourself in certain contexts with natural confidence.

Más allá del aula

This section is a way to get you out into the community to practice your language skills with the more than forty million Spanish-speaking people in the United States. ¡Adelante!

¡Ojo con estas palabras!

This section urges you literally to keep a sharp eye out for tricky Spanish words whose meanings can fool the English speaker. Good Spanish speakers do not confuse **saber** and **conocer**, though both are literally translated as *to know* in English, and they will select automatically the correct way to say *to take*, choosing between **llevar** and **tomar**. They will not assume that **actualmente** means *actually*, but instead *presently*, *right now*. You should take this section seriously and commit these words and expressions to memory.

Ampliación, conversación y cultura

The activities in this section are designed to "put it all together" for you. You have a chance to practice in still more sophisticated exercises the vocabulary, grammatical, and cultural topics that you have been learning in progressive steps from the beginning of the lesson. As always, the emphasis is on oral practice in activities such as **Encuestas**, **Mesas redondas**, and **Minidramas**. We have found that students particularly like these activities because they bring out the actor—and the philosopher—who live in each of us.

The final **¿Qué sabe Ud. de... ?** readings provide more fascinating information about the culture and cuisine of the highlighted country.

Ampliación y lectura

In this section you will find authentic readings from or about the highlighted country. The first reading is by a noted author from the country; the second features an aspect of the country's culture or history. Vocabulary lists and activities will help you master the readings and get a revealing look at a country through the eyes of a native writer.

The final **Algo más sobre...** section provides a wealth of suggestions for investigating important aspects of the highlighted country.

Ampliación y composición: ¡Revise su ortografía!

This section provides basic spelling rules to help improve your writing skills in Spanish. While necessary to every student of Spanish, this section is particularly useful to native speakers or heritage language learners who have had little or no Spanish language instruction.

Enfoque

We like to talk about the art of writing at this stage. In assignments that may ask you to compose a letter, an opinion essay, or a detailed description, you are given an opportunity to say what you think and put your feelings into words, without the pressure of pronouncing words correctly or speaking off the top of you head. You can—and should—take the care of an artist with these creations, and polish them, revise them, and retouch them before handing them in.

The *Table of Contents* doesn't mention a section called **¡Que te diviertas!** That's because there isn't one. We are hoping that everything else mentioned there adds up to an enjoyable experience. It's a cliché to say that learning should be fun, but popular sayings have their origin in truth. That's the reality we had in mind when we created this learning program for Spanish students. We've demanded that you work hard at home and participate energetically in class precisely because we know that hard work nets results. If the product of your diligence in this instance is a vastly improved ability to communicate in the real world of Spanish, we know that you are going to be thrilled with yourself. **¡Buen viaje hacia nuevos horizontes en español!**

DEDICAMOS esta edición de *Nuevos horizontes* a todos aquellos, lectores y estudiantes, que continuamente se esfuerzan por mejorar su dominio del idioma español, enriqueciendo con ello su conocimiento de las culturas hispanas.

NRL-K
KMD

Acknowledgments

We are grateful to the many students and colleagues who have helped shape *Nuevos horizontes* with their helpful comments. We thank our publisher, Anne Smith, as well as Wiley Acquisitions Editor Helene Greenwood, for their support and encouragement of this project. We welcome Elena Herrero to the *Nuevos horizontes* team and appreciate her valuable contributions at the end stage of this project. Thank you to Elle Wagner for providing us with excellent photographs to accompany our text. We would also like to thank our developmental editor, Cathy Shapiro, for her valuable input in the form of creative ideas, keen editorial eye, insight, and efficient turnaround. The project also benefited from her humor and shared family stories.

We wish to express our appreciation to Harriet Dishman of Elm Street Publications who skillfully coordinated the program and seamlessly organized all aspects of the project. Her editorial expertise contributed greatly to the development of *Nuevos horizontes*. Once again it was a pleasure to work with her and her seasoned staff.

Thank you to Gordon Laws at Pre-Press Company, Inc. for his tenacity and dedication to the production of our work.

We wish to extend a very special thank you to an extraordinary artist and friend, Elena Climent, whose beautiful image once again graces the cover of *Nuevos horizontes*. Her piece entitled *Dollhouse in Red Cupboard*, 2002, invites students not only to interact with Elena's magnificent art, but also with her native language, her culture, and her imagination.

We gratefully acknowledge the contributions of the following reviewers for their many helpful suggestions for the *Nuevos horizontes* program:

Helena Alfonzo, Boston College
Timothy Altanero, Austin Community College
Peggy Blanton, University of Missouri–Kansas City
Melissa Bronfman, Albright College
Kellye Church, University of North Texas
William Cline, Eastern Michigan University
Simón Contreras, George Mason University
Rifka Cook, Northwestern University
Fabio Correa, Phoenix College
James Crapotta, Barnard College
Martha Drone, Johnson County Community College
Erica Fischer, University of Florida
Rosalinda Freeman, Arizona State University
Deborah Gill, Penn State University Dubois
Roberto Gomez, Bowling Green State University
Amarilis Hidalgo de Jesus
Patricia Houston, Pima County Community College
Phillip Johnson, Baylor University
Julie Kleinhans, Austin Community College

David Knutson, Xavier University
Christopher LaFond, Boston College
Irene Lee, George Mason University
Gillian Lord Ward, University of Florida
Frank Morris, University of Miami
Shani Moser, George Mason University
Edward Pasko
Lynn Pearson, Bowling Green State University
Matthieu Raillard, Lewis & Clark College
Kay Raymond, Sam Houston State University
Nohelia Rojas-Miesse, Miami University
Esperanza Roman-Mendoza, George Mason University
Stanley Rose, University of Montana Missoula
Maria Segura, Columbia University
Sixto E. Torres, Gainesville College
Maria-Encarna Turner, Wake Forest University
Sharon Watts, Creighton University

Nuevos horizontes

Lengua, conversación y literatura

LECCIÓN 1

¡Encantada de conocerlo!

¡CHARLEMOS!

- Consulte la lista de cortesías de la vida social en las páginas 4–6, use la forma familiar (tú) y preséntese a uno(a) de sus compañeros de clase.
- Ahora, hágale las siguientes preguntas. Trate de obtener la mayor información posible. Puede consultar el vocabulario.

1. ¿Cómo te llamas?
2. ¿Cuántos años tienes?
3. ¿Dónde vives y con quién?
4. ¿Qué estudias?
5. ¿Por qué estudias español (historia, matemáticas, literatura)?
6. ¿Te gusta estudiar en grupo o prefieres estudiar solo(a)? ¿Por qué?
7. ¿Qué haces en tu tiempo libre? ¿Practicas algún deporte? ¿Te gusta ir al cine? ¿A la playa? ¿De compras? ¿A conciertos? ¿Juegas videojuegos? ¿Lees las tiras cómicas? Explica.
8. ¿Qué tipo de música te gusta? ¿Cuál es tu libro (película, revista) favorito(a)?

ENFOQUE: CUBA Y LOS CUBANOS EN ESTADOS UNIDOS (EE.UU.)

▶ *La Habana, Cuba*

► *Unos amigos se saludan.*

Capital: *La Habana*
Moneda: *el peso*
Población: *11.3 millones de habitantes*

Algo sobre Cuba

¿Sabía Ud. que Cuba es del tamaño de Pennsylvania? Esta isla tropical, situada a unas 90 millas al este de Florida, tiene una población de aproximadamente 11.3 millones de habitantes. Cuba y Estados Unidos rompieron relaciones en 1963, durante la presidencia de John F. Kennedy. La presencia de misiles rusos en la isla de Cuba y la instauración del comunismo fueron dos de las causas que provocaron la política de embargo contra Cuba por parte de los Estados Unidos. El gobierno estadounidense no les permite a los ciudadanos viajar a Cuba sin permiso especial, otorgado por la Secretaria de Hacienda *(Treasury Department)*.

Cuba es la patria de numerosos artistas, músicos, literatos y grandes pensadores. Su tasa de analfabetismo es muy baja: el 97 por ciento de la población sabe leer y escribir.

VOCABULARIO PARA LA COMUNICACIÓN:
Cortesías de la vida social

PRIMER DÍA DE CLASE

▶ **Para presentar a alguien**

Quiero (Quisiera[1]) presentarle(te) a... *May I introduce you to . . .*
Me gustaría presentarle(te) a... *I would like you to meet . . .*
Mucho gusto en conocerlo(la) (conocerte). *Pleased to meet you.*

El gusto es mío. *The pleasure is mine.*
Encantado(a). *Pleased to meet you.*
Es un placer. *It is a pleasure.*
Fue un gusto conocerlo(la) (conocerte). *It has been nice meeting you.*

---

[1] **Quisiera** *(I would like to, May I?)* es una forma más cortés que **Quiero**.

▶ Para conocer a alguien

¿Cómo se (te) llama(s)? *What is your name?*
Me llamo… *My name is . . .*
¿Qué tal? *How are you?*

¿Cuál es su (tu) apellido? *What is your last name?*

▶ Al entrar en una oficina

¿Puedo pasar? *May I (come in)?*
Pase (Pasa), por favor. *Please, come in.*
¡Adelante! *Go ahead!*

¿En qué puedo servirle(te)? *What can I do for you?*
Siéntese (Siéntate), por favor. *Please, sit down.*

▶ Al recibir a alguien en su casa

¡Bienvenido(a)! *Welcome!*
¡Qué alegría { **verlo(la)** **(verte)!** } *How nice to see you!*

Tome(a) asiento, por favor. *Please, sit down.*
Está(s) en su (tu) casa. *Make yourself at home.*

▶ Para solicitar información

¿Cómo se dice… ? *How do you say . . . ?*
¿Qué quiere decir… ? *What does . . . mean?*
¿Qué es esto? *What is this?*
Dígame (Dime)… *Tell me . . .*
Para empezar… *To begin with . . .*
Me gustaría saber… *I would like to know . . .*
¿Podría² hablar con… ? *Could I speak to . . . ?*
Quisiera hacerle(te) una pregunta. *I would like to ask you a question.*
¿Me puede(s) (podría[s]) decir… ? *Can (Could) you tell me . . . ?*
explicar… ? *explain . . . ?*

Quisiera decirle(te) que… *I would like to tell you that . . .*
¿Qué le (te) parece si… ? *What do you think about . . . ?*
¿Qué opina(s) de… ? *What is your opinion about . . . ?*
¿Qué hace(s) en su (tu) tiempo libre? *What do you do in your free time?*

▶ Para solicitar (pedir) ayuda

Quisiera pedirle(te) un favor. *I would like to ask you a favor.*
¿Me puede(s) ayudar? *Can you help me?*
Mil gracias. *Thank you very much.*
Un millón de gracias. *Thanks a lot.*

Muchísimas gracias (por…). *Thanks a lot (for . . .).*
No hay de qué. **De nada.** } *You're welcome.*

▶ Para pedir disculpas o pedir permiso para pasar o interrumpir

Lo siento (mucho). *I am (very) sorry.*
¡Perdone! (¡Perdona!) **¡Disculpe! (¡Disculpa!)** } *Excuse me.*

Con permiso. *Excuse me (when passing through a crowd).*

▶ Para despedirse

Adiós. *Good-bye*
Cuídese (Cuídate). *Take care.*
Hasta luego. *See you later.*

Hasta la vista. *So long.*
Hasta pronto. *See you soon.*

---

² **¿Podría… ?** *(Could I . . . ?)* es una forma de cortesía como **Quisiera.**

¡No me diga(s)! *You don't say!*

¡Claro que sí!
¡Cómo no!
¡Pero claro! } *Of course!*
¡Por supuesto!
¡Desde luego!

¡Estupendo! ¡Magnífico! *Wonderful! Magnificent!*

¡Súper! ¡Fantástico! *Super! Fantastic!*

¡Qué sorpresa (verte por aquí)! *What a surprise (to see you around here)!*

¡Qué bien! *Fine!*

¡Vale!
¡De acuerdo! } *O.K.!*

¡Qué lástima!
¡Qué pena! } *What a pity!*

¡Qué (mala) suerte! *What (bad) luck!*

¡No lo puedo creer! *I can't believe it!*

¡Ya era hora! *It was about time!*

¡Ni hablar!
¡Qué va! } *No way!*

PRÁCTICA

A. Una situación incómoda. Las siguientes oraciones describen una pequeña situación. Consulte la sección "Algunas exclamaciones" en la sección de vocabulario y responda a cada oración con una exclamación apropiada.

1. Una amiga que Ud. no ha visto en mucho tiempo lo (la) llamó por teléfono. Ud. dijo…

2. Ella le preguntó si podía usar su calculadora. Ud. aceptó y contestó…

3. Ella dijo…

4. Le dijo que le devolvería su calculadora en dos horas. Ud. respondió…

5. ¡Tardó dos semanas en devolvérsela! Ud. comentó…

6. Ese mismo día ella le preguntó si podía usar su diccionario. Ud. le dijo…

B. Mucho gusto. Su padre, que sabe hablar español, está de visita y Ud. quiere presentárselo a su profesor de español. Complete el párrafo con las expresiones de cortesía apropiadas.

> **Ud. está en la oficina de su profesor y acaba de presentarle a su padre, Roberto Echeverría. El profesor responde…**

Mucho gusto en _____, señor Echeverría, y _____ a nuestra universidad. _____ por favor y _____ asiento. _____ saber qué _____ del campus pero tengo una reunión en cinco minutos. _____ mucho. Fue _____ conocerlo, y _____ la vista.

C. ¿Salimos a divertirnos? Complete el diálogo con un(a) compañero(a) de clase. Practíquenlo y represéntelo delante de la clase.

—¡Hola! ¿Qué tal?
—
—¿Cómo te llamas?
—
—¿Qué estudias?
—
—¿De dónde eres?
—
—¿Cuánto tiempo llevas aquí?
—

—Me gustaría salir esta noche. Oye, ¿qué te parece si salimos juntos?

—

—¿Conoces alguna discoteca o algún lugar para divertirse?

—

—¿A qué hora quieres que pase a buscarte?

—

—Entonces, hasta más tarde.

D. Tengo que hablar con mi profesor. Su profesor(a) va a leer una serie de preguntas y comentarios. Escuche e indique la respuesta correcta.

1. ¡Adelante! / ¡Disculpe!
2. ¡Ni hablar! / ¡Claro que sí!
3. Encantado. / De acuerdo.
4. ¡Qué va! / Lo siento.
5. Cuídese. / ¡Perdone!

E. Primer día de clase. Las clases comienzan hoy y todos desean hacer nuevas amistades o encontrarse con sus compañeros del año anterior. Con un(a) compañero(a) de clase, observen el dibujo en la página 4, consulten el **Vocabulario para la comunicación** y hagan las actividades oralmente o por escrito.

1. Sustituyan los minidiálogos en el dibujo con diálogos originales. Usen expresiones de la lista para inventar situaciones nuevas.
2. Describan:
   a. el lugar y el ambiente en general
   b. el número de estudiantes
   c. el aspecto físico y las expresiones de la cara de cada estudiante
   d. la ropa que llevan
3. Contesten las siguientes preguntas.
   a. ¿Qué profesión tiene el muchacho del diálogo A? ¿Qué hace en su tiempo libre? Él le hace tres preguntas más a la muchacha. Usen la imaginación y las expresiones de la sección "Para solicitar información". Escriban las preguntas.
   b. ¿Qué otra pregunta quisiera hacer el joven del diálogo C?
   c. ¿Los estudiantes del diálogo B acaban de conocerse o son amigos del año anterior? Explique. ¿Qué más quisiera decirle el joven a la muchacha?

PERSPECTIVAS

PREPARATIVOS

1. Lea la sección **¿Sabía Ud. que... ?**
2. Mire las palabras interrogativas que están en negrita en el diálogo, **"Nuevas amistades".** ¿Qué significa cada una? ¿Qué otros interrogativos usa cuando hace preguntas en español?
3. Para Ud., ¿es fácil hacer amigos? ¿Por qué? ¿Qué técnicas usa para iniciar una amistad?

¿Sabía Ud. que en Cuba... ?

▲ Fidel Castro Ruz

- En julio del 2003 se celebró en **Cuba** el 50º aniversario del ataque al cuartel° Moncada en la ciudad de Santiago. El ataque fue dirigido por **Fidel Castro** y comenzó la revolución contra el gobierno de Fulgencio Batista. El pueblo cubano estaba ilusionado con Castro y con sus promesas de paz y justicia.

barracks

- En los años sesenta 2.000.000 de cubanos huyeron de la isla y del gobierno comunista de Fidel Castro y buscaron refugio en Estados Unidos, principalmente en **Florida.** Catorce mil exiliados murieron en el intento. Hoy para vivir "bien" en Cuba hay que pertenecer a la clase política. Hace casi cincuenta años que la población cubana trata de sobrevivir° en medio de la pobreza y la represión con una libreta de racionamiento que les proporciona° cupones de alimento. A pesar de los enormes obstáculos, muchos quieren salir de la isla. Para hacerlo, tienen que reunir miles de dólares para pagarles a los contrabandistas, y arriesgar° su vida en un mar lleno de graves peligros.

to survive
provides

▲ El Malecón

risk

- En la isla, **discotecas** como la Tropicana y el Palacio de la Salsa son sólo un sueño para muchos cubanos porque cobran mucho para entrar. En La Habana los clubes nocturnos, los salones de baile y los restaurantes están llenos de turistas extranjeros. Entonces, ¿qué se hace en la capital para divertirse? Al empezar la noche, después de cenar en casa y ver el noticiero, niños, mayores y enamorados salen a la calle a pasear, al **Malecón** a gozar del mar o a **Coppelia** para tomar un helado de sabor tropical.

Nuevas amistades

María Elena Martínez (ME), una estudiante cubanoamericana, acaba de llegar a Madrid y está viviendo en un colegio mayor[1]. En este momento está en la cafetería, desayunando a toda prisa. Armando Bonilla (A), un muchacho español, se acerca a la mesa.

A: Hola, ¿**qué** tal?

ME: ¡Hola!

A: ¿Estudias aquí?

ME: Sí, este año empiezo ciencias políticas.

profession

A: ¡Qué bien! Creo que te va a gustar. Tengo varios amigos que estudian esa carrera°. ¿**Cómo** te llamas?

---

[1] En España, un colegio mayor es una residencia para estudiantes que depende de una universidad. Para poder vivir allí es necesario solicitar una plaza con bastante anticipación, ya que muchos estudiantes españoles viven en colegios mayores hasta que terminan la carrera.

	ME:	María Elena. ¿Y tú?
	A:	Armando, Armando Bonilla. **¿De dónde** eres, María Elena?
	ME:	Soy de la Florida. Mis padres son de Cuba.
have you been	A:	**¿Cuánto** tiempo llevas° en Madrid?
	ME:	Casi una semana. Llegué el viernes.
Listen	A:	Oye°, ¿no te gustaría salir una noche y conocer Madrid? Es una ciudad divertidísima.
	ME:	Lo siento, Armando. No he venido a España a divertirme, sino a estudiar.
	A:	Así nunca vas a llegar a conocer bien la vida en España.
	ME:	**¿Por qué** dices eso?
dates	A:	Bueno...pues...no todo es el estudio. Me refiero a...experiencias nuevas, diversiones, ligues°. Todo eso también forma parte de la vida, ¿no? A los estudiantes aquí les gusta salir por la noche. Así uno puede conocer a mucha gente interesante, digo yo.
	ME:	Bueno, quizás tienes razón y yo debería tratar de hacer amistad con chicos españoles.
for appetizers / take a walk	A:	Oye, **¿qué** te parece si esta noche vamos de tapas°, a dar una vuelta°, a bailar a una discoteca; en fin, a divertirnos... ?
	ME:	Me has convencido. **¿Por qué** no pasas por el colegio mayor a las ocho?
	A:	¡Vale! Hasta luego.

COMPRENSIÓN Y PRÁCTICA

A. Preguntas. Conteste las siguientes preguntas.

1. ¿Cómo comienza la amistad entre María Elena y Armando?
2. ¿Cuál es la primera reacción de María Elena cuando Armando le propone salir por la noche?
3. ¿Qué argumentos usa Armando para convencer a María Elena?
4. ¿Por qué decide María Elena salir a divertirse?

B. Ahora, practique. Con un(a) compañero(a) de clase, use el diálogo entre Armando y María Elena como modelo para tener su propia conversación.

C. ¡Charlemos! ¿Qué pretende (intenta conseguir) Armando Bonilla? Conteste las siguientes preguntas sobre las intenciones de Armando. Compare sus respuestas con las de un(a) compañero(a) de clase y preséntele sus conclusiones a la clase.

1. ¿Cómo se imagina Ud. a Armando Bonilla? ¿Cree que es un buen estudiante? ¿Y cómo es María Elena?

2. ¿Qué tipo de relación busca Armando con María Elena? ¿Busca una simple amistad? Explique.

3. Según Armando, ¿qué otros aspectos, además de los estudios, son también parte de la vida? ¿Está de acuerdo?

4. Si fuera a España o a otro país hispano, ¿le gustaría vivir en un colegio mayor estudiantil o preferiría compartir un apartamento con otros estudiantes? Explique.

ESTRUCTURA 1: Los interrogativos y las exclamaciones

LOS INTERROGATIVOS

Para solicitar información	Ejemplos
¿Cómo? *How?*	—¿**Cómo** te llamas? —Me llamo Herlinda Ramírez.
¿Cuál? ¿Cuáles? *Which one(s)? What?*	—¿**Cuál** es tu nacionalidad? —Soy cubana.
¿Cuánto? ¿Cuánta? ¿Cuántos? ¿Cuántas? *How much? How many?*	—¿**Cuántos** años tienes? —Tengo veintidós años.
¿Cuándo? *When?*	—¿**Cuándo** naciste? —Nací el 26 de marzo.
¿Quién? ¿Quiénes? *Who?*	—¿**Quiénes** son tus padres? —Raúl Ramírez y María José García.
¿De dónde? *From where?*	—¿**De dónde** son? —Mi padre es de Santiago de Cuba y mi madre es de Camagüey.
¿Dónde? *Where?*	—¿**Dónde** viven ahora? —En La Habana.
¿Adónde? *To where?*	—¿**Adónde** vas de viaje? —A Veracruz, México.
¿Qué? *What? Which?*	—¿**Qué** documentos llevas? —El pasaporte y la tarjeta de identidad.
¿Por qué? *Why?*	—¿**Por qué**[1] deseas ir a Veracruz? —Porque quiero estudiar periodismo en la Universidad Veracruzana.
¿Para qué? *Why? For what reason?*	—¿**Para qué**? —Para escribir sobre el mundo americano.

---

[1] ¿**Por qué?** *(Why)* como pregunta se escribe en dos palabras y lleva el acento escrito en **qué**. **Porque** *(Because)* como respuesta se escribe en una sola palabra y no lleva acento ortográfico.

El acento escrito

Una oración declarativa implica a veces una pregunta. En estos casos hay que usar la palabra interrogativa con acento.

No sé **quién** es el director de la película *Antes de que anochezca*.	*I don't know who is the director of the movie Before Night Falls.*
Me pregunto **por qué** Javier Bardem trabaja en el cine norteamericano.	*I wonder why Javier Bardem works in the North American film industry.*

¿Qué? vs. ¿Cuál(es)?

Para expresar *what* o *which* en español se usan las palabras **qué** o **cuál**. Con el verbo **ser** se emplea el pronombre interrogativo **¿qué?** cuando se quiere una definición, una explicación o una identificación. **¿Cuál?** se usa cuando se quiere escoger o seleccionar entre varias posibilidades.

¿Qué?: Definición o explicación	**¿Cuál(es)?: Selección**
¿Qué es el amor para ti?	**¿Cuál** es el país que más te gusta?
¿Qué quieres hacer esta noche?	**¿Cuál** es la fecha?
¿Qué es tu hermano? Él es médico.	**¿Cuáles** son las mejores películas de este año?

Como adjetivo interrogativo (es decir, cuando precede a un sustantivo), se prefiere el uso de **¿qué?,** aun cuando el sentido sea de selección.

¿Qué...? como adjetivo	
¿Qué país te gusta más?	*Which country do you like most?*
¿Qué día es hoy?	*What day is today?*
¿Qué películas vas a ver esta semana?	*What (Which) movies are you going to see this week?*

Algunas expresiones interrogativas	
¿Qué hora es? *What time is it?*	—¿Qué hora es? —Son las diez menos cuarto.
¿A qué hora... ? *At what time . . . ?*	—¿A qué hora comienza tu clase? —A las diez en punto.
¿Cuántos años tiene(s)? ¿Qué edad tiene(s)? } *How old are you?*	—¿Qué edad tienes? —Tengo dieciocho años.
¿De qué color es (son)? *What color is it (are they)?*	—¿De qué color es tu coche? —Es verde.
¿Cuánto cuesta... ? *How much is . . . ?*	—¿Cuánto cuesta el boleto? —Quince dólares.
¿Cuánto tarda... ? *How long does it take . . . ?*	—¿Cuánto tarda el autobús de Miami a Coral Gables? —Media hora.

LA CASA DE MUÑECAS

Está en su casa. Refiriéndose a la imagen en la cubierta y en la cubierta interior *(cover and inside cover)* de *Nuevos horizontes*, conteste las siguientes preguntas.

1. ¿Cuántas personas viven en esta casa? ¿Cuántos cuartos hay? ¿Cuántas ventanas?
2. ¿Qué cuartos no tienen ventanas? ¿Cuáles son?
3. ¿Dónde está la cocina? ¿Y el baño?
4. ¿Quiénes están en la cocina? ¿Quién está en el baño?
5. ¿Por qué está acostada la mujer en el cuarto #5? ¿Qué hace?
6. Qué le parece a Ud. esta casa? ¿Qué opina Ud. de esta pintura?

PRÁCTICA

A. ¿Qué preguntaría... ? Armando y María Elena hacen planes para salir otra vez. Empareje las respuestas de la columna A con las preguntas de la columna B.

A

1. —
   —Muy bien, gracias.
2. —
   —Tengo muchas ganas de ver una película.
3. —
   —*Antes de que anochezca.*
4. —
   —Javier Bardem. Es un actor español muy bueno.
5. —
   —Es sobre el autor cubano Reinaldo Arenas.
6. —
   —En el cine Rex.
7. —
   —En la Plaza de España.
8. —
   —A las ocho y media.
9. —
   —No te preocupes. Yo te invito.

B

a. ¿De qué se trata?
b. ¿Qué película?
c. ¿En qué cine pasan esa película?
d. ¿Cuánto cuesta la entrada?
e. Hola, ¿qué tal?
f. ¿Quién es el actor principal?
g. ¿A qué hora la pasan?
h. ¿Qué piensas hacer esta noche?
i. ¿Dónde está el cine Rex?

B. Una manera de conocerse mejor. Para conocerse mejor, María Elena y Armando hablan de películas, libros y música. Complete sus preguntas con **¿qué?, ¿cuál?** o **¿cuáles?** Después, con un(a) compañero(a), escriban un segmento más del diálogo, sobre el tema de los deportes o de la comida. Practíquenlo y represéntenlo delante de la clase.

1. ME —¿_____ es la película que quieres ver?

   A —No lo sé. Quiero ver una película divertida.

2. ME —¿_____ son tus comedias favoritas?

   A —Dime, en tu opinión, ¿_____ es una comedia?

 ME —Una comedia es una película que te hace reír.

   A —Entonces, mis comedias favoritas son las del director español, Pedro Almodóvar.

3. ME —¿También te gustan los libros cómicos?

   A —No, ésos no me gustan. Y a ti, ¿_____ libros te gustan?

 ME —Los libros de comentario social.

   A —¿_____ es tu escritor favorito?

 ME —Guillermo Cabrera Infante. Es cubano y es el ganador del muy prestigioso Premio Miguel de Cervantes.

   A —¿_____ libro de Cabrera Infante prefieres?

 ME —*Tres tristes tigres*, sin duda.

   A —¿_____ sabes de su vida?

 ME —Participó en la vida intelectual cubana. Fue encarcelado por su oposición a Batista. Más tarde se apartó del régimen de Castro y se fue a vivir a Londres.

4. ME —Y en música, ¿_____ te gusta escuchar?

   A —Música cubana, igual que a ti, me imagino.

 ME —¿_____ es tu CD favorito?

   A —*Buena Vista Social Club.*

 ME —¿_____ canciones te gustan más?

   A —"Chan Chan" y "Candela".

 ME —A mí me gustan ésas también… Entonces, ¿vamos al cine ahora?

   A —Sí, vamos.

C. Hablemos de las noticias. Se puede iniciar una buena conversación hablando de las noticias que salen en el periódico. En parejas y, basándose en la lectura, completen esta entrevista usando los interrogativos necesarios. Luego contesten las preguntas. Compartan sus respuestas con las de otra pareja en la clase.

MILES DE TURISTAS DE EE.UU. VIOLAN EL EMBARGO Y VAN A CUBA

Cerca de 27.000 viajaron a la isla el año pasado, vía México o Canadá. Enfrentan multas° e incluso la cárcel° en su país. Hay presión en el Congreso para que se levanten las restricciones.

En marzo del año pasado, Dan Snow, un tejano de sesenta y tres años, aterrizó°, con su avioneta privada en Cuba. Recorrió° La Habana Vieja y bebió un par de mojitos°, el trago° típico cubano. Pero la diversión terminó abruptamente cuando, al regresar a su país, las autoridades lo encarcelaron°. "Me convertí en el primer delincuente turístico", recuerda ahora Snow.

Sin llegar tan lejos hoy hay miles de norteamericanos que, como Snow, transgreden° regularmente el embargo impuesto contra Cuba, que prohíbe los viajes estadounidenses a la isla.

Ahora, el lugar de moda es el Hotel Nacional, en cuyas habitaciones se han alojado en los últimos años Woody Allen, Arnold Schwarzenegger, Naomi Campbell y Oliver Stone.

—Ana Baron, Washington. Corresponsal de El Clarín

fine / prison

transgress
landed
traveled around
rum drink with lime, sugar and mint / drink

imprisoned

---

1. ¿_____ violan los turistas?

2. ¿_____ prohíbe el embargo?

3. ¿_____ turistas estadounidenses viajaron a Cuba el año pasado?

4. ¿_____ es Dan Snow?

5. ¿_____ hizo el Sr. Snow?

6. ¿_____ es la bebida típica de Cuba?

7. ¿_____ viajaron los turistas a Cuba?

8. ¿_____ es el hotel muy de moda ahora?

9. ¿_____ son algunas de las estrellas norteamericanas que han viajado a Cuba?

LAS EXCLAMACIONES

Los siguientes interrogativos se usan para formar frases exclamativas.

¡Qué! *What a(n) . . . ! How . . . !*

¡**Qué** aburrido!	¡**Qué** horror!
¡**Qué** bonito!	¡**Qué** idea más interesante!
¡**Qué** bueno!	¡**Qué** lástima!
¡**Qué** hermoso!	¡**Qué** sueño tengo!
¡**Qué** horrible!	

¡Cómo! *How . . . ! (in what manner)*

¡**Cómo** llueve!	¡**Cómo** se divierte Arturo!

¡Cuánto(a, os, as)! *How much . . . !*
How many . . . ! (to what extent), (quantity)

¡**Cuánto** siento tu partida *(departure)*!	¡**Cuánto** ruido! ¡**Cuánto** jaleo *(uproar)*!
¡**Cuánto** dinero tiene!	¡**Cuánta** gente!
¡**Cuántas** preguntas al mismo tiempo!	

PRÁCTICA

A. Una noche especial. Armando y María Elena han formado una buena amistad, y Armando se siente muy contento. Complete sus comentarios con la exclamación indicada.

1. ¡_____ muchacha más interesante!
2. ¡_____ me gusta charlar con ella!
3. ¡_____ nos divertimos cuando salimos anoche!
4. ¡_____ contento estoy de ser su amigo!
5. ¡_____ deseos tengo de verla nuevamente!
6. ¡_____ sorpresas agradables hay en la vida!

B. ¿Cómo reaccionaría Ud.? Imagínese que está en Miami para visitar a María Elena, y diga cómo reaccionaría en cada situación. Complete las exclamaciones que están en la segunda columna y emparéjelas con las situaciones de la primera columna.

	I		**II**
_____ 1.	Su casa está en Key Biscayne, una linda zona residencial.	a.	¡___deliciosa!
_____ 2.	Su familia hace una gran fiesta de bienvenida al estilo cubano.	b.	¡___casas tan bonitas!
_____ 3.	¡Su abuela prepara la mejor comida cubana de Miami!	c.	¡___trabaja!
_____ 4.	Su pobre abuelo está enfermo y no puede asistir a la fiesta.	d.	¡___buena película!
_____ 5.	No salen a conocer Miami porque hace muy mal tiempo.	e.	¡___talento!
_____ 6.	Una noche sacan un video de Blockbuster.	f.	¡___lástima!
_____ 7.	El hermano, que es médico, trabaja día y noche.	g.	¡___llueve!
_____ 8.	Su hermana es bailarina de ballet clásico.	h.	¡___sorpresa!

 **C. Reacciones.** Reaccione a las siguientes situaciones con una exclamación de la lista en la página 15. Después, invente tres situaciones y haga que su compañero(a) de clase reaccione a ellas. También venga a la próxima clase con tres datos informativos que leyó en el periódico. Léaselos a sus compañeros de clase para que puedan responder con una exclamación apropiada.

1. Contempla una espléndida puesta de sol en una playa del Caribe.
2. Llega al estadio de fútbol y ve que hay más de 100.000 fanáticos allí.
3. Acaba de enterarse de los ingresos anuales de Bill Gates.
4. Se hace una manifestación política en la calle donde vive.
5. Su novio(a) se va de viaje.
6. Se desveló _(stayed up all night)_ estudiando para el examen final.
7. Su mejor amigo le propuso un plan para montar un negocio turístico.

PERSPECTIVAS

PREPARATIVOS

1. Lea la sección **¿Sabía Ud. que… ?**

2. La lectura, **"¿Necesita Ud. más amistades?"** contiene varios artículos definidos e indefinidos. Mire los artículos definidos que están en negrita y diga si el artículo se usa en inglés en el mismo contexto. Ahora, mire los artículos indefinidos que están en negrita y digan por qué son femeninos.

3. ¿Tiene mucho tiempo para socializar? ¿Es una prioridad en su vida? Explique.

¿Sabía Ud. que en Cuba... ?

- **Los saludos** suelen ser más íntimos y cariñosos que los de los estadounidenses. El hispano normalmente estrecha la mano y en muchas ocasiones abraza a sus amigos. Besarse en las dos mejillas es otra costumbre común entre amigas.

- **La vida social** de una persona hispana está estrechamente relacionada con la vida familiar. Cuando hay fiestas y reuniones familiares todos los familiares están invitados. A una fiesta van los niños de cinco años y los abuelos de ochenta años, y todos bailan con todos. Las diferencias de edad no importan.

- Parece extraño pero hay muchos cubanos que preferirían tener menos contacto con ciertos familiares. Cuba tiene **la tasa de divorcio** más alta de los países hispanos, y una de las razones es la convivencia obligatoria de matrimonios jóvenes con otros parientes. Más del 50 porciento de la gente vive en grupos familiares formados por varias parejas y en viviendas de espacio muy reducido. Pasan tanto tiempo peleándose sobre la escasez° de comida y otras necesidades que muchos terminan separándose.

shortage

¿Necesita Ud. más amistades?

Para muchas personas el hacer amistades resulta muy difícil. Además, si viven en ciudades grandes, **los** contactos entre las personas son ocasionales y generalmente nadie tiene mucho tiempo para tener **una** vida social activa.

¿Qué hacer? Pues, ¿sabe Ud. que **las** personas adquieren un aspecto más atractivo e interesante cuando están absortas en **una** actividad que las motiva mucho? Piense en esto. Por supuesto, debe ser una actividad que a Ud. le interese genuinamente, donde emplee su talento e inteligencia. Además, es importante que establezca asociaciones con aquellas personas que realizan **las** mismas actividades, coincidiendo con Ud. en **los** mismos lugares y a **las** mismas horas. Digamos, por ejemplo, en su propio trabajo. Tenga presente que Ud. no vive aislado... vive en **una** sociedad con otras personas. Tener un buen amigo puede aliviar **la** soledad que conduce a **la** depresión. El saber iniciar y cultivar amistades es considerado por muchos como un arte.

COMPRENSIÓN Y PRÁCTICA

A. ¿Qué recuerda? Basándose en la lectura anterior, termine las oraciones.

1. En ciudades grandes…
2. Una persona parece más atractiva…
3. Es más fácil establecer relaciones…
4. Una persona puede sentirse deprimida…

B. ¡Charlemos! Conteste las preguntas siguientes. Compare sus respuestas con las de un(a) compañero(a) de clase y presente sus conclusiones a la clase.

1. Acaba de mudarse a otra ciudad donde no conoce a nadie. ¿Qué hace para conocer a personas que compartan sus intereses en…
   a. los deportes?   c. el arte?
   b. la religión?   d. la música?
2. Ha seguido todos los consejos del artículo, pero sin resultados. ¿Qué otros métodos, tradicionales o extraordinarios, hay para conocer a gente interesante?
3. Una vez que ha establecido una amistad, ¿qué hace para mantenerla?

ESTRUCTURA 2: Los sustantivos y los artículos

LOS SUSTANTIVOS

Los sustantivos se clasifican en masculinos y femeninos. Los sustantivos masculinos llevan los artículos definidos e indefinidos **el** y **un (los/unos)** y los sustantivos femeninos llevan los artículos definidos e indefinidos **la** y **una (las/unas).**

El género de los sustantivos

1. Generalmente los sustantivos que terminan en **-o, -al, -or, -ente** y **-ante** son masculinos.

-o	-al	-or	-ente, -ante
el pelo	el animal	el color	el accidente
el domicilio	el hospital	el amor	el presente
el nacimiento	el carnaval	el calor	el diamante
Algunas excepciones			
la mano	la catedral	la labor	la gente
	la señal	la flor	la corriente
			la serpiente

2. Los sustantivos que terminan en **–a, –ión (–ción, –sión), –umbre, –ie, –d (–dad, –tad, –ud)** y **–z** generalmente son femeninos.

–a	–ión	–umbre
la fecha	la canción	la costumbre
la entrevista	la situación	la incertidumbre
la cara	la ilusión	la muchedumbre

–ie	–d	–z
la serie	la amistad	la luz
la especie	la ciudad	la paz
	la actitud	la rapidez

Algunas excepciones

el día, el tranvía, el mapa, el avión, el lápiz y varias palabras que terminan en **–ma**: el sistema, el problema, el clima, el tema, el programa, el idioma, el drama, el poema

3. Los sustantivos que terminan en **–ista** son masculinos o femeninos, según el sexo de las personas.

Hombre	Mujer
el periodista	la periodista
el turista	la turista
el artista	la artista

El plural de los sustantivos

1. Si el sustantivo termina en vocal, se añade **–s**.[1]

Singular	Plural
la mano	las manos
el pie	los pies
la hora	las horas

2. Si el sustantivo termina en consonante, se añade **–es**.

Singular	Plural
la ocasión	las ocasiones[2]
el papel	los papeles
la vez	las veces[3]
el joven	los jóvenes[4]

---

[1] Algunas palabras que terminan en **–í** forman el plural con **–es**: el rubí, los rubíes; el ají, los ajíes.

[2] Con el aumento de una sílaba, el acento escrito no es necesario. (Ver Apéndice pág. 483.)

[3] **Z** cambia a **c** delante de **e**.

[4] Con el aumento de una sílaba, el acento escrito es necesario. (Ver Apéndice pág. 483.)

3. Si el sustantivo es de más de una sílaba y termina en **–s**, la forma plural no cambia.

Singular	Plural
el lunes	los lunes
el paraguas	los paraguas

El artículo definido

El artículo definido es más frecuente en español que en inglés. Sirve para indicar lo siguiente.

1. una persona o cosa específica   **El** periodista desea hablar con Ud.
   La música de Celia Cruz es fabulosa.

2. algo genérico o abstracto   Queremos **la** paz y **la** libertad.
   El motociclismo es un deporte peligroso.

Formas del artículo definido

	Singular	Plural
Masculino	**el** actor	**los** actores
Femenino	**la** pregunta	**las** preguntas

Atención:

- Se emplea **el** (el artículo masculino singular) delante de sustantivos femeninos que comienzan con **a** o **ha** si el énfasis cae en la primera sílaba para facilitar la pronunciación.

  Mi madre tiene **el a**lma bondados**a.**
  El agua de la piscina está fría**.**
  El hada es un ser fantástico del sexo femenino que tiene poderes mágicos.

Pero:

  Las aguas del mar Caribe son claras.

- Cuando el artículo definido **el** sigue a la preposición **a** o **de,** la contracción es necesaria.

  a + el = **al**   Vamos **al** cine.
  de + el = **del**   Vuelven **del** mercado.

El artículo definido se usa...

1. delante de nombres modificados o con títulos cuando se habla **de** la persona y no **a** la persona (excepto con **don** y **doña,** que nunca llevan artículo).

   La señora Ortega llega mañana porque tiene una cita con el doctor Vega.

Pero:

—Buenas tardes, señor Marcos. ¿Cómo está doña María?

2. con los nombres de algunos países. Sin embargo, la tendencia hoy es de no usar el artículo.

   Viví en **(el)** Perú dos años y después pasé un año en **(los)** Estados Unidos.

3. con los nombres de personas y de países cuando están modificados.

   La pobre María sólo tiene una semana de vacaciones.
   La Cuba de hoy atrae a muchos turistas europeos y canadienses.

4. delante de las partes del cuerpo y la ropa en lugar del adjetivo posesivo.

   Lávese **los** dientes.
   Se pusieron **el** abrigo.[1]
   Los niños levantaron **la** mano.

5. con los días de la semana y las estaciones del año. (Se omite después del verbo **ser** para identificar el día de la semana.)

   Voy de compras **los** sábados.

Pero:

   Hoy es lunes.

6. con las fechas y las horas.

   La fiesta es **el** 3 de mayo, a **las** ocho y media.

7. con los nombres de idiomas. (Se omite después de los verbos **hablar, aprender, estudiar, enseñar** y **entender** y las preposiciones **de** y **en**.)

   Me gustan mucho **el** italiano y **el** alemán.

Pero:

   Quiero estudiar portugués. Sólo hablo español. Háblame en francés.

El artículo indefinido

Formas del artículo indefinido

	Singular	Plural
Masculino	un coche	unos coches
Femenino	una casa	unas casas

El artículo indefinido plural **unos/unas** corresponde al inglés *some/a few* y generalmente se omite. Tenemos **(unos)** amigos muy buenos.

---

[1] Se usa el singular del objeto aun cuando la acción sea de dos o más personas: Se pusieron **el** abrigo. Pero: Se pusieron **los** guantes.

El artículo indefinido se omite...

1. después del verbo **ser** con nombres que indican profesión, religión o nacionalidad, excepto cuando están modificados.

   Mi hermano es mecánico. Es **un** mecánico excelente y su esposa es **una** maestra muy buena.

2. con los verbos **tener, llevar** y **haber** cuando no expresan cantidad, especialmente en oraciones negativas.

   ¿Tienes coche? No, pero tengo bicicleta.
   Hace frío y no llevas abrigo.
   Para mañana no hay tarea.

3. con las palabras **otro** *(another)*, **medio** *(half)*, **cien(to)**, **mil** y **¡Qué... !**

   ¡Qué chaqueta más bonita! Cuesta sólo cien dólares.
   Voy a comprar una para mí y otra para mi hermana.

PRÁCTICA

 A. Pequeñas encuestas. Túrnese con otro(a) estudiante para completar el diálogo, usando el artículo definido, el artículo indefinido o la contracción **del** o **al.**

1. —¿Qué haces cuando tienes _____ problema serio?

   —Le pido _____ consejo a _____ buen amigo.

2. —¿Qué dices si estás cenando en casa de _____ amigas y unos frijoles se caen _____ plato _____ suelo?

   —Recojo _____ frijoles y le pido disculpas a _____ señora de la casa.

3. —¿Cuáles son _____ cualidades que más te gustan en _____ persona?

   —_____ sinceridad, _____ sensibilidad y _____ ingenio.

4. —¿Y cuáles son _____ peores defectos de algunos estudiantes?

   —_____ inseguridad y _____ pereza.

5. —¿Qué haces si le pides _____ coche a tu amigo para ir _____ cine y te dice que él lo necesita?

   —¡Voy _____ cine caminando!

6. —¿Qué piensas de _____ telenovelas?

   —Pienso que _____ son buenas y otras son malas.

B. Una charla familiar. Turnándose con un(a) compañero(a) de clase, completen el diálogo siguiente con el artículo indefinido cuando sea necesario.

ESTUDIANTE A: ¿Tienes _____ familia grande?
ESTUDIANTE B: Regular. Somos cuatro. Mi padre, mi madre, _____ hermano pequeño y yo.
ESTUDIANTE A: ¿A qué se dedican tus padres?
ESTUDIANTE B: Mi padre es _____ médico famoso y mi madre es _____ abogada.
ESTUDIANTE A: ¿Dónde viven?
ESTUDIANTE B: Vivimos a _____ media cuadra *(block)* de aquí. —Y... ¿qué hacen Uds. en las vacaciones?

ESTUDIANTE A: Nos gusta mucho viajar porque tenemos _____ amigos en México, Guatemala y El Salvador. El año pasado _____ amiga mexicana vino a vernos. ¡Qué _____ mujer más simpática! Se quedó con nosotros _____ días. Aunque le gustó mucho su visita, no estaba acostumbrada a nuestro clima. Para salir a la calle, ella siempre llevaba _____ abrigo de lana y _____ botas porque decía que aquí hace mucho frío.

ESTUDIANTE B: Yo también tengo _____ amigo en México. Él nos escribió diciendo que piensa hacer _____ viaje a Estados Unidos para comprar computadoras para _____ negocio que tiene con _____ japoneses que viven en Guadalajara. ¡Qué sorpresa se va a llevar cuando sepa que yo no tengo _____ computadora en casa! ¡Qué atrasada estoy!

❖ PERSPECTIVAS

PREPARATIVOS

1. Lea la sección **¿Sabía Ud. que... ?**

2. La lectura, **"Ibrahim Ferrer"** contiene varios adjetivos calificativos, y algunos están en negrita. Mírelos y diga cuáles son los sustantivos que califican. En la línea, "Este gran cantante de setenta y seis años...", ¿por qué el adjetivo **gran** precede al sustantivo?

3. La carrera de Ferrer se desarrolló bajo condiciones difíciles. ¿Conoce Ud. a otras figuras famosas que tengan historias semejantes?

¿Sabía Ud. que en Cuba...?

- El famoso álbum de música cubana, "Buena Vista Social Club" es el fruto de una reunión espontánea de varias generaciones de músicos y del talento del compositor norteamericano Ry Cooder. Cooder tenía planeada una sesión de grabaciones con un grupo de músicos en La Habana en 1996. Cuando algunos de los artistas no pudieron participar, Cooder buscó a otros. Así nació el disco que lanzó a Ibrahim Ferrer y a otros músicos a la fama internacional.

- "Buenos hermanos" es otro álbum del reconocido cantante cubano **Ibrahim Ferrer.** Ferrer considera este trabajo un tributo a todos los grandes compositores, cantantes y músicos que crearon la legendaria música cubana.

▲ Ibrahim Ferrer

- **La Habana,** la capital de Cuba, está situada a 90 millas de Cayo Hueso, Florida y cuenta con una población de dos millones de habitantes. La magia de esta ciudad tropical ha atraído a descubridores, aventureros y escritores a través de su historia y sigue haciéndolo.

No sólo es La Habana la capital del país, sino que también se ha convertido en **la capital de la bicicleta.** Una quinta parte de la población tiene bicicleta, y el número de personas que usa bicicleta sigue creciendo. Muchas son viejos modelos de Rusia o de Francia. Estas bicicletas, algunas pintadas con los colores brillantes del trópico, son el medio de transporte preferido por muchas razones: cuestan poco, sirven como ejercicio, son fáciles de estacionar, y reducen la contaminación atmosférica. El uso de la bicicleta en Cuba beneficia el medio ambiente y la economía del país.

▲ *La capital de la bicicleta*

Ibrahim Ferrer

i **M** i vida es **inmensa**!" Éstas son las palabras de Ibrahim Ferrer, el artista **cubano** cuya maestría **vocal** llena los salones de concierto más **famosos** del mundo. Este **gran** cantante de setenta y seis años de edad saboreó° el éxito por primera vez con su trabajo en "Buena Vista Social Club", un álbum de música **cubana** que ganó un Grammy en 1997. Dos años después salió el documental del mismo nombre.

tasted

La vida de Ibrahim Ferrer está **llena** de recuerdos **dolorosos** también. De niño quedó huérfano° de padre y madre y tuvo la necesidad de ganar dinero. Inició su carrera **musical** a muy temprana edad y llegó a ser famoso en los importantes círculos **musicales** de su país. No se sabe por qué lo hizo, pero un día dejó su casa y su carrera y se puso a bolear° en las calles de La Habana. Gracias a sus amigos que lo obligaron a salir de ese retiro **inexplicable** y al talento de productores musicales que lo "descubrieron", Ferrer está nuevamente grabando° canciones que deleitan al mundo.

orphan

shine shoes

recording

Hace ya seis años que tiene su propia orquesta. Aunque los conciertos y las giras **internacionales** no le dejan mucho tiempo para descansar y estar con su familia, no se está quejando y mucho menos está pensando en retirarse. Dice Ferrer, "Uno debe retirarse unos días antes de morirse. Mientras tenga voluntad y me sienta con espíritu pienso seguir cantando".

COMPRENSIÓN Y PRÁCTICA

A. Preguntas. Conteste las preguntas siguientes.

1. ¿Cómo era la vida de Ibrahim Ferrer cuando era niño?
2. ¿Qué circunstancias iniciaron su carrera artística?
3. ¿Qué papel jugaron sus amigos en su vida?
4. ¿Qué hecho lanzó a Ferrer a la fama internacional?
5. ¿Piensa retirarse algún día? Explique.

B. ¡Charlemos! Haga los ejercicios siguientes y compare sus respuestas con las de un(a) compañero(a) de clase.

1. En la exclamación, "¡Mi vida es inmensa!", sustituya el adjetivo "inmensa" por uno que describa la vida de Ud. y explique su selección. ¿Conoce a alguien que tenga una "vida inmensa"? ¿Quién es? Describa la vida de esa persona.

2. Cambie la oración de Ferrer para reflejar la filosofía de la vida de Ud.: "Uno debe retirarse _____."

3. Para describir el carácter y la personalidad de Ud., ¿qué adjetivos usarían las personas que mejor lo(la) conocen?

ESTRUCTURA 3: Los adjetivos

LOS ADJETIVOS CALIFICATIVOS

Los adjetivos calificativos describen personas, animales o cosas. Los adjetivos concuerdan en género y número con el sustantivo que modifican.

el baile **popular**	los bailes **populares**
la residencia **universitaria**	las residencias **universitarias**
un muchacho **simpático**	unos muchachos **simpáticos**
una universidad **pequeña**	unas universidades **pequeñas**

Las formas de los adjetivos calificativos

1. Los adjetivos que terminan en **–o**

Singular		Plural	
Masculino	*Femenino*	*Masculino*	*Femenino*
rojo	roja	rojos	rojas
americano	americana	americanos	americanas

2. Los adjetivos que terminan en **–dor**, **–ol** y **–uz** y los adjetivos de nacionalidad que terminan en consonante

Singular		Plural	
Masculino	*Femenino*	*Masculino*	*Femenino*
trabajador	trabajadora	trabajadores	trabajadoras
español	española	españoles	españolas
andaluz	andaluza	andaluces[1]	andaluzas
alemán	alemana	alemanes	alemanas

3. Los demás adjetivos

Singular		Plural	
Masculino	*Femenino*	*Masculino*	*Femenino*
importante	importante	importantes	importantes
difícil	difícil	difíciles	difíciles

---

[1] Recuerde que **z** cambia a **c** delante de **e**.

La posición de los adjetivos calificativos

Como norma general, los adjetivos calificativos se colocan después del sustantivo y sirven para diferenciar las características de las personas, animales, cosas o ideas. Los que siguen al sustantivo son los que expresan:

1. nacionalidad y creencias políticas, sociales y religiosas.

   José es un médico **cubano** que vive en Miami. Se opone al gobierno **comunista** de Fidel Castro. Vive cerca de la Calle Ocho donde asiste a la iglesia **católica** cerca de su casa.

2. tamaño, forma y color.

   Compraron una casa **grande** en Coconut Grove y ahora necesitan muebles. Buscan una mesa **redonda** para la cocina y un sofá **azul** para la sala.

3. términos técnicos.

   ¡Cuántos instrumentos **electrónicos** venden en aquella tienda!

Algunos adjetivos cortos de uso muy común preceden al sustantivo.

   En un breve año el **joven** escritor escribió un **buen**[1] cuento *(short story)* pero una **mala** novela.

Los adjetivos que cambian de significado

Los siguientes adjetivos cambian de significado según estén antes o después del sustantivo.

Adjetivo	Antes del sustantivo	Después del sustantivo
gran(de)	un **gran** libro *(great)*	un libro **grande** *(big)*
pobre	el **pobre** hombre *(unfortunate)*	el hombre **pobre** *(poor, penniless)*
nuevo	una **nueva** casa *(new, another)*	una casa **nueva** *(brand-new)*
viejo	un **viejo** amigo *(of long-standing)*	un amigo **viejo** *(old, elderly)*
antiguo	un **antiguo** coche *(former)*	un coche **antiguo** *(old, antique)*

PRÁCTICA

A. ¿Dónde quedarse en La Habana? Ud. va a Cuba con un grupo de estudiantes y buscan habitaciones para alquilar. Prefieren quedarse en El Vedado, un barrio popular en el centro de La Habana. Las siguientes casas particulares tienen habitaciones para alquilar. Complete las descripciones con los adjetivos de la lista, modificándolos según sea necesario.

básico	pequeño	bello
céntrico	colonial	bueno
climatizado	doble	turístico

---

[1] **Bueno** y **malo** pierden la **o** final.

▲ *El Vedado*

1. Casa Inés: Se ofrecen dos habitaciones _____ en una _____ casa de estilo

   _____.

2. Casa Blanca: Ésta es una _____ oportunidad de alojarse en una zona _____
   y _____ de la capital.

3. Casa Carmen: Se ofrece habitación con baño y servicios _____ en el barrio
   de El Vedado.

4. Villa Babi: El calor de La Habana no le afectará en estas habitaciones

   _____.

5. Casa Miriam: Aquí hay alojamiento para dos en una habitación _____ con
   muchas comodidades.

B. Mi amigo debe ser... Ponga en orden de preferencia las cinco cualidades
que Ud. busca cuando hace una amistad y explique por qué son importantes.
Después, compare sus preferencias con un(a) compañero(a) de clase para ver si
son semejantes.

Modelo: Mi amigo(a) debe ser sincero(a) porque yo soy una
persona sincera y no tolero las mentiras…

alegre	extrovertido(a)	religioso(a)
cariñoso(a)	fuerte	rico(a)
cortés	guapo(a)	romántico(a)
culto(a)	honesto(a)	sensible
dinámico(a)	inteligente	simpático(a)
divertido(a)	maduro(a)	sincero(a)
educado(a)	paciente	tranquilo(a)

C. Personas famosas. En parejas describan a las siguientes personas. Incluyan no menos de cuatro adjetivos en cada descripción. Luego, cada estudiante debe pensar en otra persona famosa y describírsela a su compañero(a) para que él (ella) pueda adivinar quién es.

1. Jennifer López

3. George López

2. Enrique Iglesias

4. Cameron Díaz

LOS ADJETIVOS POSESIVOS

Los adjetivos posesivos indican a quién(es) pertenecen ciertos sustantivos.

Las formas de los adjetivos posesivos

Singular	Plural
mi	mis
tu	tus
su	sus
nuestro(a)	nuestros(as)
vuestro(a)	vuestros(as)
su	sus

1. Los adjetivos posesivos concuerdan en número con los sustantivos a los que modifican. Sólo la primera y la segunda persona del plural tienen género masculino y femenino.

   Con **nuestra** ambición y **tus** conocimientos, **nuestra** labor tendrá éxito.

2. Si se necesita aclarar el significado del adjetivo posesivo **su** o **sus,** se usa el artículo definido y una frase preposicional.

   el (la)… de Ud. (Uds.)   los (las)… de Ud. (Uds.)
   el (la)… de él (ellos)   los (las)… de él (ellos)
   el (la)… de ella (ellas)   los (las)… de ella (ellas)

Por ejemplo, para contestar la pregunta, "¿Es la casa de Juan o de los García?" indicando que la casa es de los García hay que decir, "Es la casa **de ellos**".

Contestar simplemente, "Es su casa" no aclara la situación, porque *su casa* puede significar la casa *de él, de ella, de Ud., de ellos, de ellas* y *de Uds.*

PRÁCTICA

A. Tiene todas mis cosas. Todos tenemos amigos que no hacen más que pedir cosas prestadas *(to borrow things)*: ropa, bolígrafos, cosméticos, CDs y más, y nunca devuelven las cosas que se llevan. Haga una lista de las cosas que Ud. le prestó a este(a) amigo(a) y dígaselas a un(a) compañero(a) de clase. Su compañero(a) va a responder según el modelo.

> **Modelo:** Ud: Mi amigo(a)… tiene mi… y mis….
> Su compañero(a): ¡No es justo! Tu amigo(a) debe devolver tu… y tus….

B. Me gustaría saber… Forme preguntas y hágaselas a un(a) compañero(a) de clase para saber información sobre las categorías siguientes. Después, resuma la información que le dio y preséntesela a la clase.

> **Modelo:** ¿Cuál es tu *país de origen*?
> Mi país de origen es…
> Voy a hablarles de mi compañero(a). Su país de origen es… y sus padres… etc.

1. país de origen
2. casa de sus padres
3. sus clases?
4. esta universidad (clases / tecnología / deportes / residencias / compañeros)
5. tiempo libre / pasatiempos
6. ¿?

C. Intercambio. Un estudiante cubano va a pasar un mes con Ud. y su familia en un programa de intercambio estudiantil. Escríbale una carta en la que le describe a su familia, su casa, sus costumbres. Hágale cuatro preguntas sobre su vida en Cuba.

Más allá del aula

¿Qué programas ofrece su universidad?

¿Tiene Ud. interés en participar en un programa de intercambio? Llame o visite la oficina de estudios en el extranjero de su universidad.

Averigüe lo siguiente:

- ¿A qué países hispanos puede Ud. ir para estudiar?
- ¿Cuáles son las universidades que participan en el programa?
- ¿Cuántos semestres puede Ud. pasar allí?
- ¿Viven los estudiantes con familias o en residencias?
- ¿Cuántos años de español tiene que haber estudiado para poder participar en el programa?
- ¿Está Cuba incluido en los países con programas?

Ahora, busquen en Internet la información siguiente:

- ¿Qué oportunidades hay para estudiantes estadounidenses de ir a Cuba para estudiar?
- ¿Qué tiene que hacer un estudiante estadounidense para poder participar en un programa de intercambio en Cuba?
- ¿Qué tiene que hacer un estadounidense para poder visitar Cuba?

Aquí se ofrecen algunos sitios web de interés:

http://www.treas.gov/offices/eotffc/ofac/sanctions/sanctguide-cuba.html
http://www.semesteratsea.com/

Comparta su información con la clase, y haga recomendaciones.

LOS ADJETIVOS DEMOSTRATIVOS

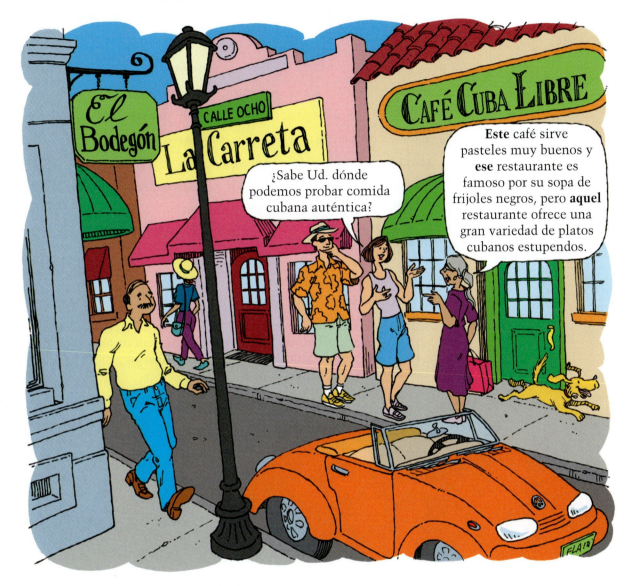

Los adjetivos demostrativos muestran la proximidad o la lejanía de ciertos sustantivos con relación a la persona que habla. Los adjetivos demostrativos concuerdan en género y número con el sustantivo al que modifican.

Forma y significado

Singular		Plural	
Masculino	*Femenino*	*Masculino*	*Femenino*
este	esta	estos	estas
ese	esa	esos	esas
aquel	aquella	aquellos	aquellas

- **Este** se refiere a lo que está cerca en tiempo o lugar de la persona que habla.

  Compré **este** disco compacto de los Orishas en El Rincón Records en Miami.

- **Ese** se refiere a lo que está cerca de la persona con quien se habla.

  Ese CD que tienes es el último de Celia Cruz, ¿no?

- **Aquel** se refiere a lo que está alejado en tiempo o lugar de las personas que hablan.

  En **aquella** tienda al otro lado de la calle se puede comprar toda clase de música latina.

LOS PRONOMBRES DEMOSTRATIVOS

Los pronombres demostrativos se forman con un acento escrito sobre la sílaba acentuada del adjetivo demostrativo. Se usan para reemplazar al sustantivo. Los pronombres demostrativos concuerdan en género y número con el sustantivo al que reemplazan.

Forma y significado

Singular		Plural		
Masculino	*Femenino*	*Masculino*	*Femenino*	*Neutro*
éste	ésta	éstos	éstas	esto
ése	ésa	ésos	ésas	eso
aquél	aquélla	aquéllos	aquéllas	aquello

¡Qué flores tan bonitas! **Éstas** me gustan mucho, pero voy a comprar **ésas**, que son más baratas.
La casa donde viven mis abuelos no es **ésta**, es **aquélla**.

Atención:

- Los pronombres demostrativos neutros no llevan acento. Se refieren a algo no identificado o a una idea abstracta.

  —¿Qué es **esto**?
  —**Esto** es una fruta tropical.

  Todo **eso** que ves es el barrio residencial que está en construcción.
  Te prometo que **aquello** que me dijiste no se lo cuento a nadie.

PRÁCTICA

A. Un restaurante en Miami. María Elena y Armando de la página 8 están en Miami para visitar a la familia de María Elena y para pasar unos días de diversión. Esta noche cenan en El Viajante, un excelente restaurante cubano en Miami Beach. Llene los espacios con la forma correcta del adjetivo o pronombre demostrativo: **esto, este (a, os, as), éste (a, os, as).**

Armando, como _____ es tu primera vez en Miami, quiero que cenemos en un restaurante cubano, y _____ es mi favorito. Si te gusta, volveremos uno de _____ días. Mira, _____ noche hay un buen menú. A ver. Creo que me gustaría probar _____ plato de arroz con mariscos, que es una de sus especialidades. Te aconsejo _____ ensalada que se ve tan deliciosa. ¿Qué es _____ que nos ha traído el camarero? Ummmmm, _____ pan caliente está rico y muy fresco. _____ camareros sirven muy bien, ¿no crees?

Qué lugar tan bueno, ¿no? _____ es sólo el comienzo. Hay mucho que hacer en Miami.

B. En la discoteca. Después de cenar, María Elena y Armando del ejercicio anterior van a Yerba Buena, una discoteca a la que van celebridades y gente famosa. Armando comenta todo lo que ve. Complete sus comentarios con la forma correcta del adjetivo o del pronombre demostrativo: **eso, ese (a, os, as).**

María Elena, por lo visto, _____ muchachos saben bailar bien. _____ me gusta mucho. Me encanta _____ música caribeña, pero no comprendo cómo la gente puede hablar con _____ ruido. Supongo que _____ canción que tocan te hace pensar en Cuba, ¿verdad que sí? Ah, ¿cómo se llama _____ actor que acaba de entrar? Aunque casi no se puede ver con _____ luces, creo que reconozco a _____ chica rubia que está allí. ¡No lo puedo creer! Acabo de ver a _____ hombres en la televisión. A propósito, María Elena, estás muy bonita esta noche, y _____ blusa que llevas te queda bien. _____ muchacho que está cerca de la puerta te está mirando con cara de pocos amigos. No sé por qué hace _____, pero no me gusta nada. ¡Vámonos de aquí!

C. Regalos para todos. Las fiestas de fin de año se aproximan y Ud. está en un almacén decidiendo qué regalos va a comprar para su familia y sus amigos. Haga una lista de las seis personas más importantes, escoja uno de los regalos y explique su decisión.

Modelo: vestido   rojo   azul

A mamá voy a darle **aquel** vestido azul; **este** rojo no le va a gustar.

	este, éste	*aquel, aquél*
chaqueta	de cuero	de lana
dos discos compactos	de salsa	de rock
libros	de arte moderno	de cocina
florero	de porcelana	de plástico
aretes (pendientes)	de oro	de plata
camisa	a cuadros	de rayas
blusa	negra	blanca
jersey	de cachemir	de algodón

¡OJO CON ESTAS PALABRAS!

to ask — pedir
preguntar
preguntar por
hacer una pregunta
preguntarse
pregunta

pedir   *to ask for (something)*

Cuando tengo sed, **pido** agua y cuando tengo hambre, **pido** un sándwich.

preguntar   *to ask (a question)*

Me **preguntaron** si quería acompañarlos.
Yo les **pregunté** adónde iban.

preguntar por   *to ask (for someone)*

Fui a la casa y **pregunté por** Isabel, pero no estaba.

hacer una pregunta   *to ask (pose) a question*

¿Puedo **hacerte una pregunta** si hay algo que no comprendo?

preguntarse   *to wonder*

Me pregunto por qué no me llamó por teléfono.

question — pregunta
cuestión

pregunta   *(an interrogative) question*

Tengo sólo una **pregunta:** ¿Cómo piensas hacerlo?

cuestión   *an issue, matter, question*

Vamos a reunirnos hoy para discutir la **cuestión** financiera.

why, because, for — ¿por qué?
porque
a causa de (por)

¿por qué?   *why?*

¿**Por qué** no vienes a verme?

porque   *because (used to introduce a clause)*

No voy **porque** no tengo tiempo.

a causa de (por)   *because of (used to introduce a noun or pronoun)*

No puedo oírte **a causa del (por el)** ruido.

A. En la fiesta de Maribel. Lea con atención el diálogo, y complételo con las siguientes palabras que acabamos de estudiar.

pedir	pregunta	pregunté
por qué	pregunté por	porque
hacer una pregunta	a causa del	me pregunto

ROBERTO: ¡Hola, Maribel! Casi no te reconozco.

MARIBEL: ¡Claro! Siempre me ves en clase con jeans, camisetas viejas y gafas.

ROBERTO: Esta noche estás preciosa. Llevas un vestido negro muy bonito y el pelo suelto te queda genial.

MARIBEL: ¡Gracias! Tú también estás muy guapo.

ROBERTO: El viernes, en clase, te quería _____ una invitación para tu fiesta, pero no tuve valor de hacerlo.

MARIBEL: Se me olvidó dártela, pero la tenía en mi mochila de libros. Pero, entonces, ¿cómo sabías que vivo aquí?

ROBERTO: Yo le _____ a tu amiga dónde vivías y cuando llegué a la fiesta _____ ti.

MARIBEL: Yo _____ por qué me siento tan ruborizada *(red in the face)* ahora.

ROBERTO: Supongo que yo también estoy rojo en este momento.

MARIBEL: ¿Te puedo _____?

ROBERTO: Sí, claro.

MARIBEL: ¿_____ estás tan rojo?

ROBERTO: Vine a tu casa sin invitación _____ me gusta mucho estar contigo. Y ahora, yo también tengo una _____ para ti. ¿Quieres salir conmigo?

MARIBEL: ¿Qué dices? No puedo oírte _____ ruido.

 B. Imagínese. Ahora, con un(a) compañero(a), imagínese cómo termina la conversación entre Maribel y Roberto y preparen un minidrama para presentar en clase.

Ampliación, conversación y cultura

 A. Cuando Ud. sale por primera vez. Con un(a) compañero(a) llene Ud. los espacios y termine la oración oralmente o por escrito, cuando esté indicado.

Cuando salgo con un(a) muchacho(a) por primera vez...

1. nunca quiero ir _____ porque...

2. es divertido _____ porque...

3. _____ a la biblioteca porque...

4. no _____ porque es aburrido.

5. insisto en _____ porque...

B. ¿Están Uds. de acuerdo? En grupos de tres o cuatro personas, discutan sus opiniones sobre los siguientes comentarios.

1. La mejor manera de sentirse feliz es tener muchas amistades.
2. No es normal sentirse nervioso antes de ir a una fiesta.
3. Una persona es tímida porque se cree inferior a los demás.
4. Se pueden captar características de una persona, tales como la inteligencia, el humor y la lealtad, con la primera impresión.

 C. Aconséjeme. Necesita ayuda para tener más éxito en las fiestas y para conocer a gente nueva. Siga los pasos.

1. Escríbale una carta a la consejera sentimental de un periódico pidiéndole su ayuda. Para que la consejera entienda la gravedad de su problema social, debe darle *tres* ejemplos.
2. Ahora, intercambie su carta con un(a) compañero(a) que va a darle recomendaciones:
   a. Es importante…
   b. Si se siente nervioso(a) en una fiesta, trate de…
   c. Recuerde que la gente que va a una fiesta no quiere escuchar…
   d. A nadie le gusta estar con gente pesimista, entonces…
   e. ¿?
3. Comparta su problema y las recomendaciones de "la consejera" con la clase.

 D. Preguntas. Intercambie sus opiniones con otro(a) estudiante acerca de las siguientes cuestiones. Apunten las respuestas para hacer un informe al final de la clase.

1. Si quieres conocer a un(a) muchacho(a), ¿adónde vas? ¿Qué haces? ¿Qué le dices para iniciar una conversación?
2. Si no conoces muy bien a un(a) muchacho(a) y te invita a salir, ¿aceptas su invitación de inmediato? Si no, ¿qué haces para conocerlo(la) mejor?
3. Si alguien te invita a salir y no quieres, ¿qué haces? ¿Dices la verdad o buscas pretextos para no salir? Explica.
4. ¿Cómo defines la palabra "amistad"?
5. ¿Qué criterio usas para escoger a tus amigos? ¿Son tus amigos diferentes? Explica.

E. Amistades. Una forma de iniciar una amistad o una relación es poner un anuncio en el periódico o en Internet.

HOLA, SOY UNA CHICA DE 17 AÑOS, me gustaría conocer gente de toda España. Me apasiona salir de marcha, la lectura y aprovechar cada minuto para pasarlo bien. Si eres igual y piensas igual, escríbeme. Ana (Mallorca).

HOLA, ME LLAMO LAURA, tengo 18 años. Me gustaría contactar con chicos sensibles, románticos, simpáticos y divertidos, de Barcelona, que deseen amistad o relación. Escribid a: Laura, Barcelona.

DOS CHICOS DE 20 AÑOS, buscan a su media naranja. Si sois románticas, simpáticas y de Valencia o alrededores, escribid a Javier, Valencia.

HOLA, ME LLAMO ADOLFO, tengo 18 años, soy alto, moreno, de ojos marrones. Me considero simpático, sincero y muy romántico. Busco a una chica de semejantes características de entre 16 y 19 años, que viva en Madrid, para mantener una relación sentimental seria. Escribe a: Adolfo, Madrid.

1. Con un(a) compañero(a) de clase, lean los anteriores *(above)* anuncios y comenten...
   a. qué les llama la atención en las descripciones.
   b. si encuentran que los anuncios son interesantes y si tienen suficiente información.
   c. si conocen a alguien que sea compatible con estos chicos.
2. Digan si piensan que se puede iniciar una amistad de esta manera. Expliquen.
3. Escriban un anuncio de unas 25 palabras solicitando una amistad o relación.

 F. Mesa redonda. En grupos de tres o cuatro compañeros formen una mesa redonda, e intercambien ideas sobre las expresiones de cortesía. Después, un(a) estudiante de cada grupo debe informarle a la clase sobre el tema discutido.

1. ¿Cree Ud. que las presentaciones formales son necesarias entre los jóvenes o que se deben eliminar? (Por ejemplo: "Te presento a...", "Mucho gusto", "El gusto es mío".) Si se eliminan estas formalidades, ¿cómo deberían presentarse los jóvenes? ¿Por qué?
2. ¿Debe un hombre tener las siguientes manifestaciones de cortesía con una mujer?
   a. abrirle la puerta al entrar a un lugar
   b. ayudarla a sentarse a la mesa para comer
   c. comprarle flores
   d. pagar su entrada al cine
   e. ¿...?
3. ¿Qué formas de cortesía debe esperar un hombre de una mujer? ¿Por qué?

Después de haber intercambiado sus ideas, un(a) estudiante de cada grupo debe informar a la clase sobre los aspectos tratados, los diferentes puntos de vista y las posibles conclusiones.

G. ¡Los aguafiestas! *(Party poopers)* Ud. acepta ir a una fiesta con un(a) compañero(a) de clase y esa persona resulta ser un(a) terrible aguafiestas. Tiene una actitud muy negativa, se queda pegado(a) *(stuck)* a la pared y no quiere hacer nada. Ud. intenta usar una variedad de técnicas para sacar a su compañero(a) de su actitud pesimista y divertirse en la fiesta. En parejas, inventen esta situación y represéntenla para la clase.

¿QUÉ SABE UD. DE... CUBA?

Menú del día: Cuba

picadillo
frijoles negros
café cubano

▲ *Arroz con frijoles negros*

La cocina cubana es una mezcla de sabores, y algunos de los platos típicos combinan elementos dulces y salados. El *picadillo*, por ejemplo, es carne molida con salsa de tomate, cebolla, aceitunas y pasas, sazonada con ajo, cilantro y otras especias. No se ha probado la verdadera comida cubana sin comer los *frijoles negros*. Se hacen bien condimentados con ajo, orégano, azúcar y vinagre, y siempre van acompañados de arroz blanco y cebolla picada. Si le gusta el café, debe saborear el fuerte y espeso *café cubano*. Se sirve en tazas pequeñas y es muy parecido al espresso italiano. ¡Ojo! El café cubano es dos veces más cargado que cualquier café típico que se suela tomar en Estados Unidos.

¡Buen provecho!

CUBA

En Cuba las puertas están abiertas. Para conocer esta maravillosa isla caribeña ya no hay que depender de anticuadas guías turísticas o teledocumentales aburridos. La pequeña isla de 110.000 kilómetros cuadrados está convirtiéndose en el primer destino turístico del Caribe. Las playas de aguas cristalinas, la arquitectura única, las ciudades coloniales, un pasado histórico fascinante y un presente político controvertido atraen a viajeros de todas partes del mundo.

even   Hasta° las puertas de los cementerios están abiertas. Miles de visitantes extranjeros que buscan más que playas y plantaciones de azúcar contratan guías y visitan los camposantos interesantes de las ciudades principales. Allí, mientras escuchan leyendas y observan ritos funerarios, aprenden sobre las tradiciones y las costumbres de la gente cubana.

houses
remains
admiral

En La Habana, el cementerio de Colón alberga° supuestamente los restos° del famoso almirante°. Cuenta con 56 hectáreas de jardines, panteones, edificios de arquitectura barroca, extraordinarios monumentos dedicados a héroes nacionales y palmeras que se mecen° en la brisa tropical.

sway

Santiago, Cuba

El cementerio de Colón es el más grande de América. En la ciudad de Santiago, en el cementerio de Santa Ifigenia, está enterrado el mártir y apóstol de la revolución, José Martí. Recientemente los restos del famoso Che Guevara llegaron a Cuba y quedarán enterrados al lado de varios de sus compañeros revolucionarios en Santa Ifigenia. Aunque hay muchísimo turismo que hacer en la isla de Cuba, una visita a los cementerios es casi una actividad obligatoria.

LAS VECINAS

por ANA ALOMÁ VELILLA

ANA ALOMÁ VELILLA nació en Riachuelo, Cuba en la provincia de Las Villas. Se doctoró en Filosofía y Letras en la Universidad de la Habana, y vino a los Estados Unidos en 1960, donde estuvo de profesora en Boston University y Regis College en Massachusetts hasta 1993, cuando se jubiló. Sus obras incluyen un libro de poesía titulado *Versos claros como el agua*, 1962, y una colección de cuentos titulada *Una luz en el camino*, 1976. Alomá Velilla escribe del estado humano con sensibilidad, optimismo y delicadeza.

Antes de leer

A. Preguntas. Conteste las siguientes preguntas.

1. En toda cultura se practica la velación de los queridos muertos. ¿Alguna vez ha asistido a un velorio? ¿Cómo fue? ¿Qué pasó allí? ¿Cuál es la importancia de un velorio?

2. ¿Conoce a sus vecinos? ¿Cómo son? ¿En qué consiste ser un buen vecino? ¿Qué tipo de vecino(a) es Ud.?

3. En este cuento conocerá a la niña Susana, a algunas de sus familiares y a cinco vecinas suyas que viven en la casa grande de la esquina. Los siguientes nombres se usan para referirse a las vecinas: *las mujeres malas de la esquina, mujeres de la vida, mujeres de mal vivir, las misteriosas mujeres de la esquina.* ¿Quiénes son estas mujeres? ¿Qué significan estos nombres?

B. Resumen del cuento. Las siguientes palabras, que representan partes de una casa, aparecen en "Las vecinas". Llene los espacios con las palabras apropiadas. Los párrafos forman un breve resumen del cuento.

suelo	ventanas	cuarto	ventanita
puerta	balcón	azotea *(flat roof)*	sala

Cinco mujeres misteriosas vivían en una casa grande en la esquina, cerca de la casa de Susana. Las mujeres siempre tenían sus _____ cerradas, aun en el verano, excepto una _____ muy chiquita. A la niña Susana le gustaba observar a las mujeres desde la _____ de su casa. Un día Susana y su tía estaban afuera en el _____. La niña, mientras jugaba en el _____, le preguntó a su tía acerca de las mujeres vecinas. La tía se puso agitada, se levantó y se fue al _____ donde estaba la mamá de Susana.

   Cuando el abuelo de Susana murió, la familia hizo el velorio en la _____ de la casa. Para la sorpresa de todos, las primeras visitas que llamaron a la _____ ese triste día fueron las misteriosas mujeres de la esquina.

LAS VECINAS
Parte 1

Hacía varios días que Abuelo venía quejándose y diciendo que no se sentía bien. Eso me preocupaba porque yo lo quería mucho. Abuelo me llevaba al malecón° y me compraba globos° de colores y cucuruchos de maní tostado°. Otra cosa que me gustaba de él era que sabía las respuestas a todas mis preguntas. Bueno, a casi todas porque nunca me contestaba claro las que le hacía sobre la casa grande de la esquina.

seaside park / balloons
paper cones of roasted peanuts

—¿Por qué cierran las ventanas? ¿Por qué tiene una ventanita chiquita abierta en la puerta de la ventana grande?
—Mm… tal vez no les guste el fresco°. Yo pensé que Abuelo se había sonreído. Pero ésa era una respuesta tonta porque con el calor que hacía en verano todo el mundo abría las ventanas de par en par° a la brisa°.
Cuando tía Felicia y yo pasamos una vez por frente a la casa, le pregunté si conocía a la familia que vivía ahí.
—¿Yo? ¡Dios me libre! Ahí viven mujeres de la vida… de mal vivir.
—¿De mal vivir? Pero tía, la casa no parece peor que las otras.
—Deja eso, deja eso y apúrate… Papá necesita la medicina.

freshness

wide open / breeze

I managed	El misterio de la situación empezó a fascinarme. Una vez alcancé° a ver en la ventanita un rostro pintado y mi imaginación se llenó de princesas prisioneras y aventuras mágicas. Me dediqué a vigilar la famosa casa.
embroidering *cards*	Un día, tía Asunción estaba bordando°, sentada en el balcón de la casa, y yo, en el suelo, jugaba a los naipes°.
	—Tía, ¿los hombres son más guapos que las mujeres?
distractedly	—No sé... no lo creo. Tal vez en algunas ocasiones. ¿Por qué me lo preguntas? —añadió distraídamente°.
	—Porque sólo entran hombres en la casa de la esquina.
opening her eyes wide	—¡Susana! —exclamó tía, abriendo tamaños ojos°.
flat roof	Pensando que no me creía, exclamé —Pero, sí es verdad, tía. Yo los veo desde la azotea°.

Tía se levantó rápidamente y muy agitada la oí conversando con Mamá, Abuela y las otras tías... Yo oía cosas como: "es una vergüenza... una niña pequeña... un vecindario decente..." No sé exactamente qué pasaba. La situación se ponía más candente°, y sólo se enfrió° cuando Abuelo llamó quejándose y la atención de todas se volcó° en él.

burning / cooled off
turned toward

Parte 2

efforts *submerged itself* *coffin* *scheduled* *quietly / commotion* *surrounded*	Porque a pesar de todos los esfuerzos° del médico y de la familia, Abuelo murió esa tarde. La familia se sumió° en el duelo y en los preparativos para el velorio. Por la noche ya Abuelo descansaba en su caja° rodeado de velas y de flores en la sala de la casa. El velorio iba a durar toda la noche y el entierro estaba fijado° para las diez de la mañana siguiente. Yo estaba sentada quieta y llorando bajito°, un tanto asustada por todo el aparato° que rodeaba° a la muerte. Alguien llamó a la puerta: la primera visita de la noche. Tía Felicia se dirigió a la puerta y la abrió. Desde el primer cuarto tía Asunción vio a los primeros visitantes.

—¡Dios mío! ¡Las mujeres malas de la esquina!
La curiosidad me hizo olvidar momentáneamente la pena y corrí a la puerta. Cinco mujeres, todas vestidas de oscuro y sin maquillaje alguno, se presentaban a tía:
—Somos las vecinas de la esquina. Venimos a acompañarles en su sentimiento y a ayudarles en todo lo posible.

shocked / became confused
stunned

Tía, pasmada°, o recobró a tiempo su buena educación, o se turbó° demasiado para impedirles el paso porque, medio atontada°, las mandó a pasar.

	—¡Qué desilusión! Las misteriosas mujeres de la esquina ni eran misteriosas ni se diferenciaban en nada al resto de la gente. Vestidas de oscuro y sin pintarse, hasta se parecían a las tías. Toda la noche se la
linden tea *chamomile tea* *indigestion / lulled* *sleep overcame the sobbing /* *early morning / frothy*	pasaron atendiendo a las visitas y ayudando en la casa. Le dieron tilo° a tía Felicia que no dejaba de llorar y le prepararon manzanilla° a Abuela que tenía un salto en el estómago°. A mí me arrullaron° en los brazos hasta que el sueño venció al llanto°. Por la madrugada° sirvieron galletas con jamón y queso y un espumoso° chocolate caliente a los amigos que velaron durante la noche.

Las vecinas se quedaron con Abuela y las tías hasta que los hombres regresaron del entierro. Después dijeron que tenían que retirarse. Abuela y las tías las abrazaron y besaron llorando y dándoles las gracias. Pero a pesar de mis súplicas por que volvieran y de los famosos dulces de leche de la abuela que ésta les mandaba regularmente, las vecinas no volvieron a visitarnos. Se encerraron de nuevo en su casa de la esquina, la que tiene una ventanita chiquita abierta en una puerta de la ventana grande.

Vocabulario

▶ Sustantivos

la desilusión *disappointment*
el entierro *burial*
la esquina *street corner*
la flor *flower*
el maquillaje *make-up (cosmetics)*
la muerte *death*

el sentimiento *feeling*
el vecindario *neighborhood*
el (la) vecino(a) *neighbor*
la vela *candle*
el velorio *wake*
la vergüenza *shame*

▶ Verbos

abrazar *to hug, embrace*
atender (ie) *to attend, take care of*
besar *to kiss*
dedicarse *to dedicate oneself*
descansar *to rest*
fascinar *to fascinate*
llorar *to cry*

parecerse a *to resemble*
pintarse *to paint oneself, put on make-up*
preocuparse *to worry (about)*
quejarse *to complain*
vigilar *to watch, keep guard*

▶ Adjetivos

abierto *open*
decente *decent*
mágico *magical*

peor *worse*
quieto *quiet, still*
tonto *silly, stupid*

▶ Expresiones

a pesar de *in spite of*
a tiempo *on time*
casi *almost*
dar las gracias *to thank, give thanks*
dejar de+inf. *to stop doing something*

demasiado *too much*
de nuevo *again*
frente a *in front of, facing*
tal vez *perhaps, maybe*

Repasemos el vocabulario

A. Sinónimos. Busque Ud. el sinónimo de los sustantivos siguientes.

1. sentimiento
2. vecindario
3. maquillaje
4. desilusión
5. vela
6. vecino

a. habitante del mismo vecindario
b. decepción
c. candela
d. pintura
e. emoción
f. barrio

B. Antónimos. Busque Ud. el antónimo de las palabras y frases siguientes.

1. frente a
2. haber demasiado
3. a tiempo
4. dejar de
5. una vez
6. llorar

a. reír
b. comenzar
c. detrás de
d. con frecuencia
e. haber una falta de
f. tarde

C. Más antónimos. Busque Ud. el antónimo de los adjetivos siguientes.

1. tonto
2. peor
3. abierto
4. decente
5. mágico

a. real
b. grosero
c. listo
d. mejor
e. cerrado

D. El velorio. Complete Ud. las oraciones con las palabras apropiadas.

| flores | atendieron | murió | vecinos | lloraban | velas |
| abrazó | se sentía | dio | velorio | descansaba | |

1. Cuando mi abuelo_____ hubo un _____en la sala de su casa.
2. La caja donde _____ mi abuelo estaba rodeada de _____ y_____.
3. Muchos familiares y _____ vinieron a ayudar en la casa.
4. Sirvieron comida y _____ a las visitas.
5. Mi pobre tía _____ muy triste y muchas personas_____.
6. Cuando todos se iban, mi tía los _____ y les _____ las gracias.

Según la lectura

Parte 1

A. Termine las siguientes oraciones con sus propias palabras. Use la frase tema como guía.

La relación entre la niña y su abuelo

1. La niña_____
2. El abuelo le compraba _____
3. Él también_____

La casa misteriosa

4. La casa estaba situada _____

5. A Susana le parecía misteriosa porque _____

6. A esa casa sólo iban_____

B. Conteste las preguntas.

1. ¿Quién narra el cuento? ¿Qué sabe Ud. de él (ella)?

2. ¿Qué opina la tía Felicia de la gente que vive en la casa grande de la esquina?

Parte 2

A. Termine las siguientes oraciones con sus propias palabras. Use la frase tema como guía.

La muerte del abuelo

1. El abuelo_____

2. Toda la familia_____

3. Durante el velorio_____

La visita de las vecinas

4. Las vecinas vinieron_____

5. Sirvieron_____

6. Se quedaron_____

B. Conteste las preguntas.

1. Después del velorio y del entierro, los miembros de la familia mostraron un cambio de actitud hacia las vecinas. Dé Ud. tres evidencias de esta nueva actitud.

2. "*¡Qué desilusión! Las misteriosas mujeres de la esquina ni eran misteriosas ni se diferenciaban en nada al resto de la gente*".
   a. ¿Quién dijo esto?
   b. ¿Por qué llegó a esa conclusión?

Según usted

¿Qué piensa? Conteste las siguientes preguntas.

1. En su opinión, ¿cuál es el tema de este cuento? ¿Puede haber más de un tema? Explique.

2. Los familiares de Susana habían juzgado a las vecinas antes de conocerlas. ¿Por qué? ¿En qué situaciones suele pasar esto?

Composición

Después del entierro, la niña quedó impresionada con la compasión y la bondad de las vecinas. Con el fin de mantener contacto con ellas y de conocerlas mejor, ella les escribió una serie de notas y mensajes. Escriba Ud. tres notas breves dirigidas a esas mujeres, y escriba también las respuestas de ellas.

ENTREVISTA CON GLORIA ESTEFAN
por Enrique Fernández

"Mis canciones son como fotografías de mis emociones", dice Gloria Estefan, la misma muchacha introvertida que en sus años de estudiante se interesó por la sicología. Entonces escribía poemas precursores de sus canciones sobre "lo que todo el mundo ha pensado alguna vez. Son canciones directas y coloquiales sobre lo que uno quiere decir a algún ser querido, pero no se atreve".

Las raíces latinas de Gloria son profundas y su vida, que hoy parece tan glamorosa, ha sido marcada por la misma dureza° y esfuerzo que encarnan° los latinos que vienen a Estados Unidos con sólo algunos centavos y muchos sueños. Sus padres salieron de La Habana cuando Gloria era apenas una criatura°. Llegaron a Miami con poco dinero y con la esperanza de poder volver a Cuba algún día. El padre de Gloria había sido oficial del ejército cubano y en Miami se incorporó con otros cubanos exiliados, a la brigada que intentó en 1961 la invasión de Playa Girón (La Bahía de Cochinos). Fue capturado y permaneció en prisión durante dieciocho meses, mientras Gloria y su madre esperaban ansiosas su retorno a Miami. Al regresar a Miami se enroló° inmediatamente en el ejército americano y fue enviado a Vietnam.

difficulty / personify

was only a baby

enlisted

El talento de Gloria fue plenamente reconocido y estimulado desde un principio por Emilio Estefan, director del grupo The Miami Latin Boys, quienes, luego cambiarían su nombre por Miami Sound Machine. Cuando la banda grabó su primer álbum, Emilio sugirió que Gloria escribiera algunas canciones. De ahí salió "Tu amor conmigo", su primer éxito.

Gloria, como tantos otros cubanoamericanos de su generación, domina perfectamente el español y el inglés por haber crecido entre dos mundos —el mundo latino de su familia y el anglosajón de Miami.

Práctica

1. Explique el siguiente comentario de Gloria: "Mis canciones son como fotografías de mis emociones".

2. ¿Cuál es un ejemplo de la dureza que ha sufrido Gloria en su vida?

3. ¿Qué canciones de Gloria Estefan conoce Ud.? ¿Cuál le gusta más, y porqué? ¿Cómo ha cambiado la música de Gloria tras los años?

ALGO MÁS SOBRE CUBA

A. Ampliar lo que sabemos. ¿Les gustaría aprender más sobre Cuba? Reúnanse en grupos de tres o cuatro personas y preparen una presentación sobre uno de los siguientes temas. Elijan el que más les interese, u otro que no aparezca en la lista:

- La diversidad de la población cubana. Las minorías étnicas de Cuba. La aportación de la comunidad africana a la cultura cubana.
- La historia de Cuba: la época precolombina, la época colonial, la época contemporánea desde la Independencia hasta hoy. Las relaciones con España y con Estados Unidos.
- La naturaleza: la flora, la fauna y los ecosistemas de la isla de Cuba y del mar Caribe.
- Los sistemas de educación y de salud pública en Cuba: los logros y los retos.
- La literatura cubana: los (las) grandes escritores(as) cubanos(as) de prosa y los poetas. La literatura revolucionaria y la literatura en el exilio.
- La música cubana: la música colonial, la música clásica (Lecuona), la música tradicional (Vieja trova santiaguera, Compay Segundo, etc.), la nueva trova cubana (Pablo Milanés, Silvio Rodríguez), la música cubana en Miami (Gloria Estefan) y Nueva York (la difunta [late] Celia Cruz, cuya música sigue siendo muy popular aunque la artista murió trágicamente de cáncer en julio de 2003).
- La influencia de los inmigrantes cubanos en Estados Unidos, especialmente en Florida.
- El urbanismo: las ciudades coloniales y las modernas. La conservación de los edificios históricos de La Habana.
- La cocina cubana.

B. Compartir lo que sabemos. ¿Cómo preparar la presentación?

1. Utilicen todo tipo de fuentes de información para investigar sobre el tema elegido: libros, prensa, Internet, etc.

2. Incluyan en su presentación todos los medios audiovisuales que crean convenientes: fotografías, mapas, dibujos, videos, cintas o discos de música, etc.

3. Presenten primero un esquema (outline) de todos los puntos que van a desarrollar en su presentación.

¡REVISE SU ORTOGRAFÍA!

En esta sección vamos a repasar aspectos básicos de ortografía muy importantes en el momento de escribir. En el alfabeto español hay dos letras más que en el inglés: **ñ** y **rr**.

A. Separación de palabras en sílabas

La sílaba puede consistir en:

1. una sola vocal (**a**-bri-go, **e**-ne-ro, le-**a**-mos)
2. una vocal y una consonante (**al**-to, **Es**-pa-ña)
3. una o más consonantes y una vocal (**pro-gre-so**, a-**le-gre**)
4. una consonante y dos vocales que forman un diptongo (**cien**, **pien**-sas, **bai**-la-mos)

B. Las consonantes

1. Una consonante entre dos vocales se une a la vocal siguiente (**rr** forma una sola consonante).

   e-**ne**-**r**o   za-**pa**-**t**o   pe-**ca**-do   ca-**sas**   fe-**rro**-**ca**-**rr**il

2. Dos consonantes juntas generalmente se separan.

   co-me**n**-**z**ar   al-**mor**-**z**ar   tie**m**-**p**o   per-so-na   a**c**-**c**ión

3. No se separan los grupos de consonantes: **b, c, f, g** y **p** seguidas de **l** o **r**, ni los grupos **dr** y **tr**.

   a-**br**i-go   a-**pr**en-der   ha-**bl**ar   a-**gr**a-da-**bl**e

4. Si hay tres o más consonantes entre dos vocales, sólo la última consonante se une a la vocal siguiente, a menos que la última consonante sea **l** o **r**.

   i**ns**-**p**i-ra-ción   co**ns**-ti-tuir   i**ns**-tan-te

   Pero: a**bs**-**tr**ac-to   e**x**-**pl**i-ca-ción

C. Las vocales

1. El hiato es la combinación de dos vocales abiertas (**a, e, o**). Las vocales abiertas se separan así.

   le-**e**-mos   em-ple-**a**-do   **ma**-**es**-tro

2. El diptongo es la combinación de dos vocales cerradas (**i, u**) o de una abierta y una cerrada. Los diptongos no se separan.

es-**cue**-la   **Lui**-sa   s**iem**-pre   no-**via**

ENFOQUE: UNA ENTREVISTA

¡Prepárese a escribir!

Imagínese que Ud. trabaja para el periódico de la universidad y está escribiendo un artículo sobre los estudiantes. Va a entrevistar a un estudiante para obtener información. Prepare algunas preguntas para la entrevista, por ejemplo: ¿Cómo te llamas? ¿De dónde eres? ¿Cuántos años tienes? ¿Qué estudias? ¿Por qué escogiste esta universidad? ¿Qué haces en tu tiempo libre? ¿Qué carrera piensas seguir? Después entreviste a un(a) estudiante.

¡Organice sus ideas!

Antes de comenzar a escribir su informe, organice la información obtenida.

- el nombre y los datos biográficos del (de la) entrevistado(a)
- sus preferencias y opiniones
- sus planes para el futuro

Considere también:

- el tipo de lectores a quienes está dirigido el informe
- la claridad y el estilo informativo para el lector

A escribir

Escriba un artículo para el periódico de la universidad sobre el (la) estudiante que Ud. entrevistó. Escriba parte del artículo desde su punto de vista, pero también trate de incorporar algunos intercambios *(exchanges)* de ideas entre Ud. y el (la) entrevistado(a).

Recuerde lo siguiente

Antes de pasar a limpio su informe, repase los siguientes puntos.

1. Toda composición debe llevar un título. El título va en el centro de la primera línea. Escriba con mayúscula sólo la primera palabra del título y los nombres propios.

    Músico cubano asiste a nuestra universidad.

2. Recuerde que los nombres de personas y lugares se escriben con mayúscula. Los días de la semana, los meses del año y los adjetivos de nacionalidad se escriben con minúscula.

    Gabriel Menéndez es un estudiante **cubano** que viene de **La Habana.**

3. No se olvide de usar oraciones completas y de organizar sus ideas por párrafos.

Modelo: **Músico cubano asiste a nuestra universidad.**

Gabriel Menéndez es uno de los 400 estudiantes extranjeros que asisten a esta universidad. Es un muchacho que viene de La Habana, Cuba. Gabriel toca la conga, un antiguo instrumento de percusión. Además,...

Al hablar de sus primeras impresiones en Estados Unidos, nos dice que le gusta mucho...

Su deseo es continuar sus estudios doctorales bajo la dirección del famoso musicólogo Rafael Balcázar. Sus planes para el futuro son...

LECCIÓN 2

Vamos a hacer las maletas

¡CHARLEMOS!

 Charle con un(a) compañero(a) de clase sobre sus gustos y preferencias relacionados con los viajes. Acuérdese de usar la forma familiar (**tú**). Puede consultar el vocabulario en las páginas 52–54.

Pregúntele si le gusta viajar. Si responde que sí, hágale las siguientes preguntas.

1. ¿Prefieres viajar en coche, en tren o en avión? ¿Por qué?

2. ¿Tienes algún viaje planeado para el futuro próximo? Explica.

3. ¿Conoces algún país extranjero? ¿Cuál? ¿Tienes pasaporte?

4. ¿Podrías describir el mejor viaje que has hecho en tu vida?

5. ¿Cuáles son las ventajas de viajar en avión? ¿Prefieres sentarte en un asiento de la ventanilla o en un asiento del pasillo? ¿Por qué?

6. ¿Qué haces para entretenerte —para no aburrirte— cuando estás en el avión?

7. ¿Te gustaría trabajar en una agencia de viajes? ¿Cuáles son algunas de las ventajas de trabajar en una agencia de viajes?

¡CHARLEMOS MÁS!

Si su compañero(a) responde que no le gusta viajar o si tiene miedo, hágale estas preguntas.

1. ¿Por qué no te gusta viajar? / ¿Por qué tienes miedo de viajar?

2. ¿Por qué puede ser inconveniente viajar en avión?

3. Si tienes que viajar por avión, ¿qué haces para sentirte más cómodo(a)?

4. ¿Cuáles son los peligros asociados con viajar en avión? ¿En tren? ¿En coche?

5. ¿Es fácil pasar por la aduana al entrar a Estados Unidos? ¿Por el detector de metales? ¿Qué hay que hacer?

ENFOQUE: España

▶ *Puerta del Sol, Madrid*

► *En el aeropuerto internacional, Madrid-Barajas*

Capital: *Madrid*
Moneda: *el euro*
Población: *40.3 millones de habitantes*

Algo sobre España

España tiene una extensión de terreno aproximadamente igual a Texas, pero dentro de un territorio geográfico tan relativamente pequeño se encuentran tres regiones: Galicia, Cataluña y el País Vasco. Las tres son bilingües y en ellas, además de castellano, se habla gallego, catalán y vasco. España incluye también un principado, el de Asturias, y las siguientes comunidades autónomas: Castilla-León, Castilla-La Mancha, Madrid, Extremadura, Andalucía, Murcia, la Comunidad Valenciana, Aragón, Navarra, La Rioja, Cantabria, Baleares y Canarias.

España es una monarquía constitucional y cada una de las regiones mencionadas tiene su propio gobierno autonómico.

EN EL AEROPUERTO

▶ **El (La) agente de viajes**

¿En qué puedo servirle(s)? *How may I help you?*

¿Le(s) interesa visitar… ? *Are you interested in visiting . . . ?*

¿Desea(n) Ud(s). viajar en avión (tren, barco, coche)? *Do you want to travel by plane (train, boat, car)?*

¿Desea(n) un billete (boleto) de ida y vuelta? *Do you want a round-trip ticket?*

Debe(n) estar en el aeropuerto a la(s)… *You should be at the airport at . . .*

El tren sale de la estación del ferrocarril. *The train leaves from the railroad station.*

▶ El (La) turista

Por favor, ¿me puede decir si hay un vuelo directo a... ? *Can you please tell me if there is a direct flight to . . . ?*

¿A qué hora sale el vuelo? *What time does the flight leave?*

¿A qué hora llegamos a... ? *What time do we arrive in . . . ?*

¿Cuánto cuesta el pasaje a... ? *How much is the fare to . . . ?*

¿Debemos pasar por la aduana? *Do we have to pass through customs?*

¿Se necesita pasaporte (visa)? *Is a passport (visa) necessary?*

hacer (cancelar) las reservaciones *to make (cancel) reservations*

posponer el viaje *to postpone the trip*

perder el vuelo *to miss the flight*

▶ El aeropuerto

abordar el avión *to board the airplane*

abrocharse el cinturón de seguridad *to fasten one's seatbelt*

el asiento de ventanilla (de pasillo) *aisle seat (window seat)*

el aterrizaje (forzoso) *(forced) landing*

aterrizar *to land*

el (la) auxiliar (asistente de vuelo) *flight attendant*

la clase turística (primera clase) *economy class (first class)*

facturar el equipaje *to check the luggage*

despegar *to take off*

el despegue *takeoff*

el detector de metales *metal detector*

estrellarse *to crash*

hacer escala *to make a stop, to have a layover*

el mostrador de las líneas aéreas *airline counter*

pagar el exceso de equipaje *to pay for excess luggage*

el (la) piloto *pilot*

quedarse con el equipaje de mano *to keep the carry-on luggage*

la sala de espera *waiting room*

las salidas y las llegadas de vuelos *flight departures and arrivals*

la sección de cambios (de moneda) *currency exchange window*

el vuelo nacional (internacional) *domestic (international) flight*

▶ En la aduana

abrir la maleta (el maletín) *to open the luggage (hand luggage)*

encontrar contrabando *to find illegal goods*

el (la) inspector(a) de aduana *customs inspector*

mostrar el pasaporte *to show one's passport*

pasar por la aduana *to go through customs*

revisar el equipaje *to inspect the luggage*

▶ En la estación del ferrocarril

el coche-cama *sleeping car*

el coche-comedor *dining car*

el (la) pasajero(a) *passenger*

Hace una parada en... *It stops at . . .*

¡Pasajeros al tren! *All aboard!*

El tren sale del andén número... *The train leaves from platform number . . .*

▶ En el hotel

el botones *bellman*

dar una propina *to tip*

dejar la llave de la habitación *to leave the room key*

la habitación doble (sencilla) *double (single) room*

el (la) gerente *manager*

inscribirse (en el hotel) *to register (at the hotel)*

la lista de huéspedes *guest list*
pagar la cuenta *to pay the bill*
la planta baja *ground floor*
el primer (segundo, tercer) piso *first (second, third) floor*
la recepción *lobby*

subir (bajar) el equipaje *to bring up (bring down) the luggage*
verificar (confirmar) las reservaciones *to confirm reservations*
el (la) viajero(a) *traveler*

PRÁCTICA

A. Al contrario. Complete las respuestas con el antónimo de las palabras o expresiones subrayadas en la pregunta.

1. ¿Tiene un <u>vuelo directo</u> de Boston a Madrid? No, yo _____ en Nueva York.
2. ¿Busca el monitor para verificar <u>las llegadas</u>? No, quiero verificar _____.
3. ¿Llama para <u>confirmar</u> su vuelo? No, llamo para _____ el vuelo.
4. ¿Le molesta mucho <u>el aterrizaje</u>? Sí, pero me molesta más _____.
5. ¿Cuesta mucho <u>el billete de ida</u>? Sí, pero cuesta más _____.

VOCABULARIO PARA LA COMUNICACIÓN:
¡Buen viaje!

1. ¿Quién debe pasar por la aduana?
2. ¿Quién sube el equipaje en el hotel?
3. ¿Quién deja la llave de la habitación?
4. ¿Quién pierde su vuelo a Madrid?
5. ¿Quién factura su equipaje?

B. ¿Quién? Su profesor(a) va a leer una serie de preguntas. Escuche e indique la respuesta correcta.

> **Modelo:** ¿Quién atiende a los pasajeros en el avión?
> **el auxiliar de vuelo** / el agente

1. el inspector / el viajero
2. el huésped / el botones
3. el huésped / el gerente
4. el piloto / el turista
5. el agente / el pasajero

C. ¿Dónde se oye? Relacione la expresión de la primera columna con el lugar correspondiente de la segunda.

I

1. _____ Su pasaporte, por favor
2. _____ Abróchense el cinturón de seguridad.
3. _____ ¡Pasajeros al tren!
4. _____ ¿Tiene servicio de habitación?
5. _____ Buen viaje.
6. _____ ¿Va a facturar su equipaje?

II

a. la recepción del hotel
b. el andén de la estación del ferrocarril
c. la sala de espera
d. la aduana
e. el mostrador de las líneas aéreas
f. el avión

D. En el hotel. Ud. llega al hotel después de un vuelo largo. Complete las oraciones con las palabras de la lista. Luego, arregle las secuencias en orden lógico.

huéspedes	verificar	botones
propina	sube	llave
habitación		

_____ Voy a la recepción y hablo con la gerente para _____ mi reservación.

_____ Afortunadamente encuentra una _____ sencilla para mí en el tercer piso.

_____ El botones _____ mi equipaje.

_____ Dice que mi nombre no está en la lista de _____.

_____ Al llegar al hotel el _____ me saluda cordialmente y me abre la puerta.

_____ Al desocupar mi habitación, dejo la _____ en la recepción.

_____ Le doy una _____ al botones por sus atenciones.

E. ¡Problemas en el viaje! Escoja uno de los problemas siguientes y escríbale una tarjeta postal a su amigo explicando por qué…

a. tuvo que posponer el viaje por una semana.

b. pagó el exceso de equipaje.

c. perdió el vuelo.

F. En el aeropuerto. Con un(a) compañero(a) de clase, observen el dibujo en la página 52. Usen el **Vocabulario para la comunicación,** si es necesario, para contestar las siguientes preguntas.

1. ¿Creen Uds. que es un aeropuerto internacional o sólo de vuelos nacionales? ¿Por qué?

2. ¿Cuántos anuncios de salidas de vuelos hay? ¿Cuántos de llegadas?

3. ¿A qué hora sale el avión para Madrid? ¿Y para Los Ángeles?

4. ¿A qué hora llega el avión de Buenos Aires? ¿De Nueva York? ¿De Lima?

5. ¿Qué hacen los pasajeros que están en la sección de equipaje? ¿De quién puede ser la maleta que está abierta en el suelo?

6. ¿Cómo se ven los niños? ¿Contentos? ¿Cansados? ¿Aburridos?

7. ¿Qué idiomas se hablan en la sección de cambio?

8. ¿Con quién habla el viajero que lleva sombrero? ¿Qué hace? ¿Por qué?

9. ¿Qué lee el muchacho que está sentado? ¿Quién está a su lado? ¿Creen Uds. que se conocen? ¿Por qué?

10. ¿Por qué los dos jóvenes se abrazan?

G. En la agencia de la línea aérea Iberia. En grupos de cuatro, completen la actividad a continuación.

Uno de Uds. es agente de viajes de la línea aérea Iberia y sus compañeros son clientes. Uno(a) quiere viajar a México, otro(a) a Chile y otro(a) a Costa Rica. Cuando les llega el turno, le piden al (a la) agente la siguiente información. ¡Atiéndalos, por favor! Después, los tres viajeros van a comparar la información referente a sus viajes.

a. el precio del billete de ida y vuelta

b. la hora de salida del vuelo

c. el número de escalas

d. la hora de aterrizaje

e. qué deben hacer si tienen exceso de equipaje

PERSPECTIVAS

PREPARATIVOS

1. Lea la sección **¿Sabía Ud. que en España... ?**

2. Identifique los pronombres personales en el minidiálogo de la página 57. Mire los verbos en la lectura que están en negrita. ¿Cuál es el infinitivo de cada uno?

3. Escriba tres características de los grandes aeropuertos internacionales.

¿Sabía Ud. que en España... ?

- **El café con leche** consiste en una taza llena de leche con sólo un poco de café.

- **Los churros** son el equivalente del *doughnut* norteamericano. Tienen forma cilíndrica y se venden por la mañana para comerlos con el desayuno. Se venden también en las fiestas populares.

- **El vino con gas** es una mezcla de vino y gaseosa muy popular entre la gente joven.

- **La tortilla española** es un plato que se prepara con huevo batido y otros ingredientes. La más corriente es la tortilla de patatas, pero hay también tortillas de espárragos, de espinacas o de jamón.

▲ *Churros con chocolate*

▲ *La tortilla española con vino con gas*

El aeropuerto de Barajas

Barajas, el aeropuerto de Madrid, está situado a nueve millas (15 kilómetros) del centro de Madrid. Diariamente **llegan** miles de pasajeros de diversos países. Los aeropuertos de las grandes ciudades europeas **son** bastante semejantes. Sin embargo, el turista que llega a España por Barajas **tiene** la oportunidad de conocer, allí mismo, una serie de detalles que después podrá identificar como costumbres del pueblo español.

realize

En la cafetería del aeropuerto, uno **puede** darse cuenta de° que los camareros tienen su modo particular de hablar. Con frecuencia, una vez que el cliente ha pedido lo que desea, el camarero que **sirve** en las mesas le **pide**, normalmente a gritos°, al camarero que está detrás de la barra°, la bebida o comida solicitada por el cliente. El turista que ha estudiado español notará enseguida° que el camarero, al hacer el pedido°, no **repite** la orden con todas las palabras. Ésta, por ejemplo, **suele**° ser la conversación entre dos clientes y un camarero en el aeropuerto de Barajas.

yelling / counter
right away
order
tends

CAMARERO:	Buenos días. ¿Qué van a tomar Uds.?
CLIENTE 1:	Yo voy a tomar un café con leche y una ración° de churros.
CAMARERO:	¿Y Ud.?
CLIENTE 2:	Lo mismo.
CAMARERO:	¿Algo más?
CLIENTE 1:	No, de momento eso es todo. Gracias.
CAMARERO:	(*Dirigiéndose al que atiende detrás de la barra.*) Manolo, ¡dos con leche y dos de churros!
MANOLO:	¡Marchando°!

portion

I'm on my way!

Así, será fácil darse cuenta de que si el camarero dice "dos solos y dos con gas" se estará refiriendo obviamente a vino; si grita "uno con jamón, uno de tortilla y dos de queso" se referirá a bocadillos°.

sandwich on a Spanish baguette

COMPRENSIÓN Y PRÁCTICA

A. Preguntas. Conteste las preguntas siguientes.

1. ¿Dónde se encuentra el aeropuerto de Barajas? ¿Por qué es importante?
2. ¿Qué costumbre española se puede observar en la cafetería del aeropuerto?
3. ¿Qué pide un camarero del aeropuerto cuando dice: "dos con leche y dos de churros"? ¿Y "uno solo y tres con gas"?
4. ¿De qué palabra se deriva **bocadillos**? ¿Qué tipos de bocadillos se mencionan en la lectura?

B. Observaciones. Mire el dibujo del aeropuerto de Barajas de la página 58 y diga…

1. cuáles son las diferencias entre las dos terminales.
2. qué se hace en la "zona de facturación".
3. qué se hace en "equipajes".

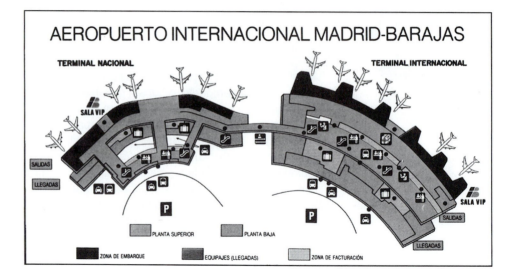

AEROPUERTO INTERNACIONAL MADRID-BARAJAS

4. en qué terminal se tiene que pasar por la aduana.

5. desde qué terminal hay vuelos a Sevilla y a Barcelona.

6. si se necesita pasaporte en la terminal nacional.

C. ¡Charlemos! Cuéntele a un(a) compañero(a) de clase cómo se siente y qué hace cuando está en la sala de espera del aeropuerto, después de haber pasado por el detector de metales.

1. ¿Se siente nervioso(a) o tranquilo(a)?

2. ¿Se distrae leyendo?

3. ¿Habla con los otros pasajeros?

4. ¿Compra todo lo que ve para matar el tiempo?

5. ¿Hace llamadas telefónicas?

ESTRUCTURA 1: Los pronombres personales

	Singular		Plural
yo	hablo	nosotros(as)	hablamos
tú	comes	vosotros(as)	coméis
él, ella, Ud.[1]	escribe	ellos, ellas, Uds.	escriben

Tú es la forma familiar que se usa entre amigos y familiares. **Usted (Ud.)** se usa cuando una persona habla con personas que no conoce, personas mayores o para mostrar respeto. En los últimos años, sin embargo, hay una tendencia a usar más la forma familiar **tú,** sobre todo en España y en el Caribe.

---

[1] En el español escrito, **usted** y **ustedes** se abrevian **Ud.** y **Uds.**

Como en español el verbo indica la persona y el número, los pronombres personales generalmente se omiten.

Pago los derechos de aduana.
Abrimos las maletas.

Sin embargo, hay casos donde debe usarse el pronombre personal.

1. Los pronombres **Ud**. y **Uds**. se usan con más frecuencia como norma de cortesía.

   ¿Quiere **Ud**. un boleto de primera o de turista?
   ¿Qué piensan **Uds**. del nuevo gerente de la agencia de viajes?

2. Se usa el pronombre personal para aclarar o dar énfasis al sujeto.

   —¿Quién ha perdido la maleta?
   —**Ella** la ha perdido.
   —¿Quiénes deben hacer el viaje?
   —**Vosotros** debéis hacerlo.

3. Para dar aún más énfasis al sujeto se puede usar **mismo(a, os, as)** después del pronombre personal.

   Toma el maletín y llévalo **tú misma**.
   Uds. mismos pensaron cancelar el viaje.

4. Los pronombres son necesarios al contrastar dos sujetos.

   Yo perdí el vuelo, pero **él** no.
   Yo quisiera esperar hasta el verano, pero **ellos** desean visitar Mallorca ahora.

5. A veces los pronombres personales son necesarios para evitar confusiones con las personas.

   Los dos vinieron juntos, pero **ella** tuvo que regresar de inmediato.

6. Con el verbo **ser,** en casos enfáticos, el pronombre va después del verbo.

   —¿Eres **tú** el representante de la agencia de viajes?
   —Sí, soy **yo**.

7. Después de las palabras **según, como, entre, menos, excepto** e **incluso,** se usa el mismo pronombre personal que se usa como sujeto.

   Entre tú y **yo** no hay secretos.
   Todos lo sabían **menos yo**.
   Según ellas, el botones subió las maletas al segundo piso.

PRÁCTICA

A. Un posible viaje a Sevilla. Al oír que llaman a la puerta (*someone is at the door*), Lucía contesta. Es su hermano José Ignacio. Complete el diálogo con el pronombre personal solamente si es necesario.

       LUCÍA: ¿Eres_____, José Ignacio?
JOSÉ IGNACIO: Sí, soy _____.
       LUCÍA: Hola, José Ignacio.

JOSÉ IGNACIO: Hola, Lucía. Ya veo que mamá no está. ¿Sabes dónde está
_____?

LUCÍA: Supongo que de paseo, pero creo que _____ viene pronto.
_____ veo que la cena está lista, así es que _____ voy a
poner la mesa.

JOSÉ IGNACIO: Lucía, ¿qué pasa? ¿_____ estás nerviosa?

LUCÍA: Un poco. _____ acabo de recibir una carta de los abuelos.
Quieren que _____ los visite en Sevilla. _____ prefiero
esperar hasta el otoño, pero _____ quieren que viaje de
inmediato. Mira, toma la carta y léela _____ mismo.

B. Lucía está en Sevilla. Los abuelos de Lucía han preparado una fiesta
para su llegada a Sevilla. Hace diez años que Lucía no está en España y
no se acuerda mucho de las personas. Le pide ayuda a la abuela. Con su
compañero(a), hagan minidiálogos según el modelo.

Modelo: Roberto
—¿Es Roberto?
—¡Claro que es él!
—¡No lo puedo creer!
—Pues, sí, es él mismo.

1. los tíos
2. las hermanas Gómez
3. Carlos

4. Sara y Guillermo
5. La tía Matilde
6. La hija de Carla

PERSPECTIVAS

PREPARATIVOS

1. Lea la sección **¿Sabía Ud. que en España… ?**

2. Mire los verbos de la lectura que están en negrita. ¿Cuál es el infinitivo de
cada uno? Dé la forma **yo** de cada verbo.

3. En la ciudad donde Ud. vive, ¿hay una diferencia entre la vida nocturna
durante el verano y durante el invierno? Explique.

4. ¿Cuál es la diferencia entre una persona callejera y una persona casera?
¿Cuál es Ud.? ¿Por qué?

- **Las verbenas** son fiestas y bailes populares que se celebran al aire libre y que duran hasta la madrugada.

- **Las tertulias** son reuniones de personas que se juntan con frecuencia en un café o a la puerta de las casas para conversar.

En un café en Madrid ▶

La vida nocturna madrileña

Madrid, como todas las grandes ciudades españolas, **ofrece** numerosas posibilidades de diversión nocturna. La vida no se paraliza con la llegada de la noche, sino que simplemente **cambia** sus zonas de actividad. Las **hay** para todos los gustos y para todas las edades.

street (adj.)/ late

En verano abundan los espectáculos al aire libre: conciertos, bailes, verbenas, representaciones de actores y músicos callejeros°, que **se prolongan** hasta altas° horas de la noche. En las zonas más antiguas y menos urbanizadas de la ciudad,

own

aún se acostumbran las tertulias entre vecinos, cada uno con su propia° silla, a la puerta de la casa, tomando el fresco. La gente joven **prefiere** como punto de reunión las terrazas de los cafés. Algunas de estas terrazas **tienen** banda de

skaters
avoid / cans

música, otras **ofrecen** como atracción la presencia de espontáneos patinadores° que sortean° hábilmente botes° de cerveza colocados en el suelo.

En invierno, la actividad nocturna **se concentra** principalmente en los distintos pubs, bares y cafés. En ellos **se puede** oír, desde música clásica interpretada en vivo, hasta heavy metal, hip hop y rap y **se puede** ver, desde un video de Usher,

those who favor
to meet new people

hasta un partido de baloncesto. Para los partidarios° de mayor movimiento **están** las discotecas, que **ofrecen** al mismo tiempo más posibilidades de ligar°. En las

empire
de público adulto predomina la música lenta y en algunas, incluso, **hay** orquesta. Las de gente joven, sin embargo, **son** imperio° de la música americana y de lo que **está** más popular de la música española. En ellas se encuentran jóvenes de todas las tendencias, "rockeros", "rappers", "posmodernos". Muchos **dicen** que para conocer Madrid **hay** que visitarla de noche.

COMPRENSIÓN Y PRÁCTICA

A. Preguntas. Conteste las preguntas siguientes.

1. ¿Cómo es la vida nocturna en Madrid para la gente joven durante el verano? ¿Cómo es para la gente que vive en las zonas menos urbanizadas de la ciudad?

2. ¿Cómo es la vida nocturna durante el invierno? ¿Hay posibilidades de conocer gente?

3. ¿A Ud. le gustaría visitar Madrid en verano o en invierno?

B. ¿Está Ud. de acuerdo? Diga si Ud. está de acuerdo o no, con las siguientes afirmaciones y exprese sus razones.

1. Los locales nocturnos en Estados Unidos deben permanecer abiertos hasta las cuatro de la mañana, como en España.

2. La ciudad no puede permitir que los músicos callejeros toquen música en las calles ni en las plazas sin un permiso especial.

3. Las discotecas son sólo para los jóvenes, la gente mayor debe ir a otros establecimientos.

 C. ¡Charlemos! Con un(a) compañero(a) de clase, comparen la vida nocturna de su ciudad con la que existe en Madrid o en otra ciudad grande. Hablen de los espectáculos, los conciertos, las discotecas, los pubs y las posibilidades de diversión nocturna.

> **Modelo:** *En tu ciudad o pueblo, ¿suele la gente ir a discotecas los fines de semana?*

ESTRUCTURA 2: El presente del indicativo

LAS FORMAS DEL PRESENTE DEL INDICATIVO

Los verbos regulares

comunicar		comprender		abrir	
comunic	-o -as -a -amos -áis -an	comprend	-o -es -e -emos -éis -en	abr	-o -es -e -imos -ís -en

Verbos irregulares en la primera persona del indicativo

-go

caer(se)	*to fall*	(me) cai**go**
hacer	*to do, make*	ha**go**
poner	*to put, set*	pon**go**
traer	*to bring*	trai**go**
salir	*to go out*	sal**go**

-gu → -go

distinguir	*to distinguish*	distin**go**
seguir	*to follow*	si**go**

Otros verbos irregulares:

saber	*to know*	**sé**
ver	*to see*	**veo**

c → -zco

agradecer	*to thank*	agrade**zco**
conocer	*to know someone*	cono**zco**
(des)aparecer	*to (dis)appear*	desapare**zco**
(des)obedecer	*to (dis)obey*	obede**zco**
conducir	*to drive*	condu**zco**
producir	*to produce*	produ**zco**
traducir	*to translate*	tradu**zco**

g → jo

coger	*to pick, take*	co**jo**
escoger	*to choose*	esco**jo**
proteger	*to protect*	prote**jo**
dirigir	*to manage*	diri**jo**
exigir	*to demand*	exi**jo**

Verbos con cambios en el radical

Muchos verbos cambian la vocal del radical a un diptongo en el presente del indicativo y del subjuntivo. Este cambio no afecta las formas de **nosotros** y **vosotros**.

Cambio e → ie	**-ar**		**-er**		**-ir**	
empezar	cerrar	*to close*	defender	*to defend*	advertir	*to warn*
emp**ie**zo	comenzar	*to start*	encender	*to light, turn on*	divertir(se)	*to have*
emp**ie**zas	despertar(se)	*to wake*	entender	*to understand*		*a good time*
emp**ie**za		*someone,*	perder	*to lose*	mentir	*to lie*
empezamos		*to wake up*	querer	*to want, love*	preferir	*to prefer*
empezáis	negar	*to deny*			sentir	*to feel (sorry)*
emp**ie**zan	pensar	*to think*				
	quebrar	*to break*				

Cambio o → ue	**-ar**		**-er**		**-ir**	
poder	acordar	*to agree*	devolver	*to give back*	dormir	*to sleep*
p**ue**do	almorzar	*to have lunch*	mover	*to move*	morir	*to die*
p**ue**des	contar	*to tell, count*	resolver	*to solve*		
p**ue**de	encontrar	*to find, meet*	soler	*to be used to,*		
podemos	jugar	*to play*		*tend to*		
podéis	mostrar	*to show*	volver	*to come back*		
p**ue**den	probar	*to try, taste*				
	recordar	*to remember*				
	soñar	*to dream*				

Cambio e → i	-ir	
servir	pedir	to ask for
sirvo	reír	to laugh
sirves	repetir	to repeat
sirve	seguir	to follow
servimos	sonreír	to smile
servís		
sirven		

Cambio ui → uy	-ir	
distribuir	construir	to build
distribuyo	destruir	to destroy
distribuyes	huir	to run away
distribuye	incluir	to include
distribuimos		
distribuís		
distribuyen		

Verbos irregulares

dar	to give	doy	das	da	damos	dais	dan
decir	to say	digo	dices	dice	decimos	decís	dicen
estar	to be	estoy	estás	está	estamos	estáis	están
ir	to go	voy	vas	va	vamos	vais	van
oír	to hear	oigo	oyes	oye	oímos	oís	oyen
oler	to smell	huelo	hueles	huele	olemos	oléis	huelen
ser	to be	soy	eres	es	somos	sois	son
tener	to have	tengo	tienes	tiene	tenemos	tenéis	tienen
venir	to come	vengo	vienes	viene	venimos	venís	vienen

PRÁCTICA

A. Un vuelo internacional. El aterrizaje de un avión es siempre un momento de muchos preparativos y todos se sienten muy nerviosos. Complete las oraciones con el presente del indicativo del verbo indicado.

El avión 1. (empezar) _____ a descender. Yo 2. (coger) _____ mi maletín. Los auxiliares de vuelo 3. (ir) _____ y 4. (venir) _____, asegurando que todo está en orden. Algunos pasajeros 5. (reírse) _____ porque están muy nerviosos. El piloto 6. (anunciar) _____ la llegada. Los auxiliares de vuelo 7. (distribuir) _____ las declaraciones de aduana. Yo 8. (tener) _____ que declarar la cámara que 9. (traer) _____ para mi hermano. Yo le 10. (ofrecer) _____ ayuda a una señora que no 11. (hablar) _____ español. 9. Ella pregunta, "¿Tú me 12. (poder) _____ decir a qué hora 13. (llegar) _____ el avión a Madrid? 14. ¿(Conocer) _____ tú la ciudad?" Algunos pasajeros 15. (continuar) _____ el viaje de Madrid a Barcelona.

B. Para estar cómodos. Use los verbos siguientes u otros originales para decir qué comodidades exigen *(require)* los siguientes pasajeros de una línea aérea. Explique sus respuestas.

> **Modelo:** Un hombre o una mujer de negocios **pide** una conexión al Internet **porque quiere trabajar durante el vuelo**.

pedir	preferir	insistir en
requerir	necesitar	querer
exigir		

1. un hombre o una mujer de negocios
2. una famosa figura pública
3. una madre con niños pequeños
4. un matrimonio que va de viaje

a. películas
b. bebidas gratis
c. música estereofónica
d. un DVD de Shrek II
e. vinos selectos
f. mucho espacio entre asientos
g. tranquilidad
h. tarifas bajas
i. cabina con mucha amplitud
j. reserva anticipada del asiento
k. tapones *(plugs)* para los oídos

¿Qué cosas exige Ud. cuando viaja por avión? Pregúnteles a dos compañeros de clase cuáles son las dos comodidades más importantes que ofrecen las líneas aéreas.

C. En la estación de Atocha. Una viajera llega a la estación de trenes de Atocha en Madrid, pensando que todavía puede tomar el tren expreso para Segovia, pero se equivoca *(is mistaken)*. Complete las oraciones del diálogo lógicamente con los verbos de la lista o con otros que Ud. desee. También, invente líneas adicionales para el diálogo, según las indicaciones que siguen.

deber	agradecer	salir	desear	poder
hacer	querer	tener	ser	hay

▶ *Estación de trenes Atocha, en Madrid, España*

EL AGENTE:	¿En qué _____ servirle?
LA VIAJERA:	_____ un boleto para el expreso a Segovia.
EL AGENTE:	A esta hora ya no _____ trenes expresos. El próximo tren _____ varias paradas *(stops)*.

Al escuchar esto, la viajera se pone nerviosa y agitada y le explica al agente por qué le urge llegar a Segovia cuanto antes *(as soon as possible)*. Invente la explicación de la señora. Invente también la reacción del agente a lo que le dice la viajera.

LA VIAJERA: _____

_____

EL AGENTE: _____

_____

LA VIAJERA:	¿A qué hora _____ el primer expreso mañana?
EL AGENTE:	A las ocho de la mañana, pero Ud. _____ estar en la estación a las siete y media.
LA VIAJERA:	De acuerdo. ¿ _____ Ud. decirme si el tren _____ coche comedor?
EL AGENTE:	¡Por supuesto! El servicio de comedor _____ muy bueno.
LA VIAJERA:	Le _____ mucho su ayuda.

D. Cuando llegan las vacaciones. Complete las siguientes oraciones según el modelo.

> **Modelo:** Si tengo que seleccionar un lugar de vacaciones (yo escoger)… porque…
> …*yo escojo un lugar tranquilo en las montañas porque me gusta caminar y admirar el paisaje.*

1. Si tengo que seleccionar un lugar de vacaciones (yo escoger)… porque…
2. Si voy a ir a un espectáculo nocturno (yo preferir)… porque…
3. Si quiero bailar y divertirme (yo ir a)… porque…
4. Si me invitan a una discoteca en Madrid (yo tener que)… porque…

LOS USOS DEL PRESENTE DEL INDICATIVO

El presente habla generalmente de **ahora, en este momento, actualmente.** Sin embargo, el concepto del presente se extiende para cubrir un futuro pensado como presente (N° 3) o un pasado visto como presente (N° 4). El uso del tiempo presente es mucho más frecuente en español y equivale en inglés al presente simple, presente enfático y al presente progresivo. (**Hablo** = *I speak, I do speak, I am speaking.*)

El presente del indicativo expresa...	Ejemplos
1. una acción que ocurre al momento de hablar.	Como **llueve** tanto, el vuelo no **puede** despegar.
	En este momento **estudiamos** el mapa de la ciudad.
2. acciones generales o habituales.	Le **gusta** leer libros de viajes.
	Los muchachos **se reúnen** en el café todos los viernes.

3. una acción en un futuro cercano.

Vuelven a la una para almorzar.

Mañana **salimos** para Chile.

4. el presente histórico: hace más vívida la narración de acciones pasadas.

En agosto de 1945 **estallan** las primeras bombas atómicas sobre las islas del Japón. Las explosiones **causan** un gran número de muertes y **traen** la destrucción de ciudades enteras.

PRÁCTICA

A. En la aduana. Marisa acaba de llegar a España para pasar unas semanas con su hermano Eugenio, que vive allí. Habla por teléfono con Eugenio para anunciar su llegada. Traduzca el inglés al español, usando el tiempo presente para expresar acciones que ocurren al momento de hablar.

¡Hola, Eugenio! *I'm calling you* _____ para avisarte que estoy en el aeropuerto y que *I'm going through customs* _____ en este momento. ¡Qué proceso más interesante! El aduanero *is inspecting* _____ todo: maletines, bolsas, computadoras, hasta los zapatos de tenis de los niños. El pasajero que está delante de mí *is showing* _____ su pasaporte y el oficial *is asking (hacer)* _____ muchas preguntas. No sé qué, pero algo importante *is happening* _____ aquí, Eugenio. El pasajero *is getting (ponerse)* _____ muy nervioso, otro inspector *is coming over (acercarse)* _____ y tres policías *are observing* _____ todo con mucho interés. Ay, hermano, esto *is getting (volverse)* _____ serio, como de película. ¡Ay, no lo vas a creer, pero....!

Use la imaginación y el tiempo presente para continuar esta historia.

_____

_____

B. Me voy mañana. Marisa, de la práctica anterior, se entera de *(finds out about)* que su esposo necesita una operación urgentemente y por eso ella tiene que volver a EE.UU. Habla con su hermano Eugenio sobre su viaje. Haga el papel de Marisa y conteste las preguntas de su hermano, usando el tiempo presente para expresar el futuro cercano.

Eugenio	*Marisa*
1. ¿Qué vas a hacer?	(Salir)_____ para Nueva York cuanto antes.
2. ¿Vas a ir a la casa?	No, (ir) _____ directamente al hospital.
3. ¿Van a operarlo?	Sí, la operación (ser) _____ mañana a primera hora.
4. ¿Vas a llegar a tiempo?	Si el avión aterriza a tiempo, (estar) _____ a su lado cuando se despierte.
5. ¿Vas a quedarte mucho tiempo?	_____
6. ¿Cuándo vas a volver a España?	_____

C. La historia. Use el presente histórico para narrar algunos momentos importantes del pasado. Puede usar el uso N° 4 de esta página como modelo. Algunas opciones son:

La Guerra Civil Española: En julio de 1936…
La Guerra Civil de Estados Unidos: En abril de 1861…
La caída del Muro de Berlín: En noviembre de 1989…
El asesinato del presidente John Fitzgerald Kennedy: En noviembre de 1963…

 D. Mi ciudad natal. Muchas personas piensan que la ciudad donde pasaron la infancia es muy atractiva.

1. **Estudiante A:** Piense un momento en su ciudad natal y dígale a un(a) compañero(a) lo siguiente.
   a. de qué ciudad / pueblo es Ud.
   b. en qué mes del año hay que visitarla(lo)
   c. qué lugares de diversión debe conocer y a qué hora debe ir a ellos
   d. cuáles son los edificios principales de este lugar
   e. una pregunta original

2. **Estudiante B:** Infórmele a la clase sobre la ciudad natal de su compañero(a).

E. Encuesta. Hágale a un(a) compañero(a) la siguiente encuesta, indicando las respuestas con una equis (X). Después compare sus respuestas con las de su compañero(a).

ENCUESTA

1. Cuando haces un viaje…
   a. ¿_____ (viajar) en avión?
   b. ¿_____ (tomar) el tren?
   c. ¿_____ (ir) en coche?

2. Cuando vas de vacaciones…
   a. ¿_____ (preferir) viajar solo(a)?
   b. ¿_____ te (gustar) ir con tu familia o con compañeros?
   c. ¿_____ (querer) estar con un grupo turístico organizado?

3. En un viaje en avión…
   a. ¿_____ (facturar) el equipaje?
   b. ¿_____ (llevar) un maletín y una maleta?
   c. ¿_____ (usar) sólo una mochila?

4. Para pasar el tiempo en el avión…
   a. ¿_____ (leer) revistas?
   b. ¿_____ (charlar) con las personas que están a tu lado?
   c. ¿_____ (ver) la película que pasan y que posiblemente ya has visto?

5. Cuando el avión aterriza…
   a. ¿_____ (salir) inmediatamente?
   b. ¿_____ (esperar) tu turno para salir?
   c. ¿_____ (quedarse) sentado hasta que todos salgan?

Si tienes 3 o 4 equis (X) para **a.**, eres una persona solitaria que prefiere no hacer amistades en un viaje.

Si tienes 3 o 4 equis (X) para **b.**, eres una persona amigable y cortés y te gusta la compañía en los viajes.

Si tienes 3 o 4 equis (X) para **c.**, eres a veces una persona poco práctica o que está dispuesta a aceptar lo que ofrecen sin protestar.

F. Si esto le sucede a Ud. Cuando viajamos al extranjero, nos pueden pasar muchas cosas imprevistas *(unforeseen)*. En parejas, refiéranse al siguiente anuncio y hagan las actividades a continuación.

1. Antes de leer el párrafo sobre Europ Assistance, usen las palabras siguientes para describir lo que ofrece esta compañía.

proteger	atención médica	enfermedad
accidente	ayudar	asistencia
hospital		

Esta noche han empezado a darme unos calambres en el estómago. Luego comenzaron los vómitos. Teresa sintió los mismos síntomas un poco más tarde y ahora, a las 6 de la madrugada, estamos encendidos de fiebre. El niño duerme tranquilo. No cenó lo mismo que nosotros. Ni siquiera sabemos cómo pedir un médico. En este hotel sólo hablan alemán. Supongo que comprenderán que estamos enfermos pero, ¿adónde nos llevarán?, ¿cuándo?, ¿qué nivel de cuidados médicos vamos a recibir?... ¿qué será del niño?...

Hechos como éste pueden ocurrir. Ocurren. Problemas de enfermedad, accidentes, robos y una multitud de incidentes de viaje. En todo el mundo y también en nuestro país. *Europ Assistance* es una compañía de asistencia al viajero. Es la primera, la inventora, la mayor y más experimentada de las compañías de asistencia.

Europ Assistance actúa, paga, resuelve sobre el terreno, en el momento en que está ocurriendo el contratiempo°. Está con el viajero abonado° y no lo deja hasta que éste pueda seguir el viaje o haya sido repatriado a su lugar de origen.

mishap
subscribed

2. Contesten las preguntas según el artículo.
  a. Identifiquen a las personas en el artículo. ¿Dónde están? ¿Por qué están allí?
  b. Describan los síntomas que sienten. ¿Por qué no se siente mal el niño?
  c. ¿Cuáles son dos preocupaciones de estas personas?
  d. ¿Qué es Europ Assistance? Comparen su respuesta con la que dieron antes de leer el artículo. ¿Tenían razón? ¿Cuáles son tres de los servicios que ofrece Europ Assistance?
  e. ¿Cuáles son algunos de los problemas que pueden surgir *(arise)* durante un viaje al extranjero? ¿Qué medidas *(measures)* se pueden tomar para evitar que surjan?
  f. ¿Cuáles son los problemas más graves que Uds. han tenido al viajar? ¿Cómo los resolvieron?

G. Los secretos de la noche en Madrid. Ud. y su compañero(a) acaban de llegar a Madrid y quieren conocer la vida nocturna madrileña. Deciden consultar el periódico *El País,* que tiene una sección especial esta semana, "Los secretos de la noche, Madrid".

LOS SECRETOS DE LA NOCHE — MADRID

		LA MEJOR HORA	CUÁNTO CUESTA	UNIFORME	ESTILO DE GENTE	QUÉ TOMAR	EN RESUMEN
C E N A R	*El Almendro* El Almendro, 2	Las diez. Mucha gente y poco sitio.	6 € por barba.	Vaqueros y deportivas.	Jóvenes, turistas, estudiantes.	Rosca de carne, huevos con jamón y patatas.	Económico y sin pretensiones.
	Antigua Concha Espina, 39	De once a cuatro de la madrugada. Reservar.	Menú, 9 € Cena, 15 € Copas, 5 €	Ropa informal pero de marca.	Variopinto, tirando a pijo. Chicos bien y niñas monas.	Pasta Antigua, pollo Jamaica, ensaladas.	Inédito. Al mando de José Coronado
	Caripen Plaza de la Marina Española, 4	Cenas hasta las tres de la madrugada.	20-25 € Dejarse aconsejar.	Todo vale: traje oscuro; minifalda con alzas; pelucas.	Elegante y extravagante.	*Foie,* mejillones, raya. Buena bodega.	Ver y dejarse ver.
C O P A S	*Cock* La Reina, 16	A las dos de la madrugada hierve.	6 € los combinados.	Evitar el desarreglo. Nada de *grunge* o rock.	Famosos, intelectuales, curiosos.	Mojito.	Elegante a diario. Repleto en fin de semana.
	Swing San Vicente Ferrer, 23	La hora punta, las 0.30.	Entrada conciertos, 7 € Cerveza, 4 €	No hay nada escrito. Nadie desentona.	Mezclado, según el concierto de esa noche.	Combinados.	Desenfadado. Conciertos a las 22.30 y a las 23.30.
	Corazón Negro Colmenares, 5	Antes de la una, para sentarse.	Combinados, 9 € Cervezas, 7 €	Lo mejor, prendas sacadas de cualquier baúl.	Modernos, famosos, *gays.*	Combinados.	Original. Bajo la sombra de Paola Domínguín.
B A I L A R	*Ku* Princesa, 1	A partir de las tres de la madrugada.	Entrada, 9 € Combinados, 7 €	Siempre con marcas a la vista.	De todo entre 25 y 35 años.	Daiquiri.	El novísimo invento de Pepe Barroso.
	Kapital Atocha, 125	Las tres. Fiestas, los domingos por la tarde.	Entrada, 9 € Copas, 6 €	Según la planta, clásico o moderno.	Siete plantas con ambientes muy dispares.	Cóctel especial.	Gigante.
	Goa Mesonero Romanos, 13	A partir de las siete de la mañana.	Combinados, 5 €	Provocativo: gorras, camisetas, *shorts.*	Los más resistentes de la ciudad.	Coronitas con limón.	Demoledor.

1. Primero, pregúntele a su compañero(a) lo siguiente:
   a. a qué hora quiere salir
   b. cuánto desea gastar
   c. qué ropa piensa llevar
   d. qué tipo de gente desea ver (estudiantes, turistas, gente famosa o extravagante, etc.)
   e. si quiere cenar
2. Después consulten "Los secretos de la noche, Madrid" y decidan a cuál de los establecimientos pueden ir y por qué.

ESTRUCTURA 3: El tiempo futuro

LAS FORMAS DEL FUTURO

Se forma el futuro de los verbos regulares con el infinitivo y las siguientes terminaciones.

Infinitivo + Terminación = Futuro		
viajar	-é	viajaré
	-ás	viajarás
	-á	viajará
	-emos	viajaremos
	-éis	viajaréis
	-án	viajarán

Los verbos regulares que terminan en **-er** e **-ir** forman el futuro de la misma manera:

volver: volveré, volverás, volverá, volveremos, volveréis, volverán
subir: subiré, subirás, subirá, subiremos, subiréis, subirán

Algunos verbos son irregulares en el futuro. El radical cambia, pero las terminaciones son las mismas que las de los verbos regulares.

Cambio[1]	Infinitivo	Radical del futuro	Futuro
Se omite la **e** del infinitivo.	caber	cabr-	**cabré**
	haber	habr-	**habré**
	poder	podr-	**podré**
	querer	querr-	**querré**
	saber	sabr-	**sabré**

---

[1] Los verbos compuestos como **mantener**, **suponer**, y **deshacer** se conjugan con la misma terminación en el futuro: **mantendré**, **supondré**, **desharé**, etc.

La **d** reemplaza la	poner	pondr-	**pondré**
e o **i** del infinitivo.	salir	saldr-	**saldré**
	tener	tendr-	**tendré**
	valer	valdr-	**valdré**
	venir	vendr-	**vendré**
Irregular	decir	dir-	**diré**
	hacer	har-	**haré**

PRÁCTICA

A. El horóscopo del mes. Complete el horóscopo con el futuro del verbo indicado.

Capricornio
Ud. _____ (salir) de todas sus deudas mediante la oferta de trabajo que le _____ (ser) ofrecida muy pronto.

Cáncer
Un amigo _____ (venir) a buscarlo con planes para el futuro. _____ (Valer) la pena considerar su oferta.

Acuario
Busque la compañía de sus amigos. Ellos le _____ (ayudar) con sus problemas y su vida social _____ (comenzar) un nuevo ciclo.

Leo
Ud. _____ (sufrir) una traición _____ (Tener) que cuidar sus actos al hablar con parientes y amigos.

Piscis
Ud. _____ (sentir) que el estudio es aburrido y _____ (tener) dificultades, pero muy pronto _____ (poder) resolverlas.

Virgo
El día 15 Ud. _____ (recibir) la visita inesperada de un amigo que le _____ (contar) sus penas y _____ (haber) que consolarlo.

Aries
Ud. _____ (recibir) dinero. Aproveche para dar fiestas. Muy buenos amigos _____ (buscar) su compañía.

Libra
Uno de sus pasatiempos le _____ (producir) dinero y _____ (firmar) grandes contratos con compañías muy importantes.

Tauro
Sus planes _____ (empezar) a dar frutos. Ud. _____ (ganar) más dinero y _____ (hacer) el viaje soñado.

Escorpión
Sus planes de viaje _____ (tomar) un rumbo positivo. _____ (Conocer) Sudamérica y _____ (encontrar) la felicidad y el amor.

Géminis
Ud. _____ (tener) momentos de duras luchas interiores. No se desanime; no _____ (ser) nada muy grave.

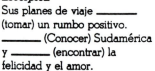

Sagitario
Piense antes de aceptar un trabajo; de lo contrario _____ (tener) muchos problemas que lo _____ (poner) en dificultades.

B. En un pequeño hotel de la Costa del Sol. El gerente está en el teléfono explicándole a una posible clienta las ventajas que tendrá si escoge el Hotel Pez de Oro. Complete la conversación, poniendo los verbos entre paréntesis en el futuro.

1. —¿Cómo es su hotel?

    —El Hotel Pez de Oro es pequeño, pero en él Ud. (encontrar) _____ todas las comodidades de los grandes hoteles.

2. —Las habitaciones, ¿tienen vista al mar?

    —¡Cómo no! Desde su habitación Ud. (tener) _____ una maravillosa vista de la playa.

3. —Y..., dígame, ¿hay muchos turistas?

    —Para esa época del año ya no (haber) _____ muchos turistas y Ud. y su familia (poder) _____ tener mucha tranquilidad.

4. —¿Es fácil llegar al hotel?

    —Ud. no (tener) _____ ningún problema para llegar al hotel y nosotros (estar) _____ atentos a su llegada.

5. —¿Qué otros servicios ofrece el hotel?

    —Nuestro servicio de comedor es excelente; ya lo (ver) _____ Ud. Y si desea, el camarero le (llevar) _____ el desayuno a su habitación. Ud. y su familia (estar) _____ como en su casa. Recuerde que si viene con su familia nosotros le (hacer) _____ un buen descuento.

6. —¿(Poder)_____ mis hijos usar el gimnasio? Son menores de dieciocho años.

    —Sí, (tener)_____ acceso a nuestro gimnasio entre las ocho y las diez de la mañana. También (poder-ellos)_____ participar en el mini-club, que ofrece muchas actividades para los nenes. Les (gustar)_____ mucho el club.

7. —Bueno, cuando reciba los folletos, los (leer-yo)_____. Si a mi familia le gusta la idea, yo le (llamar)_____ y (hacer)_____ reservaciones para la primera semana de junio.

 Basándose en la conversación anterior, en parejas escriban y representen un diálogo original. Esta vez resulta que el hotel es una pesadilla *(nightmare)* y el gerente no intenta esconder la verdad.

 C. El viaje ideal. Ud. y su amigo(a) tienen la oportunidad de hacer el viaje de sus sueños. También tienen un presupuesto *(budget)* ilimitado. ¿A dónde irán? En parejas, usen por lo menos diez de los verbos y las expresiones siguientes en el tiempo futuro. Usen la imaginación para decir qué harán. Pueden consultar el Internet para encontrar hoteles y vuelos. Preséntenle su viaje ideal a la clase.

ir	hacer escala	dar una propina	poder
viajar	aterrizar	comprar	visitar
salir	inscribirse	ver	
tener	pasar	verificar (hacer) las reservaciones	

Modelo: Nosotros haremos un viaje al norte de España. Visitaremos Oviedo y Cangas de Onís. Iremos en el verano porque hace calor. Nos quedaremos en el Hotel de la Reconquista porque de allí podremos recorrer toda la ciudad de Oviedo.

LOS USOS DEL FUTURO

Usamos el futuro para expresar...	Ejemplos
1. una acción que se predice o anticipa desde el momento presente.	El auxiliar de vuelo **servirá** bebidas después del despegue. El piloto anuncia que el vuelo **llegará** a tiempo a Málaga.
2. un sentido de mandato.	Te digo que **viajarás** mañana. Uds. **saldrán** conmigo.
3. una conjetura o probabilidad en el presente. Este uso del futuro se distingue del uso regular sólo por el contexto. No indica una acción que va a ocurrir, sino la probabilidad de una acción que en inglés se expresa con *probably*, *must* o *I suppose*.	—¿Qué hora es? —**Serán** las nueve. *(It is probably nine.)* —¿Por qué viaja tanto? —Le **gustará**. *(He must like it. I suppose he likes it.)*

Frecuentemente expresamos también la idea del futuro con...	Ejemplos
1. el presente, cuando la acción va a tener lugar en un futuro inmediato, a menudo con adverbios de tiempo.	Mañana **salimos** para Málaga. **Hago** la maleta inmediatamente.
2. **ir a + infinitivo.** Se usa mucho en la conversación como equivalente de *to be going to*.	**Van a quedarse** con el maletín.
3. el presente del verbo **querer+infinitivo** se usa para pedir o solicitar algo. (Inglés: *will*)	**¿Quieres ayudar?** *(Will you help?)*

PRÁCTICA

A. Cuando llegue ese día. Ud. está planeando un viaje al sur de España. Use el tiempo futuro para completar las siguientes oraciones. Note el uso del presente del subjuntivo con la conjunción **cuando**.

Modelo: Cuando tenga un momento libre, *iré a la agencia de viajes.*

1. Cuando hable con el agente de viajes…
2. Cuando llegue al aeropuerto…
3. Cuando tome asiento en el avión…
4. Cuando despegue el avión….
5. Cuando venga el asistente de vuelo…
6. Cuando hagamos escala en Madrid…
7. Cuando revisen el equipaje en la aduana…
8. Cuando por fin esté en mi hotel…

B. Planes. Ud. viaja al extranjero, y hay mucho que hacer para prepararse. ¿Qué cosas hará Ud. y cuándo?

> **Modelo:** El mes antes del viaje / llamar a la agencia…
>
> El mes antes del viaje **llamaré a la agencia de viajes para conseguir información sobre paquetes especiales.**

pedir información sobre… / conseguir el pasaporte / hacer reservaciones / comprar ropa nueva / leer las guías turísticas / verificar el vuelo / cancelar el periódico / ir al banco / llamar a la línea aérea

1. El mes antes del viaje
2. Una semana antes del viaje
3. Un día antes del viaje
4. El día del viaje

¿Cuáles son cuatro actividades más que Ud. hará para prepararse?

C. En la agencia de viajes. Ud. trabaja en una agencia de viajes y se pregunta por qué hoy precisamente todos los clientes desean confirmar, posponer, cambiar o cancelar sus reservaciones. Atienda las llamadas telefónicas de los clientes. Cambie los verbos entre paréntesis a la forma del futuro.

Primera llamada

—¡Aló! ¿Es la agencia de viajes?

—…

—Soy… Llamo para posponer mi reservación. En vez de partir el 15 de septiembre,… (yo / partir) el 18.

—…

Segunda llamada

—Señor(ita), necesito cambiar la fecha de salida de mi vuelo.

—…

—Tengo que salir dos días antes. ¿Cree Ud. que… (yo/poder) salir el 3 de noviembre?

—Lo siento, pero…

—…

Tercera llamada

—Tengo un pequeño problema y por el momento necesito cancelar mi viaje a las islas Canarias. Mañana lo (la)… (yo/llamar) para darle mi próximo itinerario.

—No se preocupe,…

—…

Cuarta llamada

—Buenos días, lo (la) llamo para confirmar mi viaje a… Hoy le (yo/enviar) un cheque por la suma total del viaje.

—¡Vale! Recuerde que…

—…

Una llamada original. Ahora, con un(a) compañero(a), escriban una conversación telefónica original, incorporando verbos en el futuro.

Más allá del aula

¿Piensa hacer un viaje?

Si su ciudad tiene una población hispana significativa, es probable que haya agencias de viajes que se dediquen a atender a los clientes hispanohablantes. Use las páginas amarillas y el Internet, y también consulte con su alcaldía *(city hall)* para saber si las hay y dónde están.

Si las hay, haga las actividades.

1. Si encuentra una agencia, vaya a visitarla y busque la información siguiente:
   - ¿Cuáles son los países a los que más viajan los clientes de la agencia? ¿Por qué?
   - ¿Cuáles son los nombres de las líneas aéreas nacionales de los siguientes países? España, México, Chile, Argentina
   - ¿Qué documento(s) se necesita(n) para viajar a los países mencionados anteriormente?

También, pídale al (a la) agente que le dé a Ud. algunos folletos *(brochures)* sobre vacaciones en España. (en español, por supuesto).

Ahora, busque en Internet información sobre vacaciones de diez días a España.

Escoja tres ciudades que va a visitar.

2. En cada lugar, escoja:
   - un hotel
   - tres actividades culturales que va a hacer
   - una actividad que va a hacer cada noche
   - tres restaurantes que quiere visitar
   - un recuerdo que va a comprar

http://sol.com/

http://www.parador.es/castellano/index.jsp

http://www.ya.com/

Comparta su información con la clase, y haga recomendaciones sobre un viaje ideal.

PREPARATIVOS

1. Lea la sección **¿Sabía Ud. que en España... ?**

2. Note el uso de la forma superlativa en la oración siguiente de la lectura: Mi mujer está **enfadadísima** de tanto esperar. ¿Cuándo está Ud. enfadadísimo(a)? ¿Felicísimo(a)? ¿Nerviosísimo(a)? ¿Preocupadísimo(a)?

3. Al terminar su carrera en la universidad, ¿espera conseguir un trabajo para toda la vida o piensa cambiar de trabajo de vez en cuando?

4. ¿Cree Ud. que los estadounidenses suelen "trabajar para vivir" o "vivir para trabajar"? Explique.

¿Sabía Ud. que en España... ?

■ **El botones** es un empleado del hotel que hace diferentes trabajos. Generalmente está delante del hotel para ayudar a los clientes a llevar las maletas, abrir las puertas, conducirlos a sus habitaciones, etc. El término "botones" viene de los muchos botones que tradicionalmente se encuentran en los uniformes que lleva.

El botones atiende a un cliente. ▶

Un puesto de botones para toda la vida

Una de las preocupaciones que con mayor frecuencia perturba° la vida del ciudadano español es la de conseguir un trabajo para toda la vida. Al español le gustan poco las aventuras dentro del mundo del trabajo, quizá por el problema universal del desempleo° o quizá porque le gusta **más** "trabajar para vivir" **que** "vivir para trabajar". En ocasiones uno acaba encariñándose° con el ambiente familiar del trabajo y pueden ocurrir situaciones tan complicadas como la siguiente.

disturbs
unemployment
endearing oneself

	GERENTE:	Don Pedro, hágame el favor de subir las maletas a la 309.
	BOTONES:	Pero... si hace más de diez minutos que las he subido.
	GERENTE:	¿Está Ud. seguro de lo que dice?
profession *accident*	BOTONES:	Naturalmente, ¡hombre! Hace más de cuarenta años que estoy en este oficio° y todavía no he tenido ni un percance°.
	GERENTE:	Asegúrese Ud. bien porque no quiero **más** problemas **de** los que tengo.

(*El cliente de la 309 llama por teléfono a la recepción.*)

incredibly angry	CLIENTE:	Por favor, ¿cuándo van a subir nuestras maletas? Mi mujer está **enfadadísima**° de tanto esperar.
where the heck	GERENTE:	No se preocupe señor, dentro de unos minutos las tendrá en su habitación. (*De nuevo hablando con el botones.*) Don Pedro, ¿es que no es Ud. capaz de recordar dónde demonios° ha metido las maletas?
raise your voice	BOTONES:	Mire, jefe, ya le he dicho que no me alce la voz°, que soy **el más** viejo **de** esta casa y sé muy bien lo que hago.
	GERENTE:	Puede Ud. decir todo lo que quiera, pero si no aparecen esas maletas, ya veremos qué es lo que pasa.
bossy *retire*	BOTONES:	¡Esta juventud! ¡Lo que tengo que ver a mis años! Si en lugar de un niño mandón° como Ud. estuviera su padre, ya se habrían encontrado las maletas que yo he subido a la 309. Con su manía de que estoy viejo y que tengo que jubilarme°, Ud. va a acabar volviéndome loco.
resign	GERENTE:	El único que se va a volver loco aquí soy yo. Mañana mismo pido la baja°...

(*El cliente de la 309 llama por teléfono a la recepción otra vez.*)

	CLIENTE:	Eh... por favor, disculpe Ud. El error ha sido el nuestro. Es que acabo de notar que estamos en la habitación 306, no la 309.

COMPRENSIÓN Y PRÁCTICA

A. ¿Verdadero o falso? Si la oración es falsa, diga por qué.

1. V_____F_____ El español suele cambiar de trabajo con frecuencia.
2. V_____F_____ La filosofía laboral de muchos españoles es "trabajar para vivir".
3. V_____F_____ El botones en la lectura es mayor que su jefe.
4. V_____F_____ Hace treinta años que don Pedro trabaja de botones.
5. V_____F_____ Don Pedro y su jefe se tratan el uno al otro con respeto.
6. V_____F_____ El cliente de la habitación 309 quiere su equipaje.

B. ¿Y Ud., qué opina? Conteste las siguientes preguntas.

1. ¿Por qué cree Ud. que a los españoles les gusta tener un trabajo para toda la vida? ¿Qué opina Ud. de esta manera de pensar?
2. ¿En qué tipo de hotel piensa Ud. que trabaja don Pedro? ¿Por qué?
3. ¿Qué le parece la relación entre el gerente y el botones? ¿Piensa Ud. que puede existir una relación de trabajo similar en Estados Unidos?
4. ¿Qué es un hotel de cinco estrellas? ¿Piensa Ud. que hay grandes diferencias entre un hotel de cinco estrellas y uno de dos estrellas? ¿Cuáles serán?
5. ¿Cuál es la diferencia entre un hotel y un motel?

C. ¡Charlemos! En parejas o en grupos, hagan las actividades a continuación.

1. Con un(a) compañero(a) hagan los papeles del cliente y su esposa en la lectura anterior. En el vestíbulo *(lobby)* del hotel Uds. se quejan *(complain)* en voz alta a don Pedro de la condición de su habitación, del servicio y de los precios en el menú del restaurante.

2. ¿Qué es lo que dicen los empleados cuando los clientes no están presentes? En grupos, representen una escena en la cocina o en la oficina central del hotel.

> **Modelo:** COCINERO: Otra vez me traes la paella de la señora esa. ¿De qué se queja esta vez?
>
> CAMARERO: Lo siento, pero esta vez pide más pollo.

ESTRUCTURA 4: Las comparaciones

LAS COMPARACIONES DE SUPERIORIDAD E INFERIORIDAD

Para expresar comparaciones de superioridad e inferioridad se usa **más** o **menos** en las fórmulas siguientes.

más/menos +	adjetivo + **que**	Los aviones del futuro serán **más** cómodos **que** los aviones de hoy. (adjetivo)
	adverbio + **que**	El Porsche va **más** rápido **que** el Taurus. (adverbio)
	sustantivo + **que**	En este autobús cabrán **menos** pasajeros **que** en el primero. (sustantivo)
verbo + **más/menos que**		Tú viajas en avión **más que** yo pero viajas en tren **menos que** yo.
más/menos de +	número cantidad	La compañía gastará **más de** 5 millones en este proyecto.
		Creo que lo compraron por **menos de** la mitad del precio.

Atención:

1. La palabra comparativa *than* se expresa con **que**. Delante de un número o una cantidad se expresa con **de**.

2. Al contrario del inglés, después de **más que** y **menos que** se usan los negativos **nunca, nadie, nada** y **ninguno**.

Necesito dinero **más que nunca**.	*I need money more than ever.*
Yo trabajo **más que nadie**.	*I work more than anyone.*

Ciertos adjetivos y adverbios muy comunes no emplean **más** o **menos** en las comparaciones. Las siguientes formas son irregulares.

Las comparaciones irregulares

Adjetivo	Adverbio	Forma comparativa
bueno (buen)	bien	mejor
malo (mal)	mal	peor
poco	poco	menos
mucho	mucho	más
pequeño		menor
grande (gran)		mayor

Atención:

1. Cuando **bueno** y **malo** se refieren al carácter de una persona y no a la calidad de una cosa, se usan las formas regulares.

    CARÁCTER: Jorge es **mucho más bueno** que tú: no se enfada nunca.

    Esa mujer es aún **más mala** que las otras.

    CALIDAD: La segunda película fue **mejor** que la primera.

    Mi salud está **peor** que ayer.

2. Cuando los adjetivos **grande** y **pequeño** se refieren a tamaño y no a edad, se usan las formas regulares.

    TAMAÑO: Esa maleta es **más grande** que aquélla.

    Este aeropuerto es aún **más pequeño** que el aeropuerto de Valencia.

    EDAD: Soy **mayor** que tú por un día. Mi tía es **menor** que mi papá.

PRÁCTICA

A. Hay muchas opciones. Cuando Ud. va de viaje tiene varias opciones. Use **más** o **menos** para comparar lo siguiente según el modelo.

Modelo: viajar en coche / viajar en tren (¿flexible? ¿rápido? ¿interesante?)
Me gusta más viajar en coche que viajar en tren porque es más rápido. Puedo parar donde y cuando quiero.

o

Me gusta más viajar en tren porque es más interesante que viajar en coche. Puedo conocer a mucha gente en el tren.

1. hacer turismo *(sightsee)* en autobús / hacer turismo a pie (¿divertido? ¿económico? ¿aburrido?)

2. hacer un viaje en grupo / hacer un viaje independiente (¿limitado? ¿eficiente? ¿flexible?)

3. quedarse en un hotel / quedarse en una pensión (¿económico? ¿cómodo? ¿grande?)
4. comer en un restaurante / comer en una cafetería (¿caro? ¿interesante? ¿conveniente?)

B. Escoger un hotel en Marbella, España. Ud. y un(a) compañero(a) están en Marbella y no saben qué hotel escoger. Lean los siguientes anuncios del Hotel Crillón y del Hotel Orillas del Mar y escriban seis oraciones en las que comparen: a. el precio, b. la cercanía al mar, c. las comodidades, d. el tamaño de ambos hoteles. Luego, infórmenle a la clase de qué hotel escogieron y expliquen por qué.

Verbos útiles: estar, ofrecer, contar con, costar, hay, tener, ser, encontrarse

Modelo: El Hotel Crillón está más lejos del mar, pero ofrece...

Hotel Crillón
- a cinco kilómetros de la playa
- 250 habitaciones cómodas
- restaurante y cafetería
- cancha de tenis
- una piscina olímpica
- 200 euros al día

Hotel Orillas del Mar
- en la playa
- 100 habitaciones de lujo
- dos restaurantes de lujo
- dos canchas de tenis
- tres piscinas grandes
- 350 euros al día

C. Datos personales. En el avión hacia Barcelona, Ud. empieza a hablar con el (la) pasajero(a) sentado(a) a su lado. Ud. le hace muchas preguntas sobre su familia y su vida en general. Hágale preguntas a un(a) compañero(a). Cuando él (ella) le conteste, compare sus datos con los de Ud.

Modelo:

UD: ¿Tiene Ud. una familia grande?
EL (LA) PASAJERO(A): Sí. tengo tres hermanos.
UD: Yo tengo cuatro hermanos. Yo tengo más hermanos que Ud.

Las comparaciones de igualdad

Para expresar una comparación de igualdad usamos **tan** o **tanto(a, os, as)** en las fórmulas siguientes.

as . . . as

tan + adjetivo + **como**

tan + adverbio + **como**

—¿Serán menos seguros los aviones del futuro que los aviones actuales?
—No. Serán **tan** seguros **como** los actuales.
—¿Volarán más rápido que los actuales?
—No. Volarán **tan** rápido **como** los actuales.

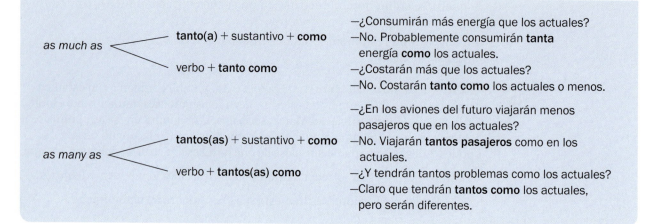

as much as	tanto(a) + sustantivo + como	—¿Consumirán más energía que los actuales? —No. Probablemente consumirán **tanta** energía **como** los actuales.
	verbo + **tanto como**	—¿Costarán más que los actuales? —No. Costarán **tanto como** los actuales o menos.
as many as	tantos(as) + sustantivo + como	—¿En los aviones del futuro viajarán menos pasajeros que en los actuales? —No. Viajarán **tantos pasajeros** como en los actuales.
	verbo + **tantos(as) como**	—¿Y tendrán tantos problemas como los actuales? —Claro que tendrán **tantos como** los actuales, pero serán diferentes.

PRÁCTICA

A. Todo igual. Dos turistas comentan su experiencia en un hotel en Marbella. Exprese comparaciones de igualdad según el modelo.

> **Modelo:** Los huéspedes son simpáticos. (el personal)
> Sí, los huéspedes son tan simpáticos como el personal.

1. Ofrece varias excursiones en barco. (autobús)
2. Hay muchos norteamericanos en el hotel. (españoles)
3. El restaurante es muy económico. (la cafetería)
4. Los jardines son bonitos. (los patios)
5. Venden revistas internacionales en la tienda. (periódicos)

B. Avianca, Iberia y Aeroméxico. Lea con atención los servicios que ofrecen las compañías de aviación Avianca, Iberia y Aeroméxico y exprese una comparación de igualdad.

> **Modelo:** Avianca e Iberia tienen treinta y seis vuelos diarios. Aeroméxico tiene treinta.
>
> Avianca tiene tantos vuelos como Iberia, pero Aeroméxico no tiene tantos vuelos como Avianca o Iberia.

1. Avianca y Aeroméxico tienen quince pilotos. Iberia tiene dieciséis.
2. Los aviones de Iberia y Aeroméxico son modernos. Los de Avianca son menos modernos.
3. Avianca y Aeroméxico tienen cuarenta aviones. Iberia tiene cincuenta.
4. Los asistentes de vuelo de Aeroméxico e Iberia trabajan diez horas al día. Los asistentes de vuelo de Avianca trabajan sólo ocho horas al día.

El superlativo

Para formar el superlativo de...

1. adjetivos, se añade el artículo definido (**el, la, los, las**) a la forma comparativa.

Adjetivo	Comparativo	Superlativo	
pesado (*heavy*)	más pesado	el más pesado	Esta maleta es **la más pesada.**
bueno	mejor	el mejor	Éstas son **las mejores ofertas** de viaje. (calidad)
malo	peor	el peor	Éstos son **los peores** asientos del avión. (calidad)

2. adverbios, se usa la construcción **lo más + adverbio.**

Adverbio	Comparativo	Superlativo	
claramente	más claramente	lo más claramente	Repite el mensaje **lo más claramente** posible.
bien	mejor	lo mejor	Hágalo **lo mejor** que pueda.

Para expresar...

1. el superlativo en relación con otros elementos, se usa la forma superlativa seguida de la preposición **de** (inglés: *in* o *of*).

artículo + **más** + adjetivo + **de**	Este viaje es **el más barato de** todos.
o	Marta es **la menos alta de** las chicas.
menos	Uds. son **los más inteligentes de** la clase.

2. un superlativo independiente, se puede usar la siguiente construcción.

muy			Este viaje es **muy** barato.
sumamente		adjetivo	Marta es **sumamente** alta.
extraordinariamente	+	o	Ana es **extraordinariamente** inteligente.
extremadamente		adverbio	Vive **extremadamente** lejos.
adjetivo + **-ísimo(a, os, as)**[1]			Es una ciudad **hermosísima.**
			Me compró un regalo **carísimo.**
adverbio + **-ísimo**			Esta visita fue **muchísimo** más corta que la de ayer.
			Me acosté **tempranísimo.**

---

[1] Se suprime la vocal final del adjetivo y se añade **–ísimo(a, os, as)**. Algunas formas sufren cambios.

z → c:	feliz → **felicísimo**	**c → qu:**	rico → **riquísimo**
g → gu:	largo → **larguísimo**	**ble → bil:**	amable → **amabilísimo**

LA CASA DE MUÑECAS

Está en su casa. Refiriéndose a la imagen en la cubierta y en la cubierta interior *(cover and inside cover)* de *Nuevos horizontes*, haga la siguiente actividad. Con un(a) compañero(a) escojan dos habitaciones de la casa de muñecas para comparar. Incluyan:

Tres comparaciones de superioridad (más)

Tres comparaciones de inferioridad (menos)

Tres comparaciones de igualdad (tan, tanto, a, os, as)

Dos superlativos

Compartan sus descripciones con la clase.

PRÁCTICA

A. Los planetas que nos rodean. Es posible que en el futuro no muy lejano, Ud. pueda planear un viaje interplanetario. Por eso es importante informarse sobre los planetas. Complete las oraciones con una expresión de inferioridad, superioridad, igualdad o con el superlativo. Cada espacio en blanco requiere una palabra.

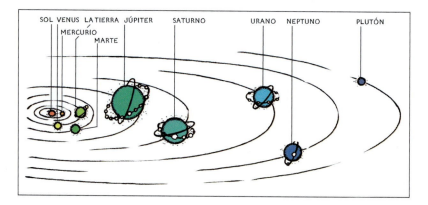

1. De todos los planetas, Júpiter es _____ _____ grande.
2. Mercurio es _____ pequeño _____ Saturno.
3. Júpiter tiene _____ lunas _____ la Tierra; tiene más _____ once lunas.
4. La temperatura de la Tierra es 59°F; la de Marte, 55°F. Es decir, Marte es casi _____ caliente como la Tierra. En 1970 los científicos rusos midieron una temperatura de 885°F en Venus, comprobando que este planeta es _____ _____ caliente _____ todos.

5. El "día" de un planeta es el tiempo que dura una rotación sobre su eje. Un día en Júpiter dura un poco menos _____ diez horas; mientras que un día en Venus dura más _____ 243 días terrestres. Un día en la Tierra es _____ largo que uno en Júpiter, pero _____ largo que uno en Venus.

6. El "año" de un planeta es el tiempo que dura una revolución alrededor del sol. Un año en Mercurio dura casi ochenta y ocho días; una revolución de Plutón dura 249 de nuestros años terrenales. Un año en Mercurio es muchísimo _____ corto _____ un año en Plutón. Un hecho interesante: una rotación de Venus sobre su eje dura 243 días, mientras una revolución alrededor del sol dura sólo 225 días. Es decir, su "día" dura _____ tiempo _____ su "año".

 B. El mejor y el peor de todos. Con su compañero(a), intercambien ideas sobre el mejor y el peor en estas categorías.

> **Modelo:** un cómico de la televisión
> —*¿Quién crees que es el mejor cómico de la televisión?*
> —*David Letterman.*
> —*¿Por qué?*
> —*Porque es muy chistoso* (funny) *cuando entrevista a personas famosas.*
> —*Y…¿quién o qué crees que es el (la) peor en estas categorías?*

1. una película que ha visto
2. el (la) cantante del año
3. la canción del momento
4. un libro que ha leído
5. un grupo musical
6. un viaje que ha hecho

C. Un viaje interesantísimo. Ud. ha estado en lugares que le han llamado mucho la atención. Escriba una descripción de un país, una ciudad o un pueblo que Ud. conoce y que le ha fascinado. No se olvide de emplear los superlativos (**el / la / los / las más, muy, sumamente, extraordinariamente, -ísimo**) para expresar su admiración. Compártala con la clase.

> **Modelo:** Bolivia es un país *sumamente* interesante. Su capital es La Paz. La ciudad está a 12.000 pies de altura. Es la capital *más* alta del mundo. Las montañas que rodean la ciudad son *altísimas*. La Paz es una ciudad colonial de calles *muy* estrechas que tienen un encanto *muy* especial.

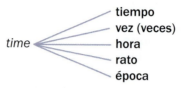

¡OJO CON ESTAS PALABRAS!

time
- tiempo
- vez (veces)
- hora
- rato
- época

En español hay varias maneras de expresar la palabra *time*.

tiempo   *a period or duration of time*

> —¿Cuánto **tiempo** estarás en Cuba?
> —Voy por poco **tiempo**.

> *time in the abstract*

> —¿Tienes **tiempo** para acompañarme a la agencia de viajes?
> —¡Claro que sí!

una vez   *once, one time*

cada vez   *each time*

otra vez   *once again*

> —Sólo **una vez** me dijiste que me querías.
> —**Cada vez** que quiero decírtelo, estás ocupada.
> —Bueno, dímelo **otra vez**.

veces   *times, occasions*

a veces   *sometimes*

> —¿Ha estado Ud. muchas **veces** en Málaga?
> —Sí, **a veces** voy por negocios, pero hace mucho tiempo que no voy.

hora   *time of day*

> —¿Qué **hora** es ? / ¿Tiene Ud. la **hora**?
> —Es la una en punto.

hora (de)   *the proper time to do something*

> —¿Ya es **hora de** comer?
> —¡Claro que ya es **hora**!

rato   *a short time, a while*

> —¿Cuándo vuelven?
> —Volvemos dentro de **un rato**.

época   *time during a season, historical time*

> En esta **época** los vuelos son más baratos.
> En la **época** de nuestros abuelos no se podía viajar en avión.

Atención: To express the concept of *to have a good time* use the expressions **divertirse** and **pasarlo bien**.

> —Las vacaciones son para **divertirse**, ¿verdad?
> —¡Pero si tú **te diviertes** todo el año!
> —Bueno, hay que decir que me gusta **pasarlo bien**.

PRÁCTICA

¿A qué hora llegamos? Primero complete las oraciones con las palabras y expresiones **tiempo, vez, otra vez, cada vez, veces, hora, rato** o **época.** Después empareje los diálogos.

1. ¿_____ de viaje?

2. ¿Por qué te gusta viajar en esta _____ del año?

3. ¿Estuviste alguna _____ en el restaurante Casa Botín?

4. ¿Sabes qué _____ es?

5. ¿A qué _____ sale tu vuelo?

6. ¿Quieres que me quede un _____ contigo?

7. ¡Cuánto _____ está atrasado el vuelo!

a. A la una y cuarenta y cinco. Es _____ de despedirnos.

b. Sí, muchísimas _____. La comida es estupenda.

c. Sí, dentro de un _____ salgo para Madrid.

d. Porque hay pocos turistas y es la _____ de conciertos.

e. No te impacientes por tu vuelo. _____que vuelas te pones nerviosa.

f. Por favor, quédate conmigo hasta que sea _____ de abordar.

g. Es la una en punto. ¡Cómo pasa el _____!

Ampliación, conversación y cultura

 A. ¿En qué puedo servirle? Muchos turistas están en la agencia de viajes *Véalo Todo.* En grupos, túrnense para hacer el papel de agente de viajes y sus clientes en varias situaciones.

1. Un matrimonio quiere visitar a su hijo(a) que está pasando el año estudiando en España en un programa de intercambio.
   a. Digan a qué ciudad desean viajar.
   b. Pregunten por el día y la hora de salida del vuelo.
   c. Averigüen si es un vuelo directo o si hace escalas. Si hace escalas, pregunten dónde las hace.
   d. Averigüen el precio del vuelo y si se puede pagar con tarjeta de crédito.
   e. Averigüen si hay paquetes especiales que incluyan *(that include)* hotel y comidas.
   f. Despídanse cordialmente.

2. Ud. es un(a) agente de viajes en Madrid. Una pareja de recién casados desea hacer su viaje de luna de miel a Acapulco, México. Salude a los recién casados con mucha cortesía y ofrézcales sus servicios.
   a. Pregúnteles adónde y cuándo desean viajar, el tiempo que piensan estar en Acapulco y la clase de hotel en el que desean alojarse.
   b. Explíqueles las ventajas y desventajas de los diferentes hoteles.

c. Ofrézcales un paquete especial que incluya recepción en el aeropuerto, paseos por la ciudad y cupones de descuento para los mejores restaurantes. Trate de vender este paquete turístico y de convencer a sus clientes de que viajar por su agencia es viajar barato.

 B. Es mejor en tren. En parejas, lean el siguiente anuncio sobre las ventajas de viajar en tren, y hagan las actividades a continuación.

Cuando se va a viajar hay que ir a lo seguro: El tren. Un medio de comunicación moderno, confortable, que nos deja las manos libres para ocuparnos de nuestros asuntos, de nuestros libros.

Cuando se viaja, es preferible hacerlo intentando descubrir al asesino de la novela, y no preocupándose de no ser la víctima de la carretera.

1. Contesten las siguientes preguntas y compartan sus respuestas con la clase.
   a. Expliquen el significado del título del anuncio "Déjese de sustos *(fears)* y vaya de miedo". ¿A qué se refiere? ¿Qué significa "Mejora tu tren de vida"? ¿Son efectivos estos anuncios? ¿Por qué?
   b. En Europa es más común viajar en tren que en EE.UU. ¿Por qué será? ¿En qué partes de EE.UU. se suele viajar en tren?
   c. ¿Qué hacen Uds. para no aburrirse cuando hacen un viaje largo?
   d. ¿Qué modo de transporte es más cómodo? ¿Seguro? ¿Divertido? ¿Aburrido?

2. Escriban un minidrama. Ud. no pudo hacer reservas para el coche cama del tren. Tiene mucho sueño y sólo quiere dormir pero el (la) pasajero(a) a su lado no quiere cooperar. Representen las siguientes situaciones. El (La) pasajero(a):
   a. está muy nervioso(a) e inventa mil pretextos para hablar con Ud.
   b. ronca *(snores)* ruidosamente sin darse cuenta.
   c. es un(a) niño(a) muy travieso(a) *(naughty)*.

C. En la estación del ferrocarril. Ud. está en la estación de trenes en Barcelona. Trabaje con otro(a) estudiante, que hará el papel de empleado(a).

1. Explíquele al (a la) empleado(a) que Ud. tiene un billete para Madrid a las seis de la tarde pero que preferiría salir en el próximo tren porque…

2. Pregúntele…
    a. la hora de salida del próximo tren.
    b. si sale del mismo andén que el tren de las seis.
    c. si es un tren expreso.
    d. si…

D. En la aduana. Ud. es el (la) inspector(a) de aduana. Delante de Ud. hay un(a) viajero(a) que le parece muy sospechoso(a). Trabaje con otro(a) estudiante.

1. Salúdelo(la) cordialmente.

2. Pregúntele por el lugar de procedencia y el de destino.

3. Pídale que abra las maletas.

4. Interróguele sobre el contenido de unas cajas.

5. Acepte la explicación y déjelo(la) pasar.

E. Mesa redonda. En grupos de tres o cuatro compañeros formen una mesa redonda e intercambien ideas sobre los siguientes temas de discusión. Después, un(a) estudiante de cada grupo debe informarle a la clase sobre el tema discutido.

1. **La piratería aérea.** Hace algunos años no corríamos tantos riesgos como hoy al tomar un vuelo internacional. Sencillamente, el tráfico en el aire no era tan intenso, el mantenimiento de los aviones era mucho mejor y no existía la piratería aérea que pone en peligro la vida de tantas personas. ¿Qué piensa Ud. al respecto? ¿Cómo se explican los secuestros de aviones? ¿En qué medida ayudan los detectores de metales a prevenir estos problemas? ¿Cuáles son algunas otras soluciones?

2. **Alternativas.** ¿Cómo se sienten Uds. cuando viajan por avión? ¿En tren? ¿En autobús? ¿En coche? ¿En barco? En su opinión, ¿qué modo de transporte es más seguro? ¿Por qué? En general, ¿cuáles son las ventajas y las desventajas de estas diversas formas de viajar?

3. **El contrabando.** Todos tenemos que pasar por la aduana al viajar al extranjero. ¿Qué es lo que buscan los inspectores cuando nos piden que abramos las maletas? ¿Cuál es la mejor manera de pasar por la aduana? Cada vez que nos encontramos delante de un inspector no sabemos si sonreír o llorar. A veces pasamos por la aduana sin ninguna dificultad, otras veces tenemos que abrir todas nuestras maletas y la revisión toma muchísimo tiempo. ¿Es que el inspector piensa que somos contrabandistas o narcotraficantes? ¿Por qué revisan unas maletas y otras no? ¿Qué piensan Uds. al respecto?

F. ¡No llegaron nuestras maletas! Después de un largo viaje de vacaciones por Europa, Ud. y su novio(a) están esperando en el aeropuerto John F. Kennedy a que les entreguen las maletas. Después de una larga espera se dan cuenta de que su equipaje no ha llegado. En grupos, escriban los dos diálogos siguientes. Representen las breves escenas delante de la clase. Sean originales y creativos.

Primer acto

Conversación con el agente de la línea aérea. En el mostrador de la línea aérea correspondiente los viajeros presentan su queja.

Segundo acto

Conversación telefónica. Son las siete de la mañana del día siguiente. Suena el teléfono. Es el agente de la línea aérea que desea informarles que sus maletas están en Hong Kong.

G. Euskadi (el País Vasco). Para aprender sobre el País Vasco al norte de España, hagan las siguientes actividades en grupos.

1. Con un(a) compañero(a) de clase lea la información turística sobre Euskadi (el País Vasco) que apareció en la revista *Viajar*.
2. Ahora planeen un viaje de cinco días a Euskadi. Utilicen los siguientes verbos y otros que Uds. quieran, en el futuro:

   llegar   volar   comer   dormir   hacer surfing (correr las olas)
   visitar   ir   divertirse salir   tomar

3. Entre toda la clase, escriban un folleto de información turística sobre la ciudad donde Uds. estudian. Para ello dividan la clase en cinco grupos. Cada grupo trabajará en una de estas secciones:

   A. **Cómo se llega:** Expliquen cómo pueden llegar los turistas a la ciudad, indicando los medios de transporte disponibles.
   B. **Qué ver:** Mencionen los lugares más atractivos y las actividades que se pueden hacer.
   C. **Hoteles:** Hagan una lista de los hoteles y comenten las características más importantes de cada uno. Indiquen si son adecuados para jóvenes y estudiantes.
   D. **Restaurantes:** Mencionen los restaurantes más típicos y los más exóticos. Comenten las especialidades de cada uno.
   E. **Fiestas:** Expliquen cuáles son las fiestas locales más importantes y cómo se celebran.

¡No se olviden de incluir el plano de la ciudad y una buena selección de fotografías!

EUSKADI

GUÍA PRÁCTICA

Qué ver

En **Vizcaya** destaca por su belleza en la cornisa marítima. **Sopelana, Plencia** y **Gorliz** presentan hermosas playas a pocos kilómetros de **Bilbao.** Hacia el Este merecen visitarse la *ría de Gernika* y sus marismas; la desembocadura, a la altura de **Mundaka,** es un buen lugar para la práctica del *surfing.* El interior es propicio para la práctica del montañismo, presentando alturas de cierta dificultad. **Gorbea** y **Anboto** son los techos de la provincia.

San Sebastián y la costa de **Guipúzcoa** es una visita obligada para quien se acerca al Norte. **Zumaia, Zarautz** y **Getaria** son tres enclaves muy próximos que permiten asomarse a la Euskadi moderna y tradicional a la vez. Pero donde mejor se conserva la cultura vasca autóctona es en el **Gohierri,** en medio de un bellísimo paisaje: **Azkoitia, Azpeitia, Bergara, Urretxu** y numerosos pueblos.

En **Álava,** los lagos próximos a la frontera de esta provincia con la vecina Guipúzcoa permiten la práctica de deportes náuticos. Quienes gustan del arte disfrutarán con una visita a la zona del románico en el *valle de Cuartango* —poblaciones de **Suazo, Arriano** y **Catadiano**— y a la llanada alavesa, donde destacan el *castillo del Mendoza* y el *santuario de Estíbaliz.*

Hoteles

Vizcaya: *Villa de Bilbao* (5 estrellas), Gran Vía, 87, ☎ (94) 441 60 00; *Ercilla,* (4 estrellas), Ercilla, 37, ☎(94) 443 88 00; *Avenida* (3 estrellas), Avda. Zumalacárregui, 40, ☎ (94) 412 43 00.

Guipúzcoa: *María Cristina* (5 estrellas), Paseo República Argentina, s/n, ☎ (943) 29 33 00; *Londres y de Inglaterra* (4 estrellas), Zubieta, 2, ☎ (943) 42 69 89; *Monte Igueldo* (4 estrellas), Monte Igueldo, s/n ☎ (943) 21 02 11; *Gran Hotel Balneario de Cestona* (3 estrellas), Paseo de S. Juan, s/n (Cestona), ☎ (943) 86 71 40; *Jaúregui* (3 estrellas), S. Pedro, 31 (Fuenterrabía), ☎ (943) 64 21 40; *Zarauz* (3 estrellas), Avda..de Navarra, 26 (Zarauz), ☎ (943) 83 02 00.

Álava: *Gasteiz* (4 estrellas), Avda. de Gasteiz, 19. ☎ (945) 22 81 00; *Canciller Ayala* (4 estrellas), Ramón y Cajal, 5, ☎ (945) 13 00 00; *San Andrés Etxea,* Bebedero, 8 (El Ciego), ☎ (945) 10 60 30; *Jatorrena,* Florida, 10 (Labastida), ☎ (945) 33 10 50.

Restaurantes

Vizcaya: *Guria,* Gran Vía, 66, ☎(94) 441 90 13; *Bermeo,* Ercilla, 37-39, ☎ (94) 443 88 00. Sin olvidar los del Casco Viejo y los que trepan por el *monte Artxanda.*

Guipúzcoa: Visita imprescindible a las *sidrerías de Astigarraga* y los asadores repartidos por toda la provincia. Excelentes las *chuletas a la brasa de Erretegi Basusta* en *Patxita Etxezarreta,* 25 (Zumaia).

Donostia: Es una de las capitales gastronómicas de Europa. *Arzak,* Alto de Miracruz, 21, ☎ (943) 27 84 65; *Akelarre,* Barrio Igueldo s/n, ☎ (943) 21 20 52; *Nicolasa,* Aldamar, 4, ☎ (943) 42 15 72; *Urepel,* Paseo de Salamanca, 3, ☎ (943) 42 40 40; *Patxiku Kintana.* ☎ (943) 42 63 99. Imprescindible también ir a *Roteta* en Hondarribia (Fuenterrabía), Irún, s/n, ☎ (943) 64 61 93.

Álava: La especialidad de la provincia son los asados de cordero. Destacan el restaurante *Guría-bi* en la carretera Madrid-Irún, kilómetro 345 (a siete kilómetros de Vitoria); *La Parrilla,* también en la carretera Madrid-Irún, kilómetro 356.

Fiestas

De las tres capitales es **Vitoria** la que inicia el calendario festivo estival, el 4 de agosto, con una semana en honor a la Virgen Blanca. **Bilbao** comienza la *Semana Grande* el 15 de agosto, día de la patrona Virgen de Begoña.

Estas fiestas empalman con las de **San Sebastián,** cuyos alardes de fuegos artificiales son tal vez lo más característico y esperado. Ya en los primeros días de septiembre destacan las fiestas de **Lekeitio** en Vizcaya, especialmente el 5, *día de los gansos.*

También merece nombrarse la *Tamborrada del 19 al 20 de enero* en **Donostia,** así como los *carnavales de Tolosa* (Guipúzcoa).

Teléfonos de interés

Centro de Iniciativas Turísticas de Bilbao: ☎ (94) 424 48 19.

Cuerpo Consular de Bilbao: ☎ (94) 424 96 30.

Aeropuerto de Foronda: ☎ (945) 27 40 00.

Aeropuerto de Sondika: ☎ (94) 453 06 40.

Aeropuerto de Hondarribia: ☎ (943) 641 12 67.

Información de carreteras: ☎ (945) 25 42 00.

RENFE Vizcaya: ☎ (94) 423 86 36.

RENFE Guipúzcoa: ☎(943) 28 35 99.

RENFE Álava: ☎ (945) 23 20 30.

Centro de Atracción y Turismo de San Sebastián: Reina Regente, s/n. ☎ (943) 42 10 02. San Sebastián.—**M. A.**

Menú del día: España

Tapas variadas:
gambas al ajillo°
albóndigas en salsa de almendra
tortilla de cebolla
pimientos en vinagre
pinchos de chorizo
sangría

shrimp fried in garlic

▲ *Gambas al ajillo*

En España es costumbre reunirse con amigos en algún bar para charlar, gozar de un ambiente informal, tomar una bebida y probar las muchas tapas que hay en los mostradores. Se suele tomar las tapas a las seis o a las siete de la tarde cuando la gente sale del trabajo. Cada región tiene sus tapas típicas, pero las más populares consisten en *albóndigas*, aceitunas, *gambas* y otros mariscos, croquetas, jamón serrano, pedazos de *tortilla* y más. En un día caluroso, relájese al aire libre con varias raciones de tapas y un vaso de *sangría* bien fría. La sangría es una bebida hecha de vino tinto con azúcar, agua carbónica, coñac y pedazos de frutas frescas.

¡Buen provecho!

ESPAÑA

El Rastro, Madrid

La canción "No hay marcha en Nueva York", del compositor y cantante Nacho Cano trata de un joven español que se va para Nueva York en busca de acción. Termina dándose cuenta de que el lugar de más "marcha" no es esa metrópolis americana, sino su propia Madrid. "Estoy loco por irme a Madrid", dice en la última línea de la canción, y cada año miles de turistas de todas partes del mundo están locos por ir allí también. Madrid cuenta con una población de unos cuatro millones de habitantes y se ha convertido en uno de los centros urbanos más dinámicos del mundo. Hay de todo en Madrid: arquitectura que refleja las épocas históricas de la ciudad, magníficos monumentos, castillos, fuentes y palacios y deliciosa gastronomía regional e internacional. Esta gran capital europea cuenta con museos que deslumbran al visitante más sofisticado. Un imponente edificio neoclásico alberga el famosísimo Museo del Prado con obras de artistas españoles como El Greco, Velázquez, Murillo y Goya y colecciones de pinturas italianas, flamencas, alemanas, francesas y holandesas. El *Guernica* de Pablo Picasso, pinturas de Miró y Dalí y otras obras maestras del arte contemporáneo se encuentran en El Museo Nacional Centro de Arte Reina Sofía. En cuanto a la vida nocturna, hay que experimentarla para creerla. Clubs, pubs, discotecas, restaurantes y cafés al aire libre abundan y son un imán para la gente de todas edades. De día o de noche, siempre hay muchísma marcha en Madrid.

YO Y EL LADRÓN (adaptado)

por WENCESLAO FERNÁNDEZ FLÓREZ

WENCESLAO FERNÁNDEZ FLÓREZ, cuentista y novelista, nació en Galicia, España en 1886 y fue creador de un mundo humorístico, lleno de lirismo gallego°. Fernández Flórez escribió sus observaciones de la sociedad con un tono crítico e irónico.

Galician

Antes de leer

A. ¿Qué cree Ud.? Según el título, ¿de qué trata el cuento *(What is the story about)*?

B. Para llegar al entendimiento. Lea Ud. los siguientes trozos del cuento y conteste las preguntas.

apartments / inhabitants

...Usted no sabe nada de estos asuntos; pero en el mundo hay muchos ladrones, y entre ladrones existe una variedad que trabaja especialmente durante el verano. Se enteran de cuáles son los pisos° que han quedado sin moradores°, y los roban sin prisa y cómodamente. Algunas veces se quedan allí dos o tres días, viviendo de lo que encuentran, durmiendo en las magnífi-

cas camas de los señores, eligiendo lo que vale y lo que no vale la pena de
llevarse. No hay defensa contra ellos. La primera noticia que se tiene es el
desorden que se advierte en la casa al volver, cuando ya es tarde.

1. ¿A qué "especialistas" se refiere el narrador?
2. ¿Cuál es su "modus operandi"?

...Garamendi abusa un poco de mí con sus órdenes molestosas desde que me
hizo dos o tres favores que él recuerda mejor que yo. Luego... luego me
belly molesta con sus gabanes, con sus puros, con sus gafas, con su vientre°, con
molars sus muelas° de oro. Cuando descubro un nuevo defecto en él, tengo un placer
íntimo. Y eso de tener miedo a los ladrones me pareció otra tontería suya.

1. ¿Cómo es la relación entre el narrador y el señor Garamendi? Descríbala.
2. ¿Qué sabe Ud. del señor Garamendi? Diga tres características.

YO Y EL LADRÓN

Cuando el señor Garamendi se fue de vacaciones me dijo:

—Hombre, usted que no tiene nada que hacer, hágame el favor de echar, de
cuando en cuando, un ojo a mi casa.

No es cierto que no tenga nada que hacer, y el señor Garamendi lo sabe
perfectamente; pero cree que cuando uno no sale de vacaciones y no es por
business causa de algún gran negocio°, es para dedicarse totalmente al descanso sin
to earn money buscar los billetes° ni cargar con la familia. Sólo le pregunté:
to be bothered with —¿Qué entiende usted exactamente por "echar un ojo"?
—Creo que está bien claro—contestó de mal humor.
—¿Debo pasearme por las habitaciones de su casa con un ojo abierto, mirando
sucesivamente los muebles, los... ?... ?
blinds —No. ¡Qué tontería! Quiero que Ud. pase algún día frente al edificio y vea si
siguen cerradas las persianas°, y que le pregunte al portero si hay novedad y
try out hasta que suba a tantear° la puerta. Usted no sabe nada de estos asuntos; pero
en el mundo hay muchos ladrones, y entre ladrones existe una variedad que
trabaja especialmente durante el verano. Se enteran de cuáles son los pisos°
apartments que han quedado sin moradores°, y los roban sin prisa y cómodamente.
inhabitants Algunas veces se quedan allí dos o tres días, viviendo de lo que encuentran,
durmiendo en las magníficas camas de los señores, eligiendo lo que vale y
lo que no vale la pena de llevarse. No hay defensa contra ellos. La primera
noticia que se tiene es el desorden que se advierte en la casa al volver,
cuando ya es tarde.
yawning —Bueno —dije, bostezando°—, pues prometo echar ese ojo.

La verdad es que no pensaba hacerlo. Garamendi abusa un poco de mí con sus
órdenes molestosas desde que me hizo dos o tres favores que él recuerda
mejor que yo. Luego... luego me molesta con sus gabanes, con sus puros, con
belly / molars sus gafas, con su vientre°, con sus muelas° de oro. Cuando descubro un nuevo
defecto en él, tengo un placer íntimo. Y eso de tener miedo a los ladrones me
pareció otra tontería suya.

I amused myself Pasaron los días; me recreé° en el calor de Madrid, me senté en algunas
terrazas, recordé mi niñez al ver las viejas películas que los "cines" exhiben a

bajo precio en estos meses, y una tarde que estaba más ocioso que nunca, recordé de repente:

"¡Anda! ¡Pues no he pasado ni una sola vez ante la casa de Garamendi!"

Y únicamente para poder decirle que había hecho lo que me pidió, me acerqué° al teléfono y marqué su número.

I approached

Oí el ruido del timbre.
—¡Trrr!… ¡Trrr… !
Y… nada más.
Una voz desconocida contestó.
—¡Diga!
—¿Cómo "diga"? —exclamé, extrañadísimo—. ¿No es ésa la casa del señor Garamendi?

got sharp

La voz se agudó°, y exclamó con una alegría artificial:
—¡Sí, sí! ¡Es aquí, es aquí! ¿Cómo está usted?

dumbfounded

Me quedé estupefacto°.
—Oiga, —dije: —¿me hace el favor de decir qué está haciendo… ?
Siguió un silencio embarazoso.
—¿No es usted un ladrón?
Nueva pausa.
—Bueno —dijo la voz, ya con acento natural. —La verdad es que, en efecto, soy un ladrón.
—Pues, eso me fastidia, porque tengo mucha amistad con el señor Garamendi y me encargó de vigilar su casa. ¿Qué le voy a decir?
—Puede usted contarle lo que pasa —contestó la voz, un poco acobardada.
—¡Bonita idea! —protesté—. ¿Cómo voy a confesarle que estuvimos hablando? Y usted como idiota contestó…
—Fue un impulso espontáneo —se disculpó—. Estaba aquí, el teléfono sonó, y automáticamente lo contesté. Yo también tengo teléfono, y la costumbre°…

custom

—¡Vaya un conflicto!
—Lo siento de veras.

police station

—Y si le mando dejar todo y entregarse a la Comisaría° más próxima…
—No; no lo hago. ¿Para qué engañarle?
—Al menos, dígame: ¿Se lleva usted mucho?
—No, una porquería. Perdone si le ofendo; pero ese amigo de usted no tiene nada de valor.

silver paper case (holder)

—¡Hombre, no me diga… ! La escribanía de plata° es maciza° y valiosa…

solid / gems
gold cane handle

—Ya está en el saco, y unas alhajitas° y el puño de oro de un bastón° y dos gabanes de invierno. Nada más.

tray

—¿Vio usted una bandejita° de plata en el comedor, con unas flores en relieve?
—Sí.
—¿Está en el saco?
—No. Las otras, sí, pero ésta no es de plata, es de metal blanco.
—Bien; pero sin embargo es bonita.
—No vale nada.

—Llévesela usted.

—No quiero.

—¡Llévesela usted, idiota! ¡Si la deja, él va a darse cuenta de que no es de plata! ¡Y… yo se la regalé!

—Bueno… por hacerle un favor; pero sólo por eso.

—¡Recorrió° usted toda la casa? Yo no conozco más que el despacho. ¿Bonito, no? *Did you cover*

—¡Psch! Muchas pretensiones; poco gusto. Debe de ser un caballero roñoso°. *tight with money*

—Es triste; pero no lo puedo negar. Y también es cierto que no tiene gusto.

—Yo tengo la costumbre de visitar casas bien amuebladas° y le aseguro que ésta es una calamidad. *furnished*

—¡Vaya, señor! Siempre me pareció que Garamendi presumía demasiado. Ahora… la alcoba de la señora… Garamendi dice que le costó una fortuna. ¿Cómo es? ¿Cómo es?

—No me fijé en detalles… ¿Vuelvo a ver?

—¡Oh, por Dios! No me gusta chismear. Era por… qué sé yo.

—Lo que encontré allí fueron pieles bastante buenas.

—Lo creo. Tiene una capa de renard°. *fox cape*

—Está en el saco. ¿Le gustaba a usted?

—Le gustaba a Albertina… mi novia. Un día vimos a la señora de Garamendi con su capa, y Albertina no hablaba de otra cosa. Creo que me quiere menos, porque no puedo regalarle unas pieles de zorro° como ésas. *fox*

—¿Quién sabe?

Un silencio.

—Oiga…, señor.

—Dígame.

—Si usted me permite, yo tengo mucho gusto en ofrecerle esas pieles…

—¡Qué disparate!

—Nada… usted parece muy simpático, y…

—Pero… ¿cómo voy a consentir… ?

—Entonces, se las ofrezco a Albertina. Ahora usted tiene que aceptarlas. Piense en la alegría que va a tener ella.

—Sí; eso es cierto.

—¿Adónde se las envío?

Le di mi dirección.

—¿Manda usted algo más?

—Nada más. Y le agradezco mucho. Buena suerte.

—Gracias, señor.

Vocabulario

▶ **Sustantivos**

la alcoba *bedroom*
el despacho *office*
el gabán *overcoat*
el gusto *taste, style*
el ladrón *burglar, robber*
el mueble *piece of furniture*

la piel *fur*
el placer *pleasure*
la porquería *junk*
el portero *doorman*
el puro *cigar*
el saco *sack, bag*

▶ Verbos

abusar de   *to abuse*
agradecer   *to thank*
desdeñar   *to disdain*
engañar   *to deceive*
enterarse (de)   *to find out (about)*
enviar   *to send*
fastidiar   *to annoy, bother*
llevarse   *to remove, take away*
marcar   *to dial*

molestar   *to annoy, bother*
presumir   *to presume, conjecture*
quedarse   *to stay, remain*
recordar (ue)   *to remember*
regalar   *to give a present*
robar   *to rob, steal*
suceder   *to happen*
valer   *to be worth*
vigilar   *to watch*

▶ Adjectivos

artificial   *artificial, fake*
embarazoso   *embarrassing*

espontáneo   *spontaneous*
valioso   *valuable*

▶ Expresiones

al menos   *at least*
de cuando en cuando   *from time to time*
de mal humor   *in a bad mood*
de repente   *suddenly*
de vacaciones   *on vacation*
echar un ojo   *to watch*

Está claro.   *It's clear.*
Hay novedad.   *There is something new.*
¡Qué disparate (tontería)!   *What nonsense!*
Vale la pena.   *It's worth the trouble.*

Repasemos el vocabulario

A. Sinónimos. Busque Ud. el sinónimo de las palabras siguientes.

1. agradecer
2. desdeñar
3. vigilar
4. saco
5. suceder
6. molestar
7. alcoba

a. echar un ojo
b. pasar
c. dormitorio
d. fastidiar
e. dar las gracias
f. bolsa
g. despreciar

B. Antónimos. Busque Ud. el antónimo de las palabras siguientes.

1. artificial
2. porquería
3. recordar
4. llevarse
5. espontáneo
6. enterarse

a. no saber
d. planeado
c. natural
e. dejar
f. olvidar
g. objeto valioso

C. Relaciones. Relacione Ud. el verbo en la primera columna con un sustantivo en la segunda columna.

1. marcar	a. enemigo
2. enviar	b. información
3. regalar	c. casa
4. engañar	d. teléfono
5. vigilar	e. paquete
6. enterarse de	f. número
7. contestar	g. perfume

Según la lectura

¿Verdad o mentira? Corrija Ud. las oraciones falsas.

1. Al amigo del señor Garamendi le molesta echar un ojo a la casa.
2. "Echar un ojo" significa vigilar constantemente.
3. El señor Garamendi les tiene miedo a los ladrones del verano.
4. El señor Garamendi es un hombre de muy buen gusto.
5. El amigo está muy ocupado durante los días de vacaciones.
6. Al recordar que no ha ido todavía a la casa del señor Garamendi, el amigo va allí en seguida.
7. El ladrón contesta el teléfono porque piensa que es su novia.
8. El ladrón se lleva mucho de la casa.
9. El amigo le aconseja al ladrón que se lleve una bandeja que está en el comedor.
10. Si el ladrón no se lleva la bandeja, el señor Garamendi va a saber que no tiene mucho valor.
11. El amigo tiene mucho interés en saber cómo es el comedor de la casa.
12. A la novia del amigo no le interesan las cosas materiales.
13. En la alcoba de la señora Garamendi, el ladrón encontró objetos costosos.
14. El ladrón va a robar unas alhajitas para la novia del amigo.

Según usted

1. Lo cómico del cuento es que una situación ordinaria se vuelve *(becomes)* absurda. Señale Ud. los aspectos absurdos del cuento. ¿Es lógico el final del cuento? Explique.
2. Cuente Ud. alguna experiencia en que Ud. tuvo que cuidar algo para un(a) amigo(a) (perro, casa, niños, etc.). ¿Hubo algún problema o pasó algo inesperado? Explique.
3. ¿Cuáles son algunos de los favores comunes que se hacen entre amigos? ¿Cuáles son algunos que constituyen "un abuso de la amistad"? Describa una ocasión en que un(a) amigo(a) le pidió a Ud. un favor exagerado. ¿Cómo reaccionó Ud.?
4. ¿Tiene Ud. miedo de estar solo(a) en casa? ¿Qué medidas *(measures)* puede tomar para protegerse?

Composición

1. ¿Qué pasa después? Siga Ud. el cuento de "Yo y el ladrón".
2. Imagínese que Ud. es un ladrón (una ladrona) y cuente sus experiencias.
3. Por medio de las palabras del amigo tenemos una buena idea de cómo es el señor Garamendi (su aspecto físico, su personalidad, su casa). Pero, ¿cómo es el amigo? Con un(a) compañero(a) de clase, escriban un diálogo entre los Garamendi, el cual nos dé a conocer al amigo. Luego, represéntenlo delante de la clase.

LOS PARADORES: UN POCO DE HISTORIA

En la Península Ibérica ha habido una multitud de culturas a través de la historia. Los primeros pobladores, los iberos, se vieron invadidos por los celtas desde el norte en épocas precristianas. Luego llegaron los griegos y los fenecios. Los cartagineses llegaron después a las costas del sur desde África. Alrededor del año 200 a.C., Roma, gran rival de Cartago, luchaba por establecer su dominio en toda la región del Mediterráneo y llevó a la península la lengua latina y la ley romana. Empezó, bajo Roma, la construcción de una infraestructura, pero Iberia se vería invadida otra vez desde el norte por los visigodos en el año 412 y desde el sur por los árabes en 711. En toda la ^{settlements} península hubo importantísimos asentamientos° judíos y árabes. En el sur, se disputó el control durante más o menos ochocientos años —período conocido como la Reconquista que acabó en 1492 con la conquista de Granada en tiempos de Isabel de Castilla y Fernando V de Aragón.

Para el turista que quiere vivir esta historia fascinante, los paradores nacionales de España le ofrecen una experiencia inolvidable. ¿Qué es un *belong / chain* parador? Un parador es un hotel que pertenece° a una cadena° del estado. Muchos de los 85 paradores de turismo son castillos, palacios y monasterios y otros edificios histórico-artísticos que han sido renovados y convertidos en *comforts* hoteles con todas las comodidades° de los grandes hoteles de lujo. Están *scattered* repartidos° por toda España, ubicados en lugares pintorescos. Allí el turista *of old* puede revivir tiempos antaños°. El parador de Alarcón, situado en la provincia *dates back* de Cuenca, se remonta° al siglo VIII. El castillo fue habitado por romanos, visigodos y moros, y en 1184 fue conquistado por Alfonso VIII.

▲ *Parador de Alarcón*

▲ *Parador de Jaén*

Otro parador fascinante es el de Jaén. Está situado en el sur de España, y sus orígenes se remontan a la época de la dominación musulmana. La fortaleza árabe fue construída en el siglo XIII sobre el cerro de Santa Catalina y ofrece una vista panorámica desde el valle del Guadalquivir hasta la sierra Morena.

Práctica

1. ¿Cuáles son algunos de los pueblos que han ocupado España?
2. ¿Cuál es el significado de las siguientes fechas?
   a. 200 a.C.   b. 1492   c. 711   d. 412   e. 1184
3. ¿Por qué puede ser una buena experiencia quedarse en un parador?
4. ¿En qué parador preferiría Ud. quedarse? ¿Por qué?

ALGO MÁS SOBRE ESPAÑA

A. Ampliar lo que sabemos. ¿Les gustaría aprender más sobre España? Reúnanse en grupos de tres o cuatro personas y preparen una presentación sobre uno de los siguientes temas. Elijan el que más les interese, u otro que no aparezca en la lista.

- La diversidad lingüística y cultural de España. Los pueblos nómadas: los gitanos.
- Aspectos de la historia de España. Hispania bajo el dominio de Roma. El reino visigodo. La conquista musulmana y su influencia en la cultura española. La Reconquista cristiana: los reinos medievales y el pueblo judío. La dinastía de los Austrias: el dominio español en Europa y América y la leyenda negra. La independencia de los territorios americanos en el, siglo XIX y la crisis española de 1898. La Guerra Civil y la dictadura de Franco.
- La literatura española. Escritores(as) del pasado y del presente. *Don Quijote.*
- El cine español posmoderno: Pedro Almodóvar. Las últimas generaciones de directores.

- La música tradicional: el flamenco; la renovación de la música tradicional de las periferias a través del fenómeno fusión. La música clásica: el redescubrimiento de la música medieval, renacentista y barroca; los grandes compositores de los siglos XIX y XX; los cantantes de ópera. La música pop y las bandas de rock y de la nueva música: Enrique Iglesias, Jarabe de Palo, Azúcar Moreno, David Bisbal.
- El toreo: una tradición tan popular como controvertida. El machismo y el feminismo en torno al toreo. El trato a los animales.
- El arte. La pintura española de Velázquez a Picasso. Los grandes museos españoles. Los nuevos arquitectos: Calatrava, Moneo, Bohigas, Sainz de Oiza.

B. Compartir lo que sabemos. ¿Cómo preparar la presentación?

1. Utilicen todo tipo de fuentes de información para investigar sobre el tema escogido: libros, prensa, Internet, etc. Por ejemplo, para saber más sobre el arte español, pueden visitar el sitio web: http://museoprado.mcu.es

2. Incluyan en su presentación todos los medios audiovisuales que crean convenientes: fotografías, mapas, dibujos, videos, cintas o discos de música, etc.

3. Presenten primero un esquema de todos los puntos que van a desarrollar en su presentación.

Ampliación y composición

¡REVISE SU ORTOGRAFÍA!

La acentuación

1. En cada palabra hay una sílaba que se pronuncia con mayor fuerza. Es la sílaba tónica.

   per-**so**-na re-**cuer**-do   u-ni-ver-si-**dad**

   a. Si la palabra termina en consonante, excepto **n** y **s,** el acento tónico cae en forma natural en la última sílaba:

   pre-gun-**tar** ciu-**dad**   fe-**liz**

   b. Si una palabra termina en **vocal (a, e, i, o, u)** o en consonante **n** o **s,** el acento tónico cae en forma natural en la penúltima sílaba:

   ma-**ña**-na **ha**-blan   **co**-ches

2. Las palabras que se pronuncian de acuerdo a las dos formas naturales (1a y 1b) no llevan acento ortográfico. Todas las palabras que no se pronuncian de acuerdo a estas normas **llevan acento ortográfico sobre la vocal de la sílaba acentuada**.

	última	penúltima	antepenúltima
forma natural	hos-pi-**tal**	**ca**-sa	[El acento tónico no cae en la antepenúltima
	re-**loj**	pre-**gun**-tan	silaba sin acento ortográfico.]
	pa-**red**	a-**pe**-nas	
con acento ortográfico	pa-**pá**	**ár**-bol	**pá**-ja-ro
	co-lec-**ción**	Gon-**zá**-lez	es-**pé**-ra-me
	sa-lu-da-**rás**		**miér**-co-les

3. Las palabras de una sílaba (monosilábicas) por norma general, no llevan acento. Sin embargo, en algunos casos se usa el acento ortográfico para indicar una diferencia de significado entre dos palabras que se pronuncian de la misma manera.

artículo definido	**el**	**él**	pronombre de tercera persona singular
preposición	**de**	**dé**	modo subjuntivo e imperativo formal del verbo **dar**
adjetivo posesivo	**mi**	**mí**	pronombre preposicional
adjetivo posesivo	**tu**	**tú**	pronombre personal
pronombre	**te**	**té**	*tea*
pronombre	**se**	**sé**	primera persona del indicativo del verbo **saber**
if	**si**	**sí**	*yes,* afirmación
adjetivo *alone*	**solo**	**sólo**	(**solamente**) adverbio *only*

4. Las palabras interrogativas y exclamativas llevan acento ortográfico en la sílaba acentuada.

¿**Qué** hora es?   ¿**Cómo** estás?   ¡**Cuánto** lo quiero!

ENFOQUE: La descripción

Observe la foto de la Puerta del Sol en la ciudad de Madrid en la página 50 y comente, con un(a) compañero(a) de clase, lo que ve y lo que le llama la atención. Prepárese para escribir un párrafo que describa la escena.

¡Prepárese a escribir!

1. Usualmente las descripciones comienzan con un comentario general.

Ésta es una foto tomada en España en una tarde de primavera.

2. Después de escribir un comentario general, comience a dar detalles sobre el lugar. Escriba…
   a. oraciones que describan el lugar.
   b. oraciones que describan a las personas.

Recuerde que en una descripción lo siguiente es importante:

Los adjetivos. Haga una lista de adjetivos que describan lo que Ud. ve, por ejemplo:

- la calle
- los edificios
- las personas
- otros

Recuerde que en español los adjetivos...

> concuerdan en género y en número con el sustantivo, y que van generalmente después del sustantivo.

Revise el uso de los adjetivos en la Lección 1.

Las preposiciones. Relacione las cosas con las personas, por ejemplo, lo que está...

- en el centro.
- a la derecha.
- a la izquierda.
- debajo de...
- al lado de...
- frente a...

A escribir

Ordene las oraciones que usó para describir la escena. Añada su propia opinión sobre la escena.

Recuerde lo siguiente:

Ahora lea su párrafo con mucho cuidado y verifique...

a. si ha escogido adjetivos interesantes que describan bien la foto.

b. si necesita cambiar el orden de las oraciones.

c. si ha conectado bien las oraciones.

d. si toda la descripción está en el tiempo presente.

e. si ha conjugado bien los verbos.

LECCIÓN 3

¿Cómo son los estudios en tu país?

¡CHARLEMOS!

Charle con un(a) compañero(a) de clase sobre sus estudios. Puede consultar el vocabulario en las páginas 106–108.

1. ¿Qué carrera estudias o piensas estudiar? ¿Qué asignaturas te parecen fáciles? ¿Encuentras la clase de español fácil o difícil? ¿Por qué? ¿Cuál es tu asignatura favorita?

¡CHARLEMOS MÁS!

1. ¿Te gusta la universidad? ¿Qué piensas del ambiente? ¿De los estudiantes? ¿Qué piensas de los profesores? ¿Cuáles son las ventajas y desventajas de ser profesor?
2. ¿Qué haces en tu tiempo libre? ¿Practicas deportes? ¿Cuál(es)? ¿Qué haces cuando tienes que estudiar pero no tienes ganas?
3. ¿Vives en una residencia estudiantil o en un apartamento? Si tienes compañero(a) de cuarto, ¿cómo es él (ella)? ¿Tienen los mismos hábitos y rutinas? Explica.

ENFOQUE: PERÚ

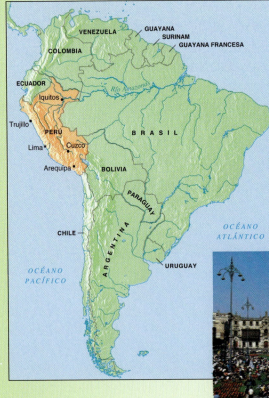

▶ Lima, Perú

▶ *Estudiantes en Cuzco, Perú*

Capital: *Lima*
Moneda: *el nuevo sol*
Población: *27.5 millones de habitantes*

Algo sobre Perú

Machu Picchu es uno de los lugares más famosos del Perú. Esta ciudad permaneció oculta durante siglos en las inmensas alturas de los Andes. En 1911 Hiram Bingham, que participaba en una expedición arqueológica de la Universidad de Yale, llegó hasta Machu Picchu y le dio a conocer esta joya arqueológica al resto del mundo. Perú es uno de los países con mayor riqueza arqueológica. Todavía hoy, ya en el siglo XXI, se siguen descubriendo nuevos sitios.

Inti es el nombre quechua del sol. El sol era el dios de los incas. La moneda peruana lleva el nombre en quechua — los intis — y en español — los soles.

MI HORARIO DE CLASES

	lunes	martes	miércoles	jueves	viernes
8:15	matemáticas	–	matemáticas	–	matemáticas
9:15	inglés	historia	inglés	historia	inglés
10:15	–	historia	–	historia	–
11:15	francés	francés	francés	francés	laboratorio
12:15	–	–	–	–	–
1:15	natación	tenis	natación	tenis	–
2:15	–	–	–	–	–
3:15	–	–	–	–	–

▶ La rutina personal

Cada mañana hay que... *Each morning one has . . .*

    afeitarse *to shave (oneself)*
    bañarse *to bathe (oneself)*
    cepillarse los dientes *to brush one's teeth*
    desayunar *to eat breakfast*
    ducharse *to take a shower*
    lavarse el pelo (las manos) *to wash one's hair (hands)*
    levantarse temprano (tarde) *to get up early (late)*

maquillarse *to put on makeup*
peinarse *to comb one's hair*
quedarse *to stay*
secarse con una toalla *to dry off with a towel*
vestirse (i) [desvestirse (i)] *to get dressed (undressed)*

a menudo, frecuentemente *often, frequently*
muy seguido *repeatedly*
por (en) la mañana *in the morning, a.m.*
por (en) la tarde *in the afternoon, p.m.*

▶ Requisitos para ser estudiante

asistir a clases (todos los días, tres veces por semana) *to attend classes (every day, three times a week)*
graduarse *to graduate*
ingresar en la universidad *to enroll in the university*
llenar los formularios (impresos) *to fill out forms*

llenar una solicitud *to fill out an application*
matricularse *to register*
ponerse en la (hacer) cola *to stand in line*
preparar el horario de clases *to prepare one's class schedule*
solicitar ayuda financiera (una beca) *to apply for financial aid (a scholarship)*

▶ Los estudios

la asignatura (la materia) *subject*
el bachillerato *(high school) diploma*
las calificaciones (notas) *grades*
la carrera *profession; major, course of study*
el curso *course; period of classes*
la especialización *major*
la facultad *school (of a university)*
el horario (de clases) *(class) schedule*
la lectura *reading*

la licenciatura *university degree*
la matrícula *registration (fee)*
optativo(a) *elective*
el plazo de matrícula *registration period*
la tarea *homework*
el título *diploma, title*
las ventajas (desventajas) de... *advantages (disadvantages) of . . .*

▶ Las tareas del (de la) profesor(a)

dar un curso de... *to teach a course on . . .*
dar (dictar) una conferencia *to give a lecture*

enseñar las asignaturas *to teach classes*
pasar lista *to call the roll*

▶ Las tareas del (de la) estudiante

aprender (repasar) la materia *to learn (review) the material*
aprobar (ue) el curso *to pass the course*
presentarse al examen *to take an exam*
prestar atención *to pay attention*

reprobar (ue) [suspender] (un examen) *to flunk, fail (a test)*
resolver (ue) problemas *to solve problems*
sacar buenas (malas) notas *to get good (bad) grades*
tomar apuntes (apuntar) *to take notes*

▶ **Los funcionarios de la universidad**

el (la) **catedrático(a)** *full professor*
el (la) **consejero(a)** *counselor*
el (la) **decano(a)** *dean*

el (la) **profesor(a)** *teacher, professor*
el (la) **rector(a)** *president*

▶ **Carreras y profesiones**

Estudiar en la facultad de... *To study in the department of . . .*

para ser...

arquitectura *architecture*	**arquitecto(a)** *architect*
bellas artes *arts*	**artista**[1] *artist*
biología *biology*	**biólogo(a)** *biologist*
ciencias *sciences*	**científico(a)** *scientist*
física *physics*	**físico(a)** *physicist*
economía *economics*	**economista** *economist*
química *chemistry*	**químico(a)** *chemist*
derecho (leyes) *law*	**abogado(a)** *lawyer*
filosofía *philosophy*	**filósofo(a)** *philosopher*
ingeniería *engineering*	**ingeniero(a)** *engineer*
informática *computer science*	**programador(a)** *programmer*
letras *humanities*	**profesor(a) [escritor(a)]** *teacher (writer)*
medicina *medicine*	**médico(a)** *doctor*
sicología *psychology*	**sicólogo(a)** *psychologist*
sociología *sociology*	**sociólogo(a)** *sociologist*

▶ **Lugares y edificios importantes**

la biblioteca *library*
la cafetería *cafeteria*
el campo deportivo *athletic field*
la sala de clase (el aula) *classroom*
el estacionamiento (el aparcamiento) *parking lot*
el estadio *stadium*

el gimnasio *gym*
los laboratorios *laboratories*
la librería *bookstore*
la parada de autobús *bus stop*
la piscina *swimming pool*
el teatro *theater*

▶ **Algunas expresiones**

¡Anda! (¡Hombre! ¡Venga ya!) *Come on!*
¡Ni hablar! *No way!*
¡Ostras! *What the heck!*
¡Qué guay (Sp.)! / ¡Qué padre (Mex.)! *How cool!*

¡Qué lata! *What a nuisance!*
¡Qué lío! (¡Qué jaleo!) *What a mess (problem)!*
¡Qué tontería! *What nonsense!*

PRÁCTICA

A. ¿A qué se refiere? Diga a qué palabras y expresiones de la lista se refieren las siguientes oraciones.

ayuda financiera	clases	formularios
decana	tarea	buenas notas

1. Asisto a dos los martes y los jueves por la tarde.
2. Necesito estudiar mucho para sacarlas en la clase de química.

---

[1] Se usa el artículo definido para indicar si se refiere a un hombre o a una mujer. El artista / la artista.

3. Hay que llenar muchos _____ para ingresar en la universidad.

4. La _____ solicité pero desgraciadamente me ofrecieron muy poco dinero.

5. Como en este curso hay mucha _____, paso tres o cuatro horas en la biblioteca todos los días.

6. Tengo que hablar con ella para poder cambiar de carrera.

Ahora escriba definiciones de las siguientes palabras: la librería, el artista, la cafetería. En parejas, escojan cinco palabras y escriban definiciones. La clase tiene que adivinar *(guess)* qué son.

B. El próximo semestre. Este estudiante decide cambiar su especialización. Llene los espacios con la forma correcta de las palabras siguientes.

aprobar	horario	catedrático	facultad
dictar	carrera	por	laboratorio
asistir	informática	nota	

En septiembre de este año comencé mis estudios en la universidad de Lima e ingresé en la _____ de arquitectura. Los _____ son excelentes y el programa es fascinante, pero es muy difícil para mí. Saco malas _____ en mis clases de matemáticas y estoy seguro que no puedo _____ el curso básico de diseño *(design)*. ¡Qué lío! En esta situación es mejor cambiar de _____, ¿no crees? Voy a estudiar _____ porque me encantan las computadoras. Esta noche, uno de los profesores _____ una conferencia sobre los sistemas de Internet y pienso ir a escucharla después de trabajar.

Creo que el próximo semestre va a ser muy bueno porque tengo un _____ de clases que combina bien con mis horas de trabajo. Voy a _____ a clases tres veces _____ semana y voy a trabajar en el _____ de lenguas los martes y los jueves.

VOCABULARIO PARA LA COMUNICACIÓN: La vida diaria

C. Ud. escoge. Su profesor(a) va a leer una serie de oraciones incompletas. Escuche e indique la terminación correcta.

1. Si Ud. quiere recibir ayuda financiera, debe…
2. Para no preocuparse más de sus problemas, debe…
3. Si quiere saber bien el material, debe…
4. Si quiere tener un buen horario de clases, debe…
5. Si quiere conseguir un buen trabajo, debe…

C. Ud. escoge. Su profesor(a) va a leer una serie de oraciones incompletas. Escuche e indique la terminación correcta.

1. solicitarla / sacarla   2. resolverlos / reprobarlos   3. repasarlo / llenarlo

4. prepararlo / prestarlo   5. quedarse / graduarse

D. La rutina diaria del profesor Gutiérrez. Para describir un día típico de este catedrático, complete las oraciones con los verbos de la lista. Luego, ponga las oraciones en orden cronológico.

dar	desayunar	pasar	repasar
levantarse	quedarse	cepillarse	

Todos los días el profesor Gutiérrez…

_____ _____ cereal y un café.

_____ _____ una conferencia sobre la historia de la lengua castellana.

_____ _____ los dientes.

_____ _____ sus apuntes para la clase.

_____ _____ lista en la sala de clase.

_____ _____ en la biblioteca hasta muy tarde de la noche.

_____ _____ muy temprano porque tiene clase a las ocho.

E. ¿Qué hay que hacer? Con un(a) compañero(a), describa dos pasos que hay que seguir para…

1. sacar buenas notas.
2. recibir ayuda financiera.
3. aprobar este curso.
4. resolver un problema con su profesor(a).
5. matricularse.
6. poder prestar atención en una clase a las nueve de la mañana.

F. El plazo de la matrícula. ¡Qué lío! Con un(a) compañero, describan cómo es el plazo de la matrícula en su universidad. Digan…

1. cuánto tiempo dura.
2. cuáles son las responsabilidades de los estudiantes.
3. por qué puede frustrarse.
4. cómo se sienten los estudiantes.
5. qué recomiendan para mejorar el sistema.

G. ¿Cuál será mi horario de clases? Con un(a) compañero(a) de clase, observen el dibujo en la página 106. Usen el **Vocabulario para la comunicación,** si es necesario, para contestar las siguientes preguntas.

Raúl Pineda es un estudiante peruano que acaba de ingresar en una universidad norteamericana. En Lima, preparar el horario de clases no era un problema para Raúl porque solamente había uno para todo el año. Ahora, en la residencia estudiantil, Raúl trata de preparar su horario de clases por primera vez.

1. ¿Raúl se siente contento o preocupado? ¿Por qué?
2. ¿Cuántas clases quiere seguir en la universidad? ¿Cuáles son?
3. ¿Cuántas horas de historia piensa tomar? ¿Qué días?
4. ¿A qué hora son las clases de matemáticas? ¿Y las clases de francés?
5. ¿Cuántas horas de clase tiene Raúl los viernes? ¿Cuáles son y a qué hora?
6. ¿A qué piensa dedicar Raúl las tardes? Expliquen.
7. ¿Podrían describir la habitación de Raúl? ¿Es un muchacho ordenado o desordenado? Expliquen.
8. Por la ropa y los objetos que tiene Raúl en su habitación, ¿cuáles pueden ser algunos de sus pasatiempos favoritos?

PERSPECTIVAS

PREPARATIVOS

1. Lea la sección **¿Sabía Ud. qué en Perú… ?**

2. Mire los verbos reflexivos en la lectura, **El proceso de matriculación** que están en negrita. ¿Qué significan? ¿Cuál es la forma **yo** de cada uno? ¿Cuáles se usan frecuentemente en forma no reflexiva?

3. ¿En qué facultad estudia Ud.? ¿Tuvo que presentarse a un examen en esa facultad antes de ingresar en la universidad? En su opinión, ¿qué aspecto de matricularse en la universidad es el más difícil?

¿Sabía Ud. que en Perú... ?

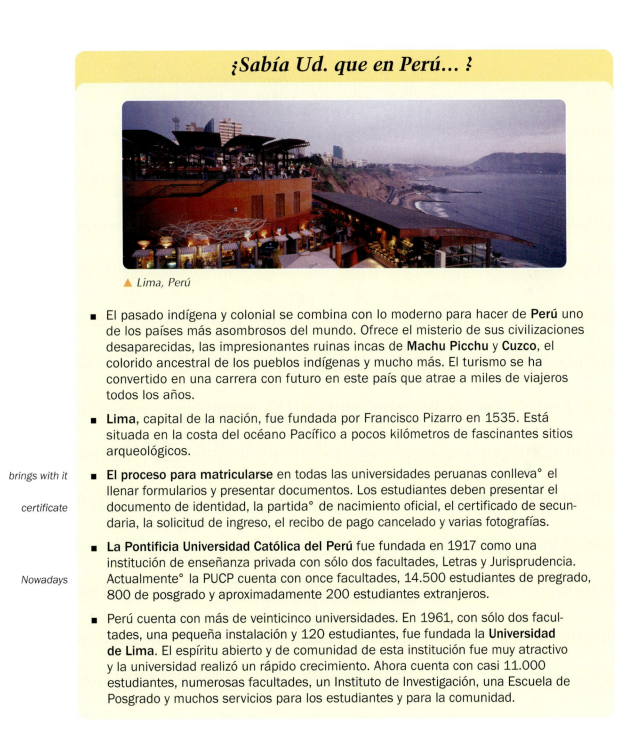

▲ *Lima, Perú*

- El pasado indígena y colonial se combina con lo moderno para hacer de **Perú** uno de los países más asombrosos del mundo. Ofrece el misterio de sus civilizaciones desaparecidas, las impresionantes ruinas incas de **Machu Picchu** y **Cuzco**, el colorido ancestral de los pueblos indígenas y mucho más. El turismo se ha convertido en una carrera con futuro en este país que atrae a miles de viajeros todos los años.

- **Lima,** capital de la nación, fue fundada por Francisco Pizarro en 1535. Está situada en la costa del océano Pacífico a pocos kilómetros de fascinantes sitios arqueológicos.

- **El proceso para matricularse** en todas las universidades peruanas conlleva° el llenar formularios y presentar documentos. Los estudiantes deben presentar el documento de identidad, la partida° de nacimiento oficial, el certificado de secundaria, la solicitud de ingreso, el recibo de pago cancelado y varias fotografías.

- **La Pontificia Universidad Católica del Perú** fue fundada en 1917 como una institución de enseñanza privada con sólo dos facultades, Letras y Jurisprudencia. Actualmente° la PUCP cuenta con once facultades, 14.500 estudiantes de pregrado, 800 de posgrado y aproximadamente 200 estudiantes extranjeros.

- Perú cuenta con más de veinticinco universidades. En 1961, con sólo dos facultades, una pequeña instalación y 120 estudiantes, fue fundada la **Universidad de Lima**. El espíritu abierto y de comunidad de esta institución fue muy atractivo y la universidad realizó un rápido crecimiento. Ahora cuenta con casi 11.000 estudiantes, numerosas facultades, un Instituto de Investigación, una Escuela de Posgrado y muchos servicios para los estudiantes y para la comunidad.

brings with it

certificate

Nowadays

El proceso de matriculación

El proceso para **matricularse** en la universidad es una experiencia que **se queda** grabada en la memoria de cualquier estudiante. En Perú este proceso tiene distintas formas. Por ejemplo, para ingresar a la prestigiosa Pontificia Universidad Católica los jóvenes tienen que **presentarse** al examen de la facultad a la que quieren asistir y esperar ansiosamente los resultados. Generalmente este examen de talento y aptitud se ofrece dos veces al año, en febrero y julio. Otra forma es el ingreso directo. La PUCP tiene un Centro de Estudios Preuniversitarios y los mejores estudiantes del centro pueden ingresar directamente a la universidad. Un sistema parecido existe en la Universidad de Lima.

El sistema de la PUCP **se parece** mucho al proceso para matricularse en las universidades españolas. En España los jóvenes se matriculan directamente en las facultades, y en ambos sistemas sólo hay un horario de clases para cada año de carrera. Por lo tanto ni el estudiante peruano ni el español tiene que preparar su propio horario. En España los estudiantes **se enteran** del horario un par de días antes de comenzar el curso cuando los asistentes oficiales de las facultades lo ponen en el tablón de anuncios. ¡Parece poco conveniente! El horario de cada uno de los cinco años necesarios para la licenciatura se establece de acuerdo con la

availability disponibilidad° de los profesores y con las obligaciones de los alumnos. Como todos los sistemas, éste tiene sus ventajas y desventajas.

COMPRENSIÓN Y PRÁCTICA

A. Completar. Basándose en la lectura, complete las siguientes oraciones.

1. Para ingresar a la PUCP...
2. Si un estudiante se graduó con honores del Centro de Estudios Preuniversitarios de la PUCP...
3. En España...
4. En Perú el horario de clases no es un problema porque...
5. En mi opinión, una ventaja del sistema peruano es... y una desventaja del sistema es...

 B. ¡Charlemos! Conteste las siguientes preguntas. Luego, compare sus comentarios con los de un(a) compañero(a) de clase o con los de los otros miembros de la clase.

1. En sus propias palabras, explique qué es el Centro de Estudios Preuniversitarios. ¿Hay un equivalente en Estados Unidos?
2. ¿Es para Ud. un problema preparar su propio horario de clases? ¿Le gustaría no tener que hacerlo? ¿Por qué?
3. ¿Cuáles son los requisitos para matricularse en esta universidad?
4. Para ingresar en algunas de las facultades de la PUCP es necesario entrevistarse. ¿Qué opina de este aspecto del proceso de matriculación?
5. Compare el sistema para matricularse de su universidad con el sistema peruano.

ESTRUCTURA 1: Los verbos reflexivos

1. Los verbos reflexivos indican que la acción del verbo vuelve a la persona que efectúa la acción. El verbo reflexivo lleva el pronombre **se** al final del infinitivo: despertar**se**, lavar**se**, duchar**se**. Al conjugar un verbo reflexivo, el pronombre cambia de acuerdo con el sujeto.

Singular		Plural	
(yo)	**me** levanto	(nosotros)	**nos** levantamos
(tú)	**te** levantas	(vosotros)	**os** levantáis
(él, ella, Ud.)	**se** levanta	(ellos, ellas, Uds.)	**se** levantan

Muy temprano **me** levanto, **me** ducho y **me** afeito rápidamente.

Si no **te** acuestas ahora, **me** enfado.

2. Muchos verbos transitivos se usan también en forma reflexiva.

Forma no reflexiva		Forma reflexiva	
aburrir	*to bore*	aburrirse	*to get bored*
acostar (ue)	*to put to bed*	acostarse	*to go to bed*
calmar	*to calm*	calmarse	*to calm down*
casar	*to marry*	casarse	*to get married*
despertar (ie)	*to awaken, wake someone*	despertarse	*to wake up*
mover (ue)	*to move something*	moverse	*to make a movement*
mudar	*to change*	mudarse	*to move (change address)*
preparar	*to prepare*	prepararse	*to get ready*
reunir	*to gather*	reunirse	*to get together*
sentar (ie)	*to seat (someone)*	sentarse	*to sit down*
sentir (ie) (+sustantivo) *to feel*		sentirse (+adjetivo) *to feel*	

Compare:

Primero **me baño** y después **baño** al bebé.

Primero **me pongo** el sombrero y después **le pongo** (al niño) el suéter.

3. Algunos verbos toman un significado algo diferente al hacerse reflexivos.

Forma no reflexiva		Forma reflexiva	
acordar (ue)	*to agree*	acordarse de	*to remember*
beber	*to drink*	beberse	*to drink something all up*
comer	*to eat*	comerse	*to eat something all up*
despedir (i)	*to dismiss, fire*	despedirse	*to say good-bye*
dormir (ue)	*to sleep*	dormirse	*to fall asleep*
ir	*to go*	irse	*to leave; to go away*
llamar	*to call*	llamarse	*to be named*

parecer	*to seem*	**parecerse**	*to resemble*
perder (ie)	*to lose*	**perderse**	*to get lost; to miss out on something*
poner	*to put, place*	**ponerse**	*to put on*

Compare:

Si no **duermo** más de siete horas, al día siguiente **me duermo** en las clases.

4. Hay ciertos verbos que se usan siempre en forma reflexiva. Frecuentemente van seguidos de las preposiciones **a**, **de** o **en**.[1]

Forma reflexiva

acercarse a	*to approach*	**darse cuenta de**	*to realize*
alegrarse de	*to be glad*	**decidirse a**	*to make up one's mind to*
apresurarse a	*to hasten to*	**empeñarse en**	*to insist on; to persist*
atreverse a	*to dare to*	**enterarse de**	*to find out*
burlarse de	*to make fun of*	**fijarse en**	*to notice*
convertirse en (ie)	*to become*	**quejarse de**	*to complain about*

Ejemplos

—¿Te has fijado **en** esa muchacha?
—No me atrevo **a** mirarla.
—Creo que se burla **de** nosotros.

5. Los pronombres reflexivos **nos, os** y **se** pueden usarse para expresar una acción recíproca equivalente a *each other* o *one another* en inglés.

Mi amiga y yo **nos** hablamos por teléfono todos los días y **nos** vemos los lunes y los jueves.

A veces para aclarar se añade **uno a otro (una a otra, unos a otros, unas a otras).**

Llenos de felicidad se miran **uno a otro** sin decir una sola palabra.

6. Hay algunos verbos que al usarse en forma reflexiva toman en inglés el significado de *to become*.

a. **Hacerse:** Expresa un cambio basado en el esfuerzo personal.

Trabajo mucho para hacerme abogado.
Nos haremos dueños de este negocio.

b. **Ponerse:** Expresa un cambio físico o emocional.

Cuando lo veo me pongo roja.
¿Por qué te pones tan triste?

c. **Volverse:** Expresa un cambio de un estado a otro. No hay esfuerzo personal.

Se está volviendo loco.

---

[1] Para una lista más completa de los verbos reflexivos que llevan preposición, consulte el **Apéndice 5: ¿Lleva el verbo una preposición?**, páginas 497–502.

7. La posición de los pronombres reflexivos depende de la forma del verbo.

- con un verbo conjugado: **Me** acuerdo siempre de ti.
  Te has puesto nerviosa.
- con el infinitivo: **Se** quiere sentar. Quiere sentar**se**.
- con el gerundio: **Nos** estamos despidiendo. Estamos despidiéndo**nos**.
- con el mandato afirmativo: Levánte**se**.
- con el mandato negativo: No **se** levante.

LA CASA DE MUÑECAS

Está en su casa. Refiriéndose a la imagen en la cubierta y en la cubierta interior *(cover and inside cover)* de *Nuevos horizontes*, haga la siguiente actividad. Con un(a) compañero(a) escriban un microcuento sobre dos de las personas que viven en la casa de muñecas. Describan por lo menos seis de sus actividades diarias, usando los verbos reflexivos siguientes y otros de las págs. 113 y 114.

aburrirse	dormirse	quejarse de
calmarse	moverse	prepararse
despedirse de	prepararse	reunirse

Compartan su cuento con la clase.

PRÁCTICA

A. ¡Tantas preguntas! Consulte la lista de verbos y complete las preguntas que están en la primera columna basándose en las respuestas correspondientes de la segunda columna.

casarse	dormirse	empeñarse	ponerse
quejarse	irse	reunirse	mudarse

I

1. ¿Por qué _____ en la clase?
2. ¿Por qué _____ tanto de la clase?
3. ¿Por qué _____ en llamar a Sara?
4. ¿Por qué _____ con esos chicos?
5. ¿Por qué _____ esa camiseta?
6. ¿Por qué _____ Ana y Pablo?
7. ¿Por qué _____ a otra residencia?
8. ¿Por qué _____ ahora?

II

Estoy cansado a las ocho de la mañana.
No me gusta.
Me cae bien y quiero conocerla mejor.
Estudiamos en grupo para el examen.
Voy al gimnasio después de estudiar.
Se aman y quieren estar juntos.
Prefiero vivir solo.
¡Me he cansado de tantas preguntas!

B. Mi hora favorita. Escoja el verbo reflexivo o no reflexivo entre paréntesis y escriba la forma correcta. Luego, conteste las preguntas que siguen.

Por lo general yo no 1. (sentir, sentirse) muy motivada para 2. (despertar, despertarse) temprano por la mañana. Me gusta mucho 3. (dormir, dormirse) y prefiero 4. (quedar, quedarse) tranquila y cómoda en la cama hasta que mi compañera de cuarto me saque con gritos y reclamos. Pero este semestre es diferente. Tengo una motivación muy fuerte para 5. (levantar, levantarse).

6. (Llamar, Llamarse) Sergio Aparicio y es un nuevo compañero de clase. Normalmente las clases de historia me 7. (aburrir, aburrirse), pero *Historia medieval 101* se ha convertido en mi asignatura favorita. Tres veces por semana, a las nueve de la mañana, nosotros 8. (reunir, reunirse) en una pequeña aula, y durante una hora intento prestarle atención al profesor. ¡No es nada fácil! 9. (Parecer, Parecerse) que le gusto a Sergio porque, aunque todavía no se ha atrevido a invitarme a salir, él 10. (sentar, sentarse) junto a mí y siempre 11. (acordar, acordarse) de traerme algún detalle... un cappuccino, un bagel, un yogurt. ¿Faltar a esta clase? ¡Ni hablar! Tengo que aprobar este curso para poder tomar *Historia medieval 102.*

1. ¿Por qué esta muchacha jamás va a *dormirse* en su clase de historia medieval?

2. ¿Cree Ud. que Sergio *se da cuenta de* sus sentimientos?

3. En su opinión, ¿por qué Sergio no *se atreve a* invitarla a salir?

4. ¿Cree que el profesor y los otros estudiantes *se fijan en* lo que está pasando entre Sergio y ella?

5. ¿Por qué ella *se empeña en* tomar otra clase de historia?

C. Compañeros de cuarto. La joven de este ejercicio no se lleva bien *(doesn't get along)* con su compañera de cuarto. En los espacios, escriba la forma apropiada en el tiempo presente de **hacerse, ponerse** y **volverse,** tres verbos reflexivos que significan *to become.*

La situación con mi compañera de cuarto, Susana, _____ insoportable *(unbearable).* Es que somos muy diferentes. Normalmente, soy una persona responsable y razonable. Mi compañera de cuarto, en cambio, _____ enojada y nerviosa fácil y frecuentemente. Tengo metas *(goals).* Mi vida está bien planeada y me estoy esforzando mucho para _____ arquitecta. Susana vive de día en día. Se levanta cuando quiere, falta mucho a las clases y nunca limpia el apartamento. Cuando vuelvo a casa después de un día largo y difícil y veo que todavía está en la cama, ¡_____ histérica! Si este problema no se resuelve pronto, creo que voy a _____ loca.

 D. ¿Qué haces entre estas horas? Use los verbos en la lista para decir qué hace entre las horas indicadas. Puede añadir otras actividades si es necesario. Luego, compare su horario con el de su compañero(a) de clase y comenten las semejanzas y diferencias entre sus horarios.

Modelos: Entre las siete y las ocho de la mañana salgo de casa para llegar a clase a tiempo.
Entre las ocho y las nueve me levanto, me ducho y después me afeito.

| 7:00 A.M. – 8:00 A.M. |
| 8:00 A.M. – 9:00 A.M. |
| 9:00 A.M. – 10:00 A.M. |
| 7:00 P.M. – 8:00 P.M. |
| 9:00 P.M. – 10:00 P.M. |
| 10:00 P.M. – 12:00 P.M. |

acostarse
afeitarse o maquillarse
almorzar
bañarse
despertarse
divertirse
dormirse
ducharse

estar en clase
estudiar
hacer tareas
irse a la universidad
lavarse
leer el periódico
ver la tele
vestirse

E. ¡Charlemos! Conteste las siguientes preguntas sobre sus hábitos y hágale las mismas preguntas a un(a) compañero(a) de clase, usando la forma familiar (**tú**). Después infórmele a la clase lo que recuerde de la conversación.

1. ¿A qué hora se despierta? ¿Se queda en la cama o se levanta inmediatamente?

2. ¿Desayuna en casa? ¿Qué desayuna?

3. ¿Se ducha antes o después de desayunar?

4. ¿En cuánto tiempo se viste? ¿Qué se pone generalmente para ir a la universidad?

5. ¿Se afeita / Se maquilla más de una vez al día?

6. ¿Llega a tiempo a sus clases? ¿A qué hora es su primera clase? ¿La última?

7. ¿Qué hace después de terminar sus estudios?

8. ¿Se preocupa mucho por sus estudios?

PERSPECTIVAS

PREPARATIVOS

1. Lea la sección **¿Sabía Ud. que en Perú... ?**

2. Mire los verbos que están en negrita en la lectura. ¿Entiende por qué se usa **ser** o **estar** en cada ejemplo? ¿Puede explicar los dos usos de **es** en la primera oración del segundo párrafo?

3. ¿Qué tipo de becas ofrece su universidad? ¿Estudia Ud. con beca?

¿Sabía Ud. que en Perú... ?

■ Todos los años muchos estudiantes peruanos solicitan **becas** para estudiar en el extranjero. Además de acudir a organismos internacionales tales como la OEA, UNESCO y la Comisión Fulbright, estos postulantes solicitan becas a gobiernos extranjeros. México, Ecuador, Israel, Japón y Cuba figuran entre los países que más becas otorgan a extranjeros.

■ Los estudiantes peruanos que piensan estudiar en **un programa de intercambio** en un país extranjero entienden la importancia de tener conocimientos de su lengua. Universia.net, la red de universidades más grandes del mundo, brinda° una selección de cursos de 37 idiomas que se ofrecen gratis en Internet. Lecciones de croata, checo, danés, polaco, turco, cherokee, tibetano, quechua, por nombrar sólo algunas, ya están al alcance° de quienes las necesiten. El mundo es cada vez más pequeño.

offers

within reach

¿Quiere estudiar en el extranjero? Hay distintas opciones.

Al igual que en todas las grandes universidades del mundo, los estudiantes de diversas facultades de La Pontificia Universidad Católica del Perú tienen la opción de solicitar becas para estudiar en el extranjero. La PUCP **está** muy consciente de la importancia que tienen estos programas académicos internacionales en la formación profesional de sus estudiantes. Por eso la universidad se empeña en ampliar el proceso de internacionalización y **está estableciendo** nuevos programas de intercambio con universidades de todo el mundo. Los estudiantes que **están** interesados pueden seguir los cursos por créditos que **son** aceptados en su universidad.

Un programa que ahora **es** muy popular **es** el programa de intercambio de corto plazo. La contraparte de la universidad y la PUCP intercambian un número predeterminado de estudiantes durante las vacaciones correspondientes a cada país. Los participantes en estos programas **son** estudiantes que han cursado al menos tres años de estudios en la PUCP. Los que **están realizando** la tesis no pueden participar. La universidad receptora **es** responsable de los gastos de alojamiento° de los estudiantes extranjeros. En este programa no hay otorgamiento° de créditos, ya que no **son** cursos académicos.

housing
offering

COMPRENSIÓN Y PRÁCTICA

A. Completar. Basándose en la lectura, complete las siguientes oraciones.

1. Según la PUCP, estudiar en el extranjero…
2. Esta universidad tiene programas de intercambio…
3. El programa de intercambio de corto plazo…
4. Para poder participar en el programa de corto plazo, el estudiante…
5. Los participantes en este programa no reciben créditos porque…

B. ¡Charlemos! Conteste las siguientes preguntas. Luego, compare sus comentarios con los de un(a) compañero(a) de clase.

1. ¿Le gustaría estudiar en el extranjero? ¿En qué país? ¿En qué universidad? ¿Por qué?
2. ¿Cuáles son las ventajas de participar en un programa de corto plazo? ¿Cuáles son las ventajas de participar en un programa de un semestre o de un año?
3. Según la PUCP, los programas de intercambio en el extranjero tienen importancia en la formación profesional de los estudiantes. ¿Está de acuerdo? Justifique su respuesta.

ESTRUCTURA 2: Los verbos *ser* y *estar*

LOS USOS DE *SER* Y *ESTAR*

Los verbos **ser** y **estar** expresan *to be.* Se debe prestar mucha atención al uso de estos verbos.

ser + adjetivo	**estar** + adjetivo
Expresa las características esenciales del sustantivo.	Expresa una condición o estado especial en un determinado momento.
El estudiante **es** guapo.	El estudiante **está** guapo (*looks handsome*) hoy.
El profesor Serrano **es** viejo.	¡Qué viejo **está** el profesor Serrano!

ser de	**estar de**
Expresa propiedad, origen o material.	Es equivalente a "trabajar como…" (*to be working as . . .*).
Ese coche **es de** Carlos.	En octubre Luis **estaba de** cocinero.
Esos estudiantes **son de** Lima.	Ahora **está de** mesero en un restaurante.
Aquel bolígrafo **es de** plata.	

ser para	**estar para** + infinitivo
Expresa destino, propósito o la fecha en que termina un plazo.	Es equivalente a "listo para…" (*to be about to . . .*).
Aquellos libros **son para** Juan.	Después de recibir mis notas **estaba para** llorar.
La tarea **es para** mañana.	
El lápiz **es para** tomar apuntes.	

sustantivo o pronombre + **ser** + sustantivo	**estar** + sustantivo o pronombre
Iguala el sujeto al sustantivo.	Se refiere a: listo, aquí, allí, en casa.
Ellos **son** estudiantes.	¿**Está** Juanita? (*Is Juanita there/here/at home?*)
El colegio **es** una institución privada.	Fui a su despacho, pero el profesor no **estaba** (allí).
	¿Ya **están** las tareas (listas)?

ser y el tiempo cronológico	**estar** y el tiempo atmosférico
Expresa el día, la fecha y la hora.	Expresa el estado del tiempo.
Hoy **es** lunes.	Hoy **está** muy nublado.
Mi cumpleaños **es** el 3 de enero.	El día **está** lluvioso.
Eran las dos menos cuarto.	

ser = tener lugar	**estar en**
(*to take place [an event]*)	Expresa el lugar de las personas o cosas.
La fiesta **será** en mi casa.	La niña **está** en la casa.
Las reuniones **son** a las ocho.	Los libros **están** en la mesa.

sujeto + **ser** + adjetivo de nacionalidad (región) o religión	**estar** + gerundio (-ando, -iendo)
Expresa origen o religión.	Expresa una acción en progreso.[1]
Todos **somos** católicos.	**Estás estudiando** mucho.
¿Uds. **son** peruanos?	Ellas no **están escuchando** al profesor.

---

[1] Vea la Lección 10 para estudiar más sobre el gerundio. Recuerde que los verbos que terminan en **-ar** forman el gerundio en **-ando** (caminar → **caminando**) y los verbos en **-er** y en **-ir** en **-iendo** (comprender → **comprendiendo**, escribir → **escribiendo**).

ser en expresiones impersonales	estar + participio[1] pasado
Expresa una idea general.	Expresa el resultado de una acción anterior.
Es muy importante para mi carrera.	La comida ya **está preparada.**
¿**Es** necesario tomar tantas notas?	¿**Está abierta** la ventana?

Expresiones con el verbo *estar*

estar atrasado(a)	*to be late, be behind*	**Estoy atrasado** en mis estudios.
estar de acuerdo con	*to be in agreement with*	¿**Estás de acuerdo** conmigo?
estar de buen / mal humor	*to be in a good / bad mood*	¿Por qué **están** todos **de mal humor?**
estar de regreso	*to be back*	**Estaré de regreso** en media hora.
estar de vacaciones	*to be on vacation*	Clara **estuvo de vacaciones.**
estar de viaje	*to be on a trip*	¿Cuánto tiempo **estarás de viaje?**
estar equivocado(a)	*to be wrong*	No es así. **Estás** muy **equivocado.**
estar harto(a) de	*to be fed up with*	**Estoy harto de** los exámenes.
estar listo(a) para	*to be ready to (for)*	¿**Estás lista para** ir a clase?

PRÁCTICA

A. Encuesta para mejorar el sistema educativo. Llene el siguiente formulario. Si la respuesta a las preguntas 1–4 es **no**, dé sus propias sugerencias al final de la encuesta. Después compare sus sugerencias con las de un(a) compañero(a) de clase.

sí	*no*	
_____	_____	1. ¿Está Ud. satisfecho(a) con la enseñanza que recibe en esta universidad?
_____	_____	2. ¿Está Ud. de acuerdo con el establecimiento de los siguientes cursos con carácter obligatorio?
_____	_____	a) idiomas extranjeros
_____	_____	b) estudios étnicos
_____	_____	3. ¿Piensa Ud. que la matrícula es muy alta?
_____	_____	4. Para Ud., ¿es mejor el sistema de trimestres?
_____	_____	¿De semestres?
		5. ¿Le gustaría que el semestre terminara…
_____	_____	a) antes de las fiestas de fin de año?
_____	_____	b) después de las fiestas de fin de año?

Sugerencias: _____

---

[1] Después de **estar** el participio pasado funciona como adjetivo y concuerda en género y en número con el sustantivo. Para la formación del participio pasado vea la Lección 5, pág. 209.

B. ¿Dónde está y cómo es? Es su primer día en la universidad y quiere saber dónde están los edificios principales y cómo son. Con un(a) compañero(a) sigan el modelo y túrnense para hacerse las preguntas. Usen el vocabulario útil si es necesario.

> **Modelo:** la cafetería:
> —¿Dónde está la cafetería?
> —Está a la derecha de la biblioteca.
> —¿Y cómo es?
> —Es muy agradable. Está abierta casi todo el día. El servicio comienza a las siete de la mañana.

El siguiente vocabulario le será útil.

la biblioteca	cerca de…	alto(a)
la cafetería	a la derecha…	amplio(a)
las canchas de tenis	a la izquierda…	bajo(a)
el estadio	al lado de…	cómodo(a)
la librería	lejos de…	incómodo(a)
la piscina	al norte / sur / este / oeste de…	interesante
el gimnasio	a una (dos) cuadra(s) de…	limpio(a)
el teatro	a una (dos) milla(s) de…	moderno(a)
las residencias		nuevo(a)
la oficina administrativa		pequeño(a)
		sucio(a)
		viejo(a)

C. Ser, estar y las preposiciones. El año académico en la Universidad de Lima va a terminar muy pronto. Kelly, una estudiante norteamericana, quiere conocer Machu Picchu antes de volver a Estados Unidos. Consulte las listas de las páginas 119 y 120 y complete el siguiente diálogo con el presente del verbo **ser** o **estar** y la preposición correcta.

JOSÉ LUIS: Kelly, _____ _____ muy mal humor. ¿Qué te pasa?

KELLY: El año _____ _____ terminar y aún no he visto Machu Picchu. No puedo volver a casa sin ver ese asombroso santuario inca.

JOSÉ LUIS: No te puedo acompañar porque no _____ _____ vacaciones. ¿Por qué no vas con Miguel y Sandra? Ahora Miguel _____ _____ guía turístico y sabrá muy bien orientarte en Machu Picchu. Sandra _____ _____ la ciudad del Cuzco, que no está muy lejos de las ruinas. De Cuzco salen muchos trenes diarios para Machu Picchu. ¿No te parece una excelente idea?

KELLY: _____ _____ acuerdo contigo, José Luis. Sandra _____ _____ clase ahora, pero va a _____ _____ regreso en una hora más o menos. Entonces hablaré con ella sobre el viaje. Hoy es tu cumpleaños, ¿no es cierto, José? Este regalo _____ _____ ti, amigo. ¡Feliz cumpleaños!

JOSÉ LUIS: Gracias. ¡Qué suéter más interesante! _____ _____ lana peruana, ¿sí? Me gusta mucho.

D. Minidiálogos. Prepare los siguientes minidiálogos. Llene los espacios con la forma correcta de **ser** o **estar** y use la imaginación para terminar las oraciones. Compare sus diálogos con los de un(a) compañero(a), hagan los cambios necesarios y escojan uno para presentar a la clase.

1. **La ducha no funciona.**

    —Oiga, la ducha no funciona desde hace tres días, no puedo _____ sin ducharme por tanto tiempo.

    —Lo siento muchísimo. Voy a ver qué es lo que _____ roto y vuelvo...

    —Ésta es la segunda vez que...¿Cree Ud. que para la noche... ?

    —...

2. **En busca de alojamiento.**

    —¡Estoy harta de _____ aquí!

    —¿_____ pensando en buscar otra residencia?

    —Sí, _____ mejor para...

    —¿Crees que _____ difícil... ?

    —Francamente no lo sé, pero si quieres...

    —...

3. **Una llamada telefónica.**

    —¡Aló!, ¿... ? ¿Qué _____ haciendo?

    —Estoy esperando a un amigo para...

    —¿ _____ seguro de que irá por ti?

    —...

    —Bueno, en ese caso...

    —...

4. **¿Por qué tan serio(a)?**

    —¿Qué te pasa, chico(a)? ¡_____ muy serio(a)!

    —Creo que mi novia(o) _____ saliendo con otro(a).

    —¡No puede ser! ¿Por qué?

    —...

PERSPECTIVAS

PREPARATIVOS

1. Lea la sección **¿Sabía Ud. que en Perú... ?**

2. Mire los verbos en la lectura que están en negrita. Los verbos **haber, tener** y **hacer** son importantes y se usan para formar muchas expresiones en español. ¿Cuál es la diferencia entre **tienes frío** y **hace frío**? ¿Qué significan las expresiones **No hay tiempo** y **No tengo tiempo**? Parece que los estudiantes universitarios siempre tienen prisa. ¿Por qué? ¿Tiene Ud. prisa ahora? ¿Tiene hambre? ¿Tiene sed? ¿Qué quiere tomar?

3. ¿Qué imagen tiene de Perú? ¿Le gustaría hacer un viaje a ese país? ¿Cuáles son las ventajas de estudiar allí?

¿Sabía Ud. que en Perú…?

■ En 1532 cuando Francisco Pizarro y sus soldados llegaron a Perú encontraron al imperio inca debilitado por una larga guerra civil. En un acto de traición° y engaño°, los conquistadores atraparon a Atahualpa, el último emperador, y conquistaron a los incas. Luego de tres años fundaron la ciudad de **Lima** y desde allí gobernaron toda la América del Sur española por casi tres siglos. En 1991 Lima fue declarada patrimonio de la humanidad por su gran número de edificios históricos.

betrayal
deception

▲ *Chan-Chan*

■ Abundan las ruinas de las civilizaciones perdidas. Cerca de Lima hay ruinas en **Pachacámac**, en **Chan-Chan** que está en la costa cerca de Trujillo, y por supuesto en el famoso santuario de los incas, **Machu Picchu.** En esos lugares, iglesias, conventos y edificios civiles están levantados sobre las bases de los antiguos templos y construcciones indígenas.

Un semestre en Perú

V anessa, una estudiante de Estados Unidos va a pasar un semestre en Perú para estudiar español.

SARA: Un semestre en Perú, y con beca. ¡Felicidades, amiga! **Tienes** muchísima **suerte.**

VANESSA: Sé que conoces Perú porque **tienes** familiares allí. Cuéntame. ¿Cómo es?

SARA: Muy pronto verás que **hay** mucho que ver y hacer en ese maravilloso país. ¡**Tengo** muchas **ganas** de volver! Cuzco **tiene** una altura impresionante, 4.300 metros sobre el nivel del mar. Fue allí donde los incas establecieron su imperio. En la Plaza de Armas, el corazón de la ciudad, **hay** una catedral preciosa cuyo altar principal está construido de plata, y **tiene** una figura de un dragón formada de una sola esmeralda. No siempre **hace** muy **buen tiempo**, pero si **tienes frío** te puedes comprar uno de esos famosos suéteres peruanos de lana o de alpaca. Lima, la capital, es una ciudad cosmopolita que **tiene** varios museos, eventos culturales y universidades excelentes. Está situada en la costa pacífica. Arequipa está situada sobre la falda de dos enormes volcanes. Muchos de los edificios están construidos de piedra volcánica blanca, por eso Arequipa se conoce como "la ciudad blanca".

VANESSA: Me gustaría ver el río Amazonas, pero **tengo miedo** de cruzar los Andes en avión. Y Machu Picchu. Ojalá que **tenga** la oportunidad de ver esa asombrosa ciudad-fortaleza de los incas. Sé que estaba escondida encima de una montaña y que los conquistadores jamás pudieron verla.

SARA: Sí, fue descubierta por un ex senador de Connecticut en 1911. Hay que ver Machu Picchu para creerlo. Es una experiencia inolvidable. En Iquitos, a lo largo del río Amazonas, se encuentran pequeños pueblos indígenas. **Hace calor** y

llueve con frecuencia, pero la selva del Amazonas es un lugar fascinante y tienes que aprovechar tu tiempo en Perú para visitarla.

VANESSA: **Tienes razón,** Sara. Voy a hacer todo... visitar museos en Lima, contemplar las ruinas en Cuzco y en Machu Picchu, navegar por el río Amazonas, sacar fotos de las casas blancas en Arequipa... ¡No **habrá** tiempo para estudiar! Y ahora no **hay** más tiempo para charlar porque **tengo** mucha **prisa.** ¡**Tengo** clase en cinco minutos! Hasta luego.

COMPRENSIÓN Y PRÁCTICA

A. Empareje. Empareje cada una de las ciudades de la primera columna con una o más de las características de la segunda columna.

I
1. En Lima...
2. En Cuzco...
3. En Arequipa...
4. En Machu Picchu...
5. En Iquitos...

II
a. llueve mucho.
b. hace frío por la altura.
c. hay muchos estudiantes universitarios.
d. el visitante puede tener calor por el clima selvático.
e. hay muchas actividades culturales.
f. la catedral tiene una escultura única.
g. se encuentra uno de los ríos más famosos del mundo.
h. se inició el imperio de los incas.
i. se usa piedra volcánica para construir casas y edificios.
j. hay ruinas incas que están en la cumbre *(peak)* de una montaña.

 B. ¡Charlemos! Conteste las siguientes preguntas. Luego, compare sus comentarios con los de un(a) compañero(a) de clase o con los de los otros miembros de la clase.

1. En su opinión, ¿qué es más importante para Vanessa, dedicarse a sus estudios o aprovechar su tiempo en Perú, viajando y conociendo la cultura? Explique.

2. Suponga que Ud. va a ir a Perú por un mes. Basándose en la lectura, prepare un itinerario. ¿Adónde va primero? ¿Después? Justifique su respuesta.

3. ¿En qué ciudad encontrará Vanessa una vida nocturna más intensa? ¿Por qué? ¿A Ud. le interesaría experimentar la vida nocturna en un país extranjero como Perú? Explique.

ESTRUCTURA 3: Los verbos *haber, hacer y tener*

HABER

Haber, en la tercera persona del singular, expresa existencia.

hay *(there is / are)*	En España **hay** muchas universidades.
hubo *(there was / were; took place)*	Anoche **hubo** un accidente de coches terrible.
había *(there was / were)*	**Había** unos tipos muy extraños en la residencia.

HACER Y TENER

Hacer y **tener** se usan en expresiones de tiempo en los siguientes casos.

hacer	tener
En la tercera persona singular, expresa el tiempo meteorológico: **hace frío, hace calor, hace buen / mal tiempo, hace viento, hace sol.**	Expresa el efecto de la temperatura en las personas y animales: **tener frío, tener calor.**
—¿Qué tiempo **hace** en Granada? —**Hace** buen tiempo. **Hace** mucho **sol.**	Si **tienes frío**, ponte el abrigo.

Otros verbos que describen el tiempo son **nevar** y **llover.** Estos verbos siempre se usan en la tercera persona singular. Observe que tienen cambios en el radical.

nevar	llover
Nieva mucho en los Andes.	No me gusta salir cuando **llueve.**

Otras expresiones con el verbo **tener.**

tener cuidado	*to be careful*	**tener prisa**	*to be in a hurry*
tener ganas de...	*to be in the mood for, to feel like . . .*	**tener razón**	*to be right*
		tener sed	*to be thirsty*
tener hambre	*to be hungry*	**tener sueño**	*to be sleepy*
tener miedo de	*to be afraid of*	**tener suerte**	*to be lucky*

—¿**Tienes ganas de** salir con esta nieve?
—Ni hablar, hace mucho frío.

PRÁCTICA

A. ¿Qué tiempo hace en Perú? Diga qué tiempo hace en este momento en las siguientes ciudades peruanas. Luego, pregúntele a su compañero(a) de clase sobre el tiempo en varias ciudades. Use el mapa de la página 126.

> **Modelo:** Lima
>
> —¿Qué tiempo hace en Lima?
> —Hace sol. (Está despejado.)

Arequipa
Cuzco
Trujillo
Machu Picchu
Iquitos
Huancayo

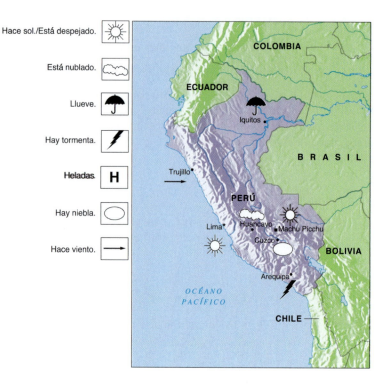

Hace sol./Está despejado.	☀
Está nublado.	☁
Llueve.	☂
Hay tormenta.	⚡
Heladas.	**H**
Hay niebla.	⬭
Hace viento.	→

B. La tía Luisa. Martín y Marcos viven juntos en un apartamento cerca del campus. Hoy la tía de Martín viene de visita. Consulte la página 125 y llene los espacios con la forma apropiada de las expresiones con el verbo **tener**.

MARCOS: ¿Y esa cara?

MARTÍN: Ay, es que hoy viene mi tía Luisa, y tú sabes cómo es ella. Yo no_____ escuchar sus comentarios y críticas sobre el apartamento, mi forma de comer, de limpiar, etc. Me trata como si fuera un niño de cinco años… Alguien llama a la puerta. ¡Es ella! ¿Adónde vas, Marcos? Quédate un rato más.

MARCOS: Sólo unos minutos. _____ por llegar al campus. No quiero perder mi clase de historia.

TÍA LUISA: Hola, muchachos. Déjame verte, Martín. ¡Estás hecho un esqueleto *(skeleton)*! Seguramente tú_____. Te voy a preparar unos espaguettis sabrosos. ¿Y esas ojeras *(dark eye circles)*? ¿_____? Debes _____ con tu salud *(health)* aquí en la universidad. Ponte este suéter porque parece que tú _____. ¿Qué no tienes calentura *(heat)* en este apartamento? Siempre leo en los diarios que por aquí hay mucho crimen. ¿Tú y Marcos no _____ de vivir aquí, solos, en este barrio? Ya sabes que siempre están bienvenidos en mi casa.

MARCOS: No entiendo por qué te quejas tanto de tu tía. Creo que tú _____ de tener alguien que se preocupa tanto por ti.

MARTÍN: Sí, tú _____, amigo. No voy a quejarme más de mi tía Luisa.

C. ¿Qué haces... ? En parejas, hagan pequeños diálogos según el modelo.

Modelo: hacer buen tiempo
—¿Qué haces cuando hace buen tiempo?
—Voy a la piscina a nadar. ¿Y tú?
—Salgo con mi novio a caminar por la playa.

1. hacer buen tiempo
2. tener hambre
3. llover
4. estar de buen humor

5. tener miedo
6. estar furioso(a)
7. hacer calor
8. estar atrasado(a)

Más allá del aula

El inglés como segundo idioma

Para poder tener éxito en los EE.UU. es esencial saber leer, entender, escribir y hablar bien el inglés. Para las familias hispanas recién llegadas a nuestro país, ¿qué pueden hacer para asegurar de que sus niños reciban una buena educación en la escuela si no saben hablar inglés? Muchas ciudades con grandes poblaciones de hispanos ofrecen varias soluciones. Por ejemplo, en Cambridge, Massachusetts, el programa "Amigos" les ofrece a los estudiantes hispanohablantes y los estudiantes ingléshablantes la oportunidad de compartir su cultura y su idioma. Visite su sitio web para saber más sobre cómo funciona el programa. http://www.cpsd.us/cpsdir/Biling_2way.cfm.

Comparta la información con la clase.

Para los estudiantes que viven fuera de los EE.UU. pero quieren aprender inglés en este país, el sitio http://www.esl.com/Spanish/ ofrece información sobre una gran variedad de programas. Visite el sitio y conteste las preguntas.

- ¿Qué son los "Programas Intensivos de Inglés"?

- ¿Cuál es el enfoque del programa?

- ¿Cuáles son algunas de las universidades que ofrecen este programa?

- ¿Son grandes las clases? Explique.

- ¿Cómo se consigue una visa para poder estudiar en los EE.UU.?

Ahora, averigüen *(find out)* en su propio pueblo o ciudad para saber cuáles son las opciones para las personas que no saben hablar inglés pero quieren aprender.

ESTRUCTURA 4: Expresiones de obligación y probabilidad

1. **Tener que + infinitivo** *(to have to, must)* expresa una fuerte obligación personal.

   Ellos **tienen que tomar** muchos apuntes porque no tienen buena memoria.
   El maestro **tuvo que suspender** al muchacho porque no había estudiado.
   Mi compañero de cuarto **tendrá que matricularse** pronto.

2. **Haber (hay) que + infinitivo** expresa una necesidad u obligación impersonal *(one must, it is necessary to . . .).*

   Hay que aprovechar las vacaciones.
   Había que corregir los exámenes con mucho cuidado.
   Habrá que resolver el problema.

3. **Deber (de) + infinitivo** y **haber de + infinitivo** expresan...

   a. obligación moral *(to be supposed to, should).*

      Debo preparar mi horario de clases.
      Ahora que estamos aquí, **hemos de aprovechar** las vacaciones.

   b. probabilidad *(must, probably).*

      Debe (de) ser muy rico.
      Ha de tener mucho dinero.

PRÁCTICA

 A. Sé muchas cosas. En parejas, hagan diálogos según el ejemplo.

Modelo: la rectora / el decano
—¿Qué sabes de la rectora?
—Sé que **tiene que** dar una conferencia.
—¿Y del decano?
—El decano **está** de viaje por Europa.

los profesores	tener	prisa por salir
la consejera	tener que	muy equivocado(a)
el ingeniero	deber de	de vacaciones
los hombres	estar	repasar la materia
el filósofo		mucha hambre
la abogada		ser muy talentoso
los estudiantes		ayudar a sus clientes
esa estudiante		miedo de los exámenes
nosotros		solicitar una beca
		pensar en el futuro

 B. En la clase de español. Ud. estuvo enfermo(a) y no ha podido asistir a los primeros días de clase. Pregúntele a su compañero(a) lo siguiente.

Modelo: los requisitos para estar en la clase
—¿Cuáles son los requisitos para estar en la clase?
—**Tenemos que** asistir a cuatro clases semanales y **hay que** ir una vez al laboratorio.

1. los requisitos para estar en la clase
2. los libros
3. el número de pruebas
4. el día del examen final
5. el número de estudiantes matriculados en la clase
6. las horas de consulta del (de la) profesor(a)
7. la hora a la que comienza y termina la clase
8. el horario del laboratorio

PERSPECTIVAS

PREPARATIVOS

1. Lea la sección **¿Sabía Ud. que en Perú... ?**

2. Mire las preposiciones que están en negrita en la lectura, **¡Piensa en tu futuro!**. ¿Sabe qué significan en estos contextos? Mire el título de la lectura y diga qué significa "Piensa en". ¿En qué piensa Ud. en este momento?

3. ¿Cómo se siente al pensar en su futuro? ¿Optimista? ¿Pesimista? ¿Ansioso(a)? Explique.

¿Sabía Ud. que en Perú... ?

- En Perú **las carreras** con futuro siguen siendo las tradicionales como derecho, medicina, las de administración, mercadeo y economías. El boom de Internet ha convertido la informática en una carrera fuerte para el futuro, haciendo que el ingeniero de sistemas y el ingeniero de telecomunicaciones sean elementos fundamentales para las empresas. La biotecnología, las ciencias ambientales y el comercio por Internet son carreras muy prometedoras.

- **Universia Perú** (www.universia.edu.pe), la Red de universidades más grande del mundo, ofrece 15 áreas de contenidos y servicios relacionadas con la vida universitaria tales como becas, asociaciones estudiantiles, tablones de anuncios, admisión, recreo y mucho más. Cuenta con una congregación de 640 universidades de todas partes de España y Latinoamérica, 60 de las cuales están en Perú. Se empeña en crear nuevas plataformas de comunicación e innovaciones en educación y tecnología para servir a las comunidades universitarias de habla española y portuguesa.

Currículum Vitae

DATOS PERSONALES

Apellidos:	Aspillaga Flores
Nombre:	Ignacio
Lugar de Nacimiento:	Lima, Perú
Fecha de Nacimiento:	7 de febrero de 1977
Nacionalidad:	peruano
Estado Civil:	casado, una hija
Domicilio Particular:	Av. San Isidro Sur 1256
	Lima 41 Perú
Teléfonos:	[511] 8647730 978909
E-mail:	extra1997@starmedia.com

ESTUDIOS REALIZADOS

1999	Licenciatura en ingeniería civil
	Universidad Nacional de Ingeniería del Perú
	San Agustín Arequipa, Perú

POSICIÓN ACTUAL

Director para el Plan de Energía Nacional

EXPERIENCIA LABORAL

1999–2000	Ingeniero civil para reconstrucción de obras
	Ejército peruano
2000–2003	Director General de Telecommunicaciones
	Instituto Nacional de Investigación, Capacitación,
	Telecomunicaciones

OTROS CONOCIMIENTOS

Idiomas:	español, lengua origen
	inglés escrito y hablado, nivel alto
	francés escrito, nivel intermedio; hablado, nivel básico
Informática:	Adobe: Photoshop, Freehand, Premiere
	Microsoft Word
	Picture Publisher
	PowerPoint
Aficiones:	Deportes: fútbol y ciclismo
Membresías:	Colegio de Ingenieros Peruanos
	Consejo Internacional de Ingenería

REFERENCIA PERSONAL

Pedro Omar Valdivia Sandoval
Director de Ingenería Nuclear
OMS-INICEL
E-mail: magnoel@starmedia.com

■ Aunque es importante tener **un currículum vitae** impresionante y poder entrevistar bien, la experiencia cuenta más en el mercado ocupacional. El egresado° cuya familia está muy bien relacionada tiene más posibilidades de conseguir empleo. Tener enchufe° es la llave que sigue abriendo más puertas profesionales en los países hispanos.

graduate
Having
connections

¡Piensa en tu futuro!

vent

Todavía no tienes definida la carrera que quieres estudiar? ¿Te gustaría tomar tus propias decisiones y no sentirte presionado por los demás? ¿Te preguntas si tienes las aptitudes necesarias para el estudio **de** una profesión? ¡¡Socorro!! Si tienes dudas, Universia Perú (www.universia.edu.pe) te invita a desahogarte° y a aprender **de** expertos **de** las mejores universidades **del** mundo.

waste them

Según uno **de** sus artículos cibernéticos, *Cinco consejos para prepararlos y... ¡suerte!,* es importante que tú pienses **en** tu futuro... ahora. Los años que pasas **en** la universidad valen muchísimo y no debes malgastarlos°. Seguramente has escuchado decir a muchas personas que no aprendieron nada **de** valor **en** la universidad. Dicen que lo que se aprende **en** las clases universitarias es pura teoría y que está muy lejos de lo que se tiene que hacer **en** el mundo real. Pues, acuérdate de que la realidad **del** mundo está **en** un estado continuo **de** cambio y para poder entender estos cambios hay que tener conocimiento **de** los fundamentos teóricos.

Un gran impulso es darte cuenta de que el estudio universitario te da lo necesario para conseguir un buen empleo y aumenta tu aptitud **de** asimilación y comprensión. No te olvides de que todo lo que haces ahora amplía tu currículum vitae para el futuro. ¡Tu futuro está **en** marcha ahora!

COMPRENSIÓN Y PRÁCTICA

A. Completar. Basándose en la lectura, complete las siguientes oraciones.

1. Universia Perú ofrece servicios…
2. Muchos creen que estudiar en la universidad…
3. Los fundamentos teóricos son importantes porque…
4. La persona que tiene dudas sobre la importancia del estudio universitario…
5. Un buen currículum vitae está basado en…

B. ¡Charlemos! Con un(a) compañero(a), comenten las siguientes afirmaciones, diciendo si están de acuerdo o no con ellas. Luego, comparen sus comentarios con los de los otros miembros de la clase.

1. La experiencia abre más puertas profesionales, cualquiera que sea la universidad.
2. En EE. UU. al igual que en Latinoamérica es muy importante estar bien relacionado.
3. La universidad está preparando bien a los estudiantes para encontrar un buen trabajo.
4. El típico estudiante universitario suele desperdiciar *(waste)* su tiempo en la universidad más que valorarlo.
5. Las lecciones de mayor valor se aprenden fuera de la sala de clase.

ESTRUCTURA 5: Las preposiciones *en* y *de*

En se usa...	Ejemplos
1. para designar el lugar donde algo ocurre o se localiza *(in, at)*.	La fiesta se celebra **en** Arequipa. La escultura está **en** el museo.
2. con el significado de **encima de** *(on)*.	Los papeles están **en** la mesa. Dejé tu suéter **en** la silla.
3. en expresiones de tiempo para designar lo que ocurre en un momento dado *(at, in)*.	**En** aquel momento decidí quedarme. Regresan a Lima **en** diciembre.

De se usa...	Ejemplos
1. para indicar posesión *(of)*.	Es el sombrero **del** muchacho. El libro no es **de** Marta; es mío.
2. para indicar origen o nacionalidad *(from)*.	Es un árbol **de** esta región. Estos hombres son **de** Chile.
3. con un sustantivo para indicar la materia de que está hecho algo *(of)*.	Me regalaron un reloj **de** oro. La mesa no es **de** madera.
4. para designar una hora específica *(in)*.	Son las cinco **de** la tarde. Llegarán a las nueve **de** la mañana.
5. para designar el lugar al que pertenecen personas o cosas *(in, on)*.	Lo compré en el almacén **de** la esquina. Me refiero al chico **de** la calle Sol.
6. seguido de un sustantivo, para indicar la condición, la función o el estado de algo. Expresa la idea de **como** *(as a)*.	El muchacho se vistió **de** vaquero. Está con nosotros **de** consejero. **De** niño, jugaba conmigo.
7. después de un adjetivo para expresar la causa de un estado o una acción *(of, with)*.	Vienen muertos **de** sed. Estoy contento **del** trabajo que hizo.
8. para describir el uso práctico o el contenido de un objeto *(of)*.	Compraron un libro **de** recetas.

PRÁCTICA

La fiesta de despedida del profesor Azpillaga. Luis Bonilla está estudiando un máster en economía. A la salida de clase, su compañera lo invita a tomar un café. Con un(a) compañero(a) de clase, completen la conversación entre los dos amigos, utilizando **en, de** o **del.**

—¿Dónde es la fiesta _____ los estudiantes para el profesor Azpillaga?
—Es _____ casa de Juan Carlos.
—Es una pena que el profesor se jubile _____ junio. ¿No crees?
—Sí, la verdad es que es un profesor excelente. Yo, _____ viejo, quisiera ser como el profesor Azpillaga.

—¿Sí? ¿Por qué dices eso?

—Porque es un hombre _____ gran corazón y gran cabeza. Uno de los reporteros _____ periódico *El Mundo* ha escrito hoy un artículo sobre su vida.

—¿En serio? ¿Qué periodista?

—Ése que siempre lleva pantalones _____ cuero negro.

—Pero, volviendo al tema _____ la fiesta para el profesor Azpillaga, ¿vamos a comprarle algo entre todos los estudiantes del máster?

—Creo que es una buena idea. El otro día vi, _____ la mesa _____ su despacho, un librito _____ poesía _____ Mario Benedetti. Podemos ir a la librería que está _____ la esquina para preguntar qué otros libros _____ Benedetti tienen.

—Perfecto. _____ este momento no tengo nada que hacer. ¡Vamos!

¡OJO CON ESTAS PALABRAS!

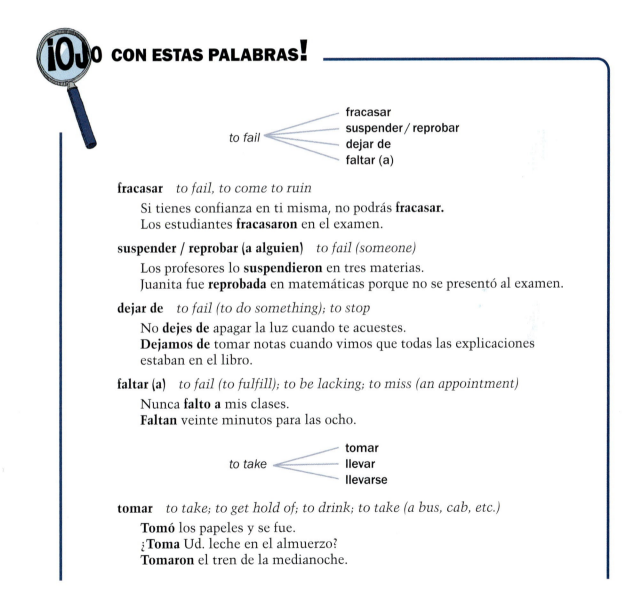

to fail {
fracasar
suspender / reprobar
dejar de
faltar (a)
}

fracasar   *to fail, to come to ruin*

Si tienes confianza en ti misma, no podrás **fracasar.**
Los estudiantes **fracasaron** en el examen.

suspender / reprobar (a alguien)   *to fail (someone)*

Los profesores lo **suspendieron** en tres materias.
Juanita fue **reprobada** en matemáticas porque no se presentó al examen.

dejar de   *to fail (to do something); to stop*

No **dejes de** apagar la luz cuando te acuestes.
Dejamos de tomar notas cuando vimos que todas las explicaciones estaban en el libro.

faltar (a)   *to fail (to fulfill); to be lacking; to miss (an appointment)*

Nunca **falto a** mis clases.
Faltan veinte minutos para las ocho.

to take {
tomar
llevar
llevarse
}

tomar   *to take; to get hold of; to drink; to take (a bus, cab, etc.)*

Tomó los papeles y se fue.
¿**Toma** Ud. leche en el almuerzo?
Tomaron el tren de la medianoche.

llevar[1]   *to take a person somewhere; to take or carry something*

Esta tarde **llevaré** a mi mamá al teatro.
Pienso **llevar** una ensalada de frutas a la fiesta.

llevarse   *to take away; to carry off*

Llévese esas revistas viejas, por favor.

Algunas expresiones idiomáticas:

to take (a course)   **seguir un curso, estudiar**

Estudio matemáticas y geografía.
¿Qué curso **sigues** este año?

to take an exam   **examinarse (de)**

Nos examinamos de los verbos reflexivos.

to take off (clothing)   **quitarse**

Se quitó la chaqueta porque tenía mucho calor.

to take out   **sacar**

Los estudiantes **sacaron** los libros y empezaron a estudiar.

to take place   **tener lugar / suceder**

El campeonato **tuvo lugar** ayer a las ocho.

expresions with the verb acabar   — acabar
— acabarse
— acabar de+*infinitivo*

acabar   *to finish*

Acabó su tarea y salió a ver una película.

acabarse   *to run out; to terminate*

Después de tantas dificultades **se** le **acabó** la paciencia.
No quiero verte más: entre tú y yo todo **se acabó.**

acabar de + *infinitivo*   *to have just . . . ; (past tense) had just . . .*

Acabo de graduarme.
Acabábamos de cenar cuando llegaste anoche.

A. A escoger. Subraye la expresión que corresponda.

1. Los muchachos (se llevarán / tomarán) un vuelo directo a Lima.
2. En este momento te (llevo / tomo) al aeropuerto. Debes (llevar / tomar) el avión del mediodía.
3. No (faltes a / dejes de) llamarnos por teléfono todas las mañanas.
4. ¿Sabes si Ricardo piensa (llevar / llevarse) a Marta a la cena?

---

[1] **Llevar** se usa también con el significado de *to wear:* La novia **llevaba** un vestido de seda.

5. El profesor me (fracasó / suspendió) en historia.

6. (Faltan / Toman) dos minutos para que comience el programa.

7. Cuando entra a la sala (suspende / se quita) el abrigo y (deja de / falta a) hablar.

8. Si estudias todo el año no podrás (fracasar / faltar).

B. El Campeonato Mundial de fútbol. Complete el siguiente diálogo con el verbo indicado en el tiempo presente o el tiempo futuro. Puede usar los verbos más de una vez.

acabar de   acabarse   faltar   llevar   tener lugar

1. —¿Sabes que sólo _____ una semana para el Campeonato Mundial de fútbol?

2. —¡Ni me lo digas! Por la tele *(TV)* el reportero _____ decir que el "diablo" Etcheverry no jugará para la selección nacional de Bolivia.

3. —¿Dónde _____ los partidos?

4. —En los estadios que _____ construir en varias ciudades por Europa. Iremos todos en grupo y _____ a varios amigos para que hagan barra *(to cheer)* con nosotros.

5. —En ese caso, avísame si vas a _____ a tu primo. Tenemos que comprar los boletos cuanto antes. Ya sabes que si _____ los boletos tendremos que comprarlos de los revendedores *(scalpers)*, y eso, hermano, nos va a costar muy caro.

◈ Ampliación, conversación y cultura

A. La historia que nunca acaba. Cuando Luis Bonilla se graduó, después de cinco años de estudio para obtener el título de licenciado, su mejor amiga le envió esta postal. En aquel momento Luis comprendió que la carrera académica es una historia que nunca acaba. Prepare una postal de enhorabuena *(congratulations)* para alguno de sus amigos o compañeros de clase que vaya a graduarse muy pronto. Preséntele su trabajo a la clase.

B. Mi rutina diaria. Use las palabras indicadas y forme oraciones completas. Luego póngalas en el orden de su rutina diaria y añada expresiones como **generalmente, a menudo, después, luego, en seguida, casi siempre, de vez en cuando, a veces, alguna vez, nunca.**

> **Modelo:**　Los domingos me levanto muy tarde. Generalmente desayuno a las diez, me visto y voy a la iglesia.

1. acostarse a las…
2. ponerse…
3. secarse con…
4. levantarse muy…
5. lavarse los…
6. desayunar…
7. despedirse de…
8. desvestirse…
9. ir a…
10. llegar de…(a…)
11. dormir…
12. estudiar…
13. bañarse…

C. Situaciones cotidianas. Ud. acaba de llegar a la universidad y está en la Facultad de Letras solicitando la siguiente información de la secretaria. Hable con su compañero(a), haciendo el papel de secretario(a) y de estudiante.

1. requisitos para entrar al programa
2. cuándo se abre / se cierra el plazo de la matrícula
3. las posibilidades de solicitar ayuda financiera / una beca
4. formularios que se deben llenar
5. cursos de orientación
6. residencias para estudiantes
7. ¿… ?

D. ¡Charlemos! Hágale a un(a) compañero(a) las siguientes preguntas.

1. En Estados Unidos, ¿es importante tener un título para obtener trabajo? ¿Qué tipo de trabajo se puede obtener con un título universitario en artes (B.A.) o en ciencias (B.S.)? ¿Con un máster? ¿Con un doctorado?

2. ¿Es importante saber hablar muchos idiomas si se vive en EE.UU.? Explica. ¿Qué quiere decir "tener buenos conocimientos de un idioma" y "dominio y fluidez de una lengua"? ¿Cuáles son dos idiomas muy útiles (aparte del inglés)? Explica.

3. ¿Crees que con una fuerte preparación en idiomas se puede conseguir un buen trabajo? Explica.

4. ¿Qué opinas del movimiento político en Estados Unidos que quiere exigir que el inglés sea la lengua oficial? ¿Qué opinas de la educación bilingüe?

E. Mesa redonda. Pónganse de acuerdo tres o cuatro compañeros para formar una mesa redonda e intercambiar ideas sobre algún tema de educación que les interese o, si prefieren, sobre alguno de los siguientes temas.

1. **Filosofía de la enseñanza**

   Se dice que la filosofía de la enseñanza está cambiando día a día. ¿Está Ud. de acuerdo con esta afirmación? ¿Podría Ud. explicar qué le gusta del sistema de enseñanza de hoy? ¿Qué no le gusta? ¿Qué tipo de enseñanza le gustaría tener para sus hijos? ¿Más estricto? ¿Más liberal? ¿Cuáles son algunas ventajas o desventajas de un sistema de educación más liberal o de uno más estricto? Se dice también que los estudiantes de ciencias ya no estudian humanidades. ¿Opina Ud. que deben hacerlo o no?

2. **Rebelión contra los padres**

Hay un problema que encontramos frecuentemente hoy día en las familias. Es que los hijos se rebelan contra los deseos de sus padres y algunos se niegan a matricularse en la universidad. Prefieren comenzar a trabajar y a ganar dinero inmediatamente o deciden viajar para conocer el mundo. ¿Es éste un problema? ¿Una ventaja? ¿A qué diferencia de valores personales podemos atribuir este problema? ¿Pueden los padres exigir que los hijos sigan una carrera universitaria?

 F. Minidrama. Inventen una situación entre cuatro estudiantes. Tres padres de alumnos de la escuela primaria hablan con el (la) director(a) y reclaman para sus hijos una educación bilingüe. El (La) director(a) les explica que no hay fondos, que no es conveniente para los niños y que no hay suficientes maestros bilingües. Además…

Los estudiantes, en su papel de padres y madres de familia, deben dar razones poderosas para establecer los programas que desean para sus hijos.

¿QUÉ SABE UD. DE… PERÚ?

Menú del día: Perú

ceviche de camarones
pachamanca
chicha morada

▲ *El ceviche*

La cocina peruana, considerada una de las más interesantes de Latinoamérica, cuenta con maíz tierno, una gran variedad de papas y excepcional pescado fresco. Por eso, hay que probar el *ceviche*, que es pescado o mariscos frescos en un escabeche de jugo de limón y de naranja, ajo, cebolla, chile picante, y cilantro. El ceviche casi siempre se sirve con papas dulces y mazorcas de maíz blanco. El ceviche, de una forma u otra, se come en todas partes del mundo, pero no es así con la *pachamanca*. Este plato local consiste en pollo, tocino, papas, maíz y yuca, cocido todo junto en un horno de piedras calientes. El maíz también forma la base de algunas bebidas peruanas, como la *chicha morada*, una bebida dulce hecha de maíz rojo.

¡Buen provecho!

PERÚ

Mujeres indígenas bordando

Mientras Isabel de España y Cristóbal Colón planeaban viajes a América, y el gran humanista Erasmo intentaba reformar la Iglesia Católica, Túpac Yupanqui gobernaba el imperio de los incas desde la magnífica ciudad del Cuzco. Durante su reinado de veintidós años, Túpac Yupanqui, nombre que significa "el Resplandeciente", acumuló tantos méritos que al morir se le concedieron honores dignos de un dios. Se hizo famoso por ser un genio de la guerra, por crear el actual mapa de Perú y por encabezar la expedición marítima que resultó en el descubrimiento de Oceanía.

En esa época había un sistema de educación bien desarrollado para los hijos de la alta nobleza inca. Los varones recibían su educación en uno de los palacios del Cuzco. Esta escuela formal se llamaba el Yachayhuasi o la Casa del Saber, y durante cuatro años rigurosos los varones estudiaban retórica, religión, historia, matemáticas y estrategia militar. Las hijas nobles asistían a su propia escuela, el Acllahuasi, donde tomaban clases de religión y de artes textiles y culinarias. La gente común no tenía las mismas ventajas, pero no se quedaba sin una educación, aunque ésta tenía lugar dentro del hogar.

Hoy Cuzco es una mezcla de las civilizaciones inca y española y es el centro arqueológico más importante del mundo. Todos los años miles de turistas acuden a esta hermosa ciudad para ver conventos, iglesias y otros monumentos del pasado colonial español. También hacen excursiones a las ruinas sagradas para contemplar los antiguos imperios de Túpac Yupanqui, de Manco Capac y de otros grandes emperadores incas.

LA CAMISA DE MARGARITA

por RICARDO PALMA

RICARDO PALMA nació en Lima, Perú en 1833. Escribió novelas históricas, leyendas y cuentos cortos, pero su fama se debe a la creación de un nuevo género en la narrativa hispanoamericana, **la tradición**. Sus *Tradiciones peruanas*, basadas en crónicas, anécdotas, refranes y, a veces, en la pura ficción, son de tono satírico. Los temas pueden ser religiosos, románticos o históricos, pero en cada relato se encuentra siempre la vida limeña desde la colonización (siglo XVI) hasta la independencia (siglo XIX).

Antes de leer

A. ¿Por qué pensó él así? "La camisa de Margarita" es la historia de dos jóvenes, Margarita Pareja y don Luis Alcázar. Se conocieron un buen día en una procesión y se enamoraron "hasta la raíz del pelo" *(completely and passionately)*. Pero a don Raimundo, el padre de Margarita, no le cayó bien la idea de esa unión. A ver si Ud. puede adivinar la razón por la cual don Raimundo no quería que ellos se casaran.

1. Margarita era muy joven para casarse.
2. Margarita era muy pobre y no tenía la dote *(dowry)* suficiente para casarse con un hombre tan rico y aristocrático como don Luis.
3. Margarita ya estaba comprometida *(engaged)* con otro hombre.
4. Don Raimundo no quería ser suegro de un pobretón como Luis.
5. Don Luis tenía fama de ser mujeriego *(womanizer)*.

B. Costumbres para la boda. ¿Existe hoy día en los EE.UU. la costumbre de la dote matrimonial? Si Ud. fuera a casarse, ¿qué aportaría *(would you bring)* al matrimonio?

C. ¿Qué significa? A ver si Ud. puede adivinar el significado de las palabras subrayadas, según el contexto.

1. Tenía un par de ojos negros que eran como dos torpedos <u>cargados</u> con dinamita…

   a. covered   b. blown up   c. loaded

2. Por supuesto que, mientras le llegaba la ocasión de <u>heredar</u> al tío, vivía don Luis tan pobre como una rata.

   a. harm   b. inherit   c. work for

3. A don Raimundo no <u>le cayó bien</u> la petición y cortésmente despidió al postulante.

   a. like   b. understand   c. fall

4. O casarla con el hombre de su gusto o <u>encerrarla</u> en el cajón de palma y corona.

   a. find her   b. carry her   c. lock her

LA CAMISA DE MARGARITA

Es probable que algunos de mis lectores hayan oído decir a las viejas de Lima, cuando quieren ponderar el precio alto de un artículo:

—Que si esto es más caro que la camisa de Margarita Pareja.

Margarita Pareja era (por los años de 1765) la hija más mimada de don Raimundo Pareja, caballero de Santiago, y colector general del Callao[1].

girls from Lima   La muchacha era una de esas limeñitas° que, por su belleza, cautivan al
make the sign of the cross   mismo diablo y lo hacen persignarse° y tirar piedras. Tenía un par de ojos
loaded   negros que eran como dos torpedos cargados° con dinamita y que hacían
young men   explosión en el alma de los galanes° limeños.

bachelor, young man   Llegó por entonces de España un arrogante mancebo°, llamado don Luis
old bachelor   Alcázar. Tenía en Lima un rico tío solterón° que era más orgulloso que los hijos de un rey.

Por supuesto que, mientras le llegaba la ocasión de heredar al tío, vivía don Luis tan pobre como una rata.

En la procesión de Santa Rosa conoció Alcázar a la linda Margarita. La
pierced   muchacha le llenó el ojo[2] y le flechó° el corazón. Le echó flores,[3] y aunque ella no le contestó ni sí ni no, dio a entender con sonrisitas y otras armas del

---

[1] Un puerto no muy lejos de Lima.

[2] "filled his eye" = *impressed him.*

[3] "threw her flowers" = *courted her.*

arsenal femenino que el galán era muy de su gusto. La verdad es que se enamoraron hasta la raíz del pelo.[1]

Como los amantes olvidan que existe la aritmética, creyó don Luis que su presente pobreza no sería obstáculo para el logro de sus amores, y fue al padre de Margarita y le pidió la mano de su hija.

A don Raimundo no le cayó bien la petición, y cortésmente despidió al postulante, diciéndole que Margarita era todavía muy niña para casarse, pues, a pesar de sus diez y ocho años, todavía jugaba a las muñecas.

Pero ésta no era la verdadera razón. Era que don Raimundo no quería ser suegro de un pobretón; y así se lo dijo a sus amigos, uno de los cuales fue con el chisme a don Honorato, que así se llamaba el tío de don Luis. Éste se puso rabioso y dijo:

—¿Cómo? Insultar a mi sobrino. Muchos se harían cualquier cosa para emparentar° con el muchacho. ¡Qué insolencia!

to be related by marriage

Margarita, pues era muy nerviosa, lloró, se arrancó el pelo, y tuvo convulsiones. Perdía colores y carnes° y hablaba de meterse a monja°.

She was losing her color and weight / she talked of becoming a nun

—O de Luis o de Dios —gritaba cada vez que los nervios se le sublevaban. Don Raimundo, alarmado, llamó a médicos y curanderos° y todos declararon que la cosa era muy seria, y que la única medicina salvadora no se vendía en la botica°.

healers
pharmacy

O casarla con el hombre de su gusto, o encerrarla en el cajón de palma y corona.[2] Tal fue el "ultimátum" médico.

Don Raimundo (¡al fin padre!), se encaminó como loco a casa de don Honorato, y le dijo:

—Vengo a que consienta usted en que mañana mismo se case su sobrino con Margarita, porque si no, la muchacha se nos va a morir.

—No puede ser —contestó sin interés el tío—. Mi sobrino es un pobretón y lo que usted debe buscar para su hija es un hombre que sea rico.

El diálogo fue violento. Mientras más rogaba don Raimundo, más se enojaba don Honorato. Iba a retirarse don Raimundo cuando apareció don Luis y dijo:

—Pero, tío, no es de cristianos que matemos a quien no tiene la culpa.

—¿Tú estás satisfecho?

—De todo corazón, tío y señor.

—Pues bien, muchacho, consiento en darte gusto: pero con una condición, y es ésta: don Raimundo me tiene que jurar que no regalará un centavo a su hija ni le dejará nada de herencia.

---

[1] "they fell in love down to root of their hair" = *they fell in love completely and passionately.*
[2] "lock her in a box" = *bury her.*

Aquí empezó de nuevo el argumento.

—Pero, hombre —arguyó don Raimundo—, mi hija tiene veinte mil duros de dote.

—Renunciamos a la dote. La niña vendrá a casa de su marido nada más con la ropa que lleva puesta.

trousseau   —Permítame usted entonces darle los muebles y el ajuar° de novia.

pin   —Ni un alfiler°. Si no está de acuerdo, que se muera la chica.

replace   —Sea usted razonable, don Honorato. Mi hija necesita llevar por lo menos una camisa para reemplazar° la puesta.

—Bien. Consiento en que le regale la camisa de novia, y nada más.

Mass / agreement   Al día siguiente don Raimundo y don Honorato se dirigieron muy temprano a la iglesia de San Francisco para oír misa°, y, según lo pactado°, en el momento que el sacerdote elevaba la Hostia divina, dijo el padre de Margarita:

—Juro no dar a mi hija más que la camisa de novia.

Y don Raimundo Pareja cumplió <ad pedem litterae>[1] su juramento, porque ni en la vida ni en la muerte dio después a su hija cosa que valiera un centavo.

lace   Los encajes° de Flandes que adornaban la camisa de la novia costaron dos mil setecientos duros.

little cord / little chain   El cordoncillo° que ajustaba el cuello era una cadenita° de brillantes, valorizada en treinta mil monedas de plata.

Los recién casados hicieron creer al tío que la camisa valía muy poco porque don Honorato era tan obstinado que, al saber la verdad, habría forzado al sobrino a divorciarse.

De esto fue muy merecida la fama que alcanzó la camisa nupcial de Margarita Pareja.

Vocabulario

▶ Sustantivos

el (la) amante *lover*
la belleza *beauty*
el brillante *diamond*
el caballero *gentleman*
la camisa *gown*
el chisme *gossip*

la dote *dowry*
la herencia *inheritance*
el logro *attainment, achievement*
la muñeca *doll*
el (la) recién casado(a) *newlywed*

---

[1] al pie de la letra = *to the letter, word for word.*

► **Verbos**

arrancar   *to pull out*
caerle (mal) bien   *to (dis)like*
cautivar   *to captivate*
dar a entender   *to insinuate*
despedir (i)   *to dismiss*
enamorarse (de)   *to fall in love (with)*

heredar   *to inherit*
jurar   *to swear*
llenar   *to fill*
rogar (ue)   *to beg*
valer   *to be worth*

► **Adjetivos**

arrogante   *arrogant*
merecido   *deserved*
mimado   *spoiled*

obstinado   *stubborn*
rabioso   *furious, raging*
razonable   *reasonable*

► **Expresiones**

a pesar de   *in spite of*
de su gusto   *to one's liking*
llevar puesto   *to wear*

mientras más   *the more*
por entonces   *at that time*

Repasemos el vocabulario

A. Sinónimos. Busque Ud. el sinónimo de las palabras siguientes.

1. rogar
2. rabioso
3. dar a entender
4. jurar
5. caerle bien

a. dar su palabra
b. furioso
c. gustarle a alguien
d. suplicar
e. insinuar

B. Antónimos. Busque Ud. el antónimo de las palabras siguientes.

1. arrogante
2. heredar
3. belleza
4. caballero
5. razonable
6. llenar

a. humilde
b. vaciar
c. dama
d. desheredar
e. fealdad
f. irracional

Según la lectura

¿Verdad o mentira? Corrija Ud. las oraciones falsas.

1. Margarita Pareja y don Luis Alcázar eran limeños ricos.
2. Los dos jóvenes se conocieron y se enamoraron en la procesión de Santa Rosa.
3. A don Raimundo no le gustó la idea del matrimonio porque pensaba que su hija era demasiado joven para casarse.
4. Al tío de don Luis le cayó bien la idea del matrimonio.
5. Don Raimundo prefería que su hija se casara con un hombre rico.
6. Según los médicos, Margarita se iba a morir si no se podía casar con Luis.

7. Don Honorato consintió en que los dos se casaran a condición de que ella le presentara a don Luis una dote grande.
8. Margarita y Luis comenzaron su vida de casados pobres pero felices.

Según Ud.

¿Qué piensa? Conteste las siguientes preguntas.

1. ¿Qué es el amor? En su opinión, ¿es el amor necesario para que un matrimonio sea feliz? ¿Es el único factor? Explique. ¿Cree Ud. que la mayoría de las parejas se conocen bien antes de casarse?

2. ¿Cree Ud. que el dinero hace un papel importante en el éxito o el fracaso de un matrimonio? ¿Se casaría Ud. con una persona pobre?

3. Por lo general, ¿cuáles son las esperanzas que tienen los padres para sus hijos cuando éstos se casan? ¿Es importante para los padres que sus hijos se casen? ¿Por qué será?

4. ¿Cuánto tiempo debe durar un noviazgo? Hace años, las mujeres se casaban a los dieciséis o diecisiete años. ¿Es esto común hoy día en nuestra sociedad? ¿Cuál es la edad ideal para casarse? ¿Por qué? ¿Cuáles son las consecuencias de haberse casado demasiado joven? ¿Y de casarse cuando se es mayor?

5. ¿Piensa Ud. casarse algún día? Para facilitarle a Ud. la búsqueda de la persona ideal, ¿le gustaría que alguien escogiera para Ud. al (a la) esposo(a)? ¿A quién le confiaría esta misión?

6. ¿Cuál debe ser el papel de los padres en cuanto a las decisiones de los hijos? ¿Ha cambiado el papel de los padres en este sentido?

Conversemos

¿Qué efecto tienen los medios de comunicación (la televisión, las películas y la prensa) en cuanto a nuestro concepto de lo que debe ser "el amor"? ¿El matrimonio perfecto? Cite Ud. algunas parejas de enamorados famosos de tiempos recientes y pasados, como por ejemplo: JLo y P. Diddy, JLo y Ben Affleck, JLo y Marc Anthony, Jessica Simpson y Nick Lachey, Antonio Banderas y Melanie Griffith…. ¿Cómo se caracterizan? ¿A qué se debe el éxito o el fracaso de un matrimonio?

Minidrama

 "Antes que te cases, mira lo que haces." Con unos compañeros de clase, representen las siguientes escenas.

1. Una pareja joven piensa casarse. ¿Qué consejos les ofrece un(a) consejero(a) matrimonial?

2. Dos jóvenes comienzan su vida de casados con una riña durante la fiesta nupcial.

MACHU PICCHU

Los secretos de la antigua civilización inca se revelan en Machu Picchu, la mágica ciudad fortaleza° que se encuentra en la cima° de los Andes peruanos a una altura de 2.400 metros sobre el nivel del mar. El santuario, que abarca 13 kilómetros cuadrados, quedaba tan escondido en la boscosa° cordillera° que sólo algunos campesinos que habitaban la zona sabían de su existencia.

fort
peak

wooded
mountain range

▲ *Machu Picchu*

En 1911 fue encontrado por Hiram Bingham, profesor de la Universidad de Yale y ex senador de Connecticut. Poco después se inició la excavación y la limpieza de las ruinas, un labor que duró más de treinta años. Los descubrimientos y el estilo arquitectónico indican que la ciudad perdida de los incas fue construida en el siglo XV y abandonada por su líderes con la llegada de los colonizadores españoles.

Este magnífico sitio arqueológico no se reserva sólo para los viajeros aventureros que hacen el trayecto° a pie, subiendo y bajando senderos° empinados por horas y horas. No se preocupe. Machu Picchu está al alcance de trenes, helicópteros y vehículos motorizados, y el paisaje andino todavía se puede apreciar en estos cortos viajes de tres horas, más o menos. Pero, para examinar a fondo° los misterios de la civilización, hay que subir por el Camino del Inca. La ruta empieza en la ciudad de Cuzco, desde donde se toma un tren hasta Qoihuayrachina. El resto del viaje, que dura unos días, se hace a pie con unas buenas botas "trekking" puestas, un poco de paciencia y un espíritu de aventura. Esta ruta que fue descubierta en 1940 ya no se puede hacer por su cuenta°. Sólo las agencias de viajes autorizadas pueden guiar a los excursionistas hasta el santuario cerca del cielo. A lo largo del camino hay una serie de hospedajes o "tambos" que son sitios rústicos de descanso, y muchos disponen de° baños públicos y mesas para sentarse a comer. En tiempos antiguos servían de lugares de preparación para los peregrinos que iban a Machu Picchu por razones religiosas.

trip / paths

in depth

on your own

have

El complejo de Machu Picchu consiste en dos sectores principales, una gran zona agrícola y una ciudadela° que servía de centro religioso y refugio para los gobernantes incas. La ciudadela se compone de un templo mayor, siete palacios, adoratorios, zonas residenciales y almacenes que conservaban los alimentos y vestuarios que se distribuían en temporadas de escasez°. El templo mayor está situado en el punto más alto de la ciudad y alberga el Intihuatana, una gran piedra labrada que los sacerdotes utilizaban para indicar el día y la hora.

fortress

shortage

unreachable

El poeta griego, Eurípides dijo, "Uno no debe pensar que hay cosas inalcanzables°". Al contemplar las sagradas ruinas incas, entrelazadas con orquídeas y rodeadas de niebla, de pájaros exóticos y de la majestuosidad de los Andes, hay que preguntarse si los creadores de Machu Picchu tuvieran la misma filosofía.

Práctica

¿Cierto o falso? Si la oración es falsa corríjala basándose en la lectura.

1. El santuario de Machu Picchu está situado en la selva *(jungle)* peruana.
2. Los líderes de los incas abandonaron Machu Picchu debido a guerras interiores.
3. Machu Picchu permaneció desconocido hasta que un norteamericano lo descubrió en el siglo XX.
4. La mejor manera de conocer Machu Picchu y la antigua civilización de los incas es ir a la ciudad por tren.
5. Una actividad popular es subir la montaña a pie y sin guías autorizados.
6. Por las ruinas se puede saber que la religión era un aspecto fundamental de la civilización inca.

ALGO MÁS SOBRE PERÚ

A. Ampliar lo que sabemos. ¿Les gustaría aprender más sobre Perú? Reúnanse en grupos de tres o cuatro personas y preparen una presentación sobre uno de los siguientes temas. Escojan el que más les interese, o busquen otro que no aparezca en la lista:

- La diversidad étnica, cultural y lingüística de Perú: el variado componente original precolombino; la minoría criolla; los descendientes de los esclavos africanos; las migraciones europeas y asiáticas.
- El imperio inca: su historia, extensión geográfica y organización social. Cuzco y Machu Picchu. La literatura y la mitología incaica. Otras culturas precolombinas del Perú: los aimarás, los mochicas, los indígenas de la Amazonia, etc.
- La historia de Perú: la situación del imperio inca cuando los europeos llegan a América; la conquista española; dominio y sublevación en la colonia; el papel del general San Martín en la independencia; la creación del estado peruano contemporáneo.
- La variedad de la geografía, la flora y la fauna peruanas: los desiertos de la costa, el altiplano andino y las selvas amazónicas.
- Los problemas de convivencia en el Perú contemporáneo: el empobrecimiento y marginación de las clases populares y la guerrilla de Sendero Luminoso.
- Las literaturas peruanas: la tradición oral de las culturas indígenas y su situación actual; la literatura colonial; la literatura moderna y contemporánea: la importante presencia de las mujeres.
- Las diferentes clases de música peruana: la música andina, la música de los negros del Callao, la música criolla. El *pop* y el *rock* peruanos.

- El cine peruano: Amauta Films, el cine de Cuzco, el cine campesino, el grupo Chaski.
- La riqueza histórico-cultural de Perú. Los yacimientos arqueológicos de Machu Picchu, las tumbas reales de Sipán, las líneas de Nazca, las Huacas de Moche.
- Las bellas artes de Perú: los (las) artistas coloniales y los (las) contemporáneos(as). El interés artístico de las ciudades: Cuzco, Lima, Arequipa, etc. Los grandes museos peruanos.
- La gastronomía peruana. El ceviche, plato nacional. Las diferencias entre la cocina costeña y la del interior.

B. Compartir lo que sabemos. ¿Cómo preparar la presentación?

1. Utilicen todo tipo de fuentes de información para hacer investigación sobre el tema escogido: libros, prensa, Internet, etc.

2. Incluyan en su presentación todos los medios audiovisuales que crean convenientes: fotografías, mapas, dibujos, videos, cintas o discos de música, etc.

3. Presenten primero un esquema de todos los puntos que van a desarrollar en su presentación.

Ampliación y composición

¡REVISE SU ORTOGRAFÍA!

El uso de la *b* y la *v*

En español las letras **b** y **v** se pronuncian igual. Esto hace que a veces el estudiante se confunda al escribir. La siguiente información le ayudará en su escritura.

1. Se escribe generalmente con **b** las siguientes categorías de palabras.
   a. Muchas palabras que en inglés llevan la letra **b** la llevan también en español.

probable	**brillante**	**obligación**
responsable	**distribuir**	**colaborar**

   b. **mb:** La letra **b** siempre sigue a la letra **m** (**mb**).

   El ho**mb**re ca**mb**ia de costu**mb**res.

   c. **-bir:** Todas las formas de los verbos que terminan en **-bir,** como escri**bir** y reci**bir**, se escriben con **b**, menos **hervir, servir** y **vivir.**

   Reci**b**í una carta de Rosabel y dice que te escri**b**irá a ti mañana.

   d. **bl** y **br:** La letra **b** combina con las consonantes **l** y **r.**

   Me ha**bl**ó de una **bl**usa **bl**anca.
   Al a**br**irse la puerta, apareció Tatiana con el a**br**igo de piel **br**illante en el **br**azo.

e. **bu, bur, bus:** La letra **b** combina con la vocal **u** para formar las sílabas **bu, bur** o **bus.**

Estamos a**bu**rridos de los di**bu**jos **bur**gueses.
Buscamos obras que muestren los a**bu**sos de la **bur**ocracia.

2. Se escriben generalmente con **v** las siguientes categorías de palabras.
   a. **nv:** La **v** siempre sigue a la letra **n** (**nv**).

   Este i**nv**ierno en el co**nv**ento e**nv**enenaron a una religiosa.

   b. **div:** Se usa la **v** después de la sílaba **di** (**di-v**), menos en la palabra **dibujo.**

   Fue una comedia muy **div**ertida sobre una pareja que se **div**orcia y pide la **div**isión de los hijos. Me pareció **div**ina.

   c. **pre, pri, pro:** Se usa la **v** después de las sílabas **pre, pri** y **pro,** menos en **probar** y **probable.**

   En **priv**ado me **prev**ino sobre nuestros **priv**ilegios que podrían **prov**ocar problemas.

   d. **-uve** y **-uviera:** Se usa la **v** en las formas verbales que terminan en **-uve** (**-uviste, -uvo,** etc.) y **-uviera** (**-uvieras, -uviera,** etc.) excepto con el verbo **haber** (hubo, hubieras ido).

   Est**uve** muy triste.
   T**uv**imos que salir temprano.

   e. Se usa la **v** en las formas del verbo **ir** que empiezan con el sonido /b-/, pero no cuando /-b-/ está en posición media (í**b**amos):

   ¿**V**as de compras?
   Vaya a verla a su oficina.

ENFOQUE: Ventajas y desventajas de las universidades, tanto pequeñas como grandes

Antes de matricularse en la universidad, Ud. probablemente ya ha considerado las ventajas y desventajas de las universidades, tanto pequeñas como grandes. Ahora es el momento de organizar sus pensamientos y escribir una composición al respecto.

¡Prepárese a escribir!

En parejas, intercambien ideas sobre este tema y decídanse a favor o de las universidades grandes, o de las pequeñas.

¡Organice sus ideas!

1. A la izquierda, escriba una lista de ventajas y desventajas del tipo de universidad que Ud. escogió como tema.

2. A la derecha, escriba algunas razones para cada una de sus opiniones.

Modelo:

Ventajas de una universidad pequeña	**Razones**
El número de estudiantes por profesor es razonable.	Se puede conocer mejor a los profesores.
Todos los estudiantes se conocen.	Se aprende mejor en clases pequeñas.
	Es más fácil hacer amigos.
	Se puede estudiar y colaborar más entre estudiantes que se conocen.

3. Ponga las ventajas por el orden de la importancia que tienen para Ud. y escriba un párrafo sobre cada una de ellas.

4. Lea el trabajo con atención y verifique los tiempos verbales; los usos de **ser, estar, tener** y **haber;** la puntuación, los acentos y las mayúsculas.

LECCIÓN 4

¡Qué grande es tu familia!

¡CHARLEMOS!

■ Charle con un(a) compañero(a) de clase sobre su familia. Puede consultar el vocabulario en las páginas 152–154.

1. ¿Tienes una familia grande o pequeña? ¿Es muy tradicional? Explica. Describe a tu papá y/o a tu mamá.
2. ¿Tienes hermanos? ¿Te llevas bien con ellos? Explica.
3. ¿Ves con frecuencia a tus familiares? ¿Cuántos abuelos tienes? ¿Tienes un(a) tío(a) u otro pariente favorito? Descríbelo(la).

¡CHARLEMOS MÁS!
1. ¿Cuál es la característica que más (menos) te gusta de tu familia?
2. ¿Cómo están distribuidas las tareas domésticas en tu familia? Por ejemplo, ¿quién arregla la casa? ¿Quién prepara las comidas? ¿Quién saca la basura? ¿Quién hace las compras? ¿Quién riega las plantas?
3. ¿Cómo es tu habitación? ¿Tu apartamento o casa? Descríbelo(la). ¿Está arreglada y limpia tu residencia? ¿Con qué frecuencia haces la cama?

ENFOQUE: Bolivia

La Paz, Bolivia ▶

▶ Una fiesta familiar

Capital: *La Paz, Sucre*
Moneda: *el boliviano o el bolívar*
Población: *8.7 millones de habitantes*

Algo sobre Bolivia

Bolivia es el único país latinoamericano con dos capitales: Sucre y La Paz. Otros datos que también hacen de Bolivia un país único son su geografía, su población y su historia. El lago Titicaca, situado en el altiplano, es el lago navegable más alto del mundo y las minas de plata de Potosí fueron consideradas las más ricas del mundo. Más de la mitad de la población es de origen quechua (30%) y aymara (25%); aunque el español es la lengua oficial de Bolivia, ésta es hablada como lengua materna sólo por el 36% de la población. El aymará, el quechua y el guaraní son las tres lenguas amerindias habladas en Bolivia.

Las minas de plata y estaño fueron hasta hace poco una de las fuentes principales de ingreso para Bolivia, aunque su administración causó numerosas y violentas desavenencias *(conflicts)* políticas. En los años ochenta, sin embargo, la coca pasó a ser el producto de exportación más lucrativo.

LOS QUEHACERES DOMÉSTICOS

▲ *La casa de la familia Vasallo*

▶ La casa

arreglar (limpiar) la casa *to straighten up (to clean) the house*
el cuarto (la habitación) *room*
en casa *at home*
el jardín *garden*
la puerta principal *front door, entrance*

los quehaceres domésticos (las tareas domésticas) *household chores*
regar (ie) las plantas *to water the plants*
el tejado (el techo) *roof*
el timbre *the doorbell*

▶ El dormitorio

la almohada *pillow*
el armario (el ropero) *closet, armoire, cabinet*

la cama *bed*
la colcha *bedspread*

colgar (ue) la ropa *to hang the clothes*
la cómoda *dresser*
descansar *to rest*

▶ La sala

la alfombra (la moqueta) *rug (carpet)*
apagar *to turn off; to turn out (the light)*
la chimenea *fireplace*
el cuadro *painting, (framed) picture*
dar la bienvenida *to greet, welcome*
encender (ie) *to turn on; to light (a fire)*
enterarse (de) *to find out (about)*

la lámpara *lamp*
mirar (ver) la tele(visión) *to watch TV*
las noticias *news*
el sillón *armchair*
el sofá *sofa*
el televisor *television set*

▶ El baño

el botiquín *medicine cabinet*
el cepillo de dientes *toothbrush*
la ducha *shower*
el inodoro *toilet*
el jabón *soap*

el lavabo *sink*
la máquina de afeitar *electric razor*
el papel higiénico *toilet paper*
la pasta de dientes *toothpaste*
la tina (la bañera) *bathtub*

▶ El comedor

desayunar (el desayuno) *to eat breakfast (breakfast)*
almorzar (ue) (el almuerzo) *to eat lunch (lunch)*

cenar (la cena) *to eat dinner (dinner, supper)*
poner la mesa *to set the table*
recoger la mesa *to clear the table*

▶ La cocina y los electrodomésticos *(appliances)*

barrer *to sweep*
el batidor *beater, blender*
batir huevos *to beat eggs*
la cafetera *coffeepot*
cocinar *to cook*
la escoba *broom*
la estufa *stove*
el exprimidor *juicer*
exprimir *to squeeze*
el fregadero *kitchen sink*
hacer una llamada telefónica *to make a telephone call*
el horno *oven*
hornear una torta *to bake a cake*
la lavadora y la secadora *washer and dryer*
el lavaplatos *dishwasher*

lavar y secar los platos *to wash and dry dishes*
la licuadora *blender, juicer*
el microondas *microwave oven*
la nevera (el refrigerador) *refrigerator*
la olla *pot*
pasar la aspiradora *to vacuum*
la plancha *iron*
planchar *to iron*
la radio *radio*
la sartén *frying pan*
el teléfono (celular, móvil) *(cell, mobile) telephone*
la tostadora *toaster*
tostar *to toast*
el ventilador *vent, fan*

▶ El equipo audiovisual y de sonido

el contestador automático *answering machine*
el despertador *alarm clock*
el equipo de sonido (de video) *sound system (video recorder)*

la grabadora *tape recorder*
la videocasetera *VCR*

el (la) abuelo(a) *grandfather (grandmother)*
amar (querer) *to love*
casado(a) *married*
el (la) cuñado(a) *brother(sister)-in-law*
divorciado(a) *divorced*
enamorarse de *to fall in love with*
estar celoso(a) de (tener celos de) *to be jealous of*
los gemelos (los mellizos) *twins*
el (la) hermanastro(a) *stepbrother (sister)*
el (la) hermano(a) *brother (sister)*
el (la) hijo(a) *son (daughter)*
mayor *older*
menor *younger*

el (la) nieto(a) *grandson (granddaughter)*
el (la) novio(a) *boyfriend (girlfriend)*
el padre (la madre) *father (mother)*
los padres *parents*
el padrastro (la madrastra) *stepfather(mother)*
el (la) primo(a) *cousin*
el (la) sobrino(a) *nephew (niece)*
soltero(a) *single*
el (la) suegro(a) *father(mother)-in-law*
tenerle cariño (afecto) a alguien *to have affection for somebody*
el (la) tío(a) *uncle (aunt)*
el (la) viudo(a) *widower (widow)*

LA CASA DE MUÑECAS

Está en su casa. Refiriéndose a la imagen en la cubierta y en la cubierta interior *(cover and inside cover)* de *Nuevos horizontes*, haga las siguientes actividades.

■ Compare y contraste la cocina de la casa de muñecas con la de la familia Vasallo de la página 152. Sea específico(a). ¿Cuál es más moderna? ¿Qué cosas necesitan comprar las muñecas para que su cocina sea igual?

■ Escoja una habitación (menos la cocina) para renovar. Ud. tiene un presupuesto *(budget)* ilimitado. ¿Qué va a comprar?

PRÁCTICA

La familia de Juan Ruiz León

A. La familia de Juan Ruiz León. Juan Ruiz León es un muchacho de diecinueve años que vive en La Paz, Bolivia. Observe el árbol genealógico de Juan y conteste las siguientes preguntas.

1. ¿Quiénes son los padres de Juan Ruiz León?
2. ¿Cuántos hermanos tiene Juan? ¿Cuántas hermanas?
3. ¿Cómo se llama la abuela de Juan?
4. ¿Quién es Elvira?
5. ¿Cuántos tíos tiene? ¿Quiénes son?
6. ¿Cuántos primos tiene Juan? ¿Cómo se llaman?
7. ¿Quiénes son Techi, Carmina y Panchito? ¿Quién es el menor de los tres?

La familia de Juan Ruiz León

María Jordán de Ruiz — René Ruiz Castillo

Jorge Ruiz Jordán — Elena Toro de Ruiz Antonio Camacho — Elisa Ruiz de Camacho Luis Ruiz Jordán — Rosa León de Ruiz

Raúl Ruiz Toro Fernando Córdova Moreno — Teresa Ruiz de Córdova Elvira Pérez de Ruiz — Carlos Ruiz León Juan Ruiz León José Ruiz León Matilde Ruiz de García — Felipe García

Panchito Córdova Ruiz (once meses) Techi y Carmina Córdova Ruiz (nueve años)

B. Los apellidos. Por lo general, los hispanos tienen dos apellidos. Juan Ruiz León tiene el apellido paterno de su padre, Ruiz, seguido por el apellido paterno de su madre, León. Legalmente la mujer conserva su nombre de familia cuando se casa y algunas nunca usan el apellido del marido. Observe el árbol genealógico y conteste las preguntas.

1. Observe los dos apellidos de la madre de Juan y los de todas las mujeres casadas de la familia. ¿Por qué se llaman así? ¿Qué opina Ud. de este sistema?

2. La novia de Juan se llama Silvia Castro Villarreal. Si se casan, ¿qué apellido(s) puede llevar Silvia?

3. Si Juan y Silvia se casan y tienen una hija llamada Cristina, ¿cuál será su apellido?

C. Una familia unida. Observe el árbol genealógico, refiérase a la información en ejercicios A y B y complete el párrafo con la palabra correcta.

La familia de Juan Ruiz León es muy unida y Juan les tiene mucho _____ a todos los familiares. Carlos y José son sus _____. Carlos tiene veinte años y José tiene veinticuatro. Cuando Juan era niño estaba _____ de ellos porque, siendo _____ que él, tenían más privilegios y más libertad personal en la familia. Ahora no hay conflictos y se llevan muy bien. Hace ya tres años que José está _____. Intentó resolver sus problemas con su ex esposa, pero no pudo. Dice que jamás volverá a casarse. Su _____ Raúl quedó _____ muy joven cuando su esposa murió en un accidente, hace cinco años. Él y su _____ Ángela piensan casarse el próximo año. Este semestre Juan _____ de Silvia Castro Villarreal, una compañera de clase de la universidad. Él la _____ mucho y está ansioso por casarse con ella y formar una familia.

VOCABULARIO PARA LA COMUNICACIÓN:
En casa

D. La vida de todos los días.

1. Para enterarse de las noticias, la señora Ruiz de Camacho…
2. Después de desayunar ella…
3. El señor Camacho lava los platos y la señora…
4. Los dos sacan la ropa de la lavadora y…
5. Antes de irse a trabajar, la señora saca la carne congelada de la nevera y…
6. Les gusta dejar el dormitorio arreglado y por eso siempre…
7. Para mantener sus plantas bonitas y verdes nunca salen de la casa sin…

D. La vida de todos los días. Los señores Camacho siguen la misma rutina todas las mañanas. Su profesor(a) va a leer una serie de oraciones incompletas. Escuche e indique la terminación correcta.

1. enciende el televisor / apaga el televisor
2. pone la mesa / recoge la mesa
3. los cuelga / los seca
4. la cuelgan / la riegan
5. la deja para congelar / la deja para descongelar
6. hacen la cama / hacen una llamada
7. regarlas / arreglarlas

E. Los señores León. En parejas, lean el párrafo, observen el dibujo, *usen la imaginación* y hagan las actividades.

Hace muchos años, cuando los señores León se casaron, tenían mucho amor en su casa pero pocas comodidades. Los tiempos han cambiado, y ahora tienen una casa llena de muebles y electrodomésticos.

1. Digan…
   a. qué dice el papelito que está pegado a la nevera.
   b. por qué dejaron la aspiradora en la cocina.
   c. por qué la señora León lleva gafas de sol en la casa.
   d. por qué la manopla *(potholder)* está colgada tan alto.
   e. por qué se necesita un cuchillo eléctrico para cortar el pan.
   f. qué otras cosas extrañas notan.

2. Contesten las preguntas.
   a. Con el presupuesto *(budget)* limitado de pareja recién casada, ¿cuál fue el primer… que los señores León compraron? Expliquen.

      1. mueble   2. electrodoméstico   3. lujo *(luxury)*

   b. Escojan cuatro de los electrodomésticos que aparecen en el dibujo y digan para qué se usa cada uno.
   c. En su opinión, ¿qué mueble, accesorio o electrodoméstico todavía les hace falta a los señores León?

3. Escriban y representen el siguiente diálogo.

   El señor León insiste en regalarle a su esposa electrodomésticos para su cumpleaños, aunque ella preferiría algo de uso más "personal". Ha llegado el día de su cumpleaños y él le da el mismo tipo de regalo. ¿Cómo justifica el señor León lo que compró y cómo reacciona su esposa?

4. Comparen el dibujo de los señores León con la siguiente fotografía. ¿Hay semejanzas entre los dos? ¿Cuáles son las mayores diferencias? ¿Con cuál se identifica Ud. más y por qué?

5. Ahora, usando la imaginación, describan el dormitorio y el cuarto de baño de los señores León. Intenten usar el tiempo imperfecto para describir cómo *eran* en el pasado, y el tiempo presente para describir cómo *son* ahora.

   a. Hace muchísimos años, cuando los señores León se casaron, en su dormitorio sólo…

   b. Hace muchísimos años, cuando los señores León se casaron, en el cuarto de baño…

PERSPECTIVAS

PREPARATIVOS

1. Lea la sección **¿Sabía Ud. que en Bolivia… ?**

2. Mire los verbos en la lectura, **Una carta de Carmen** que están en negrita. ¿Qué significan? ¿Sabe por qué se usa el tiempo pretérito? ¿Cuál es la forma *tú* de los verbos? ¿y la forma *nosotros*?

3. ¿Existe en Estados Unidos alguna tradición de llevar sombreros, gorros *(caps)* o tocados *(headdresses)*? ¿De dónde viene esta tradición? ¿Hay alguna prenda de vestir de la cual Ud. no puede prescindir *(to do without)*?

¿Sabía Ud. que en Bolivia… ?

▲ *Una mujer boliviana con bombín*

- **El sombrero** boliviano no es sólo una cuestión de tradición, sino que también es una manera de indicar la posición económica de la persona. Hasta en las casas más modestas se puede ver una increíble variedad de sombreros colgados en las paredes a la vista de todo el mundo. Algunos, viejos y gastados° *(worn out)*, han sido heredados de generación en generación; otros, nuevos, se mantienen limpios para lucirlos° *(wear them)* los días de fiesta o en ocasiones especiales.

- **Las poblaciones indígenas** comprenden el 60% de los habitantes de Bolivia. Los aymaras, que viven en la región de los Andes, y los quechuas, que son descendientes de los antiguos incas, son los grupos principales de amerindios bolivianos. Ambos° *(Both)* hablan las lenguas precolombinas del mismo nombre, aunque los hombres suelen hablar español también. Se dedican a la agricultura, al cuidado de animales y a la fabricación de artesanías. Su religión es una mezcla del catolicismo y de los antiguos ritos indígenas. Aunque ha habido avances en la lucha por los derechos humanos del pueblo indígena, éste todavía tiene una vida marginada con muchas dificultades.

- **Francisco Pizarro** nació en Trujillo, España en 1478. Participó con Vasco Núñez de Balboa en la expedición que terminó con el descubrimiento del océano Pacífico. Llegó a América y luego de la conquista del Imperio Inca en Perú se dirigió al sur y se apoderó° del territorio de Bolivia en 1535. El conquistador murió en 1541.

took
possession of

- Entre todos los países de habla hispana, los únicos que **no tienen costa** son Paraguay y Bolivia.

- **Las dos cadenas de montañas** forman los bordes del segundo altiplano más alto del mundo con apreciables poblaciones, después de Tibet. A través de los años, las altas cordilleras de Sudamérica se han visto como obstáculos para la comunicación y el transporte. Además, sus volcanes activos siguen amenazando a los habitantes de las sierras y de los altiplanos. Sin embargo, sus grandes depósitos de oro, de plata, de cobre y de otros metales y minerales, hacen del continente una de las zonas mineras más importantes del mundo.

seat

- **La Paz** es la capital de la república, sede° del gobierno y con una altitud de 3.636 metros, es la capital más alta del mundo. Su catedral es una de las iglesias más grandes de todo el continente, y sus mercados y fiestas indígenas son algunos de sus mayores atractivos. (Vea la foto de La Paz en la página 150).

bowler hat

- Las mujeres indígenas empiezan a llevar el **bombín**° en la niñez y no es extraño ver a niñas de cuatro o cinco años jugando en la calle con un bombín puesto. Las mujeres llevan el sombrero con elegancia, desafiando° la ley de gravedad°. La habilidad con que los sombreros se mantienen en su sitio es asombrosa; uno llega a pensar que están fijos con cola°.

challenging
gravity
glue

Una carta de Carmen

Carmen y su amiga Charo acaban de licenciarse en una universidad española y ahora están de viaje en Sudamérica. Desde Bolivia, Carmen le envía una carta a su hermana Ana. Lo siguiente es un fragmento de la carta.

> Querida Ana:
>
> ¿Sabes qué, hermanita? Este país es una maravilla. Al llegar a Bolivia **quedé** tan impresionada con una de sus tradiciones que **decidí** dedicar unas líneas para describírtela. ¡Es el sombrero! No me vas a creer pero la gente indígena, tanto los niños como los adultos, usa más de 300 estilos de sombreros, gorros° y tocados°. Ojalá estuvieras aquí para verlos.

caps / headdresses

landed	*Hace casi quinientos años que Francisco Pizarro y sus hombres **desembarcaron**° en este continente y **conquistaron** el Imperio Inca, primero en Perú y luego en Bolivia. Hoy se ven*
helmets	*indígenas que llevan cascos*° *similares a los usados por los*
steel / leather	*conquistadores, aunque ya no son de acero*° *sino de cuero*° *con*
wool	*adornos de lana*°. *El otro día en el mercado de una pequeña población **pude** ver los sombreros y gorros más extraordinarios. La variedad de colores y de formas era infinita y tan impresionante*
fashion show	*como cualquier desfile de modas*° *de París. Cuando **fui** a La Paz en seguida **me di cuenta** de que el compañero inseparable de las*
British bowler hat	*mujeres era el bombín londinense*°. *Mientras **estuve** allí no **vi** a ninguna mujer indígena que no llevara bombín. Nuestro guía turístico nos **dijo** que en el pasado los hombres se los daban a las mujeres indígenas a cambio de favores. **Explicó** que ninguna*
would dare	*mujer saldría a la calle sin él y que ningún hombre se atrevería*° *a llevarlo. Hay más bombines en La Paz que los que ha habido en Londres en cualquier época.*

Cariños,

Carmen

COMPRENSIÓN Y PRÁCTICA

A. Completar. Basándose en la lectura, llene el espacio con la(s) palabra(s) correcta(s).

1. Carmen es de _____ pero está de _____ en Sudamérica. Le escribe una carta a Ana, su _____.

2. Algo que le impresionó mucho a Carmen es la costumbre boliviana de llevar _____.

3. Hay más de 300 _____.

4. Para las mujeres bolivianas, el estilo más popular es el _____.

5. Dicen que hace más de _____ años que Francisco Pizarro llegó a Sudamérica.

Ahora, conteste las preguntas.

1. ¿Qué le impresionó a Carmen al llegar a Bolivia? Como resultado, ¿qué decidió hacer?

2. Según Carmen, ¿cuándo desembarcó Francisco Pizarro en Bolivia?

3. ¿Qué hicieron Pizarro y sus hombres?

4. ¿Qué vio Carmen cuando estuvo en el mercado?

5. ¿Qué le dijo su guía turístico?

 B. ¡Charlemos! Conteste las siguientes preguntas. Luego, compare sus comentarios con los de un(a) compañero(a) de clase.

1. ¿Existe en Estados Unidos alguna tradición relacionada con sombreros, gorros, o tocados? Explique.

2. ¿Qué países se suelen asociar con alguna tradición relacionada con sombreros? ¿Cómo son los sombreros?

3. ¿Suele Ud. llevar algún tipo de sombrero? ¿En qué ocasiones? ¿Por qué?

ESTRUCTURA 1: Las formas del pretérito

Los verbos regulares tienen las siguientes terminaciones en el pretérito:

cenar (-ar)	barrer (-er)	batir (-ir)
cen- { é	barr- { í	bat- { í
aste	iste	iste
ó	ió	ió
amos	imos	imos
asteis	isteis	isteis
aron	ieron	ieron

Los verbos completamente irregulares en el pretérito son tres:

ir / ser		dar	
fui	fuimos	di	dimos
fuiste	fuisteis	diste	disteis
fue	fueron	dio	dieron

Hay muchos verbos que en el pretérito tienen dos aspectos en común:

(1) las terminaciones

(2) la acentuación de la primera y de la tercera persona, que recae en la penúltima *(second-to-last)* sílaba en lugar de la última como en los verbos regulares. Por eso, no llevan un acento escrito. (Ejemplo: **estuve, estuvo** en vez de **hablé, habló.**)

Cambio	Infinitivo	Radical	Terminación
-u-	andar	anduv-	e
	caber	cup-	iste
	estar	estuv-	o
	haber	hub-	imos
	poder	pud-	isteis
	poner	pus-	ieron
	saber	sup-	
	tener	tuv-	

Cambio	Infinitivo	Radical	Terminación
-i-	hacer	hic-[1]	e
	querer	quis-	iste
	venir	vin-	o
			imos
			isteis
			ieron

Cambio	Infinitivo	Radical	Terminación
-j-	decir	dij-	e
	producir[2]	produj-	iste
	traer	traj-	o
			imos
			isteis
			eron

Los verbos regulares de la primera y de la segunda conjugación (**-ar** y **-er**) que cambian la vocal del radical *(stem)* en el presente **no** tienen ese cambio en el pretérito.

pensar		encender		volver	
pens-	é	encend-	í	volv-	í
	aste		iste		iste
	ó		ió		ió
	amos		imos		imos
	asteis		isteis		isteis
	aron		ieron		ieron

Los verbos regulares de la tercera conjugación (**-ir**), que cambian el radical en el presente, sufren en el pretérito un cambio en la vocal de la tercera persona del singular y del plural.

---

[1] Atención: hice, hiciste, **hizo**, hicimos, hicisteis, hicieron.

[2] Todos los verbos que terminan en -ducir se conjugan como **producir: traducir, conducir, reducir, seducir,** etc.

e → i		o → u	
divertirse[1]		**dormir (morir)**	
me divertí	nos divertimos	dormí	dormimos
te divertiste	os divertisteis	dormiste	dormisteis
se divirtió	se divirtieron	durmió	durmieron

Los verbos que terminan en **-car, -gar** y **-zar** tienen un cambio ortográfico en la primera persona (yo) del pretérito.

c → qu		g → gu		z → c	
buscar	(yo) bus**qué**	llegar	(yo) lle**gué**	comenzar	(yo) comen**cé**
sacar	(yo) sa**qué**	pagar	(yo) pa**gué**	almorzar	(yo) almor**cé**
		jugar	(yo) ju**gué**	gozar	(yo) go**cé**

Oír, caer y los verbos que terminan en -**eer** y -**uir** tienen el siguiente cambio ortográfico en la tercera persona del singular (**él, ella, Ud.**) y del plural (**ellos, ellas, Uds.**) del pretérito: i → **y**. Todas las otras personas llevan un acento ortográfico sobre la **í**.

oír	oí	oíste	oyó	oímos	oísteis	oyeron
caer	caí	caíste	cayó	caímos	caísteis	cayeron
leer	leí	leíste	leyó	leímos	leísteis	leyeron
huir[2] *(to flee)*	huí	huíste	huyó	huímos	huíste	huyeron

PRÁCTICA

A. Quehaceres domésticos. Haga las siguientes actividades.

1. Complete los minidiálogos con la forma correcta del pretérito.
   a. ¿Qué _____ (hacer, tú) ayer?
   (Estar) _____ todo el día en casa haciendo muchos quehaceres domésticos.

   b. ¿Por dónde _____ (comenzar, tú)?
   ¡Por la cocina, por supuesto! _____ (Lavar, yo) los platos y _____ (ordenar) los estantes. Con la ayuda de mamá _____ (poner, nosotros) todo en orden.

   c. ¿_____ (Barrer, tú) el piso?
   No sólo _____ (barrer, yo) el piso, sino que lo _____ (lavar) con un nuevo producto que es una maravilla.

---

[1] Otros verbos que sufren estos cambios: **conseguir, corregir, despedir, elegir, pedir, preferir, reir, repetir, seguir, sentir, servir, sugerir, vestirse.**

[2] Otros verbos que sufren estos cambios: **construir, contribuir, destruir, distribuir, excluir, incluir, substituir.**

d. ¿_____ (Poner, tú) también en orden mi habitación?
¡Qué va! Si tú no la _____ (arreglar), ¿por qué tenía que hacerlo yo? Yo _____ (hacer) mi cama, _____ (cambiar) las sábanas y _____ (andar) de un lugar a otro ordenando mi dormitorio.

e. Con tantos quehaceres, ¿_____ (poder, tú) salir de casa?
No, pero papá _____ (ir) a hacer las compras y _____ (llevar) a Pepito a la escuela.

2. En parejas, miren el dibujo en la página 152 y usan el pretérito para decir qué hicieron los varios miembros de la familia Vasallo.

B. ¡Por fin terminó la boda! Su hermana acaba de casarse. ¿Cómo fue la boda? Ponga el siguiente relato en el pretérito.

1. La fiesta es estupenda.

2. Los invitados a la boda se divierten muchísimo.

3. Todos bailan y cantan sin parar.

4. Mamá no puede hablar de la emoción.

5. El abuelo invita a bailar a la abuela.

6. Papá recibe a los invitados en la sala.

7. Yo saco muchas fotos de los novios.

8. Tú traes un regalo magnífico.

9. Los novios tienen muchos regalos.

10. Como siempre, Carlos llega a la hora de irse.

C. ¿Qué hiciste? Pregúntele a su compañero(a) qué hizo ayer.

Modelo: por la mañana / por la tarde
—¿Qué hiciste ayer por la mañana?
—Fui a la biblioteca y preparé un informe.
—Y por la tarde, ¿qué hiciste?
—Me fui al cine con Sara. Vimos una buena película.

1. por la mañana / por la tarde

2. después del almuerzo / después de la cena

3. después de llegar a casa / antes de acostarse

4. después de clase / antes del examen

D. ¡Charlemos! Cuéntele a su compañero(a): a) cómo, dónde y cuándo fue la última vez que Ud. estuvo en una boda, b) si fue una boda grande o pequeña, c) si asistieron muchas personas, d) si fue una ceremonia religiosa, e) si sacaron fotos, f) si tuvieron muchos regalos, g) si...

E. Una tarjeta postal. Ud. acaba de ingresar a la universidad. Escríbale una tarjeta postal a un(a) amigo(a), contándole cuándo llegó y a qué se dedicó los primeros días. Después, léale la tarjeta a la clase.

Modelo

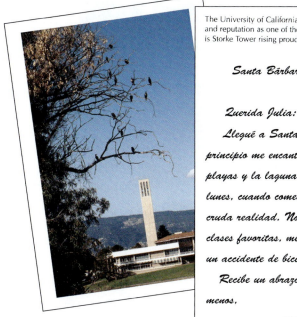

The University of California, Santa Barbara has achieved an international stature and reputation as one of the great research institutes of the world. Shown is Storke Tower rising proudly over campus.

Santa Bárbara, a 14 de septiembre de 2005

Querida Julia:

Llegué a Santa Bárbara hace cinco días. Al principio me encantó el campus. Cuando vi las playas y la laguna creí estar en el cielo. Pero el lunes, cuando comenzaron las clases, volví a la cruda realidad. No pude matricularme en mis clases favoritas, me enojé con mi novio y casi tuve un accidente de bicicleta. ¡Qué día tan horrible!

Recibe un abrazo de tu amiga que te echa de menos,

Marta

Julia Morales
Calle de la Caña Nº 2168
La Paz - Bolivia

PERSPECTIVAS

PREPARATIVOS

1. Lea la sección **¿Sabía Ud. que en Bolivia... ?**

2. Mire los verbos en la lectura que están en negrita. ¿Qué significan? ¿Sabe por qué se usa el tiempo imperfecto? ¿Cuál es la forma *tú* de los verbos? ¿y la forma *nosotros*?

3. ¿Qué es la pubertad? En la cultura de Ud., ¿cuáles son algunos problemas relacionados con la llegada de la adolescencia?

▲ *Vendiendo maíz en el mercado*

¿Sabía Ud. que en Bolivia... ?

■ Los estudios sobre los **incas** están basados mayormente en información que ha llegado por transmisión oral. Se sabe que el imperio, cuya capital era Cuzco, Perú, tuvo sus inicios en el siglo XII y que su dominio llegó a extenderse desde el sur de Colombia hasta el norte de Chile y Argentina. Su imperio fue desmantelado° en el siglo XVI por Francisco Pizarro y su ejército.

dismantled

■ Para los antiguos incas la familia era la unidad económica. Por lo tanto, **el matrimonio,** el paso definitivo hacia la formación de una familia, tenía mucha importancia en la sociedad incaica. El estatus social dictaba° el carácter del matrimonio. Para una pareja del pueblo la monogamia era obligatoria, mientras el matrimonio de las clases privilegiadas era polígamo. La ceremonia nupcial variaba según las regiones pero en general solía ser solemne y duraba varios días.

determined

■ **El maíz** fue cultivado hace miles de años por las civilizaciones precolombinas. Hoy sigue siendo uno de los productos más importantes para el consumo nacional y un ingrediente importante en la gastronomía boliviana. En las celebraciones muchos indígenas toman bebidas fermentadas de maíz.

■ En la sociedad inca había varias tradiciones relacionadas con **la residencia de una pareja recién casada.** No se permitía cambiar de residencia. Según Garcilaso de la Vega en sus *Comentarios reales: El origen de los incas*, "No era lícito° casarse de una provincia en otra, ni de un pueblo en otro... Tampoco les era lícito irse a vivir de una provincia a otra, ni de un pueblo a otro, ni de un barrio a otro". Si el matrimonio era del pueblo, tenía una casa sencilla, sin muebles y construida por sus familiares. En la casa de una pareja de clase alta había adornos hechos de metales preciosos y muchas comodidades°.

legal

comforts

La pubertad en la sociedad de los antiguos incas

En la sociedad de los antiguos incas la llegada oficial de la pubertad **significaba** que los jóvenes ya **se convertían** en adultos y que **avanzaban** hacia el matrimonio y la formación de una familia. El inicio de la pubertad **traía** un cambio radical en la vida de los jóvenes, ¡por fin **recibían** un nombre definitivo! Para celebrar este paso en la vida de una chica, **había** una ceremonia tradicional y varios ritos correspondientes. Antes de la fecha de la ceremonia, la muchacha **se abstenía** de comer durante dos días y **comía** un poquito de maíz el tercer día. El cuarto día la chica **se daba** un baño, **se ponía** ropa nueva, **se trenzaba°** el cabello y **recibía** su nombre permanente. Fuera de esto°, muy poco **cambiaba** para ella. **Seguía** ocupándose de los quehaceres de la casa al lado de su madre hasta los dieciocho años cuando se le **permitía** casarse.

braided / Outside of this

    Había una excepción. Si al llegar a la pubertad la muchacha **mostraba** que **tenía** algún talento extraordinario, se le **concedía** la oportunidad de salir del pueblo para estudiar en una escuela especial. Allí **aprendía** los secretos de la religión y **se preparaba** para una vida aristocrática o para ser concubina del emperador°.

emperor

COMPRENSIÓN Y PRÁCTICA

A. Completar. Basándose en la lectura, complete las siguientes oraciones o llene el espacio con la(s) palabra(s) correcta(s).
En la sociedad de los antiguos incas:

1. La llegada oficial de la pubertad significaba…

2. Por fin los jóvenes recibían _____.

3. La ceremonia para la chica consistía en muchos ritos. Por ejemplo, la muchacha dejaba de _____ por _____ días. El _____ día comía un poco de_____.

4. El _____ día se bañaba y se vestía con _____.

5. Aparte de estas actividades, ella seguía…

6. La única excepción era…

 B. ¡Charlemos! Conteste las siguientes preguntas. Luego, compare sus comentarios con los de un(a) compañero(a) de clase.

1. ¿Qué opina Ud. de la celebración incaica de la pubertad?

2. En la cultura de Ud., ¿cómo se celebra la llegada de la pubertad? ¿La celebró Ud.? ¿Por qué? Describa el evento.

3. De niño(a), ¿cuáles eran algunas de sus celebraciones favoritas? ¿Cómo celebraba su cumpleaños? Describa un cumpleaños muy especial.

ESTRUCTURA 2: Las formas del imperfecto del indicativo

Los verbos regulares del imperfecto tienen las siguientes terminaciones.

colgar (-ar)		querer (-er)		exprimir (-ir)	
colg-	aba	quer-	ía	exprim-	ía
	abas		ías		ías
	aba		ía		ía
	ábamos		íamos		íamos
	abais		íais		íais
	aban		ían		ían

Los verbos irregulares en el imperfecto son solamente tres.

ser	ir	ver
era	iba	veía
eras	ibas	veías
era	iba	veía
éramos	íbamos	veíamos
erais	ibais	veíais
eran	iban	veían

PRÁCTICA

A. Recuerdos de mamá. Complete el diálogo con las formas correctas del imperfecto.

—Te digo, hija, que los tiempos han cambiado. La abuela _____ (ser) la perfecta ama de casa *(housewife).*
—¿Por qué dices eso?
—Bueno, pues porque la abuela casi nunca _____ (salir). Ella _____ (hacer) todos los quehaceres domésticos. Primero _____ (arreglar) los dormitorios: _____ (hacer) las camas, _____ (colgar) la ropa en los armarios y _____ (pasar) la aspiradora.
—Y..., ¿quién _____ (preparar) las comidas?
—Ella, ella lo _____ (hacer) todo. ¿Ves cómo cambian los tiempos?
—Sí, ¡Gracias a Dios!

 B. Momentos felices de la infancia. Piense en los momentos felices de cuando era niño(a) y dígale a un(a) compañero(a) de clase algunas actividades que hacía Ud. o alguien de su familia.

Modelo: Durante las vacaciones...
Durante las vacaciones nos gustaba viajar a las montañas. Mi papá conducía el coche. Yo me sentaba a su lado y miraba el camino.

1. En la escuela primaria…
2. En mi cumpleaños…
3. Cuando iba a la casa de mis abuelos (tíos, primos)…
4. Durante las vacaciones de invierno…

PERSPECTIVAS

PREPARATIVOS

1. Lea la sección **¿Sabía Ud. que en Bolivia… ?**
2. Mire los verbos en la lectura, **La hermana de Carmen se casa** que están en negrita. ¿Entiende la selección de tiempos en cada caso? ¿Por qué se usan los primeros cinco verbos en el pretérito? En el segundo párrafo de la carta, ¿por qué se usa el verbo **ir** en el imperfecto y el verbo **llegar** en el pretérito? En el tercer párrafo, ¿puede explicar el uso del imperfecto en esa oración? Fíjese bien en los verbos que están en negrita en el cuarto párrafo. ¿Qué explicación ofrece para el uso del imperfecto?
3. Para una boda de doscientos invitados, ¿cuáles son algunos de los preparativos necesarios? Se aproxima la boda y la novia tiene los nervios de puntas *(on edge)*. Dé tres razones para explicar por qué se siente así.

¿Sabía Ud. que en Bolivia… ?

- Septiembre es conocido como el mes del amor y de la primavera, y aunque hay muchas bodas, el mes de diciembre es el favorito para **casarse**. Muy pocos novios se casan en noviembre porque es la época en que recuerdan a sus queridos muertos. No es común casarse en enero y febrero por el exceso de lluvias y tampoco se realizan bodas en junio y julio por el frío del invierno. Algunos creen que los vientos fuertes de agosto pueden llevar al matrimonio por un mal camino, y que los números impares° traen mala suerte para la pareja. Según ellos hay más esperanza para un matrimonio feliz si se casa en un año, mes y día par°.

odd

even

▲ *Una novia boliviana*

- Antes de la ceremonia los novios jamás se dejan ver luciendo el vestuario° de la ceremonia, ella con el **vestido de novia** o él con su traje.

wearing the clothing

- Los novios bolivianos observan en su **boda** muchas de las tradiciones nupciales que se ven en otros países. La novia se viste de blanco porque este color simboliza pureza; después de la ceremonia los novios y sus padres se colocan en una fila° para recibir a cada uno de los invitados; los invitados les lanzan arroz a los novios para desearles fertilidad; los novios y sus padres bailan el vals en la recepción. Sin embargo, hay una tradición diferente, y es la de llevar los anillos de boda en el dedo anular° de la mano *derecha*.

line

ring finger

La hermana de Carmen se casa

Carmen le **escribió** una carta a su amiga Graciela explicándole por qué **tuvo** que acortar su viaje por Sudamérica.

Querida Graciela:

Seguramente estás preocupada por mi silencio. **Pensé** enviarte unas líneas cuando **estuve** en Perú pero **sucedieron** muchas cosas.

Después de licenciarme en la Universidad de Salamanca **pude** realizar uno de mis sueños: hacer un viaje largo por Sudamérica. Esta vez **fui** con mi amiga Charo. Decidimos ir a Brasil, Argentina, Chile, Perú y Bolivia. Todo **iba** muy bien hasta el día que **llegamos** a Lima. En lugar de enviarles a mis padres la típica postal turística se me ocurrió llamar por teléfono a casa para saber cómo estaba la familia.

Mi sorpresa fue grande al oír que mi hermana Ana, la menor de todos los hermanos, se había comprometido y **se casaba** muy pronto. Charo tuvo que continuar el viaje sola y a mí no me quedó más remedio° que volver a España.

I had no choice

Cuando llegué a casa todos **estaban** muy nerviosos y ocupados. Mi madre **llevaba** un mes haciendo el vestido de novia y los trajes de gala de mis sobrinos. Mi padre **intentaba**, sin mucho éxito, mantener la calma y vigilar los preparativos de la boda. Mis primos, mis hermanos y yo nos pasamos los días que precedieron a la boda ayudando a mis tías que **ayudaban** a la abuela, que **ayudaba** a mi madre.

Felizmente, todo salió bien. La boda fue muy bonita y los novios se veían muy contentos. Ya te enviaré algunas fotos.

Escríbeme pronto,

Cariños,

Carmen

COMPRENSIÓN Y PRÁCTICA

A. Preguntas. Conteste las siguientes preguntas.

1. ¿Por qué estaba preocupada Graciela, la amiga de Carmen?
2. ¿Qué hizo Carmen después de terminar sus estudios?
3. ¿Por qué no les envió una tarjeta postal a sus padres?
4. ¿Por qué tuvo que interrumpir su viaje?
5. ¿Cómo estaba la familia días antes de la boda?
6. ¿Cómo fue la boda de Ana? ¿Cómo se veían los novios?

 B. ¡Charlemos! Conteste las siguientes preguntas. Hágale las mismas preguntas a un(a) compañero(a) de clase y comparen sus respuestas.

1. ¿Piensa que Carmen hizo bien en volver a casa para el matrimonio de su hermana? ¿Por qué?
2. ¿Cuál es la mejor edad para casarse? ¿Cuánto tiempo de noviazgo *(courtship)* se necesita antes de casarse?
3. ¿Qué piensa de las bodas grandes? ¿Sueña con una boda grande o pequeña? ¿Por qué?

ESTRUCTURA 3: El pretérito vs. el imperfecto

En general, el pretérito narra las acciones que ocurrieron en un momento o en momentos precisos en el pasado.

El pretérito narra...	Ejemplos
1. una acción que se completa en un pasado preciso.	Mi primo Rafi **vino** a cenar anoche. Rafi **llegó** a las seis en punto.
2. acciones sucesivas que se consideran terminadas en el pasado.	Después de cenar, yo **barrí** el suelo, **lavé y sequé** los platos, y **pasé** la aspiradora.

El imperfecto describe acciones que transcurrían *(were taking place)* durante un período de tiempo en el pasado. Estas acciones, que no se sabe exactamente cuándo empezaron ni cuándo terminaron, pueden expresarse de dos formas equivalentes.

Cuando **caminaba** por la calle…
Cuando **estaba caminando** por la calle…

El imperfecto describe...	Ejemplos
1. acciones que se repiten de forma habitual en el pasado *(would, used to).*	Rafi **venía** a cenar todos los martes. Siempre **llegaba** a las seis en punto.
2. acciones que ocurrían al mismo tiempo, sin precisar la duración.	Mientras yo **preparaba** el café, Ana **servía** la tarta.

3. escenas y condiciones que ocurrían en el pasado sin prestar atención a su duración o resultado *(was/were + -ing form of the verb)*.

Rafi nos **hablaba** de su nuevo trabajo.
Ana **llevaba** un vestido muy bonito.
Yo **estaba** muy contenta de poder pasar tiempo con mi primo favorito.

4. características de las personas o cosas y descripciones de condiciones físicas en el pasado.

Rafi **era** el más talentoso de la familia.
Era inteligente y **tenía** buen sentido del humor.

5. la hora y la edad en el pasado.

Eran las ocho cuando empezamos a cenar y **era** muy tarde cuando terminamos.

En la misma oración, el imperfecto puede describir el escenario o ambiente en el que otra acción (en el pretérito) parece ser una interrupción.

Después de la cena, **hablábamos** en el salón cuando **sonó** el teléfono.
Terminábamos el café cuando Rafi **anunció** que **estaba** comprometido.

Como resultado de la diferencia entre el pretérito y el imperfecto, algunos verbos se traducen al inglés usando palabras diferentes.

conocer	*to know, be acquainted with* *to meet*	**Conocía** a Rafi desde niño. Anoche Lisa **conoció** a Rafi en la cena.
saber	*to know* *to find out*	**Sabíamos** la verdad desde hacía muchos días. **Supimos** la verdad ayer.
poder	*to be able* *to manage to, succeed in*	**Podía** hablar con ella a menudo. Por fin **pudo** hablar con ella.
querer	*to want* *to try to*	**Quería** verla, pero no tenía tiempo. **Quise** verla, pero no la pude encontrar.
no querer	*not to want* *to refuse*	**No quería** venir a la cena, pero vino. **No quiso** venir a la cena. Se quedó en casa.

PRÁCTICA

A. Una familia rara. Complete el diálogo entre dos amigos, Diego y Manolo, con el pretérito o el imperfecto. Esté preparado(a) para usar la imaginación, también.

M: Y tú, Diego, ¿dónde _____ (conocer) a Eugenia?

D: La _____ (conocer) una noche en una fiesta, el verano pasado.

M: Esa noche, ¿tú _____ (saber) que su familia _____ (ser) tan, tan... rara?

D: ¡Para nada, Manolo! Lo _____ (saber) mucho más tarde, una noche cuando _____ (visitar) su casa.

M: Cuéntame. ¿Qué _____ (pasar) esa noche? Recuerdo que tú _____ (ir) a su casa para pedir su mano. ¿_____ (poder) hacerlo?

D: ¡Claro que no! Yo _____ (querer) hablar con el padre de Eugenia, como había intentado muchas veces antes, pero...

M: No entiendo.

D: Pues, cada vez que _____ (querer) hablar con su padre, Eugenia me _____ (decir) que no _____ (poder) porque....

Ahora, use la imaginación y termine la oración. ¿Qué iba a decir Diego?

_____

_____

M: ¡No lo puedo creer, Diego! Menos mal que tú _____ (saber) eso antes, para no casarte con Eugenia. Tú conoces el viejo refrán, "Antes que te cases, mira lo que haces".

B. Día de campo. Marcelo cuenta un recuerdo feliz de su niñez. Complete las oraciones con el imperfecto o el pretérito.

En mi familia el sábado (ser) _____ día de excursiones al campo. Todos los fines de semana yo (levantarse) _____ temprano y (correr) _____ a la cocina para desayunar. Allí (estar) _____ mi papá, sentado a la mesa con mis dos hermanos. Ellos (leer) _____ el periódico y (escuchar) _____ las noticias en la radio. Mi mamá y la abuelita (hacer) _____ los preparativos para nuestro día de campo. Mientras mi mamá (poner) _____ frutas en bolsas de plástico, la abuelita (preparar) _____ los tamales y el pollo picante. ¡Qué rico!

Un día yo (levantarse) _____ temprano para ir al campo, como siempre, pero no (sentirse) _____ bien. (Tener) _____ náuseas y dolor de cabeza. Cuando mi mamá me (ver) _____ me (preguntar) _____ qué pasaba. Yo (empezar) _____ a llorar porque (querer) _____ ir al campo a pesar de *(in spite of)* estar enfermo. En ese momento mi papá (entrar) _____ al cuarto y (decir) _____ que (llover) _____ muy fuerte y que no (ser) _____ posible ir de excursión.

C. En el pasado. Forme oraciones completas con un elemento de cada columna. Use el pretérito con los verbos de la segunda columna y el imperfecto con los verbos de la tercera columna.

Modelo: *Ayer me levanté tarde porque era día de fiesta.*

I	II	III
Anoche...	...levantarme tarde...	no tener ganas de salir.
El otro día...	...recoger la mesa...	ser día de fiesta.
Esta tarde...	...quedarme en casa...	tener una cita a las siete y media.
Esta mañana...	...ir al mercado...	ser mi (su) cumpleaños.
La semana pasada...	...llamar a mi amigo(a)... ...porque...	llover.
El domingo...	...ponerme el impermeable...	acabar de almorzar.
Ayer...	...limpiar la casa...	querer ver las noticias.
El año pasado...	...encender el televisor...	venir mis padres a visitar.
	...lavar la cafetera...	necesitar ir de compras.
	...salir de casa a las siete...	estar sucia.

D. Un errorcito en el hospital. En parejas, miren el dibujo siguiente y piensen en algunos posibles escenarios para explicar qué pasó en el hospital. Usen el pretérito y el imperfecto para describir qué pasaba *(what was going on)* cuando se les cambió a los bebés *(the babies were switched)* a las mamás.

—Esta es la señora que ocupaba la cama contigua a la mía en la maternidad.

> **Modelo:** Las mamás **leían** revistas sobre el cuidado de los bebés cuando una nueva enfermera les **cambió** los bebés.

E. Chismes. En dos grupos, participen en el siguiente juego.

1. Los estudiantes de la clase forman dos círculos.
2. Un(a) estudiante comienza el juego en cada círculo, diciendo que ayer / la noche anterior / la semana pasada / vio a uno de sus ídolos de la televisión (o a uno de sus compañeros) salir de un lugar.
3. El (La) segundo(a) compañero(a) repite lo que recuerda y añade algo más. Uno a uno, los estudiantes van ampliando la increíble historia hasta completarla.

> **Modelo:** E.1 *Escuchen lo que les voy a contar. Anoche vi a Jennifer López salir de un lugar muy extraño.*
>
> E.2 *Anoche vi a Jennifer López salir de un lugar muy extraño. Llevaba abrigo y pantalones negros.*
>
> E.3 *Anoche vi a Jennifer López salir de un lugar muy extraño. Llevaba abrigo y pantalones negros y estaba con un hombre que yo no reconocí.*

F. Para conocerse mejor. En un grupo de tres o cuatro compañeros de clase, cuenten algo interesante de su pasado. Por ejemplo: a) el día en que conoció a su novio(a), b) un viaje a Europa, c) una fiesta importante, etc. Fíjense en algunas de estas expresiones que les pueden servir para narrar una anécdota de su vida.

Para la comunicación:

A mí me gustaba…	*I liked to . . .*
Cuando tenía… años…	*When I was . . . years old . . .*
Escuchen lo que les voy a contar…	*Listen to what I'm going to tell you . . .*
Fíjense que…	*Notice that . . .*
Fue algo espantoso…	*It was something frightening . . .*
Fue algo muy divertido…	*It was something very funny . . .*
Les cuento que…	*I'm telling you that . . .*
No me van a creer, pero…	*You are not going to believe me, but . . .*
¿Se pueden imaginar que…?	*Can you imagine that . . . ?*

Más allá del aula

Unas tarjetas y postales para amigos y parientes especiales

A todos nos gusta recibir noticias de amigos y familiares y saber que están pensando en nosotros. Hay varios sitios web, como por ejemplo Yahoo en España, que nos dejan enviar postales electrónicas, coloridas y hasta animadas, a todos nuestros conocidos para todas las ocasiones. ¡Y el servicio es gratis *(free of charge)*!

■ Visite el sitio Yahoo! Postales Inicio http://es.greetings.yahoo.com y haga las actividades.

1. Haga clic en la categoría "Día de la madre". ¿A quiénes van dirigidas estas postales?

2. Haga clic en la categoría "Día del padre". ¿A quiénes van dirigidas estas postales?

3. Haga clic en la categoría "Ocasiones especiales". ¿Cuáles son las "ocasiones especiales" en las que ofrecen postales? Escoja una de las tarjetas y dígale a la clase cuál es el mensaje.

4. Escoja una tarjeta de cualquier categoría y envíesela a su profesor(a) o a un(a) compañero(a) de clase. Él (ella) debe contestarle por correo electrónico, enviándole una postal bajo la categoría "Gracias".

ESTRUCTURA 4: El verbo *hacer* en expresiones temporales

Para expresar el tiempo transcurrido *(that has passed)*, se emplea **hacer** en la tercera persona singular. Se usa para expresar lo siguiente:

1. el tiempo transcurrido de una acción que comenzó en el pasado y que todavía continúa.

---

hace + tiempo + **que** + presente o presente progresivo

Hace dos horas que **estudio.**
Hace dos horas que **estoy estudiando.** } *I have been studying for two hours.*

---

2. el tiempo transcurrido de una acción que comenzó en el pasado y que continuó hasta otro momento en el pasado.

> **hacía** + tiempo + **que** + imperfecto o pasado progresivo
>
> **Hacía** dos horas que **estudiaba** (cuando me llamó).   *I had been studying for two hours (when he*
> **Hacía** dos horas que **estaba estudiando** (cuando me llamó).   *called me).*

3. el tiempo transcurrido desde que terminó una acción (*ago*).

> **hace** + tiempo + **que** + pretérito, o **hace** + tiempo + imperfecto o pasado progresivo
>
> **Hace** dos horas que **estudié.**   *I studied two hours ago.*
> (**Estudié hace** dos horas).
>
> **Hace** dos horas que **estudiaba.**   *I was studying two hours ago.*
> **Hace** dos horas que **estaba estudiando.**

PRÁCTICA

A. ¿Cuánto tiempo hace que…? Pregúntele lo siguiente a su compañero(a). ¿Cuánto tiempo hace que…

1. no ves a tu familia?

2. no ves una película buena?

3. estudias español?

4. vives en tu residencia o apartamento?

5. conoces a tu mejor amigo(a)?

B. "Ago". El tiempo va pasando rápidamente. Siguiendo el modelo, forme preguntas, hágaselas a su compañero(a) de clase y contéstelas Ud. también.

> **Modelo:**   salir de casa
> *¿Cuánto tiempo hace que te fuiste de la casa de tus padres?*
> *Hace dos meses. ¿Y tú?*
> *Hace _____ que me fui de la casa de mis padres.*

1. aprender a conducir

2. llegar a la universidad

3. conocer a tu mejor amigo(a)

4. empezar a estudiar español

5. comer en tu restaurante favorito

6. hacer un viaje especial

C. Cuando yo te conocí. Hable con un(a) compañero(a) de clase sobre el día en que se conocieron. Entre los dos traten de recordar ese encuentro. Si no pueden recordarlo, inventen los detalles.

1. el tiempo que hace que se conocen o que son compañeros de clase
2. el lugar
3. la fecha
4. la ropa que llevaban
5. la lección, vocabulario o punto gramatical que estudiaban
6. cómo se sentían emocional o físicamente
7. otro detalle

D. Déjame contarte.... A todos nos gusta contar una buena historia de suspenso. Use la imaginación (¡o cuente algo que realmente ocurrió!) e invente un breve cuento de suspenso para contárselo a la clase. Inicie su relato con el modelo de "hacía + tiempo + que + verbo en el imperfecto..." Cuidado con el uso del pretérito y el imperfecto en su relato.

> **Modelo:** Hacía una hora que leía una novela en la sala de mi casa cuando empezó a llover torrencialmente. No había nadie en la casa...

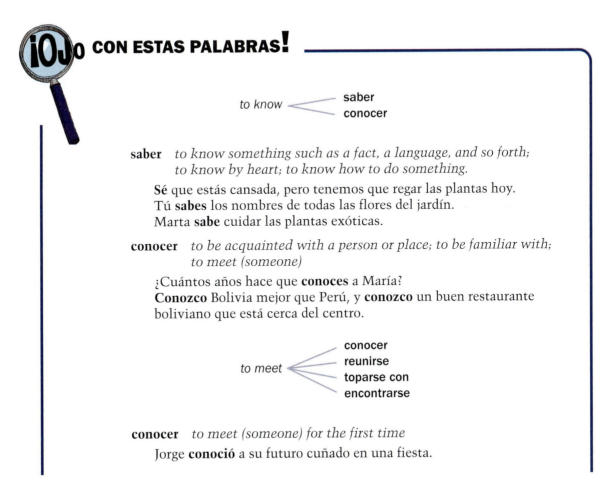

¡OJO CON ESTAS PALABRAS!

to know ⟨ saber
conocer

saber *to know something such as a fact, a language, and so forth; to know by heart; to know how to do something.*

Sé que estás cansada, pero tenemos que regar las plantas hoy.
Tú **sabes** los nombres de todas las flores del jardín.
Marta **sabe** cuidar las plantas exóticas.

conocer *to be acquainted with a person or place; to be familiar with; to meet (someone)*

¿Cuántos años hace que **conoces** a María?
Conozco Bolivia mejor que Perú, y **conozco** un buen restaurante boliviano que está cerca del centro.

to meet ⟨ conocer
reunirse
toparse con
encontrarse

conocer *to meet (someone) for the first time*
Jorge **conoció** a su futuro cuñado en una fiesta.

> **reunirse**   *to meet with a group or club*
>
> **Nos reunimos** esta mañana para discutir los planes para la boda.
>
> **toparse (tropezar) con**   *to meet by accident; to run into*
>
> Caminando por la Plaza San Francisco de La Paz, **nos topamos** con los novios.
>
> **encontrarse**   *to meet by appointment or chance*
>
> **Nos encontramos** a las ocho en el restaurante del hotel.

A. ¿Saber o conocer? Escoja el verbo correcto.

1. Hacía mucho tiempo que yo (conocía / sabía) a Cecilia y (conocía / sabía) que era boliviana.

2. No (conocía / sabía) su casa pero (conocía / sabía) que era muy cómoda y bonita.

3. Cuando Cecilia (conoció / supo) que mi hermana y yo estábamos de vacaciones en La Paz, nos invitó a su casa. Allí (conocimos / supimos) a toda su familia.

4. Yo (conocía / sabía) que a Cecilia le gustaba cocinar y, como era de esperar, la cena que preparó fue deliciosa.

5. Pasamos unos días muy bonitos en La Paz y en compañía de Cecilia (conocimos / supimos) muchos lugares interesantes.

6. Hoy recibí una carta de Cecilia. Dice que hace un mes (conoció / supo) a un muchacho boliviano y que no (conoce / sabe) si quiere casarse o no.

7. Yo (conocía / sabía) que tarde o temprano encontraría en su país al hombre de sus sueños.

B. ¿Qué te ocurrió? En parejas, formen oraciones con cada verbo y túrnense para contar lo que les pasó ayer. ¿Con quién(es) se reunieron y por qué? ¿A quién(es) conocieron y dónde?, etc.

reunirse	encontrarse	conocer	toparse

✦ Ampliación, conversación y cultura

A. Una boda moderna. En parejas, observen atentamente el dibujo de la página 179 y traten de describir la boda, la iglesia, la ciudad, el tráfico, etc. Usen el imperfecto para describir las características de las personas, cosas o situaciones, siguiendo como guía las siguientes preguntas.

1. ¿Dónde era la boda? ¿En qué situación se celebraba la boda? ¿Cómo era la iglesia? ¿Cómo contrastaba la iglesia con el resto de la ciudad?

2. ¿Qué llevaba la novia el día de la boda? ¿Y el novio? ¿Cómo era el sombrero de la madrina *(godmother)*? ¿Cómo era el traje del padrino?

© Quino

3. ¿Cómo era el tráfico esa mañana en el centro de la ciudad? Aparte de los coches, ¿qué otros vehículos estaban en el embotellamiento *(traffic jam)*?

4. Describa a los transeúntes *(passers-by)* del dibujo. ¿Estaban sonrientes? ¿Enfadados? ¿Estresados? ¿Por qué?

B. Adiós, amor mío. ¡Anoche fue la noche más triste de su vida! Salió a cenar solo(a) en un restaurante y terminó enamorándose y despidiéndose.

1. Use el pretérito y el imperfecto para completar las siguientes oraciones.
   a. Anoche yo...y conocí a un(a) muchacho(a) muy...en...y...
   b. Él (Ella) era..., tenía... y le gustaba...
   c. Fuimos a... y allí...Todo...
   d. Durante toda la noche...
   e. Al final de la cena él (ella) me dijo que... y que...
   f. La despedida fue muy...Yo... y él (ella)...

2. Ahora cuéntele la historia a un(a) compañero(a) de clase que va a hacerle preguntas para obtener más información sobre lo que ocurrió anoche.

C. Julián y Elcira, ¡cincuenta y tres años de casados! Julián habla de los momentos más importantes de su vida. En grupos de tres estudiantes, lean los datos, calculen las fechas y respondan a las preguntas. ¡A ver cuál es el grupo más rápido de la clase!

- Hace cincuenta y tres años que Elcira y yo somos marido y mujer.
- Hace cuarenta y tres años que estamos viviendo en la misma casita en Bolivia.
- Hace cincuenta y cinco años que Elcira y yo nos conocimos en la clase de historia cuando los dos éramos estudiantes en la universidad en La Paz.
- Cuando nos conocimos, hacía tres años que yo estaba estudiando en La Paz y hacía sólo un año que Elcira estudiaba allí.
- Hace cincuenta y cinco años que terminé mi licenciatura y hace cincuenta y tres que Elcira terminó la suya. El mismo año en que Elcira terminó, nos casamos.
- Hoy es nuestro aniversario de bodas. Hace cincuenta y tres años que nos casamos y hace tres años que celebramos nuestras bodas de oro.
- Durante nuestros dos primeros años de casados, trabajábamos juntos en la biblioteca de la universidad.
- Dos años más tarde cambiamos de trabajo porque estábamos cansados de vivir entre libros.
- Por muchos años ahorramos para poder hacer un viaje largo. Hace un año hicimos nuestro sueño realidad cuando le dimos la vuelta al mundo.

Ahora contesten las preguntas.

1. ¿En qué año se conocieron Julián y Elcira?
2. ¿En qué año comenzó Julián sus estudios universitarios? ¿Y Elcira?
3. ¿En qué año se casaron?
4. ¿Cuándo se mudaron a su casita? ¿En qué año?
5. ¿En qué año comenzaron a trabajar en la biblioteca? ¿En qué año terminaron?
6. ¿En qué año celebraron sus bodas de oro?
7. ¿Cuándo pudieron hacer el viaje de sus sueños? ¿En qué año fue?

D. ¿Casarse o quedarse soltero(a)? Para algunas personas es necesario tener en su vida un amor romántico para ser feliz mientras que para otras no lo es. Use la imaginación para terminar las siguientes oraciones de una manera original. Luego, compare sus oraciones con las de un(a) compañero(a) de clase.

1. Ser soltero(a) es muy conveniente y significa...
   a. no tener que darle explicaciones a nadie si...
   b. poder dejar... amontonados *(piled up)* sin que esto le moleste a nadie.
   c. poder quedarse todo el día...o toda la noche...
   d. poder comer...
   e. nunca tener que...

2. Pero ser soltero(a) tiene sus desventajas y puede significar...
    a. que los fines de semana...
    b. tener que quedarse...
    c. que en la casa...
    d. no tener excusas para...
    e. no tener con quién...

3. ¿Cuáles son tres razones muy convincentes para quedarse soltero(a)?
    ¿Cuáles son tres razones convincentes para casarse?

 E. El plano de mi casa. En parejas, hagan las actividades a continuación.

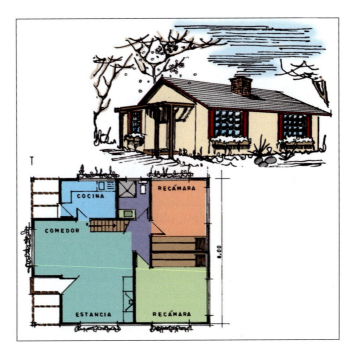

1. Mire el plano de la casa y dígale a su compañero(a) en qué se parece o se diferencia de la casa de su niñez. Compare las habitaciones, el estilo, la arquitectura etc. y compare las dos casas. El (La) otro(a) estudiante va a hacer lo mismo.

2. Ahora, comparen e intercambien ideas sobre la casa ideal. Digan qué muebles les gustaría tener en los dormitorios, la sala y el comedor y qué electrodomésticos para la cocina, etc.

3. Ud. va a mudarse de casa, pero antes de hacerlo va a vender varias cosas y muebles que piensa que no va a necesitar en su nueva casa.
    a. Ponga un anuncio en el periódico para indicar qué es lo que vende y a qué precio.

    Modelo: *Vendo: televisor a color $60, lámpara de pie $20, sofá $80, alfombra pequeña $35. Teléfono 682–4263.*

    b. Atienda a la persona (su compañero(a) de clase) que llega a su casa para comprar los objetos o muebles que tiene anunciados en el periódico. Trate de venderlo todo.

F. Mesa redonda. Escoja tres o cuatro compañeros para formar una mesa redonda e intercambiar ideas sobre los siguientes temas. Después, un(a) estudiante de cada grupo debe informarle a la clase sobre el tema discutido y sus conclusiones.

1. **La edad ideal para el matrimonio**

   Los muchachos de hoy en día no desean casarse muy jóvenes. ¿Cuál es la edad ideal para casarse? ¿Cuáles son algunas ventajas de casarse joven? ¿Es mejor vivir un tiempo con un(a) compañero(a) antes de casarse? ¿Qué ventajas hay en esta convivencia? ¿Qué desventajas?

2. **Cambios en la familia**

   ¿Creen Uds. que en una familia donde existen unión, afecto y diálogo los problemas se resuelven más rápido? ¿Saben Uds. cómo ha cambiado la familia en los últimos diez o veinte años? ¿Pueden Uds. ofrecer explicaciones para los cambios que se han experimentado?

3. **El matrimonio como institución**

   ¿Piensan Uds. que el matrimonio ha pasado de moda? ¿Por qué hay tantos divorcios hoy en día? ¿Cómo han cambiado nuestras ideas sobre las obligaciones de los esposos? ¿Cómo ven Uds. el papel de la mujer y del hombre en la situación familiar?

 G. Minidrama en dos actos. En grupos de tres personas, representen el siguiente minidrama.

Lugar: Una vivienda modesta

Personajes: Paco Juárez, esposo de Josefina; Josefina Méndez de Juárez, esposa de Paco; Doña Matilde, madre de Josefina

Antecedentes: Paco y Josefina Juárez se casaron hace cinco años. Los primeros años de matrimonio fueron muy felices; por supuesto que reñían de vez en cuando, como todas las parejas jóvenes, pero muy pronto hacían las paces. Cuando Josefina dio a luz a su primer bebé, doña Matilde fue para ayudar con la niñita y con los quehaceres de la casa. Al principio Paco estaba muy contento con su suegra porque ella se encargaba de todo y ni él ni Josefina tenían que preocuparse de nada. Pero después de seis meses de hacer las cosas como quería la mamá de Josefina, Paco comenzó a sentirse extraño en su propia casa y desde hace dos semanas busca la oportunidad de hablar con su esposa sobre esta situación.

Guía para la escenificación

   Primer acto: ¿Qué dirá Paco? ¿Cómo reaccionará la esposa? ¿Estará enojada con Paco? ¿O estará de acuerdo con él y tendrá ganas de independizarse de su madre y cuidar personalmente a su niña?

   Segundo acto: Paco y Josefina han discutido el asunto y ahora están en presencia de doña Matilde. ¿Qué le dirán? ¿Le agradecerán por todo y la devolverán a su propio hogar donde su esposo la necesita más? ¿Cuál será la reacción de la suegra?

¿QUÉ SABE UD. DE... BOLIVIA?

Menú del día: Bolivia

picante de pollo
tarta de queso
humitas

▲ Picante de pollo

La comida boliviana suele ser bien picante. El popular plato principal, *picante de pollo*, consiste en pollo cocido con papas, cebolla y otras verduras y se sirve con arroz y una salsa preparada con ajo y varios pimientos picantes. Para apagar el fuego, de postre recomendamos la rica y cremosa *tarta de queso* con sabor a limón. Otra opción es la *humita*, el equivalente sudamericano del tamal mexicano, que se hace de choclo molido, azúcar, nueces y anís, todo envuelto en una cáscara de maíz y cocido al vapor. Pruébela. ¡Qué rica!

¡Buen provecho!

BOLIVIA

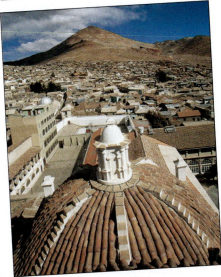

Potosí, Bolivia

Potosí es una preciosa ciudad situada en la parte suroeste de Bolivia. A 4.070 metros de altitud es la ciudad más alta del mundo entre las de su tamaño. Su espectacular belleza natural y su fisionomía colonial bien conservada atraen miles de turistas nacionales y extranjeros todos los años. Es reconocida por sus iglesias y sus espléndidas mansiones.

Al igual que los turistas de hoy, los conquistadores españoles se sentían atraídos por Potosí, pero por otras razones. Su cerro grande albergaba° una magnífica mina de plata y los españoles tenían una sed insaciable de riqueza y gloria. No fue un colonizador español quien descubrió la riqueza mineral de Potosí. Según cuentan, un indio pastor dormía en el campo lejos de su hogar. Al día siguiente se despertó y vio que había "hilos plateados" que brillaban entre las cenizas de su fogata. Esto ocurrió en 1544.

Cuando los españoles se enteraron del descubrimiento, se apoderaron del gran Cerro Rico, construyeron viviendas y otras edificaciones y convirtieron a Potosí en la capital de la plata. Moradores° españoles, sedientos° de riquezas, inundaron° la zona y para 1611 había una población de 160.000 habitantes. Era una de las cinco ciudades más grandes del mundo de esa época. De todas las ciudades establecidas por los conquistadores españoles en el Nuevo Mundo, fue Potosí la que les dio más fama. En 1546 el rey Carlos I de España nombró a Juan de Villarroel fundador de la ciudad de Potosí. Aún hoy se dice en español que una cosa "vale un potosí" para ponderar su inmenso valor.

housed

residents
thirsty
flooded

EL INDIO PAULINO

por RICARDO OCAMPO

RICARDO OCAMPO, escritor boliviano, nació en Potosí en 1928. Fue periodista y durante varios años dirigió el periódico *La Nación*. En "El indio Paulino", trata el tema de la marginación del indio por parte del sistema administrativo. El indio sólo encuentra refugio entre los suyos.

Antes de leer

A. Información importante. Para mejor entender y apreciar *El indio Paulino*, es importante que lea la siguiente información de trasfondo.

La revolución: Los innumerables gobiernos militares y levantamientos han creado un estado de miseria económica para la mayor parte de la población indígena de Bolivia. En 1952 el Movimiento Nacional Revolucionario se levantó para protestar contra los abusos y la represión de los grupos marginados como los indígenas, los campesinos y los trabajadores en las minas de estaño. Logró algunas reformas agrarias y la expropiación de las minas, que eran el monopolio de la familia Patiño. El presidente Estenssoro nacionalizó las minas e instituyó el sufragio universal. Los campesinos y los indígenas, por falta de educación y experiencia, no pudieron aprovechar esta oportunidad, y las tierras que ellos y sus antepasados habían trabajado durante siglos cayeron a manos de compañías extranjeras. La lucha por los derechos continúa y la respuesta sigue siendo violencia, represión y abuso. En el cuento hay referencias a la revolución, a la nacionalización de las minas y a los "papeles" o los "títulos" que han recibido los trabajadores de las minas. *El indio Paulino todavía espera recibir su título y la vida mejor que la revolución iba a brindarle a él y a su familia.*

La marginación de los indígenas: Los campesinos pobres se concentran en tierras explotadas, contaminadas y de escasa fertilidad. Son grupos marginados y carecen de servicios básicos y acceso a la tecnología y a la educación. Se comunican en su lengua nativa. Trabajan en propiedades pequeñas, de menos de media hectárea, que no pertenecen a los productores sino a ex ministros, a militares y a funcionarios de alto rango que emplean dirigentes que a veces son crueles e injustos. *Marcos Nina es el dirigente del rancho en el que trabaja Paulino.*

La reforma agraria: Hace más de medio siglo que la reforma agraria intenta llevar a cabo cambios radicales en la desigual distribución de tierra. Hasta que se logre acabar con las fuerzas de represión, educar a las masas campesinas y entonces movilizarlas para que actúen y protesten, el desarrollo agrario se quedará en el estado actual de parálisis. *Paulino y los otros indios pobres son presionados por Marcos Nina para contribuir el poco dinero que tienen para el "éxito" de la reforma agraria: "para la revolución, para la escuela, para el sindicato, para la cooperativa y para el camino. Pero las cosas seguían igual que antes... No había escuela, ni camino, ni cooperativa..."*

La coca: En Bolivia la hoja de la coca se ha utilizado en infusiones para curar enfermedades, aliviar dolores, quitar el hambre y dar fuerzas. No hay campesino que no lleve su bolsa de coca para mascar durante su larga y dura jornada. Desde 1998 el gobierno estadounidense ha intentado frenar el narcotráfico con la política "coca cero", en la que reemplaza la planta con cultivos alternativos como el plátano. Los campesinos resisten la erradicación de la coca ya que de ésta depende su vida. *En el viaje a la ciudad para desfilar en la manifestación, Paulino masca las hojas de coca para quitar el hambre.*

Las lenguas indígenas: Aunque el español es la lengua oficial de Bolivia, siete millones de personas, más del 80 por ciento de la población, habla en lengua indígena, en aymará, quechua o guaraní. Sólo un millón de habitantes habla castellano, sin embargo para todas las decisiones que se toman a nivel nacional se habla en castellano o en inglés. Paulino sólo sabe hablar aymará. *Cuando está en el camión rumbo al pueblo "...los hombres armados, vestidos con ropa de la ciudad...hablaban entre ellos en un idioma que Paulino no entendía".*

B. Piénselo. Conteste las siguientes preguntas.

1. ¿Existe en su mente una imagen de cómo es la vida diaria y el entorno *(surroundings)* de los campesinos indígenas de Bolivia y de otros países latinoamericanos? Explique.

2. ¿Qué sabe de la violencia política en Latinoamérica? ¿Qué sabe de la represión de la gente indígena y de los abusos de sus derechos humanos y civiles?

3. ¿Qué opina del uso de marchas, manifestaciones y desfiles para protestar contra abusos o para pedir que las autoridades le hagan caso? ¿Alguna vez ha sido testigo(a) de o participante en una marcha o manifestación? ¿Qué protestaban o declaraban? ¿Qué hacían los participantes? ¿Lograron sus metas? Explique.

C. Párrafo por párrafo. Haga las siguientes actividades que están relacionadas con los primeros párrafos del cuento.

1. *primer párrafo:* Diga qué palabras o frases se emplean para crear el suspenso.

2. *segundo párrafo:* Las siguientes frases describen los gestos *(gestures, movements, affect)* de Paulino y los otros indios que se encuentran hacinados *(piled up)* en la carrocería de un camión. El autor las usa para crear tensión dramática.

   Apretado entre otros indios…

   …con una expresión de incertidumbre y miedo en los ojos…

   Ahora, lea el párrafo. Busque una frase que presente otro gesto de los pasajeros, y describa las condiciones en las que viajan.

3. *tercer párrafo:* Busque tres frases que reflejen el miedo, la incertidumbre y el dolor físico que sienten los pobres pasajeros del camión.

4. *los tres párrafos:* Diga qué sabe de las condiciones… de esa región de Bolivia.
   a. climáticas   b. agrícolas   c. económicas

EL INDIO PAULINO
Parte 1

desolate

A saltos por la pampa desolada°, en medio de una nube de polvo, sobre un camino casi imaginario, avanzaba el camión hacia la ciudad. Era de mañana

even with the earth
light curtain of smog

temprano y hacía mucho frío. El viento, soplando a ras de tierra°, empujaba hacia arriba una tenue cortina de vapor°, tendida durante la noche sobre el altiplano.

Apretado entre otros indios, sin hablar con nadie y haciendo esfuerzos por mantener el equilibrio, venía Paulino. Lo habían recogido

bent over the plow

en la mañana cuando empezaba a trabajar, encorvado sobre el arado° de palo que un buey arrastraba con obstinación, y le habían ordenado subir,

piled up

sin darle explicaciones. Sobre la carrocería, hacinados°, con una expresión de incertidumbre y miedo en los ojos, venían otros como él. Todos trataban de

gave
to grasp

alejarse de las compuertas, que cedían° en las curvas y amenazaban romperse dejando caer su cargamento sobre la carretera. Sin nada firme a qué asirse°, los indios mantenían su equilibrio y se movían solidariamente hacia un costado, en cada vuelta del camino, para compensar con su peso la inclinación excesiva del camión.

Atrás quedaban junto a los ranchos, sobre el minúsculo pedazo de

piece of land

huerta°, las varas inertes del arado, el buey ocioso, la tierra estéril de la pampa. Los indios se veían sin mirarse y no hablaban. Sus ojos cruzaban velozmente entre el amontonamiento de caras duras y expresiones asustadas. Nadie parecía saber dónde iba ni quién lo llevaba. El polvo se acumulaba sobre las caras, entraba en la nariz, secaba la boca y lastimaba los ojos. Por sobre los sombreros y las cabezas polvorientas asomaban, apuntando hacia arriba, los caños de tres fusiles. "¿Será otra vez —pensó Paulino— la reforma

bouncing and creaking

agraria?" El camión seguía, dando tumbos y crujiendo°, rumbo a la ciudad. Dolían los pies y la espalda por el esfuerzo de mantener el equilibrio y no caer contra la compuerta. Los hombres armados, vestidos con ropa de la ciudad, corbatas y camisas de color indefinible, hablaban entre ellos en un idioma que Paulino no entendía.

narrow

paved / skirts

was urging on

Hacia adelante, el camino se metía por entre las angostas° calles de un pueblito. Las casas uniformes, todas de barro, sin ventanas, con una sola puerta en el medio, con techos de paja oscura, se alineaban a lo largo de la calle mal empedrada°. Mujeres sombrías, vestidas con polleras° multicolores, cruzaban sigilosamente el pueblo medio desierto, con los hijos cargados en la espalda. Un hombre arreaba° tres burros cargados de leña en dirección a la ciudad. La mayoría de las puertas estaban cerradas.

tavern where corn alcoholic drinks are sold

warning

El camión entró en una plaza y se detuvo con gran chirrido de frenos en la puerta de una chichería°. El conductor y su ayudante bajaron primero y luego lo hicieron los tres hombres armados. Desde el suelo emitieron una lacónica advertencia°.

—¡Nadie se baja, carajo!

Cuando los cinco se hubieron ido, los indios se miraron aliviados. Paulino aprovechó para preguntar a un hombre que pasaba junto al camión:

—¿Adónde nos están llevando?

—Es manifestación. Van a desfilar. El compañero jefe va a hablar.

—¿Es la reforma agraria?

—No es. Dice que la revolución ha fracasado.

—¿Y cuándo vamos a volver?

—No sé. Dice que en camiones los van a traer.

—¿Y qué cosa vamos a comer?

They said you'll be given 10,000 bolivianos.

—A diez mil bolivianos dice que les van a dar°.

—¿Y dónde vamos a subir a los camiones para volver?

—Eso les han de decir después de la manifestación.

La mención de los diez mil bolivianos encendió una lucecita en el corazón de Paulino. Los otros indios habían seguido la conversación y todos parecían contentos. La idea de ir a la ciudad les fascinaba, sobre todo ahora que sabían que sólo se trataba de un desfile por diez mil bolivianos. La tensión había desaparecido y hasta se oyeron risas sofocadas entre el murmullo de la conversación.

Parte 2

En la puerta de la chichería aparecieron uno tras otro los cinco hombres, y se dirigieron hacia el camión. Los tres armados subieron a la carrocería despidiendo un fuerte olor a alcohol. Otra vez a los saltos, por los caminos retorcidos del altiplano, seca la garganta y doloridos los pies. Paulino iba pensando en las cosas extrañas que habían ocurrido en los últimos años. El

old man

tata° Bautista se había ido un día para no volver más. Poco tiempo después vinieron unos hombres de la ciudad, con banderas y cuadernos, y juntaron a todos los indios para hablarles de algo que nadie entendió. Les habían preguntado cómo se llamaban y les habían pintado los dedos que después les hicieron apretar sobre las hojas del cuaderno. En las noches, los más viejos y los que sabían algo de castellano se juntaban para tratar de acordarse de lo que habían dicho los hombres de la ciudad, pero era poco lo que se podía sacar en claro. Otra vez habían venido a la hacienda del tata Bautista unos hombres armados que hicieron muchas preguntas:

—¿Quién es tu patrón?

—Niño Bautista.

—¿Qué Bautista?

—Niño Bautista.

—¿Te pegaba tu patrón?

—Tu patrón, niño Bautista.

—No entiendes. Te pregunto si tu patrón te pegaba.

—No entiendes.

—¿Era bueno tu patrón?

—Bueno era.

—Pero te pegaba.

—Te pegaba.

—Entonces era malo.

—Malo era.

A Paulino no le preguntaron más. Después que los hombres se fueron quiso saber lo que querían y le preguntó a Marcos Nina que sabía algo de castellano. Marcos le dijo que los preguntones querían saber si el tata Bautista era malo, porque la revolución había triunfado y el tata se había ocultado. Y dijo que el gobierno iba a entregar las tierras a los campesinos, y después les iba a dar escuelas, semillas, medicinas, herramientas y plata. "Es la reforma agraria", dijo Marcos Nina. Los hombres volvieron varias veces y, a la segunda, Marcos Nina se fue con ellos. Desde entonces era Marcos el que daba las explicaciones hablando en aymará. Su apariencia había cambiado. Ya no usaba poncho y había trocado° las abarcas por zapatillas de tenis. Con el tiempo llegó a usar corbata y anteojos oscuros con aros blancos de carey. Había engordado y la vida en la ciudad le iba despojando de dureza en los rasgos; los callos desaparecieron de sus manos y, un día, Paulino le vio un anillo con una piedra azul que suscitó su envidia. Y con el cuerpo y la apariencia también había cambiado de alma y se había vuelto malo, tan malo como el tata Bautista. Al final, los hombres ya no venían. Marcos Nina aparecía de tarde en tarde, juntaba a los indios y les explicaba otra vez la reforma agraria. "La tierra —decía— debe ser para el que la trabaja. Y como la revolución ha triunfado, la tierra es ahora de los campesinos. Dentro de poco vamos a tener nuestros títulos de propiedad firmados por el compañero jefe que es el Presidente de la República. Y después vamos a tener escuelas y nos van a dar plata, semillas y máquinas para trabajar. Pero el gobierno no tiene dinero porque la rosca se lo ha llevado° antes de la revolución, y nosotros tenemos que ayudar. A los que no ayuden, no les van a dar su título, ni les van a dar plata, ni sus hijos van a ir a la escuela".

Paulino siempre contribuía porque Marcos Nina era su dirigente y él era el encargado de llevar el dinero a La Paz. Un día, después de explicar la reforma agraria, Marcos les había dicho que él era su dirigente, y esto nadie lo puso en duda. Por eso, cuando no había dinero, Paulino pedía prestado o vendía una oveja para ayudar a la reforma agraria, y cuando Marcos Nina lo llamaba para

exchanged (margin gloss for trocado)

fraud left the government without any money (margin gloss) que pusiera su dedo pintado sobre el cuaderno, no se negaba. Escuelas, caminos, dinero, títulos, semillas y máquinas serían negados a los que no ayudaran. Paulino lo tenía muy en cuenta. Al final, Marcos Nina ya no explicaba la reforma agraria sino que recibía el dinero y se iba otra vez.

Parte 3

El camión seguía su marcha mientras Paulino pensaba. A la vuelta de una *loma°* apareció, de pronto, a lo lejos, la silueta de la ciudad. Unos edificios dispersos señalaban el lugar de donde los aviones salían. Más adelante había unas enormes bolas plateadas con escalerillas que subían en espiral. A la entrada de la ciudad, bajo un arco con letras grandes, había otros camiones, todos cargados con indios que iban a la manifestación. En cada camión había hombres armados; an algunos flameaba una bandera. De la entrada de la ciudad en adelante, el altiplano se partía y se abría como si le hubieran dado un gran *tajo°*. El camión descendía en curvas interminables, cruzaba barrios miserables y pasaba frente a las grandes fábricas con sus chimeneas erguidas vomitando humo. Paulino miraba todo con grandes ojos de curiosidad. El camión desembocó en una ancha avenida. De las calles laterales surgían camiones cargados de indios y de hombres armados que, de vez en cuando, disparaban sus armas al aire. Se percibía el olor de la pólvora quemada y el aire de fiesta. Grupos de gente, hombres y mujeres, llevando estandartes enrollados sobre su asta, algunos de ellos con el fusil a la espalda, iban en la misma dirección de los camiones.

Lejos se oía sonar una banda militar. Finalmente el camión se detuvo en la puerta de un edificio. Era el Ministerio de Asuntos Campesinos, ese mismo lugar donde años atrás había ido Paulino a recoger su título de propiedad firmado por el compañero jefe.

Después de una de las visitas de Marcos Nina, Paulino le había preguntado cuándo les entregarían los títulos de las tierras que eran del tata Bautista, y Marcos le había dicho que tenía que ir a La Paz y pedir el suyo en el Ministerio de Asuntos Campesinos. Para viajar había vendido cuatro ovejas y al llegar se había alojado en un *tambo°* donde durmió sobre el suelo, de cara a las estrellas, junto a un cerro de naranjas con el cinturón donde llevaba el dinero tan apretado que apenas podía respirar. Esa vez no le dieron su título pero le dijeron que pronto iría, por la hacienda del tata Bautista, el hombre que tenía los papeles firmados por el Presidente. De eso habían pasado muchos años.

Desde entonces, Paulino había dado plata para la reforma agraria, para la revolución, para la escuela, para el *sindicato°*, para la cooperativa y para el camino. Pero las cosas seguían igual que antes. El hombre que tenía los papeles no había aparecido jamás por las tierras del tata Bautista. No había escuela, ni camino, ni cooperativa, y el sindicato sólo se reunía cuando venía Marcos Nina a *cobrar°*.

Frente a la puerta del Ministerio, los camiones descargaban indios. Miles de ellos. Todos se miraban tratando de infundirse tranquilidad y aparentando que no era la primera vez que estaban allí. Se hablaba en aymará y las palabras duras y secas, sin asomo de melodía, se juntaban en un solo rumor. Indios sentados en las veredas o apoyados contra los muros del Ministerio, mascaban coca pasando las hojas de un lado al otro de la boca.

On the other side of a hill

as if cut with a knife

inn

labor union

to collect

De pronto, un automóvil se detuvo y de él salieron varios hombres de la ciudad. Hablaron rápidamente entre sí y finalmente subieron todos a un camión vacío. Los indios dejaron de hablar y se voltearon a mirarlos. Uno de ellos comenzó a hablar gritando. Paulino miraba sus ademanes, los bruscos movimientos de los brazos, la manera que tenía de gesticular, pero no entendía lo que estaba diciendo. Después de terminar subió un indio muy parecido a Marcos Nina y Paulino se alegró porque ahora sabría todo lo que estaba ocurriendo. Pero el nuevo discurso fue también en castellano. Cuando terminó, los hombres se bajaron del camión y se fueron en automóvil.

Paulino se acercó a un grupo que rodeaba a un indio alto y le hacía preguntas:

—¿Qué dice?

—Dice que la revolución ha fracasado.

—¿Entonces la reforma agraria ha terminado?

—No. Ésta era una revolución de rosca°.

fake revolution

—¿Entonces no vamos a desfilar por la reforma agraria?

—No. Vamos a desfilar por la revolución.

—¿Ya te han dado los diez mil bolivianos?

—No todavía. Dice que después del desfile.

—¿Quiénes están tirando tiros?

—Son los milicianos. Han venido los milicianos de las minas.

—¿A qué?

—A desfilar en la manifestación.

—¿En los milicianos también hay reforma agraria?

—No. Ellos tienen la nacionalización de las minas.

—¿Y ya le han dado su papel?

—Sí, pero no me preguntes más compañero.

Una banda militar que llegó en un camión ayudó a interrumpir el diálogo. Paulino se acercó a una fila que empezaba a formarse y tomó su lugar. Llegaba la hora de desfilar en la manifestación. Aparecieron muchos indios como Marcos Nina y ayudaron a organizar la columna dando voces estentóreas. Por último comenzó el desfile. Paulino marchaba confundido entre otros indios a los que nunca había visto. En una esquina se detuvieron todos y, desde un camión, empezaron a bajar unos palos largos, que estaban unidos de a dos, por una faja de tela blanca donde había letras. A Paulino, que estaba en un costado de la columna°, le dieron uno de los dos palos y a un indio que estaba al otro lado de la calle le dieron el otro. Sobre la tela blanca había algo escrito con grandes letras rojas. La columna volvió a avanzar. Delante de ellos, la banda militar tocaba una marcha, pero cada indio caminaba como quería. Sólo los que habían ido al cuartel marcaban el paso.

on one side of the column

El desfile duró mucho tiempo. Paulino anduvo por calles que no conocía tratando de recordar dónde quedaba el Ministerio, dónde, al terminar, le darían los diez mil bolivianos y un lugar en un camión para volver a su casa. Al pasar por una plaza grande, con iglesias y edificios altos, había muchos hombres en un balcón haciendo señas con las manos levantadas, y mucha gente delante del edificio mirando a los hombres.

Delante de la gente se iban quedando las bandas y atronaban el aire con sus compases. Los milicianos pasaban disparando al aire sus fusiles y sus ametralladoras, pero Paulino no tenía miedo. Al salir de la plaza, todos seguían marchando.

La columna siguió aún varias cuadras pero, de pronto, comenzó a disolverse. Unos volvían hacia la plaza donde estaban los hombres en el balcón, guiados por el ruido de las bandas. Otros tomaban las calles laterales. Paulino decidió volver al Ministerio y esperar el camión. Calle abajo° iban muchos indios y decidió seguirlos. Finalmente llegó, pero, comprendiendo que el desfile no había terminado, buscó un lugar para esperar. A la sombra de un árbol raquítico, sobre el pasto, se sentó y sacando un puñado de hojas de coca comenzó a mascar parsimoniosamente. Lejos se oían las bandas militares. Hacía mucho rato que había pasado la hora de almorzar.

Down the street

Entre los indios que esperaban no había ninguno de la hacienda de tata Bautista, pero Paulina no tenía ganas de conversar. Se sentó a la sombra, con las piernas estiradas, con el jugo dulce de la coca aletargando sus intestinos. No tenía apuro. Y empezaba a bajar más gente que pasaba en camiones llenos. La gente cruzaba frente al Ministerio y no se paraba a mirar a los indios que esperaban —unos sentados en el suelo, otros en los jardines, otros de pie solos o en grupos— que llegaran los camiones para regresar. Los milicianos volvían del desfile con aire cansado, el fusil en la mano, apuntando hacia abajo. Todas las puertas estaban cerradas, pero algunas tiendas no habían bajado las cortinas metálicas sobre sus vidrieras.

Pasaban las horas. Sobre la ciudad empezaba a bajar el viento frío del altiplano. Paulino pensaba en los problemas de siempre y trataba de entender, ¿Dónde estaría el tata Bautista?, ¿por qué seguía la reforma agraria si la revolución había fracasado?, ¿por qué los milicianos de las minas tenían sus papeles y los indios no los tenían?, ¿dónde andaría el hombre que tenía los papeles de la hacienda del tata Bautista que había firmado el Presidente?, ¿cuándo llegarían los camiones para volver?

Pensó en su casa. Llegaría al anochecer a tiempo para comer, junto al fogón°, sentado en su cama, dentro de la casita de una sola habitación protegida del frío del altiplano, donde vivía con su mujer y sus hijos. Al día siguiente comenzaría muy temprano la faena que había interrumpido hoy para concurrir a la manifestación.

by the fire

Uno tras otro, los indios abandonaban la plaza frente al Ministerio. Paulino decidió seguir esperando el camión. Sobre su cabeza, de pronto, se encendió la luz de un farol y en la puerta de una tienda brilló una larga tira roja de letras luminosas. Los automóviles comenzaron a pasar con los faroles prendidos, las grandes tiras de luz rastreando el pavimento como antenas. Hacía, otra vez, mucho frío. Paulino se dio cuenta de que se había quedado solo en la plaza y comprendió que el camión ya no vendría. Pensó en el tambo donde había dormido la última vez y se acordó de que no tenía dinero.

Paso a paso, rehaciendo en sentido inverso el itinerario del camión emprendió el camino de vuelta°. Andando reconoció las largas chimeneas, las calles sucias, las puertas y los letreros que había visto al llegar. De algunas casas salía música por las puertas abiertas, y los focos proyectaban manchas amarillentas sobre la calle. En el interior, hombres y mujeres bebían o bailaban. Cantando y llorando, preservando el equilibrio por milagro, se cruzaban dando tumbos los borrachos. Hacia abajo, la ciudad resplandecía.

started on the way home

Era ya de mañana cuando Paulino llegó a su casa. Los pies se le habían hinchado de tanto caminar. La cabeza y el estómago le dolían de hambre y de sed. Tenía la cara y las manos azules de frío. Había andado toda la noche a paso rítmico, por el camino que llevaba a su casa, cruzando pueblitos desiertos, donde no se veía brillar una luz, y largas extensiones que, de noche, parecían más tristes y más desoladas que nunca. No tenía siquiera cigarrillos y sus últimas hojas de coca las había masticado mientras esperaba el camión, frente a la puerta cerrada del Ministerio. A lo largo de la noche, más de un camión había pasado de largo, en la misma dirección que él seguía. Paulino no había hecho siquiera un ademán de detenerlos porque no tenía dinero para su pasaje. Levantando nubes de polvo, quebrando el silencio con el ruido de sus motores y sus carrocerías desvencijadas, los camiones le habían dado alcance, cargados hasta el tope con bultos, encima de los que iban sentados otros indio como él, y habían seguido sin detenerse.

En la puerta de su casa, lo esperaba su mujer con ojos de asombro. Junto a ella, de pie, un niño envuelto en harapos multicolores lo miraba en silencio. Nadie dijo nada cuando Paulino cruzó la puerta y se dejó caer pesadamente sobre la cama. Antes de hundirse en el sueño oyó que su mujer hablaba:

—¿Adónde te han llevado?
—A La Paz.
—¿Qué has hecho?
—¡He desfilado. Era manifestación.
—¿Y al Ministerio has ido?
—Sí.
—¿Y te han dado tu papel?
—No todavía.

Vocabulario

▶ Sustantivos

la banda band
la bandera flag
el camino street, path, way
el camión truck
el desfile parade
el dirigente boss
la incertidumbre uncertainty

la manifestación protest, demonstration
el patrón boss
el polvo dust
el puñado fistful
la tierra land

▶ Verbos

acercarse to approach
alejarse to distance oneself
bajar to go down, to get off, to lower
darse cuenta (de) to realize
desfilar to march
detenerse to stop (oneself)

doler to hurt
durar to last
fracasar to fail
marchar to march
mascar to chew
subir to go up, to get on

▶ Adjetivos

ancho wide
armado armed

estéril sterile

▶ **Expresiones**

dejar de + infinitivo *to stop doing something*

dejarse + infinitivo *to allow oneself to do something*

Repasemos el vocabulario

A. ¡Qué confusión! Sigue un breve resumen del viaje que hicieron Paulino y los otros indios a la ciudad. Llene los espacios con las palabras apropiadas de la lista.

camión	banda	duró	se dio cuenta	lastimaba
polvo	armados	banderas	marchar	incertidumbre

Por la mañana temprano, cuando Paulino empezaba a trabajar, algunos hombres desconocidos 1._____ lo recogieron para llevarlo de viaje en un 2._____ con muchos otros indios. Los pasajeros no estaban seguros de adónde o a qué iban, y en las caras se veían expresiones de 3._____ y de confusión. El 4._____ secaba las bocas, entraba en las narices y 5._____ los ojos de los indios.

Al llegar a la ciudad, los indios supieron que iban a 6._____ en una manifestación. Lejos se oía la música de una 7._____ , había 8._____ , otras evidencias de la manifestación y miles de indios que parecían tan confundidos como ellos. El desfile 9._____ mucho tiempo y cuando terminó, Paulino 10._____ de que no iba a recibir el dinero que le habían prometido y que tenía que hacer el viaje de regreso… a pie.

B. Sinónimos. Busque en la segunda columna el sinónimo de la palabra de la primera.

1. marchar
2. doler
3. patrón
4. banda
5. detenerse

a. dirigente
b. desfilar
c. pararse
d. lastimar
e. conjunto musical

C. Antónimos. Busque en la segunda columna el antónimo de la palabra de la primera.

1. estéril
2. bajar
3. acercarse
4. fracasar
5. ancho

a. angosto
b. fértil
c. tener éxito
d. subir
e. alejarse

Lección 4   ¡Qué grande es tu familia! • **193**

Según la lectura

Parte 1

Diga Ud…

1. en qué condiciones estaba la tierra de esta región. Hay varias referencias en esta sección.
2. qué tiempo hacía.
3. qué sabe de Paulino.
4. adónde y cómo viajaron Paulino y los otros pasajeros.
5. por qué Paulino no entendía el idioma de los hombres armados.
6. cómo se sentían Paulino y sus compañeros durante el viaje.
7. por qué desapareció la tensión que sentían los pasajeros.

Parte 2

Diga Ud…

1. en qué pensaba Paulino mientras viajaba en el camión.
2. qué le pasó al Tata Bautista.
3. a qué vinieron los hombres de la ciudad.
4. quién es Marcos Nina.
5. por qué con el tiempo Marcos Nina abandonó su poncho, llegó a usar corbata y anteojos negros, y engordó.
6. qué promesas le hizo Marcos Nina a Paulino con respecto a la reforma agraria.
7. por qué Paulino siempre tiene que darle dinero a Marcos Nina.

Parte 3

Diga Ud…

1. cuál es el significado de los títulos de las tierras. Hace unos años, ¿qué tuvo que hacer Paulino para conseguir el suyo? ¿Lo consiguió? ¿Qué pasó?
2. qué otro grupo fue a la capital para desfilar en la manifestación con los campesinos.
3. por qué Paulino quería ir al Ministerio después de marchar en el desfile. ¿Qué esperaba conseguir allí? ¿Qué pasó?
4. cómo llegó Paulino a su casa.

Según usted

1. Paulino se quedó confundido y con muchas dudas sobre lo que pasaba a su alrededor. ¿Había fracasado la revolución? Algunos decían que sí y otros que no. ¿Qué pasaba con la reforma agraria? En la página 191, entre las líneas 22 y 26, intente contestar las preguntas que Paulino se hace a sí mismo.
2. Vuelva a leer las últimas ocho líneas del cuento. ¿Puede explicar la actitud de resignación hacia la vida que se ve en esta breve conversación entre Paulino y su mujer?

3. En la información biográfica que se presenta sobre el autor se incluyen estas líneas, "[el cuento]… trata el tema de la marginación del indio por parte del sistema administrativo"… y "El indio sólo encuentra refugio entre los suyos". Basándose en la lectura, justifique estas declaraciones con ejemplos específicos.

4. Se da la impresión de que Paulino y los otros indios se dejan engañar fácilmente. Explique esto. Diga cómo se podría haber evitado la situación de Paulino.

5. ¿Cuál es el mensaje del cuento?

Conversemos

1. ¿Tiene éxito el autor en comunicar los sentimientos de Paulino? ¿Cómo se siente el hombre? ¿Frustrado? ¿Confundido? ¿Desesperado? ¿Qué adjetivos usaría Ud. para describir sus emociones? ¿Cómo se sintió al leer este cuento? ¿Qué sentimientos tiene Ud. hacia este hombre y su situación?

2. ¿Qué entiende ahora de la situación del indio boliviano que no entendía antes de leer el cuento? ¿Le gustaría saber más? Explique.

3. En una situación como ésta, ¿cree que se puede lograr más con diálogo y negociación que con marchas y manifestaciones? ¿Qué solución propone Ud.?

LA QUINUA, EL GRANO SAGRADO DE LOS INCAS

Se le ha presentado un pequeño problema culinario. Le encantan los cereales, pero es alérgico al trigo°, la cebada° le cae pesada y busca una alternativa para el arroz. Los indígenas del altiplano de Bolivia le ofrecen una solución deliciosa, nutritiva y económica a este dilema. Es la quinua, el antiguo grano sagrado de los incas, cuyo tamaño° es el de la semilla° de sésamo y cuyo valor nutritivo es más alto que cualquier otro cereal. Es alta en calcio y en hierro°, contiene dieciséis aminoácidos pero nada de azúcar, es tres veces más alta en fibras que el arroz integral° y es el primer alimento que posee las proteínas completas. Se adapta a cualquier clima, se consigue fácilmente en los mercados de alimentos naturales, se le atribuyen propiedades curativas (cura infecciones)

▲ Ensalada de quinua

y preventivas (previene el cáncer y el osteoporosis) y es considerada un "alimento perfecto" por la Organización de las Naciones Unidas para la Agricultura y la Alimentación (FAO). ¿Qué más quiere? ¿Una receta? Puede hacer con la quinua lo que se hace con los otros cereales. Haga un pilaf, sustituyendo la quinua por el arroz, pruébela en una ensalada fría o agréguela a una sopa de verduras. Prepare un dulce de arroz°, combinando "la madre de los granos" con el azúcar, la leche y la canela°. ¡Intente hacer algo nuevo con un grano que tiene más de ocho siglos de edad!

wheat / barley
size / seed
iron
brown rice
rice pudding
cinnamon

Práctica

Explique por qué la quinua puede ser una comida...

a. económica.
b. curativa.
c. preventiva.
d. deliciosa.
e. nutritiva.

ALGO MÁS SOBRE BOLIVIA

A. Ampliar lo que sabemos. ¿Les gustaría aprender más sobre Bolivia? Reúnanse en grupos de tres o cuatro personas y preparen una presentación sobre uno de los siguientes temas. Escojan el que más les interese, u otro que no aparezca en la lista.

- La riqueza cultural y lingüística de los distintos grupos étnicos bolivianos.
- La turbulenta historia de Bolivia desde la Conquista hasta la Independencia y desde la Independencia hasta hoy. Dos grandes personalidades históricas relacionadas con Bolivia: Simón Bolívar y Ernesto "Ché" Guevara.
- La diversidad de la flora y la fauna bolivianas desde el Altiplano hasta la Amazonia. La vida en el lago Titicaca y en sus alrededores.
- Los yacimientos arqueológicos bolivianos, especialmente el de Tiwanaku (Tiahuanaco) y su relación con las culturas andinas precolombinas.
- El sincretismo de las culturas andinas y los elementos europeos. El carnaval de Oruro.
- Las diversas clases de música de las culturas andinas: instrumentos, grupos musicales, melodías. Las danzas de Bolivia.
- La producción textil en las culturas andinas de Bolivia. La revitalización de la artesanía textil en las comunidades nativas.
- La cultura religiosa en la época colonial: la arquitectura de las catedrales, las pinturas de ángeles y santos; la música de la misión de Chiquitos y de otras.
- La literatura boliviana: las obras más importantes y sus autores. Adela Zamudio y Ricardo Jaimes Freyre. Las generaciones jóvenes.
- La riqueza del subsuelo boliviano. La importancia de Potosí en la época colonial. Las explotaciones actuales de plata, estaño y otros metales.
- Los usos de la hoja de coca en la vida cotidiana y su importancia en la economía boliviana.
- La cocina boliviana. La enorme variedad de papas. La presencia del maíz (choclo). Las salteñas y las otras empanadas.

B. Compartir lo que sabemos. ¿Cómo preparar la presentación?

1. Utilicen todo tipo de fuentes de información para hacer investigación sobre el tema escogido: libros, prensa, Internet, etc.

2. Incluyan en su presentación todos los medios audiovisuales que crean convenientes: fotografías, mapas, dibujos, videos, cintas o discos de música, etc.

3. Presenten primero un esquema de todos los puntos que vayan a desarrollar en su presentación.

Ampliación y composición

¡REVISE SU ORTOGRAFÍA!

Las letras *c (ce, ci)*, s y z

En algunas zonas del sur de España[1] y en toda Hispanoamérica el sonido correspondiente a la letra **s** es el mismo que corresponde a las letras **c** (**ce, ci**) y **z**.

celoso	**z**apato	a**c**eite	triste**z**a
ciudad	**s**ábana	divor**ci**o	descan**s**ar

Para evitar la confusión en el momento de escribir, pueden seguirse estas reglas generales.

Dos guías prácticas

A. Las palabras que terminan en -tion en inglés se traducen en -ción al español.

nation	**nación**
circulation	**circulación**
celebration	**celebración**

B. Las palabras que terminan en -sion y -ssion en inglés se traducen en -sión al español.

television	**televisión**
conclusion	**conclusión**
admission	**admisión**

---

1. Se escribe con **c** las siguientes categorías de palabras.

   a. Palabras que terminan en -**ancia:**

   infancia   tolerancia   constancia   ignorancia   ganancia

   b. Palabras que terminan en -**encia, iencia:**

   herencia   ausencia   experiencia   paciencia

   c. Verbos que en el infinitivo terminan en -**cer** y -**cir** y sus formas derivadas. (¡Ojo con **coser** y algunos otros!)

co**cer**	Para co**c**er las papas el agua tiene que hervir.
cono**cer**	¿Cono**c**es a aquel muchacho?
conven**cer**	Estaba conven**c**ida de que vendrías a verme.

---

[1] En el resto de España la **c** (**ce, ci**) y la **z** se pronuncian con el sonido *th* del inglés.

2. Se escribe con **z** las siguientes categorías de palabras.

    a. Palabras que terminan en -**anza:**

      esperanza   alabanza   balanza

    b. Muchos verbos que en el infinitivo terminan en -**zar** y sus formas derivadas. (¡Ojo con **pensar** y otros!)

      empe**zar**   Empezaste bien el año.

ENFOQUE: Narración autobiográfica

Después de practicar los tiempos verbales del pasado, Ud. está listo(a) para escribir sobre sus experiencias familiares. Pero antes de comenzar a escribir una narración autobiográfica, organice sus pensamientos. Seleccione la época de su vida que quiere contar y trate de contestar las siguientes preguntas.

1. ¿Qué acontecimientos importantes sucedieron en su vida? Escriba algunos de estos acontecimientos.
2. ¿Cuáles fueron sus grandes decisiones? ¡Escríbalas!
3. Ahora piense en cómo se sintió en esos momentos. ¿Se sintió aliviado(a)? ¿Dudoso(a)? ¿Triste? ¿Feliz? ¿Avergonzado(a)? ¿Satisfecho(a)?

    Modelo:

Acontecimientos y decisiones	*Sentimientos*
1. Era la niña menor.	Era muy mimada *(spoiled)*. Me gustaba jugar con mis hermanos mayores. Lloraba y gritaba por todo.
2. Asistí a una escuela particular *(private.)*	Me di cuenta de que no podía seguir con mis caprichos *(whims)*. Era tímida. Leía mucho.
3. Recuerdo que cuando tenía quince años…	me sentía insegura. murió mi abuelo. no salía. tenía pocos amigos.

A escribir

Ahora, complete la composición del modelo a continuación. Luego, busque un título apropiado para su propia composición y escriba el primer párrafo. Tenga cuidado con los tiempos del pasado.

    Modelo: *Caprichos de una niña mimada*

Como yo _____ (ser) la hija menor de una familia con cinco hijos, _____ (ser) muy mimada. Siempre _____ (tener, yo) alguien con quien jugar o alguien a quien molestar con mis caprichos. Mi madre _____ (decir) que yo le _____ (dar) más trabajo que todos mis hermanos juntos. Cuando yo quería conseguir algo —caramelos, ropa, un juguete, etc.— _____ (llorar) y _____ (gritar) porque _____ (saber) que mi madre, mi padre o alguno de mis hermanos me lo daría. Recuerdo una vez que mi madre le _____ (comprar) un vestido rojo a mi hermana Margarita. Yo _____ (hacer) tal escándalo que el día del cumpleaños de Margarita las dos llevábamos vestidos rojos.

Pero todo llega a su fin y al entrar a la escuela me di cuenta de que yo no _____ (poder) continuar siendo el centro del mundo...

¡Ahora a escribir su propia composición!

¡Cerremos el trato!

¡CHARLEMOS!

Charle con un(a) compañero(a) de clase sobre sus experiencias en el mundo del trabajo y sobre sus prácticas bancarias. Puede consultar el vocabulario en las páginas 203–204.

1. ¿Puedes describir una entrevista en la cual causaste una impresión positiva? ¿Una impresión negativa? ¿Te sientes nervioso(a) o incómodo(a) en las entrevistas? ¿Por qué?

2. ¿Cuál fue tu primer trabajo? ¿Trabajas ahora? Explica. ¿Prefieres el trabajo de media jornada o de jornada completa? ¿Cuáles son las ventajas de tener un trabajo de media jornada? ¿Cuáles son las desventajas?

3. ¿Manejas bien tus cuentas personales? ¿Gastas más dinero del que tienes? ¿Te gusta pagar al contado, con cheque o con tarjetas de crédito? Explica.

4. ¿Te interesa trabajar en un banco? ¿Por qué sí o por qué no? ¿Te interesa el mundo de los negocios? Explica.

ENFOQUE: México

México, D.F. ▶

200

Usando el cajero automático

Capital: *Ciudad de México*
Moneda: *el peso mexicano*
Población: *105 millones de habitantes*

Algo sobre México

Mucho de lo que hoy es el oeste de los Estados Unidos fue alguna vez tierra española, y luego mexicana. Basta tan sólo pensar en los topónimos *(place names)* del oeste para vislumbrar su herencia hispana: Colorado, Arizona, Texas, Nuevo México, California, San Antonio, Sante Fe y más.

Mayas, Olmecas, Chichimecas, Aztecas y Toltecas son algunas de las grandes civilizaciones precolombinas que se desarrollaron en el territorio que hoy corresponde a México. Tras su independencia de España en 1821, México sufrió la pérdida de casi la mitad de su territorio en la lucha contra los Estados Unidos (tratado de Guadalupe Hidalgo, 1848). Años más tarde, el General Santa Anna le vendió la región de la Mesilla a los Estados Unidos (Gadsden Purchase) en 1853 y sólo un año después, Baja California intentó la secesión.

VOCABULARIO PARA LA COMUNICACIÓN: Los negocios

EN LAS OFICINAS DE UN BANCO

EN UNA AGENCIA DE EMPLEOS

EL MUNDO BANCARIO

▶ **Las personas**

el (la) banquero(a) *banker*
el (la) cajero(a) *teller*
el (la) cliente(a) *client*

el (la) gerente *manager*
el (la) jefe(a) *boss*
el personal *staff, personnel*

▶ **Vocabulario relacionado con clientes**

**abrir [cerrar (ie)] una cuenta corriente (conjunta)
(de ahorros)** *to open (close) a checking account
(a joint account) (a savings account)*
ahorrar *to save*
el cambio *currency exchange; change*
la cuota mensual *monthly payment*
endosar un cheque *to endorse a check*

girar (firmar) un cheque *to draw (sign) a check*
ingresar (depositar) un cheque *to deposit a check*
pagar en efectivo (al contado) *to pay cash*
sobregirarse *to overdraw*
la tarjeta de crédito (de débito) *credit (debit) card*
usar el cajero automático *to use the ATM machine*

▶ **Vocabulario relacionado con banqueros**

atender (ie) a los clientes *to take care of (wait on)
the customers*
cobrar *to cash*
la lana (Amer.) (el chavo [P.R.]) *money (slang)*
irritarse por *to get irritated about*
llevarse bien (mal) con *to get along well (badly)
with*

pagar con billetes (con cheque) *to pay in bills
(with a check)*
ponerse furioso(a) *to become enraged*
preocuparse por *to worry about*
resolver (ue) los problemas *to solve problems*

▶ **Los préstamos**

pagar un interés del... por ciento *to pay an
interest of . . . percent*
pedir (i) un préstamo *to apply (ask) for a loan*
la tasa de interés *rate of interest*

deber al banco *to owe the bank*
la fecha de vencimiento *due date*
hacer el pago inicial (final) *to make the first
(last) payment*

EL MUNDO DE LOS NEGOCIOS

▶ **Las personas**

el hombre (la mujer) de negocios *businessman
(businesswoman)*
el (la) comprador(a) *buyer*
el (la) ejecutivo(a) *executive*
el (la) empleado(a) *employee, clerk*

el (la) encargado(a) *person in charge, superintendent*
el (la) postulante [el (la) candidato(a)] *job seeker*
el (la) socio(a) *partner; member*
el (la) trabajador(a) *worker*
el (la) vendedor(a) *salesperson*

▶ **Vocabulario relacionado con el empleo (el trabajo)**

abrir la correspondencia *to open the mail*
la chamba (Amer.) *job (slang)*
contratar (emplear) *to hire, employ*
despedir (i) a *to dismiss, fire*
entrevistar a *to interview*

estar capacitado(a) para *to be skilled at*
ganar un sueldo de... *to earn a salary of . . .*
jubilarse (retirarse) *to retire*
llenar la solicitud de empleo *to fill out the job
application*

ofrecer posibilidades de ascenso *to offer possibilities for promotion*
el puesto de jornada completa (tiempo completo) *full-time position*
el puesto de media jornada (tiempo parcial) *half-time position*

renunciar al empleo *to resign from the job*
solicitar un empleo *to apply for a position*
tener un contratiempo *to have a mishap*

▶ **Vocabulario relacionado con los negocios**

las acciones *shares, stock*
el almacén *warehouse*
comprar a plazos *to buy in installments*
dárselo a… (dejárselo en…) *to let you have it for . . .*
la empresa *company*
la fábrica *factory*
las ganancias *profits*
gastar *to spend (money, time)*

invertir (ie) dinero *to invest money*
ofrecer un descuento *to offer a discount*
las pérdidas *losses*
rebajar el precio *to lower the price*
regatear *to bargain*
la sucursal *branch*
vender la mercancía *to sell merchandise*

PRÁCTICA: EL MUNDO BANCARIO

A. La jefa de mi departamento. Ud. es cajero(a) en un banco internacional en Ciudad de México y le han pedido hacer la evaluación anual de la jefa de su departamento, Regina Montenegro. Use la forma correcta de los siguientes verbos y expresiones para completar este fragmento de la evaluación.

irritarse	atender
llevarse bien	preocuparse por
resolver	ponerse furiosa

…y la señora Montenegro _____ a todos los clientes con la mayor cortesía. Es eficiente y está muy capacitada para _____ cualquier problema que pueda surgir. En cuanto al personal, la señora Montenegro _____ con todos en el departamento; _____ nuestro bienestar, nunca _____ por los contratiempos inevitables que ocurren con frecuencia en un banco y sólo una vez la he visto _____ con un empleado, y éste bien se lo merecía *(deserved it)*. Es un placer trabajar en este banco bajo la dirección de Regina Montenegro.

B. Así se hace. Ud. le da instrucciones a un amigo sobre cómo hacer trámites en el banco. Busque en la segunda columna las terminaciones de las oraciones de la primera columna.

I

1. No puedes cobrar este cheque porque…
2. Es mejor cerrar tu cuenta de ahorros porque…
3. Debes ingresar tu cheque cuanto antes porque…
4. No es necesario llevar mucho dinero en efectivo porque…
5. Piensa bien antes de pedir un préstamo porque…

II

a. sólo pagan un interés del 2 por ciento.
b. la tasa de interés es muy alta.
c. puedes usar el cajero automático.
d. no lo has endosado.
e. estás sobregirado.

C. Ficha de depósito. Rosario Santos hizo el siguiente depósito en el Banco Mexicano Somex. Observe la suma de los depósitos y conteste las preguntas.

BANCO MEXICANO SOMEX	EFECTIVO		
SOCIEDAD NACIONAL DE CREDITO	DETALLE DE DOCUMENTOS		
COMPRUEBE SI LA CANTIDAD CERTIFICADA EN ESTE RECIBO ES LA MISMA QUE UD. DEPOSITO	No.	A CARGO DE:	
Este recibo sólo será válido cuando muestre el sello del Cajero Recibidor y la impresión de nuestra máquina certificadora, que indique fecha, el número de la oficina receptora, el de la entrega e importe del depósito o en su caso cuando esté firmado y sellado por el cajero que recibió el depósito.	428	portador	37,000. —
	17523	"	750,000 —
ENTREGA PARA ACREDITARSE EN LA CUENTA DE CHEQUES MONEDA NACIONAL No.	96	"	42,162. —
7 5 4 83	(SUMA DEL REVERSO)		
DE: Rosario Santos	TOTAL MONEDA NACIONAL		829,162 —
DE CONFORMIDAD CON LAS CONDICIONES ESPECIFICADAS AL DORSO.			
A_____ DE _____ DE 19____			
ORIGINAL PARA EL BANCO			

1. ¿En qué cuenta depositó la suma total?
2. ¿Cuántos cheques ingresó y por qué cantidades?
3. ¿Cuál es la cantidad total de los cheques?

 D. En las oficinas de un banco. Con un(a) compañero(a) de clase, observen el dibujo de la página 202. Usen el **Vocabulario para la comunicación,** si es necesario, para contestar las siguientes preguntas.

1. Según el número de personas que hay en el banco, ¿qué hora será?
2. ¿Cuántos de los empleados son hombres? ¿Cuántos de ellos son mujeres? ¿De qué se queja la señora que está en la cola de la sección de Cuentas? ¿Qué desea hacer la niña que la acompaña? ¿Qué lleva la niña en las manos? ¿En qué secciones no hay cola?
3. En este banco, ¿cuánto interés genera una cuenta a plazo fijo? ¿Le parece poco o mucho? ¿Y cuánto interés genera una cuenta corriente?
4. ¿Cuáles son algunas ventajas de los depósitos rápidos?

E. Queremos saber. Conteste las siguientes preguntas.

1. ¿Lleva bien sus cuentas o hace muchos errores?
2. Cada vez que hace un ingreso en su cuenta o gira un cheque, ¿suma o resta la cantidad en su libreta de cheques? ¿Revisa el estado de su cuenta que le envía el banco?
3. ¿Se sobregira de vez en cuando en su cuenta corriente? Si es así, ¿cómo resuelve el problema?

PRÁCTICA: EL MUNDO DE LOS NEGOCIOS

F. Los negocios. Use la forma correcta de los siguientes verbos, sustantivos y adjetivos para completar esta descripción del mundo de los negocios en México.

contratar	ascenso	encargado	sucursal
despedir	emplear	fábrica	sueldo
ganar	empresa	ganancias	capacitado
vender			

Las principales ciudades mexicanas cuentan con grandes _____ que tienen _____ en muchas partes del país. Los empresarios ganan _____ impresionantes y muchos se han hecho riquísimos. Sin embargo, la mayoría de las compañías mexicanas están en manos de pequeños y medianos empresarios, cuya situación resulta difícil. Ellos _____ suficientes productos para sobrevivir y trabajan solos o _____ a familiares. Hay MBAs con especializaciones en Marketing que están _____ para sacar adelante estas pequeñas compañías, pero las _____ reducidas de los dueños no les permiten _____ a estos especialistas.

Una situación aún más deprimente existe a lo largo de la frontera entre México y Estados Unidos. Allí han surgido una larga cadena de compañías extranjeras en cuyas _____ trabajan miles de mexicanos que han venido para el norte en busca de empleo. La vida para estos mexicanos pobres suele ser muy difícil. Ellos _____ un sueldo miserable, no existen posibilidades de _____ para ellos, y los _____ están obligados a _____ a las mujeres embarazadas. ¡Es un callejón de miseria sin salida!

VOCABULARIO PARA LA COMUNICACIÓN:
Los negocios

¿Quién?

1. Una joven recién graduada viene a las oficinas para solicitar empleo.
2. Este señor acaba de invertir mucho dinero en la empresa.
3. La semana pasada el señor Camacho se jubiló después de cuarenta años de trabajo.
4. Roberto Vega decidió no rebajar el precio de la mercancía.
5. Susana Martínez tiene la responsabilidad de contratar a los empleados.
6. Esa señora puede regatear el precio con cualquier vendedor.
7. Marcos quiere cambiar su horario de media jornada a jornada completa.

G. ¿Quién? Su profesor(a) va a leer una serie de descripciones. Escuche e indique la persona que corresponde a cada descripción.

1. la postulante / la encargada
2. el comprador / el socio
3. el postulante / el empleado
4. el vendedor / el comprador
5. la encargada / la trabajadora
6. la socia / la compradora
7. el ejecutivo / el trabajador

H. Derivaciones. Escriba un sustantivo que corresponda a los siguientes verbos. Luego, escriba una oración que ilustre el sentido de la palabra.

Modelo: ingresar > ingreso
Despidieron a muchos empleados porque los ingresos están muy reducidos.

1. asociarse _____   _____
2. ascender _____   _____
3. comprar _____   _____
4. emplear _____   _____
5. encargarse _____   _____
6. fabricar _____   _____
7. ganar _____   _____
8. perder _____   _____
9. solicitar _____   _____
10. vender _____   _____

I. En una agencia de empleos. Con un(a) compañero(a) de clase, observen el dibujo de la página 202. Usen el **Vocabulario para la comunicación,** si es necesario, para contestar las siguientes preguntas.

1. ¿Por qué es importante una agencia de empleo?

2. ¿Qué razones podrían tener las dos mujeres jóvenes para buscar trabajo de media jornada?

3. ¿Le parece lógico que uno de los empleados esté leyendo el periódico en horas de oficina? ¿Por qué?

4. En la ventana que está a la mano derecha, ¿qué hace el hombre? ¿Y la empleada que se ve en la habitación del centro?

5. Usen la imaginación y terminen los tres diálogos: el diálogo entre el empleado y la mujer, el diálogo entre el otro empleado y el señor y la conversación entre las dos mujeres.

◈ PERSPECTIVAS

PREPARATIVOS

1. Lea la sección **¿Sabía Ud. que en México... ?**

2. Mire los verbos de la lectura que están en negrita. ¿Qué significa el segundo verbo? Éste y todos los demás verbos en negrita son ejemplos del tiempo presente perfecto. ¿Sabe formar el pluscuamperfecto de este verbo? ¿Cuál es el infinitivo del participio pasado "ascendido"? ¿Cuál es el participio pasado de los siguientes infinitivos: trabajar, ofrecer, gastar, escribir, poner?

3. En México las pequeñas y medianas empresas (Pymes) han crecido rápidamente. ¿Qué tipo de apoyo necesitan para poder competir con las grandes empresas nacionales e internacionales que abundan en el país?

¿Sabía Ud. que en México... ?

- México **exporta** aproximadamente 225 productos. Entre ellos figuran productos farmacéuticos, manufacturas plásticas, máquinas y aparatos eléctricos. Algunos de los países que han desempeñado *(played)* un papel importante en el creciente comercio entre México y Latinoamérica son Chile, Argentina, Venezuela, Brazil y Costa Rica.

- Hace más de diez años que México forma parte del **Tratado de Libre Comercio de América del Norte** (TLCAN / NAFTA) con Estados Unidos y Canadá. México era entonces y sigue siendo un país atractivo para los inversionistas. Cuando se ratificó el TLCAN se esperaba que la economía siguiera aumentando y que se crearan nuevas oportunidades de trabajo para los mexicanos. Sin embargo° algunos creen que los pobres del campo se han empobrecido más y que los empresarios se han hecho más ricos.

However

Las Pymes mexicanas

México no **se ha limitado** a tener un tratado comercial con Estados Unidos y Canadá. Últimamente el intercambio comercial entre México y los países de Latinoamérica **ha ascendido** a muchos millones de dólares, y el pronóstico económico para esta unión es excelente. En especial las *pequeñas y medianas empresas* (Pymes) mexicanas **han encontrado** un atractivo mercado de consumo e inversión y **se han aprovechado** enormemente de los beneficios de los

10 tratados de libre comercio firmados entre ellos. Más de 15 mil exportadores mexicanos venden sus productos a Latinoamérica, mientras que menos de seis mil operaciones comerciales se realizan con Europa y Norteamérica.

to increase

La red Fundes (Fundación para el Desarrollo Empresarial Sostenible) y Microsoft México son dos instituciones que **han propuesto** incrementar° la competitividad de las Pymes en México y en toda Latinoamérica. Fundes **ha creado** el portal de negocios mipyme.com para proveer servicios prácticos, información especializada, y apoyo de expertos para asegurar el futuro de las Pymes. El sitio web proporciona programas, software, contactos comerciales y otros apoyos. Para que las Pymes puedan aprovecharse de los beneficios de sus programas en su negocio, Microsoft México **ha lanzado** su campaña "Domina tu negocio". Las empresas pueden contar con un panorama de cursos, servicios y apoyo técnico para incursionarse° en el mundo tecnológico. ¡Adelante Pymes! ¡Adelante México!

to get involved

COMPRENSIÓN Y PRÁCTICA

A. Preguntas. Basándose en la lectura, conteste las preguntas siguientes.

1. ¿Qué significa "Pymes"?
2. ¿Qué tipo de relaciones comerciales existen entre México y Latinoamérica?
3. ¿Qué papel desempeña Microsoft México en las relaciones comerciales mexicanas?
4. ¿Qué hace Fundes para ayudar a las Pymes?
5. ¿Cuál es el pronóstico para el futuro de las Pymes?

B. Expansión. Haga las siguientes actividades.

1. Con la ayuda de Microsoft, Fundes y otras organizaciones las Pymes han formado parte de la era digital. ¿Qué tipo de negocios pueden hacer las Pymes a través del Internet? ¿Qué pueden hacer para sacarle el mayor provecho al Internet?
2. En la vida de Ud., comente las ventajas del Internet en las siguientes áreas:
   - la educación
   - el entretenimiento
   - la búsqueda de información
   - las relaciones personales
   - otra

ESTRUCTURA 1: El presente perfecto y el pluscuamperfecto

LAS FORMAS DEL PRESENTE PERFECTO Y DEL PLUSCUAMPERFECTO

Los tiempos perfectos se forman con una forma del verbo **haber** (*to have*) y el participio pasado.

Recuerde que el participio pasado se forma con las siguientes terminaciones.

Infinitivo	Terminación	Participio pasado
ahorr**ar**	-ado	ahorr**ado**
vend**er**	-ido	vend**ido**
invert**ir**[1]	-ido	invert**ido**

Algunos participios pasados son irregulares.[2]

Infinitivo	Terminación del participio pasado	Participio pasado
abrir		abierto
cubrir		cubierto
describir		descrito
escribir		escrito
morir		muerto
poner	-to	puesto
resolver		resuelto
romper		roto
ver		visto
volver		vuelto
decir		dicho
hacer	-cho	hecho
satisfacer		satisfecho
imprimir	-so	impreso

Formación del presente perfecto

El presente perfecto se forma con el presente de **haber** y el participio pasado.

Tiempo presente

he		
has		abierto
ha	+	ahorrado
hemos		hecho
habéis		
han		

Yo **he abierto** una cuenta en ese banco, **he ahorrado** mil dólares y **he hecho** planes para un viaje a Cancún.

*I **have opened** an account in that bank, I **have saved** a thousand dollars, and I **have made** plans for a trip to Cancun.*

---

[1] Note que los verbos con cambios en el radical no tienen cambios en la forma del participio pasado: encontrar → encontrado, pedir → pedido.

[2] Las formas compuestas de estos verbos llevan la misma irregularidad en el participio pasado: suponer → supuesto, devolver → devuelto, descubrir → descubierto.

Formación del pluscuamperfecto

El pluscuamperfecto se forma con el imperfecto de **haber** y el participio pasado.

Tiempo imperfecto		
había		
habías		atendido
había	+	escrito
habíamos		resuelto
habíais		
habían		

Cuando mi jefa llegó a la oficina ayer, yo ya **había atendido** a dos clientes, **había escrito** tres cartas y **había resuelto** muchos problemas.

*When my boss arrived at the office yesterday I **had** already **waited** on two clients, I **had written** three letters, and I **had resolved** many problems.*

LOS USOS DEL PRESENTE PERFECTO Y DEL PLUSCUAMPERFECTO

El presente perfecto expresa...

1. una acción que ha terminado en el pasado inmediato.[1]

   Me he jubilado y ahora puedo pasar más tiempo en mi casa en Acapulco.

2. una acción pasada que continúa o puede repetirse en el presente.

   Esta empresa siempre **ha contratado** a los mejores trabajadores.

El pluscuamperfecto expresa...

una acción pasada, anterior a otra acción también pasada.

Decidí cancelar mi cuenta corriente cuando supe que el banco **había tenido** problemas.

---

[1] En ciertas regiones de España y en algunos países hispanoamericanos se usa el presente perfecto en lugar del pretérito para expresar una acción terminada en un pasado no muy reciente.

Este año **he abierto** (abrí) tres cuentas. *This year I **have opened** (I opened) three accounts.*

Jaime **ha pedido** (pidió) un préstamo. *Jaime **has requested** (requested) a loan.*

PRÁCTICA

A. Hoy en la empresa. Hoy ha sido un día difícil en el Departamento de Recursos Humanos de una empresa. Empareje los fragmentos de las dos columnas para formar oraciones lógicas. Cambie los verbos entre paréntesis al presente perfecto.

I

1. El jefe del departamento (ponerse furioso)
2. Silvia, muy ofendida, (renunciar)
3. Otra secretaria, Ana, (jubilarse)
4. Dos candidatos capacitados (solicitar)
5. El jefe (entrevistar)
6. Pero no (contratar)

II

a. a su trabajo.
b. los puestos de Silvia y Ana.
c. a ninguno de ellos.
d. después de 30 años de servicio.
e. con su secretaria, Silvia.
f. a los dos candidatos para el puesto.

B. Minidiálogos. Complete los minidiálogos, usando el presente perfecto.

1. —¿Te _____ (fijar, tú) en Felipe?

   —Sí, ¡cómo _____ (cambiar, él)! Parece más viejo. ¿Qué le _____ (pasar)?

   —Alguien me _____ (decir) que le va mal con su negocio.

   —¡Pobre hombre!

2. —¿ _____ (Casarse) Lucía y Jaime? ¡No me digas!

   —Pues sí, hombre, sí. Yo _____ (estar) en la boda.

   —¿Y qué tal les va?

   —¡Estupendamente! _____ (Poner, ellos) un negocio de comida italiana y están ganando dinero

   —¡Cuánto me alegro!

3. —¡Otra vez _____ (venir) Ud. tarde al trabajo!

   —¡Perdone! _____ (Tener, yo) varios contratiempos. ¿No _____ (ver) Ud. la nota que le dejé sobre su escritorio?

 Ahora con un(a) compañero(a) escriban un minidiálogo original, usando el presente perfecto. Léanselo a la clase.

C. ¡Tanto trabajo! ¿Qué cosas no han podido hacer las siguientes personas por tener tanto trabajo en la clase de español?

   Modelo: el estudiante que se especializa en biología
   No ha terminado sus experimentos en el laboratorio

1. los dos futbolistas
2. tú
3. el (la) profesor(a) de la clase
4. la redactora del periódico universitario
5. tú y los otros miembros del club hispano
6. todos los miembros de la clase

D. Yo ya había hecho... Use Ud. el pluscuamperfecto y diga qué había hecho ya antes de encontrarse en las siguientes situaciones. Incluya la palabra **ya** y no repita los verbos de las frases.

> **Modelo:** visitar la Ciudad de México
> *Antes de visitar la Ciudad de México, ya había estado en Guadalajara y Monterrey.*

1. tomar esta clase de español
2. cumplir dieciocho años
3. desayunar esta mañana
4. estudiar para el examen con un grupo de compañeros
5. ser estudiante en esta universidad
6. salir con mi novio(a) actual

E. Un regalo para mi madre. Complete el siguiente párrafo con el presente perfecto o el pluscuamperfecto, según sea necesario.

Ese día, antes de salir de la oficina, yo _____ (cobrar) mi sueldo y quería hacerle un regalo a mi madre. Ella me _____ (decir) que le gustaría tener una blusa de seda. Sus amigas la _____ (invitar) a una fiesta y deseaba estar muy elegante.

Entré a un almacén pensando en una blusa que _____ (ver, yo) la semana anterior. Aún no la _____ (encontrar, yo) cuando oí a la vendedora que me decía:

—La compañía _____ (rebajar) el precio de estas blusas y son muy bonitas. _____ (Vender, nosotros) muchísimas. ¿Las _____ (ver, Ud.)?

F. Estoy muy capacitado(a). Ud. va a solicitar trabajo en la empresa Microsoft México. Escríbale un párrafo a la empresa en el que describa su experiencia profesional anterior. Explique por qué está capacitado(a) para realizar el trabajo que busca, describiendo sus conocimientos y talentos especiales. ¡Use la imaginación! Incluya al menos tres ejemplos del tiempo presente perfecto y un ejemplo del pluscuamperfecto.

Expresiones útiles: (También refiérase a la sección "Composición" de esta lección.)

Saludo:
Estimados (Distinguidos) señores,

Introducción:
Me dirijo a ustedes a fin de solicitar el puesto de...
Me dirijo a ustedes en relación al puesto de...

Cierre:
Quedo a la espera de sus noticias....
Los saluda atentamente....

PREPARATIVOS

1. Lea la sección **¿Sabía Ud. que en México... ?**

2. Mire los pronombres que están en negrita en la lectura, **Hay que ganarse la vida**. ¿Puede identificar los pronombres de complemento directo e indirecto? ¿Entiende por qué algunas veces estos pronombres preceden al verbo y otras veces están unidos al infinitivo?

3. Las cadenas de comida rápida como El Pollo Pepe están creciendo en México. ¿Por qué será?

¿Sabía Ud. que en México... ?

- **El rebozo** es una manta° que lleva la mujer mexicana para cubrirse del frío. En ocasiones sirve para envolver a sus niños pequeños.

shawl (blanket)

- **El tamal** es una comida de origen indígena preparada con masa _(dough)_ de maíz que se rellena con carne o dulce. Se envuelve en hoja de maíz o de plátano y se cuece° al vapor. El tamal es un plato obligatorio para Nochebuena y otras grandes celebraciones, tanto en México como en muchos hogares mexicoamericanos de Estados Unidos.

it is cooked

▲ _Un local de comida rápida_

- **Nomás** es una expresión mexicana sinónima de _solamente_ o _nada más que_.

- **El chile** es un fruto (rojo o verde) de una planta que se usa como condimento en muchos platos mexicanos. En la época precolombina su uso estaba extendido por todo el territorio de México tanto por sus cualidades como condimento, como por sus poderes digestivos. Junto con la vainilla, el maíz, el tomate y el chocolate, el chile era un producto muy cotizado° por los conquistadores españoles. Hoy es un ingrediente principal en moles, salsas, tamales, enchiladas, y para muchos mexicanos es un elemento imprescindible° en su dieta.

desired

necessary

- **Marchantito(a)** es la palabra que se usa para dirigirse a la persona que está comprando. Es diminutivo de **marchante**.

- **El Pollo Pepe** es una cadena de restaurantes de comida rápida en la ciudad mexicana de Guadalajara. Se especializa en pollos asados y ofrece una receta original, productos de alta calidad y servicio rápido. La cadena fue fundada en 1979 y hoy es una empresa exitosa con varios sucursales en la zona metropolitana de Guadalajara.

- **El agua de horchata** es una bebida que se prepara con arroz, leche condensada, agua, azúcar y canela°. También se puede elaborar con almendras y semillas° de melón. En México la horchata es considerada una bebida nutritiva y se suele servir fría.

cinnamon
seeds

- Para muchos habitantes de Guadalajara **el camión** es un popular vehículo de transporte. En la república mexicana **camión** es sinónimo de autobús.

Hay que ganarse la vida

La tamalera

Una mujer, envuelta en su rebozo, recorre las plazas, calles y mercados de Guadalajara ofreciendo su mercadería.

nice and hot

—¡Tamales! ¡Tamales verdes y colorados! ¡Cómpre**los** calientitos°! Nomás unos cuantitos. ¿Cuántos **le** doy, marchantita?

—Para **mí**, dos de chile. Al niño de**le** uno de dulce.

—Si **me** compra cuatro, **se los** dejo por menos. ¡Ay, marchantita! ¡Qué cara está la vida! Si **nos** han subido el precio de todos los productos: la carne, la masa, la hoja. Ya casi no ganamos nada.

Otros clientes se van acercando, atraídos por el olor de los ricos tamales, y la tamalera va sacándo**los** de la olla y poniéndo**los** en los platos, mientras se prepara para repetir su historia.

El Pollo Pepe

blocks

A unas cuadras° de la plaza donde la mujer vende sus tamales, un hombre entra en un local llamado *El Pollo Pepe* y se acerca al mostrador. **Lo** acompaña un niño de diez años. El empleado que está detrás del mostrador° **le** pregunta al cliente...

counter

—¿En qué puedo servir**les**, señor?

—Para **él** un Super Pepe con papas a la francesa y agua de horchata.

—¿Y para Ud?

—Un Combi Burger y una Pepsi. De postre, un pay de manzana, por favor.

head over / crowded
Diners

Padre e hijo se dirigen° a una mesa en el pequeño y atestado° restaurante. Comensales° no faltan en ese lugar. ¡Qué negocio! Hay que comer rápido, que viene el camión en unos minutos. Es el mediodía y se ha formado una larga cola en el mostrador. Se oye, "Dos Combi Pepes para nosotros, un Jr. Pepe para la niña y..."

COMPRENSIÓN Y PRÁCTICA

A. Preguntas.

1. ¿Cómo vende la tamalera su mercancía? ¿Gana mucho dinero?

2. ¿Qué tipos de tamales vende? ¿Cuál va a comer el niño?

3. ¿Ofrece rebajas *(lower prices)* la tamalera? ¿Cómo?

4. ¿De qué productos se hacen los tamales?

5. La comida mexicana se ha hecho popular en Estados Unidos. ¿A qué se debe su popularidad? ¿Qué come cuando va a un restaurante mexicano?

6. ¿Qué es *El Pollo Pepe*? ¿Dónde queda?

7. ¿Qué platos pide el señor que entra al restaurante? ¿Es comida mexicana?

8. ¿Cómo es el ambiente en *El Pollo Pepe*?

 B. Expansión. Conteste las siguientes preguntas. Hágale las mismas preguntas a un(a) compañero(a) de clase y comparen sus respuestas.

1. Comente la inclusión de las dos lecturas, *La tamalera* y *El Pollo Pepe*. ¿Qué aspectos de la sociedad mexicana representa cada una?

2. En el restaurante el señor pide pay de manzana. ¿Por qué cree que se usa la palabra **pay** en lugar de *pastel*? ¿Qué otras comidas en el menú le llaman la atención?

3. En su opinión, ¿qué le gustaría más a un niño mexicano de diez años, comer un tamal en la calle o comer un Combi Burger? Justifique su respuesta.

ESTRUCTURA 2: Los pronombres en función de complemento directo, indirecto o de preposición

LOS PRONOMBRES DE COMPLEMENTO DIRECTO

me	nos
te	os
lo[1], la	los, las

1. El pronombre de complemento directo indica la persona o cosa sobre la que recae la acción del verbo.

    ¿Leíste el informe del gerente?   Conocí a[2] los jefes de venta.

    ¿**Lo** leíste?   **Los** conocí.

2. Cuando el pronombre en función de complemento directo es ambiguo, o se desea aclarar a la persona además del pronombre, se menciona a la persona para evitar confusiones.

    Las vimos hoy   <   **¿a ellas?** / **¿a Uds.?**   **Los** vimos **a ellos** hoy.

3. Se usa **lo** como pronombre del complemento invariable…

    a. para referirse a una idea o a conceptos ya expresados.

    —¿Enviará Ud. la carta?

    —**Lo** pensaré esta noche.

    Me dijo que pagaría la factura pero no **lo** hizo.

    b. cuando una oración consta únicamente del verbo **ser** o **estar,** generalmente en respuesta a una pregunta.

    —¿Es mexicano el gerente?

    —Sí, **lo** es.

    —¿Están cerradas las puertas?

    —No, no **lo** están.

---

[1] En algunas regiones de España e Hispanoamérica se usa **le** y **les** en lugar de los complementos directos **lo** y **los** cuando se refieren a personas: —¿Atendiste al cliente? —Sí, **le** atendí. —¿Y viste a los compradores? —Sí, **les** vi.

[2] Recuerde que cuando la acción recae sobre una persona se usa la **a personal.** Ver las páginas 228–229 de esta lección.

c. con los verbos **hacer, decir, pedir, preguntar** y **saber** cuando no se expresa el complemento.

—¡Eres tan inteligente!
—Sí, **lo** sé.
—Pídaselas, por favor.
—Sí, **lo** haré.

LOS PRONOMBRES DE COMPLEMENTO INDIRECTO

me	nos
te	os
le	les

1. El pronombre de complemento indirecto indica a quién o para quién se efectúa una acción.

Le presté dinero a Juan .

Le presté dinero.

¿Les dio un préstamo a los López ?

¿**Les** dio un préstamo?

2. Cuando el pronombre en función de complemento indirecto es ambiguo, se menciona a la persona para evitar confusiones.

Le dimos el descuento
¿a él?
¿a ella?
¿a Ud.?

Le dimos el descuento al cliente.
¿**Te** di el dinero **a ti** o a Juan?

3. El pronombre de complemento indirecto se usa con verbos de comunicación como **decir, pedir, preguntar** y **rogar** y con verbos como **agradecer, ayudar, impedir, pagar** y **prohibir** para indicar a quién se dirige la acción.

Le pregunté a Marcos si buscaba un puesto en el banco.
Les agradecemos el regalo.

Posición de los pronombres de complemento directo e indirecto

	Complemento directo	Complemento indirecto
Con verbo conjugado:	**Los** entregó.	**Nos** entregó los documentos.
Con verbo compuesto:	**La** he escrito.	**Le** he escrito la carta.
Con infinitivo:	Quise pagar**la** ayer.	Quise pagar**le** lo que le debo.
Con gerundio:	Están cambiándo**lo** ahora.	Está cambiándo**le** dinero.[1]
	Lo están cambiando ahora.	**Le** está cambiando dinero.
Con mandato afirmativo:	Cómpre**las** hoy.	Cómpre**me** las acciones.
Con mandato negativo:	No **las** compres hoy.	No **me** compre las acciones.

---

[1] Recuerde Ud. que el gerundio exige un acento escrito cuando se añaden los pronombres. Asimismo el infinitivo y el mandato afirmativo exigen acento escrito si se añaden dos pronombres.

Posición de dos pronombres en la misma oración

1. El pronombre de complemento indirecto precede al complemento directo.

   Me enviaron **los documentos** por correo aéreo. → **Me los** enviaron.

2. Se usa el pronombre **se** en lugar de **le** y **les** delante de los pronombres **lo, la, los** y **las**.

   Les mandaré **la mercadería** a Uds. → **Se la** mandaré a Uds.

3. El pronombre reflexivo siempre precede al pronombre de complemento directo o al complemento indirecto.

   Me lavé **las manos.** → **Me las** lavé.

LOS PRONOMBRES DE COMPLEMENTO DE PREPOSICIÓN

Singular	*Plural*
mí	nosotros(as)
ti	vosotros(as)
él, ella, Ud., sí (reflexivo)	ellos, ellas, Uds., sí (reflexivo)

1. Los pronombres preposicionales, con excepción de **mí** y **ti,** tienen las mismas formas que los pronombres personales. Se usan después de una preposición.

   Compré una calculadora **para ti** y otra **para él**.
   ¿Piensas en nuestro trabajo? No, no pienso **en él** si no es necesario.

2. Si el sujeto del verbo está en la tercera persona del singular o del plural o en la forma Ud., y la acción es reflexiva, se usa el pronombre **sí** después de la preposición.

   El candidato tímido vino para una entrevista, pero prefirió no hablar **de sí**.
   Ellos ahorraron mucho dinero y lo guardaron **para sí**.

3. La preposición **con** seguida de **mí, ti** o **sí** tiene formas especiales:

   con + mí = **conmigo**   con + ti = **contigo**   con + sí = **consigo**

   ¿Quieres ir **conmigo** al salón de exhibiciones?
   Sí, me gustaría ir **contigo**. Juan irá también, y llevará los documentos **consigo**.

4. Cuando el sujeto del verbo y el pronombre se refieren a la misma persona, es frecuente el uso de **mismo(-a, -os, -as)** después de los pronombres.

   Marta, investígalo por **ti misma**.
   Pienso **en mí mismo** y no en los demás.

5. Las preposiciones **entre, según, salvo, excepto** y **menos** usan pronombres personales en vez de preposicionales.

   Entre tú y **yo,** todos fueron invitados a la reunión menos **yo**. ¿Por qué será?

Está en su casa. Refiriéndose a la imagen en la cubierta y en la cubierta interior *(cover and inside cover)* de *Nuevos horizontes,* conteste las siguientes preguntas.

Sustituya los sustantivos subrayados por los pronombres de complemento directo e indirecto apropiados. Mire los cuartos indicados en la casa. Si la respuesta es negativa, diga qué están haciendo.

Cuarto 2: ¿Están los niños mirando a <u>la bailarina</u>?

Cuarto 4: ¿Está el niño lavándose <u>la cara</u>?

Cuarto 6: ¿Está el mono *(monkey)* leyendo <u>el libro</u>?

Cuarto 8: ¿Está el niño dándole <u>fruta a su hermana</u>?

Cuarto 10: ¿Están los niños mirando <u>la televisión</u>?

Cuarto 11: ¿Está la madre barriendo <u>el suelo</u>? ¿Está la niña lavando <u>los platos</u>?

PRÁCTICA

A. La nueva empleada. Complete la siguiente conversación con el pronombre de complemento directo correcto.

Cecilia habla con Mauricio sobre la nueva empleada.

C: ¿Has conocido a <u>Elena García</u> ya?

M: Sí, claro que _____ conocí.

C: ¿Dónde _____ conociste?

M: _____ conocí en la reunión el martes. Pero, ¡qué casualidad! Ella _____ había visto (<u>a mí</u>) hace un mes cuando vino a la oficina para su entrevista. Resulta que ella quería conocer_____ <u>a mí</u>, y le preguntó a Pablo si él sabía <u>mi número de teléfono</u>. ¡Claro que él _____ sabía! Es mi compañero de cuarto.

C: Y, ¿ _____ llamó (<u>a ti</u>)?

M: Sí. Ella _____ llamó. Hablamos por una hora, y después yo _____ invité a cenar.

C: ¿Vas a volver a ver_____?

M: ¡Sí, _____ voy a ver esta noche. Vamos a ver <u>la nueva película</u> de Salma Hayek. ¿ _____ has visto tú?

C: No, no _____ he visto todavía. Espero ver_____ el domingo.

B. Las instrucciones del gerente. Ud. trabaja para la empresa mexicana SIDEC S.A. Su jefe acaba de volver de un viaje de negocios y quiere saber si se cumplieron sus instrucciones durante su ausencia. Conteste sus preguntas sustituyendo las palabras subrayadas por el pronombre de complemento directo correcto.

Modelo: —¿Recibió <u>mis instrucciones</u>?
—*Sí, las recibí.*

1. ¿Entrevistó a los postulantes para el puesto de secretario?
2. ¿Mandó el documento al banco en el D.F.?
3. ¿Contrató a los trabajadores para el proyecto internacional?
4. ¿Los compradores firmaron los contratos de venta?
5. ¿Los abogados resolvieron el problema con la sucursal en Acapulco?
6. ¿Consiguió las salas para la reunión?
7. ¿El licenciado Soriano aprobó la fecha de la reunión?
8. ¿Hizo todo lo que le pedí?

C. Más dinero, por favor. Muchas personas necesitan un aumento de sueldo pero no saben cómo solicitarlo. Siguen algunas recomendaciones de un consejero profesional. Complete la lectura con el pronombre de complemento directo o indirecto correcto según el contexto.

El costo de la vida aumenta y sentimos la necesidad de ganar más y más dinero. Nuestros clientes siempre _____ preguntan: "¿Cómo podemos obtener_____? ¿Cómo _____ decimos a nuestro jefe que necesitamos un aumento de sueldo?" Pues bien, a continuación _____ sugerimos a Ud. algunos consejos útiles para estos casos.

- Primero, es importante que Ud. _____ pida a uno de sus superiores que hable con el jefe sobre Ud. y que _____ dé información positiva acerca de su trabajo.
- Demuéstre_____ a su jefe que le gusta su profesión y que _____ toma muy en serio.
- Tenga una actitud positiva. Ser optimista _____ ayudará mucho con su jefe. El optimismo es contagioso.
- Si tiene problemas con algunos compañeros en la oficina, muéstre_____ a todos que Ud. es capaz de resolver_____.
- Si tiene ideas creativas, compárta_____ con su jefe. Quizás él _____ agradecerá con un aumento de salario.

D. ¿Qué hicieron? Con un elemento de cada columna forme oraciones según el modelo para decir lo que hicieron las siguientes personas. Luego, vuelva a escribir cada oración con los pronombres de complemento directo e indirecto, según el modelo.

Modelo: *Los artesanos les vendieron **recuerdos a los turistas**.*
*Los artesanos **se los** vendieron.*

I	II	III
Mi hermano(a)...	...describir los trabajos...	...a los clientes.
El (La) jefe(a)...	...dictar una carta...	...al botones.
La compañía...	...querer vender sus productos...	...al (a la) gerente.
El (La) empleado(a)...	...enviar la mercadería...	...a las niñas.
Mi amigo(a)...	...desear escribir cartas...	...a los viajeros.
La abuela...	...pedir un descuento...	...a su novio(a).
La azafata...	...dar un consejo...	...a los turistas.
El turista...	...dar una propina...	...a mí.
Los estudiantes...	...hablar por teléfono...	...al (a la) secretario(a).
	...mandar una tarjeta...	...a mi padre.
		...a nosotros.
		...al (a la) profesor(a).

E. Minidiálogos. En parejas, completen los minidiálogos con el pronombre preposicional correcto. Luego, escriban dos o tres oraciones más para cada diálogo, incorporando pronombres preposicionales. Representen sus diálogos delante de la clase.

1. **Entre tú y yo**

   —Ya me has dicho muchas veces que no te gusta deber dinero y que para _____ es muy importante pagar en efectivo.

   —¡Ya lo creo! Los intereses de las tarjetas de crédito son muy altos.

   —Estoy de acuerdo con_____. Más vale no tener deudas.

2. **Entre Ud. y yo**

   —¿Podría hablar con Ud.?

   —Si Ud. quiere hablar con_____, le ruego que pase por mi despacho. Ud. sabe que las relaciones entre _____ y _____ han sido últimamente muy difíciles.

   —Ya lo sé. A _____ me parece que a Ud. le molestan mis ofertas. ¿No le interesa hacer negocios con_____?

   —Me interesan los negocios, pero no los malos negocios.

 F. En un almacén de ropa. Trabaje con su compañero(a). Ud. está en un almacén de ropa y le pide al vendedor o a la vendedora lo que desea. Uds. deben inventar sus propios diálogos. Él (Ella) le pregunta sobre el color, la talla y el estilo de la mercadería.

> **Modelo:** —Quisiera comprar una blusa.
> —*¿De qué color la desea?*
> —*La deseo blanca.*
> —*Aquí la tiene.*

1. Deseo unos pantalones.
2. Busco un abrigo.
3. Necesito unas medias.

4. Quiero un buen paraguas.
5. Desearía ver camisas.
6. …

Más allá del aula

Cómo conseguir una tarjeta de crédito o de débito

¿Quién no necesita un poco de crédito de vez en cuando? Banamex, un banco grande que tiene sucursales y cajas automáticas por todo México, le ofrece una gran variedad de tarjetas de crédito o de débito. Para ver sus productos:

Visite el sitio web www.banamex.com.mx. Busque la información en el sitio web y conteste las preguntas.

1. Haga clic en el enlace **tarjetas**. ¿Cuántos tipos de tarjetas bancarias ofrecen? ¿Cuáles son las diferencias principales entre la tarjeta Clásica y la tarjeta Oro Plus? ¿Cuál escogería Ud? ¿Por qué? ¿Cómo se solicita una tarjeta?

2. Banamex también ofrece tarjetas **especializadas**, por ejemplo, las tarjetas **universitarias**, **aerolíneas** y **tiempos compartidos**, **altruistas** y más. ¿Cómo funcionan? ¿Es una buena idea? Explique. ¿Cuál escogería y por qué?

3. Quizás Ud. prefiere una tarjeta de débito. Haga clic en el enlace apropiado. ¿Cuántos tipos de tarjetas se ofrecen? Haga clic en el enlace **Mi cuenta** bajo la categoría **Niños**. ¿Cuáles son tres de los beneficios que ofrece la tarjeta? ¿Y tres de los requisitos para conseguir una?

4. ¿Cómo puede obtener una tarjeta de débito?

Ahora, dígale a la clase por qué Ud. va a solicitar o una tarjeta de crédito o una tarjeta de débito. Explique la diferencia entre las dos, describa la tarjeta **especializada** que Ud. escogió, y diga cómo se consigue.

 ## ESTRUCTURA 3: Construcción especial del verbo *gustar* y de otros verbos

1. El verbo **gustar** tiene una construcción especial.

Este banco	me	gusta.
Estos bancos	me	gustan.
↓	↓	↓
sujeto	complemento de objeto indirecto	verbo

2. Generalmente el orden de la oración se invierte.

Me	gusta	este banco.
Me	gustan	estos bancos.
↓	↓	↓
complemento de objeto indirecto	verbo	sujeto

3. Aunque el verbo **gustar** es regular (gusto, gustas, gusta, gustamos, gustáis, gustan), se usa con más frecuencia en la tercera persona singular y plural.[1]

Forma singular	**Forma plural**
Si el sujeto (lo que gusta) está en singular o es un infinitivo o una serie de infinitivos, se usa el verbo **gustar** en la forma singular: **gusta**.	Si el sujeto (lo que gusta) está en plural, se usa el verbo **gustar** en la forma plural: **gustan**.
Me **gusta** la vendedora. Te **gusta** bailar, ir al cine y jugar a las cartas.	Me **gustan** las ganancias. No me **gustan** las pérdidas.

---

[1] Para expresar sentimientos de cariño entre personas se puede usar **gustar** en todas sus conjugaciones: **Tú me gustas. Yo te gusto**, etc.

4. Como los pronombres de objeto indirecto **le** y **les** son ambiguos, se puede usar la construcción **a** + **nombre** o **pronombre preposicional** apropiado.

A Juan...
A Ud....
A él...
A ella...
$\Big\}$ le gusta el gerente.

A los empleados...
A Uds....
A ellos...
A ellas...
$\Big\}$ les gusta el gerente.

Atención: También se puede usar frases preposicionales para enfatizar el objeto indirecto.

A mí me gusta pagar al contado pero **a ti te** gusta pagar con tarjeta de crédito

5. Otros verbos que tienen esta construcción son:

caer bien / mal *to strike someone positively or negatively (used with people)*
—¿**Te cae bien** el nuevo encargado?
—Sí, pero **me cae mal** la nueva gerente. No me gusta nada.

convenir *to suit*
—¿Te gusta pagar con tarjetas de crédito?
—No sé si me gusta o no, pero **me conviene** pagar todo al fin de mes.

doler *to hurt*
—¿Por qué no vino Raúl a trabajar?
—Dice que **le duele** la cabeza.

encantar *to delight, to enchant*[1]
—**Me encanta** ir de compras.
—A mí también, pero no me gusta gastar tanto dinero.

faltar *to lack, to be missing*
—¿Cuánto tiempo **les falta** para terminar el trabajo?
—**Nos faltan** dos horas.

importar *to matter, to care*
—Francamente, a mí no **me importa** lo que diga la gente.
—Pues debería **importarte**.

interesar *to interest*
—¿**Le interesa** este proyecto?
—¡Ya lo creo que **me interesa**!

---

[1] Note las formas de expresar el concepto de *to like*. En mi tiempo libre **me gusta** leer, y **me gusta mucho** ir al cine, pero **me encanta** viajar. *In my spare time I like to read, and I like to go to the movies a lot, but I love to travel.*

molestar *to bother*
>—**Me molestan** sus preguntas indiscretas.
>—A mí también.

parecer *to seem*
>—¿Qué **les parece** el horario de trabajo?
>—**Nos parece** fenomenal, sobre todo porque los viernes salimos temprano.

quedar *to be left, to have (something) left*
>—¿Les alcanzó el dinero que les di?
>—Sí, aún **nos quedaron** cinco dólares.

A. Consejos para hacer negocios en México. Un hombre de negocios de Texas les da consejos a sus socios que van a Guadalajara de negocios. Llene el espacio con el pronombre de complemento indirecto apropiado, o con la forma correcta del verbo entre paréntesis.

A la persona que quiere hacer negocios en México _____ (convenir)_____ seguir algunos consejos. Por ejemplo, por lo general, a los mexicanos _____ (importar)_____ mucho los lazos personales y por eso _____ (gustar) _____conocer bien a la gente primero, y hacer negocios después. A nosotros, los estadounidenses, no _____ (interesar)_____ tanto estos detalles. Pasar tiempo conociendo a la gente nos (parecer)_____ una pérdida de tiempo. A nosotros _____ (gustar) _____ ser breves y eficientes.

A los mexicanos _____ (gustar)_____ saber qué nos (parecer)_____ su país. Si contestamos: "A mí _____ (encantar)_____ el clima, la cocina, y la gente", están contentos y se puede empezar a hacer negocios con toda confianza.

B. Las cosas cambian. Cuando era niño(a) quizás Ud. tenía una idea de lo que quería ser. ¿Han cambiado sus ideas? Conteste las siguientes preguntas, usando la construcción especial del verbo **gustar** y otros verbos.

A los trece años...

1. ¿Qué quería ser y por qué?
2. ¿Qué cosas o actividades le interesaban?
3. Después de las clases y los fines de semana, ¿qué le gustaba hacer y con quién(es)?
4. ¿Qué le importaba más a esa edad? Y ¿qué les importaba mucho a sus padres?

Ahora...

1. ¿Qué quiere ser y por qué?
2. ¿Qué cosas o actividades le interesan?
3. 3. Después de las clases y los fines de semana, ¿qué le gusta hacer y con quién(es)?
4. ¿Qué le importa más en la vida? Y ¿qué les importa a sus padres? ¿Le importa mucho a Ud. la opinión de sus padres y la de sus amigos? Explique.
5. ¿Qué es lo que más le molesta a Ud.?
6. ¿Hay algo que le encanta hacer después de las clases o del trabajo? ¿Qué es?

C. A mí también. Forme diez oraciones con un elemento de cada columna.

Modelo: *A mí me duele el estómago.*

I	II	III
A mí...	...(no) convenir...	...los ojos.
A vosotras...	...(no) gustar...	...los exámenes finales.
Al jefe...	...(no) doler...	...la lluvia.
A las personas de negocios...	...(no) encantar...	...la vendedora.
A ti...	...(no) faltar...	...las vacaciones largas.
A la profesora...	...(no) importar...	...dos horas para salir.
A Ud. ...	...(no) molestar...	...este trabajo.
A los estudiantes...	...(no) quedar...	...tiempo para divertirse.
A mi hermana...	...(no) caer bien...	...el estómago.
A mi jefe...		...abrir una cuenta corriente.
Al banquero...		...sobregirarse.
		...renunciar al empleo.
		...atender a los clientes.
		...invertir mucho dinero.
		...los socios.
		...pagar al contado.

D. Necesita saber. Pregúntele a su compañero(a) lo siguiente.

1. ¿Qué te parece esta universidad? ¿Por qué?
2. ¿Cuáles de tus profesores te gustan?
3. ¿Cuánto tiempo te falta para acabar tus estudios?
4. ¿Te interesan los deportes? ¿Cuáles?
5. ¿Te gusta más el sistema de trimestres o el de semestres? ¿Por qué?
6. ¿Qué crees que le molesta al (a la) profesor(a) de español? ¿Qué es lo que más te molesta a ti?
7. A los estudiantes, ¿les interesa vivir cerca o lejos de la universidad? ¿Por qué?
8. Si te falta dinero al fin de mes, ¿qué haces?
9. ¿Te cae bien tu compañero(a) de cuarto? ¿Por qué?
10. ¿Qué haces cuando te duele(n) la cabeza? ¿El estómago? ¿Los pies?

ESTRUCTURA 4: Usos especiales del pronombre se

SE INDEFINIDO...

Se + 3ª persona singular del verbo

Se indefinido expresa una actividad generalizada sin indicar quién ejecuta la acción. (Se traduce al inglés con *one, people, they.*)

Se gana mucho comprando acciones.
Se dice que mi empresa tiene problemas.
Hay quienes creen que **se nace** con suerte o no.

SE EN CONSTRUCCIONES EN LAS QUE NO HAY UN SUJETO RESPONSABLE...

Se + complemento indirecto + 3ª persona singular o plural del verbo

Se usa "se" en este caso para expresar una acción que es el resultado de un acto no deliberado y fuera de nuestro control. (El verbo y el sustantivo concuerdan en número.)

Se me cayó el libro.	*The book fell.*
Se le rompieron los juguetes.	*Her toys broke.*
Cada vez que viajamos **se nos acaban** los ahorros.	*Each time that we travel our savings run out.*

Compare Ud. las dos oraciones:

Yo **perdí** las llaves.	Yo acepto la responsabilidad.	*I lost my keys.*
Se me perdieron las llaves.	Yo no acepto la responsabilidad.	*My keys got lost.*

Algunos verbos que se usan con esta construcción son:

acabarse	pararse
agotarse (terminarse)	perderse (ie)
caerse	quedarse
olvidarse	romperse

PRÁCTICA

A. Más consejos para hacer negocios en México. Cambie Ud. la frases subrayadas (**Ud.** + verbo o **la gente** + verbo) a la forma **se** + 3ª persona singular del verbo.

Para poder quedar bien con los colegas mexicanos <u>Ud. debe saber</u> algunas "reglas sociales". Por ejemplo, en México y muchas partes de América Latina, en reuniones formales e informales <u>la gente tiende</u> a estrecharse la mano *(shake hands)* con más frecuencia que en Estados Unidos. <u>La gente hace</u> esto al saludarse y al despedirse. <u>La gente también suele</u> acercarse más a la persona con quien habla. <u>La gente mantiene</u> contacto visual al conversar. También <u>la gente habla</u> más con las manos (aunque no tanto como algunos europeos). Pero, <u>Ud. debe</u> evitar hacer los gestos si <u>Ud. no sabe</u> bien qué significan. Por ejemplo, cuando <u>Ud. hace</u> un gesto con la mano que para un mexicano, significa "Muchas gracias", el mismo gesto para un argentino significa "¿Qué diablos quieres?".
Por eso, <u>Ud. tiene que</u> tener cuidado.

B. ¿Qué pasa si...? Siga el modelo y hágale preguntas a un(a) compañero(a).

> **Modelo:** olvidarse pagar la cuenta de una tarjeta de crédito
> —*¿Qué pasa si se te olvida pagar la cuenta de una tarjeta de crédito?*
> —*Si se me olvida pagar una cuenta, me cobran intereses altos y me enfado.*

1. acabarse el dinero antes del fin de mes
2. pararse el coche en la carretera
3. perderse las llaves de la casa
4. romperse un espejo *(mirror)*
5. caerse los libros al subir a un autobús

C. ¿Cómo se juega? La lotería es un juego sumamente conocido y popular en México. Es similar al "Bingo" que se juega en los EE.UU. En parejas, miren la tabla siguiente y usando el **se** indefinido, expliquen cómo se juega. Consulten el vocabulario útil y usen la imaginación.

> *Vocabulario útil:*
>
> la baraja = *deck of cards*
> cantar o pregonar las figuras = *to call out or announce the figures*
> el montón de frijoles o piedras = *pile of beans or stones*
> llenar una hilera o tablero entero = *to complete a line or the whole board*
> recibir un premio = *to recibir a prize*
> ganar el derecho de cantar = *to win the right to call out*
> la siguiente tanda = *the next round*

PREPARATIVOS

1. Lea la sección **¿Sabía Ud. que en México... ?**
2. Mire las preposiciones que están en negrita en la lectura de la página 228, "Breve historia de la Ciudad de México." En el segundo párrafo, ¿por qué se usa una *a* delante de la palabra "Tenoch"? Más abajo en el párrafo, ¿qué significa "de una costa *a* otra"?
3. ¿Qué sabe de la civilización de los antiguos aztecas?

¿Sabía Ud. que en México... ?

dazzle
demanding

- **La Ciudad de México** es la capital del país y la ciudad más grande del mundo hispano con una población de más de 20 millones de habitantes. Cuenta con museos, monumentos, universidades, plazas, iglesias, y sitios arqueológicos que deslumbran° al más exigente° visitante. Se conoce como la "ciudad de los palacios" y es el primer centro cultural y turístico del país.
- **Aztlán** era la legendaria región de donde emigraron los aztecas, un pueblo que finalmente se estableció en el valle de México y fundó la ciudad de Tenochtitlán.

▲ *Chichén Itzá*

- **Los toltecas** eran un grupo de amerindios nahuas cuyo reino duró desde el siglo VIII hasta su derrota en 1168. Los aztecas se aprovecharon de su destrucción para apoderarse de sus tierras en el valle de México. Ejemplos impresionantes de las estructuras toltecas se pueden ver en los sitios arqueológicos de Chichén Itzá y Tula.
- **Hernán Cortés** fue un militar español que comenzó la conquista del continente americano cuando pasó con 600 hombres de las islas del Caribe a la península mexicana de Yucatán. La derrota relativamente fácil de los aztecas se debe principalmente a los siguientes factores. La llegada de Cortés y sus hombres coincidió con la fecha en que los aztecas esperaban el regreso del dios Quetzalcóatl que estaba en exilio. Al ver a los españoles, el emperador Moctezuma los tomó por dioses y se entregó a ellos sin resistencia. Además, los aztecas no estaban equipados para enfrentarse con los cañones y las armaduras de los españoles y jamás habían visto un caballo.
- La obligación principal de los emperadores aztecas era gobernar el imperio y encargarse de la política extranjera. Se prohibía contemplar el rostro del emperador, y los nobles lo trataban con el mayor respeto, quitándose las sandalias en su presencia. **Moctezuma II** gobernó desde 1502 hasta 1520 cuando fue derrotado por Hernán Cortés.

Breve historia de la Ciudad de México, capital de la República Mexicana

fishermen / hunters

E n sus orígenes la Ciudad de México era una pequeña población agraria situada en el valle de México. Fue fundada por los aztecas, una tribu de pescadores° y cazadores° que habían salido de Aztlán en busca de tierras después de la derrota de los toltecas.

eagle
beak

Cuenta la leyenda que el dios principal de los aztecas, Huitzilopochtli, le había ordenado **a** Tenoch, sacerdote y jefe de la tribu, que se estableciera en el sitio donde encontrara un águila° posada sobre un cacto **con** una serpiente en el pico°. En 1325, en un islote del lago Texcoco, surgió Tenochtitlán, una comunidad que en menos de doscientos años se convirtió en una de las ciudades más importantes de Mesoamérica, y en un imperio que se extendía de una costa **a** otra. Construyeron magníficos templos para honrar **a** los dioses, desarrollaron las artes y crearon bellos ornamentos de oro y piedras preciosas, interpretaron los astros, calcularon el calendario, incorporaron **a** los dioses de los toltecas en su religión y organizaron expediciones para conquistar más tierras. Pero en un solo año todo esto fue destruido.

En 1519 Hernán Cortés llegó al país **con** una banda de aventureros. En las afueras de Tenochtitlán Cortés y sus soldados fueron bien recibidos por Moctezuma, creyendo que el español era Quetzalcóatl, el legendario dios rubio que había prometido regresar. Pero no todos los aztecas admitieron la divinidad de los invasores y un grupo atacó **a** los españoles el 30 de julio de 1520, fecha conocida como "la noche triste". Cortés reagrupó sus fuerzas y el 19 de julio de 1521 ocurrió la primera ofensiva española. El 13 de agosto del mismo año, la capital azteca fue destruida por los españoles y sobre sus ruinas se construyó la capital de la Nueva España.

COMPRENSIÓN Y PRÁCTICA

Preguntas. Conteste las preguntas.

1. ¿Qué era la Ciudad de México en sus orígenes?
2. ¿Cuándo surgió Tenochtitlán?
3. ¿Cuáles fueron algunos de los logros de los aztecas?
4. ¿Quién llegó en 1519?
5. ¿Qué pasó en "la noche triste"?
6. ¿Cómo reaccionó Cortés?
7. ¿Cuánto tiempo duró la conquista de los aztecas?

ESTRUCTURA 5: Las preposiciones *a* y *con*

A se usa como *a* personal...

1. cuando el complemento directo es una persona, una mascota *(pet)*, o una cosa o idea personificada.

   El empleado no oyó **a** su jefe cuando le dijo que no llevara **a** su perro a la oficina.
   Los abuelos no temen **a** la muerte.

2. con los pronombres indefinidos **alguien, nadie, alguno**, y con **ninguno** y **cualquiera** cuando se refieren a un ser animado.

¿Conoces **a** alguien que haya tenido ese trabajo? No, no conozco **a** nadie.

Atención: Se omite la **a** personal...

   a. después del verbo **tener**.
   b. cuando las personas son indefinidas.

—¿Tienes muchos parientes? —No, sólo tengo un hermano.

Busco un hombre viejo que recuerde cómo era la fábrica hace cincuenta años.

A se usa...

1. para introducir el complemento indirecto *(to, for)*.

   José nos debe dinero **a** nosotros pero le dijimos **a** su madre que no tiene que devolvérnoslo.

2. después de un verbo de movimiento (**ir, venir, bajar, subir, dirigirse, acercarse**), para indicar dirección hacia una persona, cosa o lugar *(to)*.

   Se va **a** Chile para hacer las investigaciones.
   Nos acercamos con gran respeto **al** presidente.

3. para designar la hora a la que ocurre una acción *(at)*.

   Terminamos **a** las siete esta noche, y **a** las ocho iré a tu casa.

4. para señalar lo que ocurrió después de un período de tiempo *(at, on, within)*.

   A los dos meses de conocerse, se casaron y **al** día siguiente se mudaron a Taxco.

5. seguida de un sustantivo para indicar manera o método *(by)*.

   Antes la gente prefería pagar **al** contado.

6. para indicar dos acciones que ocurren al mismo tiempo: **al** + infinitivo *(upon)*.

   Se me ocurrió esa idea **al** entrar al banco. **Al** salir, me olvidé de despedirme.

Con se usa...

1. para expresar acompañamiento *(with)*.

   Voy **con**tigo al banco si vas **con**migo al cine.

2. seguido de un sustantivo como sustituto del adverbio *(with)*.

   Llenó la solicitud **con** cuidado (cuidadosamente).
   Llamó por teléfono **con** frecuencia (frecuentemente) para saber si había conseguido el puesto.

3. para caracterizar a una persona por algo que la acompaña *(with)*.

   El hombre **con** barba es el jefe de la empresa.

PRÁCTICA

Diálogos de oficina. Complete los diálogos con **a**, **al** o **con** solamente si es necesario.

1. —¿Qué busca Ud.?

   —Busco _____ los documentos que me dieron _____ entrar _____ la empresa esta mañana.

   —¿No los encuentra?

   —No. Se me perdieron _____ los dos minutos de entrar en mi despacho.

   —Y la jefa, ¿qué dice?

   —¡Qué va a decir! Me los está pidiendo _____ impaciencia.

2. —Esta noche viajo _____ el gerente de ventas _____ Nueva York. Esperamos encontrar _____ un jefe de empresa que desee invertir dinero en México.

   —¿Conocen _____ alguien?

   —¡Qué va! No conocemos _____ nadie.

   —¿Tienen algunas referencias?

   —No tenemos _____ ninguna.

   —Hermano, _____ todo mi respeto te digo que así no se hacen los negocios.

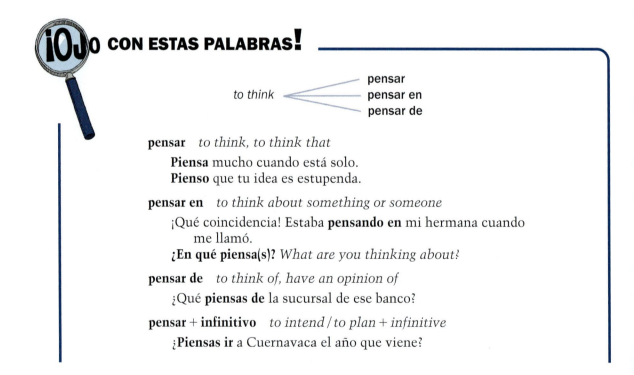

¡OJO CON ESTAS PALABRAS!

to think ⟨ pensar
            pensar en
            pensar de

pensar   *to think, to think that*
> **Piensa** mucho cuando está solo.
> **Pienso** que tu idea es estupenda.

pensar en   *to think about something or someone*
> ¡Qué coincidencia! Estaba **pensando en** mi hermana cuando me llamó.
> **¿En qué piensa(s)?** *What are you thinking about?*

pensar de   *to think of, have an opinion of*
> ¿Qué **piensas de** la sucursal de ese banco?

pensar + infinitivo   *to intend / to plan + infinitive*
> ¿**Piensas ir** a Cuernavaca el año que viene?

to come ⟨ venir
ir
llegar

venir *to come*

Los trabajadores **vienen** aquí para charlar.

ir *to come (when you move toward the person being spoken to)*

—Hija mía, ven acá.
—Ya **voy,** mamá.

ir *to go*

Mañana **iré** a tu oficina y te llevaré los documentos que me pediste.

llegar (a) *to come to, arrive*

En ese momento **llegamos** a la fábrica.

PRÁCTICA

A. Curiosidad. Pregúntele a un(a) compañero(a) de clase.

1. ¿En qué estás pensando en este momento?
2. ¿Qué piensas hacer este fin de semana?
3. Cuando estás triste, ¿en qué piensas para animarte?
4. ¿Qué piensas de la situación económica actual? ¿Te preocupa? ¿Piensas que hay una solución? ¿Cuál?

B. Por favor. Complete el párrafo con los verbos **ir, venir** o **llegar**.

—Aquí estoy, desde hace dos horas, trabajando en mi despacho. ¿Por qué no _____ (tú) a la empresa y _____ (nosotros) al cine? O, si prefieres, yo _____ por ti a casa.

—No te preocupes, yo _____ a tu despacho a eso de las cinco. Si _____ unos minutos tarde, te ruego que me esperes.

Ampliación, conversación y cultura

A. ¿Cuál es su estilo ejecutivo? ¡Lo logró! Finalmente le dieron el ascenso con el que Ud. soñaba. Ya es ejecutivo(a) de la empresa. A ver cómo resuelve los siguientes problemas que han surgido en la oficina. En parejas y en grupos pequeños, representen una de las siguientes escenas.

1. Clara, una de sus mejores empleadas, ha empezado a llegar unos quince minutos tarde todas las mañanas. ¿Qué va a hacer para resolver esto?
2. Ha decidido despedir a Berta, una secretaria que nunca ha sido muy eficiente. Además, últimamente sus cartas han estado llenas de errores. ¿Qué debe hacer?

3. Dos de sus mejores empleados se han peleado. Se cruzan sin mirarse y no se dirigen la palabra. Además, están dividiendo la oficina en dos campos enemigos. ¿Qué hará Ud. para mantener harmonía en la oficina?

 B. Un nuevo puesto. Ud. acaba de conseguir un puesto en el centro de la ciudad y llama a sus padres (dos compañeros de clase) para decírselo. Incluya la siguiente información y la reacción de sus padres.

1. el nombre de la empresa.
2. la clase de negocio.
3. la dirección de la empresa.
4. el tipo de trabajo.
5. el sueldo que va a ganar.
6. las posibilidades que tiene de ascenso.
7. ¿...?

Para la comunicación, se pueden usar las siguientes expresiones.		
¡Qué alegría!	¡Imagínate! (¡Imagínense!)	¡Magnífico!
¡Estupendo!	¡Fantástico!	¡Qué bien!
¡Qué suerte!	¡Qué sorpresa!	¡Parece increíble!
Me gusta muchísimo...	Me encanta...	
No me gusta nada...	A mí me parece razonable que...	
Me interesa poco...	A Uds., ¿qué les parece...?	

C. Necesito trabajar. Haga las actividades siguientes.

1. **¡Me despidieron!** Ud. solicita un empleo en una empresa de mucho prestigio. En la entrevista tendrá que explicarle al (a la) encargado(a) por qué lo (la) despidieron de su trabajo anterior. Escoja una de las siguientes categorías y escriba un párrafo en el que explique qué le pasó. Luego, busque un(a) compañero(a) de clase que haya escrito el mismo párrafo. Compárenlos y combinen lo mejor de los dos párrafos.

   un(a) dependiente en el almacén
   un(a) profesor(a) en la universidad
   un(a) consejero(a) del presidente
   un actor (una actriz) de Hollywood
   otro

2. **La carta de recomendación.** Para conseguir el empleo de sus sueños, la empresa le ha pedido una carta de recomendación, ¡escrita por Ud.! Ahora Ud. tiene la oportunidad de enfatizar todas sus cualidades y capacidades. En un párrafo, escriba una carta de recomendación sobre sí mismo(a).

 D. Miniescenas en el banco. En parejas, preparen miniescenas y represéntenlas delante de la clase.

1. Es su primer día trabajando en el banco. Un(a) cliente quiere abrir su primera cuenta bancaria. Explíquele la diferencia entre los varios tipos de cuentas, los productos que ofrece su banco, lo que es el interés, cómo se escribe un cheque, como usar el cajero automático, las ventajas y las desventajas de usar una tarjeta de crédito, etc.

2. Un(a) cliente va al banco para pedir un préstamo. Ud. tiene que hacerle muchas preguntas sobre su trabajo, su sueldo, sus bienes, etc.

E. Mesa redonda. Escoja tres o cuatro compañeros para formar una mesa redonda e intercambiar ideas sobre uno de los siguientes temas.

1. **La adicción al trabajo**

   El ritmo de la vida actual hace que los que trabajan en grandes empresas comerciales, bancarias, etc., sientan la necesidad de estar ocupados todo el día. ¿Creen Uds. que esta adicción al trabajo es una clase de enfermedad? ¿Conocen Uds. a personas que se sienten culpables si no están trabajando? ¿Son Uds. algunas de ellas? ¿Trabajan en su tiempo libre? ¿Necesitan informarles los demás del motivo por el cual no están trabajando en un determinado momento? ¿A qué se debe este problema?

2. **Sugerencias para una entrevista de empleo**

   ¿Han tenido alguna vez una entrevista de trabajo? Intercambien algunas ideas para salir bien en una entrevista de trabajo. ¡De una buena entrevista puede depender su futuro! Aquí van algunas preguntas importantes: ¿Qué ropa se debe llevar el día de la entrevista? ¿Qué debe decir uno? ¿Qué debe preguntar? Si uno ha sido despedido, ¿se debe mencionar el empleo anterior? ¿Es importante averiguar el sueldo? Si a uno le ofrecen el puesto, ¿hay que aceptarlo de inmediato?

F. Minidrama. En parejas y en grupos pequeños, representen una de las siguientes escenas. ¡Use la imaginación!

1. Convenza a sus padres de que ellos deben dejarlo(a) estudiar para ser maestro(a) de yoga. Insisten en que estudie derecho.

2. Es dentista pero no le gusta su profesión por varias razones. Explíquele estas razones a un(a) consejero(a), quien tratará de ayudarlo(a) a cambiar de profesión.

3. Quiere pedirle al (a la) jefe(a) un aumento de sueldo, pero al llegar a su oficina todo le sale mal.

¿QUÉ SABE UD. DE... MÉXICO?

Menú del día: México

cochinito pibil
arroz rojo
agua fresca de frutas

▲ *Agua fresca de frutas*

México ofrece un mosaico de sabores que refleja las tradiciones culinarias de las diversas gentes que han poblado el país. Yucatán es famoso no sólo por sus exquisitas playas, sino también por sus platos de origen maya. El *cochinito pibil* es cerdo sazonado con achiote y naranja agria y cocido al estilo maya en un horno subterráneo que se cubre con hojas de plátano. Si Ud. se encuentra de vacaciones en Cancún, en Cozumel o en otro sitio maravilloso de Yucatán, pida cochinito pibil con frijoles negros, tortillas de maíz y el delicioso *arroz rojo* que se prepara con tomate, ajo y cebolla. No se olvide de pedir una jarra de *agua fresca* hecha de duraznos, guayaba, fresas y azúcar.

¡Buen provecho!

MÉXICO

Guadalajara, México

Con más de 6.000.000 de habitantes, Guadalajara es la segunda ciudad de México y un centro turístico por excelencia. Es la cuna° de la música de mariachi, el "México de los mexicanos", y con una altura de 1.630 metros sobre el nivel del mar, cuenta con uno de los mejores climas de Norteamérica. Iglesias, calles bordeadas de flores, museos, plazas, parques,

cradle

monumentos y fascinantes excursiones de un día son sólo algunos de los encantos de esta hermosa y cosmopolita ciudad.

En toda ciudad hay atractivos que no aparecen en las guías turísticas. En Guadalajara, uno de éstos es la Feria Internacional del Libro. Todos los años, durante nueve días, agentes literarios, promotores de lectura, escritores, intelectuales, traductores y representantes de casas editoriales de 35 países se reúnen para intercambiar ideas y disfrutar de un dinámico festival cultural. La FIL se compone de más de 50 actividades diferentes diarias entre las que figuran negociaciones y discusiones en torno al libro. El público tiene acceso a miles de libros, y el impacto económico que deja en Guadalajara no tiene precedentes. Todos los años la feria invita a un país o región a que enseñe lo mejor de su repertorio literario. La comunidad catalana fue la invitada de honor para 2004. ¡Qué fascinante! ¿Qué región escogerán para el próximo año?

 ## Ampliación y lectura

CAJAS DE CARTÓN

por Francisco Jiménez

FRANCISCO JIMÉNEZ nació en México en 1943 y vino a Estados Unidos con su familia cuando tenía cuatro años. A los seis años empezó a trabajar en los campos con sus padres y juntos apenas ganaban $15.00 por una jornada de doce horas. De niño sufrió pobreza, humillaciones y toda clase de privaciones. Debido a las constantes mudanzas le fue difícil aprender inglés, ya que no podía matricularse en la escuela hasta mediados de noviembre, después de cosechar las uvas. Descubrió que la salida de la pobreza y la llave del éxito era la educación. Se recibió de la universidad, sacó el master y se doctoró de la Universidad de Columbia y actualmente es catedrático en la Universidad de Santa Clara. Lejos ya de esta vida transitoria, jamás ha olvidado el difícil camino que viajó durante muchos años y se ha dedicado a contar la historia, escribiendo libros, dando clases y conferencias y participando en organizaciones y congresos.

Antes de leer

El trabajo migratorio. *Cajas de cartón* relata, en primera persona, los altibajos y la inseguridad de la vida de los trabajadores migratorios. La historia se desarrolla en una zona agrícola de California, y los protagonistas son una familia mexicana que se pasa la vida mudándose de un lugar a otro para trabajar en los campos de frutas y verduras. El narrador es Panchito, un niño de once años de edad. En la lectura aparecen varios términos que están relacionados con el tema. Se recomienda repasarlos antes de leer.

el contratista *foreman*	**las filas** *rows*
la cosecha *harvest*	**el capataz** *foreman*
el bracero *day laborer*	**empacar** *to pack*
las fresas *strawberries*	**mudarse** *to move*
el pizcador *picker*	**la mudanza** *move*
pizcar *to pick (fruit and vegetables)*	**el surco** *row*
la choza (chocita) *hut (little hut)*	**las uvas** *grapes*
los frijoles *beans*	**el algodón** *cotton*

B. El título. El título de una obra literaria es importante y puede revelar mucho sobre el tema o el contenido de la pieza. ¿Qué imágenes le sugiere el título del cuento, *Cajas de cartón*? ¿Qué usos puede tener una caja de cartón?

C. Párrafo por párrafo. Haga las siguientes actividades que están relacionadas con los primeros párrafos del cuento.

primer párrafo: ¿Qué tiene que ver el mes de agosto con el estado de ánimo *(mood)* de Ito, el contratista?

segundo párrafo: Observe cómo el autor logra crear el efecto de movimiento y de cambio. En el primer párrafo se menciona la reducción en la cantidad de fresas, y esto implica que el número de trabajadores va a ser reducido. ¿Va a pasar algo importante? ¿Qué cree?

tercer párrafo: ¿Por qué se sintió triste Panchito?

cuarto párrafo: El autor nos transmite los sentimientos de los protagonistas a través de palabras y expresiones cortas. ¿Cómo se sentían Papá y Roberto? ¿Cómo lo sabe Ud.? ¿Qué palabras o expresiones expresan este(os) sentimiento(s)?

quinto párrafo: ¿Qué pasó cuando Panchito abrió la puerta de su chocita? ¿Cómo se sintió? ¿Qué hizo?

los cinco párrafos: ¿Qué sabe de la jornada *(work day)*, la temporada *(season)* y la situación de los trabajadores migratorios?

CAJAS DE CARTÓN

Parte 1

Era a fines de agosto. Ito, el contratista, ya no sonreía. Era natural. La cosecha de fresas terminaba, y los trabajadores, casi todos braceros, no recogían tantas cajas de fresas como en los meses de junio y julio.

Cada día el número de braceros disminuía. El domingo sólo uno —el mejor pizcador— vino a trabajar. A mí me caía bien°. A veces hablábamos durante nuestra media hora de almuerzo. Así es como aprendí que era de Jalisco, de mi tierra natal°. Ese domingo fue la última vez que lo vi.

Cuando el sol se escondía detrás de las montañas, Ito nos señaló que era hora de ir a casa. "Ya hes horra"°, gritó en su español mocho°. Ésas eran las palabras que yo ansiosamente esperaba doce horas al día, todos los días, siete días a la semana, semana tras° semana, y el pensar que no las volvería a oír me entristeció.

Por el camino rumbo a casa°, Papá no dijo una palabra. Con las dos manos en el volante miraba fijamente hacia el camino. Roberto, mi hermano mayor, también estaba callado. Echó para atrás la cabeza y cerró los ojos. El polvo que entraba de fuera lo hacía toser° repetidamente.

Era a fines de agosto. Al abrir la puerta de nuestra chocita me detuve. Vi que todo lo que nos pertenecía estaba empacado en cajas de cartón. De repente° sentí aún más el peso° de las horas, los días, las semanas, los meses de trabajo. Me senté sobre una caja, y se me llenaron los ojos de lágrimas al pensar que teníamos que mudarnos a Fresno.

Esa noche no pude dormir, y un poco antes de las cinco de la madrugada Papá, que a la cuenta tampoco había pegado los ojos en toda la noche, nos levantó. A pocos minutos los gritos alegres de mis hermanitos, para quienes la mudanza era una gran aventura, rompieron el silencio del amanecer. Los ladridos° de los perros pronto los acompañaron.

Mientras empacábamos los trastes° del desayuno, Papá salió para encender la "Carcanchita". Ése era el nombre que Papá le puso a su viejo Plymouth negro del año '38. Lo compró en una agencia de carros usados en Santa Rosa en el invierno de 1949. Papá estaba muy orgulloso de su carro. "Mi Carcanchita" lo llamaba cariñosamente. Tenía derecho a sentirse así. Antes de comprarlo, pasó mucho tiempo mirando otros carros. Cuando al fin escogió la "Carcanchita", la examinó palmo a palmo. Escuchó el motor, inclinando la cabeza de lado a lado como un perico°, tratando de detectar cualquier ruido que pudiera indicar problemas mecánicos. Después de satisfacerce con la apariencia y los sonidos del carro, Papá insistió en saber quién había sido el dueño. Nunca lo supo, pero compró el carro de todas maneras°. Papá pensó que el dueño debió haber sido alguien importante porque en el asiento de atrás encontró una corbata azul.

Papá estacionó el carro enfrente a la choza y dejó andando el motor. "Listo", gritó. Sin decir palabra, Roberto y yo comenzamos a acarrear° las cajas de cartón al carro. Roberto cargó las dos más grandes y yo las más

I liked him

native land

It's time / broken Spanish

after

heading home

to cough

suddenly / weight

barking
pots and pans

parakeet

anyway

to carry

chicas. Papá luego cargó el colchón ancho sobre la capota del carro y lo amarró con lazos para que no se volara con el viento en el camino.

pot

Todo estaba empacado menos la olla° de Mamá. Era una olla vieja y galvanizada que había comprado en una tienda de segunda en Santa María el año en que yo nací. La olla estaba llena de abolladuras° y mellas°, y mientras más abollada estaba, más le gustaba a Mamá. "Mi olla" la llamaba orgullosamente.

dents / scratches

I kept

Sujeté° abierta la puerta de la chocita mientras Mamá sacó cuidadosamente su olla, agarrándola por las dos asas° para no derramar° los frijoles cocidos. Cuando llegó al carro, Papá tendió° las manos para ayudarle con ella. Roberto abrió la puerta posterior del carro y Papá puso la olla con mucho cuidado en el piso detrás del asiento. Todos subimos a la "Carcanchita". Papá suspiró, se limpió el sudor de la frente con las mangas de la camisa, y dijo con cansancio: "Es todo".

handles / to spill

stretched out

Mientras nos alejábamos, se me hizo un nudo en la garganta. Me volví y miré nuestra chocita por última vez.

Al ponerse el sol llegamos a un campo de trabajo cerca de Fresno. Ya que Papá no hablaba inglés, Mamá le preguntó al capataz si necesitaba más trabajadores. "No necesitamos a nadie", dijo él, rascándose° la cabeza, "pregúntele a Sullivan. Mire, siga este mismo camino hasta que llegue a una casa grande y blanca con una cerca° alrededor. Allí vive él".

scratching

fence

Cuando llegamos allí, Mamá se dirigió a la casa. Pasó por la cerca, por entre filas de rosales hasta llegar a la puerta. Tocó el timbre. Las luces del portal se encendieron y un hombre alto y fornido salió. Hablaron brevemente. Cuando el hombre entró en la casa, Mamá se apresuró hacia el carro. "¡Tenemos trabajo! El señor nos permitió quedarnos allí toda la temporada", dijo un poco sofocada de gusto y apuntando hacia un garaje viejo que estaba cerca de los establos.

run down / Destroyed /
termites

El garaje estaba gastado° por los años. Roídas° por comejenes°, las paredes apenas sostenían el techo agujereado. No tenía ventanas y el piso de tierra suelta ensabanaba todo de polvo.

Esa noche, a la luz de una lámpara de petróleo, desempacamos las cosas y empezamos a preparar la habitación para vivir. Roberto, enérgicamente se puso a barrer el suelo; Papá llenó los agujeros de las paredes con periódicos viejos y con hojas de lata. Mamá les dio de comer a mis hermanitos. Papá y Roberto entonces trajeron el colchón y lo pusieron en una de las esquinas del garaje. "Viejita", dijo Papá, dirigiéndose a Mamá, "tú y los niños duerman en el colchón. Roberto, Panchito, y yo dormiremos bajo los árboles."

Parte 2

Muy temprano por la mañana siguiente, el señor Sullivan nos enseñó donde estaba su cosecha y, después del desayuno, Papá, Roberto y yo nos fuimos a la viña° a pizcar.

vineyard

soaked

A eso de las nueve, la temperatura había subido hasta cerca de cien grados. Yo estaba empapado° de sudor y mi boca estaba tan seca que parecía como si hubiera estado masticando un pañuelo. Fui al final del surco, cogí la jarra de agua que habíamos llevado y comencé a beber. "No tomes mucho; te vas a enfermar", me gritó Roberto. No había acabado de advertirme cuando sentí un gran dolor de estómago. Me caí de rodillas y la jarra se me deslizó de las manos. Solamente podía oír el zumbido° de los insectos. Poco a poco me

buzzing

empecé a recuperar. Me eché agua en la cara y en el cuello y miré el lodo° *mud*
negro correr por los brazos y caer a la tierra que parecía hervir.

Todavía me sentía mareado a la hora del almuerzo. Eran las dos de la tarde y nos sentamos bajo un árbol grande de nueces° que estaba al lado del *walnuts* camino. Papá apuntó el número de cajas que habíamos pizcado. Roberto trazaba diseños en la tierra con un palito. De pronto vi palidecer° a Papá que *to get pale* miraba hacia el camino. "Allá viene el camión de la escuela", susurró° *he whispered* alarmado. Instintivamente, Roberto y yo corrimos a escondernos entre las viñas. El camión amarillo se paró frente a la casa del señor Sullivan. Dos niños muy limpiecitos y bien vestidos se apearon. Llevaban libros bajo sus brazos. Cruzaron la calle y el camión se alejó. Roberto y yo salimos de nuestro escondite° y regresamos adonde estaba Papá. "Tienen que tener *hiding place* cuidado", nos advirtió°. *he warned*

Después del almuerzo volvimos a trabajar. El calor oliente y pesado, el zumbido de los insectos, el sudor y el polvo hicieron que la tarde pareciera una eternidad. Al fin las montañas que rodeaban el valle se tragaron el sol. Una hora después estaba demasiado obscuro para seguir trabajando. Las parras° tapaban las uvas y era muy difícil ver los racimos. "Vámonos", dijo *grapevines* Papá señalándonos que era hora de irnos. Entonces tomó un lápiz y comenzó a figurar cuánto habíamos ganado ese primer día. Apuntó números, borró algunos, escribió más. Alzó la cabeza sin decir nada. Sus tristes ojos sumidos° *sunken* estaban humedecidos.

Cuando regresamos del trabajo, nos bañamos afuera con el agua fría bajo una manguera. Luego nos sentamos a la mesa hecha de cajones de madera y comimos con hambre la sopa de fideos°, las papas y tortillas de harina blanca *noodles* recién hechas. Después de cenar nos acostamos a dormir, listos para empezar a trabajar a la salida del sol.

Al día siguiente, cuando me desperté, me sentía magullado°; me dolía *beaten* todo el cuerpo. Apenas podía mover los brazos y las piernas. Todas las mañanas cuando me levantaba me pasaba lo mismo hasta que mis músculos se acostumbraron a ese trabajo.

Era lunes, la primera semana de noviembre. La temporada de uvas se había terminado y yo podía ir a la escuela. Me desperté temprano esa mañana y me quedé acostado mirando las estrellas y saboreando el pensamiento de no ir a trabajar y de empezar el sexto grado por primera vez ese año. Como no podía dormir, decidí levantarme y desayunar con Papá y Roberto. Me senté cabizbajo frente a mi hermano. No quería mirarlo porque sabía que él estaba triste. Él no asistiría a la escuela hoy, ni mañana, ni la próxima semana. No iría hasta que se acabara la temporada de algodón, y eso sería en febrero. Me froté° las manos y miré la piel seca y manchada de ácido *I rubbed* enrollarse y caer al suelo.

Cuando Papá y Roberto se fueron a trabajar, sentí un gran alivio. Fui a la cima de una pendiente cerca de la choza y contemplé a la "Carcanchita" en su camino hasta que desapareció en una nube de polvo.

Dos horas más tarde, a eso de las ocho, esperaba el camión de la escuela. Por fin llegó. Subí y me senté en un asiento desocupado. Todos los niños se entretenían hablando o gritando.

Estaba nerviosísimo cuando el camión se paró delante de la escuela. Miré por la ventana y vi una muchedumbre de niños. Algunos llevaban libros, otros juguetes. Me bajé del camión, metí las manos en los bolsillos, y fui a la oficina del director. Cuando entré oí la voz de una mujer diciéndome: "May I help you?" Me sobresalté. Nadie me había hablado inglés desde hacía meses. Por varios segundos me quedé sin poder contestar. Al fin, después de mucho esfuerzo, conseguí decirle en inglés que me quería matricular en el sexto grado. La señora entonces me hizo una serie de preguntas que me parecieron impertinentes. Luego me llevó a la sala de clases. El señor Lema, el maestro de sexto grado, me saludó cordialmente, me asignó un pupitre, y me presentó a la clase. Estaba tan nervioso y tan asustado en ese momento cuando todos me miraban que deseé estar con Papá y Roberto pizcando algodón. Después de pasar la lista, el señor Lema le dio a la clase la asignatura de la primera hora. "Lo primero que haremos esta mañana es terminar de leer el cuento que comenzamos ayer", dijo con entusiasmo. Se acercó a mí, me dio su libro y me pidió que leyera. "Estamos en la página 125", me dijo. Cuando lo oí, sentí que toda la sangre me subía a la cabeza, me sentí mareado. "¿Quisieras leer?" me preguntó en un tono indeciso. Abrí el libro a la página 125. Mi boca estaba seca. Mis ojos se me comenzaron a aguar. El señor Lema entonces le pidió a otro niño que leyera.

Durante el resto de la hora me empecé a enojar más y más conmigo mismo. Debí haber leído, pensaba yo.

Durante el recreo me llevé el libro al baño y lo abrí a la página 125. Empecé a leer en voz baja, pretendiendo que estaba en la clase. Había muchas palabras que no sabía. Cerré el libro y volví a la sala de clase.

El señor Lema estaba sentado en su escritorio. Cuando entré me miró sonriendo. Me sentí mucho mejor. Me acerqué a él y le pregunté si me podía ayudar con las palabras desconocidas. "Con mucho gusto", me contestó.

El resto del mes pasé mis horas de almuerzo estudiando ese inglés con la ayuda del buen señor Lema. Un viernes durante la hora del almuerzo, el señor Lema me invitó a que lo acompañara a la sala de música. "¿Te gusta la música?", me preguntó. "Sí, muchísimo", le contesté entusiasmado, "me gustan los corridos mexicanos"°. El sonido me hizo estremecer°. Me encantaba ese sonido. "¿Te gustaría aprender a tocar este instrumento?", me preguntó. Debió haber comprendido la expresión en mi cara porque antes que yo respondiera, añadió: "Te voy a enseñar a tocar esta trompeta durante las horas del almuerzo".

Ese día casi no podía esperar el momento de llegar a casa y contarles las nuevas a mi familia. Al bajar del camión me encontré con mis hermanitos que gritaban y brincaban° de alegría. Pensé que era porque yo había llegado, pero al abrir la puerta de la chocita, vi que todo estaba empacado en cajas de cartón...

Mexican folk songs / tremble (margin gloss)

were jumping (margin gloss)

Vocabulario

▶ Verbos

acostarse *to go to bed*
cargar *to carry*
darle de comer *to feed*
despertarse *to wake up*
disminuir *to lessen, diminish*
entristecer *to sadden*
esconderse *to hide*

pararse *to stop*
pertenecer *to belong*
ponerse a + infinitivo *to start doing something*
quedarse *to stay*
recoger *to pick (up), collect*
sonreír *to smile*

▶ Sustantivos

el colchón *mattress*
el camión *bus (Mex.)*

la lágrima *tear*
la madrugada *morning*

▶ Adjetivo

alarmado *alarmed*
mareado *dizzy*

orgulloso *proud*
seco *dry*

Repasemos el vocabulario

A. ¡Nos mudamos otra vez! Panchito, el narrador del cuento, recuerda cuando tuvo que abandonar la escuela y mudarse otra vez con su familia. Llene los espacios de esta breve narración con las palabras apropiadas de la lista.

mudanza   sonreía   dio de comer   quedarme   lágrimas
me acosté   madrugada   me puse   mudarnos   nos despertamos

   Cuando llegué a casa vi que todo estaba empacado en cajas de cartón. Esto significaba que íbamos a 1._____ a quién sabe dónde para pizcar uvas u otras cosas. Esa noche cuando 2. _____ afuera, 3. _____ a pensar en el maestro, el señor Lema. Era tan bueno conmigo, y siempre 4. _____ cuando yo entraba en la sala de clase. ¡Hasta iba a enseñarme a tocar la trompeta! El día de la 5. _____, nosotros 6. _____ antes de las cinco de la 7. _____. Mi mamá nos 8. _____ unas tortillas secas con frijoles, y empacamos las cajas. Por el camino rumbo a Fresno pensé, "Ojalá pudiera 9. _____ en la escuela con el señor Lema y la trompeta", y se me llenaron los ojos de 10. _____.

B. Más recuerdos. Ya mayor, Panchito reflexiona sobre su juventud. Llene los espacios con la forma correcta de las palabras en la lista de arriba. Cambie los verbos al imperfecto.

1. Mi papá estaba muy _____ de la "Carcanchita" y mi mamá de su olla.

2. Como mi hermano Roberto era mayor que yo, siempre _____ las cajas más grandes.

3. Un día, yo tenía la boca muy _____ por el calor intenso. Tomé tanta agua que me sentí _____ y tuve que descansar en la sombra de un árbol.

4. Mis hermanos y yo trabajábamos pizcando fruta y verduras en los campos pero debíamos estar en la escuela como los otros niños de nuestra edad. Por eso, cuando venía el _____ de la escuela mi papá, muy _____ gritaba "¡Allá viene!", y nosotros _____ entre las viñas.

Según la lectura

Parte 1

Basándose en la lectura, termine las oraciones de una manera lógica.

1. Sabemos que la familia de Panchito es mexicana porque...
2. Ito...
3. El papá de Panchito y su hermano mayor estaban callados porque...
4. Cuando Panchito entró en la chocita donde vivía...
5. El carro del papá...
6. Cuando compró el carro pensó que el dueño original...
7. La olla de la mamá de Panchito...
8. En esta familia la persona que mejor habla inglés...
9. Cuando Panchito y su familia llegaron a Fresno...
10. El garaje...

Parte 2

Basándose en la lectura, termine las oraciones de una manera lógica.

1. En Fresno la familia iba a pizcar...
2. Por el tremendo calor que hacía...
3. La primera semana de noviembre...
4. El maestro del sexto grado...
5. Cuando Panchito entró en la sala de clase...
6. Durante el recreo...
7. Un día, en la sala de música,...
8. Ese día, al volver a su chocita,...

Según usted

1. ¿Por qué esta familia se limita a trabajar en los campos?
2. ¿Por qué el papá se ha encariñado tanto con su carro y la mamá con su olla? ¿Qué importancia tienen estos objetos para ellos?
3. No se explica nada en la lectura, pero ¿podría decir por qué es la mamá y no el papá quien habla inglés?
4. ¿A qué se deben las atenciones y los detalles que tiene el señor Lema con Panchito? ¿Por qué es tan bueno con él?
5. Al enterarse de que iban a mudarse una vez más, los hermanitos de Panchito "gritaban y brincaban" de alegría. ¿Por qué?

Conversemos

1. Compare y contraste la situación de los dos hermanos, Panchito y y su hermano Roberto. ¿En qué se parecen? ¿Cómo se difieren sus vidas?

2. Al final del cuento, ¿pudo compartir Ud. con Panchito el impacto al ver las cajas de cartón? ¿Cómo logró el autor que pasara esto?

3. Haga una lista de todas las dificultades, incomodidades, desventajas y desilusiones que sufre la familia de Panchito. Ahora, comente las actitudes de los miembros de la familia. Póngase en el lugar de... y diga cómo se sentiría si estuviera en su situación.
   a. Panchito
   b. Roberto
   c. el papá
   d. la mamá
   e. los hermanitos de Panchito
   f. el capataz del campo de trabajo en Fresno

4. Imagínese que... Use la imaginación y diga qué pasaría en cada situación.
   a. La "Carcanchita" se descompone.
   b. Uno de los niños se enferma gravemente.
   c. El papá se enferma y queda incapacitado para trabajar.
   d. Debido a condiciones climáticas inesperadas, se agotan los trabajos en los campos.
   e. Roberto o Panchito se niega (refuses) a mudarse con la familia.

LA MUERTE VISTA POR EL MEXICANO DE HOY
por Luis Alberto Vargas

▶ *Gran fandango y francachela de todas las calaveras (Grabado satírico del mexicano José Guadalupe Posada)*

¿Adónde irán los muertos?

¡Quién sabe adónde irán!

—Canción popular

El mexicano de hoy sigue angustiado ante la perspectiva de morir, como toda la humanidad, pero a diferencia de otros pueblos, no se esconde ante la muerte, sino que vive con ella, la hace objeto de burlas y juegos e intenta olvidarla transformándola en algo familiar. Sin embargo, todo este juego encubre° un respeto absoluto hacia la muerte que determina en gran parte la conducta popular. *(hide, conceal)*

Esta actitud se manifiesta en muy diversas formas actualmente y si bien todo el año le brinda al mexicano oportunidad para temer a la muerte despreciándola, nunca lo hace con tanto afán como el 1 de noviembre, festividad que la iglesia católica dedica a los fieles° difuntos y que en México ha perdido nombre tan solemne para transformarse en el Día de los Muertos. En esta fecha, todos los habitantes del país tienen la obligación moral de dirigirse a los cementerios para visitar a "sus" muertos y dejarles un recuerdo sobre la tumba. Se aprovecha la ocasión para "pasar el día" con los desaparecidos y toda la familia acude, llevando alimentos y bebidas al cementerio. En muchas ocasiones, parte del homenaje° a los muertos se hace en casa, adornando una mesa en forma especial que se ofrece en honor al muerto; en ella se colocan objetos del gusto del difunto: una botella con su bebida favorita, una baraja° si era jugador, etc. Con frecuencia todo esto está delante de la fotografía del desaparecido. *(faithful) (homage) (deck of cards)*

La comida del Día de los Muertos tiene un significado ritual y es elaborada con anticipación y reverencia, pero el derroche de habilidad° se manifiesta en las famosas calaveras hechas de azúcar que llevan en la frente el nombre del amigo a quien se obsequian. El "pan de muertos" es exclusivo de esta fecha y tiene muy variadas formas, desde la de un cuerpo humano o huesos, hasta la de una especie de montaña salpicada con ajonjolí°, azúcar y grajeas° y adornada con bolas° del mismo pan. *(display of talent) (dotted with sesame seeds) (sprinkles / little balls)*

La muerte es también tema frecuente de las canciones mexicanas, particularmente de los corridos, en los que se relatan catástrofes, fusilamientos°, aventuras de hombres valerosos o cualquier otro suceso notable. En boca del general revolucionario Felipe Ángeles, antes de ser fusilado, se ponen las siguientes palabras: *(executions)*

> Y aquí está mi corazón
> para que lo hagan pedazos
> porque me sobra valor
> para recibir balazos°. *(gunshots)*

Igualmente son muy conocidas las frases "la vida no vale nada" y "si me han de matar mañana, que me maten de una vez", que provienen de canciones mexicanas y que resumen ese aparente desprecio al morir.

Pero la indiferencia aparente ante la muerte no queda sólo en el plano de las actividades populares, sino impresa en el plano de la Ciudad de México, ya que éste es uno de los pocos sitios donde se puede vivir en la calzada° del Hueso, trabajar cerca de la Barranca del Muerto° y beber una copa en la cantina "la Calavera". *(avenue) (street in Mexico City)*

Práctica

Diga Ud...,

1. ¿en qué se diferencian los mexicanos de las personas de otros países en la actitud ante la muerte?

2. ¿cómo son las ceremonias del Día de los Muertos en el cementerio? ¿Y las ceremonias de la casa?

3. ¿qué características tienen el "pan de muertos" y las calaveras hechas de azúcar?

4. ¿qué resumen las canciones mexicanas que hablan de la muerte?

5. ¿dónde se puede sentir en la Ciudad de México la indiferencia aparente ante la muerte?

6. ¿qué semejanzas y diferencias puede ver Ud. entre *Halloween*[1] y el Día de los Muertos en México?

ALGO MÁS SOBRE MÉXICO

A. Ampliar lo que sabemos. ¿Les gustaría aprender más sobre México? Reúnanse en grupos de tres o cuatro personas y preparen una presentación sobre uno de los siguientes temas. Elijan el que más les interese, o escojan otro que no aparezca en la lista.

- La diversidad de la población mexicana. Las distintas etnias indígenas y sus problemas de supervivencia. El elemento africano-americano. Los criollos. La mayoría mestiza.
- La geología de México: terremotos y volcanes.
- La economía mexicana: sus logros y sus retos. La inmigración mexicana a Estados Unidos. La importancia de la comunidad mexicano-americana y chicana en la economía de Estados Unidos.
- Algunos momentos de la historia de México. La cultura maya hasta la llegada de los españoles. El Imperio Azteca y su relación con otras culturas mesoamericanas. La conquista de Hernán Cortés y la época colonial. De la Independencia a la guerra con los Estados Unidos. La Revolución Mexicana: sus metas y sus límites. El sistema político del México contemporáneo.
- La religiosidad del pueblo mexicano. La presencia de la religión católica y su sincretismo con tradiciones precolombinas: la Virgen de Guadalupe, el Día de los Muertos, etc. Las distintas corrientes dentro de la Iglesia católica: las actitudes tradicionalistas frente a la teología de la liberación. Las tensiones entre los obispos católicos de Chiapas y el gobierno mexicano.
- La literatura mexicana, síntesis de la civilización nativa americana y de la europea: de Sor Juana Inés de la Cruz a Octavio Paz. La excelente producción literaria del siglo XX.
- Las diferente clases de música de México. La música étnica. La música folklórica: los mariachis y los grupos de baile. La música de los jóvenes:

---

[1] Para leer sobre la celebración de *Halloween* en Colombia, véase la página 411.

pop, rock y música alternativa. La música clásica en la época colonial y en la contemporánea.

- El cine mexicano. Su importancia tradicional en el mercado latinoamericano y las grandes estrellas. La huella de Luis Buñuel. El éxito internacional de *Como agua para chocolate*. Las nuevas tendencias.

- Las grandes obras arquitectónicas aztecas y mayas: sus templos, palacios, observatorios astronómicos, etc. Los museos de México: el Museo de Antropología y los otros museos.

- La ciudad de México: sus orígenes en Tenochtitlán, su evolución durante la colonia, su aspecto actual, arquitectura y urbanismo, monumentos más significativos, población y sociología. Otras ciudades interesantes: Puebla, Oaxaca, Mérida, Tijuana, etc.

- Las artes en México. Los (Las) grandes artistas y fotógrafos(as) del siglo XX: Frida Kahlo, Diego Rivera, Tina Modotti, Elena Climent y los (las) demás.

- La cocina mexicana: variedad gastronómica desde Baja California hasta Yucatán.

B. Compartir lo que sabemos. ¿Cómo preparar la presentación?

1. Utilicen todo tipo de fuentes de información para hacer investigación sobre el tema escogido: libros, prensa, Internet, etc.

2. Incluyan en su presentación todos los medios audiovisuales que crean convenientes: fotografías, mapas, dibujos, videos, cintas o discos de música, etc.

3. Ofrézcanles a sus compañeros(as) de clase un esquema de todos los puntos que van a desarrollar en su presentación.

Ampliación y composición

¡REVISE SU ORTOGRAFÍA!

Las combinaciones *ca, que, qui, co, cu*

1. Se escriben con **c** las combinaciones **ca, co** y **cu**.

    Acusan a Juan de robar **co**sas de una **ca**sa.
    Me gusta el **ca**fé de **Co**lombia y de **Cu**ba.

    Recuerde que **ce** y **ci** suenan / se / y / si /. Por ejemplo: Ha**ce ci**tas con chicas de la ciudad.

2. Se escriben con **qu** sólo las combinaciones **que** y **qui**. La **u** que sigue a la **q** no tiene sonido.

    ¿Quién **qui**ere a**qu**el **que**so?

    Recuerde que en los verbos que terminan en **-car** la **c** cambia a **qu** cuando va seguida de **e**:

colocar	colo**co**	colo**qué**
sacar	sa**ca**mos	sa**qué**
tocar	to**ca**n	to**ques**

3. Se escriben las combinaciones **cue** y **cui** sólo cuando queremos indicar que la **u** sí suena. También es el caso de las combinaciones **cua** y **cuo**.

Cuánto contaminan los humanos es una **cue**stión que me preocupa mucho. **Cua**ndo pagues la **cuo**ta del gimnasio, podrás ir a **cui**dar el **cue**rpo.

¡Ojo con las palabras que en inglés se escriben con **qu**! Por ejemplo:

*qua*ntity	**ca**ntidad
*qua*lity	**ca**lidad, **cua**lidad
*que*stion	**cue**stión

ENFOQUE: La carta

¿Ha escrito Ud. alguna vez una carta en español? Si no lo ha hecho hasta ahora, ¡manos a la obra! Ésta es su gran oportunidad para dirigirse a un(a) amigo(a) hispano(a), indicándole que piensa ir pronto a su país. Siga el modelo y use las expresiones indicadas.

Prepárese a escribir

Para la comunicación: Encabezamiento

Querido(a) amigo(a):
Recordado(a) (nombre):

Introducción

Te escribo para informarte que...

Me alegra comunicarte que...

Quiero decirte que...

Te comunico que...

Agradecimiento por el servicio

Te voy a quedar muy agradecido(a) si...

Gracias por...

Mi agradecimiento más sincero.

Despedida

Atentamente,

Un abrazo,

Hasta pronto,

Tu amigo(a),

¡Organice sus ideas!

Modelo:

Santa Bárbara, 3 de febrero de 200...

Querido(a)...:

Primer párrafo:

Informar que piensa hacer un viaje a España o a México. Indicar la fecha y la razón.

Segundo párrafo:

Pedir información sobre el clima en esa época del año, la ropa que debe llevar, si es preferible llevar dinero en efectivo o en cheques de viajero, etc.

Tercer párrafo:

Agradecer el servicio y despedirse amigablemente.

(Firma)

LECCIÓN 6

¡Cuide su salud!

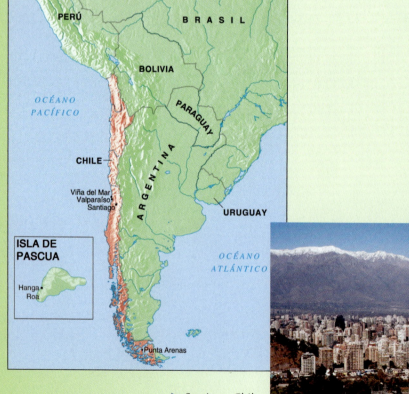

¡CHARLEMOS!

Charle con un(a) compañero(a) de clase sobre su salud y sobre qué hace para mantenerse en forma. Puede consultar el vocabulario en las páginas 250–252.

1. ¿Qué haces para mantenerte en forma? ¿Haces ejercicio? ¿Corres? ¿Tomas vitaminas todos los días? ¿Tienes una buena alimentación? Explica.

2. ¿Cuándo fue la última vez que estuviste enfermo(a)? ¿Te quedaste en cama? ¿Cuáles fueron los síntomas? ¿Te dolía la cabeza? ¿Tenías fiebre? ¿Consultaste al (a la) médico(a)?

¡CHARLEMOS MÁS!

1. ¿Has tenido alguna vez un accidente? ¿Cómo y cuándo ocurrió el accidente? ¿Tuvieron que llamar a la ambulancia?

2. ¿Has estado alguna vez internado(a) en un hospital? Describe la experiencia.

ENFOQUE: Chile

▶ *Santiago, Chile*

▶ *Un hospital en Santiago, Chile*

Capital: *Santiago*
Moneda: *el peso chileno*
Población: *15.8 millones de habitantes*

Algo sobre Chile

Chile tiene una geografía inconfundible y exótica: Este país es treinta veces más largo que ancho y la cordillera de los Andes lo cruza de norte a sur como si fuera su espina dorsal. La costa chilena casi alcanza las 3.000 millas y en el norte del país se encuentran los desiertos más secos del mundo, la isla de la Tierra del Fuego y Rapa Nui *(Easter Island)* también pertenecen a Chile. Este país produce el 47 por ciento del yodo *(iodine)* en el mundo, y es el tercer productor mundial de cobre *(copper)*. Durante años el famosísimo nitrato de Chile fue uno de los fertilizantes más preciados del mundo y el producto básico para la fabricación de pólvora *(gunpowder)*. Estos datos bastan para situar a Chile entre los países latinoamericanos más desarrollados.

EN LA SALA DE ESPERA

▶ La salud

estar en forma *to be in good shape*
estar fuerte (débil) *to be strong (weak)*

gozar de buena salud *to be healthy*
sentirse (ie) bien (mal) *to feel well (ill)*

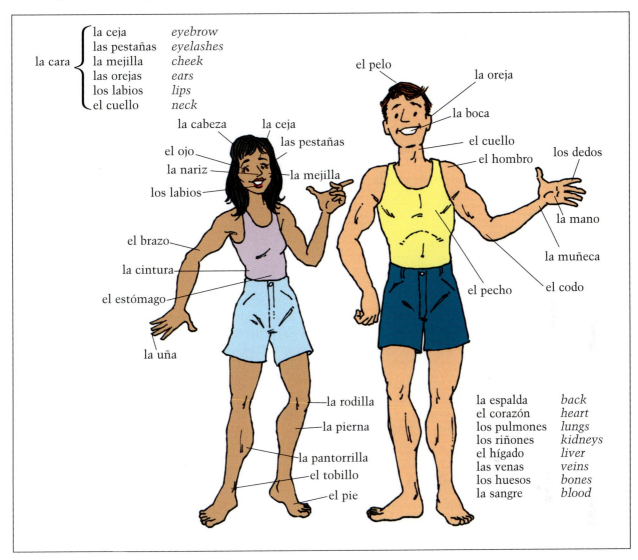

la cara {	la ceja	eyebrow
	las pestañas	eyelashes
	la mejilla	cheek
	las orejas	ears
	los labios	lips
	el cuello	neck

el pelo
la oreja
la cabeza
la ceja
el ojo
las pestañas
la nariz
la mejilla
los labios
la boca
el cuello
el hombro
los dedos
el brazo
la mano
la cintura
la muñeca
el estómago
el pecho
el codo
la uña

| la espalda | back |
| el corazón | heart |
la rodilla
| los pulmones | lungs |
la pierna
| los riñones | kidneys |
| el hígado | liver |
la pantorrilla
| las venas | veins |
el tobillo
| los huesos | bones |
el pie
| la sangre | blood |

▶ **En el consultorio (la sala de consulta) del médico (doctor)**

aliviar el dolor *to relieve the pain*
dar a luz *to give birth*
el diagnóstico *diagnosis*
la dolencia *complaint, ailment*
la enfermedad *sickness*
el (la) enfermero(a) *nurse*
el (la) enfermo(a) *sick person*
estar embarazada *to be pregnant*
estar enfermo(a) (enfermarse) *to be sick*
  (to get sick)

el examen médico *medical exam*
el (la) paciente *patient*
pagar la consulta *to pay for the visit*
pasar la cuenta médica *to submit the medical bill*
poner una inyección *to give a shot*
ponerse boca abajo (boca arriba) *to lie face down*
  (face up)
la presión arterial *blood pressure*
recetar píldoras (pastillas) *to prescribe pills*
respirar profundamente *to breathe deeply*

sacar la lengua *to stick one's tongue out*
ser alérgico(a) a los antibióticos *to be allergic to antibiotics*

tener cita (hora) *to have an appointment*
tomarle la temperatura a alguien *to take someone's temperature*

▶ **Los síntomas de las enfermedades y los medicamentos**

bostezar *to yawn*
el catarro (el resfriado) *cold*
desmayarse *to faint*
la dificultad en respirar *difficulty breathing*
doler(le) (ue) los pies (las manos) *to have one's legs (hands) hurt*
el dolor de garganta (de estómago, de muelas) *sore throat (stomachache, toothache)*
estar mareado *to feel dizzy*
estornudar *to sneeze*
el (la) farmacéutico(a) *pharmacist*

la gripe *flu*
el jarabe para la tos *(cough) syrup*
llevar días sin dormir *to go days without sleeping*
los medicamentos (las medicinas) *medicines*
los remedios caseros *home remedies*
sufrir de insomnio *to suffer from insomnia*
tener (ie) fiebre *to run a fever*
tener vómitos (náuseas) *to vomit, throw up (to feel nauseated)*
toser *to cough*

▶ **En la sala de emergencias (urgencias) del hospital**

el accidente *accident*
la ambulancia *ambulance*
el análisis de sangre (de orina) *blood test (urine test)*
atropellar *to run over*
la camilla *stretcher*
estar enyesado(a) *to be in a cast*
estrellarse contra *to crash into*
fracturarse (romperse) una pierna *to fracture (break) a leg*

el (la) herido(a) *injured person*
el mostrador de información *information desk*
el (la) muerto(a) *dead person*
las muletas *crutches*
pedir (i) auxilio (socorro) *to ask for help*
los rayos equis (la radiografía) *X-rays*
la silla de ruedas *wheelchair*
la sala de espera *waiting room*
la sala de maternidad *maternity room*
la sala de operaciones (el quirófano) *operating room*

PRÁCTICA

VOCABULARIO PARA
LA COMUNICACIÓN:
El cuerpo y la salud

A. Una consulta médica.

1. Primero, la enfermera...
2. Ella me dijo que tenía...
3. El médico entró y me pidió sacar...
4. Él vio que yo tenía muy inflamada...
5. Para aliviar el dolor la enfermera...
6. Me mandó al hospital para...
7. Yo le pregunté al médico si iba a...
8. Al salir del consultorio...

A. Una consulta médica. Ud. tuvo una consulta médica porque se sentía enfermo(a) y ahora le cuenta a su compañero(a) de cuarto cómo le fue en el consultorio. Su profesor(a) va a leer una serie de frases incompletas. Escuche e indique la terminación correcta.

1. me tomó la temperatura / me recetó píldoras

2. tos / fiebre

3. el estómago / la lengua

4. la garganta / la nariz

5. me puso una inyección / me tomó la presión arterial

6. dar a luz / hacer el análisis de sangre

7. recetarme píldoras / recomendarme una buena dieta

8. pedí auxilio / pagué la consulta

B. En la sala de urgencias. Una mujer embarazada acaba de llegar a la sala de urgencias del hospital. La enfermera que la atiende le informa al médico acerca de su condición. Relacione las tres columnas para formar oraciones correctas. Ojo con las preposiciones.

"Doctor Cernuda, ésta es la señora Ríos Cabazos. Ha tenido un accidente automovilístico. Está embarazada de ocho meses".

1. Parece que su auto se estrelló…		a. estómago.
2. La señora goza…		b. luz.
3. Y está…	de	c. buena salud en general.
4. Por lo visto, tiene dificultad…	en	
5. Y dice que tiene un fuerte dolor…	contra	d. rayos equis.
6. Su esposo dice que no es alérgica…	a	e. forma.
7. Pero que sufre…		f. sangre.
8. Ya hemos hecho el análisis…		g. respirar.
9. E íbamos a mandarla a la sala…		h. ninguna medicina.
10. Pero, está a punto de dar…		i. la presión arterial alta.
		j. un árbol.

C. Mis opiniones sobre la salud. Inicie las siguientes frases de una manera original para formar oraciones completas. Siga el modelo. Luego, comparta las oraciones con la clase.

> **Modelo:** ….porque es malo para la salud.
> Nunca voy a fumar porque es malo para la salud.

1. …porque es malo para la salud.

2. …para estar en forma.

3. …porque tengo dolores de estómago.

4. …nunca vas a sufrir de insomnio.

5. …y por eso creo que tengo gripe.

6. …es un síntoma de que está embarazada.

7. …es mejor que el jarabe para la tos.

8. …para aliviar cualquier dolor.

 D. En la sala de espera. Tarde o temprano todos tenemos que pasar por una sala de espera para consultar al médico sobre nuestra salud. Con un(a) compañero(a) de clase, observen el dibujo en la página 250. Usen el **Vocabulario para la comunicación** y la imaginación para contestar las siguientes preguntas.

1. Primero, observen el dibujo con atención y describan: a) el lugar, b) el número de pacientes que esperan, c) el aspecto físico de los pacientes.

2. La señora que sufre de insomnio, ¿qué evidencia de insomnio muestra? ¿Por qué supone Ud. que la pobre mujer no puede dormir?

3. El señor que lleva la chaqueta verde, ¿por qué estará allí? ¿Qué síntomas tiene?

4. El chico de la camisa roja, ¿por qué está de mal humor?: ¿Le duele algo? ¿Van a ponerle una inyección?

5. El señor que sale por la puerta, ¿quién será? ¿Qué lleva en el maletín? ¿Adónde va?

6. El señor que lleva el suéter anaranjado, ¿qué tiene? ¿Fiebre? ¿Náuseas?

7. El señor que lleva bastón *(cane)*, ¿qué dice que lamenta? ¿Qué le suplica el otro señor? ¿Quiénes son? ¿Cómo se conocen? ¿Fueron juntos al consultorio del médico o se encontraron allí por casualidad *(by chance)*? Expliquen.

8. La señora que habla con la recepcionista, ¿por qué tiene hora con el médico? ¿Se siente mal? Expliquen.

Ahora escriban un diálogo de 5 o 6 oraciones entre dos de las personas siguientes. Represéntenlo delante de la clase

    a. la mujer con insomnio y el hombre sentado a su lado
    b. la madre sentada en el sofá y su hijo
    c. los ancianos en el primer plano *(foreground)*
    d. la enfermera y la paciente que tiene cita

E. Mientras esperamos. A veces las esperas en el consultorio son largas. ¿Qué se puede hacer para pasar el tiempo en la sala de espera? Haga una lista de cinco actividades. Ahora, escriba un párrafo, contando una experiencia en una sala de espera. Compártalo con la clase.

 F. Síntomas y tratamientos. Escriba todo lo que sabe sobre los síntomas y los tratamientos para las siguientes dolencias. Compare su lista con la de un(a) compañero(a) de clase. Luego, piense en una dolencia o enfermedad que no esté en la lista. Descríbale los síntomas a su compañero(a) y él (ella) adivinará cuál es.

1. el ataque de pánico

2. la apendicitis

3. la amigdalitis *(tonsilitis)*

4. la mononucleosis infecciosa

5. la depresión

6. la migraña

PERSPECTIVAS

PREPARATIVOS

1. Lea la sección **¿Sabía Ud. que en Chile... ?**

2. Mire los verbos en la lectura, **La medicina alternativa,** que están en negrita. ¿Cuál es el infinitivo de cada uno? ¿Sabe por qué están en el modo subjuntivo? ¿Puede explicar por qué se usa el subjuntivo del verbo *ser* en el último párrafo?

3. Si tuviera que dar una definición de "la medicina alternativa", ¿cuál sería? Este tipo de medicina se ha hecho popular últimamente. ¿Por qué será?

¿Sabía Ud. que en Chile...?

- **Santiago**, la capital y ciudad principal de Chile, se encuentra en el centro del país al pie del cerro de Santa Lucía y a orillas del río Mapocho. A unos 520 metros de altitud proporciona magníficas vistas de la cordillera de los Andes con sus cimas cubiertas de nieve. Fue fundada en 1541 por el conquistador español Pedro de Valdivia y a través de su historia ha sido *hit / earthquakes* azotada° por los terremotos° que con frecuencia afectan la zona. En la década de los setenta tuvo lugar allí el golpe militar contra el gobierno de Salvador Allende,

▲ La cordillera de los Andes

events el cual fue uno de los acontecimientos° más importantes de la historia política de Hispanoamérica. Santiago es una dinámica ciudad cosmopolita que cuenta con centros culturales, parques, galerías de arte, interesantes barrios residenciales, agrada- *pedestrian* bles paseos peatonales° y varias universidades prestigiosas. Goza de un delicioso clima templado de tipo mediterráneo. Por el exceso de automóviles, la actividad industrial y la falta de vientos en el otoño y en el invierno se presenta un grave problema de contaminación atmosférica que causa asma y otras enfermedades de los pulmones.

- **Las montañas de Chile** incluyen la cordillera de los Andes, una cadena de montañas que bordea la costa del Pacífico desde el norte de Venezuela hasta Tierra del Fuego en el sur. Este sistema montañoso ofrece paisajes de belleza incomparable y per- *stands out* mite que Chile se destaque° como un destino atractivo para los aficionados al esquí y a otros deportes alpinistas.

- **La Facultad Latinoamericana de la Salud Natural, FLACSAN,** es una institución virtual de educación superior que funciona en Internet. En su página web dicen: "En FLACSAN nos dedicamos a capacitar a quienes desean servir en el Ministerio de Curación. Nuestros cursos cubren las diversas áreas de la *Naturología*". Si quiere saber más sobre los cursos que ofrece, visite su sitio web: http://www.flacsan.cl/.

- **El centro de salud, Vittalys,** fue fundado en Santiago en 1997 y su propósito principal es restablecer y conservar la salud mediante los principios de la física cuántica. Los profesionales afirman que el organismo humano es una unidad enérgico-biológica integral y buscan tratar al enfermo y no sólo la enfermedad.

La medicina alternativa

Si se encuentra en un pueblito de Chile o en otro país de Latinoamérica, pregúntele a cualquier persona qué se debe tomar cuando uno está resfriado y es probable que le diga:

honey
linden tree

—Ante todo es necesario que **se quede** en cama y le recomiendo que esta noche se **tome** un vaso lleno de jugo de naranja con miel°. Si para mañana no se le pasa el resfrío, le aconsejo que **haga** hervir unos cuantos pétalos de tila°. Es un excelente remedio que mi abuela recetaba para los catarros y la tos.

enfermedades de casa / has survived

signs

herb

En las poblaciones pequeñas, para males° tales como resfríos, catarros y gripes, la medicina casera° ha sobrevivido° y es de desear que no **muera**. En los mercados al aire libre de los pueblitos situados en las montañas de Chile uno puede hallar diferentes plantas medicinales acompañadas de letreros° que mencionan la utilidad de cada hierba°.

Aunque en las grandes ciudades como Santiago los enfermos suelen ir a los hospitales, las clínicas y los consultorios médicos, día a día crece el número de personas que dudan que los antibióticos y otros medicamentos tradicionales **sean** buenos para la salud. La Facultad Latinoamericana de Ciencias de Salud Natural, FLACSAN, que está localizada en Chile, intenta utilizar los recursos naturales, tanto para prevenir, como para tratar la enfermedad. Vittalys, situado en la capital de Chile y dirigido por un prestigioso equipo de profesionales de la Universidad de Santiago, es otro centro de salud natural que ha ganado popularidad últimamente.

▲ *Una variedad de plantas medicinales*

COMPRENSIÓN Y PRÁCTICA

A. Comparación. Basándose en la lectura, compare y contraste lo siguiente.

	en los pueblos pequeños	en las ciudades grandes
1. remedios para catarros y otros males menores		
2. la venta de medicinas		
3. actitudes hacia los remedios naturales		

B. Expansión. Haga las actividades siguientes.

1. ¿Por qué cree que algunas personas dudan de la eficacia de los antibióticos? ¿Hay algún tratamiento o remedio tradicional del que duda Ud.?

2. ¿Qué remedios naturales recomienda para las siguientes dolencias? ¿A qué recursos acudirá para hacer investigación sobre remedios naturales para éstos y otros males?
   a. el mal aliento
   b. la artritis
   c. los elevados niveles de colesterol
   d. la caspa *(dandruff)*
   e. la indigestión
   f. el resfriado

ESTRUCTURA 1: El subjuntivo: Forma y uso en cláusulas nominales

EL MODO SUBJUNTIVO

En las lecciones anteriores hemos visto el presente, el pasado (pretérito, imperfecto, presente perfecto y pluscuamperfecto) y el futuro del modo **indicativo** de varios verbos. Según el tiempo indicado, estos verbos en el indicativo se refieren a…

a. acciones que están ocurriendo: (el presente)	—¿Cómo te **sientes** hoy? —Me **siento** mucho mejor.
b. acciones que ya ocurrieron: (el imperfecto y el pretérito)	Ayer, como me **sentía** tan mal, **fui** al consultorio del médico.
c. acciones que van a ocurrir: (el futuro)	—**Volveré** al trabajo mañana.

En esta lección vamos a ver que para expresar órdenes, deseos y consejos se usa el **modo subjuntivo** del verbo. En el modo subjuntivo la acción del verbo generalmente depende de una acción en la cláusula principal que está en el modo indicativo.

      ind.   **subj.**   **ind.**   **subj.**
      ↓   ↓   ↓   ↓
—Doctor, ¿qué recomienda que yo **haga**? —Recomiendo que Ud. **descanse**.

Atención: La palabra **que** introduce la cláusula del subjuntivo.

…**que** yo **haga**?
…**que** Ud. **descanse**.

LAS FORMAS DEL PRESENTE DEL SUBJUNTIVO

Para formar el presente del subjuntivo se cambia la vocal **-o** de la primera persona singular del presente del indicativo por la vocal **-e** en los verbos que terminan en **-ar** y por la vocal **-a** en los verbos que terminan en **-er** e **-ir**.

tomar	toser	sufrir
(tomo → tome)	(toso → tosa)	(sufro → sufra)

tom		tos		sufr	
	-e		-a		-a
	-es		-as		-as
	-e		-a		-a
	-emos		-amos		-amos
	-éis		-áis		-áis
	-en		-an		-an

Los verbos que son irregulares en la primera persona singular del indicativo son irregulares en todas las personas del presente del subjuntivo. (Véase la Lección 2 para los verbos irregulares en el presente del indicativo.)

hacer	conocer	incluir
(hago → haga)	(conozco → conozca)	(incluyo → incluya)

hag		conozc		incluy	
	-a		-a		-a
	-as		-as		-as
	-a		-a		-a
	-amos		-amos		-amos
	-áis		-áis		-áis
	-an		-an		-an

Los verbos que terminan en **-ar** y **-er** y que cambian el radical en el presente del indicativo sufren los mismos cambios en el subjuntivo. Los verbos que terminan en **-ir** sufren un cambio adicional en la primera y segunda persona del plural.[1]

pensar	volver	dormir	sentir	pedir
e → ie	o → ue	o → ue, u	e → ie, i	e → i, i
piense	vuelva	duerma	sienta	pida
pienses	vuelvas	duermas	sientas	pidas
piense	vuelva	duerma	sienta	pida
pensemos	volvamos	durmamos	sintamos	pidamos
penséis	volváis	durmáis	sintáis	pidáis
piensen	vuelvan	duerman	sientan	pidan

Los verbos que terminan en **-car**, **-gar** y **-zar** tienen un cambio ortográfico en todas las personas del subjuntivo.

---

[1] Consulte en el Apéndice 4, páginas 493–494, una lista de verbos que cambian el radical en el presente del indicativo.

Hay seis verbos irregulares en el presente del subjuntivo.

haber	ir	saber	ser	dar	estar
haya	vaya	sepa	sea	dé	esté
hayas	vayas	sepas	seas	des	estés
haya	vaya	sepa	sea	dé	esté
hayamos	vayamos	sepamos	seamos	demos	estemos
hayáis	vayáis	sepáis	seáis	deis	estéis
hayan	vayan	sepan	sean	den	estén

EL SUBJUNTIVO VS. EL INDICATIVO EN CLÁUSULAS NOMINALES

El uso del indicativo o del subjuntivo en una cláusula subordinada depende del verbo de la cláusula principal en contexto.

Verbo principal + **que** + indicativo
o
subjuntivo

Si la cláusula principal se refiere a hechos objetivos que han tenido, tienen o tendrán lugar, se usa el indicativo en la cláusula subordinada.

Yo sé que la enfermera **va** a ponerte una inyección mañana.

Si la cláusula principal se refiere a estados o hechos hipotéticos, o a dudas, emociones o deseos, se usa el subjuntivo.

Yo dudo que la enfermera **vaya** a ponerte una inyección mañana.

El indicativo

Se usa el indicativo cuando el verbo de la cláusula principal denota...

1. percepción física o mental (**escuchar, notar, observar, oír, ver**).

   Veo que **hay** nuevas doctoras en esta clínica.

   ¿Notaste que el paciente **está** amarillo?

2. comunicación verbal (**comentar, decir, explicar, opinar**).

   Las enfermeras **dicen** que **irán** a la huelga.

   El médico **explica** que no **puede** hacer nada para aliviar los dolores del enfermo.

3. procesos mentales (**creer, imaginar, pensar, recordar, suponer**).

   Creen que Susana **está** embarazada.

   Supongo que **dará** a luz en septiembre.

El subjuntivo

Se usa el subjuntivo cuando el verbo de la cláusula principal expresa...

1. mandato (**decir, exigir, mandar, pedir, ordenar, insistir en, requerir, hacer**).

   La doctora **dice** (**manda**) que el enfermero **vaya** al quirófano.

   El enfermo **exige** que lo **atiendan** pronto.

2. deseo (**desear, esperar, preferir, proponer, querer**).

   Espero que no te **hayas fracturado** el brazo.

   ¿**Quieres** que yo **vaya** a comprar las medicinas para ti?

3. consejo o ruego (**aconsejar, recomendar, rogar, sugerir, suplicar**).

   Los doctores **aconsejan** que no **consumamos** mucha grasa.

   ¡Te **ruego** que **llames** a una ambulancia!

4. permiso o prohibición (**aprobar, impedir, oponerse a, permitir, dejar, prohibir**).

   No **permito** que **andes** sin muletas.

   Los médicos **prohíben** que **tengas** visitas.

5. emociones (**alegrarse de, tener miedo de, temer, gustar[le], esperar, importar[le], lamentar, molestar[le], sentir, sorprenderse de**).

   Me alegro de que mi abuela **esté** mejor.

   Nos importa que ella **tenga** buena atención médica.

Con algunos verbos y expresiones la cláusula subordinada puede ir en el indicativo o el subjuntivo. El uso del indicativo o del subjuntivo en la cláusula subordinada depende de lo siguiente.

El indicativo	**El subjuntivo**
Se usa el indicativo...	Se usa el subjuntivo...
1. cuando la cláusula principal expresa seguridad (**saber, estar seguro de, no ignorar, no dudar, no negar**).	1. cuando la cláusula principal expresa duda o negación (**no estar seguro de, ignorar, dudar, negar**).
Estoy segura de que **tienes** fiebre.	**No estoy seguro** de que **tengas** fiebre.
Los médicos **no dudan** que **hay** una solución.	Los médicos **dudan** que **haya** una solución.

2. con los verbos **creer** y **pensar** …

   a. cuando la cláusula principal es afirmativa.
      La doctora **cree** que **estás** curado.

   b. en oraciones interrogativas cuando el que
      habla expresa seguridad.

      ¿No **crees** que **debes** ponerte a dieta?
         (Yo opino que sí.)
      ¿**Crees** que el doctor **está** en su oficina?
         (Yo creo que sí.)

3. en oraciones impersonales que expresan
   certidumbre o niegan la duda (**es evidente,
   verdad, obvio, indudable, cierto, seguro;
   está claro, no es dudoso**).

   Es cierto que la enfermera **sabe** poner
   inyecciones.
   No es dudoso que el niño **tiene** miedo.

2. con los verbos **creer** y **pensar**…

   a. cuando la cláusula principal es negativa.
      La doctora **no cree** que te **cures** pronto.

   b. en oraciones interrogativas cuando el que
      habla expresa duda o falta de seguridad.

      ¿**No crees** que **debas** ponerte a dieta?
         (Yo no estoy seguro.)
      ¿**Crees** que el doctor **esté** en su oficina?
         (Yo lo dudo.)

3. en oraciones impersonales que…

   a. expresan duda o niegan la certidumbre (**es
      dudoso, no es verdad, no es cierto, no es
      evidente, no es obvio, etc.**).

      Es dudoso que yo **sea** alérgico a los
      antibióticos.

      No es cierto que yo **sepa** poner inyecciones.

   b. expresan una opinión subjetiva o personal (**es
      bueno, mejor, malo, necesario, conveniente,
      preciso, importante, urgente, lástima,
      [im]probable, [im]posible; está bien, mal**).

      Es una lástima que el niño **tenga** miedo.

LA CASA DE MUÑECAS

Está en su casa. Refiriéndose a la imagen en la cubierta y en la cubierta interior *(cover and inside cover)* de *Nuevos horizontes*, haga la siguiente actividad. Escoja verbos y expresiones de la lista y haga comentarios sobre la vida en la casa de muñecas. Use el indicativo o el subjuntivo, según el caso.

   MODELO: *Es probable que el mono en el cuarto #6 **esté** cansado.*
   *Creo que **es** tarde.*

creer	notar	es verdad (cierto, evidente, obvio)
suponer	me gusta	es probable (bueno, lástima, posible)
dudar	recomendar	
no pensar	observar	
ver	(no) me importa	

PRÁCTICA

A. Un estudiante de medicina. Ud. es estudiante en la Facultad de Medicina y le parece difícil el curso de cardiología. Un(a) compañero(a) de curso intenta orientarlo(la) con los siguientes comentarios. Cambie los comentarios y consejos según el modelo.

   Modelo: Es natural estar nervioso(a).
   Es natural que estés nervioso(a).

1. Es buena idea empezar con un repaso del sistema respiratorio.

2. Es preciso conocer los síntomas de la hipertensión.

3. Es necesario aprender de memoria los tratamientos para esta enfermedad.

4. Más vale practicar cómo tomar la presión ahora.

5. Conviene no equivocarse con los medicamentos.

6. Es importante aprobar este curso.

B. ¡Dolores Rivera está embarazada! Por los síntomas —náuseas, vómitos, insomnio— el doctor Miranda sospecha que Dolores Rivera está embarazada. Mientras el doctor espera el resultado de los análisis, habla con la señora Rivera. Empareje las oraciones en las dos columnas, usando el indicativo o el subjuntivo, según la situación.

I	*II*
1. Señora Rivera, es evidente que Ud.…	a. hacer ejercicio.
2. Lamento que Ud.…	b. seguir una buena dieta.
3. Es indudable que…	c. tomar vitaminas.
4. Opino que…	d. tener náuseas.
5. Le prohíbo que…	e. no tener fiebre.
6. Le recomiendo que…	f. sentirse mal.
7. Es mejor que…	g. fumar.
8. Supongo que…	h. no acostarse muy tarde.
9. Es conveniente que…	i. necesitar un análisis de orina.
10. Le sugiero que…	j. estar embarazada.
	k. caminar mucho.

C. Dos graves enemigos, la tensión y el estrés. Ud. y un(a) colega son expertos en el tema del estrés y su efecto en la salud. Juntos dan una conferencia sobre este tema. En parejas, terminen las siguientes oraciones. Comparen sus comentarios con los de la clase.

1. Es cierto que la tensión emocional y el exceso de preocupación…

2. Creemos que las personas nerviosas o las que viven bajo un estado de tensión continuo…

3. Está comprobado que muchas de las enfermedades, desde el catarro hasta el cáncer…

4. No es evidente que las investigaciones…

5. Para evitar que el estrés tenga efectos negativos en la salud, recomendamos…

D. ¡Ayúdame! No puedo dormirme. Su amigo(a) sufre de insomnio. Aconséjele. Use las siguientes expresiones, poniendo atención al uso del indicativo o del subjuntivo.

Te aconsejo que…	Te recomiendo que…
Es importante que…	Pienso que…
Es bueno que…	Es evidente que…
Veo que…	Estoy seguro(a) de que…

E. Una onza de prevención. Ud. es el (la) mismo(a) estudiante de medicina del ejercicio A. Todo el mundo le pide consejos sobre cómo **prevenir** ciertas condiciones y enfermedades. Use el subjuntivo o el indicativo y haga tres recomendaciones o comentarios sobre cómo sus amigos y familiares pueden evitar:

1. las caries *(cavities)*
2. los catarros
3. la obesidad
4. las enfermedades cardíacas
5. los dolores de cabeza

ESTRUCTURA 2: El imperativo formal (*Ud., Uds.*): Forma y uso

LA FORMA DEL IMPERATIVO FORMAL (UD., UDS.)

Para el imperativo formal se usan las mismas formas que las de la tercera persona del singular y del plural del presente del subjuntivo.

	Afirmativo	**Negativo**
preguntar	**pregunte** Ud.	**no pregunte** Ud.
	pregunten Uds.	**no pregunten** Uds.
vender	**venda** Ud.	**no venda** Ud.
	vendan Uds.	**no vendan** Uds.
dormir	**duerma** Ud.	**no duerma** Ud.
	duerman Uds.	**no duerman** Uds.
lavarse	**lávese** Ud.	**no se lave** Ud.
	lávense Uds.	**no se laven** Uds.

EL USO DEL IMPERATIVO

1. El imperativo se usa para dar órdenes directas. Los pronombres **Ud.** y **Uds.** se añaden generalmente después del verbo como forma de cortesía.

   Para mantenerse en buenas condiciones:
   Practique Ud. actividades aeróbicas.
   Antes de trotar, **haga** cinco minutos de estiramiento lento.

   No se olviden Uds. de servir comidas sanas.
   Duerman por lo menos ocho horas todas las noches.

2. Los pronombres reflexivos y de complemento directo e indirecto se colocan después del verbo en la forma afirmativa y antes del verbo en la forma negativa.

   Levántense de inmediato.   **No se queden** en la cama.
   Acuéstese temprano.   **No se acueste** tarde.
   Compre vitaminas para Ana y   **No le compre** bombones.
       lléveselas pronto.

PRÁCTICA

A. Un examen médico. El doctor Soto examinó a su paciente, la señora Rivas, y descubrió que tenía la presión arterial muy alta. Cambie las instrucciones del doctor por mandatos *(commands)* formales.

> **Modelo:** Debe sacar la lengua.
> *Saque la lengua.*

1. Ud. puede desvestirse en esa sala.
2. No debe ponerse boca abajo, debe ponerse boca arriba.
3. Debe respirar profundamente.
4. Ahora puede vestirse y tomar asiento en mi oficina.
5. Al llegar a casa, necesita tomar la medicina cada tres horas.
6. Tiene que descansar mucho y no debe salir por las noches.
7. No debe tomar bebidas alcohólicas.
8. Puede sustituir la carne por el pescado.
9. Necesita venir a la clínica dos veces por mes.
10. Debe traer los análisis de sangre y de orina.

B. Una segunda opinión. A la paciente de la actividad anterior no le gustaron las recomendaciones del doctor Soto y obtuvo una segunda opinión. Aquí tiene las instrucciones del nuevo doctor. Forme el imperativo formal de los verbos entre paréntesis y complete las instrucciones lógicamente, usando la imaginación.

Dejar de…	Mantener…	Informarse sobre…
Pensar en…	No preocuparse…	Aprender a…
Cambiar…	Decirles a otras personas…	

 C. De todos los días. Hay situaciones que se repiten día a día y en las que los médicos, dentistas, familiares y maestros se ven en la obligación de dar instrucciones. Con un(a) compañero(a), seleccione una situación y hagan juntos una lista de las instrucciones (dos afirmativas y dos negativas) más comunes.

> **Modelo:** de un médico a su paciente
> *Saque la lengua. Relaje los músculos. No se olvide*
> *de tomar la medicina. No se acueste tarde.*

1. de una dentista a un niño que tiene miedo
2. de la representante de un centro de nutrición a un grupo de personas que quiere perder treinta libras
3. de una sicóloga a un paciente que sufre de depresión
4. de un padre a su hija que ha sacado malas notas y se acuesta tarde
5. de un profesor de español a sus estudiantes

 D. El doctor puede verlo(la). En grupos de cuatro, escriban y representen la siguiente escena. Un(a) paciente va al consultorio del médico para su examen anual. Completen los pasos a continuación.

1. Repartan los papeles siguientes: paciente, recepcionista, enfermero(a), doctor(a).

2. Hagan una lista de cinco mandatos que suelen dar las personas indicadas.

   ¿Qué le manda el (la) recepcionista que haga el (la) paciente? ¿Qué le manda el (la) enfermero(a) que haga? ¿Qué le manda el (la) doctor(a) al (a la) enfermero(a)? ¿Al (a la) paciente? Incluya cinco mandatos para cada persona.

3. Ahora, el (la) enfermero(a) le hace una serie de preguntas al (a la) paciente, para poder informar al (a la) doctor(a). ¿Qué le pregunta? ¿Qué contesta?

4. Entra el (la) doctor(a). El (la) enfermero(a) le explica cuáles son los síntomas.

5. El (La) doctor(a) hace seis recomendaciones, usando la forma del mandato formal.

6. Representen la escena delante de la clase.

Más allá del aula

¿Qué hace la persona que no sabe hablar inglés bien en caso de una emergencia médica?

Llame Ud. a un hospital en su ciudad. Averigüe lo siguiente:

- si tienen servicios de interpretación para hispanohablantes.
- qué hacen en el caso de que un paciente no hable inglés.
- si tienen un programa para estudiantes que quieren trabajar en plan de voluntarios visitando a los pacientes que no saben inglés.
- cuántos médicos y enfermeros saben hablar español.
- cuántos pacientes hispanohablantes están en el hospital ahora.

Comparta su información con la clase y haga recomendaciones.

PERSPECTIVAS

PREPARATIVOS

1. Lea la sección ¿**Sabía Ud. que en Chile... ?**

2. Mire los imperativos informales (tú) que están en negrita en la lectura. ¿Cuál es la forma formal de cada uno?

3. ¿Ha ido Ud. alguna vez a un spa? ¿Qué servicios ofrecía? ¿Cómo fue la experiencia? ¿Valió la pena?

¿Sabía Ud. que en Chile... ?

- Muchos chilenos que sufren de artritis, reumatismo, y otras inflamaciones de las articulaciones buscan alivio en los **balnearios°** naturales que abundan en el país. Ofrecen piscinas termales° cuyas aguas son ricas en cloro, sodio, potasio y tienen otras propiedades curativas ideales para combatir estos males.

spas
thermal pools

▲ *Un balneario chileno*

- Debido a su geografía montañosa, Chile dispone de numerosos y excelentes **centros de esquí,** muchos de los cuales están en los alrededores de la ciudad de Santiago. Estos centros invernales° están situados cerca de cerros° y montañas ideales para realizar excursiones y escalamientos°. Cuentan con sitios de paseos, campings, posadas°, restaurantes y otras comodidades.

winter
hills / climbs
inns

- Un cambio de ambiente° puede tener un efecto positivo en la **salud.** (Véase Práctica B y la lectura abajo.) La Isla de Pascua se encuentra a unos 3.500 kilómetros de la costa de Chile y es un verdadero museo al aire libre. Hay cráteres, volcanes, tumbas ceremoniales y más de quinientas estatuas megalíticas de origen misterioso. Se recomienda hacer una gira por aire para ver esta isla que se considera uno de los lugares más insólitos° del mundo.

scene

unusual

Termas de Chillán

inviting

Si el estrés está afectando tu salud, **despídete** de tus problemas y **ve** a Termas de Chillán. **Quédate** en un acogedor° hotel de lujo, **aprovéchate** de los servicios y tratamientos del spa más moderno y extraordinario de Sudamérica y **goza** del majestuoso paisaje de la cordillera de los Andes. Termas de Chillán es un spa / balneario y centro de esquí de lo más extraordinario que está situado a 400 kilómetros al sur de Santiago de Chile.

En el spa termal **deja** que uno de los profesionales te entregue el tratamiento que necesitas. **Pide** un masaje corporal con aceites esenciales, tonifica tu piel con uno de sus famosos faciales y desintoxica tu organismo en una sauna. Si pruebas la hidroterapia, la fangoterapia° y la aromaterapia en Termas de Chillán seguramente no te hará falta la sicoterapia cuando vuelvas a Chicago, a Boston, a Tampa o a Toledo. Es una oferta difícil de superar°, ¿no crees?

mud therapy

beat

COMPRENSIÓN Y PRÁCTICA

A. ¿Qué prefiere? Ponga en orden de preferencia personal los servicios que ofrece Termas de Chillán.

B. Expansión. Haga las actividades siguientes.

1. Para el cliente que va a Termas de Chillán, ¿cuáles son los beneficios de combinar el spa con el centro de esquí?

2. En la lectura sólo se mencionan algunos de los servicios que están disponibles en Termas de Chillán. Haga una lista de cuatro servicios tradicionales no mencionados en la lectura. Luego, diga cuatro servicios o tratamientos que a Ud. le gustaría que se ofrecieran en un spa.

3. Ud. trabaja en el spa de Termas de Chillán y tiene que explicarle a un(a) cliente cuáles son los siguientes servicios. Si no sabe la respuesta, use la imaginación e invente algo.
   a. la hidroterapia
   b. el masaje corporal
   c. la fangoterapia
   d. la tonificación de la piel
   e. la desintoxificación del organismo

4. Otro(a) cliente llega al spa muy estresado(a) y pregunta si se ofrecen servicios sicológicos. ¿Qué le contestará?

ESTRUCTURA 3: El imperativo familiar (*tú, vosotros*)

LA FORMA DEL IMPERATIVO FORMAL (TÚ, VOSOTROS)

El imperativo afirmativo de la forma familiar **tú** tiene las mismas formas que la tercera persona singular del presente del indicativo. Pero, para el imperativo negativo se usa la forma de la segunda persona singular del presente del subjuntivo.

	Afirmativo	Negativo
mirar	**mira** (tú)	**no mires**
volver	**vuelve** (tú)	**no vuelvas**
pedir	**pide** (tú)	**no pidas**

Algunos verbos son irregulares en el imperativo afirmativo, pero las formas negativas siguen la regla anterior.

	Afirmativo	Negativo
decir	**di**	no digas
hacer	**haz**	no hagas
ir	**ve**	no vayas
poner	**pon**	no pongas
salir	**sal**	no salgas
ser	**sé**	no seas
tener	**ten**	no tengas
venir	**ven**	no vengas

El imperativo afirmativo de **vosotros** se forma cambiando la **-r** del infinitivo por **-d**. Para el imperativo negativo se usa la forma de la segunda persona plural del presente del subjuntivo.

	Afirmativo	Negativo
descansar	descansad	no descanséis
comer	comed	no comáis
vivir	vivid	no viváis

Si se usa la forma afirmativa del imperativo de **vosotros** con el pronombre reflexivo **os,** se suprime la **-d** final. (*Excepción:* **irse: id + os = idos**)

	Afirmativo	Negativo
sentarse	(sentad + os) = **sentaos**	no os sentéis
ponerse	(poned + os) = **poneos**	no os pongáis
vestirse	(vestid + os) = **vestíos**	no os vistáis

PRÁCTICA

A. Cómo mantenerse en buenas condiciones. El siguiente artículo salió en una revista sobre la salud. Complete el párrafo con la forma correcta del imperativo informal (tú).

(Comer)_____despacio. (Evitar)_____tentaciones. (Sacar) _____ los alimentos de alto contenido calórico del refrigerador. (Tener)_____ en casa sólo lo que se propone comer en su dieta. (Usar)_____ azúcares naturales de granos y frutas. No (comer)_____mucho helado, queso ni aderezos *(dressing)* para ensaladas. (Preparar)_____ las carnes al horno o a la parrilla, no (freírlas)_____ en grasa o aceite. (Hacer)_____ejercicio regularmente. (Buscar) _____hacer actividades divertidas que no incluyan el comer. (Acudir)_____ a terapia individual o de grupo si tienes dificultad para mantener tu peso. No (hacerlo)_____ solo.

B. Medicina natural en Internet. A Anita le fascina la medicina natural. Esta mañana su portal favorito, www.tusalud.com, ofrecía el siguiente menú de enlaces *(links)* interesantes. Escoja verbos apropiados de la lista y forme el imperativo (tú) para completar las oraciones.

aprender	mantenerse	ponerse	comprar
incluir	mejorar	acordarse	combatir

1. _____ al tanto con estos nuevos descubrimientos para la salud.

2. _____ la memoria con esta hierba mágica.

3. _____ nuestro diccionario de plantas medicinales.

4. _____ el envejecimiento con el ejercicio.

5. _____ estas vitaminas en tu régimen.

6. _____ de leer este artículo sobre los antioxidantes.

7. _____ cinco técnicas para derrotar el estrés.

8. _____ joven con una dieta de frutas y verduras.

C. ¡Manténte joven... por Internet! A Anita, la chica del ejercicio anterior, le llamó la atención el enlace sobre cómo mantenerse joven con una dieta de frutas y verduras. Leyó el artículo y lo encontró interesante. Léalo Ud. y llene los espacios con el imperativo (tú).

(Aumentar)_____ el consumo de vegetales de colores vivos *(bright)* como bróculi, espinacas y tomates. (Reducir)_____ dramáticamente los alimentos altos en azúcar, grasas y calorías. (Consumir)_____ de 1.000 a 1.500 miligramos de calcio por día, pero (sustituir)_____ leche entera por leche descremada o (escoger)_____ otros alimentos ricos en calcio como col, nabo, pescado enlatado, jugo de naranja, granos y frijoles. No (comer)_____ quesos que sean altos en grasa, no (tomar)_____ bebidas alcóholicas y no (fumar) _____. (Hacer)_____ ejercicios aeróbicos, (fortalecer)_____ los huesos caminando y trabajando en el jardín, y no (olvidarse)_____ de tomar pastillas de calcio y vitaminas.

D. ¡Tenga compasión, doctor! En parejas, lean esta tira cómica y hagan la actividad.

tastes like anything

Hagan el papel del médico y el del paciente. El médico le recomienda una dieta al hombre, pero el hombre no quiere seguir su consejo. Usen estas u otras expresiones de mandato, ruego, permiso, prohibición y consejo. Pueden usar mandatos directos: "Haga Ud. ejercicio todos los días", o recomendaciones indirectas: "Le recomiendo que haga ejercicio todos los días".

El médico dice:	*El paciente resiste:*
Le prohíbo que…	Le ruego que…
No apruebo que…	Le pido que…
No permito que…	Le suplico que…
No coma…	Déjeme…

Ahora escriban cinco más mandatos (**tú**) que le da la esposa a este paciente.

ESTRUCTURA 4: El imperativo de *nosotros*

LA FORMA DEL IMPERATIVO DE NOSOTROS

Para formar el imperativo de **nosotros** (inglés: *let's* + verbo[1]), usamos la primera persona del plural del presente del subjuntivo para el imperativo afirmativo y negativo.

	Afirmativo	Negativo
entregar	entreguemos	no entreguemos
correr	corramos	no corramos
salir	salgamos	no salgamos

Los verbos reflexivos pierden la **-s** final en el imperativo afirmativo antes de que se agregue el pronombre reflexivo. En el negativo siguen la forma del subjuntivo.

	Afirmativo	Negativo
quedarse	(quedemos + nos) = **quedémonos**[2]	no nos quedemos
levantarse	(levantemos + nos) = **levantémonos**	no nos levantemos
ponerse	(pongamos + nos) = **pongámonos**	no nos pongamos

El verbo **ir** es irregular en el imperativo afirmativo. En el negativo sigue la forma del subjuntivo.

	Afirmativo	Negativo
ir	vamos	no vayamos
irse	vámonos	no nos vayamos

---

[1] *Let's* se puede expresar también usando el modo indicativo **vamos a** + infinitivo en el afirmativo: **Vamos a estudiar ahora.** En el negativo sólo se usa la forma del subjuntivo.

[2] *Atención:* Cuando se agrega el pronombre hay que escribir un acento sobre la antepenúltima sílaba.

PRÁCTICA

A. Vivamos una vida sana. Constantemente vemos en revistas y periódicos anuncios que nos recuerdan la necesidad de evitar las tensiones y vivir una vida sana. Cambie cada oración para formar el imperativo de **nosotros,** según el modelo.

> **Modelo:** Hay que vivir una vida sana.
> *¡Vivamos una vida sana!*

1. Hay que transformar la tensión en actividad.
2. Hay que correr y montar en bicicleta porque ambos ejercicios nos ponen en contacto con la naturaleza.
3. Hay que practicar ejercicios respiratorios.
4. Hay que relajar los músculos de los brazos, la cara, los hombros, el abdomen y las piernas.
5. Hay que levantarse y acostarse temprano para gozar de las mejores horas del día.
6. Hay que tratar de mantener siempre un cuerpo sano.

 B. Visitemos Chile. Dicen los expertos que conocer un país extranjero puede contribuir a una vida sana. En parejas, visiten el portal www.Chile.com. Hagan clic en uno de los siguientes enlaces: turismo aventura, ski Chile termas, deportes extremos o lodge de pesca. Cada persona debe escoger un lugar para visitar. Usando el imperativo de **nosotros,** traten de convencerse de que el lugar que escogieron es el mejor.

> **Modelo:** *Vamos a Patagonia.*
> *Observemos los elefantes marinos.*
> *Visitemos el glaciar Marinelli.*
> *No hagamos el viaje de cinco días. Hagamos el viaje de siete días.*

¡OJO CON ESTAS PALABRAS!

Los cognados falsos

Se puede reconocer fácilmente muchas palabras porque en español y en inglés se parecen. Por ejemplo: **computadora** = *computer;* **universidad** = *university;* **composición** = *composition*. Estas palabras se llaman **cognados.** Sin embargo, otras palabras que tienen ortografía parecida no siempre tienen el mismo significado; cuando no lo tienen se llaman **cognados falsos.** Observe la diferencia en significado en los siguientes pares.

1. **asistir (a)** = *to attend*

   ¿Piensa Ud. **asistir** a la conferencia de esta tarde?

   to assist = **ayudar**

   La enfermera **ayudó** a la doctora durante la operación.

2. **aplicación** = *application (of a cream, ointment)*

   Será suficiente con una **aplicación** diaria de este medicamento.

   application = **solicitud**

   Presenté mi **solicitud** para trabajar en ese hospital.

3. **mover** = *to change the position of an object*

   La mesa era tan pesada que no pude **moverla.**

   to move = **mudarse** *(cambiar de residencia)*

   Pienso **mudarme** de casa.

4. **realizar** = *to fulfill, to achieve*

   Nos prometió que algún día **realizaría** sus sueños.

   to realize = **darse cuenta de**

   Acaba de **darse cuenta de** que no tiene ni un centavo.

5. **registrar** = *to examine, to inspect*

   La policía **registró** toda la casa en busca de armas.

   to register = **matricularse, inscribirse**

   Mi hermano **se matriculó** en la Facultad de Ciencias Políticas.

6. **retirar** = *to take away*

   Retiramos la alfombra para poder bailar.

   retirarse = *to withdraw, to retreat; to retire*

   No quería que los vecinos la vieran, por eso **se retiró** del balcón.

   to retire = **jubilarse**

   El profesor Sánchez **se jubiló** hace seis meses.

7. **soportar** = *to put up with, to bear*

   No **soporto** este silencio.

   to support = **mantener, sostener**

   Felizmente tengo suficiente dinero para **mantener** a mi familia.

8. **embarazada** = *pregnant*

   Luisa está **embarazada,** pero su esposo no lo sabe todavía.

   embarrassed = **apenado(a), avergonzado(a)**

   Estaba muy **apenado** porque rompió la copa.

PRÁCTICA

Una enfermera dedicada. Escoja la palabra correcta para que el párrafo tenga sentido.

Me llamo Mariluz. Yo soy enfermera en el Hospital de la Caridad en Santiago, Chile. Hacía casi dos años que trabajaba en un hospital en Viña del Mar, cuando el año pasado, después de treinta años con una compañía de productos farmacéuticos, mi padre 1. (retiró, se jubiló). Nosotros 2. (nos mudamos, movimos) a la capital. Me gusta mi trabajo porque puedo 3. (asistir, ayudar) a muchas personas. Además, 4. (me doy cuenta de, realizo) que tengo muchas responsabilidades, y de que es un trabajo fascinante. Ayer, por ejemplo, llegó en ambulancia una mujer 5. (apenada, embarazada). La pobre estaba sufriendo tanto que casi no podía 6. (sostener, soportar) los dolores. Le dije: "Señora, no 7. (se mueva, se mude). Necesito tomarle la presión arterial". También le tomé la temperatura y la llevé en seguida a la sala de maternidad. Una hora más tarde, ella dio a luz a gemelas. Delante de todos, ella proclamó que yo la 8. (ayudé, asistí) mucho y que soy la mejor enfermera de todas. Yo estaba un poco 9. (embarazada, avergonzada), pero también contenta.

Es obvio que me encanta la medicina. De hecho, me gusta tanto que decidí 10. (matricularme, registrarme) en la Facultad de Medicina de la universidad. Hace dos meses tomé los éxamenes de entrada y llené la 11. (aplicación, solicitud). ¡Me aceptaron! En el breve período de siete años, seré doctora.

Ampliación, conversación y cultura

A. Cómo dejar de picar. La peor hora para mucha gente que trabaja y hace dieta es el tiempo entre la llegada a la casa y la hora de comer… Pero hay trucos *(tricks)* que le ayudarán a no caer en la tentación. Forme el imperativo formal (Ud.) del verbo entre paréntesis. Luego dé otra razón por la que las siguientes recomendaciones funcionan, o dé otra técnica. Complete los pasos a continuación.

1. (Lavarse) _____ los dientes. Al sentir la frescura en la boca, será mucho más fácil mantenerla así. También…

to engage in
to stretch / to jump rope

2. (Poner) _____ la comida a hacer y (empeñarse°) _____ de inmediato en hacer ejercicios. (Correr) _____, (estirarse°) _____, (saltar la cuerda°) _____, (pedalear) _____ una bicicleta estacionaria. El ejercicio, contrariamente a lo que se cree, hace perder el apetito. También…

collapsing / potato chips

3. (Cambiar) _____ su rutina de "al fin en casa". (Hacer) _____ algo que le mantenga ocupada la mente durante aquel tiempo que antes dedicaba a desplomarse° en un sillón, bolsa de papitas° en mano. Por ejemplo, (revisar) _____ la correspondencia, (darse) _____ un baño, (ver) _____ la televisión. También…

junk food

4. (Sustituir) _____ su "comida chuchería"° por "lectura chuchería", esas novelas superfáciles de leer que uno no puede abandonar. También como sustitución puede…

Actividades relacionadas:

■ Escriba un breve resumen del artículo, incorporando las palabras siguientes:

tentación	ejercicios	rutina	correr
dientes	televisión	novelitas	apetito

■ Dígale a la clase qué come Ud. en las siguientes situaciones, y por qué.
   a. al estudiar para un examen
   b. cuando se reúne con amigos
   c. después de hacer algún ejercicio físico
   d. al despertarse de noche
   e. cuando sale con su novio(a)

B. ¿Es Ud. hipocondríaco(a)? Para saber si es hipocondríaco(a), conteste las siguientes preguntas y explique sus respuestas. Luego, hágale las preguntas a un(a) compañero(a) de clase.

1. Cuando le duele la cabeza, ¿cree que sufre de alguna enfermedad grave?

2. Cuando su amigo(a) se enferma y le cuenta sus síntomas, ¿empieza a sentir los mismos dolores?

3. ¿Guarda un termómetro en su mesilla de noche?

4. ¿Está hipervitaminado(a)? O sea, ¿consume la cantidad doble o más de vitaminas de la que debiera?

Ahora, invente cinco características más del hipocondríaco y compárelas con la clase.

C. Una dieta sana y saludable. En parejas, lean el anuncio y hagan los ejercicios que siguen.

Más recomendado

		COMA MÁS	COMA MENOS
Carnes		Pescado Pollo o pavo (sin pellejo)	Carne roja (res,puerco, ternera) Visceras, tocino,salchichas
Huevos		Claras o sustitutos de huevos sin colesterol	Yemas
Productos Lácteos		Leche descremada *(non–fat)* Yogurt descremado	Leche entera, condensada, evaporada Yogurt entero Crema
		Queso cottage descremado	Queso cottage entero
		Quesos descremados Nieves	Quesos enteros Helados
Frutas y Verduras		Frescas	Fritas o con crema
Panes y Cereales		Cereales y panes de trigo, avena, centeno, arroz integral Pastas	Pasteles y galletas Panes en los que el huevo es un ingrediente importante
Grasas		No saturadas (aceites vegetales de maíz, de soya, de ajonjolí)	Saturadas (aceites de coco, de palma,de tocino, de grasa animal)
		Aderezos sin grasas o con grasas no saturadas	Aderezos de las ensaladas con yemas (mayonesa)
		Margarina con grasas no saturadas	Mantequilla, chocolate

✓ Se recomienda una dieta con un máximo de 300 mg de colesterol al día.

✗ Una yema de huevo contiene 274 mg. de colesterol.

✓ El salvado de avena *(oat bran)* puede reducir el colesterol en la sangre.

1. Al señor Rivera le encantan muchas de las comidas de la lista "coma menos". La señora Rivera consulta el anuncio y le dice qué puede sustituir por las comidas que el Sr. Rivera menciona.

   Modelo: Sr. Rivera: *Me gusta el helado de chocolate.*
   Sra. Rivera: *¿El helado de chocolate? ¡No lo comas!*
   Come nieves.

   Añadan dos comidas a la lista "coma más", y dos a la lista "coma menos". Expliquen sus selecciones.

2. ¿Qué alimentos…
   a. son bajos en colesterol?
   b. producen obesidad?
   c. promueven la buena salud?
   d. causan problemas dentales?

3. Según el doctor, el señor Rivera necesita seguir una dieta más sana. Aquí tiene una lista de sus platos preferidos. ¿Cómo puede cambiarlos por comidas más sanas?
   a. pollo frito
   b. pizza con chorizo y jamón
   c. toda clase de postres
   d. chocolate caliente

4. Seis meses más tarde el señor Rivera tiene otra consulta con el doctor y tiene mil pretextos por no haber cambiado su dieta. En grupos, inventen un diálogo entre el señor Rivera, el doctor y la señora Rivera, que está muy frustrada con los hábitos alimenticios *(eating habits)* de su esposo.

D. Mesa redonda. Escoja tres o cuatro compañeros para formar una mesa redonda e intercambiar ideas sobre los siguientes temas de discusión.

1. ¿Debe prolongarse la vida de los enfermos incurables?

En los últimos años ha habido varios casos en que los familiares de un(a) enfermo(a) han tratado de no prolongarle la vida para evitar que sufra más. ¿Recuerda Ud. haber leído algo sobre este tema tan controvertido? ¿Piensa Ud. que es justo que los familiares de un(a) enfermo(a) incurable decidan si debe o no debe vivir? ¿O cree que es justo que la medicina prolongue la vida artificialmente? Exprese sin miedo su opinión sobre este problema de interés general.

2. El derecho a la salud

La Organización Mundial de la Salud establece que la salud es un derecho del ser humano sin distinción de razas, religiones, partidos políticos ni condiciones sociales o económicas. ¿Cree Ud. que los gobiernos deben cuidar de la salud pública o debe ser ésta una obligación individual? ¿Cuáles son las ventajas y desventajas de que el gobierno sea responsable del mantenimiento de la salud pública? La desnutrición es una de las enfermedades características de la pobreza. ¿Piensa Ud. que con la socialización de la medicina se daría fin a esta enfermedad cada vez mayor en el mundo?

¡Defiendan sus puntos de vista!

E. Minidrama. En parejas o en grupos pequeños representen las siguientes escenas.

1. Se reúnen los participantes de un grupo de terapia. Todos sufren de algún tipo de tensión mental, física o emocional. Quieren comparar sus problemas y compartir soluciones.

2. Tiene que hablar en público y se siente excesivamente nervioso(a). Sus amigos quieren ayudarlo(la) y sugieren algunas "técnicas" para calmarse. Por ejemplo, un amigo recomienda que Ud. respire hondo para aliviar el pánico. ¿Qué otras técnicas recomiendan sus amigos? Usen la imaginación.

3. Ud. es hipocondríaco(a). Tiene cita con el médico para consultarle sobre algunos síntomas que está experimentando. ¡Resulta que el médico también es hipocondríaco!

F. Chile en Internet. Para conocer Chile, visite el sitio web www.chile.com. A la izquierda de la página, verá enlaces bajo el título "A la chilena". Por ejemplo, *bailes nacionales, cocina chilena, acerca de Chile, chilenismos*, etc. Haga clic en uno de los enlaces y escriba un breve resumen del artículo. Compártalo con la clase.

¿QUÉ SABE UD. DE... CHILE?

Menú del día: Chile
empanadas de carne
al horno
ensalada chilena

▲ *Empanadas de carne al horno*

La *empanada*, llamada "pastel" en el Caribe hispano, llegó a América con los colonizadores españoles en el siglo XVI, y hoy es un plato favorito en muchas regiones de habla española. Los chilenos están muy orgullosos de estos pequeños pasteles con sus deliciosos y variados rellenos, y siempre están presentes en fiestas, reuniones y celebraciones. El relleno puede ser de carne, de dulce, y de queso, pero el más popular es de carne. Se sirven fritas u horneadas, acompañadas de una sencilla *ensalada de tomate y cebolla* con sal, pimienta y un poco de aceite de oliva. Pruebe la empanada de carne al horno, cuyo relleno contiene carne, pasas, huevos duros y aceitunas.

¡Buen provecho!

CHILE

Viña del Mar

Los chilenos no tienen que ir lejos para escaparse de las presiones y los problemas diarios, y no les hace falta salir de sus bellas costas para disfrutar las vacaciones de sus sueños. El remanso° por excelencia, el epítome de paz y tranquilidad, el retiro ideal se encuentra a 120 kilómetros al norte de Santiago y se llama Viña del Mar.

Viña, conocida como la "ciudad jardín" por sus hermosos parques y jardines, no es sólo para escapar y relajarse. Hace ya mucho tiempo se convirtió en la capital turística de Chile. Ofrece pintorescas playas de suave y blanca arena, hoteles de primera, tiendas elegantes, restaurantes de mariscos de alta calidad y una dinámica vida nocturna. Entre los atractivos turísticos están castillos, palacios, jardines botánicos, museos y animados eventos culturales. El visitante en Viña queda sorprendido por un detalle —un gran porcentaje de los bañistas procede de otros países sudamericanos. Quiere decir que la atracción de esta región se extiende mucho más allá de las fronteras de Chile, y que es considerada uno de los centros recreativos más populares del continente. Todos los años más de un cuarto millón de argentinos escoge Concón, Playa Amarilla, Playa Negra, Cochoa, Las Salinas y las otras playas de Viña para pasar sus vacaciones.

¿Dolores musculares y de cabeza? ¿Insomnio? ¿Ansiedades? No espere más. Haga su reservación y su maleta. Viña del Mar y sus infinitas e inolvidables sorpresas lo están aguardando°.

tranquil pool

awaiting

EL VASO DE LECHE (ADAPTADO)

por Manuel Rojas

MANUEL ROJAS (1896–1973) nacido en Buenos Aires de padres chilenos, pasó gran parte de su vida en Chile, donde trabajó de periodista, marinero y actor. Era novelista y cuentista de primer orden. En sus obras se ven reflejados su sinceridad, su individualismo y su humanismo. Era conocido por su colección de cuentos titulada *Hombre de sur* (1926) y por su novela *Lanchas en la bahía* (1932).

Antes de leer

A. La vida marinera. El cuento tiene lugar en un puerto. Por eso, muchas de las palabras están relacionadas con la vida marinera. Antes de leer *Un vaso de leche*, es recomendable familiarizarse con estos términos. Algunos están incluidos en la lista de vocabulario.

el agua *water*
el barco *ship*
el capitán *captain*
la costa *coast*
(des)embarcarse *to (dis)embark*

el mar *sea*
el marinero *sailor*
el muelle *pier*
la orilla *shore*
el vapor *steamship*

¿Cuáles son algunos de los grandes puertos del mundo? ¿Cómo es el ambiente *(atmosphere)* en una gran ciudad-puerto?

B. Una descripción. Las siguientes palabras y oraciones se refieren al protagonista del cuento. Escoja Ud. el verbo apropiado para cada una, escriba una oración y trate de formar una imagen mental del muchacho.

Es …   Está …   Tiene …

    Modelo: Es joven. Está fatigado. Tiene hambre.

delgado
distraído
una sonrisa triste
avergonzado de su aspecto
vergüenza
fatigado
ganas de llorar
orgullo

C. Para llegar a entender. Lea Ud. los siguientes trozos del cuento y conteste las preguntas.

Aunque era muy joven había hecho varios viajes por las costas de América del Sur, en diversos vapores, haciendo distintos trabajos y faenas (tasks) *que en tierra casi no tenían aplicación.*

1. ¿Qué tipo de trabajo sabe hacer el joven?

2. ¿Qué parte del mundo conoce?

Encontró un vapor que acababa de llegar la noche anterior y que cargaba trigo (wheat). *Hubo una larga fila* (line) *de hombres trabajando allí. Estuvo un rato mirando hasta que se atrevió a hablar con el capataz* (foreman), *ofreciéndose. Fue aceptado y empezó a cargar los pesados sacos.*

1. ¿Dónde está?

2. ¿Qué pasó allí?

¡Tenía hambre, hambre, hambre! … Sintió de pronto como una quemadura (burning) *en las entrañas* (inside) *y se detuvo. En ese instante, vio su casa, el paisaje que se veía desde ella, el rostro de su madre y el de sus hermanos, todo lo que él quería y amaba apareció y desapareció ante sus ojos cerrados por la fatiga.*

1. ¿Qué ve el joven en la imaginación?

2. ¿Cómo está el joven? Describa su estado emocional y físico.

3. ¿Qué sabe Ud. de la vida del protagonista?

EL VASO DE LECHE

package
grease

El marinero parecía esperar a alguien. Tenía en la mano izquierda un bulto° de papel blanco, manchado de grasa° en varias partes.

edge / pier
pockets

Entre unos vagones apareció un joven delgado; se detuvo un instante, miró hacia el mar y avanzó después, caminando por la orilla° del muelle° con las manos en los bolsillos°, distraído o pensando.

Cuando pasó frente al barco, el marinero le gritó en inglés:

—I say; look here! (¡Oiga, mire!)

El joven levantó la cabeza y, sin detenerse, contestó en el mismo idioma:

—Hallow! What? (¡Hola! ¿Qué?)
—Are you hungry? (¿Tiene hambre?)

he took a step

Hubo un breve silencio, durante el cual el joven pareció reflexionar y hasta dio un paso° más corto que los demás, como para detenerse; pero al fin dijo, mientras dirigía al marinero una sonrisa triste:

—No, I am not hungry. Thank you, sailor. (No, no tengo hambre. Muchas gracias, marinero.)
—Very well. (Muy bien.)

appearance
quicken / to repent

El joven, avergonzado de que su aspecto° despertara sentimientos de caridad, pareció apresurar° el paso, como temiendo arrepentirse° de su respuesta.

steamboats

stews / pieces

Él tenía hambre. Hacía tres días justos que no comía. Y más por su timidez y vergüenza que por orgullo, se resistía a pararse delante de los vapores° a las horas de comida, esperando de la generosidad de los marineros algún paquete de restos de guisos° y trozos° de carne. No podía hacerlo.

secretly

Hacía seis días que vagaba por las calles y muelles de aquel puerto. Lo había dejado allí un vapor inglés de Punta Arenas, donde había desertado de un vapor en que servía como muchacho del capitán. Estuvo un mes allí y en el primer barco que pasó hacia el norte, se embarcó ocultamente°.

boilers

Lo descubrieron al día siguiente y lo enviaron a trabajar en las calderas°. En el primer puerto grande que tocó el vapor lo desembarcaron, y allí quedó, sin conocer a nadie, sin un centavo en los bolsillos y sin saber trabajar en oficio alguno.

Mientras estuvo allí el vapor, pudo comer, pero después…

tasks	Aunque era muy joven había hecho varios viajes por las costas de América del Sur, en diversos vapores, haciendo distintos trabajos y faenas° que en tierra casi no tenían aplicación.
chance	Después que se fue el vapor, anduvo y anduvo esperando del azar° algo que le permitiera vivir de algún modo, pero no encontró nada.
to resort *means*	Convencido de que no podía resistir mucho más, decidió recurrir° a cualquier medio° para procurarse alimentos.
was carrying wheat *foreman*	Encontró un vapor que acababa de llegar la noche anterior y que cargaba trigo°. Hubo una larga fila de hombres trabajando allí. Estuvo un rato mirando hasta que se atrevió a hablar con el capataz°, ofreciéndose. Fue aceptado y empezó a cargar los pesados sacos.

Parte 2

Al principio trabajó bien; pero después empezó a sentirse fatigado.

eating houses *stretched out / hiding*	A la hora de almorzar hubo un breve descanso y en tanto que algunos fueron a comer en los figones° cercanos y otros comían lo que habían llevado, él se tendió° en el suelo a descansar, disimulando° su hambre.
day / worn out / sweat *advance*	Terminó la jornada° completamente agotado°, cubierto de sudor°. Le preguntó al capataz si podían pagarle inmediatamente o si era posible conseguir un adelanto°.
	El capataz le contestó que la costumbre era pagar al final del trabajo y que todavía era necesario trabajar el día siguiente para concluir de cargar el vapor. ¡Un día más!
lend you	—Pero —le dijo—, si usted necesita, yo puedo prestarle° unos cuarenta centavos… No tengo más.
twisted / crack of a whip *fog / drunk*	Le agradeció el ofrecimiento con una sonrisa angustiosa y se fue. ¡Tenía hambre, hambre, hambre! Un hambre que le doblegaba° como un latigazo°; veía todo a través de una niebla° azul y al andar vacilaba como un borracho°.
burning in his insides	Sintió de pronto como una quemadura en las entrañas° y se detuvo. En ese instante, vio su casa, el paisaje que se veía desde ella, el rostro de su madre y el de sus hermanos, todo lo que él quería y amaba apareció y desapareció ante sus ojos cerrados por la fatiga.
Hurried	Apuró° el paso, y mientras marchaba resolvió ir a comer a cualquier parte, sin pagar; lo importante era comer, comer, comer. Cien veces repitió mentalmente esa palabra, comer, comer, comer, hasta que el vocablo perdió su sentido.
dairy bar *marble tops* *counter / apron*	En una de las calles de la ciudad encontró una lechería°. Era un sitio muy claro y limpio, lleno de mesitas con cubiertas de mármol°. Detrás de un mostrador° estaba de pie una señora rubia con un delantal° blanquísimo.

No había sino un cliente. Era un viejo de anteojos, que leyendo un periódico, permanecía inmóvil, como pegado° a la silla. Sobre la mesita había un vasito de leche a medio consumir°.

glued
half-consumed

Esperó que se terminara, paseando por la acera, sintiendo que poco a poco se le encendía° en el estómago la quemadura de antes, y esperó cinco, diez, hasta quince minutos.

was burning

Por fin el cliente terminó su lectura, se bebió el resto de la leche que contenía el vaso, se levantó pausadamente, pagó y se fue.

El joven esperó que se alejara° y entró. Estuvo un momento indeciso, no sabiendo dónde sentarse; por fin eligió una mesa y se dirigió hacia ella.

waited for him to go away

Acudió° la señora y con voz suave le preguntó:

Came over

—¿Qué se va usted a servir?

Sin mirarla, le contestó.

—Un vaso de leche.
—¿Grande?
—Sí, grande.
—¿Solo?
—¿Hay bizcochos°?
—No; vainillas°.
—Bueno, vainillas.

sponge cakes
vanilla cookies

Volvió la señora y colocó ante él un gran vaso de leche y un platillo lleno de vainillas. Su primer impulso fue el de beberse la leche de un trago° y comerse después las vainillas pero en seguida se arrepintió°; sentía que los ojos de la mujer lo miraban con curiosidad. No se atrevía a mirarla; le parecía que, al hacerlo, conocería sus propósitos vergonzosos y él tendría que levantarse e irse, sin probar lo que había pedido.

in one gulp
repented

Pausadamente tomó una vainilla, humedeciéndola en la leche, y la comió; bebió un sorbo° de leche y sintió que la quemadura, ya encendida en su estómago, se apagaba. Pero, en seguida, la realidad de su situación desesperada surgió° ante él y algo caliente subió desde su corazón hasta la garganta; se dio cuenta de que iba a sollozar a gritos°, y aunque sabía que la señora lo estaba mirando no pudo deshacer aquel nudo° ardiente. Resistió, y mientras más resistía comió apresuradamente. Cuando terminó con la leche y las vainillas, un terrible sollozo lo sacudió° hasta los zapatos.

sip
appeared
to sob out loud
undo the knot
shook him

Afirmó la cabeza en las manos y durante mucho rato lloró, lloró con pena, con rabia, con ganas de llorar, como si nunca hubiese llorado°.

as if he had never cried

Estaba inclinado y llorando cuando sintió que una mano le acariciaba° la cansada cabeza y una voz de mujer le decía:

was caressing

—Llore, hijo, llore…

Lloró con tanta fuerza como la primera vez, pero con alegría sintiendo que una gran frescura lo penetraba.

crying / handkerchief Cuando pasó el llanto°, se limpió con su pañuelo° los ojos y la cara. Levantó la cabeza y miró a la señora, pero ella no lo miraba ya, miraba hacia la calle, a un punto lejano, y su rostro estaba triste.

En la mesita, ante él había un nuevo vaso lleno de leche y otro platillo de vainillas; comió lentamente, sin pensar en nada, como si nada le hubiera pasado, como si estuviera en su casa y su madre fuera esa mujer que estaba detrás del mostrador.

Cuando terminó estuvo un rato sentado, pensando en lo que diría a la señora al despedirse.

Al fin se levantó y dijo simplemente:

—Muchas gracias, señora; adios…
—Adiós hijo… —le contestó ella.

Salió. El viento que venía del mar refrescó su cara, caliente aún por el llanto. Caminó un rato sin dirección. La noche era hermosísima y grandes estrellas aparecían en el cielo de verano.

pay her back Pensó en la señora rubia, e hizo propósitos de pagarle y recompensarla° de una manera digna cuando tuviera dinero.

He lied down on his back Llegó a la orilla del mar y anduvo de un lado para otro. Miró el mar. Las luces del muelle y las de los barcos se extendían por el agua. Se tendió de espaldas°, mirando el cielo largo rato. No tenía ganas de pensar, ni de cantar, ni de hablar. Se sentía vivir, nada más.

turned Hasta que se quedó dormido con el rostro vuelto° hacia el mar.

Vocabulario

▶ Sustantivos

la alegría *happiness*	**el orgullo** *pride*
la angustia *anguish*	**la pena** *pain, grief, suffering*
el barco *ship*	**el peso** *weight*
la caridad *charity*	**el puerto** *port*
la costa *coast*	**el rostro** *face*
el descanso *rest*	**el saco** *bag*
la frescura *coolness, freshness*	**la sonrisa** *smile*
el marinero *sailor*	**la vergüenza** *shame*

► **Verbos**

aparecer   *to appear*
atreverse (a)   *to dare (to)*
cargar   *to load*
dejar   *to leave (behind)*
descansar   *to rest*
detenerse (pararse)   *to stop*

elegir (i)   *to choose, elect*
gritar   *to shout, yell*
llorar   *to cry*
resistirse a   *to refuse to*
temer   *to fear*
vagar   *to wander*

► **Adjetivos**

ardiente   *burning*
avergonzado   *ashamed*
corto   *short*
delgado   *thin*
desesperado   *desperate*
distinto   *different*

distraído   *distracted*
lejano   *far away*
manchado   *stained*
pesado   *heavy*
suave   *soft*
vergonzoso   *shameful*

► **Adverbios**

ante   *before*
frente a   *in front of (and facing)*

hacia   *toward(s)*

► **Expresiones**

como si...   *as if...*
estar de pie   *to be standing*

poco a poco   *little by little*

Repasemos el vocabulario

A. Sinónimos. Busque Ud. el sinónimo de las palabras siguientes.

1. detenerse
2. temer
3. angustia
4. rostro
5. distinto
6. alegría

a. agonía
b. cara
c. felicidad
d. pararse
e. tener miedo de
f. diferente

B. Antónimos. Busque Ud. el antónimo de las palabras siguientes.

1. avergonzado
2. estar de pie
3. suave
4. distinto
5. lejano
6. corto

a. semejante
b. duro
c. cercano
d. largo
e. estar sentado
f. orgulloso

Según la lectura

Parte 1

Escoja Ud. la respuesta correcta.

1. Este cuento tiene lugar…
   a. en las montañas.
   b. cerca del mar.
   c. en el campo.

2. El joven no acepta la comida del marinero porque…
   a. no tiene hambre.
   b. va a comer con un amigo.
   c. tiene vergüenza de parecer pobre.

3. Después que se fue el barco que lo llevó al puerto, el joven…
   a. encontró trabajo en seguida.
   b. anduvo por las calles buscando comida, dinero o trabajo.
   c. se reunió con su familia.

4. Por fin, él encontró trabajo…
   a. vendiendo periódicos.
   b. cargando un barco.
   c. sirviendo en una lechería.

Parte 2

Escoja Ud. la respuesta correcta.

1. A causa del hambre que tenía, el joven…
   a. imaginó ver su casa y a su familia.
   b. se cayó en el suelo.
   c. le robó dinero al capataz.

2. El muchacho esperó fuera de la lechería porque…
   a. quería esperar hasta que saliera el viejo.
   b. esperaba la llegada de más clientes.
   c. no sabía qué hacer.

3. Cuando llegó la señora con las vainillas, el joven las comió lentamente porque…
   a. quería esconder el hambre que tenía.
   b. le dolía el estómago.
   c. estaba leyendo también.

4. Cuando terminó la leche y las vainillas…
   a. pagó la cuenta y salió.
   b. el viejo volvió.
   c. la señora le trajo más.

Según Ud.

1. ¿Por qué siente tanta vergüenza el joven? ¿Cree Ud. que él está acostumbrado a pedir dinero o a no comer? ¿Por qué?

2. Describa Ud. la vida del joven. ¿Por qué cree Ud. que no está con su familia? ¿Qué le va a pasar al joven? ¿Por qué no vuelve a su casa?

3. ¿Por qué cree Ud. que la señora "miraba a un punto lejano" con un rostro triste? ¿En qué pensaba ella? ¿Quién será esa mujer? Describa su vida.

4. ¿Por qué lloró tanto el joven al comer?

5. ¿Tiene éxito el autor en comunicar el dolor físico y sicológico del joven? ¿Cuáles son algunas de las técnicas estilísticas que usa? Por ejemplo, colores, sentimientos de calor o frío, frases largas o cortas, etc.

Conversemos

1. El autor usa muchas palabras relacionadas con el calor y el frío. Dé Ud. ejemplos de eso. ¿Por qué lo hace? ¿Qué representan el calor y el frío en este cuento? ¿Qué otras cosas pueden representar el calor y el frío en la literatura?

2. ¿Cómo se sintió Ud. al leer este cuento? ¿Por qué? ¿Qué sentimientos tiene Ud. hacia ese muchacho? ¿Y por la señora?

3. ¿Es realista el cuento? ¿Puede tener lugar en cualquier ciudad grande? ¿Por qué?

Composición

1. ¿Existe hoy día el hambre en el mundo? ¿Dónde? ¿Y en los Estados Unidos? ¿Qué se hace ahora para aliviarla? ¿Qué más podemos hacer?

2. Supongamos que el cuento no termina con la última frase, "Hasta que se quedó dormido con el rostro vuelto hacia el mar"; sino que continúa después con la frase, "Al día siguiente…" Use la imaginación y escriba el final del cuento.

ALGUNOS RECURSOS CHILENOS

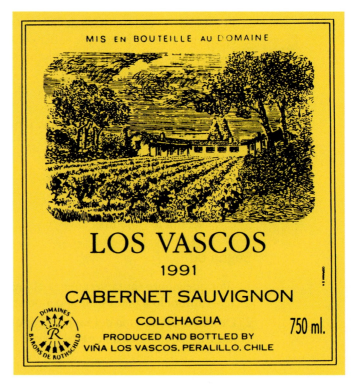

MIS EN BOUTEILLE AU DOMAINE

LOS VASCOS

1991

CABERNET SAUVIGNON

COLCHAGUA

750 ml.

PRODUCED AND BOTTLED BY
VIÑA LOS VASCOS. PERALILLO. CHILE

Al sur del ecuador, las estaciones del año están "invertidas" desde la perspectiva norteamericana y europea. Es decir que cuando es invierno en el hemisferio norte, es verano en el hemisferio sur. Este fenómeno natural resulta en un rico mercado norteamericano y europeo para los productos agrícolas de Sudamérica. La próxima vez que Ud. vaya al supermercado, fíjese en la cantidad de productos procedentes de Sudamérica, por ejemplo las manzanas o las uvas de Chile. Los chilenos cuyos médicos recomiendan que tomen una copa de vino de vez en cuando para su salud no tienen que acudir a las importaciones. Chile es muy conocido por sus vinos prestigiosos y su calidad se debe al clima montañoso, la confluencia de los ríos y la brisa que viene del mar. Las exportaciones de vinos embotellados subieron un 421% durante la última década del siglo XX, y ahora es el mayor exportador de toda América Latina. La industria vinícola desempeña un papel importante en la economía chilena, ya que cuenta con unos 400.000 empleados nacionales. Las excelentes uvas de Chile forman la base no sólo de sus vinos, sino también de otras bebidas fermentadas tales como la chicha, el pisco y el aguardiente.

deposits
rugged

Además de los recursos agrícolas, estos países tienen ricos yacimientos° minerales y metales debajo de las ásperas° y rocosas montañas. Fue la búsqueda de la plata y del oro —basta recordar la leyenda de "El Dorado"— uno de los importantes motivos para la colonización después del descubrimiento de este nuevo y desconocido continente por parte de los exploradores europeos del siglo XVI.

Práctica

Corrija las oraciones falsas.

1. Cuando es verano en Boston, es primavera en Santiago, Chile.
2. Chile es un gran productor de zanahorias y tomates.
3. Las cervezas de Chile son conocidas por todo el mundo.
4. Los europeos del siglo XVI colonizaron Chile motivados por la existencia de balnearios lujosos.

ALGO MÁS SOBRE CHILE

A. Ampliar lo que sabemos. ¿Les gustaría saber más sobre Chile? Reúnanse en grupos de tres o cuatro personas y preparen una presentación sobre uno de los siguientes temas. Escojan el que más les interese, u otro que no aparezca en la lista.

- La peculiar composición de la población chilena: la mayoría europea y las minorías indígenas. Causas históricas y estado presente.
- Las otras lenguas de Chile: mapuche, quechua, aymará y pascuense o rapanui.
- La diversidad geográfica de Chile desde los desiertos del norte hasta la Antártida. La riqueza del subsuelo y la importancia de la minería. Una pequeña muestra de la belleza del paisaje chileno: Osorno, Llanquihue y Chiloé.
- Las misteriosas esculturas de Rapa Nui, la Isla de Pascua.
- Las diferentes clases de música de Chile. Dos artistas integrales que alcanzaron fama internacional como cantantes de la libertad y de la vida: Violeta Parra y Víctor Jara. Intérpretes de música clásica de reconocimiento internacional: Claudio Arrau y Verónica Villarroel.

- La literatura en Chile y Chile en la literatura. La literatura en Chile: la importancia de los (las) escritores(as) chilenos(as) del siglo XX. Chile en la literatura: la representación de los conflictos en *La Araucana* de Alonso de Ercilla y *La casa de los espíritus* de Isabel Allende.
- Hollywood y el cine de denuncia de las dictaduras latinoamericanas: *Missing, La muerte y la doncella (Death and the Maiden)* y *La casa de los espíritus (The House of the Spirits)*. Otras películas de éxito basadas en personajes chilenos: *El cartero.* El cine chileno.
- Chile, país de poetas. Los premios Nobel de la literatura ganados por chilenos: Gabriela Mistral y Pablo Neruda. La belleza del *Cancionero general* de Pablo Neruda según la versión musical de Mikis Theodorakis.
- Algunos momentos de la historia de Chile, desde la llegada de Valdivia hasta los tiempos presentes: la lucha entre los pobladores nativos y los conquistadores españoles; la independencia de Chile; la tradición democrática chilena; el derrocamiento de Allende y la dictadura de Pinochet.
- El papel del capital internacional en la economía y la política chilena. Los intereses de las grandes corporaciones en Chile y su intervención en el derrocamiento del gobierno socialista de Salvador Allende.
- El folclor chileno: las fiestas de la Virgen del Carmen en la Tirana; la fiesta de la Candelaria en Copiapó; la fiesta de la Rosa de Pelequén.
- Las delicias de la cocina chilena: el pastel de choclo (maíz), los porotos (frijoles) granados, el asado chileno a la parrilla, las empanadas, el congrio, la albacora y los mariscos. La calidad de los vinos chilenos y la importancia de su producción.

B. Compartir lo que sabemos. ¿Cómo preparar la presentación?

1. Utilicen todo tipo de fuentes de información para hacer investigación sobre el tema escogido: libros, prensa, Internet, etc.

2. Incluyan en su presentación todos los medios audiovisuales que crean convenientes: fotografías, mapas, dibujos, videos, cintas o discos de música, etc.

3. Ofrézcanles a sus compañeros de clase un esquema de todos los puntos que van a desarrollar en su presentación.

Ampliación y composición

¡REVISE SU ORTOGRAFÍA!

El verbo haber

1. Se traduce **hay** al inglés como *there is, there are.* **Hay que** + infinitivo se traduce como *one has to.*

there is	En su ciudad **hay** mucha contaminación ambiental.
there are	**Hay** también grandes problemas por la falta de cuidado médico.
one has to	**Hay** que tener cuidado con la salud.

2. **Hay** vs. **ay** vs. **ahí**

Ay es una palabra exclamativa.	¡**Ay**! ¡Cuánto me duele el estómago!
Ahí es un adverbio de lugar, como **aquí, acá, allí** y **allá.**	**Ahí** están las pastillas que buscabas.

3. En el presente perfecto, **haber** *(to have + past participle [eaten, been, gone, etc.] en inglés)* lleva la letra **h-**.

Manuel **ha** ido al consultorio del médico.	*Manuel **has** gone to the doctor's office.*
Allí le **han** hecho una serie de análisis.	*There they **have** done a series of tests.*
Resulta que a Manuel le duele el estómago porque **ha** comido demasiado.	*It turns out that Manuel has a stomachache because he **has** eaten too much.*

4. **Ha** vs. **ah** vs. **a**

Ah es una palabra exclamativa.
¡Ah! Ya recuerdo qué vine a hacer.

A es una preposición.
No conozco **a** ningún pediatra en esta ciudad.
Señora, ¿le ha dado Ud. la receta **al** farmacéutico?

ENFOQUE: Los viejos remedios familiares

¡Prepárese a escribir!

Antes de comenzar a escribir su composición, intercambie ideas con sus compañeros sobre las ventajas y desventajas de los métodos medicinales caseros. Por ejemplo:

1. Hoy en día, muchas mujeres embarazadas prefieren ser atendidas por matronas y dar a luz en su casa.

2. Para curar el resfrío, muchos piensan que lo mejor es tomar mucho zumo de naranja o limón con miel y evitar, en lo posible, los antibióticos.

3. Para la tos y el dolor de garganta se prefieren las infusiones de hierbas medicinales. Los jarabes recetados por los médicos contienen alcohol y azúcares que no son buenos para la salud.

4. Muchas personas tienen gran confianza en los poderes curativos de los masajes, de los tratamientos de acupuntura y de acupresión y de las aguas medicinales.

¡Organice sus ideas!

A continuación, escoja el tema que más le interese de la sección de ¡Prepárese a escribir! y hágase las siguientes preguntas.

1. ¿La información que tengo es interesante?

2. ¿Tengo suficientes datos para escribir uno o dos párrafos?

LECCIÓN 7

¿Conoces mi ciudad?

¡CHARLEMOS!

Charle con un(a) compañero(a) de clase sobre la vida urbana. Puede consultar el vocabulario en las páginas 292–294.

¿Cuáles son las ventajas de vivir en una ciudad grande? ¿En una ciudad pequeña? ¿Dónde piensas vivir al terminar tus estudios o en el futuro? ¿Por qué?

ENFOQUE: Argentina

¡CHARLEMOS MÁS!

1. ¿Cuáles son los problemas que confronta la ciudad en la que vives? ¿La contaminación ambiental? ¿El transporte urbano? ¿La violencia y el crimen?
2. En tu ciudad, ¿cuáles son los medios de transporte más usados?
3. ¿Hay problemas de vivienda en el lugar donde vives? ¿Son muy altos los alquileres? ¿Dónde y cómo viven las familias de bajos ingresos? ¿En qué zona de la ciudad viven los que tienen mucho dinero?

▶ *El barrio de La Boca*

290

▶ *Avenida 9 de Julio, Buenos Aires, Argentina*

Capital: *Buenos Aires*
Moneda: *el peso argentino*
Población: *39.2 millones de habitantes*

Algo sobre Argentina

Al igual que Chile, Argentina ofrece una interesantísima diversidad geográfica y climática, desde la zona semitropical del norte hasta las pampas y las gélidas *(icy)* tierras del Sur (Patagonia y Tierra del Fuego). Partes del territorio son muy antiguas pero otras son de relativamente reciente formación geológica: por ejemplo las islas del delta del Paraná. No sólo es diversa la geografía argentina, sino también su población, que es una de las más diversas de todo el mundo hispanohablante. Después de pasar trescientos años como colonia de España, los argentinos ganaron su independencia en 1816. Desde finales del siglo XIX y durante todo el siglo XX, Argentina fue el destino de cantidades de inmigrantes de Europa, sobre todo de Italia. Con italianos, alemanes, judíos de la Europa oriental, rusos, árabes, etc., Argentina, sobre todo en su capital, resulta ser un verdadero crisol *(melting pot),* semejante a otras ciudades cosmopolitas como Nueva York y París.

EN EL CENTRO DE LA CIUDAD

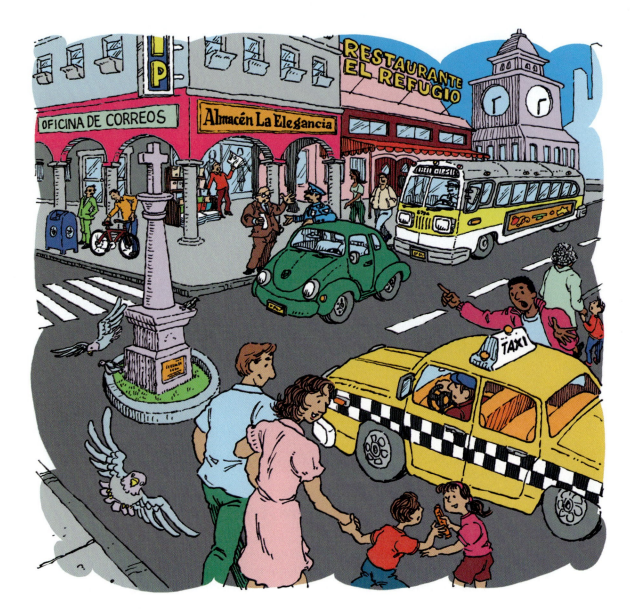

▶ **La ciudad y sus problemas**

el alcalde (la alcaldesa) *mayor*
la alcaldía municipal (el ayuntamiento) *city hall*
el (la) ciudadano(a) *citizen*

la comunidad *community*
la delincuencia *delinquency*
el (la) delincuente *criminal, delinquent*

el (la) desamparado(a) *homeless person*
la huelga (el paro) *strike*
la injusticia social *social injustice*

sufrir un atraco *to be mugged*
la vivienda *housing*

▶ **En la calle**

atropellar *to run over*
el autobús *bus*
el coche (el carro) *car*
el (la) conductor(a) [el (la) chófer] *driver*
la congestión (el embotellamiento de tránsito) *traffic jam*
cruzar la calle *to cross the street*
doblar la esquina (a la derecha, a la izquierda) *to turn the corner (right, left)*
el (la) mendigo(a) *beggar*
el metro *subway*
montar en *to ride*

la moto(cicleta) *motorcycle*
la muchedumbre *crowd*
la parada de autobuses *bus stop*
el (la) pasajero(a) *passenger*
el peatón (la peatona) *pedestrian*
el puesto de periódicos (el kiosko) *newspaper stand*
las señales de tránsito *traffic signs*
el semáforo (...está en rojo/verde) *traffic light (The light is red/green)*
la tarifa de transporte *transportation fare*
el transporte urbano *urban transportation*

▶ **Otras palabras y expresiones**

a cuadros *plaid*
a rayas *striped*
el algodón *cotton*
el centro comercial *shopping center*
de manga corta (larga) *short-(long-)sleeved*
estar de moda *to be in style*
estar pasado de moda *to be out of style*
estar en (de) rebaja *on sale*

las gangas *bargains*
hacer juego con *to match*
la lana *wool*
la liquidación *final sale*
liso *plain*
llevar, usar *to wear*
la seda *silk*

EN EL (SUPER)MERCADO

▶ **Carnes y pescados** *(Meats and fish)*

la carne de res *beef*
la carnicería *butcher shop*
el (la) carnicero(a) *butcher*
el chorizo *sausage*
el cordero *lamb*
el jamón *ham*

los mariscos *seafood, shellfish*
el pavo *turkey*
el pollo *chicken*
la ternera *veal*
el pescado *fish*

▶ **Frutas y verduras** *(Fruits and vegetables)*

la cebolla *onion*
la col *cabbage*
los frijoles *kidney beans*
la fruta madura (verde) *ripe (unripe) fruit*
la fresa *strawberry*
las habichuelas *kidney beans*
los hongos (los champiñones) *mushrooms*
la lechuga *lettuce*
la manzana *apple*

la naranja *orange*
las papas, las patatas *potatoes*
el pepino *cucumber*
la pera *pear*
el plátano *banana*
la sandía *watermelon*
las uvas *grapes*
los vegetales *vegetables*

EN EL ALMACÉN DE ROPA

Ropa para mujeres

ALMACÉN BUSTAMANTE

Ropa para caballeros

la blusa de manga corta (larga)

el abrigo (de piel)

el vestido

el suéter

la chaqueta

el traje

la falda

el impermeable

el bolso (la bolsa)

la camisa

los vaqueros

los guantes

los pantalones

el cinturón

la corbata

los calzoncillos

los zapatos de tacón

las botas

la cartera

los zapatos planos

el pañuelo

los calcetines

las sandalias

PRÁCTICA

A. Una reunión en el ayuntamiento. Hoy en el ayuntamiento de la capital se reúnen varios grupos de personas para protestar por los problemas cívicos y sociales. Consulte las secciones **La ciudad y sus problemas** y **En la calle** del vocabulario para identificar a las siguientes personas. Luego, escriba una definición para cada una de ellas.

1. Los _____ del transporte urbano amenazan con empezar una huelga si no reciben un aumento de sueldo.

2. Un grupo de _____ se queja del alto costo de la vivienda en el municipio.

3. Un representante de la organización "_____ de la comunidad" protesta contra el aumento de las tarifas de transporte público en la ciudad.

4. Muchos están pidiéndole al alcalde una solución al grave problema de los _____ y de los _____ que no tienen comida y alojamiento.

5. Se ha presentado una petición para que se arreglen los semáforos del centro para que los _____ puedan cruzar las calles sin peligro de ser atropellados.

6. Hasta se ha presentado un grupo representativo de _____ de la prisión local para quejarse de las malas condiciones en las que viven.

7. El _____ del municipio asegura que ha oído las quejas y las frustraciones de la gente y que hará todo lo posible para encontrar soluciones. ¡Ya veremos!

B. Vamos de excursión a Mendoza. Mendoza, Argentina, situada al pie de los Andes, es un lugar ideal para practicar deportes como *rafting, trekking,* montañismo y esquí. Ud. va a Mendoza por tres días con unos compañeros y está haciendo la maleta. Sus amigos insisten en que algunos artículos de ropa y accesorios no van a ser necesarios, pero Ud. no está de acuerdo. Justifique por qué no puede eliminar ninguno de los siguientes artículos.

1. pantalones térmicos

2. chaqueta alpina

3. vaqueros

4. abrigo de piel

5. guantes "polar"

6. sandalias

7. vestido / corbata de seda

8. calcetines de lana

C. ¡Están de moda! Para honrar al presidente de la República se realizó en Buenos Aires una cena de gala, a la que asistieron muchas celebridades internacionales.

La revista *Moda* describe el vestuario de los invitados más famosos. Llene el primer espacio con el nombre de una celebridad. Luego llene los demás espacios con la prenda o el accesorio apropiados. Consulte el **Vocabulario para la comunicación** y use la imaginación.

> **Modelo:** Para su primer acto público, <u>la princesa Letizia de España</u> llevaba una elegante <u>blusa</u> de seda con una falda <u>a rayas</u>. Lucía *(She looked)* serena y feliz cogida de la mano de su príncipe azul *(prince charming)*.

1. Para la cena, _____ ha optado por un "look" práctico y elegante con esta(e) _____ de lana, zapatos _____ y su accesorio favorito, _____.

2. Para la ceremonia, la superestrella _____ lucía guapísimo(a) con _____ de cuero que hacía juego con _____. ¡La verdadera sorpresa fue que entró llevando _____ sin _____!

3. No hay nadie como _____ para lucir los (las) fabulosos(as) _____ de la diseñadora Carolina Herrera. Entró de la mano de su novio, quien llevaba los (las) _____ más espectaculares de todos los invitados.

VOCABULARIO PARA LA COMUNICACIÓN: En el centro

D. Una zona agrícola.

Por su clima árido, la provincia de Mendoza se ha convertido en la primera productora de fruta fresca en el país. Las frutas principales son las manzanas y las peras. Hay un importante mercado nacional e internacional para ellas. Las verduras, en especial la cebolla y las papas, no se quedan atrás. Estas dos verduras están destinadas al consumo fresco y conservado. Por las excelentes condiciones climáticas la producción de las uvas es una industria próspera. El 99% de la producción de uvas está destinada a la fabricación de vinos que tienen fama internacional. Últimamente en la provincia de Mendoza han empezado a producir carnes ecológicas.

D. Una zona agrícola. Además de sus centros de esquí, Mendoza, Argentina se conoce por su producción agrícola. Escuche la descripción de algunos aspectos de la agricultura de esta zona y escoja la opción correcta para cada oración.

1. A nivel nacional, Mendoza es la primera productora de frutas / verduras.

2. Dos frutas principales son las fresas y los plátanos / las peras y las manzanas.

3. Una parte de la producción de la lechuga / la cebolla está destinada al consumo fresco.

4. Casi toda la producción de la pera / la uva se usa para fabricar vino.

5. La carne / la verdura ecológica es una industria reciente en la provincia de Mendoza.

E. ¡Qué conveniente es vivir en la ciudad! Para Ud. una ventaja de vivir en la ciudad es estar cerca de las tiendas, los negocios y los centros municipales y comerciales. Hoy no se siente bien y le pide a su amigo(a) que haga las siguientes diligencias *(errands)*. Para cada diligencia, forme dos o tres oraciones, incorpore el **Vocabulario para la comunicación** y un mínimo de dos mandatos. Al volver de hacer las diligencias su amigo(a) le contará cómo le fue.

Modelo: Conseguir una copia de su acta de nacimiento
Estudiante 1: *Necesito una copia de mi acta de nacimiento, por favor. Es fácil. Toma el metro o el autobús número 23 y ve directamente al centro. En el ayuntamiento busca el registro (hall of records). Enséñales mi carnet de identidad y diles que nací en el Hospital Santa Ana.*
Estudiante 2: *Fui al ayuntamiento por ti pero no pude conseguirte el documento. Me dijeron que tú tenías que ir allí personalmente.*

1. denunciar al delincuente que intentó entrar a la fuerza a su apartamento

2. informarse sobre las gangas y la mercancía que están en rebaja en los almacenes

3. comprar los ingredientes para una comida económica y nutritiva

4. obtener información sobre los horarios y la disponibilidad del transporte urbano

F. El centro de la ciudad. En parejas, observen el dibujo de la página 292. Usen el **Vocabulario para la comunicación** para contestar las siguientes preguntas.

1. ¿Qué hora es? Describan el lugar, los vehículos, el tránsito y los edificios. ¿Qué están haciendo las siguientes personas?
   a. el hombre delante del almacén La Elegancia
   b. el hombre vestido con traje marrón
   c. la niña vestida con pantalones cortos y blusa rosada
   d. el hombre en la calle con la chaqueta rosada

2. ¿Cómo se sabe que la escena tiene lugar en el centro de una ciudad y que ésta es una calle principal?

3. ¿Cómo se llama el restaurante? ¿Por qué creen que el dueño escogió este nombre para un restaurante urbano?

4. Describan la escena que tiene lugar delante del almacén La Elegancia. Hoy en el almacén todo está en rebaja. ¿Qué pasará dentro del almacén?

5. ¿Qué infracción de tránsito cometería el conductor del coche? ¿Se estacionarían Uds. en una zona prohibida? ¿Han causado Uds. un embotellamiento de tránsito alguna vez? Expliquen.

6. ¿Quién necesita un taxi? ¿Por qué no le hace caso el taxista?

7. Describan a la familia que está tratando de cruzar la calle. ¿Quiénes son? ¿Cómo son? ¿Qué ropa llevan? ¿Adónde van?

Ahora, en grupos de dos, tres o cuatro estudiantes escriban un breve diálogo entre las siguientes personas. Representen las escenas para la clase.

   a. el policía y el hombre del coche verde
   b. la familia con los dos niños
   c. el hombre con la bicicleta y el hombre a su lado
   d. la mujer que está cruzando la calle con el niño

G. El noticiero. En grupos pequeños, incorporen palabras y expresiones del **Vocabulario para la comunicación** para escribir la primera parte de un artículo para el periódico sobre algún problema que haya ocurrido en la ciudad. Luego, denle el segmento del reportaje a otro grupo para que lo termine. Sigan el modelo.

Modelo: Primer grupo: Una pasajera golpeó *(struck)* al conductor de un autobús cuando éste le pidió que pagara su tarifa de transporte. El conductor sorprendido le mandó que se bajara del autobús inmediatamente. Cuando ella se negó a obedecer, él apagó el motor del autobús y dijo que no iba a seguir hasta que ella se fuera *(left)*.

Modelo: Segundo grupo: Cuando los otros pasajeros se enteraron del problema…

H. Transporte en Internet. Para saber más sobre los medios de transporte más comunes en Buenos Aires, visite el sitio web: http://www.buenos-aires.8k.com/. Siga los siguientes pasos:

1. Haga clic en la bandera de Argentina, *ENTRAR*, versión en español.

2. Busque la sección "transporte" y haga clic en el enlace apropiado para contestar las siguientes preguntas.

   a. ¿Cómo se llama el metro en Buenos Aires? ¿Cómo es? ¿Cuánto cuesta? ¿Hay servicio los domingos? ¿Hay servicio a las cinco de la mañana? Explique.

   b. ¿Cuál es el precio mínimo de un viaje en taxi? ¿Qué es un Radio Taxi? ¿Cuándo se debe viajar en taxi y por qué? ¿Qué es un taxímetro? ¿Varían los precios de un viaje en taxi?

   c. ¿Cómo llaman los porteños (personas de Buenos Aires) a los autobuses? ¿Cuánto cuesta un viaje dentro de los límites de la ciudad? ¿Cuál es una desventaja de viajar en ómnibus?

   d. ¿Cuál es la gran ventaja de viajar en tren? ¿Las paradas están cerca una de otra? ¿Por qué será?

   e. ¿Cómo es el tráfico en Buenos Aires? ¿Qué significa "las horas pico"? ¿Cómo son los conductores argentinos? ¿Qué aconsejan que hagan los conductores al cruzar semáforos durante la noche?

3. Ahora, escoja la forma de transporte que Ud. va a usar cuando visite Buenos Aires y diga por qué.

PERSPECTIVAS

PREPARATIVOS

1. Lea la sección **¿Sabía Ud. que en Argentina... ?**

2. Mire los verbos de la lectura de la página 300 que están en negrita. ¿Podría explicar por qué se usa el presente del subjuntivo en cada caso? Busque las expresiones *para que, con tal que, a fin de que, en cuanto*. Fíjese en cómo estas expresiones introducen la cláusula adverbial que contiene el verbo en el subjuntivo. Los otros casos del subjuntivo en esta lectura ocurren en cláusulas que funcionan como adjetivos. ¿Entiende por qué?

3. ¿Es la responsabilidad del gobierno municipal proporcionar casas económicas para los ciudadanos? ¿Qué condiciones y circunstancias son necesarias para que un ciudadano pueda optar por este tipo de ayuda?

¿Sabía Ud. que en Argentina... ?

■ La ciudad de **Mendoza** fue fundada en 1561. La cultura del gaucho, vaquero de las pampas argentinas, se entremezcló con la de los huarpes y otros pueblos indígenas que habitaban la región. Más tarde tuvo lugar la fuerte inmigración de los italianos, los españoles y los árabes, convirtiendo a Mendoza en un importante centro urbano de un millón y medio de habitantes. Su clima árido es ideal para la producción de vino y por sus hermosos y variados paisajes es un excelente destino recreativo y turístico.

▲ *Mendoza, Argentina*

■ Hasta 1816 **Argentina** formó parte del llamado Virreinato del Río de la Plata, junto con Uruguay y Paraguay. Después de esta fecha, pasó a ser un país independiente. Uno de los grandes mitos de la historia argentina surgió a mediados del siglo pasado: el peronismo. Así se denominaba a los seguidores de Juan Domingo Perón y de su no menos mítica esposa Eva Perón. El matrimonio Perón, su política populista y el apoyo de los pobres, llamados "los descamisados", gozaron de un fuerte respaldo internacional. El gobierno militar de mediados de los setenta marcó uno de los momentos más dramáticos en la historia argentina. Esta época, llamada por algunos "la guerra sucia", es tristemente conocida como la de los desaparecidos. Más de 30.000 personas que se opusieron al régimen militar "desaparecieron" sin dejar rastro alguno. Un grupo de madres de los desaparecidos se organizaron para reclamar a sus hijos. Empezaron a marchar alrededor de la Pirámide del centro de la histórica Plaza de Mayo, frente a la Casa de Gobierno en Buenos Aires. Hoy las Madres de Plaza de Mayo son conocidas en todo el mundo por su lucha por conocer el destino de sus hijos.

▲ *Eva y Juan Perón*

■ En 1983 hubo elecciones presidenciales en Argentina y con la elección de Raúl Alfonsín, se volvió a la democracia. En 2003 Néstor Kirchner fue elegido Presidente, y prometió luchar contra la pobreza, reducir la deuda externa y proporcionar apoyo a las madres, ahora abuelas, de Plaza de Mayo quienes siguen pidiendo la condena para los que cometieron graves violaciones contra los derechos humanos durante la dictadura militar de 1976–1983.

▲ *Las Madres de Plaza de Mayo*

En Mendoza se soluciona un problema urbano

En la provincia de Mendoza, Argentina, se ha creado el Programa de Vivienda para que las familias de bajos ingresos **tengan** la oportunidad de comprar casa. Bajo este programa, todas las personas que **trabajen** podrán obtener un crédito para conseguir una casa cómoda, con tal de que **sean** cabeza de familia, que **ocupen** permanentemente la vivienda y que **puedan** hacer los pagos mensuales.

A fin de que los beneficios **lleguen** a las mayorías, el Programa de Vivienda cuenta con varios tipos de casas económicas. Los precios exactos de estas viviendas aún no se han dado a conocer°, pero en cuanto la Alcaldía Municipal **tenga** esta información, se notificará a los interesados.

have not been revealed

Las personas que **deseen** más información pueden dirigirse a las oficinas del Programa de Vivienda de su ciudad para que les **envíen** más detalles.

COMPRENSIÓN Y PRÁCTICA

A. Preguntas. Conteste las siguientes preguntas.

1. ¿Cuales son las tres condiciones que se necesitan en Mendoza para obtener un crédito de vivienda?

2. ¿Quién proporciona *(provides)* información sobre los tipos y precios de las viviendas?

3. ¿Cómo se puede obtener información sobre las viviendas para familias?

B. ¡Charlemos! A muchas personas les interesaría aprovechar la ayuda que ofrece el Programa de Vivienda. En parejas, hagan el papel del (de la) representante de la Alcaldía Municipal de Mendoza y el del (de la) interesado(a) que tiene que probar que cumple con las condiciones para obtener una vivienda. ¿Habrá suficientes viviendas para todos los ciudadanos que solicitan ayuda? Podría ser una situación bastante tensa.

◈ ESTRUCTURA 1: El subjuntivo en cláusulas adjetivales

Una cláusula adjetival es una cláusula (sujeto y verbo) que funciona como un adjetivo y describe el sustantivo en la cláusula principal.

Vivo en   una casa   grande.

               sustantivo   *adjetivo*

Vivo en   una casa   que es grande.

               sustantivo   *cláusula adjetival*

Se usa el subjuntivo en la cláusula adjetival cuando el antecedente (el sustantivo en la cláusula principal) es indefinido o no existe. Compare las siguientes oraciones.

El indicativo

Vivo en una casa que **es** grande.
Compré una casa que **es** grande.
En esta calle hay una casa que **es** grande.

El subjuntivo

Quiero vivir en una casa que **sea** grande.
Busco una casa que **sea** grande.
En esta calle no hay ninguna casa que **sea** grande.

sustantivo + que +
- indicativo (existe o se conoce)
- subjuntivo (no existe o no se conoce)

Se usa el indicativo...	Se usa el subjuntivo...
cuando la cláusula adjetival se refiere a una persona o cosa que existe y se conoce.	cuando la cláusula adjetival se refiere a una persona o cosa que no existe o no se conoce.
Conocemos un restaurante que **sirve** comida argentina.	No conocemos ningún restaurante que **sirva** comida argentina.
Busco *el* restaurante que **sirve** comida argentina.	Busco *un* restaurante que **sirva** comida argentina.
Hay un restaurante cerca que **sirve** comida argentina.	No hay ningún restaurante cerca que **sirva** comida argentina.
Anoche comimos en un restaurante que **sirve** comida argentina.	¿Hay un restaurante en esta calle que **sirva** comida argentina?

PRÁCTICA

A. La ciudad necesita un nuevo alcalde. Los ciudadanos van a votar por un nuevo alcalde y piensan que ha llegado el momento de decir lo que ellos esperan de él (ella). El sindicato de trabajadores está hoy reunido para expresar sus deseos. Complete las siguientes oraciones con la forma correcta del presente del indicativo o del subjuntivo según el contexto.

1. Necesitamos un alcalde que (tener) _____ experiencia en los asuntos de la ciudad.
2. El alcalde actual no (preocuparse) _____ por los grupos étnicos.
3. Hay muchos ciudadanos que (querer) _____ ser alcalde, pero no tienen suficiente experiencia.
4. Queremos a alguien que (luchar) _____ contra las injusticias sociales.
5. Tiene que ser una persona que (comprender) _____ el grave problema de la delincuencia juvenil.
6. La ciudad en que nosotros (vivir) _____ es algo peligrosa.
7. Buscamos un político que (saber) _____ decir **no** a la delincuencia.
8. Debemos elegir a un ciudadano que (ser) _____ miembro de nuestra comunidad.

B. El Caminito. Una de las zonas más pintorescas y antiguas de la ciudad de Buenos Aires es La Boca, situada cerca del puerto primitivo. Allí se encuentra un paseo histórico-artístico realmente fascinante: El Caminito. Hay mucho que ver y hacer. En parejas, hagan el papel de turista y el de guía. El (La) turista busca ciertas atracciones; el (la) guía consulta el folleto y da recomendaciones.

> **Modelo:** Turista: ***Quiero visitar*** *una casa que **sea** verdaderamente antigua.*
>
> Guía: ***Le recomiendo*** *que **visite** El Conventillo. Es una de las casas más antiguas de La Boca.*

Expresiones útiles:

Para el (la) turista:

Busco…	¿Hay…?
Quiero ver…	¿Conoce…?
Espero encontrar…	Debo encontrar…
Necesito comprar…	Otra expresión

Para el (la) guía:

Recomiendo…	Es recomendable…
Sugiero…	Es bueno…
Aconsejo…	Otra expresión
Es importante…	

C. Lo que tengo y lo que quiero. Todos tenemos cosas que nos gustan, y sin embargo soñamos con cosas mejores. Refiérase a la lista de vocabulario, escoja cinco prendas de vestir y describa las que Ud. ya tiene y las que Ud. quiere comprar.

> **Modelo:** *Tengo una cartera que **es** de plástico y **tiene** sólo un compartimento.*
>
> *Quiero comprar una cartera que **sea** de cuero y **tenga** cinco compartimentos.*

D. En busca de... Todos los domingos en *La Nación,* uno de los periódicos de Buenos Aires, se ve una sección titulada "Búsqueda de la semana". Allí se encuentran los anuncios más diversos, escritos por personas que están deseosas por encontrar lo que necesitan. Para cada una de las siguientes categorías, escriba un anuncio de periódico con la ayuda de un(a) compañero(a).

> **Modelo:** *Busco un(a) vendedor(a) que tenga experiencia de trabajo, que hable inglés y que esté dispuesto(a) a viajar por el interior del país. Llame al 22-31-54. Pregunte por Laura.*

1. un(a) secretario(a)
2. un(a) compañero(a) de vivienda
3. un coche usado
4. un(a) tutor(a) de español
5. un(a) amigo(a) para salir

ESTRUCTURA 2: El subjuntivo en cláusulas adverbiales

Una cláusula adverbial es una cláusula (sujeto y verbo) que funciona como un adverbio, y modifica el verbo de la cláusula principal.

Fui al centro — *verbo*   después. — *adverbio*

Fui al centro — *verbo*   después de que Ana volvió. — *cláusula adverbial*

LAS CLÁUSULAS ADVERBIALES DE TIEMPO

Se usa el subjuntivo en la cláusula adverbial de tiempo cuando se trata de una acción pendiente (que no ha pasado todavía). En este caso, generalmente el verbo en la cláusula principal está en el tiempo futuro. Se usa el indicativo en la cláusula adverbial cuando se trata de una acción que ya ocurrió o que ocurre habitualmente. En estos casos generalmente el verbo en la cláusula principal está en el pasado o en el presente. Compare las siguientes oraciones.

El indicativo	*El subjuntivo*
Fui al centro después de que Ana **volvió.**	Iré al centro después de que Ana **vuelva.**
Siempre voy al centro después de que Ana **vuelve.**	Voy a ir al centro después de que Ana **vuelva.**

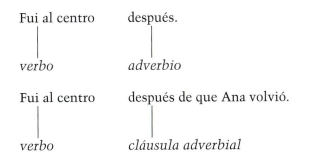

Cláusula principal + expresión de tiempo + indicativo (acción pasada o habitual) / subjuntivo (acción futura)

LAS CLÁUSULAS ADVERBIALES DE PROPÓSITO, CONDICIÓN Y ANTICIPACIÓN

Las siguientes expresiones (conjunciones) siempre requieren el subjuntivo en la cláusula adverbial.

Propósito		Condición		Anticipación	
a fin de que	*in order that, so that*	a menos que	*unless*	antes (de) que	*before*
		a no ser que	*unless*		
para que	*in order that, so that*	con tal (de) que	*provided that*		
		en caso (de) que	*in case*		
		mientras que[2]	*as long as*		
		salvo que	*except*		
		sin que	*without*		

Cláusula principal + expresión de { propósito, condición o anticipación } + subjuntivo

Se usa el subjuntivo porque las expresiones de propósito, condición y anticipación sólo pueden introducir acciones que aún no se han realizado.

Te lo regalo **para que te acuerdes** de mí.
Los invito al cine, **a menos que tengan** un programa mejor.
Salgamos **antes de que llueva.**

CASOS ESPECIALES: SEGURIDAD / INSEGURIDAD

Se puede usar el indicativo o el subjuntivo después de las siguientes expresiones según el caso.

---

[1] Mientras + **indicativo** = *while*. Mientras (que) + **subjuntivo** = *We don't know how long.*

[2] Cuando **mientras (que)** tiene el significado de *as long as* (condición), se usa sólo el subjuntivo. Cuando tiene el significado de *while* (tiempo), se usan el indicativo o subjuntivo, según el caso.

a pesar (de) que	*although*
aun cuando	*even though*
aunque	*although, even if*

Para expresar seguridad se usa el indicativo.

Aunque (A pesar de que) **llueve,** voy
al centro en moto.

*Although it is raining, I'm going
downtown by motorcycle.*

Para expresar inseguridad o duda se usa el subjuntivo.

Aunque (A pesar de que) **llueva,** voy
al centro en moto.

*Although it may rain, I'm
going downtown by motorcycle.*

PRÁCTICA

A. ¡Vamos a hacer una fiesta! Patricia y Lorena preparan una fiesta para sus amigos. Patricia piensa que será la fiesta del año y desde esta mañana no hace otra cosa que organizarla. Veamos lo que dice. Complete sus comentarios con el subjuntivo, y explique por qué se necesita usarlo.

1. Los muchachos se van a poner muy contentos en cuanto tú les (decir) _____ que vamos a tener una fiesta.
2. Ellos van a alegrarse cuando (saber) _____ que se está organizando la fiesta.
3. Yo iré a la pescadería, con tal que mis hermanos (ir) _____ a la carnicería.
4. Rubén preparará el postre sin que nosotras lo (ayudar) _____.
5. Compraré los mariscos hoy, para que mañana nosotras no (tener) _____ que salir.
6. Tendremos que preparar un plato de verduras en caso de que algunos de los invitados (ser) _____ vegetarianos.
7. Gabriel puede traer los refrescos, a menos que Juan (querer) _____ hacerlo.
8. Nos divertiremos hasta que (salir) _____ el sol.

B. En el almacén de ropa Las Gangas. Hoy Ud. va de compras con un amigo. Forme una oración con un elemento de cada columna. Hay varias combinaciones posibles.

Modelo: *Voy a llevar dinero en caso de que tú quieras comprar unos pantalones.*

1. Esperaré en casa…	…en caso de que…	a. …tú (querer) comprar otro suéter.
2. No compraré esos vaqueros…	…cuando…	b. …nosotros (poder) ir a esquiar.
3. Voy a llevar dinero…	…tan pronto como…	c. …no (costar) demasiado.
4. Te regalaré esos guantes…	…a menos que…	d. …tú (venir) a recogerme.
5. Me probaré estas sandalias…	…con tal que…	e. …(estar) en rebaja.
6. Compraré las botas…	…hasta que…	f. …nosotros (acabar) de comprar.
7. Cenaremos juntos…	…para que…	g. …(llegar) a la tienda.

C. No conozco la ciudad. Imagínese que un(a) amigo(a) acaba de llegar a su ciudad y no la conoce. Le hace varias preguntas. Complete el diálogo.

1. A: ¿Cómo se llega al centro?

   B: Mira, camina dos cuadras y después dobla a la derecha **cuando** (tú)...

2. A: ¿Hay congestión de tránsito?

   B: Sí. No cruces la calle **hasta que** el semáforo...

3. A: Quisiera ir al concierto. ¿Crees que encontraré boletos... ?

   B: No lo dudo, pero **tan pronto como** el concierto...

4. A: ¿Puedo regresar del centro en autobús **después de que**... ?

   B: Sí, **a menos que**...

5. A: En caso de que me pierda en la ciudad, ¿qué hago?

   B: Llámame por teléfono **para que**...

D. Condiciones en la ciudad. Siempre queremos hacer cosas, pero hay condiciones para todo. En parejas, terminen las oraciones de una forma lógica.

1. El policía le dice al (a la) conductor(a):
   a. Podrá aparcar su coche allí mientras que...
   b. No debe manejar a menos que...
   c. Quédese aquí hasta que el semáforo...
   d. Muéstreme su licencia de conducir para que...
   e. Tome un taxi en caso de que...

2. El alcalde les dice a los ciudadanos:
   a. Yo trabajaré para todos Uds. después de que...
   b. Bajaré los impuestos *(taxes)* tan pronto como...
   c. Encontraré viviendas para los desamparados cuando...
   d. Todos tendrán trabajo con tal que...
   e. No habrá delincuencia mientras que...

3. Un padre le dice a su hijo(a):
   a. No corras en la calle en caso de que...
   b. No salgas del coche sin que...
   c. No hables con nadie a menos que...
   d. No toques las cosas en el almacén a no ser que...
   e. No te muevas de aquí hasta que...

¿Cuáles son dos cosas más que dice el policía? ¿El alcalde? ¿El padre?

E. Situaciones cotidianas. Imagínese que Ud. es vendedor(a) en el almacén Primavera y su compañero(a) es un(a) cliente que quiere comprar una prenda de ropa como regalo para su novio(a). ¡No deje que el (la) cliente se vaya sin comprar! Como Ud. es un(a) vendedor(a) de primera clase, ofrézcale todo lo que pueda:

a. corbatas para que...
b. pañuelos que no...
c. guantes que...

d. cinturones...
e. carteras...

Más allá del aula

¿Qué hace la persona que no sabe hablar inglés bien y necesita servicios sociales?

Hay varias agencias y organizaciones en la ciudad que ofrecen servicios especiales para los recién llegados, incluso para las personas que no hablan inglés. Para averiguar la información siguiente, busque en el sitio web de su pueblo, su ciudad o de la ciudad capital de su estado. El ayuntamiento de la ciudad puede proporcionar mucha información. Si no tiene un sitio web, llame por teléfono o visite el ayuntamiento. También puede encontrar mucha información sobre organizaciones en la guía telefónica, escuchando los programas de radio en español o consultando los periódicos de habla española si los hay en su ciudad.

- ¿Tienen servicios de traducción para hispanohablantes?
- ¿Qué documentos se necesitan para poder trabajar en la ciudad?
- ¿Hay consulados o embajadas en la ciudad que representen a varios países hispanos?
- ¿Cómo y dónde se puede conseguir una licencia de conducir?
- ¿Dónde ofrecen clases de inglés?
- ¿Cuáles son las agencias que se dedican a las varias comunidades latinas?
- ¿Qué hay que hacer para registrarse para votar?
- ¿Hay festivales culturales?

Comparta su información con la clase y haga recomendaciones.

 ## PERSPECTIVAS

PREPARATIVOS

1. Lea la sección **¿Sabía Ud. que en Argentina... ?**

2. Mire los verbos de la lectura que están en negrita. Se usan en el imperfecto del subjuntivo. ¿Entiende por qué?

3. ¿A Ud. le gusta ir de compras? ¿Qué características y comodidades busca en un centro comercial? ¿Le importan el ambiente y la ubicación o sólo le interesan las tiendas que se encuentran allí?

¿Sabía Ud. que en Argentina... ?

- En muchas partes de Argentina **las estaciones** van a la inversa. El invierno empieza en junio y el verano en diciembre. Los meses más calurosos son enero y febrero. En invierno raramente hiela y nunca nieva. De octubre a diciembre es el tiempo ideal para visitar Argentina.

▲ *La calle Florida*

- Las calles de Buenos Aires son famosas mundialmente. La **calle Florida**, siempre muy concurrida°, es la calle comercial principal. Allí el tráfico rodado está prohibido durante el día. La avenida 9 de Julio es considerada la más ancha del mundo.

crowded

- En la alegre ciudad de Buenos Aires abundan las salas de baile, los clubes nocturnos y las orquestas de todo tipo, inclusive las de **tango**. Los orígenes de esta música y danza hipnotizantes no son precisos, aunque se sabe que empezó como un baile de clase baja a finales del siglo XIX. Después de la Gran Guerra, el tango fue adoptado por la alta sociedad y tuvo su apogeo hacia los años cuarenta del último siglo con Carlos Gardel. Esta música sensual ha vuelto a estar de moda entre la gente de todas las edades.

- **Los bonaerenses** son habitantes de Buenos Aires. **"Porteño"** es otro término que se usa para denominar a la gente de esta ciudad.

Ir de compras en Buenos Aires

Mi tía y yo habíamos quedado en hacer un exótico e insólito viaje juntas en el verano. Como me divierto contemplando el movimiento de las ciudades cosmopolitas, y me encanta ir de compras, soñaba con que **viajáramos** a París, a Milán, a Roma o a otro famoso centro urbano. Cuando mi tía propuso que **fuéramos** a Buenos Aires, confieso que me sentí algo desanimada. No dudaba de la belleza y del dinamismo de esa ciudad pero, ¿era necesario ir tan lejos para ir de compras? Mi tía insistió en que la **acompañara**, y me aseguró que no había ninguna ciudad en todas las Américas que **ofreciera** paseos de compras más atractivos y únicos que los de Buenos Aires. Me habló de interesantes edificios remodelados con techos y paredes de cristal que se unían con la naturaleza y la marcha de la ciudad; hermosos lugares, convertidos en *megashoppings,* que eran una alternativa al típico centro comercial y que deleitaban° al más fanático comprador. Me convenció.

delighted

Llegadas a la ciudad, nos acomodamos en el hotel Marriott Plaza en la calle Florida, cerca de la Plaza San Martín. Es un lugar céntrico de la ciudad, y de allí pudimos caminar en busca de los famosos *megashoppings* urbanos. El guía hotelero sugirió que **empezáramos** en el centro comercial que se llama Galerías

Pacífico porque estaba situado en la misma calle. Dijo que era un lugar elegantísimo, que se parecía a la Galería Vittorio Emanuele II de Milán. ¡Milán! Éste sí era un sueño hecho realidad. Hubiera querido pasar el día entero en Galerías Pacífico, pero mi tía quería que **buscáramos** el Paseo Alcorta, el *shopping* más grande del país. Allí nos divertimos entre centenares de tiendas elegantes, restaurantes de alta cocina, orquestas, exposiciones artísticas y servicios bilingües, y compramos hasta cansarnos. A través de los techos y las paredes transparentes contemplamos, junto con los bonaerenses, el cielo y el ritmo de su bellísima ciudad.

COMPRENSIÓN Y PRÁCTICA

A. Preguntas. Conteste las preguntas.

1. ¿Por qué la autora quería viajar a Europa?
2. ¿Cómo reaccionó cuando su tía propuso que fueran a Buenos Aires?
3. ¿Por qué escogieron quedarse en la calle Florida?
4. ¿Por qué el guía del hotel recomendó que fueran primero a las Galerías Pacífico?
5. ¿Por qué la autora se puso contenta al escuchar la descripción de este *megashopping*?
6. ¿Por qué es importante el Paseo Alcorta? ¿Cuáles son sus características únicas?

B. Así se viste en Buenos Aires. Llene los espacios de una forma lógica. Puede consultar el vocabulario.

En Buenos Aires se viste como se hace en cualquier ciudad cosmopolita. En el invierno se usa un _____ de lana, y en el verano la tela de preferencia es el _____. Los profesionales, tanto las mujeres como los hombres, llevan _____, aunque ahora muchos hombres prefieren vestir con pantalones y una _____ sport. El visitante a Buenos Aires debe comprarse las espléndidas _____ hechas a mano, bolsas y otros artículos de _____.

 C. ¡Charlemos! En grupos de tres personas, completen los pasos a continuación.

1. Se dice que "ir de compras en Buenos Aires es un acontecimiento de importancia". ¿Qué quiere decir esto? En la vida de Ud., ¿qué lugar ocupa la actividad de ir de compras?
2. Además de los *shoppings* (centros comerciales) modernos, Buenos Aires cuenta con ferias de antigüedades y mercados de artesanías. ¿Prefiere hacer sus compras en este tipo de lugar o en los centros comerciales elegantes? ¿Por qué?

ESTRUCTURA 3: El imperfecto del subjuntivo

LAS FORMAS DEL IMPERFECTO DEL SUBJUNTIVO

Para formar el imperfecto del subjuntivo tomamos la tercera persona del plural del pretérito del indicativo y cambiamos la terminación **-on** por **-a**.[1]

Pretérito	Radical	Terminación	Imperfecto del subjuntivo
dijeron	dijer-	-a	dijera
durmieron	durmier-	-as	durmieras
escribieron	escribier-	-a	escribiera
hablaron	hablar-	-amos	habláramos[2]
oyeron[3]	oyer-	-ais	oyerais
supieron	supier-	-an	supieran

PRÁCTICA

A. En la época de Navidad. María Elena y Elvira se sorprendieron de que ya dieran las cinco de la tarde. Aún tenían varias compras que hacer y salieron de casa corriendo. Al día siguiente, su amiga Alicia le pregunta a María Elena sobre sus compras. Complete el diálogo con la forma correcta del verbo en el imperfecto del subjuntivo.

ALICIA: Al fin… ¿salieron de compras?

MARÍA ELENA: Sí. Al salir de casa temíamos que los almacenes ya no (estar) _____ abiertos.

ALICIA: ¿Tuvieron que darse mucha prisa?

MARÍA ELENA: ¡Sin duda! Era necesario que (llegar, nosotras) _____ cuanto antes.

ALICIA: ¿A qué departamento fueron?

MARÍA ELENA: Yo fui directamente al de accesorios. Pensé que era mejor que Elvira (subir) _____ al departamento de ropa para mujeres.

ALICIA: ¿Compró algo Elvira?

MARÍA ELENA: Sí, su hermana le había pedido que le (comprar) _____ una blusa de seda.

ALICIA: ¿Encontró la blusa que quería?

MARÍA ELENA: Sí, pero temía que la blusa no le (quedar) _____ bien a su hermana.

ALICIA: ¿Regresaron a casa para la comida?

MARÍA ELENA: ¡Ya lo creo! Miguel nos había dicho que (regresar, nosotras) _____ temprano para poder ir al cine después.

---

[1] Ésta es la forma del imperfecto del subjuntivo que se usa en la mayoría de los países de Hispanoamérica. En muchos lugares de España las terminaciones del imperfecto del subjuntivo son **-se, -ses, -se, -semos, -seis, -sen.** Por ejemplo: **decir: dijese, dijeses, dijese, dijésemos, dijeseis, dijesen.**

[2] La primera persona del plural se convierte en una palabra esdrújula, por lo tanto lleva acento ortográfico en la tercera sílaba contando de la derecha: ha-**blá**-ra-mos. Recuerde que todas las palabras esdrújulas llevan acento ortográfico.

[3] Si el radical del verbo tuvo el cambio ortográfico **i > y (oír > oyeron)** en la tercera persona del plural del pretérito, tendrá el mismo cambio ortográfico en todas las personas del imperfecto del subjuntivo.

B. De compras en Unicenter. Marta habla de su visita a Unicenter cuando estaba en Buenos Aires. ¿Qué ofrece uno de los centros comerciales más populares de la ciudad? Refiriéndose al anuncio de "Unicenter shopping", llene el espacio con la información correcta, termine la oración, o use la forma apropiada del verbo entre paréntesis en el imperfecto del subjuntivo o el imperfecto del indicativo.

1. El conserje de nuestro hotel recomendó que nosotras (ir) _____ a Unicenter porque está cerca, a sólo _____ minutos del centro de la ciudad.

2. Siendo turistas, era bueno que (hacer) _____ las compras en Unicenter porque…

3. Era obvio que (haber) _____ muchos lugares donde comer, porque Unicenter cuenta con una _____ de comidas para _____ personas.

4. Había un tour de compras que (incluir) _____ descuentos en más de _____ locales.

5. Para realizar el tour, la guía aconsejó que nosotras nos (poner) _____ en contacto con la agencia de viajes. Era importante que (llamar, nosotras) _____ antes porque los tours se llenan en seguida.

6. Era evidente que (valer)_____ la pena visitar Unicenter. Con locales que ofrecían las mejores marcas nacionales, yo (poder) _____ encontrar regalos para todos.

7. Me gustó mucho que el centro (tener) _____ salas de cine, porque después de un día largo de compras, (ser) _____ necesario que nosotras (sentarse) _____ por unas horas para descansar y ver una película.

UNICENTER

rides

receipts

Panamericana & Paraná, Martínez

Ubicado en la localidad de Martínez, a sólo 15 minutos del centro de la ciudad, Unicenter cuenta con 300 locales de las mejores marcas nacionales e internacionales, patio de comidas para 1.800 personas, 14 salas de cine, parque de diversiones y estacionamiento para 6.500 autos. Es el único *shopping* que ofrece a los turistas un tour de compras con traslados°gratuitos desde puntos estratégicos de la capital, Welcome Drink, descuentos en más de 40 locales. Además, muchos de sus locales cuentan con el sistema TAX FREE que permite -presentando las facturas°de estos locales en los aeropuertos internacionales y en las terminales de Buquebús del Puerto de Buenos Aires- recuperar el valor del IVA (hasta el 16%) incluído en sus compras. Para realizar el tour contáctese con el conserje de su hotel, con la agencia de viajes o llamando a Unicenter al 4733-1166. Traslados gratuitos.

LOS USOS DEL IMPERFECTO DEL SUBJUNTIVO

Ya hemos visto en la **Lección 6** los verbos que exigen el uso del subjuntivo y también, en esta lección, los usos del subjuntivo en cláusulas nominales, adjetivales y adverbiales en el tiempo presente. En el tiempo pasado, en general, se aplica el mismo criterio para usar el imperfecto del subjuntivo.

> **Quiero** que me **lleves** a comprar en Galerías Pacífico.
> **Quería** que me **llevaras** a comprar en Galerías Pacífico.
> **Es** preciso que **lleguemos** temprano.
> **Era** preciso que **llegáramos** temprano.
> **Busco** unas botas que **sean** cómodas.
> **Buscaba** botas que **fueran** cómodas.
> **Voy** al banco para que **tengamos** suficiente dinero.
> **Fui** al banco para que **tuviéramos** suficiente dinero.

Se usa el imperfecto del subjuntivo...	Ejemplos
1. cuando una cláusula principal que requiere el subjuntivo está en el tiempo pasado. Entonces, el verbo de la oración subordinada debe estar en el imperfecto del subjuntivo.	**Tenía** miedo de que Lolita **cruzara** la calle. **Buscaba** una persona que **conociera** la ciudad.
2. si el comentario está en el presente pero la acción ocurrió en el pasado. En este caso, el verbo de la cláusula principal está en el presente y el verbo de la oración subordinada está en el imperfecto del subjuntivo.	**Me alegro** (hoy) de que todo **saliera** (ayer) bien. No **creo** que Luisa **viajara** sola.
3. después de **como si**...(as if . . .) cuando la cláusula principal está en el presente o en el pasado del indicativo.	El taxista **maneja** como si **estuviera** perdido. El taxista **manejaba** como si **estuviera** perdido.

PRÁCTICA

A. Un robo en la ciudad. Ud. acaba de llegar del centro y le cuenta a su compañero(a) de cuarto cómo Ud. y su amiga Andrea fueron atacados(as) en la calle por una delincuente. Use el imperfecto del subjuntivo de los verbos entre paréntesis.

1. Cuando bajábamos del autobús, le aconsejé a Andrea que (tener) _____ cuidado con su bolsa.

2. Era necesario que nosotros(as) (caminar) _____ en medio de la muchedumbre que hacía las compras.

3. Al cruzar la calle, una joven nos pidió que le (dar) _____ información sobre los teatros que se encontraban en esa parte de la ciudad.

4. Antes de que Andrea (abrir) _____ la bolsa para sacar papel y bolígrafo, la joven se la arrebató (*snatched it from her*) y se fue corriendo.

5. Afortunadamente, en ese momento pasaba un policía y nos aconsejó que (irse) _____ a casa hasta que él (poder) _____ dar con la ladrona.

6. Yo quería que el policía nos (acompañar) _____ a casa porque estaba asustado(a).

7. El policía pidió al Ministerio de Policía que (enviar) _____ un taxi para que nos (llevar) _____ a casa.

B. No tengo planes... ¡vamos de compras! Magda y Rosario son dos quinceañeras que están más interesadas en divertirse que en estudiar. Magda estaba hoy con la "depre" *(depression)* porque no tenía planes. Llene los espacios con el imperfecto del subjuntivo, o el imperfecto del indicativo del verbo entre paréntesis. Use el infinitivo cuando no haya cambio de sujeto.

Magda había esperado que Manolo la (llamar) _____ y la (invitar) _____ a salir, pero el teléfono jamás sonó. Para que (animarse) _____ un poco, Rosario le pidió a Magda que la (acompañar) _____ a la calle Florida para que la (ayudar) _____ a comprar unos zapatos que había visto la semana pasada.

Mientras Rosario (probarse) _____ los zapatos, Magda vio que (haber) _____ ofertas gigantes y pensó que (deber) _____ aprovechar las gangas.

MAGDA: Sería mejor que (llevarse—yo) _____ estos tres pares de zapatos, este vestido de lana y dos blusas de manga larga para esta falda de un solo color. ¡No tengo qué ponerme estos días! No me gustaría que Manolo me (ver) _____ con estos jeans gastados que no me quedan bien.

Rosario quería (irse) _____ de la tienda porque sabía que su amiga no (tener) _____ suficiente dinero en su bolsa para (comprar) _____ tantas prendas. Le sugirió a Magda que (elegir) _____ uno o dos artículos y que (esperar) _____ unas semanas para comprar las demás prendas.

MAGDA: ¡Qué tontería! No sé por qué me pediste que yo (ir) _____ contigo si no querías que (comprar) _____ nada. ¡Y... por favor! No me mires como si (estar) _____ loca. Estoy con la depre y comprar es buena terapia para mí.

C. Recordando nuestro primer encuentro. Hace cinco años que Silvia y Francisco se conocieron. Hoy están casados y tienen hijos, pero Silvia recuerda siempre ese momento inolvidable. En una carta que Silvia le escribe a Francisco, le habla de este primer encuentro. Escoja los elementos que más le gusten de ambos grupos y escriba ocho oraciones completas para escribir la carta de Silvia.

Cuando te conocí aquel día en el parque
    deseaba que...

Pensaba que tú preferías una persona que...

Ese día insististe en que yo...

...besarme...

...ser bonita...

...vernos todos los días...

...casarnos...

Creo que buscabas una compañera que...
A veces me hablabas como si...
¿Esperabas que yo...?
A mí me gustó tanto que tú...
Era necesario que nosotros...

...ser rica...
...salir contigo...
...estar enamorado de mí...
...ser tu novia...
...quererte...
...ayudarte en el trabajo...
...tener las mismas ideas...

D. Como si... Complete las oraciones.

1. Cuando invito a un(a) muchacho(a) a un restaurante caro y elegante, me comporto como si...

2. Cuando veo que los platos están en francés, hago como si...

3. Cuando veo lo que cobran por cada plato, me siento como si...

4. Cuando el camarero me trae la cuenta, la pago como si...

5. Cuando salgo del restaurante me despido de mi pareja como si...

 E. El Comité de Reformas. Ud. y tres de sus compañeros están en una reunión del Comité de Reformas para estudiar los problemas urbanos.

1. Propongan reformas para los siguientes problemas usando el presente del subjuntivo:
   a. la vivienda
   b. el transporte urbano
   c. la contaminación
   d. la delincuencia juvenil
   e. el tráfico de drogas
   f. los desamparados

Para la comunicación, pueden usar algunas de estas expresiones:

Propongo que...	Recomiendo que...
Sugiero que...	Es necesario que...
Es importante que...	Es preferible que...
Hay que pedir a las autoridades que...	Es una lástima que...

2. Hagan que una persona del grupo dé un breve informe sobre las reformas que cada miembro propuso. Usen el imperfecto del subjuntivo.

   Modelo: *Fernando propuso que... Elena sugirió que... Tomás dijo que era importante que...*

ESTRUCTURA 4: El subjuntivo en oraciones independientes

LOS USOS DEL SUBJUNTIVO EN ORACIONES INDEPENDIENTES

Expresiones de duda...	Ejemplos
Acaso, quizá(s), tal vez[1] *(maybe, perhaps)* Se usan con el indicativo o el subjuntivo. El indicativo expresa más certidumbre; el subjuntivo hace énfasis en la duda.	Tal vez **consultará** la guía turística. (Creo que lo hará.) Tal vez **consulte** la guía turística. (Es posible que lo haga, pero lo dudo.)

Expresiones de deseo...	Ejemplos
1. **Que**[2] Se usa en oraciones en las que se ha eliminado la cláusula principal.	(Deseo...) ¡Que **te diviertas**! ¡Que te **vaya** bien! ¡Que **regreses** pronto!
2. **Querer, poder** y **deber** Se usan en el imperfecto del subjuntivo para expresar cortesía. Equivalen al condicional *(would, could, should).*	**Quisiera** (Querría) hablar con Ud. ¿**Pudiera** Ud. decirme la hora? **Debieras** salir ahora para evitar el embotellamiento.
3. **¡Ojalá (que)... !** Se usa siempre con el subjuntivo.	
■ Con el presente expresa un deseo para el momento presente o para el futuro.	¡Ojalá que Jorge **encuentre** la ropa que busca! *(I hope)*
■ Con el imperfecto expresa un deseo que no se realizará o que tiene pocas posibilidades de realizarse.	¡Ojalá que Jorge **encontrara** la ropa que busca pero no creo que pueda encontrarla en ese almacén! *(I wish)*

PRÁCTICA

A. De viaje. Toda la familia se ha reunido para ver partir a Rodrigo en un crucero que sale de Venezuela con rumbo a Argentina. Todos están llenos de buenos deseos y grandes exclamaciones.

Complete cada oración con **¡Que... !** u **¡Ojalá... !**

1. ¡_____ tengas un buen viaje!
2. ¡_____ lo pases de maravilla!
3. ¡_____ te diviertas en Buenos Aires!

---

[1] **A lo mejor** tiene el mismo sentido que **acaso, quizá(s)** o **tal vez**, pero se usa siempre con el modo indicativo: **A lo mejor está en la lista de pasajeros.**

[2] No hay que confundir **qué** exclamación y **que** conjunción que une la cláusula principal y la cláusula subordinada. **¡Qué** lindo! (exclamación). (Espero) **Que** te vaya bien (conjunción).

4. Es una pena que el barco no haga escala en Río de Janeiro. ¡_____ lo hiciera!

5. ¡_____ pudiera ir contigo!

6. ¡_____ regreses pronto!

7. No sabes lo que me duele verte partir. _____ te vaya muy bien.

 B. Perdido en la ciudad. Un estudiante de la escuela secundaria está visitando su universidad porque tiene interés en asistir el año que viene. Le hace a Ud. cinco preguntas. En parejas, usen formas de cortesía de los verbos **poder, querer,** y **deber** para hacer y contestar sus preguntas. Usen el imperativo *(commands)* para las respuestas.

> **Modelo:** *¿Pudieras decirme dónde hay un almacén?*
> *Ve* (Go) *al centro y... y luego...*

ESTRUCTURA 5: Los adverbios

Un adverbio es una palabra que modifica...

un verbo:	Maneja **despacio,** por favor.
un adjetivo:	Mi coche es **bastante** caro.
otro adverbio:	Si quieres usar mi coche, estaciónalo **muy** cuidadosamente.

1. Muchos adverbios terminan en **-mente.** Para formarlos se usa la forma femenina del adjetivo + **-mente:**

Forma masculina	Forma femenina	Adverbio
tranquilo	tranquila	tranquilamente
principal	principal	principalmente
elegante	elegante	elegantemente

¡Ojo! Cuando hay dos o más adverbios que terminan en **-mente** en la misma oración, la terminación se añade sólo al último.

Lo examinó **lenta** y **cuidadosamente.**

2. Muchas veces, la forma terminada en **-mente** puede sustituirse con una preposición + un sustantivo.

generalmente = por lo general, en general
frecuentemente = con frecuencia, a menudo
repentinamente = de repente, de golpe
finalmente = por fin, al fin
irónicamente = con ironía, de modo irónico

3. Muchas veces un adjetivo puede funcionar como adverbio. En este caso toma la forma masculina, salvo cuando también modifica el sujeto de la oración.

Los obreros trabajan **rápido.**

Pero:

Mis tías llegan **contentas.** Los niños viven **felices.**

Está en su casa. Refiriéndose a la imagen en la cubierta y en la cubierta interior *(cover and inside cover)* de *Nuevos horizontes* haga la siguiente actividad. Forme adverbios con los adjetivos que siguen. Úselos para referirse a las actividades en la casa de muñecas. Forme oraciones completas.

> **Modelo:** general > generalmente
> *El niño en el cuarto #4 **generalmente** se baña por la mañana.*

tranquilo	triste	inmediato	silencioso
ágil	cuidadoso	fácil	elegante
feliz	frecuente	confortable	normal

PRÁCTICA

A. Mi manera de vivir. Forme adverbios que terminen en **-mente** con los adjetivos de las columnas de la derecha y descríbale a su compañero(a) la manera que tiene Ud. de hacer tres actividades.

> **Modelo:** *Generalmente me levanto a las siete y media. Duermo profundamente. Conduzco el coche cuidadosa y lentamente.*

1. levantarse	amable	frecuente
2. desayunar	claro	general
3. vestirse	cómodo	inteligente
4. salir	normal	lento
5. conducir el coche	cuidadoso	nervioso
6. ir a clases	diligente	profundo
7. estudiar	rápido	inmediato
8. ir al centro	elegante	tranquilo
9. hacer las compras	excesivo	triste
10. divertirse	fácil	verdadero
11. volver		
12. dormir(se)		

B. Observaciones en el subte. "El subte" es como los porteños llaman el metro; viene de la palabra subterráneo. Para saber lo que yo observé en el "subte" cuando visité Buenos Aires, reemplace la preposición y el sustantivo por un adverbio que termine en **-mente.**

> **Modelo:** *En general, me gusta viajar por metro.*
> ***Generalmente** me gusta viajar por metro.*

1. Una pareja se abrazaba *con cariño.*

2. Una señora, al pasar *con rapidez*, me pisó *(stepped on)* con un zapato de tacón.

3. *Con ironía*, ella me dijo, "¡Tenga cuidado, por favor!".

4. Yo miré a la señora *con cortesía*, pero *de verdad*, yo estaba furiosa.

5. Una madre había perdido a su niño y lo buscaba *con desesperación* por todo el metro.

6. *De repente*, el conductor anunció que había encontrado a un niño.

7. *Al fin*, llegué a mi parada y me bajé.

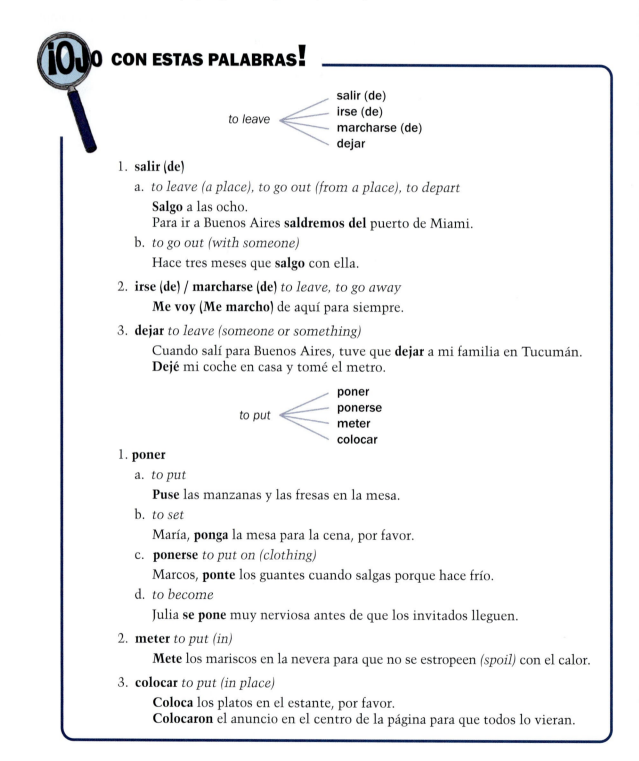

¡OJO CON ESTAS PALABRAS!

to leave
- salir (de)
- irse (de)
- marcharse (de)
- dejar

1. **salir (de)**
   a. *to leave (a place), to go out (from a place), to depart*
      Salgo a las ocho.
      Para ir a Buenos Aires **saldremos del** puerto de Miami.
   b. *to go out (with someone)*
      Hace tres meses que **salgo** con ella.

2. **irse (de) / marcharse (de)** *to leave, to go away*
   Me voy (Me marcho) de aquí para siempre.

3. **dejar** *to leave (someone or something)*
   Cuando salí para Buenos Aires, tuve que **dejar** a mi familia en Tucumán.
   Dejé mi coche en casa y tomé el metro.

to put
- poner
- ponerse
- meter
- colocar

1. **poner**
   a. *to put*
      Puse las manzanas y las fresas en la mesa.
   b. *to set*
      María, **ponga** la mesa para la cena, por favor.
   c. **ponerse** *to put on (clothing)*
      Marcos, **ponte** los guantes cuando salgas porque hace frío.
   d. *to become*
      Julia **se pone** muy nerviosa antes de que los invitados lleguen.

2. **meter** *to put (in)*
   Mete los mariscos en la nevera para que no se estropeen *(spoil)* con el calor.

3. **colocar** *to put (in place)*
   Coloca los platos en el estante, por favor.
   Colocaron el anuncio en el centro de la página para que todos lo vieran.

PRÁCTICA

A. Dejé el dinero en casa. Seleccione el verbo adecuado y complete el párrafo con el pretérito o el pluscuamperfecto del indicativo, según el caso.

colocar	ir	meter	ponerse
dejar	marcharse	poner	salir

    Ayer yo _____ temprano del trabajo y _____ de compras sin darme cuenta de que _____ mi talonario de cheques en la oficina. Cuando quise pagar el regalo que había comprado, _____ la mano en la bolsa. De pronto recordé que antes de salir de la oficina, _____ el talonario de cheques sobre el escritorio. Con mucho cuidado _____ el regalo sobre el mostrador, _____ los guantes y _____ del almacén.

B. Testigo de un robo. Escoja la palabra indicada y complete el diálogo.

LOLA: ¿De dónde (vienes / vas) tan agitada?

EUGENIA: (Me marcho / Vengo) del centro. Acabo de ver un robo que me ha dejado (terrible / terriblemente) nerviosa.

LOLA: ¿Qué fue lo que pasó?

EUGENIA: En Galerías Pacífico, un hombre asaltó a una señora mientras ella trataba de (poner / ponerse) el abrigo.

LOLA: ¿Cuándo sucedió todo eso?

EUGENIA: Hace más o menos una hora. Al (colocar / ponerse) el abrigo, la señora (dejó / metió) el bolso sobre el mostrador del almacén. El ladrón lo tomó y (salió / dejó) corriendo del almacén.

LOLA: ¿Avisaron a la policía?

EUGENIA: ¡Por supuesto! Yo llamé (de inmediato / inmediato) a la policía.

LOLA: ¿Y qué pasó con la señora?

EUGENIA: La pobre señora (puso / se puso) muy pálida y se desmayó.

Ampliación, conversación y cultura

A. ¿Un reloj caro o barato? En parejas, completen el siguiente diálogo.

VENDEDOR: ¿En qué puedo… ?

UD.:   Quiero comprar un reloj que…

VENDEDOR: Aquí tiene Ud. este reloj de oro que…

UD.:   Es muy, muy caro…

VENDEDOR: ¿Qué le parece uno que… ?

UD.:   Es muy bonito y no tan caro. ¿Podría Ud. ponerlo en una caja de regalos que… ?

VENDEDOR: Sí, cómo no. Escoja el papel de regalo que…

UD.:   Envuélvalo en este papel que…

VENDEDOR: Aquí lo tiene.

UD.:   Gracias.

B. ¡Charlemos! En parejas, túrnense para hacerse las siguientes preguntas.

1. ¿Prefieres comprar ropa en una pequeña tienda exclusiva o en un almacén grande? ¿Qué ventajas encuentras en los almacenes grandes? ¿Y en las pequeñas tiendas exclusivas?

2. ¿Te gusta vestir a la última moda o prefieres tu propio estilo? ¿Crees que es necesario estar de moda para ser elegante? Si te gusta estar de moda, ¿qué haces con la ropa que está pasada de moda? ¿La regalas? ¿La vendes? ¿Está en tu armario y no sabes qué hacer con ella?

3. ¿Qué ropa te gusta llevar a la universidad? ¿A un concierto? ¿A una fiesta? ¿Qué es para ti la elegancia?

4. Describe a una persona que, en tu opinión, se vista bien. ¿Qué significa "vestirse bien"? ¿Es importante? ¿Es posible identificar el nivel económico de una persona por su manera de vestir? Explica.

5. ¿Eres un(a) comprador(a) compulsivo(a) que va a las tiendas a comprar algo, pero no sabe precisamente qué y termina comprando lo que menos necesita? ¿Cuánta ropa hay en tu armario que te has puesto sólo una o dos veces?

 C. Y Ud., ¿qué opina? Ud. es un(a) ciudadano(a) que está muy interesado(a) en los problemas de las ciudades. Entreviste a su compañero(a) haciéndole estas y otras preguntas que se le ocurran. Pídale detalles sobre sus respuestas.

1. ¿A qué crees que se deba la delincuencia juvenil? ¿Crees que se deba a las injusticias sociales? ¿A la libertad que gozan los niños? ¿A los programas de televisión? ¿A la poca atención de los padres?

2. ¿Piensas que el gobierno debe subirnos los impuestos para construir más cárceles y entrenar un mayor número de policías? ¿Por qué?

3. ¿Hay algunas zonas de la ciudad que tú evitas porque piensas que son peligrosas? ¿Cuáles? Si has estado de día o de noche en alguna de esas zonas, ¿podrías describirla?

4. ¿Cuál es para ti la ciudad ideal? ¿Una que tenga un millón de habitantes? ¿Una que esté a orillas del mar? Descríbela, por favor.

 D. Situación: De compras. Al llegar al almacén La Elegancia, Ud. le pide consejo al (a la) dependiente(a) (su compañero(a) de clase). Desea comprar ropa y regalos para las fiestas de Navidad que se acercan. Haga una lista de tres prendas de ropa y de dos regalos que Ud. quiere comprar. Luego, consulte al (a la) dependiente(a).

Para la comunicación, pueden usar algunas de estas expresiones:

¿En qué puedo servirle?	¿Cuál es su talla?
Deseo comprar un regalo para...	...le queda muy bien...
¿De qué color prefiere... ?	¿Qué le parece(n)?
¿Desea probarse... ?	¿Qué precio tiene(n)?
Sí, cómo no.	Es muy caro(a).
¿No tiene algo más barato?	

E. Situación: Un robo en casa. Ud. fue a una cena y, al regresar a casa, se da cuenta de que unos ladrones han estado allí. Llame de inmediato a la estación de policía e informe sobre:

1. cómo y a qué hora salió Ud. de casa.

2. cómo cree que entró el ladrón en su casa.

3. en qué estado estaba la casa cuando Ud. llegó.

4. qué faltaba (la computadora, la videocasetera, el televisor…).

 F. Mesa redonda. Escoja tres o cuatro compañeros(as) para formar una mesa redonda e intercambiar ideas sobre la moda de hoy y la de ayer.

1. **La moda de hoy.** Como Ud. ha visto en las películas, antes una señora no salía nunca a la calle sin sombrero y un caballero sin sombrero y sin bastón no era un verdadero caballero. La manera de vestir determinaba el estado social de las personas, pero todo esto ha ido cambiando. Hoy en día la moda es muy variada—todo se lleva y casi a nadie parece importarle cómo va vestido el vecino. ¿Cree Ud. que la mujer y el hombre sean iguales en cuestiones de moda? ¿La sociedad les impone más reglas a los hombres que a las mujeres, o viceversa? ¿Está Ud. de acuerdo, por ejemplo, con que una persona se vista durante el día con vaqueros y horas más tarde, en un concierto, lleve un elegante vestido de noche o un traje oscuro muy tradicional?

   ¿Qué significa para Ud. este cambio? ¿Será esta persona esclava de la moda? ¿De la tradición? ¿Se resiste Ud. a la moda? ¿Cree Ud. que por la ropa se conoce a la persona? ¿Cómo cree Ud. que debe ser el guardarropa básico de un hombre? ¿De una mujer? ¿Qué quiere decir el refrán "Aunque la mona se vista de seda, mona se queda"? ¿Está Ud. de acuerdo? Muestre su personalidad al hablar de la ropa y la moda de hoy.

2. **La moda de ayer.** Con la ayuda de un(a) compañero(a), compare Ud. las décadas de los años cincuenta, sesenta, setenta y ochenta. ¿Sabe Ud. algo de la moda de los años cincuenta, cuando los hombres imitaban a Elvis Presley? ¿Cómo eran las chaquetas? ¿Las camisetas? ¿Los pantalones? ¿Las botas? ¿Las gafas? ¿Por qué cree Ud. que llevaban patillas *(sideburns)* largas y cabello muy corto?

   ¿Cómo cambió la moda en los años sesenta con la popularidad de los Beatles? ¿Cómo era el peinado de los hombres? ¿Y la manera de vestir de los jóvenes? ¿Fue muy popular la moda hippy en los años setenta? ¿Sabe Ud. algo de esa época de cabellos larguísimos y camisetas desteñidas *(faded)*? ¿Cómo vestían las mujeres de esa época? ¿Fue tal vez ésta la época de sus padres? ¿Y qué piensan de la moda de los años ochenta? ¿Del estilo "punk"? ¿De los trajes muy formales, con los hombros anchos, que llevaban los hombres y las mujeres? ¿Cuáles son algunas características de la moda de los años noventa? ¿Cómo influyó la música rap y hip hop en la moda? Comparen las cinco épocas y expresen sus preferencias.

¿QUÉ SABE UD. DE... ARGENTINA?

Menú del día: Argentina

puchero de pollo
dulce de leche
yerba mate

▲ Puchero de pollo

El domingo, es un ritual en muchos hogares argentinos almorzar un buen *puchero*. Consiste en pollo, salchichas, carnes, papas, maíz, garbanzos, calabazas y otras verduras, cocido todo junto y servido en dos platos. Primero se come el caldo al que se le añade fideos. Luego se sirven los demás ingredientes amontonados en platos. El postre por excelencia es el *dulce de leche*. Leche, azúcar, vainilla y bicarbonato de sodio se hierven hasta espesarse. Quizás la costumbre culinaria más típicamente argentina es tomar una infusión de *yerba mate,* la bebida nacional. El mate, hecho con hojas de yerba mate picadas y tomado con bombilla, se originó con los indios guaraníes, fue perfeccionado por los jesuitas y actualmente es una costumbre diaria en muchos hogares. No se olvide del bife... bife a caballo, bife de lomo, bife de chorizo. Las exquisitas carnes rojas de Argentina no tienen igual.

¡Buen provecho!

ARGENTINA

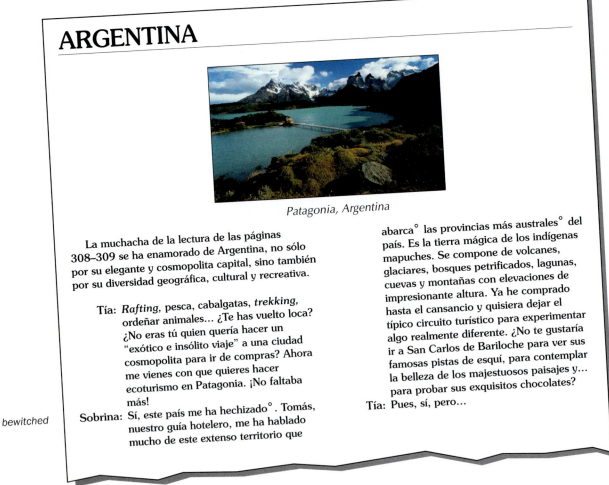

Patagonia, Argentina

La muchacha de la lectura de las páginas 308–309 se ha enamorado de Argentina, no sólo por su elegante y cosmopolita capital, sino también por su diversidad geográfica, cultural y recreativa.

Tía: *Rafting*, pesca, cabalgatas, *trekking*, ordeñar animales... ¿Te has vuelto loca? ¿No eras tú quien quería hacer un "exótico e insólito viaje" a una ciudad cosmopolita para ir de compras? Ahora me vienes con que quieres hacer ecoturismo en Patagonia. ¡No faltaba más!

Sobrina: Sí, este país me ha hechizado°. Tomás, nuestro guía hotelero, me ha hablado mucho de este extenso territorio que abarca° las provincias más australes° del país. Es la tierra mágica de los indígenas mapuches. Se compone de volcanes, glaciares, bosques petrificados, lagunas, cuevas y montañas con elevaciones de impresionante altura. Ya he comprado hasta el cansancio y quisiera dejar el típico circuito turístico para experimentar algo realmente diferente. ¿No te gustaría ir a San Carlos de Bariloche para ver sus famosas pistas de esquí, para contemplar la belleza de los majestuosos paisajes y... para probar sus exquisitos chocolates?

Tía: Pues, sí, pero...

bewitched

encompass
southern

Sobrina: Tía, no hay peros que valgan°. Si no te interesa Bariloche, podemos visitar el pequeño pueblo de El Bolsón, uno de los últimos rincones° de verdadera paz y tranquilidad del planeta. Fue allí, en los años sesenta y setenta, donde se establecieron algunas de las primeras comunidades hippies. Esos jóvenes,

hartos° del materialismo de la vida urbana, se sintieron atraídos por ese estilo de vida y la pureza ambiental… como yo.

Tía: ¡Tú! ¿Te has cansado de los centros comerciales?

Sobrina: Todos reservamos el derecho de cambiar de idea. ¡Vamos para Patagonia!

◈ Ampliación y lectura

JAQUE MATE EN DOS JUGADAS[1] (ADAPTADO)

por Isaac Aisemberg

ISAAC AISEMBERG, autor argentino nacido en 1919, estudió leyes y trabajó como periodista y escritor para la televisión y el cine. Sobresale en el terreno del cuento policíaco. Escribió también novelas policíacas, entre ellas *Manchas en el Río Bermejo* y *Tres negativos para un retrato*.

---

[1] Jaque… *checkmate in two moves*

Antes de leer

A. El tema. El narrador y personaje principal del cuento es un hombre joven que se llama Claudio. Él y su hermano Guillermo vivían con su tío Néstor hasta que Claudio, harto *(fed up)* de la tiranía del viejo, lo envenenó *(poisoned)*. Lea Ud. los siguientes párrafos del cuento "Jaque mate en dos jugadas".

> *...nuestro tío nos llevó a su casa. Nos encontramos perdidos en el palacio. Era un lugar seco* (dry)*, sin amor. Sólo el sonido* (sound) *metálico de las monedas* (coins)*. Y si de pequeños nos tiranizó, cuando crecimos se hizo cada vez más intolerable.*

¿Qué sabe Ud....

1. de la casa donde vivían el tío Néstor y sus dos sobrinos?
2. de la relación entre Néstor y sus sobrinos?

> *Un día me dijo (Néstor):*
> —*Observo que te aplicas en el ajedrez. Eso me demuestra dos cosas: que eres inteligente y un perfecto holgazán* (loafer)*. Sin embargo, tu dedicación tendrá su premio. Vamos a guardar cada uno los apuntes de los juegos en libretas para compararlas. ¿Qué te parece?*

1. ¿Qué es lo que le gusta hacer a Claudio?
2. ¿Qué opina Néstor de su sobrino Claudio?
3. ¿Qué propone Néstor?

B. El asesinato con premeditación.

1. Hay varias películas y obras literarias cuyo tema es el asesinato con premeditación. ¿Por qué será? Nombre tres motivos por los que una persona comete un asesinato premeditado.
2. El trabajo de un detective es arduo y complicado. Cuando se comete un homicidio, ¿qué hacen el detective y la policía para capturar al asesino?

C. ¿Qué significa? A ver si Ud. puede adivinar el significado de las palabras subrayadas, según el contexto.

1. Y si de pequeños nos <u>tiranizó</u>, cuando crecimos se hizo cada vez más intolerable.

    a. spoiled   b. confused   c. oppressed

2. Luego <u>me serené</u> y eché a caminar tranquilamente por la avenida en dirección al puerto.

    a. cried out   b. calmed down   c. panicked

3. El tictac del reloj cubría todos los <u>rumores</u>. Hasta los de mi corazón.

    a. rumors   b. sounds   c. feelings

D. ¿Qué cree Ud.? Lea Ud. el cuento con mucho cuidado, y esté preparado(a) para contestar la pregunta: ¿por qué se llama el cuento "Jaque mate en dos jugadas"?

E. Para considerar. Después de matar a su tío, Claudio (cuyo nombre se menciona en la segunda parte del cuento) echó a caminar rumbo al puerto. Mientras paseaba por una avenida de la ciudad, reflexionaba sobre el homicidio que acababa de cometer. El autor combina los pensamientos de Claudio con varias escenas retrospectivas para crear interés y tensión. Los lectores pueden percibir los sentimientos de alivio, de miedo y de angustia que experimentaba el asesino al contemplar su acto criminal.

JAQUE MATE EN DOS JUGADAS

Parte 1

Yo lo envenené. En dos horas quedaría liberado. Dejé a mi tío Néstor a las diez. Lo hice con alegría. Me ardían las mejillas. Me quemaban los labios. Luego me serené y eché a caminar° tranquilamente por la avenida en dirección al puerto.

    Me sentía contento. Liberado. Hasta° Guillermo saldría bien en el asunto. ¡Pobre Guillermo! Era evidente que yo debía pensar y obrar° por ambos. Siempre fue así. Desde el día en que nuestro tío nos llevó a su casa. Nos encontramos perdidos en el palacio. Era un lugar seco°, sin amor. Sólo el sonido° metálico de las monedas°. Y si de pequeños nos tiranizó, cuando crecimos se hizo cada vez más intolerable.

    Guillermo se enamoró un buen día. A nuestro tío no le gustó la muchacha.

    —¡Puaf! Es una ordinaria°… —sentenció.

    Conmigo tenía otra clase de problemas. Era un carácter contra otro. Insistió en que yo estudiara bioquímica. ¿Resultado? Un experto en póquer y en carreras de caballo.

    Un día me dijo:

    —Observo que te aplicas en el ajedrez. Eso me demuestra dos cosas: que eres inteligente y un perfecto holgazán. Sin embargo, tu dedicación tendrá su premio. Vamos a guardar cada uno los apuntes de los juegos en libretas para compararlas. ¿Qué te parece?

    Aquello me podría ganar muchos pesos, y acepté. Desde entonces, todas las noches apuntábamos.

    Ahora todo había concluido. Cuando uno se encuentra en un callejón sin salida°, el cerebro trabaja, busca. Y encuentra. Siempre hay salida para todo. No siempre es buena. Pero es salida.

    En la esquina°, un policía me hizo saltar el corazón°.

    El veneno, ¿cómo se llamaba? Aconitina. Varias gotitas° en el coñac mientras conversábamos. Mi tío esa noche estaba encantador.

    —Jugaré solo—dijo. —Despaché a los sirvientes. Quiero estar tranquilo. Puedes irte.

    —Gracias, tío.

    El veneno producía un efecto lento, a la hora, o más, según la persona. Justamente durante el sueño. El resultado: la apariencia de un pacífico ataque cardíaco, sin huellas comprometedoras°. ¿Y si me descubrían? ¡Imposible!

    Pero, ¿Guillermo? Sí. Guillermo era un problema. Lo encontré en el hall. Descendía la escalera, preocupado.

    —¡Estoy harto! —dijo.

    —¡Vamos! —le toqué la espalda.

Margin glosses:
- I began to walk
- Even
- act
- dry
- sound/coins
- a nobody (low class)
- dead-end street
- corner/made my heart jump
- little drops
- compromising

—Es que el viejo me enloquece. Desde que le llevas la corriente° en el ajedrez, se la toma conmigo. Y Matilde me dio un ultimátum: o ella, o tío.

—Opta por ella. Es fácil elegir. Es lo que yo haría…

Me miró desesperado. Con brillo demoníaco en las pupilas; pero el pobre tonto jamás buscaría el medio de resolver su problema.

—Yo lo haría —siguió— pero, ¿con qué viviríamos°? Ya sabes cómo es el viejo. ¡Me cortaría el dinero!° No hay escapatoria. Pero yo hablaré con el viejo tirano. ¿Dónde está ahora?

Me asusté. Si el veneno resultaba rápido°… Al notar los primeros síntomas alguien podría ayudarlo…

—Está en la biblioteca —exclamé— pero déjalo en paz. Acaba de jugar la partida de ajedrez, y despachó a los sirvientes. Consuélate° en un cine o en un bar.

Se encogió de hombros°. —Lo veré en otro momento. Después de todo… —Miré el reloj; las once y diez de la noche.

Ya comenzaría a producir efecto. Primero un leve malestar, nada más. Después un dolorcillo agudo, pero nunca demasiado alarmante. Debía de estar leyendo los diarios de la noche, los últimos. Y después, el libro, como gran epílogo. Sentía frío.

Decidí regresar. Nuevamente por la avenida; luego a la Plaza Mayor. El reloj me volvió a la realidad. Las once y treinta y seis. Si el veneno era eficaz, ya estaría todo listo. Ya sería dueño de millones. Ya sería libre…Ya sería…, ya sería asesino.

Parte 2

Por primera vez pensé en la palabra misma°. Yo ¡asesino! Las rodillas me flaquearon°. Las manos traspiraban°. Un rubor° me subió a las mejillas, me quemó las orejas. El frasquito° de aconitina en el bolsillo pesaba una tonelada°. Era un insignificante cuentagotas° y contenía la muerte; lo arrojé lejos.

Yo, asesino. Recordé la descripción del efecto del veneno; "en la lengua, sensación de hormigueo° que se extiende a la cara y a todo el cuerpo".

Entré en un bar. "En el esófago y en el estómago, sensación de ardor° intenso."Millones. Póquer. Carreras. Viajes…"Sensación de angustia, de muerte próxima, enfriamiento generalizado…"

Habría quedado solo. En el palacio. Con sus escaleras de mármol. Frente al tablero° de ajedrez. Allí el rey, la dama, la torre° negra. Jaque mate.

El tictac del reloj cubría todos los rumores°. Hasta los de mi corazón. La una. Bebí mi coñac de un trago°.

A las dos y treinta de la mañana regresé a casa. Al principio no lo advertí. Hasta que un agente de policía me cerró el paso°. Me asusté.

—¿El señor Claudio Álvarez?

—Sí, señor… —respondí humildemente°.

—Pase usted…

En el hall, cerca de la escalera, varias personas de uniforme. Guillermo no estaba presente.

Uno de los uniformados avanzó hacia mí, y me inspeccionó como a un cobayo°.

—Lamento decírselo, señor. Su tío ha muerto…asesinado—anunció.

—¡Dios mío! —exclamé— ¡Es inaudito!

Las palabras sonaron a hipócritas. ¡Ese dichoso veneno dejaba huellas! ¿Pero, cómo…cómo?

Glosses (left margin):
- you're letting him have his way
- what would we live on?
- He would cut off my money!
- If the poison was working quickly
- Console yourself
- He shrugged his shoulders
- itself
- My knees weakened/were perspiring/blush/vial/was weighing a ton/eyedropper
- itching
- burning
- chessboard/tower
- sounds
- with one gulp
- blocked my way
- humbly
- guinea pig

—¿Puedo… puedo verlo? —pregunté.

—Por el momento, no. Además, quiero que me conteste algunas preguntas.

—Como usted quiera…

Lo seguí a la biblioteca. Me dijo que se llamaba inspector Villegas, y me indicó un sillón y se sentó en otro.

—Usted es el sobrino… Claudio.

—Sí, señor.

—Pues, bien: explíqueme qué hizo esta noche.

—Cenamos los tres, juntos como siempre. Guillermo se retiró a su habitación. Quedamos mi tío y yo charlando un rato; pasamos a la biblioteca. Después jugamos nuestra habitual partida de ajedrez; me despedí de mi tío y salí. En el hall me encontré con° Guillermo, que salía a la calle. Cambiamos unas palabras y me fui.

I met up with

—¿Y los sirvientes?

—Mi tío deseaba quedarse solo. Los despachó después de cenar.

—De manera que jugaron la partidita, ¿eh?

—Sí, señor… —admití.

No podía desdecirme°. Eso también se lo había dicho a Guillermo. Y probablemente Guillermo al inspector Villegas. Porque mi hermano debía de estar en alguna parte. El sistema de la policía: aislarnos, dejarnos solos, indefensos, para pillarnos°.

take back the words

to catch us

—Tengo entendido° que ustedes llevaban un registro de las jugadas. ¿Quiere mostrarme su libreta de apuntes, señor Álvarez?

I understand

—¿Apuntes?

—Sí, hombre —el policía era implacable— deseo verla. Si jugaron como siempre…

Comencé a tartamudear°.

to stutter

—Es que… ¡Claro que jugamos como siempre!

Las lágrimas comenzaron a quemarme los ojos. Miedo. Un miedo espantoso. Como debía de sentirlo tío Néstor°. El silencio era absoluto. Dos ojos, seis ojos, ocho ojos, mil ojos. ¡Oh, qué angustia!

Just like Néstor must have felt it

Me tenían… me tenían… Jugaban con mi desesperación. Se divertían con mi culpa.

De pronto el inspector gruñó°:

grunted

—¿Y?

Una sola letra, ¡pero tanto!

—¿Y? —repitió—. Usted fue el último que lo vio con vida. Y, además, muerto. El señor Álvarez no hizo anotación alguna esta vez, señor mío.

stretched

No sé por qué me puse de pie. Tenso. Elevé mis brazos, los estiré°. Al final chillé con voz que no era la mía:

— ¡Basta!° Si lo saben, ¿para qué lo preguntan? ¡Yo lo maté! ¡Yo lo maté! ¿Y qué hay°? ¡Lo odiaba con toda mi alma! ¡Estaba cansado de su despotismo! ¡Lo maté! ¡Lo maté!

Enough!

And what of it?

El inspector no pareció muy sorprendido.

—¡Cielos! —dijo—. Fue más pronto de lo que yo esperaba. Ya que se le soltó la lengua°, ¿dónde está el revólver?

Now that your tongue is loosened…unperturbable

El inspector Villegas insistió imperturbable°.

—¡Vamos, no se haga el tonto ahora! ¡El revólver! ¿O ha olvidado que lo mató de un tiro°? ¡Un tiro en la mitad de la frente, compañero! ¡Qué puntería!°

shot

What aim!

Vocabulario

▶ **Sustantivos**

el ajedrez *chess*
el asesino *assassin, murderer*
el bolsillo *pocket*
la culpa *guilt, fault*
el dueño *owner*
la huella *trace, clue*
la lágrima *tear*
la libreta *booklet*
el malestar *discomfort*

el mármol *marble*
el medio *means*
la partida *game, match*
el premio *prize, reward*
el revólver *revolver*
la salida *exit, escape*
el tirano *tyrant*

▶ **Verbos**

advertir (ie) *to notice, warn*
aislar *to isolate, separate*
apuntar *to take notes*
arrojar *to throw*
asustarse *to get scared, be startled*
chillar *to shriek*
despachar *to dismiss*

enamorarse *to fall in love*
enloquecer *to drive crazy*
envenenar *to poison*
matar *to kill*
odiar *to hate*
optar (por) *to opt, choose*

▶ **Adjetivos**

desesperado *desperate*
espantoso *terrible, awful*
inaudito *unheard of*
lento *slow*

liberado *liberated*
pacífico *calm*
tenso *tense*

▶ **Expresiones**

carrera de caballo *horse race*
dejar en paz *to leave in peace*
de un tiro *with one shot*
estar harto *to be fed up*
hacerse el tonto *to play dumb*
pobre tonto(a) *poor fool*

ponerse de pie *to stand up*
¿Qué te parece? *What do you think?*
tomársela con alguien *to pick on someone*

Repasemos el vocabulario

A. Sinónimos. Busque Ud. el sinónimo de las palabras siguientes.

1. arrojar
2. espantoso
3. chillar
4. advertir
5. aislar
6. despachar
7. optar
8. lento

a. separar
b. despedir
c. avisar
d. terrible
e. elegir
f. despacio
g. tirar
h. gritar

B. Antónimos. Busque Ud. el antónimo de las palabras siguientes.

1. dejar en paz	a. entrada
2. ponerse de pie	b. mucho tiempo
3. un rato	c. molestar
4. pacífico	d. amar
5. asesino	e. sentarse
6. odiar	f. capturado
7. salida	g. tenso
8. liberado	h. víctima

C. Relaciones. Relacione Ud. un sustantivo de la primera columna con un verbo de la segunda columna.

1. lágrima	a. anotar
2. ajedrez	b. dejar
3. libreta	c. asesinar
4. premio	d. jugar
5. veneno	e. llorar
6. huella	f. ganar

Según la lectura

Parte 1

Diga Ud....

1. cómo se sentía Claudio, el asesino, al cometer el homicidio.
2. qué hacían Néstor y su sobrino todas las noches.
3. para qué usaban las libretas.
4. qué clase de problemas tenía Guillermo, el hermano de Claudio, con su tío Néstor.
5. por qué Guillermo dudaba en optar por Matilde.

Conteste las preguntas.

1. ¿Por qué Guillermo "saldría bien" en el asunto de la muerte de su tío Néstor?
2. ¿Por qué Claudio no le caía bien a su tío Néstor?
3. ¿Qué efecto producía el veneno que Guillermo puso en el coñac de su tío?
4. ¿Qué hora era cuando Claudio envenenó a su tío? ¿Qué hora era cuando decidió regresar a casa?
5. ¿Por qué Claudio asesinó a su tío?

Parte 2

Diga Ud....

1. adónde fue Claudio antes de volver a casa.
2. qué sensaciones provocaría el veneno en el cuerpo de Néstor.
3. qué hora era cuando Claudio volvió a casa.
4. quiénes estaban en la casa cuando llegó.
5. qué pasó entre Claudio y el inspector Villegas.

Complete Ud. las oraciones siguientes.

1. Cuando Claudio llegó a la casa la policía ya sabía…
2. La libreta de apuntes tenía importancia porque…
3. Claudio confesó su crimen porque…
4. El final del cuento es sorprendente porque…
5. El verdadero asesino era…

Una conversación importante. Lo que se muestra a continuación es un segmento de la conversación entre Claudio y el inspector Villegas de la policía. Relacione Ud. los comentarios del inspector, en la primera columna, con las reacciones de Claudio, en la segunda columna. Las oraciones están arregladas en un orden lógico.

El inspector Villegas	*Claudio*
1. ¿El señor Claudio?	a. ¿Apuntes?
2. Su tío ha muerto… asesinado.	b. Los despachó *(dismissed)* después de cenar.
3. Ud. es el sobrino… Claudio.	c. ¡Claro que jugamos como siempre!
4. Explíqueme qué hizo esta noche.	d. ¡Yo lo maté! ¡Lo odiaba… !
5. ¿Y los sirvientes?	e. Sí, señor.
6. ¿Quiere mostrarme su libreta de apuntes?	f. ¡Dios mío!… ¡Es inaudito!
7. Deseo verla. Si jugaron como siempre…	g. Sí, señor.
8. Usted fue el último que lo vio con vida.	h. Cenamos los tres, juntos como siempre.

Según Ud.

1. ¿Qué significa "jaque mate"? Explique el significado del título. ¿Quién gana al final? Justifique su respuesta.

2. ¿Cuándo miente el narrador por primera vez? ¿Cómo afecta esa mentira el desarrollo del cuento? ¿Recuerda Ud. alguna vez en que una mentira le haya afectado *(affected)* la vida de alguna forma? ¿Cómo? ¿Lo haría otra vez? ¿Por qué?

3. "Siempre hay salida para todo". "No hay escapatoria". ¿Quién dijo cada oración? ¿Cuál de las dos es verdadera al final? ¿Cuál suele ser la filosofía de Ud.? ¿Estuvo Ud. alguna vez en un callejón sin salida? ¿Cómo resolvió la situación?

4. ¿Qué impresión tiene Ud. de Guillermo al principio del cuento? ¿Y al final? ¿Por qué cambió su impresión? ¿Le sorprendió a Ud. el final del cuento? ¿Recuerda Ud. alguna vez cuando las acciones de un amigo no concordaron *(did not agree)* con su carácter? Describa las circunstancias.

Conversemos

1. Cuente Ud. el final del cuento desde el punto de vista de Guillermo.
2. Piense en otro final para el cuento, empezando en el momento en que Claudio vuelve a casa.

3. ¿Cuáles son los programas policíacos *(detective shows)* populares hoy día? ¿Quiénes son los protagonistas? ¿Son realistas? ¿Cómo son? Cómo presentan a los criminales?

Minidrama

En grupos, representen un reportaje "en vivo" *(live)* para el noticiero sobre el asesinato del tío Néstor Álvarez. Incluyan entrevistas con el inspector, Claudio, Guillermo y los sirvientes.

LA YERBA MATE

▲ *Yerba mate*

El sabor puede ser amargo, hasta ácido. Contiene dos veces más cafeína que una taza de té y su elaboración resulta ser prolongada y algo complicada. Se suele beber en un envase especial con una bombilla metálica a manera de sorbeto o pajilla, y es común que varias personas compartan el mismo mate. Argentina lo llama su bebida nacional y Uruguay es el mayor consumidor del mundo. En Paraguay la costumbre de tomar mate es tan arraigada entre la gente como tomar té lo es entre los ingleses y los japoneses. ¿Por qué recibe tanta atención una sencilla hoja seca? Porque beber la yerba mate o "el mate" es más que disfrutar de una bebida sabrosa. Es un hábito social y hogareño, una ceremonia simbólica de hospitalidad, fraternidad y solidaridad.

La popularidad de esta infusión está ganando terreno entre la gente de todas edades en Estados Unidos y Europa. Además de tener un rico y suave sabor si se prepara bien, se usa en la medicina popular como diurético y antirreumático, para bajar de peso y para estimular el sistema nervioso central y otras partes del organismo. Combate el cansancio, reduce el estrés, contiene fibras, aceites, vitaminas importantes y una variedad de minerales, y aunque contiene bastante cafeína, se usa para aliviar el insomnio. Y, ¡el mate preparado con leche es muy sano para los niños según el Consejo Nacional de Educación en Argentina! Hay distintas maneras de preparar un buen mate: amargo, con leche, azúcar, frutas cítricas, caliente, frío o batido. Últimamente el práctico "estilo americano" con paquetes individuales está reemplazando la forma tradicional, especialmente entre la gente profesional de las grandes ciudades como Buenos Aires. (Véase "Menú del día" en la página 322.)

Práctica

Basándose en la lectura, termine las oraciones de una manera lógica.

1. En Argentina la yerba mate…
2. Para la gente de Paraguay…
3. No se suele tomar el mate un una taza sino…
4. Si no le gusta el sabor amargo…
5. El mate se ha hecho popular fuera de América Latina porque…
6. La verdadera esencia de tomar un mate…
7. (No) Me gustaría probar el mate…

ALGO MÁS SOBRE ARGENTINA

A. Ampliar lo que sabemos. ¿Les gustaría saber más sobre Argentina? Reúnanse en grupos de tres o cuatro personas y preparen una presentación sobre uno de los siguientes temas. Escojan el que más les interese, u otro que no aparezca en la lista.

- Los diversos componentes de la población argentina: la mayoría europea, especialmente española e italiana; las minorías indígenas; los gauchos de las pampas, etc.
- La historia de Argentina: la época precolombina; la época colonial y la doble fundación de Buenos Aires; la Independencia y los grandes movimientos migratorios; el peronismo, las dictaduras militares y la guerra de las Malvinas; la recuperación de la democracia y la inflación.
- La diversidad geográfica y climática de Argentina, desde la zona semitropical del norte hasta las pampas y las gélidas tierras del sur (Patagonia y Tierra de Fuego). La riqueza natural y minera de Argentina.
- Los contrastes de la economía argentina: de la bonanza económica y la recepción de inmigrantes a la dolarización y la salida de emigrantes; la riqueza natural del país y el creciente empobrecimiento de la población. El poder de las grandes corporaciones multinacionales.
- Buenos Aires, la urbe cosmopolita de Latinoamérica. Su riqueza urbanística y sociológica. Las ventajas y desventajas de una gran urbe. Otras ciudades argentinas de interés cultural, económico y/o artístico.
- Las Madres de Plaza de Mayo. El drama de los desaparecidos durante la última dictadura militar. La reunión de las familias a través del reencuentro entre los padres y los hijos de los desaparecidos.
- Argentinos(as) de proyección universal: el Ché Guevara; Jorge Luis Borges; Evita Perón; Julio Bocca, etc.
- La literatura argentina: los (las) grandes escritores(as) argentinos(as) de prosa y de verso. El lugar prominente de la literatura argentina en la lengua española.

- El alto nivel cultural de la población argentina. Causas de la popularidad del sicoanálisis entre los (las) argentinos(as).
- La música popular argentina: los grandes intérpretes de tangos y milongas. Las nuevas bandas de música pop y rock. El Teatro Colón de Buenos Aires como espacio de las grandes representaciones de música clásica. El cine argentino.
- La cocina argentina. La salsa *chimichurri*. Los excelentes platos de carne, especialmente las parrilladas. Los alfajores. La hierba mate: sus propiedades; el ritual que la acompaña.

B. Compartir lo que sabemos. ¿Cómo preparar la presentación?

1. Utilicen todo tipo de fuentes de información para hacer investigación sobre el tema escogido: libros, prensa, Internet, etc.

2. Incluyan en su presentación todos los medios audiovisuales que crean convenientes: fotografías, mapas, dibujos, videos, cintas o discos de música, etc.

3. Ofrézcanles a sus compañeros de clase un esquema de todos los puntos que van a desarrollar en su presentación.

Ampliación y composición

¡REVISE SU ORTOGRAFÍA!

Las letras g (ge, gi) y j

La letra **g** (sólo en las combinaciones **ge** y **gi**) suena igual a la letra **j** con cualquier vocal. El sonido es similar a la [h] del inglés, aunque más fuerte.

jamón	mujer	jirafa	consejo	injusticia	reloj
relajarse	general	dirigir	jornada	juguete	
	ejercicio	girar			
	ejemplo	jitomate			

Dos guías prácticas

Si queremos representar los sonidos [ha], [ho] y [hu] tenemos que usar necesariamente la letra **j**...

1. en palabras como: **j**abón, **j**oven, **j**unio (y las que están en la lista anterior *(above)*).

2. en los verbos terminados en -**jar** y todos sus derivados.

trabajar	Ayer trabajé cuatro horas.
viajar	Cuando viajes al extranjero lleva tu pasaporte.
dejar	No dejes de enviarme una postal.

Se escriben generalmente con **g**...

1. casi todos los verbos que terminan con **-ger** o **-gir**: co**ger**, esco**ger**, diri**gir**, exi**gir**, etc.

   coger Para ir a la universidad co**g**íamos el autobús todas las mañanas.
   dirigir Me gustaría diri**g**ir películas como las que diri**g**ió Buñuel.

   (¡Cuidado con algunas formas de estos verbos!: Yo co**j**o el autobús todos los días; Cuando diri**j**a películas, seré muy famoso.)

2. casi todas las combinaciones con **gen**: **gen**te, a**gen**te, ori**gen**, sar**gen**to.

Se escriben con **j**…

1. casi todas las terminaciones en **-jero(a)**: pasa**jero(a)**, extran**jero(a)**.

2. casi todas las terminaciones en **-aje**: equip**aje**, gar**aje**, mens**aje.**

3. algunos tiempos de los verbos que terminan en **-ducir** y del verbo **decir.**

   decir No nos di**j**iste que llegarías hoy.
   producir Produ**j**eron esa película en Buenos Aires.
   traducir La profesora nos pidió que tradu**j**éramos diez páginas.

ENFOQUE: La moda

¡Prepárese a escribir!

Como Ud. ve, el título general de su composición es la moda. A Ud. le toca ahora limitar el tema, por ejemplo:

La moda de la gente joven

1. Los placeres que ocasiona la moda en la gente joven

2. Los problemas que ocasiona la moda en la gente joven

A continuación es necesario que Ud. y sus compañeros de clase preparen preguntas de enfoque que puedan usarse para desarrollar el tema.

¡Organice sus ideas!

1. La moda
   ¿Qué es?
   ¿Cómo es?
   ¿Cuál es su origen?
   ¿A quién está dirigida?
   ¿Por qué cambia?

   A. La gente joven
      ¿Sigue la moda la gente joven?
      ¿Qué piensan de los grandes diseñadores?
      ¿Y Ud.? ¿Qué ejemplos se pueden dar?

2. Los placeres
   ¿Por qué se sigue la moda?
   ¿Te sientes bien cuando vistes a la moda?
   ¿Quiénes comparten esta idea?
   ¿Sabes cuáles son las mujeres y los hombres que mejor visten en Estados Unidos? ¿Y los que visten peor?

3. Los problemas

   ¿Cuánto tiempo dura una moda?

   ¿Se necesita mucho dinero para estar a la moda?

   ¿La moda es para todos o está diseñada para un tipo especial de personas?

   ¿Es la moda causa de alguna clase de discriminación?

Escoja con cuidado las preguntas de enfoque que puedan servirle para desarrollar el tema de su composición y elimine aquellas que no se relacionen con el tema central.

Recuerde lo siguiente

- Haga un borrador.
- Después, revise el contenido y en seguida ponga atención a los aspectos gramaticales estudiados en la primera parte del libro.
- Por último, escriba la versión final.

LECCIÓN 8

Hispanoamérica: ¡Qué diversidad! Puerto Rico

¡CHARLEMOS!

Charle con un(a) compañero(a) de clase sobre sus intereses políticos. Puede consultar el vocabulario en las páginas 338–340.

1. ¿Te interesa la política internacional? En tu opinión, ¿cuáles son los mayores problemas internacionales? ¿Crees que se justifique buscar la paz mundial por medios violentos? ¿Por qué?

2. ¿Crees que el sistema democrático funciona bien? Explica. ¿Sabes si todavía queda alguna dictadura en los países hispanoamericanos? Explica.

3. ¿Podrías hablar sobre la discriminación racial? ¿Cómo explicas que, en un país de tantos inmigrantes como Estados Unidos, exista la discriminación racial?

¡CHARLEMOS MÁS!

1. ¿Podrías comentar el problema del narcotráfico? ¿Sabes si se han tomado algunas medidas importantes para luchar contra este mal? ¿Cómo se podría solucionar este grave problema internacional?

2. ¿Se debería legalizar el uso de las drogas como se legalizó el uso de las bebidas alcohólicas? ¿Qué ventajas o desventajas traería esta legalización?

ENFOQUE: Puerto Rico

▶ El Yunque

336

▶ *Una reunión política en Puerto Rico*

Capital: *San Juan*
Moneda: *el dólar (EE.UU.)*
Población: *3.95 millones de habitantes en la isla con dos millones más en el continente*

Algo sobre Puerto Rico

Puerto Rico ofrece una singular historia antropológica. El típico puertorriqueño del siglo XXI cuenta con taínos, europeos y africanos entre sus antecesores. Los primeros habitantes conocidos de la isla fueron los taínos. A fines del siglo XVI, la población indígena casi desapareció totalmente de la isla. El enorme descenso de población nativa promovió la importación de esclavos africanos como mano de obra. La piratería fue otro de los factores que contribuyó a la disminución de la población. A principios del siglo XVII Puerto Rico debía tener alrededor de 1.000 habitantes y hoy se aproxima a los 4.000.000. En 1897 Puerto Rico logró un gobierno semiindependiente de España y en 1898 la isla fue incorporada a Estados Unidos. Desde 1917 los nacidos en Puerto Rico, borinqueños, tienen ciudadanía estadounidense. En 1952 Puerto Rico pasó a ser un Estado Libre Asociado. La población puertorriqueña está claramente dividida entre los partidarios de que la isla permanezca como un Estado Libre Asociado y los partidarios de que pase a ser un Estado más de Estados Unidos. También hay un grupo pequeño pero activo de puertorriqueños que preferiría que la isla se independizara. A pesar de la ruptura de lazos con la Península Ibérica y la estrecha relación, por más de un siglo, con Estados Unidos, Puerto Rico mantiene una identidad netamente hispánica.

LOS PAÍSES AMERICANOS

▶ **Geografía física**

la arena *sand*
la cordillera de los Andes *the Andes mountain range*
la costa *coast*
el desierto *desert*
al este (norte, oeste, sur) *to the east (north, west, south)*

las islas del Caribe *the Caribbean islands*
el lago Titicaca *Lake Titicaca*
el llano *prairie*
el mar Caribe *the Caribbean Sea*
las montañas *mountains*
el océano Atlántico (Pacífico) *Atlantic (Pacific) Ocean*

la ola *wave*
la pampa *plain, grassland (Argentina)*
la playa *beach*

el río Amazonas *the Amazon River*
la selva *jungle*
el valle *valley*

▶ Los fenómenos naturales

la atmósfera *atmosphere*
la contaminación ambiental *environmental pollution*
los escombros *rubble*
el huracán *hurricane*
la inundación *flood*
la lluvia *rain*

la nieve *snow*
el rayo *lightning bolt (electrical discharge)*
el relámpago *lightning*
el terremoto *earthquake*
la tormenta *storm*
el trueno *thunder*
el volcán *volcano*

▶ La población

el (la) blanco(a) *white person*
el (la) campesino(a) *peasant*
el (la) hispano(a) *Hispanic person*
el (la) indígena *native, person indigenous to a region*
el (la) mestizo(a) *person of mixed blood (Indigenous and European)*

el (la) mulato(a) *person of mixed blood (African and European)*
el (la) negro(a) *black person*
el (la) obrero(a) *blue-collar worker*

▶ La economía

la agricultura *agriculture*
el (la) agricultor(a) *farmer*
disminuir (aumentar) la pobreza *to decrease (increase) the poverty level*
la ganadería *cattle raising*
el (la) ganadero(a) *cattle rancher*
el ganado *livestock*

la industria *industry*
el (la) industrial *industrialist*
la minería *mining*
el (la) minero(a) *miner*
resolver la crisis económica *to solve the economic crisis*

▶ La política

el acuerdo de paz *peace treaty*
apoyar a un(a) candidato(a) *to support a candidate*
aprobar (ue) una ley *to pass a law*
la Cámara de Diputados *House of Representatives*
la censura *censorship*
el (la) ciudadano(a) *citizen*
el comunismo *communism*
el (la) comunista (comunista adj.) *communist*
conservador(a) (adj.) *conservative*
declarar la huelga (el paro) general *to declare a general strike*
la democracia *democracy*
los derechos humanos *human rights*
derrocar el gobierno *to overthrow the government*

la derrota *defeat*
la dictadura *dictatorship*
el ejército *army*
elegir (i) a los representantes *to elect representatives*
el encarcelamiento *imprisonment*
el gabinete presidencial *president's cabinet*
ganar (perder) las elecciones *to win (lose) elections*
el (la) gobernante *ruler*
el golpe de estado *coup d'état (government takeover)*
la guerra *war*
la igualdad de clases sociales *equality of social classes*
imponer una doctrina *to impose a doctrine*

liberal (adj.) *liberal*
la libertad de expresión *freedom of speech*
el (la) líder sindical *union leader*
el partido político *political party*
pedir (i) reformas *to demand reforms*
el poder militar *military power*
el (la) político(a) *politician*
los prejuicios raciales *racial prejudices*
el (la) presidente(a) *president*

el proceso electoral *electoral process*
el régimen militar *military regime*
el Senado *Senate*
el sindicato *worker's union*
el socialismo *socialism*
el (la) socialista (socialista adj.) *socialist*
la victoria *victory*
votar por *to vote for*
el voto popular *popular vote*

PRÁCTICA

A. Las noticias internacionales. Consulte las secciones **Geografía física** y **Los fenómenos naturales** para completar el siguiente artículo sobre una catástrofe que ocurrió en Puerto Rico. Luego, en parejas, y usando el artículo como modelo, hagan el papel de reporteros(as) de televisión y comenten dos catástrofes más. Use la forma correcta de la palabra.

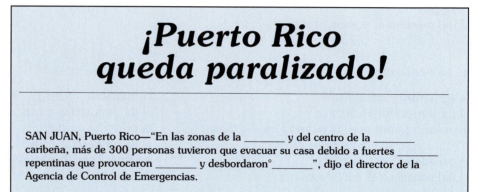

¡Puerto Rico queda paralizado!

SAN JUAN, Puerto Rico—"En las zonas de la _____ y del centro de la _____ caribeña, más de 300 personas tuvieron que evacuar su casa debido a fuertes _____ repentinas que provocaron _____ y desbordaron° _____", dijo el director de la Agencia de Control de Emergencias.

overflowed

El mismo artículo incluye el comentario de un turista que pasa las vacaciones en la isla.

"Estoy de vacaciones aquí en San Juan, mi lugar favorito del Caribe hispano. Descansaba en la _____ contemplando cómo crecían las olas, cuando de repente aparecieron enormes nubes negras en el cielo. Entonces vi zigzaguear en el cielo un _____ y el tremendo ruido del _____ me asustó. Como es agosto, la temporada° de _____, empecé a preocuparme. No sabía qué pensar porque soy de Arizona, y en el _____ casi nunca llueve. El hotelero me dijo que me tranquilizara y me aseguró que sólo era una _____ tropical y que pronto pasaría…"

season

B. Los fenómenos naturales. Según las siguientes categorías, diga cómo los fenómenos naturales pueden afectar la manera de vivir de una población. Compare sus conclusiones con las de un(a) compañero(a) de clase.

precauciones   peligros   efectos económicos

1. la amenaza de huracanes
2. los terremotos
3. las frecuentes inundaciones
4. la proximidad de un volcán

C. Preferencias. Ud. y su compañero(a) tienen ideas muy distintas sobre qué región de Estados Unidos ofrece el mejor estilo de vida: el norte, el sur, el este o el oeste. Escojan una de las regiones, empleen las palabras y expresiones apropiadas del **Vocabulario para la comunicación** y defiendan sus preferencias. Comenten los siguientes aspectos:

a. el clima
b. las actividades recreativas
c. la belleza geográfica
d. otro aspecto

D. Definiciones. Consulte la sección **La política** y empareje la palabra de la primera columna con su definición en la segunda.

I

1. el golpe de estado
2. la democracia
3. el sindicato
4. el gabinete
5. el ciudadano
6. el comunismo
7. la dictadura
8. el prejuicio
9. el ejército
10. el Senado

II

a. Un grupo que se organiza para defender sus intereses económicos
b. El totalitarismo; el despotismo
c. El conjunto de soldados bajo el mando de un general
d. La opinión sobre algo antes de tener conocimiento de ello
e. El individuo que puede participar en el gobierno de un país
f. Una de las asambleas legislativas de un país
g. El conjunto de colaboradores de un gobierno
h. La apropiación ilegal del poder político de un país
i. La colectivización de los medios de producción y la supresión de las clases sociales
j. El ejercicio de la autoridad por los ciudadanos de un país

E. ¿Qué significa? Use el vocabulario indicado para comentar brevemente los siguientes términos. Compare sus comentarios con los de su compañero(a). Combinen los comentarios y preséntenselos a la clase.

Modelo: la censura: la dictadura, el gobierno, la libertad de expresión, aprobar
Cuando un gobierno nacional impone la censura no existe la libertad de expresión. Por ejemplo, en una

dictadura el gobierno tiene que aprobar toda la información contenida en los periódicos, los libros, las películas y las obras de teatro.

1. el golpe de estado: la injusticia, los derechos humanos, derrocar al gobierno, el ejército
2. el comunismo: la censura, el partido político, la igualdad de las clases sociales, la libertad de expresión
3. la democracia: votar por, el presidente, aprobar una ley, el gabinete

F. Promesas del candidato. Para ganar el apoyo popular, este candidato hace muchas promesas. ¡Ojalá las cumpla! Su profesor(a) va a leer una serie de oraciones incompletas. Escuche e indique la terminación correcta.

1. aumentar la pobreza / disminuir la pobreza
2. los paros generales / los prejuicios raciales
3. los derechos humanos / la dictadura
4. el proceso electoral / la crisis económica
5. la contaminación ambiental / la cámara de diputados
6. la victoria / la huelga

G. Los países americanos. ¡Qué grande y qué diversa es América! En parejas, observen el mapa de la página 338. Usen el **Vocabulario para la comunicación** para contestar las siguientes preguntas.

1. ¿Cuál es la capital de estos países americanos?

a. Argentina
b. Costa Rica
c. Ecuador
d. Nicaragua
e. El Salvador
f. Brasil
g. Cuba
h. Guatemala
i. Paraguay
j. Uruguay
k. Bolivia
l. Chile
m. Honduras
n. Perú
ñ. Venezuela
o. Colombia
p. República Dominicana
q. México
r. Panamá
s. Puerto Rico

2. ¿Cuál es el país más grande de Sudamérica? ¿Qué idioma se habla en este país?
3. ¿Cuál es el país más largo y con más costa en Sudamérica? ¿Está en la costa del océano Atlántico o en la del Pacífico?
4. ¿Qué países atraviesa la cordillera de los Andes? ¿Sabe Ud. qué gran civilización se desarrolló en esa región?
5. ¿Cuál es el país sudamericano que está más al sur? ¿Qué sabe Ud. de Argentina? ¿De Uruguay? ¿Ha oído hablar de los gauchos? ¿Quiénes son?
6. ¿Sabe Ud. algo sobre Ecuador? ¿Por qué lleva ese nombre? ¿Qué islas famosas por su flora y su fauna pertenecen a Ecuador?
7. ¿Cuál es el único país sudamericano con costas sobre el mar Caribe y el océano Pacífico? ¿Qué sabe de este país?
8. ¿Qué islas hispanohablantes están en el Caribe? ¿Qué sabe de la historia de Cuba? ¿Cuál es la relación entre Puerto Rico y Estados Unidos?
9. ¿Cuáles son los países hispanohablantes centroamericanos? ¿Qué problemas políticos se plantearon en esos países en la década de los 80?

H. La bandera de Puerto Rico. Esta bandera fue adoptada en l952 para representar el nuevo estatus político de Puerto Rico y su relación con EE.UU.: Estado Libre Asociado. Para saber más sobre la bandera, empareje cada símbolo de la primera columna con su significado en la segunda columna. Para leer más sobre la bandera, visite el sitio web: http://www.elboricua.com/BKPoems_Bandera.html

nourishes   1. la estrella blanca

2. el triángulo azul

stripes   3. las tres franjas° rojas

4. las dos franjas blancas

a. la sangre vital que nutre° un gobierno republicano

b. el símbolo de Estado Libre Asociado

c. los derechos humanos

d. sus tres ángulos representan los tres poderes del gobierno republicano: el legislativo, el ejecutivo y el judicial.

Ahora en parejas, diseñen la bandera de un país imaginario que a Uds. les gustaría gobernar. Expliquen el significado de los símbolos y de los colores. ¿Qué forma de gobierno hay? ¿Cómo es el clima? ¿Dónde está?

PERSPECTIVAS

PREPARATIVOS

1. Lea la sección **¿Sabía Ud. que en Puerto Rico... ?**

2. Mire los verbos de la lectura que están en negrita. Se usan en el condicional y muestran una acción que se anticipa (en el futuro) desde el punto de vista de un momento pasado. Las palabras **presidente, Senado, aprobar, ley, voto, Cámara de Diputados** y **gobierno** se encuentran en la lectura y en **Vocabulario para la comunicación.** ¿Qué significan?

3. ¿Es importante que un país tenga un idioma oficial? ¿Por qué?

- La importancia que se da al **idioma inglés** en la isla refleja la estrecha relación política y económica que existe entre Puerto Rico y Estados Unidos desde hace muchos años. Puerto Rico se convirtió en territorio estadounidense no por elección, sino como resultado de la Guerra con España en 1898. En 1917, por medio del acta Jones, los puertorriqueños recibieron su ciudadanía estadounidense y por consiguiente° mayor control sobre sus asuntos gubernamentales. En 1952 Puerto Rico se hizo Estado Libre Asociado, una relación única que conlleva ventajas y desventajas. Algunos puertorriqueños que residen en la isla se oponen a esta forma de gobierno y preferirían ser independientes, mientras que a otros les gustaría que Puerto Rico fuera un estado de Estados Unidos.

as a result

- **Sila María Calderón**, elegida en 2000, fue la primera mujer gobernadora de Puerto Rico. Decidió no presentarse para reelección en 2004.

- El español era la **lengua oficial** de Puerto Rico hasta 1993 cuando se aprobó una ley que estableció el español *y* el inglés como las lenguas oficiales. Gran parte del pueblo puertorriqueño consideró la ley como una aberración y expresó su desaprobación con manifestaciones y marchas de protesta.

Noticias de última hora: ¿Habrá *un* idioma oficial en Puerto Rico?

proposal
spokesperson

En su campaña política, el presidente del Senado puertorriqueño, Antonio Fas Alzamora, prometió que **aprobaría** el proyecto de ley para establecer el español como idioma oficial de Puerto Rico. Cumplió su promesa, y el Senado, con un voto de 17 a 8, aprobó la propuesta°. El portavoz° de la Cámara de Diputados dijo que se **debatiría** sobre la propuesta y que después **quedaría** en manos de la ex gobernadora Sila Calderón. Fas Alzamora afirmó que el inglés **sería** el segundo idioma oficial y la lengua primaria de comunicación internacional, y que el español **seguiría siendo** el idioma oficial que **se emplearía** en todos los departamentos del gobierno.

COMPRENSIÓN Y PRÁCTICA

A. Comprensión. Con sus propias palabras, explique la historia de las lenguas oficiales de la isla de Puerto Rico.

B. Preguntas y más. Haga las siguientes actividades.

1. Los proponentes del proyecto de ley para establecer el español como idioma oficial de Puerto Rico insisten en que es una injusticia imponer el inglés como el idioma oficial de la isla, ya que sólo el 20% de la población sabe hablar inglés. ¿Qué opina Ud.?

2. Algunos de los representantes que se oponen sostienen que el proyecto "le haría daño" al pueblo puertorriqueño. Quieren que la gente entienda la importancia del inglés para el futuro de Puerto Rico. ¿Podría comentar sobre esta perspectiva?

 3. En grupos pequeños, debatan los varios puntos de vista sobre este asunto.

C. Expansión. Resulta que, poco después de la convocación del Senado, el asunto del idioma oficial no llegó a ser considerado por la Cámara de Diputados y quedó abandonado. Haga el papel de periodista y, basándose en la información que se ofrece en la lectura y en **¿Sabía Ud. que en Puerto Rico... ?,** escriba un breve artículo que anuncie la suspensión de este proyecto. Incorpore los siguientes términos en el artículo: *los representantes, discutir el asunto, tener objeciones, oponerse, votos.* Compare su artículo con el de un(a) compañero(a) de clase. Con su compañero(a) combinen lo mejor de los dos artículos y preséntenselo a la clase.

ESTRUCTURA 1: El tiempo condicional

LAS FORMAS DEL CONDICIONAL

El condicional de los verbos regulares se forma con el infinitivo y las siguientes terminaciones.

Infinitivo	+	Terminación	=	Condicional
votar		-ía		votaría
aprobar		-ías		aprobarías
llover		-ía		llovería
resolver		-íamos		resolveríamos
disminuir		-íais		disminuiríais
elegir		-ían		elegirían

Los verbos que son irregulares en la formación del futuro son también irregulares en el condicional. Las terminaciones, sin embargo, son las mismas que en los verbos regulares.

Infinitivo	Radical condicional	Condicional
caber *(to fit)*	cabr-	cabría
haber	habr-	habría
saber	sabr-	sabría
poder	podr-	podría
poner	pondr-	pondría
salir	saldr-	saldría
valer	valdr-	valdría
venir	vendr-	vendría
decir	dir-	diría
hacer	har-	haría
querer	querr-	querría

PRÁCTICA

El candidato independentista. En Puerto Rico, al igual que en los otros países hispanos, se suele hablar mucho de la política. Hoy, una familia puertorriqueña habla del nuevo candidato independentista para el puesto de gobernador de la isla. Complete el diálogo, usando el condicional.

PADRE: Yo no (apoyar) _____ a un candidato independentista, ¿y Uds.?

MADRE: Yo (tener) _____ que estudiar más su programa.

PADRE: Pero, ¿crees que la gente (votar) _____ por él?

MADRE: No sé. Creo que un candidato (tener) _____ que trabajar mucho para ganar las elecciones.

HIJO: Me imagino que con un gobernador independentista (haber) _____ varios cambios. El candidato aseguró que a los pobres no les (faltar) _____ ni el pan ni la vivienda.

PADRE: Pero, ¿crees lo que dicen los políticos? ¿Crees que un gobernador independentista (poder) _____ disminuir la pobreza en este país?

HIJO: Es posible, papá, pero me imagino que (llevar) _____ algún tiempo.

LOS USOS DEL CONDICIONAL

El condicional corresponde básicamente a *would* y a *should* en inglés.

Se usa el condicional para expresar...	Ejemplos
1. una acción que se anticipa desde el punto de vista de un momento pasado. Se podría decir que el condicional representa un futuro en relación con un tiempo pasado.	La televisión anunció que **habría** (*there would be*) un huracán al día siguiente. Sabía que tú **votarías** por él.
2. acciones posibles o deseables que dependen de alguna condición que se expresa con **si** + el imperfecto del subjuntivo. (Muchas veces la cláusula de **si** + subjuntivo está implícita.)	**Iría** a Puerto Rico si tuviera una semana de vacaciones. Yo no **trabajaría** en minería. (Aun si me dieran el puesto.)
3. la probabilidad (la conjetura) en el pasado. Así como el futuro puede expresar probabilidad en el presente[1], el condicional puede expresar la probabilidad de una acción en el pasado.	—¿Qué hora **sería** cuando oímos el ruido? (*What time do you think it was when we heard the noise?*) —**Serían** las dos. (*It was probably 2:00.*)
4. cortesía al pedir o preguntar algo.	¿**Podría** decirme dónde queda el museo taíno? ¿**Tendría** tiempo libre hoy? Me **gustaría** que nos acompañara.

---

[1] Revise el uso del futuro para expresar probabilidad en el presente. Véase la Lección 2, página 74.

Atención:

1. Cuando, en inglés, *would* quiere decir *used to,* se traduce al español con el imperfecto.

   En aquel entonces, **dábamos** un paseo después de la cena.

2. Cuando, en inglés, *would* expresa voluntad, se traduce al español con **querer.**

   Le pregunté varias veces, pero no **quería** decírmelo.

PRÁCTICA

A. El discurso de un político. Muchos ciudadanos desconfían de las promesas que hacen los candidatos en sus campañas políticas. Lea el siguiente segmento de un discurso político y con un(a) compañero(a), haga las actividades.

> Ciudadanos:
> Jamás <u>permitiremos</u> ni el despotismo ni la tiranía en nuestra nación. La justicia <u>reinará</u> en todas partes. <u>Llamaré</u> a elecciones y el pueblo <u>elegirá</u> a su presidente. <u>Daré</u> fin a las huelgas. ¡<u>Habrá</u> trabajo para todos y los pobres no <u>sufrirán</u> más!

1. Ud. acaba de oír el segmento anterior de un discurso político y le pareció tan interesante que ahora quiere reportárselo a un(a) compañero(a) de clase. Use la frase, "El candidato dijo que…" y el condicional de los verbos subrayados. Recuerde que el condicional representa el futuro en relación con el pasado.

2. Ud. no tiene ninguna confianza en las promesas de este candidato, pero su compañero(a) confía mucho en él. Presenten y justifiquen sus ideas y opiniones en un diálogo acalorado *(heated)*. Intercambien ideas sobre los discursos políticos. ¿Qué tienen todos ellos en común? ¿Cumplen los políticos todas sus promesas? Explique.

3. Ud. se considera un(a) mejor candidato(a) y decide iniciar su propia campaña política, y ¡su compañero(a) es su asistente! Juntos, preparen su discurso político para presentárselo a la clase. Incorporen el condicional y muchas promesas.

B. ¿Qué se debería hacer? El narcotráfico se ha convertido en uno de los problemas más graves de todos los tiempos. En Estados Unidos y en los países hispanos, ¿qué medidas y precauciones deberían tomar las siguientes personas e instituciones? Incluya el condicional en sus comentarios.

1. el (la) presidente(a)
2. el (la) gobernador(a) del estado en el que se confiscan las drogas
3. la policía de la ciudad
4. los ciudadanos
5. el Senado

C. ¿Qué haría? En la vida se nos presentan situaciones difíciles. ¿Qué hacemos? ¿Decimos algo o nos quedamos callados? Use el condicional para decir qué haría en cada una de las siguientes situaciones. Incluya lo siguiente: a. cómo se sentiría b. cómo expresaría sus sentimientos c. qué recomendaciones, ayuda u opciones ofrecería.

Modelo: Su sobrina de cinco años tiene ganas de nadar en la piscina. Se oyen truenos y Ud. vio un relámpago en la distancia.

Me sentiría mal por mi sobrinita pero tendría miedo, también. Le diría que entendía su frustración por no poder estar en el agua y le explicaría los peligros de estar en la piscina durante una tormenta. Recomendaría otra actividad y jugaría con ella.

1. Se aproximan las elecciones y su amigo va a votar por el candidato que no conviene. Ud. conoce al candidato personalmente y sabe que es un hombre corrupto y que no cumple sus promesas.

2. Una colega suya de la universidad acaba de ganar un premio prestigioso por un experimento científico que realizó. Ud. está enterado(a) de que ha logrado sus resultados usando tácticas engañosas y diciendo mentiras.

3. Sus padres acaban de anunciar que van a vender la casa familiar y a mudarse a otro estado donde comprarán un condominio en el que habrá sólo un dormitorio.

4. Ud. y sus amigos están planeando un viaje. Al principio iban a visitar México y tenían todo planeado. Ahora, ellos insisten en ir a Puerto Rico aunque se pronostica un huracán.

D. Probablemente. Para saber dónde estarían las chicas toda la tarde, con un(a) compañero(a) presente el siguiente diálogo, haciendo conjeturas en el pasado para expresar probabilidad. Sigan el modelo.

Modelo: ¿Por qué no vendrían a cenar las chicas?
(Probablemente hubo congestión de tránsito en la carretera.)
Habría congestión de tránsito en la carretera.

1. ¿Sabes adónde fueron? (Posiblemente fueron de compras en Ponce.)
2. Que yo sepa, no tenían dinero. (Tal vez usaron su tarjeta de crédito.)
3. ¿En qué fueron, si yo me llevé el carro? (Posiblemente tomaron la guagua°.)
4. ¿A qué hora las viste salir? (Probablemente eran las dos y media.)
5. ¿Por qué no se despidieron de nosotros? (Quizás tenían prisa.)

En Puerto Rico significa autobús.

E. Para la comunicación cortés. Todos los días surgen situaciones que requieren cierta cortesía. En parejas, escojan una situación y escriban un breve diálogo que incluya algunas de las expresiones siguientes.

¿Estaría Ud. dispuesto a...?	¿Podría decirme...?
¿Tendría la amabilidad de...?	¿Querría...?
¿Sería posible...?	¿Sería Ud. tan amable de...?

Situaciones

    a. un(a) turista en busca de un restaurante, un museo o un hotel

    b. un(a) estudiante con su profesor(a)

    c. un(a) cliente en un almacén y un(a) dependiente(a)

    d. un(a) ciudadano(a) y un(a) candidato(a) político(a)

    e. otro

ESTRUCTURA 2: Las cláusulas condicionales con *si*

Las cláusulas condicionales expresan situaciones posibles, probables o hipotéticas, en el presente y el futuro.

Si + presente del indicativo +	presente del indicativo o futuro

Se usa el indicativo si la situación es posible o probable.

Si **tengo** dinero, lo **gasto.**
Si **hay** elecciones, el candidato liberal las **ganará.**

Si + imperfecto del subjuntivo + condicional

Se usa el imperfecto del subjuntivo y el condicional si la situación es improbable, hipotética o contraria a la realidad.

Si **fuera** rico (pero no lo soy), le **daría** mucho dinero a ese candidato.
Si **hubiera** elecciones (no las hay), el candidato liberal las **ganaría.**

PRÁCTICA

A. El padrinazgo de los niños. Ud. podría ser padrino o madrina de un(a) niño(a) pobre y marginado(a). Hay muchas organizaciones que solicitan apoyo económico para solucionar la terrible situación de la niñez marginada. Lea el siguiente anuncio y haga las actividades.

1. Según el anuncio, ¿qué haría la persona de buen corazón (¡Ud.!) si viera a un niño perdido y desamparado?

2. Si Ud. aceptara patrocinar a un niño con el *Plan Internacional USA,*
    a. ¿cuánto dinero tendría que contribuir?
    b. ¿cómo cambiaría la vida de ese niño?
    c. ¿cómo se sentiría Ud.?

3. Si viera a un(a) niño(a) desamparado(a)… diga tres…
    a. emociones que sentiría.
    b. acciones que Ud. llevaría a cabo.
    c. oportunidades nuevas que él (ella) tendría.

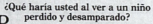

Usted Tiene La Oportunidad De Lograr Una Pequeña Victoria Moral.

¿Qué haría usted al ver a un niño perdido y desamparado?

Probablemente usted se pararía, lo cogería en los brazos, le secaría las lágrimas y le ayudaría a encontrar su camino sin pensarlo dos veces. Y hay una razón para esto.

Porque usted sabe lo que es ser justo.

Ahora mismo usted puede hacer el bien. Usted puede responder a su instinto natural...tendiéndole la mano a un niño desesperadamente pobre que vive a miles de millas de aquí.

Por medio del PLAN International USA usted puede ayudar a un niño que casi nunca tiene lo suficiente para comer, no tiene un lugar decente para dormir, no tiene cuidado médico, no tiene la oportunidad de asistir a la escuela, o no tiene esperanza para el futuro.

Escoja usted.

Usted puede escoger al niño o niña que desee patrocinar y en el país que le agrade. Usted ayudará a ese niño que vive con su propia familia. Y más, usted ayudará a esa familia para que funcione mejor con otras familias que también tratan de mejorar la vida de sus hijos.

En reconocimiento, usted recibirá fotografías del niño y reportes personales de nuestros encargados locales. Además,

cartas escritas por el niño o por su familia. Usted verá lo mucho que cambiará y mejorará la vida de ese niño. Todo por el deseo que tiene de ayudar.

En realidad, por sólo $22 al mes usted dará a un niño la oportunidad de tener mejor nutrición, programas de salud, ir a la escuela y tener esperanza en el futuro. Eso significa solamente 72 centavos al día ¡Los centavitos que lleva en el bolsillo pueden cambiar la vida de un niño!

¡Por favor, no espere!

Si usted viera a un niño desamparado por la calle, usted no esperaría, lo ayudaría enseguida. ¡Por favor, no espere ahora tampoco!

¡Logre usted una pequeña victoria moral!

Patrocine a un niño con el PLAN International USA. Llame al

1-800-874-8722

PLAN INTERNATIONAL USA

Antes Foster Parents Plan

4. En grupos de tres personas, contesten las preguntas.
   a. Si pudieras ayudar a un desamparado, ¿preferirías que fuera niño o niña? ¿Por qué? ¿De qué nacionalidad te gustaría que fuera?
   b. ¿Qué tipo de relación te gustaría tener con el (la) niño(a)? ¿Te gustaría recibir cartas y fotografías?
   c. ¿Hay oportunidades para ayudar a niños marginados y desamparados en tu propia comunidad o ciudad? ¿Qué podrías hacer por los padres que no tienen suficiente dinero para pagar la comida, las guarderías infantiles, los seguros médicos, etc.?

B. Me gustaría tener más información. Antes de aceptar ser padrino o madrina de un(a) niño(a), quizás le gustaría que la organización le contestara algunas preguntas específicas. Intente conseguir la siguiente información de *Plan Internacional USA* o de otro programa semejante como *Save the Children*. Dele la información a la clase.

Si aceptara patrocinar a un(a) niño(a)...
1. ¿qué necesidades básicas cubriría la contribución?
2. ¿qué tipo de alimentación recibiría el (la) niño(a)?

3. ¿sería posible mandarle al (a la) niño(a) regalos y otras cosas además del dinero?

4. ¿conocería personalmente al (a la) niño(a)?

5. ¿podría hacer algo especial para su cumpleaños, la Navidad u otro día de fiesta?

C. ¡Si las cosas cambiaran! Diga qué pasaría si se modificaran las siguientes disposiciones tomadas por la ciudad, el Ayuntamiento, el gobierno federal y otras instituciones.

> **Modelo:** Las autoridades cambian la edad legal para conducir un auto a quince años.
> *Si las autoridades cambiaran la edad legal para conducir un auto a los quince años habría muchos más accidentes.*

1. Las autoridades cambian la edad legal para consumir bebidas alcohólicas a veinticinco años.

2. El gobierno requiere que las mujeres hagan el servicio militar.

3. Las líneas aéreas dejan que la gente fume en los aviones.

4. Los gobiernos del mundo apoyan el uso de una lengua universal.

5. El gobierno de EE.UU. legaliza el juego *(gambling)* en todas partes.

 Ahora, piense en tres situaciones hipotéticas más. Un(a) compañero(a) va a decir qué pasaría si fueran realidad.

 D. ¡Charlemos! Todos sabemos que debemos estar preparados para algún tipo de desastre. Con un(a) compañero(a) de clase, intercambien ideas y digan qué harían…

1. si ocurriera un terremoto.

2. si un huracán amenazara destruir su casa.

3. si hubiera una grave crisis económica.

4. si alguien intentara censurar su libertad de palabra.

E. ¡Si mis deseos se cumplieran! En la literatura infantil hay muchos cuentos y relatos en los que a una persona se le otorgan tres deseos. Si en este momento Ud. tuviera que formular tres grandes deseos, ¿qué le pediría al destino? ¿Por qué?

F. Un contrabandista. Formen grupos de cuatro estudiantes para resolver este caso de contrabando.

Para evitar el contrabando, los agentes de aduana vigilan el tránsito de pasajeros en los aeropuertos. Un muchacho llega todos los meses llevando una maleta. Un mes la maleta va llena de libros, al siguiente va con juguetes *(toys)*, otro mes es ropa usada y otras cosas. Los agentes de aduana piensan que el muchacho contrabandea algo, pero no saben qué.

Analice con un(a) compañero(a) de clase el caso del muchacho, preguntándose lo siguiente.

Un agente de aduana revisa el equipaje.

1. ¿Qué harían si Uds. fueran los agentes que vieran pasar al muchacho? ¿Lo dejarían pasar cada mes sin tratar de averiguar qué hace? ¿Qué le preguntarían? ¿Pensarían que es contrabandista? Si el muchacho fuera contrabandista, ¿qué estaría contrabandeando?

2. Después, infórmenle a la clase sobre la conclusión a la que han llegado y qué es lo que contrabandea el muchacho. (¿Ropa? ¿Juguetes? ¿Libros?)

PERSPECTIVAS

PREPARATIVOS

1. Lea la sección **¿Sabía Ud. que en Puerto Rico... ?**

2. Mire los verbos de la lectura que están en negrita. ¿Podría explicar por qué se usa el presente perfecto del subjuntivo en estos casos? (Pueden ver las formas del presente perfecto del subjuntivo y sus usos más adelante en este capítulo.)

3. En las últimas décadas ha habido un aumento de alcoholismo entre las mujeres. En su opinión, ¿qué factores han contribuido a esta triste situación? ¿Cree Ud. que algunas personas tienen una predisposición biológica a esa adicción?

- En Puerto Rico cuando marca el 2-1-1 se comunica con el **Centro de Información y Referido,** un servicio que ayuda a individuos en cualquier tipo de necesidad. Sirve de enlace entre estas personas y sicólogos, trabajadores sociales, consejeros y agencias que atienden problemas como el alcoholismo, la violencia doméstica, el maltrato de menores, la drogadicción, el abandono de ancianos y la falta de vivienda, entre otros. El centro existe gracias a un donativo generoso realizado en 1992.

- Según un estudio realizado en Puerto Rico por el Instituto de Investigaciones de la Administración de Salud Mental y Contra la Adicción (ASSMCA), un 49% de los jóvenes reportó haber tomado **bebidas alcohólicas** antes de los diez años, y el consumo de alcohol aumenta drásticamente a partir de los doce años. Las razones que se dan para que los niños comiencen y continúen tomando alcohol son: 1. querer llamar la atención; 2. querer verse grandes; 3. querer ser como los amigos; 4. querer sentirse diferentes. En Argentina el consumo de alcohol ha crecido un 150% en los últimos dos años. De los 31.600 estudiantes de colegio que participaron en una encuesta sobre el tema, el 54% reportó que consumía bebidas alcohólicas habitualmente. En Estados Unidos el consumo de alcohol se ha convertido en un verdadero problema social.

El alcohol: Un problema grave

Todo tiene un límite, y es posible que Mercedes Sánchez **haya llegado** al suyo. Mercedes es alcohólica, y gracias a El Centro de Información y Referido, está recibiendo el apoyo que tanto necesita. Su esposo, sus hijos —todos los que la conocen y la rodean— se alegran de que **se haya dado cuenta de** que no puede más con su vida, que esta enfermedad crónica y progresiva es una carga que no debe llevar sin ayuda. "Llegué al fondo y lo único que me quedaba era ir para arriba. Es una lástima que **haya perdido** todo, amistades, gente querida, trabajo, el respeto de mi familia", dice Mercedes. Una noche, borracha y deprimida, se le ocurrió marcar el 2-1-1. Quizás este simple acto de desesperación le **haya salvado** la vida. Mercedes ha iniciado el proceso de rehabilitación y recuperación y asiste a reuniones de la organización Alcohólicos Anónimos en San Juan. Aquí se incluye un segmento de una plática° que escuchó en una de las reuniones.

speech
harmful

"La enfermedad del alcoholismo es más dañina° entre las mujeres que entre los hombres, debido a varios factores: El efecto del alcohol es más fuerte en una mujer que en un hombre por razones biológicas y porque un alto porcentaje de las mujeres tiene la práctica peligrosa de combinar el alcohol con sustancias sicofármacas, y no reconocen los síntomas de su adicción..."

miracle

Es un milagro° que Mercedes **haya aceptado** su enfermedad. Como resultado, ha mantenido una abstinencia inicial, ha podido transformar su culpa y sentimientos negativos en responsabilidad y ha empezado una nueva vida.

COMPRENSIÓN Y PRÁCTICA

A. Comprensión. Explique qué tuvo que ocurrir para que Mercedes buscara ayuda para su adicción.

B. Expansión. Haga las siguientes actividades.

1. Cuando Mercedes llamó al 2-1-1, ¿qué le diría el (la) consejero(a) de El Centro de Información y Referido? En la comunidad donde vive Ud., ¿hay agencias y servicios como este centro?

2. ¿Qué sabe de Alcohólicos Anónimos, Al-Anon y otras organizaciones parecidas? AA acaba de celebrar su 50° aniversario. ¿A qué se debe su éxito?

3. Los siguientes factores pueden contribuir al desarrollo del alcoholismo en una persona. En grupos pequeños, coméntenlos y digan si hay otros factores.
   a. una predisposición biológica
   b. los problemas de la adolescencia
   c. una crisis
   d. el aislamiento social y una baja autoestima
   e. otro factor

4. ¿Sabría reconocer los síntomas de una adicción al alcohol? Explique. Suponga que sospecha que una persona querida en su vida tiene serios problemas con el alcohol y quiere ayudarla. Visite el sitio web de Alcohólicos Anónimos, www.alcoholics-anonymous.org, busque la versión en español y averigüe *(find out)*:
   a. qué es lo que AA hace.
   b. qué es lo que AA no hace.
   c. si hay literatura disponible en español.
   d. cómo se consiguen servicios en su área.
   e. otra información importante para una persona con esta enfermedad.

ESTRUCTURA 3: El presente perfecto del subjuntivo

LAS FORMAS DEL PRESENTE PERFECTO DEL SUBJUNTIVO

El presente perfecto del subjuntivo se forma con el presente del subjuntivo del verbo **haber** y el **participio pasado.**

Formación del presente perfecto del subjuntivo

	ganar	perder	elegir
haya hayas haya hayamos hayáis hayan	ganado	perdido	elegido

EL USO DEL PRESENTE PERFECTO DEL SUBJUNTIVO

El uso del presente perfecto del subjuntivo es semejante al uso del presente perfecto del indicativo[1] pero, como hemos visto en la Lección 6, la cláusula del subjuntivo está subordinada a una cláusula principal.[2]

---

[1] Revise la explicación del presente perfecto del indicativo en la Lección 5, página 210.

[2] Revise el uso del subjuntivo en cláusulas nominales (Lección 6, páginas 259–261) y en cláusulas adjetivales y adverbiales (Lección 7).

No **ha podido** ganar las elecciones. (indicativo)
Lamento que no **haya podido** ganar las elecciones. (subjuntivo)

Yo sé que Ud. **ha votado** por ese candidato. (indicativo)
¿Es posible que Ud. **haya votado** por ese candidato? (subjuntivo)

PRÁCTICA

A. ¿Qué pasó o qué pasará? Forme una sola oración, usando el presente perfecto del subjuntivo.

> **Modelo:** Saldrá el sol. Pasará la tormenta. (cuando)
> *Saldrá el sol cuando haya pasado la tormenta.*

1. Navegaremos en el océano. Bajarán las olas. (tan pronto como)
2. Llegarás al valle. Cruzarás la montaña. (después de que)
3. ¿Es posible? ¿Los obreros se declaran en huelga? (que)
4. Es interesante. El candidato logra tantos triunfos. (que)
5. El alcalde resolverá la crisis económica. Termina su período. (antes de que)
6. ¡Es increíble! ¡Ninguno de nosotros lo apoya! (que)
7. Lucharemos. Firmaremos un acuerdo de paz. (hasta que)
8. Estaré satisfecha. Se irán a Estados Unidos. (cuando)

 B. Fui testigo de un huracán. Acaba de ocurrir un huracán en Puerto Rico y después de dos días, Arturo ha logrado comunicarse con su amiga Susana para contarle los detalles de esta terrible experiencia. Complete el diálogo con el presente perfecto del indicativo o del subjuntivo, según el caso.

1. SUSANA: Arturo, ¿ya _____ (reponerse, tú) del susto?

   ARTURO: Desde luego. Espero que _____ (recibir, tú) el mensaje que te mandé.

2. SUSANA: Sí, sí, lo _____ (recibir). Ahora quiero saber si tu casa _____ (sufrir) muchos daños.

   ARTURO: Mi casa está bien. Pero todavía no puedo creer que la de mi tío _____ (desaparecer) en medio de los escombros.

3. SUSANA: Y la gobernadora, ¿_____ (decir) algo?

   ARTURO: Sí. Lo que más siente es que tanta gente _____ (perder) su casa.

4. SUSANA: Bueno, cuando toda esta situación _____ (pasar), espero que me escribas contándome con más detalle.

   ARTURO: Claro que sí.

PREPARATIVOS

1. Lea la sección **¿Sabía Ud. que en Puerto Rico... ?**

2. Mire las palabras de la lectura que están en negrita. ¿Cuál es la palabra antónima de cada una?

3. ¿Qué sabe Ud. del problema de la contaminación ambiental en Latinoamérica? ¿Hay una relación entre las grandes empresas internacionales y la contaminación del medio ambiente? Explique.

¿Sabía Ud. que en Puerto Rico... ?

covers
wide

■ Aunque la extensión de **Puerto Rico** abarca° sólo 190 kilómetros de largo por 72 km de ancho° (aproximadamente el doble de la extensión del estado de Delaware), su población tiene un total de cuatro millones de habitantes. La Isla del Encanto es un verdadero paraíso tropical, cuya belleza natural se combina con el aspecto de lo moderno y lo antiguo. Está situada entre el océano Atlántico y el mar Caribe, sus temperaturas oscilan entre los 70 y los 80 grados Farenheit y ofrece montañas majestuosas, 300 millas de playas magníficas y otras maravillas de la naturaleza.

▲ *El Viejo San Juan*

bridges

walled

located

■ **El Viejo San Juan,** un islote unido a los sectores modernos de Puerto Rico por una serie de puentes°, cuenta con más de un millón de habitantes. Hay que caminar por las pintorescas calles de piedra para apreciar lo hermoso de esta ciudad histórica: edificios de colores pastel, monumentos, museos, fortalezas amuralladas°, plazas, jardines y una nostálgica arquitectura colonial. Se puede disfrutar de la cocina caribeña en restaurantes de primera clase y casi todos los hoteles de San Juan están ubicados° frente al mar.

celebrations

■ En 2003 la **Universidad de Puerto Rico,** situada en la zona metropolitana de San Juan, celebró su centenario con grandes festejos°. Además de la excelencia de su variado programa de estudios, tanto a nivel graduado como de pregrado, la universidad es conocida por la belleza de su arquitectura renacentista. La actual rectora de la universidad, la doctora Gladys Escalona de Motta, es la primera mujer en ocupar este importante cargo.

- La bella ciudad de **Mayagüez**, llamada "La Sultana del Oeste", está ubicada en el extremo oeste de la isla de Puerto Rico y tiene una población de unos 100.000 habitantes. El Casco Antiguo° de la ciudad aún conserva vestigios° del período colonial con monumentos históricos y arquitectura pintoresca. La economía de esta ciudad-puerto se basa en sus múltiples atuneras°, cervecerías y otras fábricas industriales. Entre sus atractivos turísticos figuran excelentes playas, deportes acuáticos, un remodelado parque zoológico y una activa vida nocturna.

The Old Shell /
vestiges
tuna factories

- Hace más de cuarenta años que las grandes **fábricas atuneras** de Star Kist y Bumble Bee están establecidas en la zona de la Bahía de Mayagüez. Desafortunadamente, éstas y otras fábricas industriales llevan años descargando desperdicios en las aguas de la bahía.

La contaminación en Puerto Rico

En la cafetería de la Universidad de Puerto Rico, Alicia inicia una conversación con dos compañeros de clase sobre la contaminación ambiental en la isla.

ALICIA: ¿Han leído **algo** sobre la contaminación ambiental en el área metropolitana de San Juan? Todos los días miles de coches producen contaminantes que se acumulan en la atmósfera. Para 1930 se usaba principalmente el transporte colectivo. Para 1993 había aproximadamente 700.000 coches particulares° registrados en San Juan, y actualmente la ciudad cuenta con 2,4 millones de vehículos.

private

NORA: Parece que los ríos, los lagos y las bahías **también** están terriblemente contaminados. El impacto de la dispersión urbana es devastador. Está provocando el agotamiento° de las áreas llanas°, la desforestación, la contaminación del agua y del aire, y la erosión de los suelos. Las ciénagas° se están perdiendo a una velocidad alarmante. ¡**Alguien** tiene que hacer **algo**!

exhaustion / flat
marshes

HUGO: Mira, no es para tanto. Creo que **algunos** exageran al hablar de este asunto. El problema de la contaminación no es **nada** sencillo. **Ningún** país que quiere seguir industrializándose puede evitar estos problemas ambientales.

ALICIA: La situación de San Juan no es **nada** comparada con lo que está pasando en la Bahía de Mayagüez, cuyos problemas son incomparables. Además de la expansión urbana, la contaminación es provocada en gran parte por las fábricas atuneras y la industria química.

COMPRENSIÓN Y PRÁCTICA

A. Cuéntame. Suponga que Ud. también estaba en la cafetería de la universidad y que oyó la conversación entre Alicia, Nora y Hugo. Le pareció tan interesante que ahora quiere contársela a un(a) compañero(a) de clase. Use sus propias palabras y las frases, "Una de las chicas dijo que había…" y "Hugo comentó que era…", etc., y escriba cuatro oraciones. Incluya:

1. la información que los tres jóvenes ofrecieron.
2. las perspectivas y actitudes que tenían.
3. algo que Ud. no sabía sobre la contaminación en Puerto Rico.

B. Expansión. Conscientes de que la contaminación ambiental es un problema que afecta a todo el mundo, Ud. y su compañero(a) han decidido entrar en la conversación con Alicia, Nora y Hugo para ofrecer sus opiniones y perspectivas.

1. Preparación:
   a. Para realizar una discusión inteligente, es importante entender y poder explicar los términos pertinentes. Con sus propias palabras, expliquen:
      1. la dispersión urbana.
      2. el agotamiento de las áreas llanas.
      3. la desforestación.
      4. la erosión de los suelos.
   b. Preparen una breve discusión sobre la situación del medio ambiente en Estados Unidos o en otra región que conozcan (Ciudad de México, Brasil, la Amazonia, etc.).

 2. Conversación: Ahora están listos para entrar en la conversación con los tres estudiantes puertorriqueños. Formen un grupo de cinco compañeros de clase para continuar la conversación sobre este grave problema mundial. Preséntenle su conversación a la clase.

ESTRUCTURA 4: Expresiones afirmativas y negativas

Expresiones afirmativas	Expresiones negativas
algo (something, anything)	**nada** (nothing)
alguien (someone, anyone) **todo el mundo** (everyone)	**nadie** (no one, nobody)
algún, alguno(a, os, as) (some, someone) **unos(as)** (a few)	**ningún, ninguno(a)** (none, no one, not any)
siempre (always) **alguna vez** (ever) **algunas veces** (sometimes) **algún día** (someday)	**nunca, jamás** (never)
o... o (either...or)	**ni... ni** (neither...nor)
también (also, too)	**tampoco** (neither)

Usos	Ejemplos
1. **algo** ≠ **nada** (pronombres) Son invariables y se refieren a cosas.	Tengo **algo** que comunicarte. No tengo **nada** que decirte a ti.
2. **alguien** ≠ **nadie** (pronombres) Son invariables y se refieren a personas.	¿Hay **alguien** que conozca Ponce? No, no hay **nadie** que conozca esa ciudad.
3. **alguno (-a, -os, -as)** ≠ **ninguno (-a)** (pronombres y adjetivos) **Alguno** concuerda en género y en número. **Ninguno** concuerda únicamente en género.	Ana tiene **algunas** ideas buenas. José no tiene **ninguna** idea. **Algún** día triunfarán los derechos del hombre.

Delante de un sustantivo masculino singular los dos pierden la **o** final (**algún, ningún**). (**Atención:** No hay forma plural de ninguno.)

4. **siempre** ≠ **nunca, jamás** (adverbios)
   Son invariables. **Jamás** se usa en forma más enfática.

5. **también** ≠ **tampoco** (adverbios)
   Son invariables.

6. **o... o** ≠ **ni... ni** (conjunciones)
   O... o se usa para ofrecer dos alternativas. **Ni... ni** niega dos alternativas. Al contrario del inglés, el verbo con dos sujetos unidos por **ni... ni** adopta la forma plural.

7. **in-, im-** y **des-** (prefijos)
   Son prefijos de negación que se usan con varios adjetivos, sustantivos y verbos.

No hay **ningún** problema que no pueda resolverse.

Siempre vamos a la playa de Luquillo.
¿Y por qué no me invitaste **nunca**?

Me gustan la arena y las olas grandes **también**.
No me gusta tomar el sol. No me gusta nadar **tampoco**.

O ayudan a los países del Tercer Mundo **o** habrá una revolución.
Ni los demócratas **ni** los republicanos pueden solucionar el conflicto.

Es **im**probable que haya hecho tal cosa.
No hay que **des**hacer todo lo que has hecho.

Atención:

1. Si la negación va delante del verbo, se omite la doble negación.

   No como **nunca** solo. **Nunca** como solo.
   No se lo dijo **nadie. Nadie** se lo dijo.

2. Para contestar una pregunta en el negativo cuya respuesta es *sí* o *no*, es necesario repetir la palabra *no.*

   ¿Hay terremotos donde tú vives? **No, no** hay terremotos donde vivo.

3. Cuando los indefinidos y negativos se refieren a personas y funcionan como complementos directos del verbo, la **a personal** es necesaria.

   ¿Conoces **a** alguien de Mayagüez? No, no conozco **a** nadie.

4. Para cambiar la expresión *algún día* al negativo se dice *nunca* o *jamás.*

   ¿**Algún día** vas a vivir en una isla caribeña? No, **nunca** voy a vivir en una isla caribeña.

LA CASA DE MUÑECAS

Está en su casa. Refiriéndose a la imagen en la cubierta y en la cubierta interior *(cover and inside cover),* de *Nuevos horizontes,* haga la siguiente actividad. Fijándose en el uso de las expresiones afirmativas y negativas, conteste las siguientes preguntas.

¿Hay habitaciones en las que...

1. *alguien o* esté durmiendo *o* esté descansando?
2. no haya *nadie*?
3. no se encuentre *ninguna* planta?
4. las personas *no* estén participando en *ninguna* actividad?
5. no haya *ni* ventanas *ni* mucha luz?

Compartan sus respuestas con la clase.

PRÁCTICA

A. Cómo lograr el orden y la paz del continente. En los últimos años, en nombre de la paz mundial, los países se han visto en la necesidad de hablar de guerra. Conteste las preguntas, usando las palabras siguientes:

algún, alguno(a, os, as)   nadie   algo   ni... ni
ningún, ninguno(a)   alguien   nada   tampoco

> **Modelo:** ¿Cuándo hay que pensar en la paz y la seguridad de los pueblos americanos? (Siempre)
> *Siempre hay que pensar en la paz. (Hay que pensar en la paz siempre.)*

1. ¿Alguna nación debe discriminar a causa de la raza, la nacionalidad, la clase social, la edad, la religión o el sexo?
2. ¿Debe alguien atacar a un país sin motivo alguno?
3. ¿Las Naciones Unidas permitirían invasiones extranjeras algún día?
4. Si algo trágico sucediera en una de las naciones de las Naciones Unidas, ¿irían algunos países en su auxilio?
5. ¿Estados Unidos y China deben tratar de imponer sus doctrinas políticas? ¿Y Gran Bretaña? ¿Y otros países?

B. Dos candidatos opuestos. José y Ana son candidatos para el Senado en Puerto Rico. Siendo buenos políticos, les gusta hacer promesas, pero tienen ideas muy diferentes. En parejas, escojan algunos asuntos (las drogas, la educación, la contaminación, el aborto, el crimen, etc.) y terminen las promesas de cada candidato.

José	*Ana*
1. Yo siempre...	Yo nunca...
2. Algún día...	Jamás...
3. Alguien...	Nadie...
4. Algunos(as)...	Ningún, Ninguno(a)...
5. También voy a...	Tampoco voy a...

C. Nuestro discurso político. En parejas, escriban un discurso sobre algún tema polémico como...

a. la conservación de los recursos naturales.
b. la intervención de los gobiernos extranjeros en los asuntos internos de otro país.
c. el aborto.
d. el narcotráfico.
e. otro tema

Sean específicos y seleccionen sus palabras con cuidado. Usen las expresiones de la página 361. Después lean el discurso ante la clase.

Para la comunicación:

Nunca / Jamás permitiremos que...   Nada es más importante que...
Que nadie se atreva a...   Siempre trataremos de...
Si a alguien se le ocurriera...   Si algo le sucediera a...
Nadie debería...

 **PERSPECTIVAS**

PREPARATIVOS

1. Lea la sección **¿Sabía Ud. que en Puerto Rico... ?**
2. Mire las palabras de la lectura que están en negrita. ¿Cuál es el sujeto de cada oración?
3. ¿Qué sabe Ud. de los varios grupos de indígenas americanos? ¿Cuáles son las tribus indígenas de su estado o país? Relacione el nombre de las tribus en la primera línea con una región geográfica de la segunda línea.

   1. caribes   2. incas   3. mayas   4. taínos   5. aztecas

   a. México   b. islas   c. sur de   d. Perú
                caribeñas   México,
                                Honduras y
                                Guatemala

¿Sabía Ud. que en Puerto Rico... ?

■ Cuando Cristóbal Colón llegó a Puerto Rico en su segundo viaje al Nuevo Mundo, los indígenas lo saludaron con la palabra indígena "taíno, taíno", que significa "bueno" en su idioma. Los exploradores españoles pensaban que decían su nombre. Por eso los llamaron a los indígenas "**taínos**".

■ **Borikén** es el nombre indígena de la isla de Puerto Rico. Cuando los españoles llegaron a la isla, lo llamaron Puerto Rico porque pensaron que iban a encontrar mucho oro y plata. Hoy día algunos puertorriqueños prefieren usar el término "boricua" porque quieren volver a sus raíces taínas.

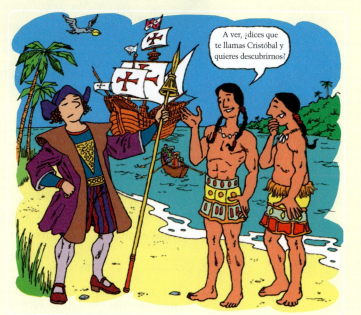

El elemento indígena

conquered

Cuando los españoles **fueron derrotados**° en la Guerra Hispanoamericana en 1898, abandonaron Puerto Rico después de cuatrocientos años de posesión. Al irse de la isla, dejaron una rica cultura hispana, una bella arquitectura, y tradiciones que **se conservan** hoy día. Pero, no fueron ellos los primeros habitantes de la isla. La isla **fue habitada** por una serie de grupos indígenas, entre ellos los arcaicos, los araucos, los igneri y los taínos. Por eso, **se creó** en la isla una rica y productiva cultura.

traces

Hoy día **se conservan** muchos rasgos° de la cultura indígena. Por ejemplo, en el pueblo de Utuado **se ha encontrado** un antiguo centro ceremonial taíno, donde **se jugaba** batú, un juego con bate y pelota, y **se celebraban** fiestas y festivales tradicionales. Otro tesoro histórico **se encuentra** en el Centro Ceremonial de Tubes, al este de Ponce, la segunda ciudad más grande de Puerto Rico.

Cuando visite Puerto Rico, encontrará preciosas antigüedades, al igual que los lujos más modernos.

▶ *Utuado, Puerto Rico*

COMPRENSIÓN Y PRÁCTICA

A. Cuéntame. ¿Cuáles son...

1. dos cosas que dejaron los españoles en Puerto Rico cuando se fueron?
2. dos tribus de indígenas que vivían en Puerto Rico?
3. dos cosas que los taínos hacían en Utuado?

B. Expansión. Conteste las siguientes preguntas.

1. ¿Cómo se conserva hoy día en EE.UU. la rica herencia de las civilizaciones indígenas norteamericanas?
2. ¿Cuáles son algunos de los "tesoros" de la historia estadounidense?

ESTRUCTURA 5: La voz pasiva

LA VOZ ACTIVA

En la voz activa, el sujeto ejecuta la acción del verbo. El orden normal de la oración es el siguiente.

> Sujeto (agente) + verbo + complemento

El hombre **contaminó** los ríos y los mares.
Los técnicos **presentarán** algunos proyectos para proteger el medio ambiente.

LA VOZ PASIVA CON *SER*

El uso de la voz pasiva en español es mucho menos frecuente que en inglés. En la voz pasiva se invierte el orden. El sujeto recibe la acción del verbo. Se usa la preposición **por,** seguida de un agente. La oración se escribe con el participio pasado,[1] que concuerda en género y en número con el sujeto pasivo.

> sujeto + *ser*[2] + participio pasado usado como adjetivo + *por* + agente
>
> Los ríos y los lagos **fueron contaminados** por el hombre.
> Algunos proyectos **serán presentados** por los técnicos.

LA VOZ PASIVA CON *SE*

Si no se menciona al agente de la acción, la construcción es la siguiente:

> *se* + tercera persona singular o plural del verbo + sujeto
>
> **Se defenderá** la democracia.
> Ha llovido mucho. **Se esperan** grandes inundaciones.

Cuando el sujeto de la voz pasiva con **se** va precedido por la **a personal,** el verbo está siempre en la forma singular.

Se espera a la nueva presidenta.
Se busca a los directores del programa.

---

[1] En la voz pasiva el participio pasado funciona como adjetivo; por lo tanto, concuerda en género y en número con el sujeto pasivo.

[2] En la construcción pasiva el verbo ser siempre está en el mismo tiempo que el verbo correspondiente a la oración activa. Pedro **escribió** el discurso. El discurso **fue** escrito por Pedro.

PRÁCTICA

A. Problemas ambientales. Al igual que Puerto Rico, Brasil ha sufrido muchos problemas ambientales, debido al corte de árboles en la selva del Amazonas. Cambie las siguientes oraciones a la forma pasiva.

> **Modelo:** La civilización destruye la selva de Brasil.
> *Las selvas de Brasil son destruidas por la civilización.*

▶ *Con fines agrícolas, todavía se quema la vegetación en las selvas de Brasil.*

1. Los ecologistas hacen varios estudios.
2. Muchos ciudadanos apoyan estos proyectos ecológicos.
3. Los brasileños desean una pronta solución al problema.
4. El gobierno brasileño revisa las leyes ecológicas.
5. La falta de árboles pone en peligro la selva del Amazonas.

B. La historia de Puerto Rico... en breve. Para saber más sobre la historia de Puerto Rico, ponga las siguientes oraciones en la forma pasiva.

> **Modelo:** Los indígenas taínos cultivaron la tierra.
> *La tierra fue cultivada por los indígenas taínos.*

1. Cristóbal Colón exploró Puerto Rico en 1493.
2. En 1509 los reyes españoles nombraron a Juan Ponce de León gobernador de Puerto Rico.
3. Los españoles conquistaron a los indígenas taínos en poco tiempo.
4. En 1522 los españoles trajeron a esclavos africanos a la isla.
5. En 1898 Estados Unidos expulsó a España de Puerto Rico.
6. En 1952 los ciudadanos eligieron a Luis Muñoz-Marín primer gobernador puertorriqueño de la isla.

C. Todavía quedan muchos problemas por resolver. Elimine el agente (en negrita) y forme las oraciones con la construcción pasiva con **se**, según el ejemplo.

> **Modelo:** La huelga fue declarada por **los mineros.**
> *Se declaró la huelga.*

1. Pronto la crisis económica fue resuelta por **el gobierno.**
2. En las últimas elecciones, varias reformas fueron aprobadas por **el pueblo.**
3. Los ciudadanos fueron recibidos por **los representantes.**
4. Las manifestaciones fascistas fueron prohibidas por **la ley.**
5. Los manifestantes fueron escuchados por **los políticos.**
6. Un aumento de sueldo fue solicitado por **los obreros.**

Más allá del aula

¡Cuán poco se sabe de Puerto Rico!

Puerto Rico es parte de Estados Unidos desde 1898. Los puertorriqueños recibieron la ciudadanía estadounidense en 1917. La inmensa mayoría de los puertorriqueños (casi el 80 por ciento) vota en las elecciones en la isla. Sin embargo, muchos estadounidenses saben muy poco de esta bonita isla que es parte de su país.

■ Haga una encuesta: Pregúnteles a diez personas lo siguiente:

  1. ¿Qué es Puerto Rico?
  2. ¿Cuál es su relación con EE.UU.?
  3. ¿Son ciudadanos de EE.UU. los puertorriqueños? ¿Pueden votar en las elecciones presidenciales?
  4. ¿Vota Ud. en las elecciones? ¿Por qué sí o por qué no?

■ Navegue en Internet para encontrar la siguiente información.

  1. ¿Qué porcentaje de la población estadounidense vota en las elecciones presidenciales?
  2. Identifique los siguientes términos.
     a. Borikén   b. coquí   c. boricua   d. plena   e. bomba

¡OJO CON ESTAS PALABRAS!

> quedar
> quedar en
> quedar bien (mal) con
> quedarle (a uno)
> quedarle bien (mal)
> quedarse

quedar *to be (located)*

> —¿Dónde **queda** el Palacio de Gobierno?
> —**Queda** a cinco cuadras de aquí. **Queda** en la plaza principal.

quedar en *to agree on*

> **Quedaste en** llamar por teléfono a las cinco.
> ¿No **quedamos en** que tú me ayudarías?

quedar bien (mal) con *to make a good (bad) impression, to do the right thing*

> Fui a verla para **quedar bien** con la familia.
> No le escribí nunca y **quedé muy mal.**

quedarle a uno *to have left*

> **Me quedan** sólo cuatro pesos.

quedarle bien (mal) *to suit*

> No **te quedan bien** esos pantalones.

quedarse *to remain, to be left, to stay*

> ¿Por qué **te quedaste** tan triste?
> **Nos quedamos** un solo día en Asunción.

PRÁCTICA

A completar. Complete las oraciones con la expresión correcta con **quedar**.

1. Panamá _____ entre Costa Rica y Colombia.
2. ¿Por qué entraste sin saludar? Tú _____ con todos.
3. Anoche Manuel _____ venir a verme.
4. A ti _____ esos colores fuertes.
5. Todos nosotros _____ pensando en su tragedia.
6. Yo creo que _____ bien con tu familia si llevo unas flores.
7. A mí no _____ otro remedio que divorciarme.
8. Ella piensa _____ tres días en Puerto Rico.
9. ¡Sales día y noche! De vez en cuando, deberías _____ en casa.
10. La peluquería que me gusta _____ por esta zona.

 A. La lotería. Para practicar el tiempo condicional, diviértase con un(a) compañero(a), pensando en lo que haría Ud. si se sacara "el gordo" de la lotería. Completen y amplíen el diálogo, usando la imaginación. Después preséntenle el diálogo a la clase.

A: ¿Qué harías si...?

B: Lo primero que haría sería...

A: ¿Te acordarías de...?

B: ¡Claro que sí! (¡Por supuesto que no!)...

A: ...

 B. Problemas personales. ¿Qué haces si... ? Pregúntele lo siguiente a su compañero(a).

> **Modelo:** —¿Qué haces si sacas malas notas?
> —*Hablo con el profesor y trato de estudiar más.*

¿Qué haces si...

1. ...no tienes dinero?

2. ...no recuerdas un número de teléfono muy importante?

3. ...alguien toca *(knocks)* a la puerta pero tú aún no estás vestido(a)?

4. ...un(a) amigo(a) te invita a cenar y tienes que levantarte muy temprano al día siguiente?

Ahora, que sea su compañero(a) el (la) que pregunte.
¿Qué harías si tu novio(a)...

1. ...te hablara todo el tiempo de política?

2. ...te pidiera prestados mil dólares?

3. ...te dijera que en este momento quiere casarse contigo?

4. ...te contara que sale con otro(a), pero que sólo tú cuentas en su vida?

 C. Los fenómenos y los desastres naturales. Haga las siguientes actividades.

1. Si Ud. ha sido testigo(a) de un desastre natural causado por un terremoto, una tormenta, un huracán, una inundación o algo parecido, cuéntele sus experiencias a dos o tres compañeros de clase. Si no ha tenido esta experiencia, use la imaginación.

2. Después de su relato, sus compañeros deberán hacerle preguntas.

D. Ud. solo(a). Según las siguientes categorías, indique cómo Ud. solo(a) puede ayudar a resolver el grave problema de la contaminación del medio ambiente.

	reciclar mejor	reducir la contaminación	gastar menos energía
en la casa	_____	_____	_____
en el recinto	_____	_____	_____
afuera	_____	_____	_____
otro sitio	_____	_____	_____

 E. ¿Qué puede hacer una persona sola? En grupos pequeños, hagan sugerencias prácticas para expresar cómo una persona sola puede ayudar a solucionar los siguientes problemas.

1. el problema del narcotráfico
2. la discriminación racial
3. la pobreza
4. el alto nivel de depresión entre la gente joven
5. el abuso físico y sexual

 F. Nuestro folleto de turismo. En grupos, escojan un lugar interesante en Puerto Rico y preparen un folleto de turismo, detallando sus atractivos turísticos. Busquen información en la biblioteca o en Internet. El folleto debe ser breve, conciso y atractivo. ¡Manos a la obra! Incluyan algunos de los siguientes datos.

1. **Lugar de vacaciones**

   atractivo del lugar: la ciudad, las montañas, los volcanes, los valles, la selva
   maneras de llegar: en avión, en barco

2. **Excursiones organizadas**

   lugares importantes que se deben visitar
   compras que se pueden hacer

3. **Hoteles**

   categoría del hotel
   zona en la que se encuentra
   ambiente del hotel
   servicios e instalaciones

4. **Restaurantes**

   comida internacional
   comida típica

5. **Recomendaciones prácticas para los turistas**

   ¿...?

 G. Mesa redonda. Escoja tres o cuatro compañeros para formar una mesa redonda e intercambiar ideas sobre el tema de la separación del estado y la religión.

Estado y religión

Desde el principio de la época colonial, la Iglesia ha tenido una influencia decisiva en la política de Hispanoamérica. De California a Argentina los misioneros se declararon en favor de los derechos humanos, defendiendo a los indígenas. En los últimos años han surgido grupos de sacerdotes y monjas militantes que piensan que la Iglesia debe luchar en favor de la gente que vive en condiciones miserables. Esta actitud ha dado lugar a que varios religiosos hayan sido asesinados.

¿Qué piensa Ud. al respecto? ¿Debe haber una separación absoluta de los problemas religiosos y los políticos? ¿Cree Ud. que la Iglesia debe participar en la lucha por los derechos humanos? Si la Iglesia no debe intervenir en los asuntos políticos, ¿cree Ud. que el Papa debe opinar sobre la política internacional?

 H. Debate. En la última década el tema de la ayuda financiera de Estados Unidos a diversos países ha sido muy debatido. ¿Qué piensa Ud.? ¿Y sus compañeros? Pregúnteles si están a favor o en contra de la ayuda norteamericana a los países necesitados y formen dos grupos para debatir este tema importante.

Pro ayuda norteamericana	*Contra la ayuda norteamericana*
■ Estados Unidos es una nación rica que debe ayudar a los países que deseen mantener la democracia.	■ Los ciudadanos norteamericanos no pueden seguir ayudando con sus impuestos a otros países, porque en los últimos años se ha visto la pobreza en este mismo país.
■ Si es necesario, EE.UU. debe proporcionar armas a los que luchan por la democracia.	■ EE.UU. no puede, ni debe, interferir en los problemas políticos de otros países. Son ellos los que deben decidir su propio destino.
■ Es importante que EE.UU. envíe tropas y ayude a los gobernantes de Colombia, Bolivia y Perú en la lucha contra el narcotráfico internacional.	■ El narcotráfico se debe combatir en las propias calles de EE.UU. y no en los países productores. Hay que educar a la juventud acerca del peligro de las drogas.
■ ¿…?	■ ¿…?

 I. ¡Unidos se puede! Ud. y su compañero(a) de clase tienen la oportunidad de asistir a un congreso en Washington, en el cual se discutirá la contaminación ambiental en Puerto Rico. Para estar preparados, organicen sus ideas sobre las siguientes cuestiones.

1. medidas que se pueden tomar para detener la desforestación

2. maneras de restaurar las áreas destruidas

3. compensaciones para la gente que habita esta zona

4. ramificaciones económicas al frenar la producción de las fábricas atuneras

J. Minidrama: Ante la Organización de las Naciones Unidas (ONU). Imagínese que Ud. y todos sus compañeros de clase son representantes de los estados miembros de la ONU y están en reunión plenaria, analizando si los principios de la organización han sido cumplidos por todas las naciones. Cada estudiante, representando a un país, debe exponer sus preocupaciones y quejas sobre algunos de éstos y otros puntos.

1. Si en los últimos años el país al que Ud. representa ha tenido quejas de otros países. Dé algunos ejemplos.

2. Si las controversias de carácter internacional que surgieron entre dos o más naciones han sido resueltas por medio de procedimientos pacíficos. Dé algunos ejemplos.

3. Si la ONU ha promovido el desarrollo económico, social y cultural del país que Ud. representa.

4. Si se ha procurado la unidad mundial, proclamando los derechos fundamentales del ser humano sin hacer distinción de raza, nacionalidad, religión o sexo. Busque en la biblioteca o en Internet la información que necesita y defienda los derechos de la nación que Ud. representa.

¿QUÉ SABE UD. DE... PUERTO RICO?

Menú del día: Puerto Rico

asopao de pollo
arroz con dulce
batido de papaya

▲ *Arroz con dulce*

No hay ningún plato que despierte el sentimiento de tranquilidad y bienestar en el corazón de un puertorriqueño como el *asopao*, la sopa nacional de la isla. Es un popurrí delicioso y nutritivo de pollo, arroz, jamón, guisantes, pimientos y, a veces, camarones. Se sirve en fiestas familiares, especialmente durante la época de Navidad. También está presente en las fiestas navideñas un típico postre puertorriqueño: *arroz con dulce*. Se hace con leche de coco, arroz, pasas, azúcar y especias aromáticas como canela y clavo. Una manera de disfrutar las frutas tropicales de la isla es tomar uno de los sabrosos *batidos*. El batido de papaya combina la fruta con leche y licor de café. ¡Celestial!

¡Buen provecho!

PUERTO RICO

La cocina puertorriqueña

Pasé unas vacaciones idílicas en Puerto Rico. Me divertí en la cosmopolita e histórica ciudad capital de San Juan. Como me encanta el arte, disfruté de la Casa del Libro, del Museo de San Juan y de muchas galerías de arte. Conseguí un guía turístico y paseamos por la zona histórica explorando la fortaleza El Morro y La Puerta de San Juan. Probé tostones°, lechón asado, langostinos frescos, pasteles°, mofongo° y otros platos típicos de la comida criolla de la isla, y descubrí que la cocina puertorriqueña es una riquísima combinación de sabores españoles e indígenas. Tomé el sol, practiqué surfing, bailé hasta la madrugada en isla Verde, una fabulosa zona de diversiones nocturnas, e hice una excursión a El Yunque, el famoso bosque pluvioso. Todo fue fantástico.

Para la última parte de mi viaje, había alquilado una pequeña casa de campo en las orillas de La Parguera, una laguna "fosforescente" que está situada en el suroeste de la isla, entre las ciudades de Ponce y Mayagüez. El guía turístico no me dijo mucho, sólo que tenía que verla para creerlo… y tenía toda la razón. Todas las noches, otros visitantes y yo que estábamos en el lugar salíamos de las pequeñas casas de campo y acudíamos° a la laguna para ser testigos° de un fenómeno espectacular de la naturaleza. ¡En las negras y templadas aguas, miles y miles de diminutas lucecillas se encendían y nos rodeaban de luz! Inspirado por los aventureros atrevidos° de nuestro grupo, decidí bañarme en las aguas iluminadas para que ésta fuera una experiencia aún más inolvidable. El guía nos explicó que los organismos se encendían para iluminar el agua y así protegerse contra ataques dañinos, y que Puerto Rico era el único lugar en todo el mundo donde el espectáculo ocurría todas las noches. ¡Qué magnífica es la naturaleza! ¡Qué maravilloso es Puerto Rico!

plátanos verdes fritos
meat pies
plantains mashed with garlic

we would go
witnesses

daring

M-111

por Jacobo Morales

JACOBO MORALES, poeta, dramaturgo, guionista *(script writer)* de cine y de televisión, director de teatro y actor, nació en San Juan, Puerto Rico en 1934. Sus colecciones de poemas se llaman: *100×35: Poesía, Volumen I* (1973) y *409 metros de solar y cyclone fence* (1978); dos de sus obras teatrales más conocidas son: *Muchas gracias por las flores: Cinco alegres tragedias* (1973) y *Una campana en la niebla* (1980). Con sarcasmo, sátira y gracia *(humor)*, Morales comenta los aspectos universales de la vida como el amor, la muerte, la injusticia y la vejez *(old age)*.

Antes de leer

A. A los abuelos les... En general, ¿cuáles son dos cosas que les... a los abuelos? Dé su opinión.

a. importan mucho
b. causan pena
c. dan gusto

B. Un resumen. Algunas de las siguientes palabras y expresiones aparecen en la lista de vocabulario de esta lección. Complete Ud. las oraciones con las palabras apropiadas. Las oraciones forman un breve resumen del poema.

a mediados	"Dios te bendiga"	desolado	a eso de
al día siguiente	nietecita	interrumpir	urbanización

1. Los abuelos, quienes vivían en el campo, decidieron ir a San Juan _____ de semana para visitar a su hija más chiquita.
2. Supieron que había nacido *(had been born)* una _____.
3. Llegaron allí _____ las dos de la tarde.
4. Había tanta confusión en la ciudad que los abuelos olvidaron el nombre de la _____ donde vivía su hija.
5. La casa de su hija era moderna, pero el barrio les pareció triste y _____ .
6. Cuando vieron que su presencia irritaba a su hija, el abuelo le dijo: "No queremos _____".
7. Al ver a la bebé por primera vez, la abuela se sintió muy emocionada y susurró *(whispered)*, _____ .
8. Cuando los abuelos anunciaron que se iban, su hija ofreció suspender una reunión que tenía _____ .

M-111

El otro día
estaba mi doña° hojeando°   *woman, wife / leafing through*
un álbum de fotografías.

Había fotos de to° el mundo: *todo*
de primos, cuñados, tías
de gente que yo, a estas alturas°,   *at this stage in my life*
ya ni reconocía.
Fotos viejas, amarillas.

Y en una sección aparte
las fotos de la familia.
¡Nuestra familia!
Que era grande:
cuatro hijos y dos hijas.

Pero hablando del presente,
la querendona° es la más chiquita°.   *the most beloved daughter / youngest*
Siempre mi mujer decía
que la quería con pena
porque era enfermiza°.   *sickly*

Se percató° de que la estaba mirando   *She noticed*
y en seguida cerró el álbum.
—¿Quieres café? —me preguntó.
—¿Quieres ir a San Juan? —le dije yo.
Resulta que° en días pasados   *It happened that*

nos nació una nietecita.
¿De quién?
De la hija más chiquita.

bus   A las diez llegó la línea°,
smiling   y nos fuimos, sonreídos°,
llevando, además en nuestro interior,
un ansioso palpitar
de juvenil emoción.

Llegando a la capital
there arose   se me armó° una confusión;
de pronto se me olvidó
cuál era la urbanización.
Since   Como° casi todas son Park,
o Gardens o Hills.

Y mi mujer no me podía ayudar;
one takes her out of the   uno la saca del campo°
country(side)   y no sabe dónde está.

Al fin, por casualidad,
alguien mencionó
darned   la dichosa° urbanización.
Es ésa que se llama…
Se me olvidó.

El asunto es que llegamos.
La casa es muy elegante,
pero no tiene balcón;
la sala es el comedor
adelante   y la cocina está alante°.
closets / dondequiera,   Tiene closeh° por doquier°
everywhere   y baños por todas partes,
y como el techo es tan bajo
windows   y tiene tantos cristales°,
holy (used as expletive)   hace una santa° calor
past   pasa's° las dos de la tarde.
Pero, son casas modernas,
hechas por los que saben.

Al entrar nos encontramos
que la casa estaba llena
de mesitas y mujeres.
Mujeres por todas partes;
wigs   con pelucas° y sonrisas
eyelashes   y las pestañas° bien grandes.

Resulta que era día martes
y los martes por la tarde

es el día de reunión
de las "damas especiales".

En seguida vinieron las frases…:
"Hola, es un placer", "Tanto gusto",
"A sus pies°," "No nos habías dicho que tu mamá era tan joven".
Claro, todo dicho de la boca pa fuera°.
Mi mujer, nerviosa, se arregló el moñito°
y en los labios de mi hija percibí
una leve sonrisa de sosera°.
—No pensaba que fueran a venir
a mediados de semana —dijo mi hija.

—No queremos interrumpir —dije.
Y nos fuimos mi doña y yo a una terraza
desde donde se divisaba°
una hilera° de casas blancas,
idénticas, desoladas.
Semejaban nichos°.

A eso de las cinco
se fueron las damas
y fuimos, por fin,
a ver la nieta.

Abrimos sigilosamente°
la puerta,
y en una cunita° rosada
estaba la nena jugando.
Mirándose pies y manos.
Nos acercamos;
y el alma se le salió
a la abuela por los labios°.
—Dios te bendiga —susurró° muy bajo.
¡Qué tibias°, a mis oídos,
esas palabras llegaron!
Y le acarició° una mano.

Otro ritmo tuvo el tiempo
y más amplio fue el espacio°.
Mi hija rompió
los ensueños° de la abuela
insinuando que, a esa edad,
los bebés eran propensos° al contagio.
¡Al contagio! Nadie estaba enfermo.
Todos salimos del cuarto.
En silencio.
Yo lo rompí diciendo:
"Nos vamos". Nuestra hija insistió
en que nos quedáramos,
que ella suspendería

Glosses (left margin):
At your disposal — A sus pies
insincerely — de la boca pa fuera
little hair bun — moñito
annoyance — sosera
you could see — se divisaba
row — hilera
They resembled tombs — Semejaban nichos
carefully — sigilosamente
little cradle — cunita
her soul rose up to her lips — el alma se le salió a la abuela por los labios
she whispered — susurró
warm — tibias
caressed — acarició
Time took on another rhythm, and the space became wider — Otro ritmo tuvo el tiempo y más amplio fue el espacio
dreams — ensueños
prone — propensos

otra reunión que tenía
y un cóctel al día siguiente.
Yo repetí: "Nos vamos".
A las seis de la tarde
nos vino a buscar el carro.
Atardecía sin horizonte.

De nuestras espaldas se alejaba
la casa de nuestra hija.
M-111
Tomé la mano de mi mujer.
M-112
Nunca fue tan triste el atardecer.
M-119
Números y ciudad.
M-120
Rejas° y soledad.
M-123
Calle afiebrada°.
M-126
Labios cerrados.
Vacío en el alma.

Metal gratings on doors and windows
very hot

Vocabulario

▶ Sustantivos

el atardecer *late afternoon, nightfall*
el balcón *balcony*
el campo *country(side)*
la dama *lady*
la nena *baby girl*
la pena *pain, sorrow, worry*

el placer *pleasure*
la soledad *solitude, loneliness*
la sonrisa *smile*
el techo *ceiling*
la urbanización *housing development*
el vacío *emptiness*

▶ Verbos

alejarse de *to go (move) away from*
arreglarse *to adjust, fix up*
interrumpir *to interrupt*
mencionar *to mention*
nacer *to be born*

olvidarse de *to forget*
palpitar *to palpitate*
sacar *to remove, take out*
suspender *to suspend, stop, cancel*

▶ Adjetivos

ansioso *anxious*
aparte *apart, separate*
chiquito *little*

desolado *desolate*
juvenil *juvenile*

▶ **Expresiones**

a eso de (las cinco)   *at about (five o'clock)*
al día siguiente   *the next day*
a mediados   *in the middle of (time)*

de pronto   *suddenly*
Dios te bendiga.   *God bless you.*
Es un placer.   *It's a pleasure.*
por casualidad   *by chance*

Repasemos el vocabulario

A. Sinónimos. Busque Ud. el sinónimo de los adjetivos siguientes.

1. ansioso
2. aparte
3. chiquito
4. desolado
5. elegante
6. idéntico

a. pequeño
b. muy semejante
c. distinguido
d. nervioso
e. separado
f. triste

B. Antónimos. Busque Ud. el antónimo de los sustantivos siguientes.

1. atardecer
2. campo
3. dama
4. pena
5. sonrisa
6. techo

a. lágrimas
b. alegría
c. suelo
d. caballero
e. amanecer
f. ciudad

Según la lectura

Escoja Ud. la respuesta correcta.

1. … es el (la) narrador(a) del poema.
   a. La abuela
   b. El abuelo
   c. La hija

2. La abuela… cuando su esposo le habló de ir a San Juan.
   a. tomaba café
   b. leía
   c. miraba fotos

3. Era…
   a. martes.
   b. el fin de semana.
   c. de noche.

4. En la capital…
   a. llegaron a la casa de su hija fácilmente.
   b. los nombres ingleses de las urbanizaciones los confundieron.
   c. tuvieron que tomar un taxi para ir a la casa de su hija.

5. En la casa de la hija, al abuelo no le gustó…
   a. el balcón.
   b. el calor.
   c. el techo alto.

6. Cuando la hija vio llegar a sus padres, ella…
   a. mostró su irritación.
   b. corrió a recibirlos.
   c. se puso feliz.

7. Todas las casas de la urbanización eran…
   a. de colores vivos.
   b. diferentes y únicas.
   c. blancas y semejantes.

8. Cuando los abuelos entraron al cuarto de su nieta, ella…
   a. dormía.
   b. jugaba.
   c. lloraba.

9. Los abuelos pasaron… en la casa de su hija.
   a. unas horas
   b. un día entero
   c. toda la mañana

10. El abuelo anunció que se iba cuando…
    a. llegaron las damas a la casa para otra reunión.
    b. su hija insinuó que la nena podía enfermarse por estar con los abuelos.
    c. vio que su esposa se sentía triste.

Según Ud.

1. En su opinión, ¿por qué…
   a. cerró en seguida la abuela el álbum de fotografías cuando vio que su esposo la miraba?
   b. se confundieron los abuelos cuando llegaron a la capital?
   c. estaba nerviosa la abuela durante la reunión de las "damas especiales"?
   d. dijo la hija: "No pensaba que fueran a venir a mediados de semana"?
   e. dijo el abuelo que las casas de la urbanización eran "desoladas"?
   f. salieron todos en silencio del cuarto de la bebé?

2. Justifique Ud. las declaraciones siguientes. Dé dos ejemplos para cada una.
   a. Es obvio que los abuelos no ven a su hija con frecuencia.
   b. La casa de la hija es diferente de la casa de sus padres.
   c. La visita no resultó bien.

3. Describa Ud. la reacción de la abuela cuando vio a su nieta por primera vez. En su opinión, ¿cómo se sentía en ese momento?

Conversemos

1. Compare y contraste Ud. la vida de los abuelos con la vida de su hija. ¿A qué se debe la gran distancia emocional que existe entre ellos?

2. ¿Cuáles son los obstáculos más grandes que hay entre los viejos y las generaciones más jóvenes?

Composición

1. Cuando volvió al campo, la abuela decidió escribirle una carta a su hija, en la cual ella expresó sus sentimientos acerca de la visita. Escriba Ud. esta carta. ¿Cómo respondió su hija? Escriba esta carta también.

2. Empezando con la línea, "El asunto es que llegamos", vuelva Ud. a escribir la historia desde un punto de vista positivo. Incluya descripciones...
   a. de la casa de la hija.
   b. de las actividades que había en la casa.
   c. de la reacción de la hija cuando vio a sus padres.
   d. del encuentro entre los abuelos y su nieta.
   e. del final de la historia.

LA CARTA

por José Luis González

JOSÉ LUIS GONZÁLEZ nació en Santo Domingo, República Dominicana en 1926 de padre puertorriqueño y madre dominicana. A los cuatro años se mudó a Puerto Rico. Prefirió la vida de la ciudad. Cursó sus estudios posgraduados en Nueva York. Luego, se estableció en México, donde es ahora profesor en la Universidad Nacional. Dice que es militante marxista y apoya la independencia de Puerto Rico. Cree que el cuento es el producto de una creación personal, pero también debe reflejar la evolución de una literatura nacional.

ANTES DE LEER

A. Una selección de "spanglish". ¿Sabe Ud. lo que es el "spanglish"? Como una introducción a "La carta", aquí se ofrece una parte (adaptada) del ensayo titulado "El bilingüismo en Boston". El autor, el padre Wendill Verrill, intenta explicar el fenómeno del uso de las palabras inglesas dentro del contexto del español. Este fenómeno lingüístico se llama "spanglish". Muchos autores puertorriqueños lo integran a sus obras literarias para recrear el lenguaje auténtico de sus compatriotas.[1]

Introducción

Quiero hacer resaltar (*stand out*) algunas frases que usamos aquí (en el continente), pero que confunden a los recién llegados. Por ejemplo, "el roofo" está encima de "el building" protegiéndolo contra la lluvia, etc.

"Close the window, que viene el agua y se moja el floor" es una frase que entendemos perfectamente bien, pero que causa mucha confusión entre los nuevos en nuestro medio. El otro día escuché a un tipo (*fellow*) decir, "Yo puse mi lonche ahí y somebody se lo comió".

Bueno, estoy escribiendo detrás de mi casita en la "yarda" vestido con mis "shorts" pensando que la lengua pura vencerá "anyway". Buena suerte a los maestros y espero que pasen un año escolar bien "nice".

En "La carta" Ud. encontrará estos términos: la estación del "subway", "el yope", "la factoría". ¿Qué significan estas palabras? ¿Qué otros ejemplos del spanglish conoce Ud.?

B. El habla popular puertorriqueña. Además de mezclar el inglés con el español, muchos puertorriqueños tienen una pronunciación especial. Los escritores modernos intentan mostrar esto escribiendo las palabras como las pronunciarían sus personajes. Aquí se ofrece una pequeña guía. En algunos casos:

s = c o **z**

b = v

i = e

ll = y

r = l, en algunos casos (recuéldese)

la adición y la omisión de acentos escritos (aqui)

no hay **u** después de **q** y **g**

no hay **h**

no hay **d** final y a veces falta la **r** al final del infinitivo

comai = comadre

---

[1] Para saber más sobre el Spanglish, refiérase al trabajo de Ilan Stavans.

1. Note Ud. la pronunciación especial de las palabras siguientes:
   no te apureh = no te apures
   'tar parao = estar parado
   latah = latas
   lavaplatoh = lavaplatos

2. Lea Ud. el trozo siguiente de "La carta" y señale los ejemplos que vio en la guía de pronunciación. Luego, traduzca el trozo al inglés.

> *Boy a ver si me saco un retrato un día de estos para mandalselo a uste, mamá. El otro día vi a Felo el ijo de la comai María. El también esta travajando pero gana menos que yo. Es que yo e tenido suerte. Bueno, recueldese de escrivirme...*

LA CARTA

San Juan, Puerto Rico
8 de marso de 1947

Querida bieja:

Como yo le desia antes de venirme, aqui las cosas me van vién. Desde que llegé enseguida incontré trabajo. Me pagan 8 pesos° la semana y con eso bivo igual que el administrador de la central allá.

dollars

La ropa aquella que quedé de mandale, no la he podido comprar pues qiero buscarla en una de las tiendas mejóres. Dígale a Petra que cuando valla por casa le boy a llevar un regalito al nene° de ella.

baby boy

Boy a ver si me saco un retrato° un día de estos para mandalselo a uste, mamá.

picture

El otro día vi a Felo el ijo de la comai Maria. Él también está travajando pero gana menos que yo. Es que yo e tenido suerte.

Bueno, recueldese de escrivirme y contarme todo lo que pasa por alla.
Su ijo que la qiere y le pide la bendision,
Juan

wrinkled
ink blots
frayed cap
squatted / threshold
Contracted (Shrunk)
pretending to be one-handed

Despeés de firmar, dobló° cuidadosamente el papel arrugado° y lleno de borrones° y se lo guardó en un bolsillo del pantalón. Caminó hasta la estación de correos más cercana, y al llegar se echó la gorra raída° sobre la frente y se acuclilló° en el umbral° de una de las puertas. Contrajo° la mano izquierda, fingiéndose manco°, y extendió la derecha abierta.

Cuando reunió los cinco centavos necesarios, compró el sobre y la estampilla y despachó la carta.

PRÁCTICA

Conteste las preguntas.

1. ¿Quién es el protagonista? ¿Dónde está? ¿A quién le escribe?

2. ¿Qué razón da Juan por no haberle comprado ropa a su madre todavía? ¿Es la verdad? ¿Por qué lo dice? Explique la realidad de Juan.

3. ¿Por qué tendrá Juan problemas en encontrar trabajo?

4. ¿Cree Ud. que exista trabajo para los que realmente desean trabajar? Explique. ¿Qué se puede hacer para resolver el problema del desempleo en este país?

5. ¿Cuáles son algunos de los problemas a los que se enfrenta el puertorriqueño que viene a vivir al continente? ¿Cuáles son algunas de las posibles soluciones?

ALGO MÁS SOBRE PUERTO RICO

A. Ampliar lo que sabemos. ¿Les gustaría saber más sobre Puerto Rico? Reúnanse en grupos de tres o cuatro personas y preparen una presentación sobre uno de los siguientes temas. Escojan el que más les interese, o piensen en otro que no aparezca en la lista:

■ Los diversos orígenes étnicos de la población puertorriqueña: los taínos, los africanos y los españoles. Las migraciones más recientes de Europa y de Asia. El mestizaje de personas y culturas. La supervivencia de la cultura de los taínos a través de sus leyendas. La práctica de la santería traída de África.

■ La historia de Puerto Rico. Desde la prehistoria hasta la llegada de Cristóbal Colón. El período colonial español entre 1492 y 1898. Los piratas del mar Caribe. Puerto Rico en el siglo XX. La doctrina Monroe y las relaciones con Estados Unidos.

■ La geografía de Puerto Rico. La isla principal y las islas pequeñas. Las ciudades más grandes: San Juan y Ponce. El contraste entre las playas de la costa y las montañas. La posición estratégica de Puerto Rico en el paso hacia el canal de Panamá. La naturaleza: flora y fauna.

■ La economía de Puerto Rico. La importancia del turismo. El estancamiento de las industrias tradicionales, como la producción de caña de azúcar y el desarrollo de nuevas industrias: ganadería, industria y construcción. La alta tasa de desempleo y su relación con los movimientos migratorios.

■ La situación política actual: Puerto Rico como Estado Libre Asociado de Estados Unidos. Los poderes legislativo, ejecutivo y judicial. Los partidos políticos. Las corrientes favorables y las contrarias a la situación actual.

■ Las artes en Puerto Rico. La arquitectura colonial de San Juan y Ponce: las fortalezas, los palacios, los conventos y las iglesias. Los museos, en especial el Museo de Arte de Ponce. Algunos artistas: José Campeche, Francisco Oller, Ramón Fadré, Miguel Pou, Antonio Martorell, José Rosa, etc.

- La vitalidad de la artesanía popular. Los santeros y sus santos, los mundillos y las caretas.
- Las significativas contribuciones de Puerto Rico a la literatura. El período colonial. Escritoras y escritores del siglo XIX. La literatura posterior a 1898 y la del siglo XX. Las creaciones literarias de los puertorriqueños de Nueva York.
- La música en Puerto Rico. Los grandes nombres de la música popular puertorriqueña: Narciso Figueroa, Rafael Hernández, Tito Puente y los orígenes de la salsa, José Feliciano, Ricky Martin, etc. Los compositores de música clásica. Los instrumentos tradicionales: el güicharo o güiro, el requinto, el bordonua, el cuatro y el triple. Formas musicales caribeñas: salsa; bomba y plena.
- La peculiar situación lingüística de Puerto Rico: la fuerza del español y la influencia del inglés. El *spanglish* de los puertorriqueños de Nueva York. Las aportaciones taínas y africanas al español de Puerto Rico.
- Los estereotipos de los habitantes de Puerto Rico. Las representaciones de los puertorriqueños en la cultura norteamericana: *West Side Story* de Leonard Bernstein.
- La cocina puertorriqueña.

B. Compartir lo que sabemos. ¿Cómo preparar la presentación?

1. Utilicen todo tipo de fuentes de información para hacer una investigación sobre el tema escogido: libros, prensa, Internet, etc.

2. Incluyan en su presentación todos los medios audiovisuales que crean convenientes: fotografías, mapas, dibujos, videos, cintas o discos de música, etc.

3. Ofrézcanles a sus compañeros de clase un esquema de todos los puntos que van a desarrollar en su presentación.

Ampliación y composición

¡REVISE SU ORTOGRAFÍA!

Las combinaciones *ga, gue, gui, go, gu*

Se escriben con **g** las combinaciones **ga, go** y **gu.**

A Andrea le **gu**stan los **ga**tos.
Durante la tormenta cayeron unas pocas **go**tas de a**gu**a.

Recuerde que **ge, gi** suenan [he], [hi]. Por ejemplo:

La **ge**nte debe diri**gi**r el gobierno.

Se escriben con **gu** sólo las combinaciones **gue** y **gui.** La **u** que sigue a la **g** no tiene sonido.

Los soldados perdieron la **gue**rra porque no tenían un **guí**a.

Recuerde que en los verbos que terminan en **-gar** la **g** cambia a **gu** cuando va seguida de **e.**

apa**g**ar   apa**g**o   apa**gu**é
encar**g**ar   encar**g**as   encar**gu**es

Cuando queremos indicar que la **u** de **gue** y **gui** sí suena, se usa la diéresis (**ü**).

En mi primer día de clase averi**gü**é si había muchos estudiantes
bilin**gü**es.
Siempre les ofrece "**gü**isqui" a sus invitados.

ENFOQUE: El resumen

El resumen sirve para hacer una exposición en forma breve de algo que se ha leído, de una película que se ha visto o de una conferencia a la que se ha asistido.

¡Prepárese a escribir!

Escoja una de las siguientes civilizaciones antiguas para tratar en un resumen escrito:

- la civilización taína
- la civilización maya
- el imperio azteca
- el imperio inca

1. Haga una pequeña investigación sobre una de estas civilizaciones precolombinas y organice su trabajo, teniendo en cuenta los siguientes aspectos.

- lugar y época en que se desarrolló esa cultura
- época de florecimiento
- señales divinas para el establecimiento o la caída de la cultura
- tipo de gobierno
- creencias y sacrificios
- motivos que dieron lugar a la desaparición de la civilización
- la herencia que queda de esa cultura

2. Divídanse en pequeños grupos para hablar de la cultura que les interesa e intercambien ideas sobre el material leído.

¡Organice sus ideas!

1. Antes de comenzar a escribir el resumen, escoja y organice la información que tiene.
2. Prepare un esquema con el material escogido, pensando en todo lo que Ud. puede escribir sobre cada aspecto.
3. Póngale atención especial a la exactitud de las fechas y los datos históricos que presente.
4. Escriba el resumen.

Recuerde lo siguiente

1. Revise con atención su trabajo.
2. Pase el trabajo a limpio.

Para la comunicación:

en la época de…	al iniciarse…
por los años de…	al terminar…
durante el siglo…	mucho más tarde (en el año)…
hacia fines del siglo…	hacía (número) años que…
a la mitad del siglo…	

LECCIÓN 9

¡Hoy nos vamos de pachanga!

Charle con un(a) compañero(a) sobre el tema de las fiestas y las celebraciones.
Puede consultar el vocabulario en las páginas 388–389.

1. ¿Cómo sueles celebrar tu cumpleaños? ¿Podrías describir cómo celebraste
tu último cumpleaños? ¿Tuviste una torta con velas? ¿Recibiste regalos?

2. ¿Qué hiciste cuando cumpliste dieciocho años? ¿Qué significa para ti ser
mayor de edad?

¡CHARLEMOS MÁS!

1. ¿Podrías relatar cuál ha sido el cumpleaños más... de tu vida?
   a. feliz b. extraño
   c. inolvidable
2. ¿Cómo celebras generalmente la llegada del Año Nuevo? ¿Te gusta hacer una lista de nuevos propósitos? ¿Qué te propusiste hacer este año? ¿Estás cumpliendo tus propósitos?
3. Di cuál es tu celebración... favorita y explica por qué.
   a. cívica b. religiosa
   c. local

ENFOQUE: Colombia

▶ Bogotá, Colombia

▶ Una celebración colombiana

Capital: *Bogotá*
Moneda: *el peso colombiano*
Población: *42.3 millones de habitantes*

Algo sobre Colombia

Colombia ganó su independencia de España en 1810 pero, junto con Venezuela y Ecuador, formó parte de una unidad llamada la Gran Colombia hasta 1821.

El clima tropical de Colombia favorece el cultivo del algodón *(cotton)* y del café; la exportación de ambos productos reporta grandes beneficios a la economía colombiana. Asimismo *(Likewise)*, las esmeraldas *(emeralds)* y el petróleo son excelentes fuentes de ingreso. No obstante, el narcotráfico es quizá el negocio que reporta mayores ingresos.

La política colombiana del pasado siglo ha sido marcada por numerosos acontecimientos *(events)* violentos; todos ellos relacionados directa o indirectamente con la droga. Los intentos de controlar su venta y exportación han tenido dramáticas represalias *(reprisals)* a manos de los implicados en el cartel. Son numerosísimos los jueces, banqueros, políticos y hombres de negocios asesinados por narcotraficantes.

LA FIESTA DE AÑO NUEVO

▶ **Las fiestas familiares y nacionales**

El Año Nuevo *New Year*
   abrazar y besar *to hug and kiss*
   hacer un brindis *to make a toast*
   el ruido (la bulla) *noise*
   ¡Salud, dinero y amor! *To your health!*
     (literally: Health, money,
     and love!)

El cumpleaños *birthday*
   ¡Feliz cumpleaños! *Happy birthday!*
   ¡Que lo pases bien! ¡Que lo pases muy feliz!
     Have a great day!
   ¡Felicitaciones! *Congratulations!*
   cantar "Las mañanitas" (México) } *to sing*
                               "Happy
   "Que los cumpla(s) feliz" } *Birthday"*

celebrar (festejar) *to celebrate*
cumplir... años *to turn... years old*
pensar en un deseo *to make a wish*
reventar (ie) los globos *to pop the balloons*
la serenata *serenade*
soplar (apagar) las velas *to blow out the candles*
la torta (el pastel) de cumpleaños *birthday cake*
La ceremonia de graduación *commencement*
El Día de la Independencia *Independence Day*
  la atmósfera de fiesta *party atmosphere*

la banda *band*
la barbacoa *barbecue*
conmemorar a los héroes *to commemorate heroes*
el desfile cívico *civic parade*
las carrozas *floats*
los fuegos artificiales *fireworks*
saludar la bandera *to salute the flag*
tocar el himno nacional *to play the national anthem*

▶ **Otras fiestas, ferias y festivales**

El Carnaval *Carnival*
El Día de los Muertos *All Souls Day*
  adornar las tumbas con flores *to decorate the graves with flowers*
  el alma *soul*
  la calavera *skull*
  los espíritus *spirits*
  el esqueleto *skeleton*
  los santos *saints*
  visitar los cementerios *to visit the cemeteries*
El Día de Acción de Gracias *Thanksgiving*
  el pavo *turkey*
  el relleno *stuffing*
La Navidad *Christmas*
  el árbol de Navidad *Christmas tree*
  la cinta *ribbon*

dar regalos *to give gifts*
las decoraciones (los adornos) *ornaments*
las luces *lights*
la misa de gallo *midnight Mass*
el Nacimiento (el Belén) *nativity scene*
Papá Noel *Santa Claus*
el papel de envolver *wrapping paper*
los Reyes Magos *The Wise Men*
los villancicos (las canciones navideñas) *Christmas carols*
La Semana Santa *Holy Week*
  el conejo de Pascua *Easter bunny*
  el Domingo de Pascua *Easter Sunday*
  repicar las campanas *to ring the bells*
  teñir (i) los huevos *to dye eggs*
  el Viernes Santo *Good Friday*

▶ **Las tradiciones y las leyendas**

contar (ue) un chiste (una fábula) *to tell a joke (fable)*
heredar de nuestros abuelos *to inherit from our grandparents*
la leyenda (el mito) *legend (myth)*

lucir trajes regionales *to wear the traditional dress*
la moraleja *moral*
el proverbio (el refrán) *proverb*

▶ **Las artesanías**

los gorros y tocados *caps and headdresses*
los objetos de cerámica *ceramic products*
el acero *steel*
el cuero *leather*
el hierro *iron*

la hojalata *tin*
la madera tallada *carved wood*
las plumas *feathers*
el vidrio soplado *blown glass*

PRÁCTICA

VOCABULARIO PARA
LA COMUNICACIÓN:
Las fiestas

A. Una fiesta sorpresa.

1. Antes de llegar Susana, los invitados intentaban no hacer ninguna…

2. Al abrir la puerta Susana, todos gritaron…

3. Uno de los invitados le preguntó cuántos años…

4. Uno por uno cada invitado la abrazó y la…

5. La mamá de Susana había hecho un riquísimo…

6. Los niños pidieron permiso para reventar…

7. Su novio le honró con champaña y un…

A. Una fiesta sorpresa. Los amigos y familiares de Susana le hacen una fiesta sorpresa para su cumpleaños. El (La) profesor(a) va a leer una serie de oraciones incompletas. Escuche e indique la terminación correcta.

1. bulla / banda

2. ¡Salud, dinero y amor! / ¡Felicitaciones!

3. cumplía / contaba

4. bailó / besó

5. pavo / pastel

6. los globos / los huevos

7. brindis / chiste

B. ¿Qué dice? Su amiga Teresa llama por teléfono para hablarle de la fiesta navideña que está ocurriendo en su casa. Use el discurso indirecto ("Teresa dice que…") para reportarle esta información a su compañero(a) de clase. Para cada oración, sustituya un sinónimo por la palabra en negrita. ¡Ojo! Al reportar indirectamente una conversación a veces hay que cambiar varios elementos de la oración.

> **Modelo:** Teresa: Mi tía **decora** su árbol de navidad con luces multicolores.
>
> Ud: *Teresa dice que su tía **adorna** su árbol de navidad con luces multicolores.*

1. Casi no te oigo por la **bulla** que hacen los niños.

2. Hay un lindo **Nacimiento** en el vestíbulo de mi casa.

3. Los **adornos** recuerdan épocas pasadas.

4. Esta noche **celebramos** el cumpleaños de mi abuelita también.

5. La **torta** de cumpleaños es de crema con fresas y mermelada.

6. En unos minutos nuestra abuelita va a **soplar** muchísimas velas.

7. Después de comer alguien toca el piano y todos cantan **villancicos.**

8. Una costumbre familiar es leer **refranes** y decir cuál es la moraleja de cada uno.

C. La fiesta de Año Nuevo. En parejas, observen el dibujo de la página 388. Usen el **Vocabulario para la comunicación** y la imaginación para contestar las siguientes preguntas sobre las personas que están en la fiesta.

1. ¿Dónde podría tener lugar esta fiesta? ¿En un hotel? ¿En una casa particular? ¿En una residencia de estudiantes? ¿Por qué cree eso?

2. Según el muchacho que señala el reloj, ¿qué hora es exactamente? ¿Qué desea hacer la muchacha que está con él?

3. ¿Qué edad tendrá el muchacho que está disfrutando de la comida?

4. ¿Podría Ud. describir a los tres muchachos que están sentados a la mesa? ¿Qué hacen? ¿Qué dice uno de ellos?

5. ¿Cuántas parejas están bailando? ¿Le gusta bailar a Sarita?

6. En muchos países hispanos se comen doce uvas en la noche de Año Nuevo. ¿Qué se hace en los Estados Unidos cuando el reloj marca la llegada del Año Nuevo? ¿Qué hace su familia?

D. El martes de Carnaval en Barranquilla. Aunque no es tan grande como Mardi Gras en Nueva Orleans ni tan lujoso como el Carnaval de Río de Janeiro, los colombianos creen que su Carnaval de Barranquilla es el mejor carnaval del mundo. Complete la lectura sobre esta gran fiesta colombiana con las siguientes palabras.

fiesta	conmemorar	celebrar	trajes
carrozas	bandas	festejar	ceremonia

El _____ es elemento fundamental en la cultura colombiana. No hay semana en la que no haya _____ cívica, héroe que _____, acontecimiento musical o _____ religiosa o de pueblo. Los colombianos viven para _____, y no hay mejor momento para hacerlo que el día antes del miércoles de cenizas. El martes de Carnaval, el derroche *(outpouring)* de pasión antes de iniciar los cuarenta días solemnes de la cuaresma *(Lent)* católica, es la magna celebración del calendario colombiano. Este breve período interrumpe las preocupaciones por el estado de guerra civil y de violencia, por una economía inestable y por la incertidumbre del futuro. Esta racha *(streak)* de locura llamada carnaval trae _____ musicales, festejeros luciendo disfraces absurdos y _____ regionales, y _____ llamativas de muchos temas. El carnaval de Barranquilla es algo planeado y espontáneo a la vez. Es una celebración de las raíces y de la identidad de un pueblo. Es el mejor carnaval del mundo.

 E. ¡Cambio de planes! Ud. y su familia iban a celebrar las bodas de plata de sus abuelos en la casa de su tía Gertrudis. Desgraciadamente, Gertrudis se ha enfermado y ahora Ud. solo(a) *(alone)* tiene que asumir la responsabilidad… ¡en el último momento! Diga qué hará para realizar esta fiesta según el siguiente criterio. Quizás un(a) compañero(a) pueda ayudarle a resolver este dilema. Use el siguiente vocabulario y otros términos de **Vocabulario para la comunicación,** si es necesario.

festejar	hacer un brindis	la atmósfera de fiesta	las decoraciones	los globos
la serenata	la torta	dar regalos	la banda	contar chistes

presupuesto: $100.00 **plazo de tiempo:** dos semanas **apoyo:** ningún familiar

1. el lugar
2. las invitaciones
3. las decoraciones
4. el entretenimiento
5. la comida
6. el (los) regalo(s)

PREPARATIVOS

1. Lea la sección **¿Sabía Ud. que en Colombia... ?**

2. Mire los infinitivos que están en negrita en la lectura de la página 393. ¿Le sorprende que el uso del infinitivo sea tan amplio? Lea los usos del infinitivo en las páginas 394–396 y busque en la lectura ejemplos de cada uno.

3. Piense en su mejor amigo(a) o en un(a) familiar al (a la) que quiere mucho. ¿Cuál sería el regalo de cumpleaños perfecto para esta persona? ¿Cuál sería el regalo ideal para Ud.? ¿Sería una cosa o una experiencia? Explique.

¿Sabía Ud. que en Colombia... ?

- **Guatavita** es un pueblo pintoresco de arquitectura española colonial, que está situado a 75 kilómetros de Bogotá.

- **Juanes**, cantautor colombiano, ha realizado un rápido ascenso en el mundo musical internacional. A los siete años Juan Esteban Aristizábal comenzó a dedicarse a su carrera, y sus primeros maestros de guitarra fueron su padre y sus cinco hermanos. Su estilo musical admite un extenso panorama de sonidos que abarca desde Led Zeppelin a los tangos de Carlos Gardel.

▲ *Juanes*

- Los logros de **Shakira**, cantautora de rock y pop latino, son incontables: Grammys, Grammys Latinos, anuncios comerciales, presentaciones en televisión y más. Shakira ha logrado en poco tiempo lo que otros artistas renombrados no han podido realizar en toda su carrera. Su música es una fusión de muchos sonidos, inclusive el sonido árabe, gracias a la influencia de su padre libanés. El autor colombiano, Gabriel García Márquez escribió sobre ella: "La música de Shakira tiene un sello personal que no parece de nadie más y que nadie puede cantar y bailar como ella lo hace, a cualquier edad, con una sensualidad tan inocente que parece de su propio invento".

- La moderna y cosmopolita capital de Colombia, **Bogotá**, está situada a una altura de 2.600 metros sobre el nivel del mar en un fértil y extenso altiplano. Fue fundada en 1538 y aún conserva en gran medida su estilo colonial. Calles estrechas, casas antiguas con balcones, tejados rojos y patios interiores recuerdan la época de los virreyes españoles. Se ha llamado la "Atenas de Sudamérica" por su alto nivel cultural e intelectual y el gran número de colegios y universidades.

Juanes

La familia Espinosa vive en Guatavita, un pintoresco pueblo colombiano que está situado cerca de Bogotá. Al **ver** el calendario, Ana Espinosa se ha dado cuenta de que pronto será el cumpleaños de su hija adolescente, Amalia. Así pues ha pensado **regalarle** a Amalia una excursión a la capital donde Juanes, el ídolo de su hija, tendrá un concierto. Lo que tiene que hacer primero es proponerle la idea a su esposo, Rafael. Aceptando que no será fácil **convencer** a Rafael, quien no es fanático de la música pop, ha decidido **buscar** información sobre este popularísimo artista colombiano. Quiere **informarse** sobre qué premios habrá ganado y **saber** qué publicaciones prestigiosas lo habrán reconocido.

ANA: Rafael, en dos semanas nuestra hija cumplirá dieciséis años. ¿No te gustaría **festejarla** de una manera especial?

RAFAEL: Sí, sí... hay que **hacer** una fiesta, **invitar** a todo el mundo...

ANA: Pues, estaba pensando en algo espectacular. Ya es el momento de **premiar** a Amalia por todos sus logros, tanto académicos como personales, ¿no te parece?

RAFAEL: Te escucho.

ANA: He oído **decir** por ahí que en Bogotá habrá un concierto de Juanes...

RAFAEL: Y, ¿quién es Juanes?

ANA: Es un joven cantante que tiene un estilo realmente impresionante, Rafael. Ha ganado nueve Premios Grammys Latinos, cinco Premios MTV y seis Premios Lo Nuestro. ¿Oíste? ¡Es el colombiano con más Grammys ganados! En esto hasta ha superado a Shakira. Es un artista integral, quiero **decir** que además de **componer** todas sus canciones, co-produce sus álbumes, y todas las importantes publicaciones musicales como MTV Latino, Ondas, Billboard y Grammy Latino lo han reconocido. Reconozco que no te gusta la música rock, pero el sonido de Juanes es más bien una fusión de rock, los ritmos caribeños que tanto te gustan, el tango argentino y otra música autóctona de Latinoamérica. Mira, aquí tengo su primer álbum, *Fíjate bien*. ¿Quieres que te lo ponga?

RAFAEL: ...

COMPRENSIÓN Y PRÁCTICA

A. Comprensión. Diga Ud...

1. quiénes son Ana, Amalia y Rafael Espinosa.
2. quién es Juanes.
3. por qué Ana quiere festejar el cumpleaños de Amalia.
4. qué piensa regalarle en esta ocasión.
5. por qué pensaba que tenía que buscar información sobre Juanes.

B. Expansión. Haga las siguientes actividades.

1. ¿Cree Ud. que Rafael Espinosa se dejará convencer? ¿Es convincente el argumento de Ana? Explique.
2. En parejas, usen la imaginación y terminen la conversación entre Ana y Rafael. ¿Podrá Amalia ir al concierto de Juanes? ¿Irán todos juntos?

3. A nadie le gusta ser portador de malas noticias. Rafael ha decidido que Amalia no puede ir a Bogotá para asistir al concierto de Juanes y ahora le toca decírselo a su hija. ¿Qué razones va a darle a Amalia para justificar su decisión? En grupos de tres personas, representen para la clase esta conversación entre Amalia y sus padres.

ESTRUCTURA 1: Los usos del infinitivo

El infinitivo se puede usar con mucha frecuencia en español. Se usa...

1. como sustantivo.

   a. El infinitivo puede emplearse como **sujeto** de la oración. El uso del artículo definido es optativo.

      En Navidad, **comprar** regalos toma mucho tiempo, pero **envolverlos** toma aún más.
      (El) comer demasiado aún en la época navideña puede ser malo para la salud.

   b. El infinitivo puede emplearse como **complemento** de la oración o, después del verbo **ser,** como predicado de la oración.

      Te ruego **tener** todo preparado para la barbacoa.
      Lo que me importa es **pasarlo** bien el día de mi cumpleaños.

2. como complemento de un verbo conjugado cuando no hay cambio de sujeto.

   > Verbo + infinitivo

   Espero **visitar** a mis abuelos durante las vacaciones navideñas, y quiero **ver** a mis primos también.

3. después de una preposición, en oraciones en que no hay cambio de sujeto. (Note que en inglés se suele usar el gerundio: *after eating, before shopping.*)

   > Preposición + infinitivo

   Después de cantar y **bailar** toda la noche se retiraron a sus casas.
   No descansarán **hasta**[1] **encontrar** papel de envolver para todos los regalos.
   Se marchó **sin desearme**[2] felicitaciones.

4. después de los verbos de percepción como **escuchar, mirar, oír, sentir** y **ver.** Generalmente hay otro agente para la acción indicada por el infinitivo y se requiere el pronombre del complemento directo.

---

[1] Si hay cambio de sujeto se usa la conjunción hasta que y el subjuntivo. EJEMPLO: No descansarán hasta que alguien **encuentre** papel de envolver para todos los regalos. (Véase la Lección 7.)
[2] Los pronombres van detrás del infinitivo formando una sola palabra. (Véase la Lección 5.)

Los he visto a todos ellos **cantar** villancicos cada año.
Toda la noche **la oyeron reír** por los chistes que sus amigos contaban.

5. como alternativa del subjuntivo después de las expresiones impersonales (**es difícil, es necesario** y otras) y después de ciertos verbos de voluntad o influencia (**aconsejar, dejar, hacer, invitar, mandar, (im)pedir, obligar a, ordenar, permitir, prohibir**). Esta construcción generalmente requiere el pronombre del complemento indirecto.

Pronombre del complemento indirecto + { expresión impersonal o verbo de voluntad } + infinitivo

Nos es difícil encontrar amigos para el Día de Acción de Gracias.
¿Tus padres **te permitieron ir** a la fiesta de graduación?

6. después de ciertas expresiones de obligación (**tener que, haber de** y **haber que**).

Tener que
Haber de } + infinitivo
Haber que

a. Para expresar obligación personal se usa **tener que** + infinitivo *(to have to)* o **haber de** + infinitivo *(should, to be supposed to)*.

Tenemos que comprarles un árbol de Navidad, y **he de llevar** los adornos también.
Además, yo **tengo que llevar** el pavo, y tú **has de recoger** a la abuela.

b. Para expresar obligación impersonal se usa **haber que** + infinitivo *(one must... it is necessary)*.

Hay que preparar buena comida para cualquier fiesta.
Me dijeron que **había que tener** cuidado con el champán.

7. en expresiones temporales como equivalente de **en el momento de** *(upon + -ing)*.

Al + infinitivo

Al concluir el desfile volvimos al hotel.
Se puso triste **al recordar** a su familia el Día de los Muertos.

8. como equivalente de las oraciones **si** + indicativo o **si** + subjuntivo.

De + infinitivo

De tener tiempo, iré a verte en Pascua. (Si tengo tiempo...)
De poder hacerlo, iría a Calí para pasar la Navidad. (Si pudiera hacerlo...)

9. como equivalente del imperativo en anuncios impersonales.

No **fumar.** (No fume...)
No **estacionar** delante del restaurante. (No estacione...)

PRÁCTICA

A. La graduación y después. Entre los momentos más emocionantes en la vida del (de la) estudiante están la graduación del bachillerato y el ingreso a la universidad. Pregúntele lo siguiente a su compañero(a). Noten el uso del infinitivo.

1. Después de graduarte de la escuela secundaria, ¿cómo lo celebraste?

2. ¿Cómo te sentiste al recibir el anuncio de admisión a la universidad?

3. Y tus familiares, ¿cómo se sintieron al presenciar tu graduación? ¿Lloraron de emoción al verte pasar con tu diploma? ¿Lloraste tú también?

4. Al ver por primera vez esta universidad, ¿te gustó? ¿Te pareció que era el lugar indicado para seguir tu carrera? ¿Cuál fue tu impresión al entrar a tu primera clase?

5. Al conocer a tu compañero(a) de cuarto, ¿se hicieron buenos amigos? ¿Cuánto tiempo lo (la) tuviste por compañero(a)?

B. La noche de Navidad. Ya los niños tenían que estar en la cama, pero como era la víspera de Navidad estaban muy entusiasmados con la fiesta. Ellos iban y venían por toda la casa, hablando de los regalos que recibirían. Modifique las oraciones, incorporando infinitivos y haciendo otros cambios necesarios. Siga el modelo.

> **Modelo:** Era casi medianoche y yo veía *que los niños jugaban* sin descanso.
> *Era casi medianoche y yo **los veía jugar** sin descanso.*

1. Vimos *que los chicos iban y venían* de un lado a otro.

2. Escuchamos *que hablaban* en voz baja.

3. Sentimos *que ellos volvían* a su cuarto.

4. Yo les había pedido *que no tocaran* los regalos.

5. De pronto, oímos *que bajaban y que entraban* a la sala.

6. Papá no les permitió *a los chicos que abrieran* los regalos esa noche.

7. Mamá les ordenó *a los niños que se acostaran* de inmediato si querían recibir los regalos al día siguiente.

C. El funeral. La tía abuela de Rafael murió hace unos días. Para saber qué pasó en el funeral, cambie las oraciones para poder usar el infinitivo en vez del subjuntivo.

Modelo: Fue necesario que nosotros volviéramos a Bogotá en seguida.
Nos fue necesario volver a Bogotá en seguida.

1. Abuelita permitió que la tía Berta escribiera el elogio.

2. Mi madre no dejó que Rosita viera a la difunta.

3. Abuela nos mandó que nos vistiéramos de negro.

4. Fue necesario que pidiéramos muchas flores.

5. Mis tíos aconsejaron que comiéramos algo antes de ir al cementerio.

6. Fue difícil que mis padres no lloraran.

7. Mi padre pidió al coro que cantara el himno favorito de la tía.

8. Escuchar el elogio y pensar en mi querida tía abuela hizo que me sintiera muy triste.

D. Torear en Colombia. Lea el siguiente párrafo sobre la corrida de toros en Colombia y conteste las preguntas que siguen. Al leer, fíjese en el uso del infinitivo.

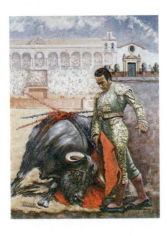

Poco después de *establecerse* en América, los españoles trajeron la fiesta brava al continente y se empezaron a *dar* corridas de toros en muchas regiones. Se daban corridas para *celebrar* la llegada de un nuevo virrey u otro personaje importante a las colonias y para *conmemorar* otras ocasiones especiales. Está documentado que el propio Simón Bolívar asistió a una corrida en 1765. El arte de *torear* se hizo popular en Colombia, y actualmente en Medellín hay corridas con famosos toreros del mundo. Para muchos colombianos, la fiesta brava sigue siendo un aspecto importante de la cultura. Al igual que para otros espectáculos, se puede *comprar* boletos para las corridas en Internet.

1. ¿Ha visto una corrida de toros? Si no la ha visto, ¿le gustaría *ver* una? ¿Por qué sí o por qué no?

2. ¿Cuál es su opinión acerca de *sacrificar* lentamente a un toro? ¿Y acerca del peligro que corre el (la) torero(a)?

E. Una fiesta familiar. Cuéntele a la clase qué pasó en la última fiesta familiar que Ud. y su familia tuvieron en casa. Haga las siguientes actividades. Primero, dígale a la clase:

1. ¿Qué celebraban Uds.?

2. ¿Cuántas personas asistieron y quiénes eran?

3. ¿Qué comida sirvieron?

4. ¿Cuándo fue la fiesta?

Ahora, termine las oraciones siguientes de una forma original, empleando el infinitivo.

1. Todos nos besaron y abrazaron al…
2. Mi abuela volvió a la cocina sin…
3. Abrimos los regalos antes de…
4. Los tíos salieron temprano para…
5. Mis primos insistieron en…
6. Mi hermana anunció que iba al cine después de…
7. Los otros familiares se quedaron hasta…

PERSPECTIVAS

PREPARATIVOS

1. Lea la sección **¿Sabía Ud. que en Colombia… ?**

2. Mire las preposiciones **por** y **para** que están en negrita en la lectura de la página 399. Ambas pueden significar *for* en inglés, pero tienen otros usos también. Hay numerosos modismos con **por** que hay que aprender de memoria. ¿Cuáles son algunos de ellos?

3. Si Ud. tuviera que vivir fuera de Estados Unidos o de su país natal, ¿qué tradiciones, costumbres o celebraciones extrañaría? ¿Sería importante para Ud. mantener vivas estas tradiciones, o preferiría adaptarse completamente a su nuevo entorno? Explique.

¿Sabía Ud. que en Colombia… ?

■ Sólo el 17 por ciento de los jóvenes colombianos tiene acceso a la **universidad**.

■ De los cinco millones de **colombianos que viven en el exterior** actualmente tres millones residen en Estados Unidos.

■ **La Plaza de Bolívar** es el corazón de la ciudad de Bogotá y fue nombrada en honor a Simón Bolívar, el famoso libertador de Sudamérica. **El Palacio Liévano** es la sede de la Alcaldía de la capital.

■ *Semana* es una prestigiosa revista colombiana y la más leída del país. Su dirección en Internet es www.Semana.com. Visite el sitio web para leer interesantes artículos sobre la política, la economía y muchos aspectos de la vida y la cultura colombianas.

■ **Conexión Colombia,** un proyecto de Semana.com, es la manera perfecta para que los colombianos que viven en el exterior se mantengan conectados con su país. Pueden aprovecharse de este medio para buscar trabajo, hacer donaciones, estar al tanto de las noticias, oír su música colombiana favorita, y encontrar restaurantes que sirvan sus platos favoritos. Conexión Colombia provee todo tipo de información deportiva, social, cultural y clasificada.

■ El **tamal,** un típico plato colombiano, consiste en hojas de plátano rellenas con una masa de maíz, arroz, carne, papas y verduras. Las **arepas,** que suelen acompañar las comidas, son panecillos de maíz, asados o fritos.

■ Al acercarse el 6 de enero, los niños colombianos se preparan para celebrar **la fiesta de los Reyes Magos.** Según la leyenda que se basa en el Evangelio de San Mateo, Melchor, Gaspar y Baltasar, tres Reyes Magos de Oriente, llegaron guiados por una estrella brillante a Belén, donde había nacido el Niño Dios. Al ver al Niño en los brazos de su madre, María, se postraron°, le rindieron homenaje° y le presentaron regalos de oro, incienso y mirra. Para muchos colombianos, es un día de reuniones y comidas familiares. En Reyes, es común que los niños reciban regalos de sus padrinos, un reflejo de la importancia del apadrinamiento en la cultura colombiana. En la vida de un niño, el padrino hace el papel de ángel guardián, listo para proteger, guiar y sustituir a los padres si es necesario.

kneeled
paid homage

Las Navidades en Colombia

*S*e aproximaba la Navidad y Sara, una chica colombiana que asiste a la universidad en Estados Unidos, sentía nostalgia **por** su ciudad natal de Bogotá. Se le ocurrió la idea de crear una página en la Red **para** darle a conocer al mundo lo hermosa que es su ciudad, especialmente en esta época de fiestas, y para ayudar a unir a los colombianos que viven en el exterior con su querido país.

El calendario colombiano está repleto de fiestas cívicas y religiosas, pero **para** mí ninguna, por bonita que sea, se compara con las de la época de Navidad, por su alegría y regocijo°. Si pudiera irme **para** Bogotá ahora mismo, lo primero que haría —después de saludar a mis padres, **por supuesto**— sería ir a Plaza de Bolívar **para** ver las luces. Miles de luces iluminan este centro histórico y destacan las fachadas del Capitolio y el Palacio Liévano. ¡Es una vista inolvidable! Las festividades comienzan a partir del 16 de diciembre con el juego de "aguinaldos", que son diversiones inocentes que dan gusto a los niños y a los mayores. Un aguinaldo activo y muy popular se llama "Tres pies", y se gana aprovechando que su contrario esté de pie y que tenga abiertas las piernas. En este momento, debe meter el pie dentro de los de él (ella) y gritar "¡Tres pies!". **Para** esta fecha los niños pequeños ya habrán escrito sus cartitas para el Niño Dios, con la lista de regalos que esperan recibir. Poco después, las cartas "desaparecen", llevadas al cielo. El 25 de diciembre los pequeños amanecen° en una cama colmada° de regalos, traídos **por** el Niño Dios. **Para** las muchas cenas —la de Nochebuena, la de Noche Vieja y la del Día de los Reyes Magos— suele haber pavo, pollo o lechón° y, en mi casa **por lo menos,** nunca faltan arepas y tamales cocidos en hoja de plátano.

joy

wake up / piled

roast pork

Amigos estadounidenses, ojalá les haya gustado esta pequeña viñeta bogotana. A partir de mañana, podrán leer sobre la celebración de la Epifanía, o el día de los Reyes Magos, y otras tradiciones especiales de mi país.

COMPRENSIÓN Y PRÁCTICA

A. Comprensión. Conteste las preguntas a continuación.

1. ¿Por qué motivos ha establecido Sara una página en Internet?
2. En esta viñeta, ¿qué... quiere que sus lectores conozcan y aprecien?

   a. ciudad
   b. festividad
   c. recuerdo juvenil

   d. juego
   e. platos colombianos

B. Expansión. Haga las siguientes actividades.

1. A Sara le gustaría que sus lectores se interesaran por su país. Si Ud. pudiera conectarse con ella por Internet, ¿cuáles serían las tres preguntas que le haría sobre la cultura y la vida colombianas, sobre su pasado y su experiencia como hispana que vive fuera de su país?

2. Abundan aguinaldos como el que está incluido en la lectura. En parejas, creen un aguinaldo divertido en el que "atrapen" a su contrario(a) como se hace en "Tres pies".

3. Suponga que Ud. va a crear una página web como la de Sara. ¿Qué anécdotas, retratos (*portraits*) de su cultura y recuerdos va a incluir?

4. ¿Hay épocas del año, fragancias, vistas, sonidos, canciones, etc. que evoquen sentimientos de tristeza o nostalgia en Ud.? Explique.

5. Un(a) compañero(a) de universidad de un país extranjero está sintiéndose nostálgico(a) y aislado(a). En parejas, piensen en tres soluciones prácticas para ayudar a aliviar estos sentimientos. Compártanlas con la clase.

ESTRUCTURA 2: Las preposiciones *por* y *para*

LOS USOS PRINCIPALES DE LA PREPOSICIÓN *POR*

Por se usa...	Ejemplos
1. para expresar motivo o razón (*out of, because of*).	Todavía confeccionan los gorros a mano **por** amor al arte. Todas las oficinas se cerraron **por** el Día de Acción de Gracias.
2. para expresar lugar o tiempo impreciso (*around*).	¿Hay una tienda de regalos **por** aquí? Regresarán **por** la primavera.
3. para expresar **a través** o **a lo largo de** (*through, along, by*).	Los fieles entran al templo **por** la puerta principal. Pasaron **por** mi casa.
4. con el significado de **durante** para indicar períodos de tiempo (*in, during, for*).	**Por** la mañana visitaban a la familia.
5. para introducir el agente de la voz pasiva (*by*).[1]	El Día de la Independencia es celebrado **por** todos los ciudadanos. La leyenda fue contada **por** el abuelo.
6. para indicar el medio o el modo cómo se realiza algo (*by*).	Enviaron el paquete **por** avión. Hablamos tres horas **por** teléfono.
7. con el significado de **a cambio de** (*for*).	Cuando cumplí veinte años mis padres me ofrecieron un coche nuevo **por** mi vieja moto. Vendimos la moto **por** 500 pesos.
8. con el significado de **en busca de** con los verbos **ir, venir, volver, regresar, enviar, mandar** (*for*).	Dos horas antes de la fiesta, fueron **por** bebidas. Pero pronto volvieron **por** dinero.

---

[1] Para el estudio de la voz pasiva, revisar la Lección 8, página 363.

9. con el significado de **por amor a, en consideración de** *(on behalf of, for the sake of)*.

Lo sacrificó todo **por** pasar las vacaciones de Navidad con su hijo.
¡**Por** Dios! No sabes lo que haría **por** ti.

10. en expresiones de cantidad *(per, by)*.

Viajan a 80 km **por** hora.
Las artesanías se venden **por** docenas.

11. con el infinitivo, para expresar una acción pendiente, no terminada.

Como todos están de vacaciones en Semana Santa, todo el trabajo queda **por** terminar.
Pronto llegarán mis invitados a cenar y la mesa todavía está **por** poner.

Modismos con *por*	Ejemplos
por fin *(finally)*	Después de tantos años de trabajo, **por fin** terminaron la construcción de la iglesia.
por lo general / común *(in general)*	**Por lo general**, se celebra la Navidad con villancicos y otras canciones.
por esto / eso; por lo tanto *(therefore)*	La gente de la ciudad no conoce las danzas del pueblo; **por eso** queremos presentarlas en el teatro.
por supuesto *(of course)*	**Por supuesto** te invitamos al espectáculo.
por más / mucho que *(however much)*	Sigue con sus viejas creencias **por más que** tratamos de enseñarle los métodos modernos.
por poco *(almost)*	¡**Por poco** llegamos tarde a nuestra ceremonia de graduación!
por otra parte *(on the other hand)*	En los países hispanos hay muchas tradiciones; **por otra parte**, las ideas modernas también son importantes.
tomar por *(to take for)*	Habla español tan bien que siempre la **toman por** hispana.
por lo menos *(at least)*	Hay **por lo menos** 20 leyendas asociadas con esta fiesta.

LOS USOS PRINCIPALES DE LA PREPOSICIÓN *PARA*

Para se usa...	Ejemplos
1. con el infinitivo para expresar propósito *(in order to)*.	Celebramos el 24 de junio **para** conmemorar la vida de San Juan Bautista. Le conté el chiste **para** hacerle reír.
2. para indicar el destino de cosas o acciones *(for)*.	Salen **para** Colombia **para** estudiar el folclor precolombino. Este jarro es **para** la feria de artesanías.

3. para indicar el uso o la conveniencia de algo *(for)*.	Me regalaron ocho tazas de cerámica **para** café.
	Este juego es **para** niños.
4. para marcar un límite de tiempo *(by, for)*.	**Para** mañana, busquen Uds. el origen de este festival.
	Estarán de vuelta **para** el próximo mes.
5. para expresar una comparación o falta de correspondencia con algo o alguien *(for, considering)*.	Papá Noel es muy activo **para** su edad.
	Los incas eran muy desarrollados **para** aquella época.
6. en sustitución de **según, en la opinión de** *(for)*.	**Para** muchas personas la Semana Santa es muy importante.
	Para mí, la cultura hispánica es muy interesante.

Modismos con *para*	Ejemplos
para siempre *(forever)*	Se despidió **para siempre**.
no ser para tanto *(not to be so important)*	Su discurso **no fue para tanto**.
no estar para bromas *(not to be in the mood for joking)*	Al verlo supe que **no estaba para bromas**.

PRÁCTICA

A. Preparativos para la fiesta de cumpleaños. En la casa de los Miranda, todos están muy contentos, preparando una gran fiesta para Paco, que el próximo domingo cumple diez años. Complete las siguientes oraciones con **por** o **para.**

1. Mis abuelos llegarán _____ las 2:00 _____ celebrar el cumpleaños de mi hermanito Paco. Él cumple diez años.

2. Paco es un muchacho muy alto _____ su edad.

3. Los abuelos vendrán _____ avión _____ no cansarse demasiado.

4. Mi mamá habló con la abuela _____ teléfono.

5. Le dijo que iría _____ ellos al aeropuerto.

6. _____ la fiesta de cumpleaños, papá contrató a una banda que tocará "Que los cumplas feliz".

7. Hemos comprado muchos globos _____ que los chicos los revienten.

8. Queda _____ ver qué dirán los abuelos cuando sepan que papá les pagará a los mariachis mil pesos _____ hora.

9. Como todos los años, yo contaré chistes _____ divertir a los chicos.

10. _____ Paco su cumpleaños es la fiesta más importante del año.

11. ¡_____ Dios, Paquito! ¡No traigas a todos los chicos de la escuela _____ celebrar tu cumpleaños!

12. _____ mí, Paco nunca dejará de ser un niño.

B. Preparativos navideños. Forme oraciones lógicas con **por** o **para,** y con un elemento de cada columna.

> **Modelo:** *En diciembre volví a casa **para** pasar con mi familia las fiestas de Navidad.*

1. En diciembre volví a casa...
2. Compré el árbol navideño al pasar...
3. El arreglo del árbol de Navidad fue divertido...
4. Como mi tío Óscar es gordo y tiene barba los hijos de mi vecino lo tomaron...
5. Toda la cena fue preparada...
6. Los regalos de unos amigos llegaron...
7. Raúl vino en coche a 100 millas...
8. Los niños bajaron a la medianoche...
9. Después de las fiestas los abuelos se fueron...
10. Yo me quedé en casa dos semanas más...

a. ...avión al Brasil.
b. ...descansar de los estudios.
c. ...los ranchos de árboles de pino.
d. ...pasar las fiestas con mi familia.
e. ...mi mamá y mis abuelas.
f. ...poder ver a Papá Noel.
g. ...hora.
h. ...mis hermanas y mis primos.
i. ...correo certificado.
j. ...Papá Noel.

C. Los gitanos colombianos. Lea el siguiente párrafo sobre la historia de los gitanos. Sustituya las palabras entre paréntesis por las preposiciones **por** o **para,** según el contexto.

Se cree que los gitanos partieron de la India y se dispersaron (a lo largo de) _____ toda Europa. (Hacia) _____ fines del siglo XVI, muchos de ellos recorrían los pueblos europeos, especialmente España y el sur de Francia. La gente tenía miedo de ellos (a causa de) _____ su manera exótica de vivir. (Durante) _____ las noches adivinaban la suerte *(would tell fortunes)*, tocaban música y bailaban. (En la opinión de) _____ muchos, su historia refleja solamente la vida nómada, la adivinación y el rebusque, aunque nadie puede negar que (debido a) _____ su imaginación los gitanos han contribuido a la formación de misteriosas leyendas.

Los gitanos llevan menos de cien años viviendo en Colombia. Provienen de Rusia y Egipto, y parece que llegaron (con el propósito de) _____ quedarse. Han echado sus raíces ancestrales en tierra colombiana y (a causa de) _____ eso han cambiado sus viviendas temporales (a cambio de) _____ casas de madera y ladrillo. Conservan su lengua, su antigua manera de vestir y sus celebraciones. (En consideración de) _____ sus tradiciones patriarcales, la mujer soltera siempre está en casa (antes de) _____ las cinco de la tarde.

D. La fiesta ruidosa. Termine las oraciones con **por** o **para** de una forma original para saber qué pasó en la fiesta de José.

1. José planeó la fiesta...
2. Todos llegaron...
3. Marta se sintió mal...

4. Manolo no sabía que los regalos eran…

5. La ventana fue rota…

6. Susana cambió su limonada…

7. Los vecinos llamaron a la policía…

8. A medianoche todos se fueron…

E. Recuerdos de una celebración. Describa una fiesta o celebración a la que asistió o que Ud. dio e incorpore las siguientes expresiones en su descripción.

por fin	por eso	por lo general
por lo menos	por poco	por más / mucho que

PERSPECTIVAS

PREPARATIVOS

1. Lea la sección **¿Sabía Ud. que en Colombia… ?**

2. Mire las preposiciones de la lectura que están en negrita. ¿Qué significan? Busque en la lectura otras preposiciones que no estén en la lista de la página 406.

3. ¿Con qué país(es) asocia Ud. la tradición de romper piñatas? ¿Sabe algo sobre el origen y el significado de la piñata?

¿Sabía Ud. que en Colombia… ?

■ **Las piñatas** son un elemento importante en las fiestas juveniles. Generalmente existen dos categorías de piñatas, las que se hacen a base de una olla de barro, y aquellas que son de papel periódico. Las figuras más populares son el burro, el león, las estrellas y las caricaturas de famosos personajes de la vida diaria.

▶ *Una niña intenta romper la piñata.*

La piñata

¿Qué sabe Ud. **sobre** la piñata? Aunque se suele asociar la piñata con México, romper piñatas se ha convertido en una actividad obligatoria en las fiestas juveniles en Colombia y en otros países hispanos. Hay muchas versiones de la historia de la piñata, pero **sin** duda la más aceptada es que se originó en Italia y que llegó a América **desde** España.

separates
blindfolded

Según cuentan, la piñata, con todos sus adornos exteriores y las sorpresas que lleva adentro, simboliza el mal espíritu que aparta° al hombre de lo espiritual y lo tienta con los placeres del mundo. La persona que tiene los ojos vendados° y que va a darle un golpe a la piñata representa la fe que siempre es ciega y que tiene la responsabilidad de destruir el espíritu malévolo. **Entre** el sinnúmero de figuras que existen, quizás la más popular sigue siendo la estrella de siete picos por representar los siete pecados capitales.

Para entender la importancia de la piñata en las fiestas de cumpleaños juveniles sólo hay que ver las caras de felicidad de los niños. En algunas ocasiones hay dos o más piñatas en una fiesta, una para niños y otra para niñas. **¡Hasta** hay piñatas para adultos! El niño tiene los ojos cubiertos, levanta el palo,

turns
don't get dizzy

da las tres vueltas°, toca la piñata y todos a su alrededor empiezan a cantar: "Dale, dale, dale, no pierdas el tino°. Mide la distancia que hay en el camino. Una, dos tres..."

COMPRENSIÓN Y PRÁCTICA

A. Comprensión. En sus propias palabras explique el origen, el simbolismo y la importancia de la tradición de la piñata.

B. Expansión. En parejas, hagan las siguientes actividades.

1. ¿Han roto una piñata alguna vez? Describan la ocasión. ¿Qué había dentro de la piñata?

2. Hagan una lista de las sorpresas que llevaría la piñata ideal para niños, otra lista para una piñata ideal para niñas y aún otra lista para la piñata perfecta para adultos. Pueden ser más específicos, si quieren. Por ejemplo, describan la piñata perfecta para un adulto que es muy aficionado a los deportes, etc. Comparen sus listas con la clase.

3. Si Uds. pudieran llenar una piñata de cualquier cosa, ¿de qué la llenarían? ¿Por qué?

4. ¿Por qué no es fácil romper una piñata?

5. ¿Pueden comprar piñatas en la comunidad donde viven?

6. ¿Cuáles son otros juegos que requieren que los participantes tengan los ojos vendados?

ESTRUCTURA 3: Preposiciones adicionales

LOS USOS DE ALGUNAS PREPOSICIONES COMUNES

Bajo se usa...

1. para indicar una posición inferior con respecto a algo *(under, below)*.
2. en sentido figurado, para indicar dependencia o subordinación *(under)*.

Ejemplos

Pusieron los regalos **bajo** el árbol de Navidad.
Estamos a cinco grados **bajo** cero.

Firmaron el contrato **bajo** las siguientes condiciones.
El pueblo floreció **bajo** el nuevo gobierno.

Desde se usa...

1. para indicar un punto de partida en el espacio *(from)*.
2. para indicar un punto de partida en el tiempo *(since)*.

Atención: Se usa **hasta** para marcar el fin.

Ejemplos

Me llamaron **desde** Lima.

Se practican estos ritos **desde** la Edad Media.

Estuvimos hablando **desde** las siete de la noche **hasta** la una de la madrugada.

Hasta se usa...

1. para marcar el término de lugar y tiempo *(until, up to, as far as)*.
2. para expresar un hecho inesperado, con el significado de **aun, incluso** *(even)*.

Ejemplos

Hasta hace muy poco, los niños todavía creían en la llegada de los Reyes Magos.

Caminaron **hasta** el centro de la ciudad.
Todo el mundo conoce esa canción, **hasta** los niños.

Entre se usa...

para indicar una posición intermedia espacial, temporal o figurada *(between, among)*.

Ejemplos

Dijeron que llegarían **entre** las seis y las siete de la tarde, pero **entre** tú y yo, dudo que lleguen antes de las nueve.

Sobre se usa...

1. con el significado de **encima de**, para indicar que algo está sobre una superficie o en una posición más alta *(on, upon)*.
2. con el significado de **acerca de**, para indicar el tema de algo *(on, about)*.

Ejemplos

El libro de García Márquez está **sobre** el escritorio.
San Nicolás voló en trineo **sobre** el pueblo.

Anoche leí un artículo **sobre** el Día de Reyes.

Sin se usa...

1. para indicar algo que falta *(without)*.
2. con el infinitivo para indicar algo que no sucedió (inglés: *without + -ing*).
3. con el infinitivo para expresar acciones no terminadas (inglés: *un- + past participle*).

Ejemplos

Llegó a la fiesta **sin** los regalos.
Es una familia muy rara, **sin** tantas tradiciones.
Se fueron **sin** pedir disculpas.

Los paquetes quedaron **sin abrir**.

Otras preposiciones

acerca de	*about*
al lado de	*alongside of*
arriba de	*above*
cerca de	*near*
debajo de	*beneath*
delante de	*in front of*
dentro de	*within, inside of*
detrás de	*in back of, behind*
encima de	*on top of, above*
en lugar de	*in place of*
en vez de	*instead of*
excepto (menos, salvo)	*except*
frente a	*in front of, opposite, across from*
fuera de	*outside of*
hacia	*toward*
incluso	*including*
junto a	*next to*
lejos de	*far from*
según	*according to*

LOS PRONOMBRES USADOS COMO OBJETO DE LA PREPOSICIÓN

mí (yo)	nosotros(as)
ti (tú)	vosotros(as)
él, ella Ud.	ellos, ellas, Uds.

Atención: Use los pronombres personales después de las preposiciones **entre, excepto, hasta, incluso, menos, salvo** y **según**.

Todos lo saben, **hasta yo.**
Entre tú y **yo,** no me gusta el regalo que me compró Paco.

Pero: Use **mí** y **ti** después de las otras preposiciones. **Note** que **con** se combina con los pronombres **mí** y **ti** para formar **conmigo** *(with me)* and **contigo** *(with you).*

La responsabilidad cayó **sobre mí.**
Sin ti no puedo vivir.

LA CASA DE MUÑECAS

Está en su casa. Refiriéndose a la imagen en la cubierta y en la cubierta interior, *(cover and inside cover)* de *Nuevos horizontes*, haga la siguiente actividad. Use las preposiciones en las páginas 406–407 para completar las siguientes oraciones. En algunos casos, hay más de una opción.

1. En el cuarto 10, el estante está _____ la puerta.
2. El comedor está situado _____ la cocina.
3. La cocina se encuentra _____ la sala y el vestíbulo.
4. Hay muñecas en todas las habitaciones _____ en el vestíbulo.
5. Hay varias habitaciones _____ ventanas.
6. En el cuarto de baño, el espejo está colocado _____ el lavabo.
7. En la cocina, la mamá está parada _____ la mesa.
8. El mono que está en el dormitorio del segundo piso, lee un libro _____ mirar la televisión antes de dormirse.

PRÁCTICA

A. ¿Dónde están? Hoy es el cumpleaños de Rosa. Todos sus amigos vinieron y ahora juegan al escondite *(hide-and-seek)*. Usando preposiciones diga dónde está cada niño.

Modelo: *Rosa está al lado de la lámpara.*

B. El desfile. Escoja la preposición correcta para cada oración.

1. Toda la familia estaba reunida en el cuarto de (arriba / encima) viendo pasar el desfile cívico.

2. (Delante del / Frente al) ejército venía el presidente de la República.

3. El vicepresidente marchaba (encima del / al lado del) presidente.

4. (Detrás de / Antes de) entrar al palacio, el presidente saludó la bandera.

5. Los estudiantes venían (abajo del / detrás del) ejército.

6. (Encima de / Debajo de) una carroza llena de flores estaba una muchacha vestida como si fuera la Estatua de la Libertad.

7. (Detrás de / Debajo de) los estudiantes pasó la banda tocando el himno nacional.

8. Los fuegos artificiales comenzaron (detrás de / después de) las ocho.

9. Todos los festejos terminaron (frente a / antes de) medianoche.

C. La piñata. Aunque la piñata es una tradición que se suele asociar con México, la verdad es que se usa en muchos países hispanos y en EE.UU. Lea la siguiente lectura y escoja la preposición apropiada.

1. La piñata es un juego tradicional (por / para) toda la familia.

2. (Sobre / En) los mercados, especialmente durante las fiestas (con / de) Navidad, las piñatas lucen sus colores y formas caprichosas.

3. Las piñatas están hechas (con / de) papel.

4. Las piñatas están decoradas (por / con) papeles de colores.

5. Se rellenan (con / sin) dulces, cacahuates, frutas, etc.

6. Se escoge (a / de) un niño o una niña (entre / sobre) los invitados a la fiesta.

7. Se comienza (sobre / con) los más pequeños (para / por) darles la oportunidad (en / de) romper la piñata.

8. Al candidato (para / por) romper la piñata le ponen un pañuelo (sin / de) seda (con / sobre) los ojos.

9. Lo toman (de / en) una mano y lo empiezan a pasear (por / para) desorientarlo.

10. El niño trata (a / de) golpear la piñata (hasta / desde) que termina su turno.

11. Por fin, (entre / sobre) gritos y cantos de alegría, hacen bajar la piñata (hasta / desde) el árbol y (por / para) fin un(a) niño(a) la rompe.

12. (Sin / Hasta) decir una palabra más, todos los niños recogen los dulces y las frutas.

D. Algunas cosas cambian... otras no. En parejas, observen el siguiente dibujo y completen los pasos a continuación.

1. Describan la escena, incorporando las siguientes preposiciones:

   bajo, de, sin, para, con, hasta

2. ¿Es ésta una escena típica de las fiestas infantiles contemporáneas? ¿Qué aspectos son semejantes y cuáles son diferentes? ¿Qué evento o acontecimiento estarán "celebrando"? ¿Qué otros manjares *(treats)* se servirán en esta fiesta?

 ## PERSPECTIVAS

PREPARATIVOS

1. Lea la sección **¿Sabía Ud. que en Colombia... ?**

2. En la página 412, lea la explicación de los diminutivos y los aumentativos. Luego, mire rápido la lectura de la página 411, fijándose en las palabras en negrita. ¿Podría sustituir un término equivalente por cada una? Por ejemplo, "Hermanito" significa *hermano menor.* Basándose en la explicación de los aumentativos, ¿podría comentar la ausencia de ellos en esta lectura?

3. ¿Sabe si se celebra Halloween en los países hispanos? ¿Qué fiestas, celebraciones y tradiciones típicamente asociadas con Estados Unidos (no) le sorprendería ver celebradas en otro país?

¿Sabía Ud. que en Colombia...?

- **Medellín,** fundada en 1616, es la segunda ciudad de Colombia y su mayor centro industrial. Se llama la "ciudad de la eterna primavera" por su aire fresco, sus montañas, sus flores y su excelente clima. Medellín es famosa por sus orquídeas, y en El Ranchito se pueden observar más de 300 variedades de esta hermosa y exótica flor. En abril, en honor a la tradición como ciudad de las flores, se celebra una feria exposición internacional de la orquídea.

▲ *Medellín, Colombia*

- **Cartoon Network** es un canal internacional de televisión infantil. Su programación incluye los superhéroes y personajes favoritos de los niños como Tom y Jerry, los pequeños Looney Tunes, Scooby-Doo y el Cachorro, Jackie Chan y el Capitán Planeta. En Internet hay una extensiva red de productos, competencias, noticias y juegos que están relacionados con estos programas. Parece que los superhéroes son tan populares en Colombia como lo son en Estados Unidos.

Halloween en Colombia

Mis padres son colombianos pero nuestra familia lleva mucho tiempo viviendo en Los Ángeles, California. En octubre del año pasado **Carlitos**, mi hermano menor, y yo fuimos por primera vez a Colombia para visitar a nuestros abuelos. Nos encantó quedarnos unas semanas con ellos en Bogotá, y entonces mi **abuelita** propuso que hiciéramos una **excursioncita** a Medellín para que conociéramos a unos parientes nuestros. Mi **hermanito** pensaba que para el 31 de octubre ya estaríamos de vuelta a Los Ángeles, por lo que la idea de prolongar nuestra visita en Colombia no le gustó nada. Y, ¿sabe por qué? Por Halloween. Carlitos y sus **amiguitos** habían quedado en ir de fiesta en fiesta disfrazados° de esqueletos y otras figuras macabras. A mí me daba igual quedarme o volver a California.

    Al llegar a Medellín nos llevamos una tremenda sorpresa. ¡Allí, en plena Sudamérica, estaban festejando Halloween con decoraciones, concursos de disfraces, fiestas y muchos dulces! En el centro comercial Monterrey se realizaba un evento para los **pequeñitos** con payasos, globos, títeres° y muchas sorpresas más. Algunos niños estaban disfrazados como sus personajes favoritos de Cartoon Network, mientras que otros llevaban **trajecitos** típicos de Colombia. Carlitos se puso contentísimo y hasta pudo participar en un taller de disfraces con sus primos y otros niños de la vecindad. Al volver a Los Ángeles le dio mucho gusto poder compartir con sus amigos y **compañeritos** de escuela esta nueva experiencia cultural.

dressed up as

puppets

COMPRENSIÓN Y PRÁCTICA

A. Comprensión. Conteste las preguntas a continuación.

Diga una cosa que... a Carlitos, el hermanito de la autora de la lectura anterior.

1. le encantó
2. le molestó
3. le sorprendió
4. le gustó

B. Expansión Haga las actividades.

1. Escriba un diálogo entre Carlitos y sus amigos estadounidenses en el que los niños hablen de las experiencias culturales que Carlitos tuvo en Colombia.

2. Actualmente la fiesta de Halloween se celebra con entusiasmo en muchos países del mundo hispano. ¿A qué se debe su gran popularidad?

ESTRUCTURA 4: Los diminutivos y los aumentativos

En el mundo hispano, el uso del diminutivo y del aumentativo es muy frecuente, sobre todo en la conversación familiar. Los dos se forman añadiendo a sustantivos, adjetivos y, a menudo, a adverbios y participios pasados los siguientes sufijos.

Los diminutivos

Sufijo	Expresa...	Ejemplos
-ito, -ita[1] -cito, -cita[2]	pequeñez, aprecio, estimación (es el más usado).	Mi herman**ito** tiene cinco años. Carmen**cita** tiene doce.
-uelo, -uela -illo, -illa -cillo, -cilla	pequeñez, a veces sarcasmo.	Los chic**uelos** iban y venían. Era un hombre**cillo** sin importancia.

Los aumentativos

Sufijo	Expresa...	Ejemplos
-ón, -ona	tamaño grande o apariencia llamativa (a veces expresa desprecio).	La mujer**ona** que vendía era muy antipática. Compré cuatro sillas y un sill**ón**.
-ote, -ota -azo, -aza -aco, -aca	sentimiento despectivo.	Tenía una cabez**ota** extraña. Su perr**azo** asustó al ladrón. Vi un pajarr**aco** feo y enorme.
-uco, -uca -ucho, -ucha	sentimiento despectivo (son los más despectivos de todos).	La pobre era fe**úcha**. Después de su enfermedad estaba palid**ucho**.

---

[1] En Hispanoamérica muchos adjetivos o adverbios toman la forma diminutiva: grande → grandecito, ahora → ahorita.

[2] El uso de –ito o –cito es algo arbitrario. Hay, sin embargo, una tendencia a usar –ito para las palabras que terminan en las vocales a y o y –cito para las palabras que terminan en las vocales e e i y en las consonantes n o r: madre**cita**, avion**cito**, flore**cita**.

PRÁCTICA

A. Hablando de los Reyes Magos. Dé el diminutivo de las palabras indicadas.

Mi **hermana menor** sólo habla de los Reyes Magos. Hoy la oí decir a su **amiga** que quería una **casa** de **muñecas.** No hace más que preguntar:

—**Abuelo,** ¿sabes tú qué me darán los Reyes Magos?
—Pero, **hija,** cómo voy yo a saberlo, si ellos vienen de muy lejos.
—**Carmen** dice que ella ya sabe cuál será su **regalo.**
—¿Que lo sabe? A ver… dime si será un lindo **collar** o una **pulsera.**
—Ella dice que serán las dos cosas.

B. ¿Cómo se imagina Ud.? Sigue una breve descripción de un segmen*tito* de una película de horror. En parejas, describan la imagen que se forma en la mente al leer cada oración. Luego, escriban otro segmento de la película, incorporando diminutivos y aumentativos para seguir creando una imagen llamativa.

1. Girak el feo vive en un sucio *cuartucho* en medio del bosque frío.

2. Está acompañado de un enorme *pajarraco* que está siempre sobre una rama.

3. En el rincón hay un *sillón* de cuero negro.

4. Allí está sentado el cruel *hombrón*. Tiene entre sus *manotas* un *perrito*.

5. El *pobrecito* está *debilucho*, sin esperanzas de escaparse del monstruo Girak.

C. La optimista y la pesimista. María y Marisa son gemelas pero tienen temperamentos distintos. María es pesimista y a veces sarcástica. Use el aumentativo que corresponda a las palabras indicadas.

Mis vecinos me tienen harta. No aguanto que el **hombre** de al lado use esas **palabras** a cada instante. Vive en una **casa** miserable, de la cual nunca sale, y sus únicos compañeros son un **perro grande** y una gata **fea** que es **flaca.**

En cambio, Marisa es optimista. Use el diminutivo que corresponda.

Visitamos un **pueblo** muy **cerca** de un **lago** bonito. Todas las mañanas los **pájaros** cantaban sus **canciones** alegres mientras las **viejas** recogían las **flores** y los **muchachos** nadaban en el lago.

D. Cancionero musical. Muchas de las canciones hispanoamericanas tienen diminutivos. ¿Conoce Ud. alguna de las siguientes canciones? Anote los diminutivos y diga de qué palabras vienen. Recuerde que en Hispanoamérica muchos adjetivos y adverbios toman la forma diminutiva como **chico(a)** > **chiquito(a),** ahora > **ahorita.**

Cielito lindo	Muñequita linda	La casita
¡Ay, ay, ay, ay! Canta y no llores, porque cantando se alegran, cielito lindo, los corazones.	Muñequita linda de cabellos de oro, de dientes de perla, labios de rubí. Dime si me quieres como yo te quiero, si de mí te acuerdas como yo de ti.	¿Que de dónde, amigo, vengo? De una casita que tengo más abajo del trigal. De una casita chiquita para la mujer bonita que me quiera acompañar.

E. Un chiste diminuto. Lea con atención el siguiente relato y complete los pasos a continuación.

Una joven pareja está en un restaurante, disfrutando de una buena cena. De pronto, la esposa se acuerda de que tiene que hacerle una llamada urgente a su hermana y le dice al esposo:

> —Queridito, ¿puedes darme una monedita para hacer una llamadita a mi hermanita?
> El esposo exasperado exclama:
> —¿Por qué tantos diminutivos en una sola oración?
> La mujer, enojada, no insiste en la moneda y el esposo comienza a disfrutar de la cena. De pronto él se da cuenta que su esposa no ha probado el plato. Tratando de hacer las paces con ella, le dice amistosamente:
> —Mi vida, ¿por qué no comes?
> Con una mirada fulminante, la esposa le contesta:
> —Porque no tengo APETO.

1. Si Ud. no ha comprendido la respuesta final de la esposa, pregúntele a su compañero(a) en qué consiste el chiste de este relato.

2. Después subraye el número de diminutivos que empleó la esposa. ¿Piensa Ud. que es muy común usar tantos diminutivos?

Más allá del aula

¡A festejar en Colombia!

Navegue por Internet para conocer Colombia.

- Visite el siguiente sitio web o uno que Ud. prefiera para encontrar información sobre la música de Colombia.

  http://pages.infinit.net/colombia/music/musics.htm

  1. ¿Cuáles son algunos tipos de música y de baile originales de Colombia?
  2. Los siguientes instrumentos musicales son típicos de Colombia. ¿Cómo son?

     a. acordeón   b. arpa   c. conga   d. aguacharaca   e. tiple

- Visite este sitio para encontrar información sobre ferias, festivales, sitios y gente de interés.

  http://www.colombia.com

Haga clic en el botón *turismo*, y escoja entre *ferias* y *fiestas (las mejores fiestas del mes)* o *información turística*.

1. ¿Qué es la Feria de Cali? ¿Cuándo es? ¿Dónde está Cali? ¿Cuándo es la temporada taurina? ¿Qué es? ¿Le gustaría ir? ¿Por qué sí o por qué no?
2. ¿Quiénes son algunos famosos colombianos? Haga clic en los botones *Colombianos destacados* y *Colombianos en el mundo*.

¡OJO CON ESTAS PALABRAS!

el aspecto   *features, looks*

la apariencia   *outward appearance, looks*

la aparición   *appearance, presence, apparition*

> Doña Celia, la abuela de mi esposa, tiene un **aspecto** agradable.
> Su **apariencia** personal está muy cuidada.
> Doña Celia dice que ve **apariciones** misteriosas en la noche.

añorar   *to long for*

echar de menos (extrañar)   *to miss (a person or thing), feel a lack of*

perder   *to miss (a bus); to lose*

> Doña Celia **añora** Colombia, su país natal.
> **Echa de menos** a sus familiares y va a visitarlos.
> Se va temprano para el aeropuerto para no **perder** el vuelo.

la cita   *date, appointment*

la fecha   *date (day, month, year)*

el dátil   *date (fruit)*

> En Bogotá doña Celia tendrá una **cita** con su doctor.
> Recuerda **las fechas** de los cumpleaños de todos sus nietos.
> En el campo va a comprar **dátiles** frescos.

PRÁCTICA

Escoja la palabra apropiada para completar cada oración.

1. Tenía una (cita / fecha) con el dentista pero (perdí / extrañé) el autobús.
2. Amor mío, te (pierdo / echo de menos). Vuelve pronto.
3. (La aparición / El aspecto) de Miguel en la fiesta de cumpleaños fue una sorpresa agradable para la abuela.
4. Por lo general, (la aparición / el aspecto) físico del colombiano varía mucho.
5. (El dátil / La fecha) de la ceremonia de la graduación es el 5 de junio este año.

◈ Ampliación, conversación y cultura

A. El arte de hacer regalos.   Para muchas personas, los regalos son una invención comercial que quita tiempo y aligera (*lighten*) el bolsillo, además de representar la inversión de horas de indecisión en la búsqueda de un regalo que con frecuencia no encontramos. Complete el cuestionario. Después, con un(a) compañero(a) de clase, compare y comente sus respuestas.

Cuestionario

	Sí	No	Depende
1. Los regalos tienen un lenguaje mudo *(silent)* y afectivo para expresar sentimientos de…			
a. amor.	_____	_____	_____
b. amistad.	_____	_____	_____
c. aprecio.	_____	_____	_____
d. gratitud.	_____	_____	_____
e. respeto.	_____	_____	_____
2. Los regalos son una invención comercial para que gastemos dinero.	_____	_____	_____
3. Es más práctico enviarles a nuestras amistades y parientes un certificado de compra para algún almacén.	_____	_____	_____
4. El mejor regalo consiste en dar lo que a uno le gustaría recibir.	_____	_____	_____
5. La marca es importante en los regalos.	_____	_____	_____
6. A una persona rica hay que darle un regalo costoso.	_____	_____	_____
7. Es práctico, pero no acertado, regalar ropa.	_____	_____	_____
8. Los ejecutivos pueden mandar a su secretario(a) a comprar los regalos para su mujer y sus hijos.	_____	_____	_____
9. Tiene más significado un regalo hecho personalmente (por ejemplo, un suéter) que uno comprado en un almacén.	_____	_____	_____
10. Es necesario hacerles un regalo al jefe o a la jefa.	_____	_____	_____
11. Es aceptable dar un regalo que le han dado a Ud.	_____	_____	_____

 B. Canciones tradicionales. Comente con un(a) compañero(a) de clase algunas de las canciones tradicionales norteamericanas. Pregúntele cuáles son sus canciones favoritas y por qué. También hable Ud. de algunos de los cantantes que han popularizado la canción tradicional.

 C. Refranes. Los refranes encierran la sabiduría popular. Detrás de cada proverbio hay una filosofía más o menos profunda. Sancho Panza, el compañero de Don Quijote de la Mancha, es famoso por sus proverbios, que reflejan su actitud práctica hacia la vida. Los refranes forman una parte esencial de nuestro idioma. Con un(a) compañero(a) de clase traten de explicar el significado de algunos de los siguientes refranes. Digan si hay uno semejante en inglés y cuál es.

1. Cada loco con su tema.

2. A la mesa y a la cama, una sola vez se llama.

3. Dime con quién andas y te diré quién eres.

4. Aunque la mona se vista de seda, mona se queda.

5. Más vale pájaro en mano que cien(to) volando.

6. El diablo sabe más por viejo que por diablo.

7. No hay joven sin amor, ni viejo sin dolor.

8. En boca cerrada no entran moscas.

9. Para conocer a Andrés, vive con él un mes.

D. La Pascua Florida en Estados Unidos. Un estudiante extranjero desea saber cómo se celebra la fiesta de Pascua Florida en Estados Unidos. Dígale lo que sabe de…

1. la Pascua.

2. la tradición infantil del Conejito de Pascua.

3. la manera de teñir *(dye)* huevos.

4. el comercio de chocolates y caramelos.

5. los platos que se preparan para esta fiesta.

6. ¿… ?

E. La Semana Santa en Popayán. Lea la descripción de cómo se celebra la Semana Santa en la hermosa ciudad colonial de Popayán, Colombia. Haga la actividad.

En Popayán, Colombia, la Semana Santa se celebra con tanto fervor y devoción que, a través de los cuatrocientos setenta años de la existencia de la ciudad, no ha habido interrupciones en esa tradición. Ni guerras civiles ni desastres naturales han impedido que la gente muestre su devoción cristiana con las magníficas procesiones que recuerdan la histórica semana de pasión de Jesucristo. Estos desfiles solemnes, que empiezan el martes santo, salen y llegan a la misma iglesia y pasan por el sector histórico de la ciudad. Los cargueros *(carriers)* de Popayán, hombres fuertes, sencillos, de fe, orgullosamente realizan un recorrido de dos kilómetros cargando enormes pesos con escenas que hablan claramente de la pasión de Cristo. En el fondo se oye el repicar *(ringing)* de las campanas y la música triste que acompaña la procesión. La procesión más importante de la semana es sin duda la del Viernes Santo.

Suponga que un estudiante colombiano que estudia en su universidad le ha dado la descripción anterior, y que él ha invitado a que entren en una charla sobre la celebración de la Pascua en los dos países, Colombia y el país de Ud. ¿Qué más le gustaría a Ud. saber sobre la celebración de la Semana Santa? ¿Qué preguntas le haría a él? ¿Se ha fijado en que no ha mencionado nada sobre el domingo de Pascua? ¿Qué le diría Ud. sobre la celebración en el país donde Ud. nació?

 F. Mesa redonda. Escoja tres o cuatro compañeros para formar una mesa redonda e intercambiar ideas sobre la celebración del Día de los Muertos en México y la fiesta equivalente en Estados Unidos, *Halloween.*

▲ *El Día de los Muertos*

En México y, en general, en toda Hispanoamérica, se tiende a aceptar la muerte con resignación. Se puede observar claramente esta actitud ante la muerte el día 2 de noviembre, Día de los Muertos. La celebración dura de mañana a noche e incluye a chicos, grandes, vivos y muertos. Por la mañana las familias van a la iglesia; por la tarde visitan los cementerios y adornan con flores las tumbas de los familiares. En las calles y en los mercados se vende "pan de muerto" y calaveras (*skulls*) de azúcar que llevan diferentes nombres de personas. Estas calaveras, que se regalan desde la infancia entre familiares y amigos, sirven para recordar que la muerte puede llegar en cualquier momento y que hay que estar siempre preparados.

¿Qué aspectos semejantes hay entre la celebración del Día de los Muertos y *Halloween*? ¿Qué diferencias ven Uds.? ¿Por qué esta festividad se convertiría en Estados Unidos en una fiesta para niños? ¿Alguno de Uds. cree que mientras uno vive es mejor ignorar la muerte o es preferible tenerla siempre presente? Den abiertamente su opinión.

 G. Minidrama: Un complicado Día de Acción de Gracias. Formen un grupo de cinco o seis personas. Imagínense que son unos amigos que piensan reunirse para celebrar juntos el Día de Acción de Gracias porque este año no pueden ir a la casa de sus padres. El problema es que algunos de Uds. son vegetarianos y no pueden comer ni pavo ni carne, mientras que para otros es imposible celebrar este día si no hay un gran pavo relleno.

Primer acto

Los preparativos de la fiesta: Decidan cuál va a ser el menú. Los que comen carne quieren pavo, pero esto excluiría a los vegetarianos. Tienen que buscar opciones que sean válidas para todos. Además, todos están muy ocupados con sus estudios y nadie tiene tiempo para pasar todo el día cocinando. Al final llegan a un acuerdo: forman un menú muy imaginativo.

Segundo acto

El Día de Acción de Gracias: Todos se reúnen en la mesa. Alguien protesta porque no puede imaginarse este día sin pavo, pero los otros le recuerdan que decidieron hacerlo así. Al final, las alternativas al pavo son tan suculentas que todos quedan muy satisfechos y deciden organizar otra fiesta al final del trimestre o semestre.

¿QUÉ SABE UD. DE... COLOMBIA?

Menú del día: Colombia

frutas tropicales

ajiaco

tinto

▲ *El ajiaco*

¿A quién no le gusta una confortante y caliente sopa de pollo? En Bogotá, Colombia este plato se llama *ajiaco,* y es una sopa especialmente deliciosa. Se prepara con hojas de guasca, una hierba aromática, tres tipos de papas, pequeñas mazorcas de maíz, y chile picante. Se sirve adornado con aguacate y crema de leche. A diferencia de otros países, en Colombia es común iniciar la comida con una *fruta tropical* como mango, guanábana, papaya o banana. No dude en probar *el tinto,* el famoso café colombiano. Es considerado la bebida nacional, siempre acompaña a las comidas y ¡está bien cargado *(strong)*!

¡Buen provecho!

COLOMBIA

La entrada de la Catedral de sal

En Colombia hay catorce catedrales. La catedral que se ubica en la Plaza de Bolívar en Bogotá fue construida en 1572, la de Medellín en el siglo XVII y la de Barranquilla con sus notables frescos en 1730. La gente inunda° estas casas sagradas para admirar pinturas importantes, altares hermosos de madera labrada°, espléndida arquitectura barroca y gótica y adornos preciosos que datan de siglos pasados. Además de estos imponentes templos, abundan iglesias, capillas, conventos y monasterios. En Bogotá, la Capilla del Sagrario está adornada con columnas incrustadas de piedras preciosas, en Cali la Iglesia de San Francisco es famosa en toda Sudamérica por su torre mudéjar, y en Popayán el púlpito majestuoso y la gran riqueza del interior de la iglesia El Carmen dejan asombrado a todo visitante.

El templo colombiano más extraordinario, más insólito° no se encuentra en el núcleo de un gran centro urbano como Bogotá, o en la cumbre del monte Monserrat, sino en un frío y oscuro subterráneo del pequeño pueblo indígena de Zipaquirá. Allí, situada a 200 metros bajo la superficie, en una antigua mina de sal, está una catedral de grandes proporciones con sus estatuas y otras representaciones religiosas construidas completamente de sal... ¡sí, de sal!

La Catedral de sal de Zipaquirá, inaugurada en 1954, es para los colombianos una de las maravillas del mundo. En 1995 el templo fue restaurado y actualmente cuenta con 2.500 metros cuadrados más que la antigua catedral. Este milagro subterráneo es un laberinto de túneles silenciosos, una obra de arte envuelta en una manta negra de paz y tranquilidad. Los visitantes que tienen miedo o se sienten nerviosos al penetrar en la penumbra° de esta enorme catedral-cueva, salen tranquilizados y centrados. No hay distracciones en estas catacumbas modernas, sólo una oscuridad mística.

El alcalde del pueblo de Zipaquirá tiene planeada una campaña publicitaria para la Catedral de sal. Convencido de que todo el mundo está en busca de tranquilidad y seguridad, piensa montar oficinas en París y Nueva York para promover la catedral como "una isla de paz". Cree que si los peregrinos° y turistas acuden a Israel en medio de la guerra, harán lo mismo en Zipaquirá, Colombia.

pour into

carved

unusual

darkness

pilgrims

Ampliación y lectura

UN DÍA DE ÉSTOS

por Gabriel García Márquez

GABRIEL GARCÍA MÁRQUEZ nació en Aracataca, Colombia en 1928, uno de 16 hijos de un telegrafista. Ha trabajado de redactor, periodista, guionista y publicó su primera novela, *La hojarasca*, en 1955. Es conocido por *Cien años de soledad*, una extraordinaria novela que se ha traducido a casi todos los idiomas del mundo. García Márquez recibió el Premio Nobel en literatura en 1982. Se considera el escritor contemporáneo latinoamericano más conocido y es, sin duda, uno de los cuentistas más prominentes de la actualidad.

Antes de leer

A. Un poco de historia. Para mejor entender y apreciar *Un día de éstos*, lea esta información de trasfondo.

En su forma encantadora de escribir, Márquez denuncia los acontecimientos y la realidad política que se vivió en Colombia entre 1948–1958. Durante este período, al que se suele llamar "la violencia", el país fue sacudido por un terror tan sangriento que acabó con la vida de más de 200.000 personas. Existía un juego político entre los liberales y los conservadores y una oligarquía corrupta que controlaba el país y hacía mal uso de su poder para intimidar y hacer sufrir a los de abajo. Se levantaron grupos guerrilleros cuya filosofía era recurrir a tácticas violentas para conseguir cambios sociales y políticos. Los problemas de Colombia siguen siendo complejos, y bien se sabe que matar para acabar con la violencia, la represión y el abuso nunca conduce a nada bueno.

B. En el gabinete del dentista. El cuento tiene lugar en el consultorio de un dentista "sin título" de un pueblo pequeño de Colombia. El paciente es el alcalde del pueblo y un absceso le está causando mucho dolor. ¿Cómo se siente Ud. en el gabinete de su dentista? ¿Alguna vez ha tenido un absceso u otro tipo de infección en una muela? Describa la experiencia. ¿Le han sacado alguna vez una muela?

C. El título. ¿Qué imágenes le sugiere el título del cuento, *Un día de éstos* ("One of These Days")? Use la imaginación y termine las siguientes "amenazas" *(threats)*, de acuerdo con las personas indicadas.

1. Un niño travieso que acaba de comportarse mal.

   El padre dice: "Un día de éstos…"

2. Un delicuente local que siempre se escapa de la justicia.

   El policía dice: "Un día de éstos…"

3. Un(a) estudiante irresponsable que no hace sus tareas.

   Su profesor(a) dice: "Un día de éstos…"

4. Un político corrupto que siempre se sale con la suya.

   Un(a) ciudadano(a) honesto(a) dice: "Un día de éstos…"

UN DÍA DE ÉSTOS

lukewarm	El lunes amaneció tibio° y sin lluvia. Don Aurelio Escovar, dentista sin título
early riser / cabinet	y buen madrugador°, abrió su gabinete a las seis. Sacó de la vidriera° una
plaster	dentadura postiza montada aún en el molde de yeso° y puso sobre la mesa un
fistful	puñado° de instrumentos que ordenó de mayor a menor, como en una
	exposición. Llevaba una camisa a rayas, sin cuello, cerrada arriba con un
suspenders	botón dorado, y los pantalones sostenidos con cargadores° elásticos. Era
excessively skinny	rígido, enjuto°, con una mirada que raras veces correspondía a la situación,
facial expression / deaf	como la mirada° de los sordos°.
ready / he rolled / dental drill	Cuando tuvo las cosas dispuestas° sobre la mesa rodó° la fresa° hacia el
dental chair / to polish	sillón de resortes° y se sentó a pulir° la dentadura postiza. Parecía no pensar

en lo que hacía, pero trabajaba con obstinación, pedaleando en la fresa incluso cuando no se servía de ella.

Después de las ocho hizo una pausa para mirar el cielo por la ventana
buzzards / roof's edge y vio dos gallinazos° pensativos que se secaban al sol en el caballete° de la casa vecina. Siguió trabajando con la idea de que antes del almuerzo volvería a llover. La voz destemplada de su hijo de once años lo sacó de su abstracción.

—Papá.

—Qué.

—Dice el alcalde que si le sacas una muela.

—Dile que no estoy aquí.

Estaba puliendo un diente de oro. Lo retiró a la distancia del brazo y lo examinó con los ojos a medio cerrar. En la salita de espera volvió a gritar su hijo.

—Dice que sí estás porque te está oyendo.

El dentista siguió examinando el diente. Sólo cuando lo puso en la mesa con los trabajos terminados, dijo:

—Mejor.

Volvió a operar la fresa. De una cajita de cartón donde guardaba las cosas por hacer, sacó un puente de varias piezas y empezó a pulir el oro.

—Papá.

—Qué.

Aún no había cambiado de expresión.

—Dice que si no le sacas la muela te pega un tiro.

Sin apresurarse, con un movimiento extremadamente tranquilo, dejó de pedalear en la fresa, la retiró del sillón y abrió por completo la gaveta inferior de la mesa. Allí estaba el revólver.

—Bueno —dijo—. Dile que venga a pegármelo.

resting
threshold
faded

Hizo girar el sillón hasta quedar de frente a la puerta, la mano apoyada° en el borde de la gaveta. El alcalde apareció en el umbral°. Se había afeitado la mejilla izquierda, pero en la otra, hinchada y dolorida, tenía una barba de cinco días. El dentista vio en sus ojos marchitos° muchas noches de desesperación. Cerró la gaveta con la punta de los dedos y dijo suavemente:

—Siéntese.

—Buenos días —dijo el alcalde.

—Buenos —dijo el dentista.

headrest
porcelain bottles

Mientras hervían los instrumentos, el alcalde apoyó el cráneo en el cabezal° de la silla y se sintió mejor. Respiraba un olor glacial. Era un gabinete pobre: Una vieja silla de madera, la fresa de pedal, y una vidriera con pomos de loza°. Frente a la silla, una ventana con un cancel de tela hasta la altura de un hombre. Cuando sintió que el dentista se acercaba, el alcalde afirmó los talones y abrió la boca.

careful

Don Aurelio Escovar le movió la cara hacia la luz. Después de observar la muela dañada, ajustó la mandíbula con una cautelosa° presión de los dedos.

—Tiene que ser sin anestesia —dijo.

—¿Por qué?

—Porque tiene un absceso.

El alcalde lo miró en los ojos.

forceps
spittoon

—Está bien —dijo, y trató de sonreír. El dentista no le correspondió. Llevó a la mesa de trabajo la cacerola con los instrumentos hervidos y los sacó del agua con unas pinzas° frías, todavía sin apresurarse. Después rodó la escupidera° con la punta del zapato y fue a lavarse las manos en el aguamanil. Hizo todo sin mirar al alcalde. Pero el alcalde no lo perdió de vista.

bottom wisdom tooth
forceps
kidneys
let loose
bitter

Era una cordal inferior°. El dentista abrió las piernas y apretó la muela con el gatillo° caliente. El alcalde se aferró a las barras de la silla, descargó toda su fuerza en los pies y sintió un vacío helado en los riñones°, pero no soltó° un suspiro. El dentista sólo movió la muñeca. Sin rencor, más bien con una amarga° ternura, dijo:

—Aquí nos paga veinte muertos, teniente.

crunch

El alcalde sintió un crujido° de huesos en la mandíbula y sus ojos se llenaron de lágrimas. Pero no suspiró hasta que no sintió salir la muela.

Entonces la vio a través de las lágrimas. Le pareció tan extraña en su dolor, que no pudo entender la tortura de sus cinco noches anteriores. Inclinado sobre la escupidera, sudoroso°, jadeante°, se desabotonó la guerrera° y buscó a tientas el pañuelo en el bolsillo del pantalón. El dentista le dio un trapo limpio.

—Séquese las lágrimas —dijo.

El alcalde lo hizo. Estaba temblando. Mientras el dentista se lavaba las manos, vio el cielorraso desfondado y una telaraña° polvorienta con huevos de araña e insectos muertos. El dentista regresó secándose las manos. "Acuéstese —dijo— y haga buches° de agua de sal." El alcalde se puso de pie, se despidió con un displicente saludo militar, y se dirigió a la puerta estirando las piernas, sin abotonarse la guerrera.

—Me pasa la cuenta —dijo.

—¿A usted o al municipio?

El alcalde no lo miró. Cerró la puerta, y dijo, a través de la red° metálica:

—Es la misma vaina°.

sweaty / panting / military jacket

spiderweb

gargle

screen

the same thing

Vocabulario

▶ **Verbos**

afeitarse	*to shave*	**hervir**	*to boil*
amanecer	*to dawn*	**sacar**	*to remove*
apresurarse	*to hurry up*	**secarse**	*to dry*
doler	*to hurt*	**suspirar**	*to sigh*
guardar	*to keep*	**temblar**	*to tremble*

▶ **Sustantivos**

el alcalde	*mayor*	**la mejilla**	*cheek*
la barba	*beard*	**la mirada**	*look, glance*
la cuenta	*bill*	**la muela**	*molar*
el gabinete	*office*	**la muñeca**	*wrist*
la gaveta	*drawer*	**el oro**	*gold*
la lágrima	*tear*	**la sala de espera**	*waiting room*
la mandíbula	*jaw*	**la ternura**	*tenderness*

▶ **Adjetivos**

dolorido	*painful*	**rígido**	*rigid*
hinchado	*swollen*		

▶ **Expresiones**

pegar un tiro *to shoot*
volver a + infinitivo *to do something again*

Repasemos el vocabulario

A. ¿Cuál no pertenece al grupo? Basándose en lo que pasa en el cuento, indique la palabra que no está relacionada con las otras y explique por qué.

1. muñeca	mirada	mejilla	muela
2. suspirar	temblar	secarse	guardar
3. barba	afeitarse	apresurarse	mejilla
4. rígido	lágrima	doler	dolorido

B. Un paciente inesperado. La visita del alcalde al gabinete de don Aurelio resultó tensa, tanto para el alcalde como para el dentista, pero por razones distintas. Llene los espacios con las palabras apropiadas de la lista.

mejilla	muela	gabinete	pegarle un tiro	dolía
gaveta	alcalde	guardaba	hinchada	sacara

Era muy de madrugada y don Aurelio Escovar trabajaba con obstinación en su 1._____. El hijo del dentista anunció que el 2. _____ había venido y que quería que le 3. _____ una 4._____ que le 5._____ muchísimo. Al principio, el dentista se negó a *(refused)* atenderlo, y el alcalde lo amenazó *(threatened him)* con 6._____. Al escuchar la amenaza don Aurelio abrió su 7._____ donde 8._____ su revólver. Cuando el funcionario municipal apareció en la puerta y el dentista vio la 9._____ dolorida e 10._____, le dijo que se sentara en la silla de madera.

Según la lectura

¿A quién corresponde? Diga a quién(es) corresponden los siguientes comentarios. Justifique sus respuestas.

	al dentista	*al alcalde*	*a ninguno*
1. Ejerce una profesión importante en el pueblo.	_____	_____	_____
2. Posee un arma.	_____	_____	_____
3. Está sufriendo.	_____	_____	_____
4. Tiene poder.	_____	_____	_____
5. Pierde la calma en el gabinete.	_____	_____	_____
6. Muestra un momento de ternura.	_____	_____	_____
7. Sonríe.	_____	_____	_____

Según usted

Explique, por favor. Explique, con ejemplos específicos de la lectura, las siguientes afirmaciones.

1. El pueblo donde viven el dentista y el alcalde es muy pobre.
2. Don Aurelio es un hombre pobre.
3. Don Aurelio está muy dedicado a su profesión.

4. Existen odio y rencor entre el dentista y el alcalde.

5. Don Aurelio no se deja llevar por su deseo de venganza.

6. El alcalde es un funcionario corrupto.

Conversemos

1. Explique el significado de las siguientes líneas del cuento.
   a. "Pero el alcalde no lo perdió de vista".
   b. "Aquí nos paga 20 muertos, teniente".
   c. "Cerró la gaveta con la punta de los dedos y dijo suavemente:
      —Siéntese".
   d. "—Me pasa la cuenta —dijo.
      —¿A usted o al municipio?
      El alcalde no lo miró. Cerró la puerta, y dijo, a través de la red metálica:
      —Es la misma vaina".

2. ¿Cree Ud. que uno siempre paga los daños que ha cometido?

3. Se dice que García Márquez es el genio de la ironía y del sarcasmo. Busque un ejemplo de cada una de estas técnicas literarias. También, *Un día de éstos* se ha llamado "el cuento perfecto". ¿Qué significa esto? ¿Está de acuerdo con esta descripción? Explique.

Si le gustó este cuento, recomendamos que lea *Espuma y nada más* de Hernando Tellez, otra historia llena de suspenso y tensión.

COLOMBIA OFRECE MUCHAS SORPRESAS

▲ *Las esmeraldas colombianas*

Pasé dos semanas en Colombia con la familia de mi amiga Araceli. No hablan mucho de la complicada violencia que se caracteriza por el gangsterismo y el narcotráfico. Reconocen que desde hace mucho tiempo es un grave problema allí, pero prefieren enfocarse en lo positivo y lo bello de Colombia. ¡Y hay mucho que apreciar! Aprendí tanto sobre el país, recorriendo las calles de Bogotá, admirando la arquitectura colonial española y buscando artesanías tradicionales.

Como quería conseguir una esmeralda, Araceli me llevó al antiguo Claustro de la Iglesia de las Aguas, uno de los importantes distribuidores de las gemas. Allí aprendí que Colombia era el mayor productor en dólares de esmeraldas, y que los grandes productores se encontraban en Boyacá, a 200 kilómetros al norte de Bogotá. Otros países que producen esmeraldas son Brasil, Zambia y partes de África, Rusia y Afganistán. Fue difícil escoger entre tantas joyas exquisitas, pero me llevé un precioso anillo de oro con una esmeralda grande de un color intenso. Ahora entiendo el sueño apasionado de los españoles que motivaba la colonización de esta zona. Su sueño era alimentado° por el mito° de El Dorado que hablaba de ciudades de oro y montañas de esmeraldas. Este mito tenía su base en una ceremonia religiosa en la que el jefe de los indios muiscas se cubría de oro antes de entrar en las aguas de la laguna de Guatavita.

fed / myth

No hay ciudades de oro ni montañas hechas de esmeraldas, pero hay mucho café, y es una de las riquezas más grandes del país. Para descansar de tanto recorrer y comprar fuimos a un restaurante y allí mi amiga me dijo que el cultivo del café se debía a los jesuitas que iniciaron la producción en Colombia en 1732. Para finales de ese siglo el café se había convertido en un producto de exportación y el país ya participaba en el comercio internacional.

Yo tenía muchas ganas de probar un tinto, el típico café colombiano, pero tenía que esperar hasta después de almorzar. Allí, en ese restaurante en el norte de Bogotá, me llevé la sorpresa más grande de todas. Pensé que iba a almorzar arepas, ajiaco, tamales y otras especialidades del país. Pero no, Araceli me pidió probar "la carne del futuro" —¡búfalo! Sí, en el menú había varias opciones: filetes, cocidos°, churrascos°... de búfalo y varios derivados lácteos de la leche de ese animal como quesos y yogurt. Es la carne del futuro, según mi amiga, porque es baja en colesterol y grasas, y sus productos de leche tienen altos porcentajes de proteínas que son nutritivos para los niños. El animal es manso, se adapta a cualquier condición agraria y resiste enfermedades. Pues, la probé para darle gusto a mi amiga, pero confieso que me gustan los platos típicos de Colombia que se preparan sin búfalo.

stews / barbecued meats

Práctica

Diga Ud. *dos* datos sobre...

1. las esmeraldas.
2. la colonización española de Bogotá.
3. el cultivo del café.
4. el búfalo como producto agroindustrial en Colombia.

ALGO MÁS SOBRE COLOMBIA

 A. Ampliar lo que sabemos. ¿Les gustaría saber más sobre Colombia? Reúnanse en grupos de tres o cuatro personas y preparen una presentación sobre uno de los siguientes temas. Escojan el que más les interese, u otro que no aparezca en la lista:

- La diversidad de la población colombiana. La mayoría mestiza. Las minorías y su desigual participación en el poder.
- La historia turbulenta de Colombia. La época precolombina y sus diversas culturas: la cultura de San Agustín, las culturas chibcha y muisca, y la cultura quimbayá. La época colonial y el virreinato de Nueva Granada. El papel de Simón Bolívar en la Independencia y el fracaso de la Gran Colombia. La pérdida de Panamá en 1903 ante la construcción del canal y la creciente influencia de Estados Unidos desde comienzos del siglo XX. El origen de la guerrilla a mediados del siglo XX, su evolución y su situación actual.
- La variada geografía de Colombia. La costa del Caribe y sus ciudades (Cartagena, Barranquilla, etc.). El Chocó (costa del Pacífico). Las cordilleras andinas y sus ciudades (Bogotá, Medellín y Cali). Las llanuras amazónicas. La importancia de cada zona en la economía colombiana.
- El narcotráfico colombiano. Las graves consecuencias para la sociedad colombiana. Las soluciones planteadas hasta ahora. La intervención de Estados Unidos en la lucha contra los narcotraficantes.
- La literatura colombiana. La literatura indígena y su presencia en la literatura contemporánea. Las crónicas del período colonial. Los grandes nombres de la narrativa colombiana: Jorge Isaacs, José Eustasio Rivera y el ganador del Premio Nobel, Gabriel García Márquez. La poesía de José Asunción Silva. La literatura reciente.
- Las diferentes clases de música de Colombia. La importancia de la música en el período colonial. Las diferentes clases de música popular: el origen afroamericano del currulao, el aguabaja y la cumbia; la variedad de música mestiza, tal como la guabina, el bambuco, el galerón y el pasillo; la adaptación de música foránea como la habanera cubana. El ballenato, nueva exportación musical de Colombia.
- El arte en Colombia. La época precolombina: la orfebrería y cerámica de los chibchas, los muiscas y los quimbayás. Las esculturas monumentales de la cultura de San Agustín y de Tierradentro. La época virreinal: la adopción del mudéjar; las ciudades coloniales, especialmente Tunja. La época actual: la calidad de la arquitectura; la pintura de Alejandro Obregón. El peculiar arte de Fernando Botero, pintor y escultor mundialmente reconocido.
- La gastronomía colombiana. Las sopas: cucucho, ajiaco y sancocho. Los pescados: sancocho de pescado, pescado con yuca y pescado con ñame. Otros platos característicos: el arroz con coco, los frijoles, los tamales de maíz y de arroz, el peto de maíz. Los postres: el arequipe, los dulces de almíbar, la jalea de guayaba y el melado con cuajada. Las bebidas: el guarapo, el masato, el guarrúz, etc.

B. Compartir lo que sabemos. ¿Cómo preparar la presentación?

1. Utilicen todo tipo de fuentes de información para hacer investigación sobre el tema escogido: libros, prensa, Internet, etc.

2. Incluyan en su presentación todos los medios audiovisuales que crean convenientes: fotografías, mapas, dibujos, videos, cintas o discos de música, etc.

3. Ofrézcanles a sus compañeros de clase un esquema de todos los puntos que van a desarrollar en su presentación.

Ampliación y composición

¡REVISE SU ORTOGRAFÍA!

El uso de la letra *h*

1. La mayoría de cognados que en inglés se escriben con **h,** también llevan **h** en español. Por ejemplo:

alcohol	habitar	hábito	héroe
hipótesis	historia	honor	horrible
hospital	hotel	humor	prohibir

¡Ojo! La palabra **armonía** se escribe sin **h** en español.

2. Muchas palabras del español que no tienen cognados en inglés se escriben con **h.** Estos son unos pocos ejemplos.

ahora	ahorrar	almohada	bahía
haber[1]	hablar	hacer	hasta
helado	herida	hermano(a)	hielo
hierba	hierro	hijo(a)	hombre
hombro	hora	horno	hoy
hueso	huevo	huir	zanahoria

3. ¡Ojo con estas palabras! Su sonido es similar, pero su significado es muy diferente.

hola / ola

Hola, ¿qué tal?
Hay muchas **olas** en las playas de California.

echo (echar) / hecho (hacer)

Siempre **echo** (tiro) las cosas viejas a la basura.
¿Has **hecho** la tarea para mañana?

ojo / hoja

Ahora cualquier persona puede tener **ojos** verdes.
Las **hojas** de algunos árboles se caen en otoño.
Compré un libro que tenía muchas **hojas.**

---

[1] Para los problemas de escritura con el verbo **haber,** véase *Ampliación y composición*, Lección 6.

ENFOQUE: NARRACIÓN EN TERCERA PERSONA

En la lección 4 hemos visto la narración en primera persona para relatar un acontecimiento autobiográfico. En esta lección practicaremos la narración en tercera persona, forma que se usa para relatar un cuento, una leyenda, un artículo periodístico o el argumento de una película.

¡Prepárese a escribir!

Ahora, Ud. va a escribir con sus propias palabras un chiste, una anécdota, un cuento o una leyenda que Ud. recuerde.

¡Organice sus ideas!

Organice la composición, teniendo en cuenta los tres momentos importantes de la narración:

1. la situación
2. la complicación
3. el desenlace

Modelo:

CAPERUCITA ROJA

Situación:	Caperucita salió de su casa para visitar a su abuelita que estaba enferma. (Añadir todos los detalles necesarios para dar vida al relato.)
Complicación:	Caperucita Roja se encontró con el lobo en el bosque. (Narrar todo lo que pasó hasta el momento en que el lobo atacó a Caperucita Roja.)
Desenlace:	Un cazador que pasaba por allí mató al lobo. Caperucita Roja y la abuelita se salvaron. (Narrar desde la llegada del cazador a la casa de la abuelita hasta la muerte del lobo para salvar a las dos mujeres.)

Recuerde lo siguiente

Recuerde que en una narración el pretérito se usa para narrar acciones que ocurrieron una sola vez. El pretérito adelanta la narración mientras que el imperfecto describe: a) el ambiente en que tiene lugar la acción, b) a las personas, animales o cosas y c) los estados mentales de las personas. El pluscuamperfecto describe una acción anterior a otra en el pasado.

Modelo:

Pretérito:	Caperucita Roja **salió** de su casa… No **obedeció** a su mamá… Se **fue** por el bosque…
Imperfecto:	**Era** un día de primavera… El sol **brillaba**… Los pájaros **cantaban**…
Pluscuamperfecto:	Cuando Caperucita Roja **llegó,** el lobo ya **había atacado** a la abuelita.

Para la comunicación:

Había una vez...	*Once upon a time...*
cuando...	*when...*
y entonces...	*and then...*
de pronto...	*suddenly...*
al principio...	*at the beginning...*
al cabo de...	*at the end of...*
a las dos (tres) horas...	*after two (three) hours...*
al día (mes) (año) siguiente...	*next day (month) (year)...*
mientras tanto...	*in the meantime...*
durante...	*during...*
finalmente...	*finally...*
Colorín, colorado, este cuento se ha acabado.	*And they lived happily ever after.*

LECCIÓN 10

¿Cómo consigo la información?

¡CHARLEMOS!

Charle con un(a) compañero(a) sobre sus gustos con respecto al cine y la televisión. Puede consultar el vocabulario en las páginas 434–436.

1. ¿Vas mucho al cine o prefieres alquilar una película y verla en casa? ¿Cuáles son tus películas favoritas? ¿Las de amor? ¿Las de misterio? ¿Las de vaqueros? ¿Las de ciencia ficción? ¿Por qué?

2. ¿Cuál es la mejor película que has visto últimamente? (Si Ud. no ha visto la película, pídale que se la cuente.)

¡CHARLEMOS MÁS!

1. ¿Qué opinas de los programas de televisión que vemos diariamente? ¿Estás satisfecho(a) con la calidad de los programas que ponen en la televisión? ¿Cuáles son tus programas favoritos?

2. ¿Quiénes crees que ven más televisión, los hombres o las mujeres? ¿Los niños, los adolescentes o los mayores? ¿Por qué será?

Ahora, en parejas, hagan una lista de los diez programas de televisión que actualmente gozan de mayor popularidad y coméntenlos. Después, preséntenle a la clase su lista y compárenla con la de los otros estudiantes.

ENFOQUE: Honduras

▶ *Comprando boletos*

432

▶ *Tegucigalpa,*
Honduras

Capital: *Tegucigalpa*
Moneda: *el lempira*
Población: *6.4 millones de habitantes*

Algo sobre Honduras

Hablar de Honduras implica hablar de la "república bananera", de la
United Fruit Company y de la serie de gobernantes asociados con la misma.
Honduras es el segundo país en extensión de Centroamérica; su población es
predominantemente mestiza y con un importante componente africano —tan
sólo el 1% de su población es de ascendencia europea—. El café, el banano,
el azúcar y el tabaco son sus principales productos de exportación.

LOS PROGRAMAS DE TELEVISIÓN

Canal 4

8:00 a.m.

Canal 7

7:30 p.m.

Canal 14

6:00 p.m.

Canal 12

2:00 p.m.

Canal 9

9:15 a.m.

Canal 3

12:00 a.m.

▶ **El teléfono**

¿Aló? ¿Hola? *Hello.*
¿Bueno? ¿Diga? ¿Dígame? *May I help you?*
¿Con quién desea hablar? *With whom do you wish to speak?*
¿Con quién hablo? *With whom am I speaking?*
¿De parte de quién? *Who may I say is calling?*

¿Desea dejar algún recado? *Would you like to leave a message?*
por cobrar (a cobro revertido) *collect*
la guía telefónica *telephone directory*
La línea está ocupada. *The line is busy.*
la llamada equivocada *wrong number*

la llamada telefónica [de larga distancia (local)] *phone call [long distance (local)]*
marcar el número *to dial the number*

las páginas amarillas *the yellow pages*
el teléfono móvil (celular) *cell phone*
Volveré a llamar más tarde. *I'll call back later.*

▶ **La oficina de correos**

el apartado de correos *P.O. box*
asegurar *to insure*
el buzón *mailbox*
el (la) destinatario(a) *addressee*
cerrar (ie) el sobre *to seal the envelope*
el distrito postal *ZIP code*
echar (enviar) una carta *to mail (send) a letter*
la encomienda postal *parcel post*
franquear *to put on postage*
el franqueo *postage*

el paquete *package*
el telegrama *telegram*
la tarjeta postal *postcard*
pegar los sellos *to stick the stamps*
la etiqueta *label, sticker*
pesar *to weigh*
por correo aéreo (certificado) *by air (registered) mail*
reclamar *to claim*
el (la) remitente *sender*

▶ **La prensa**

el acontecimiento *event*
los anuncios clasificados *classified ads*
los editoriales *editorial section*
los deportes *sports*
el horóscopo *horoscope*
las notas sociales *social news*
las noticias locales [(inter)nacionales] *local [(inter)national] news*

el periódico (el diario) *newspaper*
la primera plana *the front page*
las tiras cómicas (las historietas) *comic strips*
los titulares *headlines*
el (la) periodista *journalist*

▶ **Los espectáculos**

el actor (la actriz) *actor (actress)*
una actuación (en directo, en vivo) *(live) performance*
el argumento *plot*
el boleto (el billete, la entrada) *ticket*
dirigir una película *to direct a movie*
la estrella del cine *movie star*
el estreno *premiere, new movie*
filmar (rodar–ue) *to make a movie*
hacer cola *to stand in line*
interpretar el papel de *to play the role of*
la pantalla (cinematográfica) *film screen*
pasar (dar) una película *to show a movie*

la película *movie*
    de ciencia ficción *science fiction . . .*
    cómica *comedy . . .*
    de dibujos animados *cartoon . . .*
    de guerra *war . . .*
    de misterio *mystery . . .*
    policíaca *police (detective) . . .*
    de vaqueros *cowboy . . .*
el personaje *character*
protagonizar *to star (in a show)*
la taquilla *box office, ticket window*
el (la) taquillero(a) *ticket seller*

▶ **La computadora (A.L.), el ordenador (España)**

chatear *to chat (on-line)*
conectarse *to connect*
la contraseña *password*
el correo basura (spam) *junk mail, spam*
el correo electrónico *e-mail*
en línea, on-line *on-line*

el enlace (el vínculo) *link*
hacer clic *to click*
el hard- (soft)ware *hard- (soft)ware*
el mensaje (de correo electrónico) *(e-mail) message*
navegar la Red (en Internet) *to surf the web*

la **pantalla** *screen*
el **ratón** *mouse*
el **servidor** *server*

▶ **La radio, la televisión, el video**

la **cinta (el video)** *videotape*
el **(la) comentarista de televisión** *TV commentator*
el **DVD** *DVD*
la **cadena** *network*
el **documental** *documentary*
la **emisión** *broadcast*
el **(la) locutor(a) de radio** *radio announcer*
mirar (ver) la tele *to watch TV*
el **noticiero (el telediario)** *news show*
la **publicidad (la propaganda)** *advertising*
la **radioemisora** *radio station*

el **sitio web (sitio de la Red)** *web site*
el **teclado** *keyboard*

el **reportaje** *news report*
el **reproductor (grabador) DVD** *DVD player (recorder)*
la **telenovela** *soap opera*
el **(la) televidente** *television viewer*
la **televisión** *television (industry, medium)*
el **televisor** *television set*
transmitir el boletín de noticias (el boletín meteorológico) *to broadcast the news bulletin (weather report)*
el **video, la videocasetera** *video, VCR*
el **videojuego** *video game*

PRÁCTICA

A. ¿Cómo se llama? Indique qué término se usa para identificar a una persona que…

1. envía cartas.

2. recibe cartas.

3. vende las entradas del cine.

4. ve la televisión.

5. actúa en películas.

6. hace los anuncios en la radio.

7. presenta los comentarios de televisión.

VOCABULARIO PARA
LA COMUNICACIÓN:
Los medios de comunicación

B. El periódico.

1. El abuelo lee un artículo sobre el turismo en la costa norte del país en…
2. El hijo Rafael busca un coche usado en…
3. El señor Vargas busca noticias sobre el campeonato de fútbol en…
4. Ana Vargas, la hija mayor, lee una entrevista con el Príncipe de España en…
5. Para leer *Garfield*, el hermanito de Ana pide…
6. A la abuelita le gusta saber quién se casó y por eso lee…

B. El periódico. Los miembros de la familia Vargas, que viven en la capital de Honduras, están leyendo el periódico hondureño *La Prensa*. Su profesor(a) va a leer una serie de oraciones incompletas. Escuche e indique la terminación correcta.

1. las noticias locales / las noticias nacionales

2. primera plana / los anuncios clasificados

3. los deportes / los titulares

4. las noticias internacionales / las historietas

5. el horóscopo / las tiras cómicas

6. las notas sociales / los editoriales

C. Dos películas más sobre la historia de México. En la cartelera de un diario hondureño un artículo habla sobre dos películas mexicanas. Complete el artículo con la forma apropiada de las siguientes palabras.

rodar *(to shoot)*	cola	la película de vaqueros
filmar	actuación	estreno
interpretar el papel	estrella	pantalla
dirigir		

Por lo visto, a la _____ española Antonio Banderas le gusta mucho México porque ya ha _____ seis películas en ese país y también _____ la secuela de *La Máscara del Zorro*. Banderas _____ del controvertible *(controversial)* líder revolucionario, Pancho Villa, en la película para HBO, *And Starring Pancho Villa As Himself*, _____ por Bruce Beresford.

Los aficionados de _____ y de la historia mexicana del período revolucionario hicieron _____ para ver el _____ de *Zapata*. El director, Alfonso Arau, contaba con buenas _____ de su excelente elenco *(cast)* de actores: Alejandro Fernández, protagonizando al revolucionario Emiliano Zapata, Patricia Velázquez, Jaime Camil y Lucero. Es una película digna de verse en la _____ grande.

D. Comentarios. En parejas, comenten su... favorito(a).

1. película
2. estrella de cine
3. comentarista de televisión
4. locutor(a) de radio
5. radioemisora
6. periódico
7. sección de periódico

E. Una impresión. Describa un(a)... que le causó una gran impresión.

1. acontecimiento en las noticias
2. actuación en vivo
3. argumento de un libro o de una película
4. reportaje
5. documental

F. Los programas de televisión. En parejas, observen los dibujos de la página 434. Usen el **Vocabulario para la comunicación** y la imaginación para contestar las siguientes preguntas.

1. ¿En qué canal y a qué hora pasan las noticias? En Estados Unidos, ¿es común que los comentaristas sean un hombre y una mujer como en este dibujo? ¿Suelen sonreír al comentar las noticias o tienen la cara seria?

2. ¿De qué programa será la escena que pasan en el canal 14? En su opinión, ¿cuál ha sido el programa espacial más popular en Estados Unidos? ¿Cuál es el personaje del espacio más famoso? ¿Por qué?

3. ¿Qué tipo de programa es el que pasan en el canal 3 a medianoche? ¿Es popular este tipo de programa? Nombren algunos que son y que han sido populares en Estados Unidos.

4. ¿Alguno de los miembros de su familia ve telenovelas? ¿Quién? ¿Sus amigos las ven? ¿Por qué creen que estos programas son tan populares?

¿En qué canal pasan una telenovela? ¿Conocen alguna telenovela hispana? ¿Cuáles son las diferencias entre las hispanas y las estadounidenses?

5. ¿A qué público están dirigidos los programas de los canales 9 y 12?

6. ¿Cuáles son los programas de televisión que gozan de mayor popularidad en este momento? ¿Piensan Uds. que la televisión debe divertir, informar o educar a los televidentes?

7. Si Uds. fueran estrellas de cine o de televisión, ¿en qué tipo de programas les gustaría actuar?

G. Mis preferencias. Explique por qué Ud....

1. usaría un apartado de correos y no la dirección de su casa para recibir el correo.

2. se negaría a tener un reproductor de DVD en casa.

3. no dejaría recados por teléfono.

4. nunca encendería la radio en el coche.

5. leería el artículo antes de fijarse en el titular.

H. Atrapado(a) en la Red. Su abuela, que siempre lo (la) ha criticado a Ud. por "estar atrapado(a) en la Red", ahora quiere conectarse al Internet. Use los siguientes términos y otras palabras y expresiones necesarias, para darle a su abuelita un entendimiento básico de lo que necesita para...:

1. buscar información sobre La Ceiba, Honduras, su ciudad natal.

   la computadora, el teclado, en línea, navegar en la Red, hacer clic, el enlace

2. abrir el correo electrónico.

   la computadora, el ratón, la pantalla, en línea, el correo electrónico, el correo basura

✦ PERSPECTIVAS

PREPARATIVOS

1. Lea la sección **¿Sabía Ud. que en Honduras... ?**

2. Mire las formas verbales de la lectura que están en negrita. ¿Sabe qué significan? En la oración, "Entonces continúe esperando en esa cola...", ¿qué verbo podría sustituir por **continúe**?

3. ¿En alguna ocasión ha pasado horas haciendo cola para ver una película? ¿Cuál? ¿Valió la pena esperar? Si está haciendo cola para comprar boletos para una película, una función o un espectáculo y le dicen que se están acabando, ¿qué puede hacer?

¿Sabía Ud. que en Honduras... ?

- La banda rock que nació en 2002 bajo el nombre de Tegucigalpa recientemente ha decidido acortar su nombre a **Cigalpa**. El grupo ha tenido éxito en Argentina, cuyo público no es fácil de conquistar. Tegucigalpa es la capital de Honduras.

▲ *Sol Caracol*

- La **marimba** es un instrumento musical representativo de los países de Centroamérica. Es una mesa de madera hecha originalmente de tubos de bambú o de calabazas. Hoy están fabricadas de *cedar* cedro° o de maderas de los árboles de las selvas tropicales. Encima de la mesa están *small boards* colocadas tablillas° llamadas teclas. Las teclas de grandes dimensiones producen sonidos bajos y las teclas más diminutas producen sonidos más altos. Se cree que la marimba apareció en América entre 1492 y 1680 como fusión de elementos culturales de Asia, África, Europa y América. El desarrollo de la marimba actual tiene sus raíces en Guatemala y ha llegado a ser parte de la identidad de Honduras, donde hay excelentes conjuntos. Dice el renombrado marimbista Lester Godínez: "La marimba actual tiene *sound* ilimitadas posibilidades sonoras°. Puede interpretarse prácticamente cualquier pieza."

- El sonido de la banda hondureña **Sol Caracol** es una fusión de rock, reggae, ska, salsa y calypso. Fue formada por José Inés Guerrera en 1996, y acaba de salir su primer álbum, *Planeta Sol*, que está disfrutando de mucho éxito en España.

El revendedor de boletos

¿Cuántas veces le ha sucedido a Ud. que, **estando** en la cola para ver una actuación, le anuncian que se han agotado los boletos para la función del día? Ud., **tratando** de contener su mal humor, no tiene más remedio que recurrir al revendedor, que siempre está dispuesto a ofrecerle los boletos para la función que Ud. desea.

—Parece que se están **agotando** los boletos para la función de Cigalpa. Por casualidad, ¿no tiene Ud. dos boletos?

—Espere un momentito. Déjeme ver si aún me queda alguno. Sí, sí, aquí tengo dos.

—Y..., ¿a cuánto los está **dando**?

—A 6.000 pesos cada uno.

—¡Pero si en la taquilla los están **vendiendo** a 3.000 pesos!

—Entonces continúe **esperando** en esa cola que ya da vuelta a la esquina y, como Ud. ve, todavía falta un buen rato para que abran la taquilla.

—Pero no me estoy **quejando.** Es sólo un comentario. Deme, por favor, los dos boletos que le quedan.

—Aquí los tiene.

El revendedor se va **alejando** y de pronto se vuelve a oír su voz que anuncia:

—Aún me quedan dos para Sol Caracol... y tres para la banda de marimba.

Una banda de marimba ▶

COMPRENSIÓN Y PRÁCTICA

A. Comprensión. Conteste las siguientes preguntas.
Diga qué... a la persona en la lectura que está haciendo cola para ver una función.

1. le pasó

2. le dijo el revendedor de boletos

3. remedio *(choice)* le queda

B. Expansión. Conteste las siguientes preguntas.

1. ¿Qué intención tiene el revendedor de boletos cuando le dice al cliente: "Déjeme ver si aún me queda alguno"?

2. ¿Por qué cree que los revendedores siempre tienen los boletos para la función que uno desea? ¿Piensa que revender boletos es un trabajo honesto? ¿Por qué?

3. ¿Cree que los revendedores tienen acuerdos especiales con los taquilleros para vender los boletos? ¿Cómo se podría solucionar el problema de la reventa de boletos?

4. En Estados Unidos, ¿se permite revender boletos? ¿Ha comprado alguna vez boletos de un revendedor? ¿Tuvo que pagar el mismo precio o un precio más alto?

ESTRUCTURA 1: El gerundio

LAS FORMAS DEL GERUNDIO

Ud. recordará que el gerundio (el participio presente) es invariable. Los verbos regulares forman el gerundio con las siguientes terminaciones.

Infinitivo	Radical	+	Terminación	=	Gerundio
llamar	llam-		ando		llamando
encender	encend-		iendo		encendiendo
transmitir	transmit-		iendo		transmitiendo

Los verbos de las conjugaciones **-er** y **-ir** cuyo radical termina en una vocal, toman la terminación **-yendo** en lugar de **-iendo**.

Infinitivo	Radical	+	Terminación	=	Gerundio
caer	ca-				cayendo
creer	cre-				creyendo
leer	le-		yendo		leyendo
construir	constru-				construyendo
oír	o-				oyendo

Los verbos de la conjugación **-ir** que sufren en la tercera persona del pretérito un cambio de la vocal radical (**o → u, e → i**) sufren en el gerundio el mismo cambio de vocal.

Infinitivo	Pretérito	Gerundio
decir	dijo	diciendo
dormir	durmió	durmiendo
pedir	pidió	pidiendo
repetir	repitió	repitiendo
sentir	sintió	sintiendo
venir	vino	viniendo

Atención: Hay un solo gerundio irregular: **ir → yendo.**

LOS USOS DEL GERUNDIO

1. **estar +** gerundio

   El uso más corriente del gerundio es con el verbo **estar** para expresar una acción en progreso.

   Están hablando de las noticias locales.
   Estaban refiriéndose al comentarista de la televisión.
   Me gustaría que **estuvieran actuando** en el teatro local.

2. Verbos de movimiento + gerundio

Los verbos de movimiento como **ir, venir, andar, entrar, salir** y **llegar** + gerundio describen una acción que se viene desarrollando gradualmente.

Va creciendo el número de televidentes.
Los recién llegados al cine **entraron hablando** de las estrellas de cine.

Atención: Al traducirse al inglés, dos de estos verbos tienen un matiz diferente.

> **venir** + gerundio: *to keep doing something*
> **andar** + gerundio: *to go around doing something*

Vienen diciendo lo mismo desde hace mucho tiempo.
Me dijo que **andaba buscando** trabajo como locutor de radio.

3. Verbos de continuidad + gerundio

Los verbos **continuar** y **seguir** + gerundio refuerzan la acción continua.

¿**Continúas transmitiendo** el boletín de noticias?
Seguiremos exigiendo una buena televisión pública.

4. Pronombre de complemento directo + verbo de percepción + gerundio

Con los verbos de percepción se puede usar el gerundio en lugar del infinitivo.

Los **vi saliendo** (salir) del concierto del cantante guatemalteco Ricardo Arjona.
La oímos **pidiendo** (pedir) a gritos "¡Socorro!"

5. El gerundio en función de adverbio

El gerundio puede usarse como adverbio…

a. para modificar un verbo.

La actriz contestó **riendo** al entrevistador.
A menudo lo llamaba **quejándome**.

b. para explicar cómo se puede hacer algo (inglés: *by* + gerundio).

Trabajando mucho, lograron mejorar su situación económica.
Se puede aprender mucho **mirando** los programas educativos.

c. cuando está subordinado a otro verbo y las dos acciones coinciden en algún momento del tiempo.

Repitiendo sus oraciones se quedó dormido.
Sonriendo al público, Enrique Iglesias se despidió.

Recuerde que…

1. cuando el gerundio va acompañado de los pronombres de complemento directo e indirecto, lleva acento escrito si los pronombres van después.[1]

Juan está **dándole** el boleto a Magda.   Pero: (Juan **le** está **dando** el boleto a Magda.)

Juan está **dándoselo** a Magda.   Pero: (Juan **se lo** está **dando** a Magda.)

---

[1] Revise la Lección 5, página 216.

2. En español no se usa el gerundio después de las preposiciones, sino el infinitivo.[1]

Antes de **ir** al teatro podemos comer algo.

PRÁCTICA

A. El problema de la reventa de boletos. Los revendedores de boletos dicen que su trabajo es muy honesto y que tienen derecho a trabajar como revendedores si así lo desean. Seleccione los verbos apropiados y complete las siguientes oraciones con el gerundio. Los verbos pueden usarse más de una vez.

abandonar	comprender	dejar	hablar
planear	tomar	tratar	tener

1. Hemos estado _____ de los problemas de la reventa de boletos.

2. Las autoridades están _____ de poner fin a este negocio porque muchos jóvenes están _____ la escuela para trabajar de revendedores.

3. _____ la gravedad de la situación, desde hace algún tiempo las autoridades han venido _____ medidas para controlar la venta de boletos en la taquilla.

4. Se podría lograr este propósito _____ con anticipación la asistencia a un espectáculo y no _____ la compra de boletos para el último momento.

5. La venta normal de boletos para entrar a cines, teatros, conciertos y deportes se obtendría _____ un supervisor constante en cines, teatros, conciertos y deportes.

B. *Say Anything*, pero dilo con amor. *Say Anything*, rodada en los años ochenta, es una clásica película de romance de adolescente. Los dos protagonistas Lloyd y Diane se quieren mucho pero, ¿podrá su amor sobrevivir serios obstáculos? ¡Vea el video para saber qué les pasa! Pero, por ahora practique cómo expresar sentimientos de amor, poniendo el verbo en el gerundio y haciendo oraciones lógicas con un elemento de cada columna.

> **Modelo:** *Llegando a casa, te prometo llamar por teléfono.*

1. (Llegar) a casa…   …se me pasan las horas volando.
2. Tú bien sabes que (hablar) contigo…   …quiero que sepas que te quiero mucho.
3. (Hacer) mis tareas…   …no puedo hacer mis tareas.
4. (Pensar) en ti…   …te prometo llamar por teléfono.
5. (Recordar) lo que me dijiste…   …no pude dormir en toda la noche.
6. (Volver) a hablar de nosotros…   …cometí muchos errores.

C. ¿Cómo se puede llegar a ser…? Intercambie ideas con un(a) compañero(a) sobre las maneras en que se puede llegar a ser un gran personaje.

> **Modelo:** un(a) gran cómico(a)
> *¿Cómo se puede llegar a ser un gran cómico?*
> *Se puede llegar a ser un gran cómico trabajando mucho, practicando todos los días y preparando situaciones que hagan reír al público.*

---

[1] Revise la Lección 9, página 394.

1. un(a) buen(a) comentarista de televisión
2. una estrella del cine
3. un(a) locutor(a) de radio
4. un(a) director(a) de cine
5. un(a) periodista famoso(a)

Ahora, imagínense que Uds. han llegado a ser estrellas famosas. Cuéntenles a sus amigos cómo llegaron a ser tan famosos.

 PERSPECTIVAS

PREPARATIVOS

1. Lea Ud. la sección, **¿Sabía Ud. que en Honduras… ?**

2. Mire los verbos de la lectura de la página 445 que están en negrita y que se usan en el presente y el condicional perfecto. ¿Sabe qué significan en inglés? Para mañana a esa hora, *¿habrá terminado* su tarea de español? Si no hubiera tomado la clase de español, ¿qué otra clase *habría elegido*?

3. Si tuviera la oportunidad de ir a Honduras, ¿preferiría ir a una de sus hermosas playas o le gustaría visitar un sitio arqueológico para ver las ruinas mayas? Explique.

¿Sabía Ud. que en Honduras… ?

- La pequeña república tropical de **Honduras** es el país más montañoso de la América Central y el único que no tiene volcán. El idioma oficial es el español, pero un buen porcentaje de la población habla inglés. Por la influencia de grandes empresas estadounidenses, como la United Fruit Company, que se establecieron en el país hace años, hay muchas escuelas que ofrecen sus clases en inglés.

- **Tegucigalpa,** que en lengua indígena significa "Monte de la plata", es la capital del país y una antigua ciudad minera muy pintoresca. Está situada en un valle a 1.000 metros sobre el nivel del mar y está rodeada de montañas. Sus calles, que corren en todas direcciones, pueden confundir al visitante.

filling
- El **nacatamal,** hecho de puré de maíz con un relleno° de carne, arroz, aceitunas y papas, es uno de los platos más típicos de Honduras. Los nacatamales están envueltos en hojas de plátano y cocidos a fuego lento. Es costumbre comérselos los sábados en la cena y si sobran algunos, se los comen en el desayuno al día siguiente. Se comen muchas grapefruit frutas como papayas, piñas, naranjas y toronjas°.

▲ *La cocina hondureña*

¡Volveré a Honduras!

Me habría gustado pasar una semana más en Honduras. "Después de dos semanas, **habrás visto** todas las atracciones principales del país. Es suficiente tiempo", me dijo Juan Castañeda, el agente de viajes, especialista en turismo centroamericano. ¡Era obvio que ese hombre jamás había estado en el pequeño y encantador país de Honduras!

Llegué a Tegucigalpa y fui directamente a mi hotel. Almorcé un delicioso nacatamal, unas cuantas tortillas y una bebida hecha de piña, canela y azúcar, y salí a conocer la ciudad capital de Honduras con una copia del excelente libro, *Honduras: Behind the Colors* de Guillermo Yuscarán. Siendo fotógrafo y cinematógrafo de afición, quería volver con muchas imágenes de este país cuya arquitectura colonial del siglo XVI se ha mantenido intacta: la catedral, el palacio presidencial, la universidad, fundada en 1847, y los parques... tantos parques en plena ciudad. **Habría hecho** una excursión al pequeño pueblo de Valle de Ángeles en las afueras de la ciudad, pero no disponía de mucho tiempo. Por bonita que fuera Tegucigalpa, era sólo el aperitivo. Las ruinas de Copán, a unas cuatro horas en coche, eran el plato principal.

Copán, fundada en el siglo V, fue la antigua capital de los mayas, y es una de las mejores pruebas de la existencia de esa civilización. En su época de gloria, los templos, los palacios y las cortes ocupaban una superficie de 39 kilómetros cuadrados. ¡Increíble! Para orientarme empecé mi visita en el Museo de Escultura Maya donde pude admirar los cuchillos de obsidiana que los indígenas usaban para afeitarse, hermosos aretes de jade, y dientes humanos con incrustaciones de piedras preciosas. Luego, fui a la gran Plaza de los Sacrificios, famosa por sus altares y estelas. Vi el Campo del Juego de Pelota, la Escalinata de los Jeroglíficos, la Plaza de los Tigres y otros tesoros arqueológicos.

El tiempo se me fue volando. Con una semana más **habría ido** a la selva para ver los pájaros multicolores y los ruidosos monos°, **habría ido** a las magníficas playas de Tela y La Ceiba en la región de la costa norte y al territorio multiétnico y multicultural de La Moskitia. ¿Una semana más? Dos semanas más no **habrían sido** suficientes. Algún día volveré a Honduras.

monkeys

COMPRENSIÓN Y PRÁCTICA

A. Comprensión. Conteste las siguientes preguntas.

¿Por qué el autor de la lectura...

1. quería sacar fotos de Tegucigalpa?
2. no pudo visitar el pueblecito de Valle de Ángeles?
3. se interesaba mucho por ir a Copán?
4. probablemente buscará otro agente de viajes para su próximo viaje?
5. seguramente volverá a visitar Honduras?

B. Expansión. Haga la siguiente actividad.

El viajero de la lectura le ha contratado a Ud. para ser su agente de viajes para su próximo viaje a Honduras. Honduras es un país repleto *(full)* de atracciones culturales, artísticas, turísticas y recreativas. Busque información turística en el sitio web http://www.letsgohonduras.com para ayudar a su cliente. Use el índice general, mueva el ratón sobre *Naturaleza* y busque: Islas de la Bahía, La Moskitia y La Ceiba. Mueva el ratón sobre *Colonial* y busque Camayagua. Haga lo mismo para *Culturas vivas* y busque otro destino. Luego recomiende a su cliente:

1. tres sitios que debe visitar.

2. tres actividades recreativas, artísticas o culturales que debe hacer.

No se olvide de recomendarle cuánto tiempo debe quedarse en el país.

ESTRUCTURA 2: El futuro perfecto y el condicional perfecto

LAS FORMAS DEL FUTURO PERFECTO Y DEL CONDICIONAL PERFECTO

El futuro perfecto y el condicional perfecto se forman con el verbo auxiliar **haber** y el **participio pasado.** En el futuro perfecto, **haber** está en el futuro (**habré, habrás,** etc.) y en el condicional perfecto, **haber** está en el condicional (**habría, habrías,** etc.)

Futuro perfecto		Condicional perfecto	
habré		habría	
habrás	apagado	habrías	abierto
habrá		habría	
habremos	encendido	habríamos	escrito
habréis		habríais	
habrán	dicho	habrían	visto

LOS USOS DEL FUTURO PERFECTO Y DEL CONDICIONAL PERFECTO

El futuro perfecto	El condicional perfecto
1. El futuro perfecto corresponde a *will have* (+ participio pasado) en inglés. Indica una acción anterior a otro punto de referencia en el futuro.	1. El condicional perfecto corresponde a *would have* (+ participio pasado) en inglés. Indica una acción anterior a otro punto de referencia en el pasado.
Ana **habrá escrito** todos los editoriales para el lunes.	Ayer Ana me dijo que **habría escrito** todos los editoriales para el lunes.
Ana will have written all of the editorials by Monday.	*Ana told me that she would have written all of the editorials by Monday.*
2. El futuro perfecto también puede expresar probabilidad.	2. El condicional perfecto también puede expresar probabilidad.

Ya te **habrá enviado** una tarjeta postal (Probablemente ya **ha enviado** una tarjeta postal.)

She probably has sent you a postcard.

Habrían terminado de cenar cuando los vi.
(Probablemente habían terminado de cenar cuando los vi.)

*They probably **had finished** eating when I saw them.*

3. El condicional perfecto también se usa para expresar deseo o posibilidad ante una condición contraria a la realidad.

Habría ido, pero no me invitaron.
*I **would have gone** but they didn't invite me.*

Habría ido si me hubieran invitado.
*I **would have gone** if they had invited me.*

PRÁCTICA

A. Adicto a la tele. En parejas, observen con atención el siguiente dibujo y hagan sus propias conjeturas, considerando éstas y otras preguntas.

1. ¿Quién será este hombre? ¿Qué edad tendrá el señor? ¿Dónde estará?

2. ¿Por qué habrá invitado a su televisor a cenar? (Mencionen tres posibles razones.)

3. ¿De qué habrán hablado?

4. ¿Cómo habrá reaccionado el camarero?

5. ¿Qué habrá pedido para cenar el televisor? Expliquen.

B. ¡Qué día más ocupado! Todo el día se le pasó a Ud. sin poder hacer lo que quería. Diga lo que **habría hecho** y por qué no lo pudo hacer.

> **Modelo:** acostarse temprano / volver del concierto tarde
> *Yo me habría acostado temprano, pero volví tarde del concierto.*

1. levantarse a las ocho / estar cansado(a)

2. ponerse los vaqueros / no encontrarlos

3. llegar a tiempo a clase / mi reloj estar atrasado

4. ir al cine después de clase / tener que estudiar para un examen

5. estudiar mucho / a las siete Raúl llamar por teléfono

6. recibir una A en el examen / no saber la última pregunta

7. irme a casa después de clase / tener otro examen

8. llamarte por teléfono / ser demasiado tarde

 C. Yo, en tu lugar... Un(a) compañero(a) le cuenta a Ud. lo que le pasó y Ud. le dice lo que habría hecho en su lugar.

> **Modelo:** Mi novio(a) me pidió que le escribiera todas las semanas pero sólo le he escrito una carta.
> *Yo le habría escrito todos los días.*

1. Anoche fui a una fiesta y hoy no sé la materia para el examen.

2. No le dije a mi hermana que perdí la carta que me dio para que la echara al buzón.

3. Mi padre quería que estudiara derecho, pero yo prefería estudiar biología.

4. La semana pasada vi a mi novio(a) con otra(o) muchacha(o), pero hasta ahora no le he dicho nada.

5. Me dolía mucho la cabeza, pero María me llamó y yo acepté una invitación para cenar.

PERSPECTIVAS

PREPARATIVOS

1. Lea la sección **¿Sabía Ud. que en Honduras... ?**

2. Mire los verbos en la lectura que están en negrita. Note el uso del subjuntivo en el tiempo compuesto. Fíjese en cómo describe una acción pasada anterior a otra acción en el pasado. ¿Hay ejemplos de acciones hipotéticas?

3. ¿Siempre lee *todos* sus mensajes electrónicos? ¿Por qué sí o por qué no? Explique lo que es *spam*. En los supermercados se puede comprar carne enlatada *(canned)* que tiene el mismo nombre. ¿Habrá alguna conexión?

¿Sabía Ud. que en Honduras... ?

- **Zamorano**, conocido también como La Escuela Agrícola Panamericana, fue construido originalmente en el estado de Delaware de Estados Unidos. Ahora está situado a 30 kilómetros al sureste de Tegucigalpa. Es un renombrado centro académico particular *(private)* que se dedica a preparar líderes para toda América en agricultura sostenible, agronegocios, agroindustria y manejo de recursos naturales. Trabaja con la Universidad de Cornell para ofrecer un Programa de Maestría Profesional en Agricultura Tropical, y colabora con la Universidad de Purdue en un programa de estudios en el extranjero.

▲ *San Pedro Sula*

- **San Pedro Sula** es la segunda ciudad de Honduras y su centro industrial y comercial. A muchos hondureños les gusta hacer excursiones de compras a esta ciudad situada en la costa norte, por la gran variedad de artesanías y artículos que se producen allí. Las boutiques Glamour y Jazmín Palacios venden prendas de cuero de muchos colores que atraen a gente de todas partes. Esta ciudad fue fundada en 1536 pero no conserva el encanto del pasado. Sirve de punto de partida para excursiones a las playas del norte.

Correo electrónico: ¡Déjeme en paz!

Hernán Ortiz estudia en Zamorano y se especializa en agroindustria y desarrollo rural. Acaba de volver a la escuela después de pasar la Pascua en San Pedro Sula con su familia. Lo primero que se le ocurrió hacer fue sentarse delante de su computadora para abrir el correo electrónico y luego terminar un trabajo que tenía pendiente para su clase de recursos naturales de

América Central. Lo que vio en la pantalla lo asustó... miles y miles de mensajes indeseables se habían acumulado, algunos con múltiples envíos idénticos. ¡No podía creer que **hubiera recibido** tantos mensajes! Si su compañero de cuarto no **hubiera tenido** el mismo bombardeo de correo, habría pensado que algo chueco° ocurría. Había medicamentos sin recetas, recetas para enfermedades que no tenía, concursos que había ganado, ofertas para "comprar" diplomas universitarios (¿no sabían que ya era estudiante?), viajes, promesas, oportunidades, ventas, más ofertas. Si Hernán no **hubiera pasado** tanto tiempo abriendo el correo electrónico, ya habría terminado su trabajo.

crooked

COMPRENSIÓN Y PRÁCTICA

A. Comprensión. Explique por qué Hernán Ortiz no terminó su papel para su clase de recursos naturales de América Central.

B. Expansión. Conteste las siguientes preguntas.

1. ¿Por qué es irónica la situación de Hernán Ortiz?

2. Hay congresos para discutir el asunto y leyes para, supuestamente, proteger contra el *spam*, pero éste sigue apareciendo en las pantallas de nuestras computadoras. ¿Por qué? ¿Qué más se puede hacer para parar este bombardeo de mensajes e información?

3. Además de un bombardeo de mensajes electrónicos, ¿qué otras situaciones de "spam" le quitan tiempo? ¿Hay otras pantallas que le roben el tiempo?

4. En parejas, hagan una lista de los mensajes electrónicos más sorprendentes, ridículos y absurdos que han recibido.

5. Hernán no entregó su trabajo a tiempo y tuvo que ir al despacho de su profesor para explicarle lo que pasó. En parejas, usen la imaginación, escriban este diálogo y represéntenlo para la clase.

ESTRUCTURA 3: El pluscuamperfecto del subjuntivo

LAS FORMAS DEL PLUSCUAMPERFECTO DEL SUBJUNTIVO

Formamos el pluscuamperfecto del subjuntivo con el imperfecto del subjuntivo de **haber** y el participio pasado.

Formación del pluscuamperfecto del subjuntivo

	enviar	ver	dirigir
hubiera hubieras hubiera hubiéramos hubierais hubieran	enviado	visto	dirigido

LOS USOS DEL PLUSCUAMPERFECTO DEL SUBJUNTIVO

Se usa el pluscuamperfecto del subjuntivo en cláusulas subordinadas...

1. para describir una acción pasada, anterior a otra acción. El verbo de la cláusula principal está en un tiempo pasado del indicativo y exige el uso del subjuntivo en la cláusula subordinada.

No podíamos creer que **hubiera contratado** una banda de rock para su boda.

*We couldn't believe that he **had hired** a band for his wedding.*

Tuve mucho miedo de que **hubieran llamado** por teléfono cuando yo estaba fuera.

*I was afraid that they **had called** when I was out.*

2. para expresar una acción hipotética o contraria a la realidad en el pasado. El verbo de la cláusula principal está en el condicional y exige el uso del subjuntivo en la cláusula subordinada.

Sería una lástima que Manuel **hubiera echado** la carta sin sellos.

*It would be a shame if Manuel **had mailed** the letter without stamps.*

Me daría mucha vergüenza que **hubieras hecho** esa tontería.

*I would be ashamed if you **had done** that foolish thing.*

3. si la condición en el pasado es incierta o contraria a la realidad, se usa el pluscuamperfecto del subjuntivo en la cláusula que comienza con **Si**.

Si lo **hubiera sabido...** (no sabía)

*If I **had known** . . .*

Si **hubiera estudiado** más... (no estudié)

*If I **had studied** more . . .*

La posible consecuencia en el pasado se expresa con el condicional perfecto.

Si hubieras comenzado temprano, ya **habrías terminado**.	*If you had begun early, you **would have finished** already.*
Ya **habrías terminado** si hubieras comenzado temprano.	***You would have finished** already if you had begun early.*

4. **De + infinitivo** sirve para reemplazar el pluscuamperfecto del subjuntivo en la cláusula de "**si...**".

De comenzar temprano, ya habrías terminado.
De estudiar más, habríamos salido bien en el examen.

PRÁCTICA

A. Teléfonos a bordo. ¿Ha hecho Ud. alguna vez una llamada telefónica desde un avión? Si no la ha hecho nunca, lea con atención las siguientes instrucciones.

TELEFONOS A BORDO

Public phone on-board

Ahora puede hacer y recibir llamadas, hasta enviar faxes e información con el servicio Airfone de Aerocom.

Siga las instrucciones que aparecen en la pantalla. Oprima el botón para liberar el teléfono.

Seleccione el idioma. Siga las instrucciones para hacer o recibir llamadas o enviar información y faxes de su computadora personal. Oprima el "1" para realizar la llamada.

Deslice la tarjeta de crédito como se muestra. Marque el número deseado.

El cobro inicia al conectar la llamada y termina al acomodar el teléfono en su lugar o al oprimir el botón "End Call".

Aceptamos las siguientes tarjetas de crédito internacionales.

Imagínese que en una ocasión Ud. tuvo necesidad de hacer una llamada telefónica urgente desde un avión. Ud. trató de usar el teléfono a bordo pero no funcionaba. Cuando el avión aterrizó, Ud. fue a quejarse al mostrador de la compañía aérea. Con la ayuda de un(a) compañero(a), complete el diálogo con el pluscuamperfecto del subjuntivo o con el condicional perfecto.

—Señorita, tengo una queja. Quise hacer una llamada telefónica desde el avión pero el teléfono no funcionaba. Era un asunto de negocios muy urgente. Si yo _____ (hacer) esa llamada, no _____ (necesitar) quejarme.

—Lo siento, pero no puedo admitir esa explicación. Si Ud. _____ (seguir) las instrucciones de la pantalla, no _____ (tener) ningún problema.

—Pero… ¡yo sí seguí las instrucciones de la pantalla!

—Pues entonces, si Ud. _____ (oprimir) el botón para liberar el teléfono, su llamada _____ (ser) perfecta.

—Pero… ¡yo sí oprimí el botón!

—Déjeme ver… ¡Ya sé cuál es el problema! Si Ud. _____ (deslizar *(slide)*) la tarjeta de crédito, el teléfono _____ (funcionar) a las mil maravillas.

—Señorita, permítame decirle que sí deslicé la tarjeta de crédito. Si yo _____ (saber) que los teléfonos de sus aviones no funcionan, _____ (volar) con otra compañía aérea.

—Sentiría mucho que nuestra compañía le _____ (causar) serios problemas. ¿Aceptaría Ud. un boleto gratis como compensación?

—¡Con mucho gusto! Es Ud. muy amable, señorita.

B. ¡Charlemos! Con un(a) compañero(a), comenten qué habrían hecho...

1. si no hubieran venido a clase hoy.

2. si no hubieran decidido estudiar español.

3. si al llegar al cine se hubieran dado cuenta de que habían dejado la cartera en casa.

4. si no hubieran asistido a esta universidad.

 # PERSPECTIVAS

PREPARATIVOS

1. Lea la sección **¿Sabía Ud. que en Honduras... ?**

2. Mire las palabras de la lectura de la página 454 que están en negrita. Son ejemplos de los pronombres relativos, palabras que se usan para unir oraciones simples. ¿Sabe por qué en algunos casos el pronombre es **que,** y en otros es **quien**? ¿Qué significa **lo que** en inglés?

3. ¿Alguna vez ha escuchado un reportaje que lo (la) afectó mucho? ¿Ha visto reportajes sobre incendios, terremotos, huracanes u otros desastres? ¿Podría comentar lo que pasa durante y después de un huracán?

¿Sabía Ud. que en Honduras... ?

- Gracias al noticiero *Made in Honduras*, los hondureños que viven fuera de su país se mantienen informados de los acontecimientos importantes que suceden allí. Su objetivo es presentar temas de interés general, de política, economía, seguridad, deportes y cultura para los hondureños, tratar los problemas de vivir en el extranjero y mostrarle al resto del mundo el lado hermoso y positivo de ese pequeño y fascinante país. *Made in Honduras* es el único noticiero hondureño en la televisión de Estados Unidos.

▲ *Después del huracán Mitch*

- El **huracán Mitch** ocurrió en octubre de 1998 y es la cuarta tormenta en intensidad que jamás se haya registrado en el Atlántico. Los miles de muertos, las ciudades destrozadas, los ríos desbordados° y la economía paralizada implican un esfuerzo de reconstrucción de treinta a cuarenta años. Dijo un oficial hondureño después del desastre: "Para Honduras, esto es peor que cien golpes de estado..."

overflowed

Un reportaje inolvidable

Nueva Orleans es una de las ciudades estadounidenses que más hondureños tiene. Soy Marina y vivo aquí con mi marido y mis tres hijos. Ese domingo de 1998 es un día **que** jamás olvidaré. Al mediodía encendí la televisión al canal 10 aquí en Nueva Orleans para escuchar el noticiero *Made in Honduras* con Mayra Navarro, **quien** nos mantiene a mí y a mi familia al tanto de las noticias en Honduras. Anunció que el huracán Mitch ya había empezado su azote de Honduras, y que el río Choluteca se había desbordado, inundando° a Tegucigalpa, mi ciudad natal, y que pueblos enteros habían sido enterrados° por las intensas lluvias. El demonio de Mitch, **que** en tiempo récord había alcanzado la categoría cinco en la escala de huracanes, estaba paralizando la economía no sólo de Honduras sino también de Nicaragua. ¡Dios mío! "¿Qué le pasaría a mi primo **que** vivía en una choza° en las laderas de la colina°? ¿Y a mi madrina **que** no tenía a **quien** acudir para° ayuda y consuelo?", pensé al oír las noticias devastadoras. **Lo que** más me angustiaba era la falta de comunicación. Según el reportaje pasarían semanas antes de que pudiéramos comunicarnos con nuestros queridos familiares **que** sufrían en medio de ese infierno° en Honduras.

flooding
buried

hut / sides of the hill
to go for

hell

COMPRENSIÓN Y PRÁCTICA

A. Comprensión. Complete la siguiente actividad.
Describa… cuando prendió la televisión un día domingo de 1998.

1. la sorpresa que se llevó Marina
2. las imágenes que le vinieron a la mente a Marina
3. la angustia que sintió Marina

Expansión. Conteste las siguientes preguntas.

1. Además de noticias generales y temas de interés, ¿qué otros servicios podría proveer un programa como *Made in Honduras*, especialmente durante un desastre como el huracán Mitch?
2. Si Ud. hubiera sido un(a) vecino(a), colega o amigo(a) de Marina en octubre de 1998, ¿qué habría hecho para ayudarla?

ESTRUCTURA 4: Los pronombres relativos

LOS USOS DE LOS PRONOMBRES RELATIVOS *QUE* Y *QUIEN(ES)*

El pronombre relativo sirve para unir dos oraciones simples y para formar una oración compuesta. El pronombre relativo reemplaza un sustantivo ya mencionado.

> **El señor** habla. (El señor) es actor de cine.
> El señor **que** habla es actor de cine.

El pronombre relativo puede ser sujeto o complemento del verbo.

Sujeto:	**Los muchachos** llegaron. (Los muchachos) son muy simpáticos.
	Los muchachos **que** llegaron son muy simpáticos.
Complemento:	Recibí **la carta.** (La carta) es de mi padre.
	La carta **que** recibí es de mi padre.

Los pronombres relativos pueden introducir dos clases de cláusulas subordinadas. Se usan con...

1. una cláusula restrictiva que completa el significado del antecedente y que no puede omitirse sin cambiar el sentido de la oración.

Oración principal: La carta   es de mi padre.
Pronombre relativo: ⌐ que ⌐
Cláusula restrictiva: *recibí hoy*

2. una cláusula parentética que está separada de la oración principal por comas y sirve para ofrecer información adicional. Por lo tanto, esta información puede eliminarse sin alterar el sentido de la oración.

Oración principal: El redactor del periódico,   quiere conocerte.
Pronombre relativo: ⌐ quien ⌐
Cláusula parentética: *parece ser muy amable,*

El pronombre relativo es indispensable en español y no puede omitirse como sucede frecuentemente en inglés.

Ésta es la casa **que** me gusta. *This is the house (that) I like.*

El uso de *que*

que	*who*
	whom
	that

1. El pronombre relativo **que** es invariable y reemplaza a personas o cosas. Es el pronombre relativo que más se usa.
2. **Que** sigue al antecedente e introduce frecuentemente una cláusula restrictiva.

El hombre **que** habla es un periodista famoso. *(who)*
La muchacha **que** conocieron es mi novia. *(whom)*
Los periódicos **que** leímos eran muy interesantes. *(that)*

El uso de *quien(es)*

quien(es)	*who*
	whom

1. El pronombre relativo **quien(es)** concuerda con el antecedente en número y reemplaza solamente a personas.

2. **Quien(es)** introduce una cláusula parentética, separada de la cláusula principal por comas.

Raúl, **quien** fue mi compañero en la escuela, es locutor de radio. *(who)*

3. Si el pronombre relativo **quien** se usa como complemento directo, lleva **a** delante de la persona.

Anoche conocí **a** la actriz María López. Ella preguntó por ti.
La actriz María López, **a quien** conocí anoche, preguntó por ti. *(whom)*

4. **Quien(es)** se usa después de todas las preposiciones y reemplaza a personas.

La señora Gallo, **con quien** hablé esta mañana, parecía muy contenta.
(with whom)
La directora de la película, **de quien** te he hablado antes, se llama Cristina.
(of whom)

OTROS PRONOMBRES RELATIVOS

El que, el cual

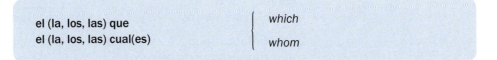

el (la, los, las) que
el (la, los, las) cual(es)
{ *which*
whom

1. El pronombre relativo **el que (el cual)** concuerda en género y en número con el antecedente. Se usa este pronombre para reemplazar cosas y sigue a las preposiciones.

La telenovela **de la que (de la cual)** te he venido hablando termina esta noche.
Los programas musicales **en los que (en los cuales)** aparece el cantante José José son siempre muy populares.

2. **El que (el cual)** se usa en lugar de **quien(es)** cuando sigue a una preposición, para identificar con mayor claridad el antecedente.

Las bailarinas **en las que (en las cuales)** pensé no pueden trabajar en mi programa de TV porque tienen otro compromiso.

el (la, los, las) que
{ *the one who (that)*
the ones who (that)
those who (that)

3. **El que** también se usa para introducir una cláusula subordinada parentética (entre comas). **El (la, los, las) que** distingue uno (una, unos, unas) entre varios al referirse a personas, cosas o lugares.

El periodista, **el que** escribió el artículo, es de Madrid. *(the one who)*
Este informe no es tan importante como **el que** leímos ayer. *(the one that)*

4. **El que** se usa después del verbo **ser** para referirse a personas o cosas.

   Estos carteros son **los que** distribuyen las cartas de la mañana.
   (the ones who)
   Esa emisora es **la que** transmite el mejor boletín de noticias. *(the one that)*

5. **El que** se usa para indicar un antecedente no mencionado que puede ser persona o cosa.

   Los que llegaron tarde al cine no encontraron boletos. *(Those who)*
   Estas casas son muy cómodas pero prefiero **las que** vimos ayer.
   (the ones that)

Lo que

lo que	which
	that which
	what

1. **Lo que** es el pronombre relativo neutro. Es invariable.

2. Se usa **lo que** cuando el antecedente es toda una idea expresada en una cláusula.

   Los lectores criticaron el artículo de fondo, **lo que** molestó mucho al periodista. *(which)*

3. También se usa **lo que** para referirse a una idea imprecisa.

   Lo que Ud. me dijo ayer nunca lo repetiré. *(that which, what)*
   Francamente, no sé **lo que** va a pasar mañana. *(what)*

🎴 LA CASA DE MUÑECAS

Está en su casa. Refiriéndose a la imagen en la cubierta y en la cubierta interior *(cover and inside cover)* de *Nuevos horizontes*, haga la siguiente actividad. Escoja el pronombre relativo apropiado y termine las oraciones de una forma original.

1. Cuarto 11: La persona a _____ le sirve la mujer.....
2. Cuarto 7: El bebé _____ está dormido en la cuna.....
3. Cuarto 12: El perro _____ está detrás de la puerta...
4. Cuarto 2: El niño cerca de_____ hay una pelota....
5. Cuarto 8: Las manzanas _____ están en la mesa...
6. Cuarto 6: _____ el mono quiere hacer es....
7. Cuarto 3: No puedo leer _____ está escrito....
8. Cuarto 5: La cama, debajo de _____.....
9. _____ más me gusta de esta casa es......
10. Si yo pudiera conocer a la artista, Elena Climent, _____ le preguntaría es......

PRÁCTICA

A. Operación triunfo. Para saber qué puede pasar "detrás del escenario", lea sobre un programa de tele muy popular y llene el espacio con el pronombre relativo apropiado, **que** o **quien(es)**.

Hoy día hay muchos programas de tele_____ sirven como foro para las personas _____ tienen talento. *American Idol,* por ejemplo, es muy popular en EE.UU., porque le da a la gente la oportunidad de presentarse delante de un público de televidentes _____ pueden votar y decidir si realmente tienen "algo extra"..., lo necesario para ser famosos. *Operación triunfo* es uno de estos programas muy populares. El otro día mi amiga Sara fue a un ensayo. Esto es lo que me contó:

Fui con una amiga a la emisora. Llegamos a tiempo, pero la asistente _____ trabaja en la oficina central me dijo que tendríamos que esperar dos horas. En la sala de espera había muchas personas _____, como yo, estaban muy nerviosas. Tuvimos que llenar un formulario _____ tenía más de 25 preguntas sobre nuestra experiencia, talentos especiales y más. Al terminar, tuvimos que entregárselo a un hombre _____ estaba sentado al lado de la asistente. La amiga con _____ fui estaba tan nerviosa que no podía controlarse, y empezó a cantar en voz alta. Las personas _____ estaban en la sala con nosotros se echaron a reír. El hombre a _____ habíamos entregado el formulario le dijo que se callara. Un hombre _____ estaba sentado a mi lado también se echó a cantar. Una mujer _____ había venido con sus dos niños se levantó y empezó a bailar. Otro sacó su guitarra y empezó a tocar. ¡¡Fue muy divertido!!

B. Preparativos para el 12 de octubre. Ricardo es un estudiante hondureño que vive en una residencia estudiantil en Estados Unidos. Ricardo y tres de sus amigos están preparando una fiesta para celebrar el encuentro de dos mundos —el latino y el estadounidense. Todos están muy entusiasmados pensando en los platos regionales que van a preparar, la música que van a escuchar y lo mucho que se van a divertir. Usando **que** o **quien(es)**, modifique cada una de las siguientes oraciones y complétela con una cláusula subordinada, según el modelo.

> **Modelo:** Vivo con *tres estudiantes.*
> *Los tres estudiantes con quienes vivo son muy simpáticos.*

1. Estamos preparando *la fiesta.*
2. Vamos a preparar *los platos regionales.*
3. Yo voy a llevar *una tortilla española.*
4. Conocí a *la muchacha argentina.*
5. Te hablé ayer de *las chicas.*
6. Me pondré *la camisa azul.*
7. Tocaremos *los últimos éxitos.*
8. Llamaremos por teléfono a *los amigos.*
9. ¿Vas a venir con *la estudiante peruana*?

C. La noticia del día. Con un(a) compañero(a) de clase, comenten una noticia sobre el incendio que ocurrió en un teatro. En la primera parte, escojan el pronombre relativo apropiado, y en la segunda parte terminen la oración de una manera original y lógica. Noten el uso de **lo que** en las oraciones.

> **Modelo:** Oí la noticia de un incendio (el que / que / el cual) pasaron en la tele.
> Lo que oí fue que…
> Oí la noticia de un incendio *que* pasaron en la tele.
> Lo que oí fue que *ocurrió un incendio en algún edificio.*

1. Hubo un incendio de un teatro en (la que / el que / los que) murieron 87 personas.

   Lo que me parece terrible es que…

2. Este incendio fue tan horrible como (que / el que / el cual) tuvo lugar en un club nocturno de Nueva York.

   ¡Ya lo creo! Lo que no recuerdo es cuándo…

3. La persona (quien / que / la cual) está acusada de intento de incendio es un menor de edad.

   Lo que deben hacer con el acusado es…

4. El fuego (que / el que / el cual) estalló en la planta baja avanzó en segundos al primer piso.

   Lo que no recuerdo es…

5. Los bomberos (los que / que / los cuales) llegaron minutos más tarde no pudieron hacer nada.

   Lo que me molesta es que…

6. El señor Smith fue (el que / que / el cual) llamó a los bomberos.

   Lo que no comprendo es por qué…

D. La oficina en la que voy a trabajar. Mañana Ud. comienza a trabajar para un periódico muy importante. El jefe de redacción, quien es amigo suyo, desea mostrarle la oficina en la que Ud. va a trabajar. Una las dos oraciones con **el (la, los, las) que** o **lo que,** según las indicaciones. Siga el modelo.

> **Modelo:** Ésta es la oficina. Vas a trabajar en esta oficina.
> *(in which)*
> *Ésta es la oficina en la que vas a trabajar.*

1. Éstos son los artículos. Quería hablarte sobre los artículos. *(about which)*
2. Ésta es la radioemisora. En la emisora se transmite la mejor música. *(in which)*
3. Ésos son los archivos. Te he hablado varias veces de los archivos. *(of which)*
4. Aquél es el buzón. Debes echar tus cartas en el buzón. *(in which)*
5. Aquí tienes los artículos. Con los artículos vas a escribir tu informe. *(with which)*
6. Trabajarás sólo seis horas al día *(per day)*. Eso me parece muy bien. *(which)*

E. Una llamada telefónica muy extraña. Complete las siguientes oraciones con el pronombre relativo **que, quien, el (la, los, las) que** o **el (la, los, las) cual(es)**.

1. La llamada telefónica _____ recibí ayer fue muy extraña.

2. Me habló una muchacha _____ había visto mi programa de televisión.

3. La chica con _____ hablé parecía ser guatemalteca.

4. Me pidió que fuera al parque en _____ hay una iglesia de la época colonial.

5. Cuando llegué al lugar de nuestra cita vi la iglesia, delante de _____ había una hermosa muchacha vestida de blanco.

6. Creí que era la joven de Guatemala con _____ tenía una cita.

7. ¿Era ella la muchacha _____ me admiraba tanto como actor?

8. Ahí estaba la mujer por _____ había perdido el sueño.

9. Cuando me acerqué a ella, me rechazó diciendo que ella era una mujer _____ no hacía citas por teléfono.

10. Ese día cometí varios errores por _____ pagué muy caro.

Más allá del aula

El cine de tema centroamericano

Aquí se ofrecen las sinópsis de tres películas con temas centroamericanos.

- *El espíritu de mi mamá* (1999) Honduras. Sonia quiere escaparse de los problemas que enfrenta viviendo en Los Ángeles. Después de recibirle un mensaje de su madre muerta en un sueño, vuelve a su pueblo natal en Honduras en busca de sus raíces.

- *Men With Guns* (1997) EE.UU. La alegoría de un médico respetado (Federico Luppi) quien, después de la muerte de su mujer, visita a unos de sus estudiantes que se han dedicado a ayudar a los indígenas en pueblos pobres de Centroamérica. Descubre que algunos de ellos han sido matados por guerrilleros. Dirigida por John Sayles.

- *Central America Close-Up* (1998) La película sigue la vida de dos adolescentes mayas. Una chica de catorce años vive en un pueblo muy tradicional en las montañas de Guatemala. Un chico de quince años vuelve con su familia a su pueblo natal en El Salvador que habían dejado durante la guerra civil en la década de los ochenta.

Haga las siguientes actividades.

- Si tuviera que escoger sólo una de estas películas, ¿cuál vería? ¿Por qué?
- Busque en el Internet dos películas más sobre Centroamérica. Estos sitios pueden ser útiles, pero deben buscar en otros sitios.

  www.facets.org

  www.films.com

¿Cuáles son algunos temas comunes en las películas? ¿Por qué será? Si Ud. fuera a dirigir una película sobre Centroamérica, ¿en qué país la filmaría? ¿Qué tema(s) trataría? ¿Quién(es) protagonizaría(n) su película? Explique.

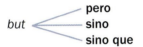 **¡OJO CON ESTAS PALABRAS!**

but
- pero
- sino
- sino que

1. **pero** + (sujeto) + verbo

   Pero equivale a *but*. Une dos cláusulas independientes.

   Teníamos sueño, **pero** no pudimos dormir.
   Estábamos invitados, **pero** no fuimos a la fiesta.

2. **sino** + sustantivo

   No... sino tiene el sentido de **al contrario** (inglés: *but [rather]*). Sirve para introducir una oración negativa seguida de una idea opuesta.

   No tengo sueño **sino** hambre.
   La carta no era para mí **sino** para José.

3. **sino** + **que** + verbo

   No... sino que se usa cuando los verbos de las dos cláusulas son distintos y se oponen.

   No me han dado el dinero, **sino que** lo han puesto en el banco.
   El Mall Multiplaza en Tegucigalpa **no** tiene solamente tiendas y restaurantes, **sino** que cuenta con seis cines de alta tecnología.

4. **No sólo... sino (también)**

   No sólo... sino (también) (inglés: *not only . . . but also*) sirve para expresar una afirmación, eliminando la restricción impuesta por sólo.

   Pensamos visitar **no sólo** Tegucigalpa, **sino también** Valle de Ángeles.
   En la capital **no sólo** iremos al Parque Herrera, **sino** al Parque Valle.

PRÁCTICA

¿Qué película vamos a ver esta noche? Complete el diálogo con **pero, sino, sino que** o **sino también**.

CARMEN: ¿Aló? ¿Paco? Te estaba esperando. No te dije que me llamaras a las seis _____ pasaras por mí para ir al cine.

PACO: Sí, sí. Ya lo sé, Carmen, _____ acabo de ver en la Guía Cinematográfica que en el cine Imperio hoy no pasan la película de Almodóvar que queremos ver.

CARMEN: Que yo sepa, no la dan en el Imperio _____ en el cine Palafox.

PACO: ¡Qué lástima! No sólo estamos atrasados _____ mi coche está sin gasolina y el cine Palafox queda muy lejos de aquí.

CARMEN: Bueno, no te preocupes, tenía muchas ganas de ver la película de Almodóvar _____ podemos verla otro día. Oye, como ya se hace tarde, ¿qué te parece si vamos al cine Universitario? No sólo vemos una película con Andy García _____ una con Salma Hayek.

PACO: No es mala idea, _____ me tienes que prometer ver las dos películas. La última vez nos salimos a la mitad de la segunda película porque te pareció muy larga.

CARMEN: No era larga _____ aburrida.

PACO: Bueno, bueno. Te paso a buscar en diez minutos.

Ampliación, conversación y cultura

 A. Vamos al cine. En parejas o grupos pequeños, representen las siguientes situaciones.

1. **Cada uno a su gusto**. Ud. y su compañero(a) quieren ir al cine, pero no pueden ponerse de acuerdo sobre qué tipo de película quieren ver. ¡Tienen gustos cinematográficos muy diferentes!

2. **¡Qué fastidioso(a)!** Para Ud., ir al cine es una experiencia especial y necesita que las condiciones sean óptimas. Su amigo(a), con quien va al cine esta noche, tiene los siguientes hábitos fastidiosos:

   a. Come sus palomitas de maíz con la boca abierta.
   b. Le gusta hablar durante la película.
   c. Revela el desenlace de la película.
   d. Otro.

3. **Cuestión de interpretación**. Ud. y su amigo(a) acaban de ver una película y van a una cafetería para tomar algo y comentar la película. Resulta que sus opiniones sobre la película son distintas a las de su amigo(a).

B. Películas clásicas disponibles en DVD. Hay películas que se consideran clásicas porque siempre van a ser populares. En parejas, completen los pasos a continuación.

1. ¿Reconocen estos títulos? ¿Cuál es el título original de estas películas?

   Casablanca
   El Mago de Oz
   Lo que el viento se llevó
   Ciudadano Kane
   El padrino

   2001: Una odisea del espacio
   Psicosis
   Navidades blancas
   Cantando bajo la lluvia
   El bueno, el feo y el malo

2. ¿Cuáles de estas películas han visto Uds.? ¿Creen que son películas populares entre los estudiantes? ¿Por qué sí o no? Intercambien ideas sobre ellas, pónganlas por orden de preferencia y eliminen o añadan las que Uds. piensan que (no) deben estar en esta lista. Escojan dos títulos y hagan un resumen del argumento. ¿Quiénes las protagonizaron?

3. ¿Cuál es el título original de las siguientes películas? ¿Cuáles de las películas recientes serán las nuevas clásicas? Aquí se ofrecen posibilidades. ¿Están de acuerdo? ¿Por qué? Añadan algunas de sus favoritas a la lista y expliquen por qué deben estar incluídas.

La princesa prometida
La serie de Harry Potter:
   (La cámara secreta, La
   piedra filosofal...)
8 Millas
El diario de Bridget Jones
Sé lo que hicisteis el último verano
La lista de Schindler
Fuera de onda (una pista: Con Alicia
   Silverstone y Brittany Murphy)

E.T. El extraterrestre
La serie de El Señor de los anillos:
   (Las dos torres, El retorno
   del rey...)
Mi primo Vinny
Matrix
Shakespeare enamorado
El último samurai

4. Comparen sus respuestas con las de las demás parejas y establezcan cuáles son las películas clásicas y recientes más populares en esta clase.

C. La reseña (*critique*). Ud. escribe reseñas para el sitio web Yahoo en España. Escoja una película que haya visto recientemente y escriba la reseña que va a aparecer en Internet. Incluya una sinópsis del argumento.

1. Para empezar, lea el siguiente segmento de la sinopsis y crítica que se ofrecen en el sitio web es.movies.yahoo.com

---

El Señor de los anillos: Las Dos Torres

Título original: *The Lord of the Rings: The Two Towers*

País y año: EE.UU., Nueva Zelanda (2002)

Género: Aventuras   Duración: 181 minutos

Crítica: CineMagazine

Crítica: Todos aquellos que esperaban ansiosos la llegada de la segunda parte están de enhorabuena, porque podrán seguir disfrutando de una de las trilogías más grandes jamás contada, junto a *El padrino* y la primera de *Star Wars*. Tal y como señalaba este cronista con motivo del estreno de *La comunidad del Anillo*, "se trata de un espectáculo de primer orden, como no podría ser de otra manera..."

Sinopsis: Después de las desventuras vividas, la Comunidad del Anillo se ha disgregado *(scattered)*. Aragorn, acompañado por el enano Gimli y el elfo Legolas, van en busca de los hobbits Merry y Pippin, que fueron capturados por los orcos en el ataque que tuvo como resultado de la muerte de Boromir. Pero mientras siguen las huellas del grupo de orcos, encuentran a un grupo de jinetes que aseguran que han acabado con los orcos y que entre ellos no habían visto a ningún hobbit. Por suerte, y después de la marcha de los jinetes, Aragorn y los suyos descubren que Merry y Pippin han escapado...

---

2. Para ver todo lo relacionado con las películas más recientes y también las clásicas en video y DVD, visite el sitio web siguiente. Allí verá también otras descripciones de películas que pueden servir de modelo.

http://es.movies.yahoo.com/

D. Cine versus video versus DVD. La revolución del universo digital ha cambiado los hábitos de las personas. Si Ud. es de los que prefiere quedarse en casa y pasar una noche viendo películas, averigüe si hay en la clase otros estudiantes videomaniacos y hablen de lo siguiente.

1. las ventajas y desventajas de tener una videocasetera en casa
2. los programas que les gusta grabar
3. las películas que alquilan
4. las (des)ventajas de ver una película en DVD
5. las (des)ventajas de ver una película en VHS

E. Me ayudaron en español. Lea y comente con un(a) compañero(a) de clase el anuncio de AT&T que aparece a continuación.

1. ¿Cuáles son algunos de los beneficios que ofrece AT&T en español?
2. ¿Por qué AT&T habrá decidido servir a la comunidad hispana?

F. En la oficina de correos. Ud. está en la oficina de correos y desea enviarle una encomienda postal a su mejor amigo(a) que está en Honduras.

1. Pregúntele al (a la) empleado(a) cuál sería la manera más segura de enviar su paquete.
2. ¿Cuánto tiempo tardaría en llegar?
3. ¿Debería enviar la encomienda certificada?
4. Pregunte si el (la) empleado(a) tiene una lista de los distritos postales en Honduras.
5. Verifique si puede asegurar el envío.
6. ¿Cuánto costaría el franqueo?

G. Mesa redonda. Escoja tres o cuatro compañeros para formar una mesa redonda e intercambiar ideas sobre los siguientes temas.

1. **El periódico universitario**

   Ha llegado el momento tan esperado para hablar de nuestro propio periódico y dar sugerencias para el futuro. ¡No se desanime y dé su franca opinión! Considere éstas y otras preguntas. ¿Piensa Ud. que el periódico universitario cumple con su función de informar a los estudiantes de todos los hechos de interés que pasan en el mundo? ¿En la universidad? ¿En los deportes? ¿Son interesantes los titulares? ¿Los artículos de fondo? ¿Qué modificaciones sugiere Ud.?

2. **Ética periodística**

   En los últimos años, por un lado, los comentaristas de la prensa, la televisión y la radio le han lanzado al público noticias de carácter secreto, tanto de los asuntos políticos como de la vida privada de los ciudadanos, dando lugar a grandes escándalos. Por otro lado, en asuntos internacionales se han visto limitados y frustrados por no poder informarle al público sobre todo lo que deseaban. ¿Cree Ud. que se debe limitar la difusión de noticias para el público? ¿Se debe dar a conocer al público toda la información obtenida por los periodistas y comentaristas? ¿Qué peligros existen en la libertad de prensa absoluta? ¿Sabe Ud. de algunos escándalos nacionales causados por la prensa? ¿Qué consecuencias han tenido?

 H. Minidrama: Capítulo final de una telenovela. El público ha seguido durante dos años la apasionante historia de amor de una joven pareja que, después de muchísimos obstáculos, está a punto de lograr la felicidad. En este último capítulo, como siempre, los buenos son premiados y los malos castigados. Ha llegado el momento de crear el final de una telenovela. En parejas, escriban tres párrafos cortos en los que describan lo que pasa. Como ejemplo le damos el siguiente argumento y unos personajes.

MARÍA:	Una hermosa muchacha de origen pobre que se enamoró de un joven rico. Espera un hijo de él pero todo los separa. María logra llegar a ser una gran actriz de cine.
CARLOS ALFONSO:	Joven rico que conoció a María cuando ella era muy pobre y no tenía una buena educación. Se enamoró de ella, pero por presiones familiares no se casaron.
NACHA:	Mujer del campo que ha criado a María.
LUCRECIA:	Joven rica y mala que desea casarse con Carlos Alfonso.
ELENA DEL PILAR:	Famosa actriz de cine que viene buscando desde hace quince años a una hija perdida. Casi al final de la novela se entera de que María es su hija.

¿QUÉ SABE UD. DE... HONDURAS?

Menú del día: Honduras

nacatamal
sopa de albóndigas
ensalada de frutas tropicales
café negro

▲ Sopa de albóndigas

En la comida hondureña, el maíz es un elemento tan importante como lo es en la gastronomía mexicana. Sin embargo, el uso del chile picante no es nada común. En Honduras y Nicaragua, se vende el *nacatamal* (véase la página 444) los sábados por la noche y los domingos por la mañana. Se suele tomar con un fuerte *café negro*, y una *ensalada de frutas tropicales* va muy bien con este *Don't overdo it* "tamal" hondureño. ¡Ojo! No se propase° con este delicioso manjar porque le puede caer muy pesado. La cocina de Honduras incluye varias sopas deliciosas. Entre ellas está la *sopa de albóndigas*, cuyas bolitas se hacen de carne molida de res o de cerdo, huevos y condimentos. Estas pequeñas albóndigas se pasan a un caldo sabroso para cocinarlas por horas. A diferencia del nacatamal, no le hace falta hacer ningún sacrificio con esta sopa ya que es nutritiva y no tiene un exceso de calorías.

¡Buen provecho!

HONDURAS

Tela, Honduras

De todos los balnearios hondureños, en mi opinión, ninguno puede compararse con la belleza natural de Tela, una pequeña ciudad porteña situada en el departamento de Atlántida en la costa norte. Por eso confieso que me inquieté° al enterarme° de que se está construyendo un complejo hotelero que contará con 1.500 habitaciones de lujo y varias instalaciones recreativas. ¿Llegarán también más grandes y modernos centros comerciales y más cadenas de restaurantes del "Norte" para

got worried / upon finding out

manchar lo puro, lo natural y lo hondureño de esta zona? Reconozco que las posibilidades comerciales y económicas para la población siempre acompañan los proyectos de desarrollo turístico. Pero tengo miedo. ¿Serán capaces de proteger las playas de aguas cristalinas, los bosques nublados, los pájaros y las plantas exóticas, la tierra que se considera la más fértil del país y las aldeas donde vive la gente más sonriente y hospitalaria del continente? Ojalá que sí.

SUBIDA AL CIELO

por ROBERTO CASTILLO

ROBERTO CASTILLO nació en San Salvador, El Salvador en 1952, pero creció con su familia en un pueblo pequeño de Honduras. Es autor de varias colecciones de cuentos *(Subida al Cielo y otros cuentos, Figuras de agradable demencia, Traficante de ángeles)*, y durante años, una novela corta suya fue lectura obligada en las escuelas hondureñas. En *Subida al Cielo*, Roberto Castillo presenta una chocante combinación de realidad y ficción.

Antes de leer

A. Información importante. Para mejor entender y apreciar *Subida al cielo*, es importante que lea la siguiente información de trasfondo.

Durante la década de los ochenta del último siglo, se levantó en Nicaragua, El Salvador y Guatemala un fuerte movimiento guerrillero cuya meta era desafiar *(to defy)* la soberanía nacional. Las sociedades de estos países centroamericanos se polarizaron entre los que apoyaban al ejército y los que creían en los ideales de la guerrilla. Las masas vivían en un clima de intranquilidad y violencia. Muchos campesinos se sentían atraídos a la causa de la guerrilla y se dejaban adoctrinarse en su ideología y entrenarse *(to train)* en sus tácticas de guerra. Al tener sospechas de rebeldía en los campos, el ejército desataba *(would let loose)* ofensivas, derrotando pueblos enteros. Esto causaba evacuaciones de las zonas vecinas a campamentos provisionales donde la gente esperaba vivir bajo la protección de la guerrilla. Por el estado débil del liderazgo político, los sacerdotes y obispos de la Iglesia Católica se vieron forzados a proteger a los pobres e indefensos contra los abusos de los dos bandos. Estaban atrapados, y en muchos casos, esta lucha por los derechos de los que no tenían voz les costó la vida.

B. Preguntas de anticipación. Conteste las preguntas.

1. A través de la historia, pueblos enteros han sido esclavizados y matados atrozmente. ¿Qué ejemplos de genocidio conoce Ud.? ¿Ha sucedido o está sucediendo en la actualidad este tipo de atrocidad en Latinoamérica? ¿Por qué sucede? ¿Quiénes suelen ser las víctimas?

2. Si Ud. viviera en un pueblo en el que circulaban noticias de que, por los alrededores, se asesinaban comunidades enteras, ¿cómo se sentiría? ¿Qué esperanzas tendría para un escape, una vida mejor? ¿Cómo viviría?

3. ¿Existe el cielo *(heaven)*? ¿Qué y cómo es? ¿Qué hace la gente para prepararse para ir al cielo?

C. Mirar hacia adelante. Para anticipar el contenido y el movimiento del cuento, repase brevemente los ejercicios **Según la lectura** y **Según usted** en las páginas 472–473.

D. Los primeros dos párrafos. Lea los primeros dos párrafos del cuento y, basándose en los detalles que se presentan allí, justifique la siguiente afirmación sobre esta lectura: "*Subida al Cielo* simula un viaje alucinante de salvación colectiva que termina no siendo otra cosa que un brutal asesinato de pueblos enteros".

E. Referencias importantes. En el cuento aparecen varios términos eclesiásticos y referencias bíblicas. Para mejor entender y apreciar el cuento, repáselos antes de leer.

las alitas	*little wings*
los ángeles	*angels*
los apóstoles	*apostles*
los arcángeles	de un orden más alto que los ángeles *(archangels)*
los centuriones	oficiales romanos encargados de soldados *(centurions)*
Cirineo	Simón Cirineo, quien ayudó a Jesucristo a cargar la cruz
la cruz	*cross*
los curas	ministros de la Iglesia Católica *(priests)*
el diablo	*devil*
la iglesia	*church*
Judas Iscariote	el discípulo que traicionó a Jesucristo
las monjas	*nuns*
el obispo	*bishop*
los samaritanos	personas que ayudan a otros *(Samaritans)*
Semana Santa	la semana anterior al Domingo de Resurrección *(Holy Week)*
El señor	the Lord, God
Verónica	la mujer que, según la leyenda, limpió el rostro de Jesucristo en el Calvario

SUBIDA AL CIELO

<small>small village</small>

Aquella mañana todo el caserío° amaneció alborotado porque la gente se quería ir al Cielo. Fue un deseo contenido largo tiempo que no estalló hasta entonces. Ya habían venido circulando noticias de que comunidades enteras se habían ido al Cielo, y cada vez quedaba menos gente por los alrededores.

<small>provisions for a journey / apparel</small>

<small>craft paper</small>

<small>referred to</small>

Con la llegada de las noticias empezaron los preparativos del viaje. La gente alistaba viáticos° e indumentaria°, y cada uno creía que debía ponerse lo mejor. Por eso muchos se vistieron de curas, otros de militares, de hombres de ciudad, y de rancheros adinerados sin dinero. Las mujeres se vestían de matronas o de monjas; otras, más atrevidas, se disfrazaban de indias, con todo el colorido de los trajes típicos. Los niños eran vestidos de ángeles, con las alitas cuidadosamente trabajadas en papel de China°. Hubo adultos que quisieron viajar de arcángeles, pero todo el mundo pensaba que para ellos no era conveniente esta indumentaria. Los aludidos° replicaron que el viaje al Cielo estaba por encima de observaciones tan pequeñas.

<small>rummaged through
cleaned out / worthy</small>

<small>outfits</small>

<small>boldness
taking off</small>

<small>liturgical vestments:
chasubles, surplices, stoles
and caps</small>

Tratando de vestir a los que faltaban el gentío revolvió° todos los armarios y desempolvó° la sacristía de la iglesia en busca de trajes dignos°, como los que se usaban en las representaciones de Semana Santa. La muchacha más bonita fue vestida con el traje de la Verónica, mientras que los hombres se vestían de centuriones y soldados romanos, lo mismo que de apóstoles y hasta de samaritanos. No hubo obispos porque esos atuendos° resultaban caros. El traje de Judas Iscariote no se lo quiso poner nadie por temor a ser mal visto en el Reino de los Cielos. Tampoco tocó nadie los de la Virgen y el Señor por creer que sería un atrevimiento° imperdonable. Sin embargo, se sacó un Nazareno que se estaba descascarando° de viejo para que un pobre anciano de la aldea, el único que se había quedado sin prendas, pudiera irle cargando la cruz y justificarse como Cirineo. De las casullas, sobrepellices, estolas y bonetes°, agarró cada quien lo que pudo.

<small>bundles
baskets / sweet rolls /
corn cakes / clay pitchers / tin</small>

<small>excessively skinny</small>

<small>the devil</small>

La gente se engalanó con la ropa conseguida y preparó los viáticos desde la noche anterior. A buena mañana todos salieron en tropel. Con los vistosos trajes puestos caminaban presurosos y alborotados llevando matates° llenos de provisiones, canastos° con pan y semitas°, bolsas de totopostes° atados de tortillas, jarillas de barro° y de latón°, así como dulces y frutas que los niños comerían por el camino. Amanecieron alegres y alborotados y en la sola partida no dejaban de fastidiar a los tres hombres que se disfrazaron de arcángeles. Enjutos° y con los ojos llorosos, los pobres no podían con las alas pesadas que se habían amarrado a la espalda. Las arrastraban y se les doblaban entre las burlas generales que los señalaban como los compañeros de Luzbel°, desterrados para siempre del Paraíso.

<small>fifes</small>

<small>whistles</small>

El tropel iba guiado por los músicos de la aldea que con un viejo violín de iglesia, dos flautas, algunas chirimías°, cuernos de vaca y el violoncelo de las misas solemnes tocaban una música dulce de la que salían alientos fúnebres que nadie percibió. Los cohetes y silbadores° metían mucho ruido a lo largo de los dos primeros kilómetros y el sonido de los tambores llegaba hasta muy lejos.

<small>dusty</small>

A nadie se encontraron por los caminos polvorientos° porque la gente de esas regiones ya se había ido al Cielo. Vieron ranchos abandonados donde todavía quedaban tizones° encendidos y los sahumerios° de espantar a los zancudos° estaban como cuando había gente. Caminaron entre cercas derribadas° y trojas° que los animales habían destrozado.

Por todos lados estaba la misma desolación y muchos animales domésticos ya se habían vuelto salvajes. No necesitaron preguntar el camino, pues una intuición guía siempre a la gente que marcha decidida al Cielo.

Siguieron después, durante varios días, entre zacatales° y barrancos°, durmiendo al descampado°, bajo el sereno°. Las gallinas que dejaban colgando de los árboles por las patas amanecían chorreando el rocío recibido; y, durante la caminata, los cerdos demasiado gordos se morían sofocados en los barrancos.° Por pedregales° que nadie había transitado continuaron las duras jornadas. Los niños de a pie se herían las plantas° con las piedras, dejando un rastro de sangre a lo largo del camino. Los de a caballo iban con la mirada perezosa y la cara tiesa° por el calor agobiante° y el sol abrasador.° Algunos murieron de insolación.

La señal inequívoca de que el Cielo estaba cerca fue la llegada a un gran río cuyo nombre nadie sabía. Llegaron hasta su ribera° por la noche y empezaron a vadearlo° en la mañana. En la madrugada se levantaron a gozar del agua fresca; aún no aclaraba y se destacaba° muy grande la luna en la oscuridad. Fueron metiéndose al agua y se mojaban los cuerpos hombres, mujeres, ancianos y niños, como si siempre se hubieran conocido. Algunos cogieron peces metiendo las manos debajo de las piedras y las ranas croaban° entre los juncos°, revueltos sus gritos con el ruido de la corriente que se estrellaba contra las rocas. Cuando cruzaron el río todos olían a jabón y los cueros cabelludos° a pelo recién lavado.

Anduvieron toda esa mañana y empezaba a caer la tarde cuando los más apurados° ya habían subido al Cielo. A medida que caminaban, los del grueso del grupo fueron descubriendo, tirados por el camino, los sombreros viejos llenos de polvo, los disfraces pisoteados° que nadie recogía, imágenes de santos adornadas con papelitos de colores, así como restos de cirios° que no terminaron de consumirse; y tantas cosas más que quienes habían subido al Cielo ya no necesitaban.

Llegaron por fin a una gran vía pavimentada°. Entre polvorientos y desolados pedruscos° que el sol recalentaba asomaron hasta caer sobre ella los que estaban sin ascensión. Por el aspecto parecía que hubieran pasado el conjunto de penalidades° que la vida puede ofrecer, y todo por ganar el Cielo. Estaban macilentos° y ojerosos°, con la cabeza y las manos que casi se les desgajaban° del cuerpo. Totalmente cubiertos de polvo, era como si realmente estuvieran hechos de tierra.

Cuando vieron la gran vía pavimentada se acercaron a ella, débiles y alucinados. Se agacharon y pegaron las manos al suelo. Recorrían con ellas, palmo a palmo, el pavimento, apreciando esa materia oscura que viajaba hasta el infinito. Contaban despacio los granos de piedra envueltos en la melcocha° de petróleo y otros compuestos. Después se separaron unos de otros, pero siempre tenían las manos pegadas al pavimento. Fueron subiendo al Cielo y no quedó nada, sólo la inmensa línea gris que se perdía en el horizonte y las emanaciones de los que habían subido en cuerpo y alma a los cielos. El camino de los cielos es el más corto para quien se desespera por llegar; y los más, sin desesperaciones estudiadas, son puestos fácilmente sobre la ruta...
Y llegan pronto.

burning sticks / odorous smoke
mosquitos
torn down / grain barns

pastures / ravines
out in the open / dew

ravine / rocky ground
wounded the bottoms of their feet
rigid / overwhelming / burning

shore
cross it
stood out

were croaking
reeds

scalps

worn out

stepped on
candles

paved
rock formations

penances
emaciated / with bags under their eyes / were torn

tar

gave evidence of it / *place* / *zapatos rústicos* / *twisted* / *were waiting*

Todos habían ascendido al Cielo. Solamente la línea gris del pavimento lo atestiguaba°. Y mejor así, pues lo hicieron con modestia, en total silencio y anonimato, sin pompas ni ceremonias. La tarde moría con los últimos rayos del sol cuando el paraje° recibió al último peregrino. Era un señor alto y blanco de largos cabellos castaños, bigote caído y contextura fuerte. Venía por la carretera conduciendo una enorme motocicleta y tenía el rostro cubierto por la visera negra del casco. No resistió las ganas de subir al Cielo cuando vio las cosas que dejaron tiradas los campesinos: sombreros, machetes, ollas, alforjas, caites°, matates, los santos y todo lo que llevaban. Aceleró la máquina hasta que la aguja del velocímetro llegó al tope, y se sintió sereno todavía. Como su desesperación era muy grande abrió el tanque de gasolina, sin bajar la velocidad, y le metió fuego con un encendedor. Ascendió entonces al Cielo en un gran estallido y entre humos resplandecientes, convertido en luminaria. El estallido se confundió con los disparos de los soldados —todavía seguían disparando sus armas— que estaban apostados al otro lado de la carretera. En un instante eterno metales retorcidos° y pedazos de carne quemada cayeron sobre los cuerpos infortunados y balanceados de los campesinos, los mismos que habían ascendido en cuerpo y alma a los cielos y aguardaban° con los ojos volteados a lo largo de la carretera.

Vocabulario

▶ Sustantivos

la aldea *village*
el campesino *peasant, farmer*
el cohete *rocket*
el disfraz *costume, disguise*
el disparo *gunshot*
el estallido *explosion*
el gentío *mob, crowd*
el infinito *infinity*
la jornada *day's journey, day*
el músico *musician*
el peregrino *pilgrim*
el tropel *throng, mob*
el tambor *drum*
la vía *road, route*

▶ Verbos

agacharse *to squat, bend down*
disfrazarse *to disguise oneself*
engalanarse *to get dressed up*
estallar *to explode*
gozar *to enjoy*
pegar *to stick*
ponerse *to put on, to begin to do something*

▶ Adjetivos

alborotado *excited*
alucinado *amazed, stupefied*
atrevido *daring*
débil *weak*

▶ Expresiones

por los alrededores *in the surrounding areas*
por temor a *for fear of*

Repasemos el vocabulario

A. La vía pavimentada. Consulte la lista de vocabulario y llene los espacios con un sinónimo de la palabra o expresión en cursiva. Haga los cambios necesarios.

Por fin *la multitud* 1. _____ llegó a *un gran camino* 2. _____ pavimentado. Se sentían *sin fuerzas* 3. _____ de tanto caminar y estaban *llenos de estupor* 4. _____ debido a estar largas horas bajo el sol ardiente. Era una escena extraña. Cada una de esas pobres *personas del campo* 5. _____ empezó a *inclinarse* 6._____ y *adherir* 7. _____ las manos al suelo. Así se quedaron ellos por mucho tiempo mientras examinaban—*disfrutaban*— 8. _____ del pavimento que conducía a *la eternidad* 9. _____, piedra por piedra. Uno por uno los del pueblo, *vestidos* 10. _____ lo mejor que habían podido, subieron al cielo. Más tarde se oyó *una explosión* 11. _____ que se confundió con los *tiros* 12. _____ de los soldados.

B. ¿Cuál no pertenece al grupo? Indique la palabra que no corresponde con las otras y explique por qué.

1. disfrazarse	ponerse	agacharse	engalanarse
2. el tropel	el peregrino	el gentío	la multitud
3. el disparo	el cohete	el estallido	la jornada
4. el gentío	el músico	el peregrino	el campesino

Según la lectura

Conteste las preguntas.

1. ¿A qué clase social pertenecía la gente que quería ir al Cielo?
2. ¿Por qué quería ir allí?
3. ¿Qué estaba pasando por los alrededores del pueblo donde vivía la gente?
4. ¿Cómo se preparó la gente para su viaje al Cielo?
5. ¿Qué trajes no quiso ponerse la gente?
6. ¿Quiénes guiaban el tropel?
7. Entre las melodías que se escuchaban, ¿qué sonido no se percibió?
8. ¿Qué vieron los peregrinos en el camino rumbo al Cielo?
9. ¿Cómo sabía la gente que el Cielo estaba cerca?
10. ¿A quiénes vieron cuando llegaron a la vía pavimentada?
11. ¿Quién fue el último peregrino en llegar? ¿Cómo era? ¿Qué hizo?
12. ¿Qué hicieron los soldados?

Según usted

1. ¿Quién, en su opinión, narra el cuento?
2. ¿Por qué cree Ud. que la gente *decidió creer* que iba a subir al cielo?
3. Vuelva a leer la descripción del río en el tercer párrafo de la página 470. ¿Qué pasó allí? ¿Cuál es el significado del río y del jabón?
4. ¿Qué simboliza la gran "vía pavimentada"? ¿Qué hizo la gente cuando la vio por primera vez?

5. ¿Cuál es el significado del quinto párrafo de la página 470? ¿Por qué esas personas no han subido al cielo?

6. ¿Qué opina de los preparativos que la gente hizo para el viaje? ¿Qué intenta comunicar el autor con los distintos trajes y disfraces que se ponía la gente? ¿Qué relación tiene su deseo de vestirse así con su deseo de ir al cielo?

7. ¿Cómo deduce Ud. la presencia de los soldados? ¿Qué otros momentos de realidad le ayudan a entender quiénes son estas personas y la situación por la que están pasando?

Conversemos

1. ¿Qué opina del estilo y las técnicas que usa el autor en este cuento?

2. ¿Qué efecto produce en Ud. la llegada del hombre en motocicleta? ¿Representa a Jesucristo? Justifique su respuesta con ejemplos específicos.

3. ¿Esperaba este desenlace de la historia? ¿Qué fin imaginaba?

4. ¿Qué siente por la gente que viaja para ir al cielo? ¿Admiración? ¿Pena? ¿Por qué?

"NOTICIAS" SOBRE LOS ANTIGUOS MAYAS

▲ *Las ruinas de Copán*

Las ruinas mayas de Copán, sitio arqueológico por excelencia, están situadas cerca de la frontera con Guatemala. Están rodeadas de verdes montañas, bosques de pinos fragantes, una frondosa vegetación y vastos campos de tabaco y maíz. Acerca de los antiguos mayas se ha sabido por muchos años de su perfeccionado sistema de escritura, su calendario capaz de predecir eclipses y de los ritos religiosos que los sacerdotes practicaban en magníficos templos mayores. Hace veinticinco años algunas investigaciones serias, llevadas a cabo por unos antropólogos de Harvard aportaron fascinantes revelaciones sobre la organización social de esa sociedad. En breve, según esas nuevas observaciones, los habitantes de Copán...

- formaban una densa población urbana.
- llegaron a ser una comunidad de 20.000 habitantes en el apogeo de su existencia.
- practicaban la poligamia.
- fabricaban vasijas y otros objetos de cerámica en sus hogares.
deer - tenían como plato preferido el ciervo° de cola blanca.
- sufrían de la desnutrición en los días antes del colapso de la sociedad.

Práctica

Dé Ud. dos datos sobre...

1. la ubicación de Copán.
2. los logros extraordinarios de los antiguos mayas.
3. la organización social de la comunidad.
4. otra sociedad antigua que conozca.

ALGO MÁS SOBRE HONDURAS

A. Ampliar lo que sabemos. ¿Les gustaría saber más sobre Honduras? Reúnanse en grupos de tres o cuatro personas y preparen una presentación sobre uno de los siguientes temas. Escojan el que más les interese, u otro que no aparezca en la lista.

- La composición de la población hondureña. La mayoría mestiza. Las minorías autóctonas: chortís, lencas, pech, tolupanes y sumus. Las minorías étnicas mestizas entre población afrocaribeña y población nativa: misquitos y garífunas. La situación de las lenguas minoritarias.
- La historia de Honduras: las culturas mesoamericanas de la época precolombina; la resistencia a la invasión española por parte de Lempira, jefe de la tribu lenca y el período colonial; la época contemporánea desde la Independencia hasta hoy: los fallidos intentos de formar la Federación Centroamericana, las constantes guerras civiles, la influencia de las compañías bananeras norteamericanas; la situación estratégica de Honduras durante los conflictos centroamericanos, especialmente el de Nicaragua.
- La naturaleza hondureña. Las especies autóctonas de Centroamérica: el sapo, los lagartos arbóreos, el guardabarranco. La diversidad de ecosistemas: selva lluviosa, bosque nublado, bosques mixtos subtropicales, sabana, bosque de matorral, manglar.
- Las desigualdades sociales en Honduras y en Centroamérica. Los altos niveles de pobreza y analfabetismo. Las causas profundas de las desigualdades. La labor de las ONGs (Organizaciones No Gubernamentales) en el alivio de las dificultades. Los efectos devastadores del huracán Mitch.

- La música de Honduras. Los instrumentos de las antiguas culturas precolombinas. La música de los distintos grupos étnicos y sus instrumentos específicos, como la zambumbia o caramba. La música para marimba. Las influencias hispana y afroantillana en el folclor hondureño. Las danzas: el iancunú y el curyay. Los compositores de música clásica.
- La riqueza de los yacimientos arqueológicos en Honduras. La importancia de Copán y su relación con la cultura maya. Otros yacimientos arqueológicos y sus culturas correspondientes: Naco, Los Naranjos, El Cajón, El Valle de Sula, Comayagua, Talgua. El papel de John Lloyd Stephens y Frederick Catherwood en la difusión de los yacimientos arqueológicos mayas.
- Más allá de los estereotipos. La representación de Honduras como República Banana o Bananera: realidad y ficción de un estereotipo norteamericano. Las visiones críticas del estereotipo en la cultura latinoamericana: la denuncia de la situación centroamericana en la poesía (Pablo Neruda en un poema de su *Canto General* sobre la United Fruit Co.), la narrativa (*El señor Presidente* de Miguel Ángel Asturias) y el cine.

B. Compartir lo que sabemos. ¿Cómo preparar la presentación?

1. Utilicen todo tipo de fuentes de información para investigar sobre el tema escogido: libros, prensa, Internet, etc.
2. Incluyan en su presentación todos los medios audiovisuales que crean convenientes: fotografías, mapas, dibujos, videos, cintas o discos de música, etc.
3. Ofrézcanles a sus compañeros de clase un esquema de todos los puntos que van a desarrollar en su presentación.

Ampliación y composición

¡REVISE SU ORTOGRAFÍA!

Las letras *ll* e *y*

En muchos de los dialectos del español las letras **ll** e **y** se pronuncian igual. Esto hace que a veces el estudiante se confunda al escribir. La siguiente información le ayudará en su escritura. Se escriben siempre con **y**…

1. muchas formas de varios verbos.
   a. los verbos terminados en **-uir:** distribuyo, contribuya, construyó, sustituyera
   b. algunas formas del verbo **oír** y de otros que terminan en **-aer** y **-eer:** oyes, oyó, oyera, creyeron, creyéramos, cayendo, leyendo
   c. verbos que toman **y** en muy pocas formas: estoy, soy, doy, voy, hay, hayamos, yendo
2. otras palabras frecuentes: ayer, ayudar, hoy, ley, mayo, mayor, proyecto, rayo.

Se escriben siempre con **ll**...

1. las palabras que terminan en -**illa** o -**illo,** como las siguientes.

guerrilla	mantequilla	maravilla	mejilla
milla	rodilla	silla	orilla
tortilla	vainilla		
amarillo	anillo	bolsillo	cigarrillo
castillo	cuchillo	tobillo	

2. las palabras que terminan en -**illón:** sillón, millón, mejillón.

3. otras palabras frecuentes: apellido, callar, desarrollar, detalle, llamar, llegar, llenar, llorar, pollo, sello, servilleta.

ENFOQUE: El Ensayo

¡Prepárese a escribir!

El primer paso es escoger un tema que sea de interés para el lector y sobre el cual el escritor tenga suficiente conocimiento para poder presentar sus puntos de vista de una manera inteligente.

¡Organice sus ideas!

Una vez escogido el tema, desarrolle un plan como el siguiente para organizar sus ideas.

> **Modelo:** La televisión, medio educacional
>
> **Primer párrafo:** Exprese su punto de vista. La televisión es, sin duda, el medio de comunicación más discutido, por ser el instrumento que tiene mayor poder de persuasión sobre la juventud. En los últimos años, muchos educadores han utilizado la televisión con fines educacionales.
>
> **Segundo párrafo:** Justifique su punto de vista, dando uno o varios ejemplos que apoyen su opinión sobre los beneficios que puede tener la televisión en la sala de clase.
>
> 1. Programas infantiles que muestran el peligro de las drogas en las escuelas
>
> 2. ¿... ?
>
> 3. ¿... ?
>
> **Conclusión:** Repetición y ampliación del punto de vista que presenta.

¡A escribir su propio ensayo!

Ud. es redactor(a) de la prensa local y le han encargado escribir un artículo sobre uno de los medios de comunicación.

1. Seleccione un tema.

2. Hable de él con sus compañeros de clase.

3. Trate de averiguar todo lo que pueda sobre el tema escogido.

4. Defienda su punto de vista.

5. Si se trata de un problema (en la prensa, en la televisión o en el cine), busque y ofrezca posibles soluciones.

6. No se olvide de que en la conclusión Ud. debe volver a la posición inicial.

Para la comunicación

Para hacer una evaluación
Es claro (obvio) que... (+ indicativo)
Es lógico pensar que... (+ indicativo)
Se dice que... (+ indicativo)
Todo el mundo piensa que... (+ indicativo)
Como se puede ver (apreciar)...
En la opinión de...
Por su parte...
Según...

Para contradecir una evaluación
No es cierto que... (+ subjuntivo)
No parece que... (+ subjuntivo)
Puede ser que... (+ subjuntivo)
Al contrario... (+ indicativo)
No existe una respuesta posible al problema, pero...

Apéndice 1
Vocabulario útil

Números cardinales

1	uno, un, una	18	diez y ocho, dieciocho	70	setenta
2	dos	19	diez y nueve, diecinueve	80	ochenta
3	tres	20	veinte	90	noventa
4	cuatro	21	veinte y uno (un, una),	100	ciento, cien
5	cinco		veintiuno (veintiún, veintiuna)	200	doscientos(as)
6	seis	22	veinte y dos, veintidós	300	trescientos(as)
7	siete	23	veinte y tres, veintitrés	400	cuatrocientos(as)
8	ocho	24	veinte y cuatro, veinticuatro	500	quinientos(as)
9	nueve	25	veinte y cinco, veinticinco	600	seiscientos(as)
10	diez	26	veinte y seis, veintiséis	700	setecientos(as)
11	once	27	veinte y siete, veintisiete	800	ochocientos(as)
12	doce	28	veinte y ocho, veintiocho	900	novecientos(as)
13	trece	29	veinte y nueve, veintinueve	1.000	mil
14	catorce	30	treinta	100.000	cien mil
15	quince	40	cuarenta	200.000	doscientos(as) mil
16	diez y seis, dieciséis	50	cincuenta	1.000.000	un millón
17	diez y siete, diecisiete	60	sesenta	1.000.000.000	mil millones
				1.000.000.000.000	un billón

Números ordinales

primero(a)	*first*	cuarto(a)	*fourth*	séptimo(a)	*seventh*
segundo(a)	*second*	quinto(a)	*fifth*	octavo(a)	*eighth*
tercero(a)	*third*	sexto(a)	*sixth*	noveno(a)	*ninth*
				décimo(a)	*tenth*

Las estaciones del año		Los meses del año		Los días de la semana	
la primavera	spring	enero	January	lunes	Monday
el verano	summer	febrero	February	martes	Tuesday
el otoño	fall	marzo	March	miércoles	Wednesday
el invierno	winter	abril	April	jueves	Thursday
		mayo	May	viernes	Friday
		junio	June	sábado	Saturday
		julio	July	domingo	Sunday
		agosto	August		
		septiembre	September		
		octubre	October		
		noviembre	November		
		diciembre	December		

La hora

¿Qué hora es? *(What time is it?)*

1:00	Es la una.
2:00	Son las dos.
3:00	Son las tres.
4:05	Son las cuatro y cinco.
5:10	Son las cinco y diez.
6:15	Son las seis y cuarto.
7:30	Son las siete y media.
7:45	Son las ocho menos cuarto.
12:00	Son las doce.
	Es (el) mediodía.
	Es (la) medianoche.

¿A qué hora... ? *(At what time . . . ?)*

A las diez de la mañana. (10:00 a.m.)

A la una de la tarde. (1:00 p.m.)

A las ocho de la noche. (8:00 p.m.)

A las nueve en punto. (9:00)

A las once y media. (11:30)

Al amanecer. *(dawn)*

Al atardecer. *(dusk)*

Al anochecer. *(nightfall)*

A(l) mediodía. *(noon)*

A (la) medianoche. *(midnight)*

Apéndice 2
Reglas de puntuación y ortografía

LA PUNTUACIÓN

Los signos de puntuación sirven para dar claridad a las ideas expresadas por escrito. Los más importantes son: el punto (.), la coma (,), los dos puntos (:), el punto y coma (;), los puntos suspensivos (...), los paréntesis ( ), las comillas (" "), la raya (*dash*) (—), el guión (*hyphen*) (-), los signos de interrogación (¿?) y los signos de admiración (¡!).

La puntuación en español y en inglés tiene mucho en común y generalmente sigue las mismas reglas. Algunas diferencias importantes son las siguientes.

1. Se usa el punto y no la coma como en inglés para separar números.

   Después del inventario hay 2.420 libros en el almacén.

2. Se usa la coma...

   a. en la enumeración de una serie de elementos, excepto en las dos últimas palabras si van unidas por una conjunción.

      Compré manzanas, naranjas, peras y uvas.
      El proyecto es claro, preciso e interesante.

   b. para indicar las fracciones decimales.

      3½ equivale a 3,5.

3. La raya se usa para indicar el comienzo de un diálogo y se repite cada vez que cambia la persona que habla.

   —Buenos días, Raúl. ¿Hace cuánto tiempo que estás aquí?
   —Hace media hora.

   Atención: En español, como en inglés, las comillas se usan para indicar una cita.

   El mendigo me dijo: "Dios se lo pague".

4. Los signos de interrogación se colocan al principio y al final de una pregunta.

   ¿Te gustaría ir al cine conmigo?

5. Los signos de admiración se usan al principio y al final de una oración exclamativa.

   ¡Qué frío hace hoy!

LAS LETRAS MAYÚSCULAS Y MINÚSCULAS

A. Las mayúsculas

1. Como en inglés, en español se escriben con mayúscula los nombres propios de personas, animales, cosas y lugares.

   Gloria **I**turralde llegó de **C**osta **R**ica trayendo a su gata **M**ichica.
   El lago **T**iticaca está en los **A**ndes.

2. En títulos de obras literarias, artículos y películas, únicamente la primera palabra lleva la letra mayúscula.

   Gabriel García Márquez escribió *Los funerales de la mamá grande.*
   Cantinflas actuó en la película *La vuelta alrededor del mundo en ochenta días.*

B. Las minúsculas

Al contrario del inglés, en español se escriben con minúscula los días de la semana, los meses del año, los adjetivos de nacionalidad y los nombres de los idiomas.

   Enviamos su pedido el día **l**unes, 5 de **a**bril.
   Para ser **e**spañola habla muy bien el **i**nglés.

DIVISIÓN DE SÍLABAS

A. Las consonantes

1. Una consonante entre dos vocales se une a la vocal siguiente (las letras **ch, ll** y **rr** constituyen una sola consonante).

   e/**n**e/**r**o   za/**p**a/to   te/**ch**o   ca/**ll**a/**d**o   fe/**rr**o/**c**a/**rr**i/le/**r**o

2. Dos consonantes juntas generalmente se separan.

   a**l**/to   co/me**n**/**z**ar   tie**m**/**p**o   pe**r**/**s**o/na   a**c**/**c**ión

3. No se separan ni los grupos de consonantes con **b, c, f, g** o **p** seguidas de **l** o **r** ni los grupos **dr** o **tr.**

   a/**br**i/ré   a/**pr**en/de/mos   ha/**bl**ar   a/**gr**a/da/**bl**e   re/**tr**a/to

4. Si hay tres o más consonantes entre dos vocales, sólo la última consonante se une a la vocal siguiente, a menos que la última consonante sea **l** o **r.**

   i**ns**/**p**i/ra/ción   co**ns**/**t**i/tuir   i**ns**/**t**an/te

   Pero: os/**tr**a   ex/**pl**i/ca/ción

B. Las vocales

1. Dos vocales abiertas (**a, e, o**) se separan.

   le/**e**/mos   ca/**e**/rán   lo/**a**/ble   em/ple/**a**/do

2. Los diptongos (combinación de dos vocales cerradas [**i, u**] o una abierta y una cerrada) no se separan.

   cue/llo   **tie**/nes   **vie**/jo   a/ve/**ri**/**guar**   **bai**/la/**ri**/na

3. Si la vocal abierta del diptongo lleva acento, las vocales no se separan.

re/vi/**sión**   vi/**vió**   tam/**bién**   pu/bli/ca/**ción**

4. Si la vocal cerrada lleva acento, se rompe el diptongo; por lo tanto, las vocales se separan.

gra/**dú**/an   **rí**/o   i/**rí**/a/mos   dor/**mí**/a/mos

EL ACENTO EN EL LENGUAJE HABLADO Y ESCRITO

1. El acento de intensidad se refiere al lenguaje hablado. Es la mayor fuerza que se da a una sílaba en una palabra.

per**so**na   re**cuer**do   univer**sal**

2. Si una palabra termina en vocal o en la consonante **n** o **s,** el acento de intensidad cae naturalmente en la penúltima sílaba.

ma**ña**na   **co**men   **a**las

3. Si una palabra termina en consonante con la excepción de **n** o **s,** el acento de intensidad cae naturalmente en la última sílaba.

pregun**tar**   pa**red**   carna**val**

4. Las palabras que no se pronuncian de acuerdo a estas reglas llevan acento ortográfico sobre la vocal de la sílaba acentuada.

te**lé**fono   lad**rón**   **fá**cil   mate**má**ticas

5. Las palabras de una sola sílaba generalmente no llevan acento ortográfico. Sin embargo, se usa el acento ortográfico en algunos casos para indicar una diferencia de significado entre dos palabras que se pronuncian de la misma manera.

de	preposición	**dé**	presente de subjuntivo y mandato formal **(dar)**
el	artículo definido	**él**	pronombre de la tercera persona singular
mas	pero	**más**	*more*
mi	adjetivo posesivo	**mí**	pronombre preposicional
se	pronombre	**sé**	primera persona singular del presente del indicativo del verbo **saber**
si	if	**sí**	*yes;* pronombre reflexivo
te	pronombre complemento	**té**	*tea*
tu	pronombre posesivo	**tú**	pronombre personal

6. Las palabras interrogativas y exclamativas llevan acento ortográfico en la sílaba acentuada.

¿**Qué** hora es?   ¿**Cómo** estás?   ¡**Cuánto** lo quería!

Apéndice 3
Los posesivos

LOS ADJETIVOS POSESIVOS ENFÁTICOS

Singular		Plural	
mío(a)	nuestro(a)	míos(as)	nuestros(as)
tuyo(a)	vuestro(a)	tuyos(as)	vuestros(as)
suyo(a)	suyo(a)	suyos(as)	suyos(as)

Los adjetivos posesivos enfáticos se colocan después del sustantivo. Su uso es menos común que el de los posesivos que preceden al sustantivo. Se usan principalmente en exclamaciones o con el verbo **ser** y concuerdan en género y número con la cosa poseída.

¡Dios **mío**! Esos papeles que acabas de romper no son **míos.** ¡Son de mi jefe!
Un amigo **nuestro** nos aconseja hacerlo.
Hija **mía,** ¡cuánto te quiero!

LOS PRONOMBRES POSESIVOS

Los pronombres posesivos tienen las mismas formas que los adjetivos posesivos enfáticos, pero se usan con el artículo definido. Concuerdan en género y número con la cosa poseída. Se usan para reemplazar al sustantivo.

Éste es mi vaso; **el tuyo** está en la cocina.
Tu libro no es igual que **el mío;** tiene más páginas.
Sus resultados son mejores que **los nuestros.**
La suya es una historia muy larga, pero muy interesante.

Si se necesita aclarar el significado del pronombre posesivo **el suyo, la suya, los suyos** o **las suyas,** se puede reemplazar el pronombre por una frase preposicional.

Las suyas [**Las de Ud.**] son las mejores estudiantes.
Los suyos [**Los libros de María**] le costaron mucho dinero.
Aquella tierra es la suya [**la de ellos**]; no es la nuestra.

LO + ADJETIVO POSESIVO

Se usa **lo** + adjetivo posesivo enfático para referirse a una idea general de cosas poseídas.

No te preocupes por **lo mío** (mis cosas, mis problemas).
Lo nuestro (nuestro amor, nuestra asociación) ha terminado.
Nos adorábamos tanto, que todo **lo mío** era suyo y **lo suyo** mío.

Apéndice 4
Los verbos

Verbo de la primera conjugación: **-ar**
Infinitivo: **hablar**
Gerundio: **hablando**
Participio pasado: **hablado**

Tiempos simples

Indicativo					Subjuntivo			Imperativo	
Presente	*Imperfecto*	*Pretérito*	*Futuro*	*Condicional*	*Presente*	*Imperfecto*		*Afirmativo*	*Negativo*
hablo	hablaba	hablé	hablaré	hablaría	hable	hablara	hablase		
hablas	hablabas	hablaste	hablarás	hablarías	hables	hablaras	hablases	habla (tú)	no hables
habla	hablaba	habló	hablará	hablaría	hable	hablara	hablase	hable (Ud.)	
hablamos	hablábamos	hablamos	hablaremos	hablaríamos	hablemos	habláramos	hablásemos	hablemos (nosotros)	
habláis	hablabais	hablasteis	hablaréis	hablaríais	habléis	hablarais	hablaseis	hablad (vosotros)	no habléis
hablan	hablaban	hablaron	hablarán	hablarían	hablen	hablaran	hablasen	hablen (Uds.)	

Tiempos compuestos

Indicativo				Subjuntivo		
Presente perfecto	*Pluscuamperfecto*	*Futuro perfecto*	*Condicional perfecto*	*Presente perfecto*	*Pluscuamperfecto*	
he hablado	había hablado	habré hablado	habría hablado	haya hablado	hubiera hablado	hubiese hablado
has hablado	habías hablado	habrás hablado	habrías hablado	hayas hablado	hubieras hablado	hubieses hablado
ha hablado	había hablado	habrá hablado	habría hablado	haya hablado	hubiera hablado	hubiese hablado
hemos hablado	habíamos hablado	habremos hablado	habríamos hablado	hayamos hablado	hubiéramos hablado	hubiésemos hablado
habéis hablado	habíais hablado	habréis hablado	habríais hablado	hayáis hablado	hubierais hablado	hubieseis hablado
han hablado	habían hablado	habrán hablado	habrían hablado	hayan hablado	hubieran hablado	hubiesen hablado

Verbo de la segunda conjugación: **-er**
Infinitivo: **aprender**
Gerundio: **aprendiendo**
Participio pasado: **aprendido**

Tiempos simples

Indicativo					Subjuntivo			Imperativo	
Presente	*Imperfecto*	*Pretérito*	*Futuro*	*Condicional*	*Presente*	*Imperfecto*		*Afirmativo*	*Negativo*
aprendo	aprendía	aprendí	aprenderé	aprendería	aprenda	aprendiera	aprendiese		
aprendes	aprendías	aprendiste	aprenderás	aprenderías	aprendas	aprendieras	aprendieses	aprende (tú)	no aprendas
aprende	aprendía	aprendió	aprenderá	aprendería	aprenda	aprendiera	aprendiese	aprenda (Ud.)	
aprendemos	aprendíamos	aprendimos	aprenderemos	aprenderíamos	aprendamos	aprendiéramos	aprendiésemos	aprendamos (nosotros)	
aprendéis	aprendíais	aprendisteis	aprenderéis	aprenderíais	aprendáis	aprendierais	aprendieseis	aprended (vosotros)	no aprendáis
aprenden	aprendían	aprendieron	aprenderán	aprenderían	aprendan	aprendieran	aprendiesen	aprendan (Uds.)	

Tiempos compuestos

Indicativo				Subjuntivo		
Presente perfecto	*Pluscuamperfecto*	*Futuro perfecto*	*Condicional perfecto*	*Presente perfecto*	*Pluscuamperfecto*	
he aprendido	había aprendido	habré aprendido	habría aprendido	haya aprendido	hubiera aprendido	hubiese aprendido
has aprendido	habías aprendido	habrás aprendido	habrías aprendido	hayas aprendido	hubieras aprendido	hubieses aprendido
ha aprendido	había aprendido	habrá aprendido	habría aprendido	haya aprendido	hubiera aprendido	hubiese aprendido
hemos aprendido	habíamos aprendido	habremos aprendido	habríamos aprendido	hayamos aprendido	hubiéramos aprendido	hubiésemos aprendido
habéis aprendido	habíais aprendido	habréis aprendido	habríais aprendido	hayáis aprendido	hubierais aprendido	hubieseis aprendido
han aprendido	habían aprendido	habrán aprendido	habrían aprendido	hayan aprendido	hubieran aprendido	hubiesen aprendido

Verbo de la tercera conjugación: **-ir**
Infinitivo: **vivir**
Gerundio: **viviendo**
Participio pasado: **vivido**

Tiempos simples

| Indicativo | | | | | Subjuntivo | | | Imperativo | |
Presente	Imperfecto	Pretérito	Futuro	Condicional	Presente	Imperfecto		Afirmativo	Negativo
vivo	vivía	viví	viviré	viviría	viva	viviera	viviese		
vives	vivías	viviste	vivirás	vivirías	vivas	vivieras	vivieses	vive (tú)	no vivas
vive	vivía	vivió	vivirá	viviría	viva	viviera	viviese	viva (Ud.)	
vivimos	vivíamos	vivimos	viviremos	viviríamos	vivamos	viviéramos	viviésemos	vivamos (nosotros)	
vivís	vivíais	vivisteis	viviréis	viviríais	viváis	vivierais	vivieseis	vivid (vosotros)	no viváis
viven	vivían	vivieron	vivirán	vivirían	vivan	vivieran	viviesen	vivan (Uds.)	

Tiempos compuestos

| Indicativo | | | | Subjuntivo | | |
Presente perfecto	Pluscuamperfecto	Futuro perfecto	Condicional perfecto	Presente perfecto	Pluscuamperfecto	
he vivido	había vivido	habré vivido	habría vivido	haya vivido	hubiera vivido	hubiese vivido
has vivido	habías vivido	habrás vivido	habrías vivido	hayas vivido	hubieras vivido	hubieses vivido
ha vivido	había vivido	habrá vivido	habría vivido	haya vivido	hubiera vivido	hubiese vivido
hemos vivido	habíamos vivido	habremos vivido	habríamos vivido	hayamos vivido	hubiéramos vivido	hubiésemos vivido
habéis vivido	habíais vivido	habréis vivido	habríais vivido	hayáis vivido	hubierais vivido	hubieseis vivido
han vivido	habían vivido	habrán vivido	habrían vivido	hayan vivido	hubieran vivido	hubiesen vivido

VERBOS IRREGULARES

	Indicativo					Subjuntivo			Imperativo	
	Presente	Imperfecto	Pretérito	Futuro	Condicional	Presente	Imperfecto		Afirmativo	Negativo
andar	ando	andaba	anduve	andaré	andaría	ande	anduviera	anduviese		
	andas	andabas	anduviste	andarás	andarías	andes	anduvieras	anduvieses	anda	no andes
andando	anda	andaba	anduvo	andará	andaría	ande	anduviera	anduviese	ande	
	andamos	andábamos	anduvimos	andaremos	andaríamos	andemos	anduviéramos	anduviésemos	andemos	
andado	andáis	andabais	anduvisteis	andaréis	andaríais	andéis	anduvierais	anduvieseis	andad	no andéis
	andan	andaban	anduvieron	andarán	andarían	anden	anduvieran	anduviesen	anden	
caber	quepo	cabía	cupe	cabré	cabría	quepa	cupiera	cupiese		
	cabes	cabías	cupiste	cabrás	cabrías	quepas	cupieras	cupieses		
cabiendo	cabe	cabía	cupo	cabrá	cabría	quepa	cupiera	cupiese		
	cabemos	cabíamos	cupimos	cabremos	cabríamos	quepamos	cupiéramos	cupiésemos		
cabido	cabéis	cabíais	cupisteis	cabréis	cabríais	quepáis	cupierais	cupieseis		
	caben	cabían	cupieron	cabrán	cabrían	quepan	cupieran	cupiesen		
caer	caigo	caía	caí	caeré	caería	caiga	cayera	cayese		
	caes	caías	caíste	caerás	caerías	caigas	cayeras	cayeses	cae	no caigas
cayendo	cae	caía	cayó	caerá	caería	caiga	cayera	cayese	caiga	
	caemos	caíamos	caímos	caeremos	caeríamos	caigamos	cayéramos	cayésemos	caigamos	
caído	caéis	caíais	caísteis	caeréis	caeríais	caigáis	cayerais	cayeseis	caed	no caigáis
	caen	caían	cayeron	caerán	caerían	caigan	cayeran	cayesen	caigan	
conducir	conduzco	conducía	conduje	conduciré	conduciría	conduzca	condujera	condujese		
	conduces	conducías	condujiste	conducirás	conducirías	conduzcas	condujeras	condujeses	conduce	no conduzcas
conduciendo	conduce	conducía	condujo	conducirá	conduciría	conduzca	condujera	condujese	conduzca	
	conducimos	conducíamos	condujimos	conduciremos	conduciríamos	conduzcamos	condujéramos	condujésemos	conduzcamos	
conducido	conducís	conducíais	condujisteis	conduciréis	conduciríais	conduzcáis	condujerais	condujeseis	conducid	no conduzcáis
	conducen	conducían	condujeron	conducirán	conducirían	conduzcan	condujeran	condujesen	conduzcan	
dar	doy	daba	di	daré	daría	dé	diera	diese		
	das	dabas	diste	darás	darías	des	dieras	dieses	da	no des
dando	da	daba	dio	dará	daría	dé	diera	diese	dé	
	damos	dábamos	dimos	daremos	daríamos	demos	diéramos	diésemos	demos	
dado	dais	dabais	disteis	daréis	daríais	deis	dierais	dieseis	dad	no deis
	dan	daban	dieron	darán	darían	den	dieran	diesen	den	
decir	digo	decía	dije	diré	diría	diga	dijera	dijese		
	dices	decías	dijiste	dirás	dirías	digas	dijeras	dijeses	di	no digas
diciendo	dice	decía	dijo	dirá	diría	diga	dijera	dijese	diga	
	decimos	decíamos	dijimos	diremos	diríamos	digamos	dijéramos	dijésemos	digamos	
dicho	decís	decíais	dijisteis	diréis	diríais	digáis	dijerais	dijeseis	decid	no digáis
	dicen	decían	dijeron	dirán	dirían	digan	dijeran	dijesen	digan	
estar	estoy	estaba	estuve	estaré	estaría	esté	estuviera	estuviese		
	estás	estabas	estuviste	estarás	estarías	estés	estuvieras	estuvieses	está	no estés
estando	está	estaba	estuvo	estará	estaría	esté	estuviera	estuviese	esté	
	estamos	estábamos	estuvimos	estaremos	estaríamos	estemos	estuviéramos	estuviésemos	estemos	
estado	estáis	estabais	estuvisteis	estaréis	estarías	estéis	estuvierais	estuvieseis	estad	no estéis
	están	estaban	estuvieron	estarán	estarían	estén	estuvieran	estuviesen	estén	

Indicativo						Subjuntivo			Imperativo	
	Presente	Imperfecto	Pretérito	Futuro	Condicional	Presente	Imperfecto		Afirmativo	Negativo
haber	he	había	hube	habré	habría	haya	hubiera	hubiese		
	has	habías	hubiste	habrás	habrías	hayas	hubieras	hubieses		
habiendo	ha	había	hubo	habrá	habría	haya	hubiera	hubiese		
	hemos	habíamos	hubimos	habremos	habríamos	hayamos	hubiéramos	hubiésemos		
habido	habéis	habíais	hubisteis	habréis	habríais	hayáis	hubierais	hubieseis		
	han	habían	hubieron	habrán	habrían	hayan	hubieran	hubiesen		
hacer	hago	hacía	hice	haré	haría	haga	hiciera	hiciese		
	haces	hacías	hiciste	harás	harías	hagas	hicieras	hicieses	haz	no hagas
haciendo	hace	hacía	hizo	hará	haría	haga	hiciera	hiciese	haga	
	hacemos	hacíamos	hicimos	haremos	haríamos	hagamos	hiciéramos	hiciésemos	hagamos	
hecho	hacéis	hacíais	hicisteis	haréis	haríais	hagáis	hicierais	hicieseis	haced	no hagáis
	hacen	hacían	hicieron	harán	harían	hagan	hicieran	hiciesen	hagan	
ir	voy	iba	fui	iré	iría	vaya	fuera	fuese		
	vas	ibas	fuiste	irás	irías	vayas	fueras	fueses	ve	no vayas
yendo	va	iba	fue	irá	iría	vaya	fuera	fuese	vaya	
	vamos	íbamos	fuimos	iremos	iríamos	vayamos	fuéramos	fuésemos	vamos	
ido	vais	ibais	fuisteis	iréis	iríais	vayáis	fuerais	fueseis	id	no vayáis
	van	iban	fueron	irán	irían	vayan	fueran	fuesen	vayan	
oír	oigo	oía	oí	oiré	oiría	oiga	oyera	oyese		
	oyes	oías	oíste	oirás	oirías	oigas	oyeras	oyeses	oye	no oigas
oyendo	oye	oía	oyó	oirá	oiría	oiga	oyera	oyese	oiga	
	oímos	oíamos	oímos	oiremos	oiríamos	oigamos	oyéramos	oyésemos	oigamos	
oído	oís	oíais	oísteis	oiréis	oiríais	oigáis	oyerais	oyeseis	oíd	no oigáis
	oyen	oían	oyeron	oirán	oirían	oigan	oyeran	oyesen	oigan	
poder	puedo	podía	pude	podré	podría	pueda	pudiera	pudiese		
	puedes	podías	pudiste	podrás	podrías	puedas	pudieras	pudieses		
pudiendo	puede	podía	pudo	podrá	podría	pueda	pudiera	pudiese		
	podemos	podíamos	pudimos	podremos	podríamos	podamos	pudiéramos	pudiésemos		
podido	podéis	podíais	pudisteis	podréis	podríais	podáis	pudierais	pudieseis		
	pueden	podían	pudieron	podrán	podrían	puedan	pudieran	pudiesen		
poner	pongo	ponía	puse	pondré	pondría	ponga	pusiera	pusiese		
	pones	ponías	pusiste	pondrás	pondrías	pongas	pusieras	pusieses	pon	no pongas
poniendo	pone	ponía	puso	pondrá	pondría	ponga	pusiera	pusiese	ponga	
	ponemos	poníamos	pusimos	pondremos	pondríamos	pongamos	pusiéramos	pusiésemos	pongamos	
puesto	ponéis	poníais	pusisteis	pondréis	pondríais	pongáis	pusierais	pusieseis	poned	no pongáis
	ponen	ponían	pusieron	pondrán	pondrían	pongan	pusieran	pusiesen	pongan	
querer	quiero	quería	quise	querré	querría	quiera	quisiera	quisiese		
	quieres	querías	quisiste	querrás	querrías	quieras	quisieras	quisieses		
queriendo	quiere	quería	quiso	querrá	querría	quiera	quisiera	quisiese		
	queremos	queríamos	quisimos	querremos	querríamos	queramos	quisiéramos	quisiésemos		
querido	queréis	queríais	quisisteis	querréis	querríais	queráis	quisierais	quisieseis		
	quieren	querían	quisieron	querrán	querrían	quieran	quisieran	quisiesen		

		Indicativo				Subjuntivo			Imperativo	
	Presente	Imperfecto	Pretérito	Futuro	Condicional	Presente	Imperfecto		Afirmativo	Negativo
saber	sé	sabía	supe	sabré	sabría	sepa	supiera	supiese		
	sabes	sabías	supiste	sabrás	sabrías	sepas	supieras	supieses	sabe	no sepas
sabiendo	sabe	sabía	supo	sabrá	sabría	sepa	supiera	supiese	sepa	
	sabemos	sabíamos	supimos	sabremos	sabríamos	sepamos	supiéramos	supiésemos	sepamos	
sabido	sabéis	sabíais	supisteis	sabréis	sabríais	sepáis	supierais	supieseis	sabed	no sepáis
	saben	sabían	supieron	sabrán	sabrían	sepan	supieran	supiesen	sepan	
salir	salgo	salía	salí	saldré	saldría	salga	saliera	saliese		
	sales	salías	saliste	saldrás	saldrías	salgas	salieras	salieses	sal	no salgas
saliendo	sale	salía	salió	saldrá	saldría	salga	saliera	saliese	salga	
	salimos	salíamos	salimos	saldremos	saldríamos	salgamos	saliéramos	saliésemos	salgamos	
salido	salís	salíais	salisteis	saldréis	saldríais	salgáis	salierais	salieseis	salid	no salgáis
	salen	salían	salieron	saldrán	saldrían	salgan	salieran	saliesen	salgan	
ser	soy	era	fui	seré	sería	sea	fuera	fuese		
	eres	eras	fuiste	serás	serías	seas	fueras	fueses	sé	no seas
siendo	es	era	fue	será	sería	sea	fuera	fuese	sea	
	somos	éramos	fuimos	seremos	seríamos	seamos	fuéramos	fuésemos	seamos	
sido	sois	erais	fuisteis	seréis	seríais	seáis	fuerais	fueseis	sed	no seáis
	son	eran	fueron	serán	serían	sean	fueran	fuesen	sean	
tener	tengo	tenía	tuve	tendré	tendría	tenga	tuviera	tuviese		
	tienes	tenías	tuviste	tendrás	tendrías	tengas	tuvieras	tuvieses	ten	no tengas
teniendo	tiene	tenía	tuvo	tendrá	tendría	tenga	tuviera	tuviese	tenga	
	tenemos	teníamos	tuvimos	tendremos	tendríamos	tengamos	tuviéramos	tuviésemos	tengamos	
tenido	tenéis	teníais	tuvisteis	tendréis	tendríais	tengáis	tuvierais	tuvieseis	tened	no tengáis
	tienen	tenían	tuvieron	tendrán	tendrían	tengan	tuvieran	tuviesen	tengan	
traer	traigo	traía	traje	traeré	traería	traiga	trajera	trajese		
	traes	traías	trajiste	traerás	traerías	traigas	trajeras	trajeses	trae	no traigas
trayendo	trae	traía	trajo	traerá	traería	traiga	trajera	trajese	traiga	
	traemos	traíamos	trajimos	traeremos	traeríamos	traigamos	trajéramos	trajésemos	traigamos	
traído	traéis	traíais	trajisteis	traeréis	traeríais	traigáis	trajerais	trajeseis	traed	no traigáis
	traen	traían	trajeron	traerán	traerían	traigan	trajeran	trajesen	traigan	
valer	valgo	valía	valí	valdré	valdría	valga	valiera	valiese		
	vales	valías	valiste	valdrás	valdrías	valgas	valieras	valieses	val	no valgas
valiendo	vale	valía	valió	valdrá	valdría	valga	valiera	valiese	valga	
	valemos	valíamos	valimos	valdremos	valdríamos	valgamos	valiéramos	valiésemos	valgamos	
valido	valéis	valíais	valisteis	valdréis	valdríais	valgáis	valierais	valieseis	valed	no valgáis
	valen	valían	valieron	valdrán	valdrían	valgan	valieran	valiesen	valgan	
venir	vengo	venía	vine	vendré	vendría	venga	viniera	viniese		
	vienes	venías	viniste	vendrás	vendrías	vengas	vinieras	vinieses	ven	no vengas
viniendo	viene	venía	vino	vendrá	vendría	venga	viniera	viniese	venga	
	venimos	veníamos	vinimos	vendremos	vendríamos	vengamos	viniéramos	viniésemos	vengamos	
venido	venís	veníais	vinisteis	vendréis	vendríais	vengáis	vinierais	vinieseis	venid	no vengáis
	vienen	venían	vinieron	vendrán	vendrían	vengan	vinieran	viniesen	vengan	
ver	veo	veía	vi	veré	vería	vea	viera	viese		
	ves	veías	viste	verás	verías	veas	vieras	vieses	ve	no veas
viendo	ve	veía	vio	verá	vería	vea	viera	viese	vea	
	vemos	veíamos	vimos	veremos	veríamos	veamos	viéramos	viésemos	veamos	
visto	veis	veíais	visteis	veréis	veríais	veáis	vierais	vieseis	ved	no veáis
	ven	veían	vieron	verán	verían	vean	vieran	viesen	vean	

VERBOS CON CAMBIOS EN EL RADICAL

Verbos de la primera y de la segunda conjugación (-ar y -er): o → ue

		Indicativo				Subjuntivo			Imperativo	
	Presente	Imperfecto	Pretérito	Futuro	Condicional	Presente	Imperfecto		Afirmativo	Negativo
contar	cuento	contaba	conté	contaré	contaría	cuente	contara	contase		
	cuentas	contabas	contaste	contarás	contarías	cuentes	contaras	contases	cuenta	no cuentes
contando	cuenta	contaba	contó	contará	contaría	cuente	contara	contase	cuente	
	contamos	contábamos	contamos	contaremos	contaríamos	contemos	contáramos	contásemos	contemos	
contado	contáis	contabais	contasteis	contaréis	contaríais	contéis	contarais	contaseis	contad	no contéis
	cuentan	contaban	contaron	contarán	contarían	cuenten	contaran	contasen	cuenten	
volver	vuelvo	volvía	volví	volveré	volvería	vuelva	volviera	volviese		
	vuelves	volvías	volviste	volverás	volverías	vuelvas	volvieras	volvieses	vuelve	no vuelvas
volviendo	vuelve	volvía	volvió	volverá	volvería	vuelva	volviera	volviese	vuelva	
	volvemos	volvíamos	volvimos	volveremos	volveríamos	volvamos	volviéramos	volviésemos	volvamos	
vuelto	volvéis	volvíais	volvisteis	volveréis	volveríais	volváis	volvierais	volvieseis	volved	no volváis
	vuelven	volvían	volvieron	volverán	volverían	vuelvan	volvieran	volviesen	vuelvan	

Otros verbos: **acordarse, acostar(se), almorzar, colgar, costar, demostrar, doler, encontrar, llover, mostrar, mover, probar(se), recordar, rogar, soler, soñar, torcer**

Verbos de la primera y de la segunda conjugación (-ar y -er): e → ie

		Indicativo				Subjuntivo			Imperativo	
	Presente	Imperfecto	Pretérito	Futuro	Condicional	Presente	Imperfecto		Afirmativo	Negativo
pensar	pienso	pensaba	pensé	pensaré	pensaría	piense	pensara	pensase		
	piensas	pensabas	pensaste	pensarás	pensarías	pienses	pensaras	pensases	piensa	no pienses
pensando	piensa	pensaba	pensó	pensará	pensaría	piense	pensara	pensase	piense	
	pensamos	pensábamos	pensamos	pensaremos	pensaríamos	pensemos	pensáramos	pensásemos	pensemos	
pensado	pensáis	pensabais	pensasteis	pensaréis	pensaríais	penséis	pensarais	pensaseis	pensad	no penséis
	piensan	pensaban	pensaron	pensarán	pensarían	piensen	pensaran	pensasen	piensen	
entender	entiendo	entendía	entendí	entenderé	entendería	entienda	entendiera	entendiese		
	entiendes	entendías	entendiste	entenderás	entenderías	entiendas	entendieras	entendieses	entiende	no entiendas
entendiendo	entiende	entendía	entendió	entenderá	entendería	entienda	entendiera	entendiese	entienda	
	entendemos	entendíamos	entendimos	entenderemos	entenderíamos	entendamos	entendiéramos	entendiésemos	entendamos	
entendido	entendéis	entendíais	entendisteis	entenderéis	entenderíais	entendáis	entendierais	entendieseis	entended	no entendáis
	entienden	entendían	entendieron	entenderán	entenderían	entiendan	entendieran	entendiesen	entiendan	

Otros verbos: **atravesar, cerrar, comenzar, confesar, despertar(se), empezar, encender, entender, negar(se), nevar, perder, sentar(se), tender(se), tropezar**

Verbos de la tercera conjugación (-ir): o → ue → u

	Indicativo					**Subjuntivo**			**Imperativo**	
	Presente	*Imperfecto*	*Pretérito*	*Futuro*	*Condicional*	*Presente*	*Imperfecto*		*Afirmativo*	*Negativo*
dormir	duermo	dormía	dormí	dormiré	dormiría	duerma	durmiera	durmiese		
	duermes	dormías	dormiste	dormirás	dormirías	duermas	durmieras	durmieses	duerme	no duermas
durmiendo	duerme	dormía	durmió	dormirá	dormiría	duerma	durmiera	durmiese	duerma	
	dormimos	dormíamos	dormimos	dormiremos	dormiríamos	durmamos	durmiéramos	durmiésemos	durmamos	
dormido	dormís	dormíais	dormisteis	dormiréis	dormiríais	durmáis	durmierais	durmieseis	dormid	no durmáis
	duermen	dormían	durmieron	dormirán	dormirían	duerman	durmieran	durmiesen	duerman	

Otro verbo: **morir(se)**

Verbos de la tercera conjugación (-ir): e → ie → i

	Indicativo					**Subjuntivo**			**Imperativo**	
	Presente	*Imperfecto*	*Pretérito*	*Futuro*	*Condicional*	*Presente*	*Imperfecto*		*Afirmativo*	*Negativo*
mentir	miento	mentía	mentí	mentiré	mentiría	mienta	mintiera	mintiese		
	mientes	mentías	mentiste	mentirás	mentirías	mientas	mintieras	mintieses	miente	no mientas
mintiendo	miente	mentía	mintió	mentirá	mentiría	mienta	mintiera	mintiese	mienta	
	mentimos	mentíamos	mentimos	mentiremos	mentiríamos	mintamos	mintiéramos	mintiésemos	mintamos	
mentido	mentís	mentíais	mentisteis	mentiréis	mentiríais	mintáis	mintierais	mintieseis	mentid	no mintáis
	mienten	mentían	mintieron	mentirán	mentirían	mientan	mintieran	mintiesen	mientan	

Otros verbos: **advertir, arrepentirse, consentir, convertir(se), divertir(se), herir, preferir, referir(se), sugerir**

Verbos de la tercera conjugación (-ir): e → i

	Indicativo					**Subjuntivo**			**Imperativo**	
	Presente	*Imperfecto*	*Pretérito*	*Futuro*	*Condicional*	*Presente*	*Imperfecto*		*Afirmativo*	*Negativo*
pedir	pido	pedía	pedí	pediré	pediría	pida	pidiera	pidiese		
	pides	pedías	pediste	pedirás	pedirías	pidas	pidieras	pidieses	pide	no pidas
pidiendo	pide	pedía	pidió	pedirá	pediría	pida	pidiera	pidiese	pida	
	pedimos	pedíamos	pedimos	pediremos	pediríamos	pidamos	pidiéramos	pidiésemos	pidamos	
pedido	pedís	pedíais	pedisteis	pediréis	pediríais	pidáis	pidierais	pidieseis	pedid	no pidáis
	piden	pedían	pidieron	pedirán	pedirían	pidan	pidieran	pidiesen	pidan	

Otros verbos: **competir, concebir, despedir(se), elegir, impedir, perseguir, reír(se), reñir, repetir, seguir, servir, vestir(se)**

VERBOS DE CAMBIO ORTOGRÁFICO

-gar g → gu delante de e			-ger, -gir g → j delante de a y o			-guar gu → gü delante de e			-guir gu → g delante de o y a		
Verbo	Indicativo	Subjuntivo	Verbo	Indicativo	Subjuntivo	Verbo	Indicativo	Subjuntivo	Verbo	Indicativo	Subjuntivo
	Pretérito	Presente		Presente	Presente		Pretérito	Presente		Presente	Presente
llegar	llegué	llegue	*proteger*	protejo	proteja	*averiguar*	averigüé	averigüe	*seguir*	sigo	siga
	llegaste	llegues		proteges	protejas		averiguaste	averigües		sigues	sigas
	llegó	llegue		protege	proteja		averiguó	averigüe		sigue	siga
	llegamos	lleguemos		protegemos	protejamos		averiguamos	averigüemos		seguimos	sigamos
	llegasteis	lleguéis		protegéis	protejáis		averiguasteis	averigüéis		seguís	sigáis
	llegaron	lleguen		protegen	protejan		averiguaron	averigüen		siguen	sigan

Otros verbos: **colgar, jugar, navegar, pagar, rogar**

Otros verbos: **coger, corregir, dirigir, escoger, exigir, recoger**

Otro verbo: **apaciguar**

Otros verbos: **conseguir, distinguir, perseguir, proseguir**

-cer, -cir después de una vocal c → zc delante de o y a			-cer, -cir después de una consonante c → z delante de a y o			-car c → qu delante de e			-zar z → c delante de e		
Verbo	Indicativo	Subjuntivo	Verbo	Indicativo	Subjuntivo	Verbo	Indicativo	Subjuntivo	Verbo	Indicativo	Subjuntivo
	Presente	Presente		Presente	Presente		Pretérito	Presente		Pretérito	Presente
conocer	conozco	conozca	*vencer*	venzo	venza	*buscar*	busqué	busque	*comenzar*	comencé	comience
	conoces	conozcas		vences	venzas		buscaste	busques		comenzaste	comiences
	conoce	conozca		vence	venza		buscó	busque		comenzó	comience
	conocemos	conozcamos		vencemos	venzamos		buscamos	busquemos		comenzamos	comencemos
	conocéis	conozcáis		vencéis	venzáis		buscasteis	busquéis		comenzasteis	comencéis
	conocen	conozcan		vencen	venzan		buscaron	busquen		comenzaron	comiencen

Otros verbos: **agradecer, aparecer, establecer, merecer, obedecer, ofrecer, producir**

Otros verbos: **convencer, esparcir, torcer**

Otros verbos: **comunicar(se), explicar, indicar, practicar, sacar, tocar**

Otros verbos: **abrazar, almorzar, cruzar, empezar, gozar**

-uir i (no acentuada) → **y** entre vocales (menos **-guir**)

Verbo	Indicativo		Imperativo	Subjuntivo	
	Presente	Pretérito		Presente	Imperfecto
huir	huyo	huí		huya	huyera
	huyes	huiste	huye	huyas	huyeras
	huye	huyó	huya	huya	huyera
huyendo	huimos	huimos	huyamos	huyamos	huyéramos
	huís	huisteis	huid	huyáis	huyerais
huido	huyen	huyeron	huyan	huyan	huyeran

Otros verbos: **construir, concluir, contribuir, destruir, instruir, sustituir**

-aer, -eer, i (no acentuada) → **y** entre vocales			**-eír** pierde una **e** en la tercera persona			**-iar i → í**			**-uar u → ú**		
Verbo	Indicativo	Subjuntivo	Verbo	Indicativo	Subjuntivo	Verbo	Indicativo	Subjuntivo	Verbo	Indicativo	Subjuntivo
	Pretérito	Imperfecto		Pretérito	Imperfecto		Presente	Presente		Presente	Presente
creer	creí	creyera	**reír**	reí	riera	**enviar**	envío	envíe	**actuar**	actúo	actúe
	creíste	creyeras		reíste	rieras		envías	envíes		actúas	actúes
	creyó	creyera		rió	riera		envía	envíe		actúa	actúe
creyendo	creímos	creyéramos	**riendo**	reímos	riéramos		enviamos	enviemos		actuamos	actuemos
	creísteis	creyerais		reísteis	rierais		enviáis	enviéis		actuáis	actuéis
creído	creyeron	creyeran	**reído**	rieron	rieran		envían	envíen		actúan	actúen

Otros verbos: **caer, leer, poseer**   Otros verbos: **sonreír, freír**   Otros verbos: **ampliar, criar, enfriar, guiar, variar**   Otros verbos: **acentuar, continuar, efectuar, graduar(se), situar**

Apéndice 5
¿Lleva el verbo una preposición?

abandonarse a + *noun*	to give oneself up to	Me abandoné a la tristeza.
acabar con + *noun*	to finish, to exhaust	Acabé con mis tareas.
acabar de + *inf.*	to have just + past participle	Acabamos de llegar.
acabar por + *inf.*	to end (up) by	Acabaste por pedirle perdón.
acercarse a + *inf.*	to approach	Se acercó a ver el desfile.
+ *noun*		Se acercó a la casa.
aconsejar + *inf.*	to advise	Te aconsejo confesar tu falta.
acordarse (o→ue) de + *inf.*	to remember	¿Te acordarás de escribirme?
+ *noun*		Me acordé de ti.
acostumbrarse a + *inf.*	to get used to	Se acostumbraron a salir temprano.
+ *noun*		Se acostumbró al país.
agradecer + *noun*	to be thankful for	Te agradezco tu compañía.
alegrarse de + *inf.*	to be glad to (about)	Me alegro de verlos sanos y contentos.
alejarse de + *noun*	to go away from	Nos alejamos del parque.
amenazar con + *inf.*	to threaten to, with	Me amenazó con no pagar.
+ *noun*	to threaten with	Me amenazó con un palo.
animar a + *inf.*	to encourage to	Lo animé a salir.
animarse a + *inf.*	to make up one's mind to	Nos animamos a bailar.
apostar (o→ue) a + *subj.*	to bet (that)	Te apuesto a que tengo razón.
aprender a + *inf.*	to learn to	Aprendiste a cocinar.
apresurarse a + *inf.*	to hasten to	Se apresuraron a ir de compras.
aprovechar + *noun*	to make good use of	Aproveché la gran oportunidad.
aprovecharse de + *noun*	to take advantage of	Se aprovecharon del pobre viudo.
arrepentirse (e→ie, i) de + *inf.*	to repent of, to be sorry for	Se arrepintió de hacerlo.
+ *noun*		Me arrepiento de mis faltas.
arriesgarse a + *inf.*	to risk	Nos arriesgamos a perderlo todo.
asistir a + *noun*	to attend	Asistimos al concierto anoche.
asomarse a + *inf.*	to appear (at), to look out of	Me asomé a ver si venía.
+ *noun*		Me asomé a la ventana.
asombrarse de + *inf.*	to be astonished at	Se asombró de conducir tan rápido.
+ *noun*		Se asombró de los cuadros.
aspirar a + *inf.*	to aspire to	Aspira a ser astronauta.
asustarse de + *inf.*	to be frightened at	Se asustó de verme tan triste.
+ *noun*		Se asustó de su aspecto triste.
atreverse a + *inf.*	to dare (to)	Te atreviste a venir en la lluvia.
autorizar a (para) + *inf.*	to authorize to	¿Me autorizas a comprar el coche?
aventurarse a + *inf.*	to venture (to)	Nos aventuramos a entrar en el castillo.
avergonzarse (o→üe) de + *inf.*	to be ashamed of	Me avergüenzo de no saber la lección.
ayudar a + *inf.*	to help to	Te ayudo a cocinar.

bastar con + *noun*	to be enough	Basta con eso para prepararlo.
burlarse de + *noun*	to make fun of	Se burlaron del enfermo.
buscar + *noun*	to look for	Busco mis libros.
+ *inf.*		Buscaban mejorar las condiciones higiénicas.
cambiar de + *noun*	to change	Cambiamos de avión.
cansarse de + *inf.*	to grow tired of	Se cansó de esperarla.
carecer de + *noun*	to lack	Carece de ideales.
casarse con + *noun*	to get married to	Se casó con José.
cesar de + *inf.*	to cease, to stop	Cesó de llover.
comenzar (e→ie) a + *inf.*	to begin to	Comenzaron a pintar la casa.
complacerse en + *inf.*	to take pleasure in	Se complacen en enviarme regalos.
comprometerse a + *inf.*	to obligate oneself to	Me comprometo a firmar el contrato.
comprometerse con + *noun*	to get engaged to	Se comprometió con Juan.
concluir de + *inf.*	to finish	Concluimos de trabajar a las ocho.
condenar a + *inf.*	to condemn to	Fue condenado a morir.
+ *noun*		Fue condenado a muerte.
confesar (e→ie) + *inf.*	to confess	Confesó tener miedo.
+ *noun*		Confiesa su miedo.
confiar en + *inf.*	to trust	Confío en saber pronto la verdad.
+ *noun*		Confío en la verdad.
conformarse con + *inf.*	to resign oneself to	Me conformo con vivir en la pobreza.
+ *noun*		Me conformo con la pobreza.
consagrarse a + *inf.*	to devote oneself to	Se consagró a trabajar día y noche.
+ *noun*		Se consagró al trabajo.
conseguir (e→i) + *inf.*	to succeed in (doing)	Consiguió llegar a la cumbre.
+ *noun*	to get, to obtain	Consigo dinero para el viaje.
consentir (e→ie, i) + *inf.*	to consent to	No le consiento gritar.
contar (o→ue) con + *inf.*	to count on, to rely upon	Cuento con tener tu ayuda.
+ *noun*		Cuento con tu ayuda.
contentarse con + *inf.*	to content oneself with	Me contento con viajar.
+ *noun*		Me contento con un viaje.
contribuir a + *inf.*	to contribute to	Contribuyó a descubrir el crimen.
+ *noun*		Contribuyó al descubrimiento.
convenir (e→ie) + *inf.*	to be convenient	Conviene decírselo.
convenir (e→ie, i) en + *inf.*	to agree to	Convenimos en ir juntos.
convertirse (e→ie, i) en + *noun*	to become	La lluvia se convirtió en granizo.
creer + *inf.*	to believe, to think	Creo entender sus intenciones.
cuidar + *noun*	to care for	Cuidaba mucho sus plantas.
cuidar de + *inf.*	to take care to	Cuide de no perderlo.
cumplir con + *noun*	to fulfill	Cumplió con su obligación.
deber + *inf.*	ought, must	Debe hablar en voz alta.
decidir + *inf.*	to decide	Decidieron enviar la carta.
decidirse a + *inf.*	to make up one's mind to, to decide upon	Nos decidimos a comenzar.
decidirse por + *noun*	to decide on	Me decidí por estos zapatos.
dedicarse a + *inf.*	to devote oneself to	Me dediqué a trabajar.
+ *noun*		Me dediqué al trabajo.
dejar + *inf.*	to let, to allow, to permit	Déjame probarlo.
dejar de + *inf.*	to stop; to fail to do something	Dejará de trabajar.

desafiar a + *inf.*	to dare (someone) to,	Te desafío a pelear.
+ *noun*	to challenge (someone) to	Te desafío a un duelo.
desear + *inf.*	to desire	Deseo tener dos hijos.
despedirse (e→i, i) de + *noun*	to take leave of	Nos despedimos de ellos.
destinar a (para) + *noun*	to destine to, to assign	Fue destinado a (para) Perú.
determinarse a + *inf.*	to make up one's mind to	Me determiné a seguir mi carrera.
dirigirse a + *noun*	to address; to make one's way toward	Se dirigió a la policía.
disculparse por + *inf.*	to excuse oneself for	Se disculpó por llegar tarde.
+ *noun*		Se disculpó por su error.
disfrutar (de) + *noun*	to enjoy (a thing)	¡Disfrute de la vida!
disponerse a + *inf.*	to get ready to	Se dispusieron a partir.
divertirse (i→ie, i) con + *persona*	to amuse oneself with	Me divierto con Juan.
en + *noun*	(a person); by (an activity)	Me divierto en las fiestas.
dudar + *inf.*	to doubt	Dudo saber la lección.
dudar de + *noun*	to doubt	Duda de todos.
dudar en + *inf.*	to hesitate to	¿Por qué dudaste en llamarme?
echarse a + *inf.*	to start to, to begin	Al ver el oso, se echó a correr.
empeñarse en + *inf.*	to insist on, to persist in	Se empeñó en golpearme.
enamorarse de + *noun*	to fall in love with	Se enamoraron de la niñita.
encargarse de + *inf.*	to take it upon oneself to;	Me encargo de organizar la fiesta.
+ *noun*	to take charge of	Me encargo de las deudas.
enterarse de + *noun*	to find out about	Ayer me enteré del divorcio.
entrar en (a) + *noun*	to enter	Entramos en el (al) museo.
faltar a + *noun*	to be absent from; to fail to meet (an obligation)	Faltaste a la reunión de anoche.
felicitar por + *noun*	to congratulate for	Te felicito por tu cumpleaños.
felicitarse de + *inf.*	to congratulate oneself on	Me felicito de conocerte tan bien.
fijarse en + *noun*	to notice	¿Te fijaste en su sombrero?
fingir + *inf.*	to pretend	Fingió no vernos.
gozar de (con) + *noun*	to enjoy	Goza de (con) su familia.
gustar *(indirect object pronoun)* + *inf.*	to like; to please	Nos gusta bailar.
haber de + *inf.*	to have to; to be going to	Hoy he de verlo.
hacer + *inf.*	to make, to cause	No lo hagas llorar.
hay que + *inf.*	to be necessary	Hay que pagar los impuestos.
huir de + *noun*	to flee from, to avoid	Huimos del peligro.
imaginarse + *inf.*	to imagine	¿Te imaginas tener tanto dinero?
impacientarse por + *inf.*	to grow impatient for (to)	Se impacienta por trabajar.
impedir (e→i, i) + *inf.*	to prevent, to impede	Me impidió llamar por teléfono.
importar(le) + *inf.*	to matter	No me importa ver tu desdén.
+ *noun*		No me importa tu desdén.
inclinarse a + *inf.*	to be inclined to	Me inclino a pensar así.
influir en + *noun*	to influence	Influyó en mis decisiones.
insistir en + *inf.*	to insist on	Insiste en vivir de ese modo.
inspirar a + *inf.*	to inspire to	Me inspiró a escribir.

intentar + *inf.*	to *attempt*	Intentará decírselo.
ir a + *inf.*	to *be going to*	Voy a rezar.
+ *noun*	to *go to*	Voy a la iglesia.
irse de + *noun*	to *leave*	Me voy de esta casa.
jugar (u → ue) a + *noun*	to *play at, to practice (a sport)*	¿Juegas al tenis?
jurar + *inf.*	to *swear*	Juró decir la verdad.
limitarse a + *inf.*	to *limit oneself to*	Me limité a viajar por México.
+ *noun*		Me limité a un viaje a México.
llegar a + *inf.*	to *manage to, to succeed in*	Llegamos a preparar la comida.
+ *noun*	to *come to, to arrive at*	Llegamos a la posada.
lograr + *inf.*	to *succeed in, to manage to*	Lograste abrir la puerta.
luchar para + *inf.*	to *struggle in order to*	Lucho para darles de comer a los pobres.
luchar por + *noun*	to *struggle on behalf of*	Lucho por los pobres.
mandar + *inf.*	to *cause, to have, to order*	Nos mandó llamar.
maravillarse de + *inf.*	to *marvel at*	Me maravillo de escucharte cantar.
+ *noun*		Me maravillo de tu talento.
marcharse de + *noun*	to *leave*	Se marchó del pueblo.
merecer + *inf.*	to *deserve*	Merece recibir el premio.
meterse a + *inf.*	to *begin, to set oneself to*	Se metió a cantar.
meterse en + *noun*	to *become involved in*	Se metió en malos negocios.
mirar + *inf.*	to *watch*	Miraba partir el tren.
+ *noun*	to *look at*	Miró todos los cuadros.
morirse (o → ue, u) por + *inf.*	to *be dying to*	Me muero por conocerlos.
necesitar + *inf.*	to *need*	Necesito salir de compras.
negar (e → ie) + *inf.*	to *deny*	Negó conocerlo.
negarse (e → ie) a + *inf.*	to *refuse to*	Me niego a abrir la puerta.
obligar a + *inf.*	to *oblige to*	Nos obligan a firmar un contrato.
obstinarse en + *inf.*	to *persist in*	Se obstina en callar.
ocuparse de + *inf.*	to *take care of*	Se ocupa de hacer las compras.
+ *noun*		Se ocupa de las compras.
ocurrirse(*indirect object pronoun*) + *inf.*	to *occur (to someone)*	Se nos ocurrió ir al cine.
ofrecer + *inf.*	to *offer*	Te ofrezco dividir las ganancias.
+ *noun*		Te ofrezco las ganancias.
ofrecerse a + *inf.*	to *offer to, to promise*	Se ofreció a darnos una conferencia.
oír + *inf.*	to *hear*	Oímos rugir a las fieras.
oler (o → ue[hue]) a + *noun*	to *smell of, like*	La casa huele a pescado.
olvidar + *inf.*	to *forget*	Olvidaste traer un paraguas.
olvidarse de + *inf.*	to *forget*	Se olvidó de cerrar con llave la puerta.
oponerse a + *inf.*	to *be opposed to*	Nos oponemos a pagar tus deudas.
+ *noun*		Nos oponemos a tus proyectos.
optar por + *inf.*	to *choose*	Optaron por salir temprano.
ordenar + *inf.*	to *order*	Te ordeno cantar.
parar de + *inf.*	to *stop, to cease*	Paré de fumar.
pararse a + *inf.*	to *stop to*	Me paré a ver los vestidos de moda.

pararse en + *noun*	*to stop at*	Me paré en todas las tiendas.
parecer + *inf.*	*to seem*	Parece tener razón.
parecerse a + *noun*	*to resemble*	Se parece al abuelo.
pasar a + *inf.*	*to proceed to, to pass on to*	Pasó a pedir dinero para el proyecto.
+ *noun*		Pasó a la siguiente lección.
pedir (e→i) + *noun*	*to ask for*	Pides más ayuda.
pensar (e→ie) + *inf.*	*to intend*	Piensa escribir una novela.
pensar (e→ie) de + *noun*	*to have an opinion about*	¿Qué piensas de mí?
pensar (e→ie) en + *noun*	*to think about (have in mind)*	Piensa en su madre.
permitir + *inf.*	*to permit*	No permiten hablar inglés en clase.
persistir en + *inf.*	*to persist in*	Persiste en mentir.
poder (o→ue) + *inf.*	*can, to be able to*	¿Podemos entrar?
ponerse a + *inf.*	*to set oneself to, to begin to*	Nos pusimos a esquiar.
preferir (e→ie, i) + *inf.*	*to prefer*	Prefieren callar.
prepararse a (para) + *inf.*	*to prepare oneself to*	Se prepara a (para) salir.
prepararse para + *noun*	*to prepare oneself for*	Se prepara para los exámenes.
pretender + *inf.*	*to claim*	¿Pretendes decir la verdad?
principiar a + *inf.*	*to begin to*	Principia a llover.
prohibir + *inf.*	*to forbid*	Te prohíbo salir.
prometer + *inf.*	*to promise*	Prometo decírtelo.
proponerse + *inf.*	*to propose*	Me propuse sacar buenas notas.
quedar en + *inf.*	*to agree to*	Quedamos en vernos más a menudo.
quedar por + *inf.*	*to remain to be*	Queda por ver lo que dirá.
quedarse a (para) + *inf.*	*to remain to*	Se quedó a (para) cuidar a los niños.
quedarse en + *noun*	*to remain in*	Se quedó en casa.
quejarse de + *inf.*	*to complain of (about)*	Se queja de no tener tiempo.
+ *noun*		Se queja de sus padres.
querer (e→ie) + *inf.*	*to want, to wish*	Quiero bailar.
recordar (o→ue) + *inf.*	*to remember*	Recuerdo oírlo gritar.
reírse (e→i, i) de + *noun (pronoun)*	*to laugh at, to make fun of*	Todos se rieron de mí.
renunciar a + *inf.*	*to renounce, to give up*	Renunció a vivir en el campo.
+ *noun*	*to resign*	Renunció a su puesto.
reparar en + *noun*	*to notice, to observe*	No reparé en sus defectos.
resignarse a + *inf.*	*to resign oneself to*	No me resigno a morir.
+ *noun*		No me resigno a la muerte.
resistirse a + *inf.*	*to resist, to refuse to*	Se resiste a salir.
resolverse (o→ue) a + *inf.*	*to decide to do something*	Me resolví a salir solo.
retirarse a + *inf.*	*to retire, withdraw to*	Se retiró a descansar.
rogar (o→ue) + *inf.*	*to beg, to ask, to request*	Te ruego hablar despacio.
romper a + *inf.*	*to begin (suddenly) to*	Al verlo rompimos a llorar.
romper con + *noun*	*to break off relations with*	Rompí con mi novio.
saber + *inf.*	*to know (how)*	Sabe patinar muy bien.
salir de + *noun*	*to leave, come out of*	Salí de la casa temprano.
sentarse (e→ie) a (para) + *inf.*	*to sit down to*	Nos sentamos a (para) comer.
sentir (e→ie, i) + *inf.*	*to be sorry, regret*	Siento comunicarle esta noticia.
separarse de + *noun*	*to leave*	Me separé de mi esposa.
servir (e→i, i) de + *noun*	*to serve as, to function as*	Mi radio sirve también de reloj.

servir para + *noun*	*to be of use for*	Estas carpetas sirven para papeles.
servirse de + *noun*	*to use*	Me serví de estos documentos para el juicio.
soler (o → ue) + *inf.*	*to be in the habit of*	Suelo despertarme temprano.
soñar (o → ue) con + *inf.*	*to dream of (about)*	Sueñas con viajar.
+ *noun*		Sueñas con viajes.
sorprenderse de + *inf.*	*to be surprised to*	Se sorprendió de verte conmigo.
+ *noun*	*to be surprised at*	Se sorprendió de mi casa.
sostener (e → ie) + *inf.*	*to maintain*	Sostiene saber la verdad.
subir a + *noun*	*to go up, to climb*	Subimos a las montañas.
suplicar + *inf.*	*to beg*	Te suplico contestar mis cartas.
tardar en + *inf.*	*to take long to*	Tardaste en llegar.
temer + *inf.*	*to fear*	Temo recibir su carta.
terminar de + *inf.*	*to finish*	Terminaré de trabajar.
terminar por + *inf.*	*to end (up) by*	Terminamos por divorciarnos.
tirar de + *noun*	*to pull*	Tiré de la puerta.
tocar*(indirect object pronoun)* + *inf.*	*to be one's turn*	Te toca jugar a las cartas.
trabajar en + *noun*	*to work at*	Trabajamos en casa.
trabajar para + *inf.*	*to strive to, in order to, to work for*	Trabaja para mantener a su hijo.
trabajar por + *noun*	*to work on behalf of*	Trabaja por su hijo.
tratar de + *inf.*	*to try to*	¿Trataste de verlo?
tratarse de + *noun*	*to be a question of, to be about*	Se trata de algo muy serio.
tropezar (e → ie) con + *noun*	*to come upon*	Tropecé con María en Lima.
vacilar en + *inf.*	*to hesitate to*	Vacilé en decírselo.
valer más + *inf.*	*to be better*	Vale más hablar con él.
valerse de + *noun*	*to avail oneself of*	Me valí de él para conocer al jefe.
venir a + *inf.*	*to come to*	Vine a visitarte.
ver + *inf.*	*to see*	Vimos salir la luna.
volver (o → ue) a + *inf.*	*to do again*	Volvieron a llamarme.
+ *noun*	*to return to*	Volvieron a Paraguay.

Vocabulario

Note: **Exact and very close cognates are not included in this vocabulary.**

Abbreviations: *adj.* adjective   *m.* masculine   *sing.* singular

                 n. noun   *f.* feminine   *pl.* plural

                 adv. adverb   *colloq.* colloquial

A

abajo *(adv.)* below, down
abogado(a) *(n.)* lawyer
abordar to board
aborto abortion, miscarriage
abrazar to embrace, to hug
abrigo overcoat, shelter
abrir to open
abrochar to fasten
   abrocharse el cinturón de seguridad to fasten
     one's seatbelt
abuelo(a) *(n.)* grandfather, grandmother
abundar to be abundant, to abound
aburrir to bore
aburrirse to get bored
acabar to end; to finish
acabar de + *inf.* to have just + past participle
acabarse to run out
acciones *(f., pl.)* stocks, shares
acelerador *(m.)* gas pedal
acercarse a to approach
acero steel
aconsejar to advise, to counsel
acontecer to happen
acontecimiento event, incident, happening
acordar (ue) to agree upon
acordarse (ue) de to remember
acostar (ue) to put to bed
acostarse (ue) to go to bed
acostumbrarse (a) to be customary; to get accustomed to
actriz *(f.)* actress
actuación *(f.)* performance
actual present-day

actualidad *(f.)* present time
actuar to act
acuerdo agreement
   acuerdo de paz peace treaty
   ¡de acuerdo! O.K.!
   de acuerdo con according to
adelante ahead
adelgazar to lose weight
además in addition, besides
adicción *(f.)* addiction
adicional additional
adiós good-bye
¿adónde? to where?
adornar to decorate
adornos *(pl.)* decorations
aduana customs
aéreo(a) *(adj.)* air
   correo aéreo air mail
   línea aérea airline
aeropuerto airport
afán *(m.)* eagerness, anxiety
afecto affection
afeitar(se) to shave (oneself)
afirmación *(f.)* statement
afuera outside
agencia agency
agente *(m., f.)* agent
agitar to gesticulate; to excite; to stir
agotar(se) to exhaust; to run out
agradable pleasant
agradecer to thank; to be grateful to
agricultor(a) *(n.)* farmer
agricultura agriculture
aguacate *(m.)* avocado

ahorrar *to save*
ahorros *(pl.) savings*
aire *(m.)* **acondicionado** *air conditioning*
ajo *garlic*
alcalde(sa) *(n.) mayor*
alcaldía municipal *city hall*
alcanzar *to reach; to be sufficient*
aldea *village*
alegrarse de *to be glad of, about*
alegría *happiness*
alérgico(a) *(adj.) allergic*
alfombra *rug, carpet*
alma *(f.)* (uses **el**) *soul*
almacén *(m.) department store*
algo *something; somewhat*
algodón *(m.) cotton*
alguien *someone*
algún *some; any*
alguno(a) *(pronoun) someone; something*
aligerar *to lighten*
alimentación *(f.) nutrition; feeding*
aliviar *to relieve*
almohada *pillow*
almorzar (ue) *to eat lunch*
alojamiento *lodging*
alquiler *(m., n.) rent, rental*
alrededor de *around*
altas horas de la noche *very late at night*
alto(a) *(adj.) tall; high*
   en alto *on high; commanding respect*
alzar *to lift, to raise*
amanecer *(m., n.) dawn*
amar *to love*
ambiente *(m.) atmosphere*
ambulancia *ambulance*
ambulante *(adj.) traveling*
   negociante *(m., f.)* **ambulante** *peddler*
americana *jacket (Spain)*
amistad *(f.) friendship*
amor *(m.) love*
ampliar *to amplify; to expand*
amplio(a) *(adj.) ample; broad*
analizar *to analyze*
ancho(a) *(adj.) wide*
andén *(m.) platform*
ánimo *spirit*
antelación *(f.)*: **con antelación** *in advance*
antepasados *(pl.) ancestors*
anterior *previous, prior*
antes de *before*

anticipación *(f.) anticipation*
   con anticipación *in advance*
antiguo(a) *(adj.) ancient*
antihéroe *(m.) antihero*
anuncio *advertisement*
   anuncio clasificado *classified ad*
Año Nuevo *New Year*
apagar *to turn off, to extinguish*
apariencia *appearance*
apartado de correos *P.O. box*
apellido *last name*
aplicar *to apply*
apoyar *to support*
aprender *to learn*
aprestarse a *to get ready to*
apresurarse a *to hurry, to hasten to*
aprobar (ue) *to approve*
   aprobar el curso *to pass the course*
aprovechar *to make use of*
aprovecharse de *to take advantage of*
apuntar *to take notes*
apuntes *(m., pl.) notes*
apuro *problem*
árbol *(m.) tree*
   árbol de Navidad *Christmas tree*
   árbol genealógico *family tree*
archivo *file; archive*
arena *sand*
argumento *plot*
armario *closet, wardrobe*
armonía *harmony*
arquitecto(a) *(n.) architect*
arquitectura *architecture*
arreglar *to arrange; to fix; to straighten*
arriba *above; upstairs*
artesanía *handicrafts*
artículo de fondo *editorial*
ascenso *promotion*
asegurar *to assure; to insure*
asiento *seat*
   asiento delantero *front seat*
   asiento del pasillo *aisle seat*
   asiento de ventanilla *window seat*
   asiento trasero *back seat*
asignatura *course, subject*
asistencia *attendance*
asistir a *to attend*
asombroso(a) *(adj.) astonishing*
aspiradora *vacuum cleaner*
atender (ie) *to attend to*

aterrizaje (m.) landing
   aterrizaje forzoso forced landing
aterrizar to land
atmósfera atmosphere
atraco robbery; mugging
atraer to attract
atrás in the back
atrasar(se) to delay (to be late)
atravesar (ie) to cross
atreverse a to dare to
atropellar to run over
aumentar to increase
aun even
   aun cuando even though
aún still, yet
aunque although; even if
ausencia absence
autobús (m.) bus
auxiliar (m., f.) de vuelo flight attendant
auxilio: pedir (i) auxilio to cry for help
avergonzado(a) (adj.) embarrassed
averiguar to verify; to find out
avión (m.) airplane
aviso warning; notice
ayer yesterday
ayuda help
ayudar to help
ayuntamiento city hall
azafata stewardess
azteca (n., m., f., adj.) Aztec person
azúcar (n., m.) sugar

B

bachillerato high school
bailar to dance
baile (m.) dance
bajar to go down; to take down; to lose
   bajarse de to get off
   bajar de peso to lose weight
bajo (prep.) under
baloncesto basketball
bancario(a) (adj.) banking
   giro bancario bank money order
banco bank
bandera flag
banquero(a) (n.) banker
bañar(se) to bathe (oneself)
bañera bathtub
baño bathroom; bath
barato(a) (adj.) cheap
barbacoa barbecue

barbilla chin
barco ship
   por barco by ship
barra bar
barrer to sweep
barrio neighborhood
base (f.) basis, base
basta con is enough to
basura garbage
batidor (m.) beater
batir to beat
baúl (m.) car trunk (maletero in some countries)
bebida drink
beca scholarship
bedel (m.) an officer in a university
Belén Bethlehem; nativity, crèche
bélico(a) (adj.) warlike
bellas artes fine arts
beneficio benefit
besar to kiss
biblioteca library
bicicleta bicycle
bienestar (m.) welfare
bienvenida welcome
   ¡Bienvenido! Welcome!
   dar la bienvenida to welcome
billete (m.) ticket
   billete de ida y vuelta round-trip ticket
blusa blouse
boca mouth
   boca abajo face down
   boca arriba face up
bocadillo sandwich
boda wedding
bola ball
boletín (m.) de noticias news bulletin
boletín (m.) meteorológico weather report
boleto ticket
   boleto de ida y vuelta round-trip ticket
bolsa purse, bag
bolsillo pocket
bombín (m.) bowler hat
borla tassel
borrador (m.) eraser; first draft
borrar to erase
bostezar to yawn
botas (pl.) boots
bote (m.) bottle, jar; boat
botella bottle
botiquín (m.) medicine cabinet
botones (m., sing.) bellboy

bragas *(pl.) (women's) underwear*
brazo *arm*
brinco *jump*
brindar *to toast*
brindis *(m.) toast*
bulla *(colloq.) loud noise*
bulto *parcel*
burlarse de *to make fun of*
buscar *to look for*
buzón *(m.) mailbox*

c

cabeza *head*
cabina de mando *pilot's cabin*
cabina de teléfono *telephone booth*
cacique *(m.) political boss*
cada *each*
cadena *chain; network*
caer(se) *to fall*
cafetera *coffee pot*
caja *box; cashier's booth*
cajero(a) *(n.) cashier*
cajuela *glove compartment*
calavera *skull*
calificación *(f.) grade*
calcetines *(m., pl.) (sing. **calcetín**) socks*
calle *(f.) street*
callejero(a) *(adj.) street*
calzoncillos *(pl.) (men's) underwear*
cama *bed*
cámara *chamber; camera*
   Cámara de Diputados *House of Representatives*
camarero(a) *(n.) waiter, waitress*
cambio *change, exchange*
   casa de cambio de moneda *money exchange office*
caminar *to walk*
camilla *stretcher*
camisa *shirt*
campana *bell*
campesino(a) *(n.) farmer; person who lives in the country*
campo *countryside*
canal *(m.) channel; canal*
canasta *basket*
cancha *court (tennis)*
canción *(f.) song*
cantar *to sing*
cantidad *(f.) quantity*
capacitado(a) *(adj.) qualified; trained*

capital *(m.) capital (money)*
capital *(f.) capital (city)*
capó *car hood*
capricho *whim*
cara *face*
   cara de pocos amigos *hostile expression*
cárcel *(f.) jail*
cargador(a) *(n.) loader*
cariño *affection, love*
cariñoso(a) *(adj.) affectionate, loving*
carnaval *(m.) carnival; Mardi Gras*
carne *(f.) meat*
   carne de res *beef*
   carne de ternera *veal*
carné *(m.) card*
   carné de identidad *identification card*
carnicería *butcher shop*
carnicero(a) *(n.) butcher*
caro(a) *(adj.) dear; expensive*
carrera *profession, career; race*
carretera *road, highway*
carroza *(parade) float*
carta *letter*
cartera *wallet*
cartero(a) *(n.) mail carrier*
casa *house*
casado(a) *(n.) married person (n.); married (adj.)*
casar(se) *to marry (to get married)*
casco *helmet*
casero(a) *(adj.) having to do with the home*
casi *almost*
castigar *to punish*
catálogo *catalogue*
catarro *cold*
catedrático(a) *(n.) full professor*
causa *cause*
   a causa de *because of, due to*
cebolla *onion*
cejas *(pl.) eyebrows*
celoso(a) *(adj.) jealous*
cementerio *cemetery*
cenar *to eat dinner*
censura *censorship*
centro *center*
   centro comercial *shopping center*
cepillar(se) *to brush (one's teeth, hair)*
cepillo *brush*
   cepillo de dientes *toothbrush*
cercanía *nearness, proximity*
cerdo *pig*

cerebro *brain*
cerradura *lock*
cerrar (ie) *to close; to seal*
cesta *basket*
chamarra *(Mex.) jacket*
champiñón *(m.) mushroom*
chaqueta *jacket*
charla *conversation*
cheque *(m.) check*
chimenea *fireplace*
chisme *(m.) gossip*
chiste *(m.) joke*
chofer *(m., f.) driver*
chorizo *sausage*
ciencia *science*
    ciencia ficción *science fiction*
científico(a) *(n.) scientist; (adj.) scientific*
cierto(a) *(adj.) certain, sure*
cilindro *cylinder*
cine *(m.) movies*
cinta *ribbon; tape*
cintura *waist*
cinturón *(m.) belt*
    cinturón de seguridad *seat belt*
círculo *circle*
cita *appointment*
ciudad *(f.) city*
ciudadano(a) *(n.) citizen*
claro(a) *(adj.) clear*
    ¡Claro que sí! *Of course!*
cobrar *to cash (a check); to collect*
coche *(m.) car*
    coche-cama *sleeping car*
    coche-comedor *dining car*
cocina *kitchen*
cocinar *to cook*
codo *elbow*
coger *to pick; to take*
cojín *(m.) pillow, cushion*
col *(f.) cabbage*
cola *line; glue*
    hacer cola *to stand in line*
colcha *bedspread*
colegio *school*
    colegio mayor *dormitory (usage in Spain)*
colgar (ue) *to hang*
colocar *to put (in place)*
colorado(a) *(adj.) red*
comedor *(m.) dining room*
comentarista *(m., f.) commentator*
comenzar (ie) *to begin*

cometer *to commit, to do*
cómico(a) *(adj.) funny*
comida *food*
como *as, like*
    ¿cómo? *how? what?*
    ¡cómo! *how!*
    ¡cómo no! *of course!*
cómoda *chest of drawers*
cómodo(a) *(adj.) comfortable*
compañero(a) *(n.) friend*
    compañero(a) de cuarto *roommate*
compatriota *(m., f.) fellow citizen*
competencia *contest, competition*
comportarse *to behave*
comprador(a) *(n.) shopper, buyer*
comprar *to buy, to purchase*
comprometerse *to get engaged; to commit oneself*
computadora *computer*
comunidad *(f.) community*
con *with*
    con tal (de) que *provided that*
concierto *concert*
concurso *contest*
conducir *to drive*
conductor(a) *(n.) driver*
conejo de Pascua *Easter bunny*
confirmar *to confirm*
congelar *to freeze*
congestión *(f.) (traffic) jam*
conjetura *guess, conjecture*
conjugar *to conjugate*
conmemorar *to commemorate*
conocer *to know, to be acquainted with*
conseguir (i) *to obtain*
conservador(a) *(adj.) conservative*
construir *to build*
consulta *consultation, visit to a doctor's office*
consumo *consumption*
contado: al contado *in cash*
contaminación *(f.) ambiental pollution*
contaminar *to pollute, to contaminate*
contar (ue) *to tell, to count*
contestador *(m.) automático answering machine*
contestar *to answer*
contrabandista *(m., f.) smuggler*
contrabando *illegal goods*
contratar *to contract; to hire*
contratiempo *mishap*
convenir (ie) *to suit*

convertir (ie) *to convert*
   convertirse en *to become*
convivencia *living together*
convocatoria *notice of a meeting*
copa *wine glass*
corazón *(m.) heart*
corbata *necktie*
cordero *lamb*
cordillera *mountain range*
correos: oficina de correos *post office*
   correo aéreo *air mail*
   correo certificado *registered mail*
   correo ordinario *surface mail*
corregir (i) *to correct*
correr *to run*
   correr las cortinas *to open or close the curtains*
correspondencia *correspondence*
corresponder *to correspond; to write*
corrida de toros *bullfight*
corriente *(f.) current*
cortés *(adj.) courteous*
cortesía *courtesy, politeness*
corto(a) *(adj.) short*
costa *coast*
costar (ue) *to cost*
costillas *(pl.) ribs*
costoso(a) *(adj.) expensive*
costumbre *(f.) custom*
cotidiano(a) *(adj.) daily*
cotilleo *gossip*
crecimiento *growth*
crédito de vivienda *mortgage*
creencia *belief*
creer *to believe*
crimen *(m.) crime*
criminal *(n., m., f.) criminal, outlaw; delinquent, perpetrator*
crucero *liner (boat)*
cruzar *to cross*
cuadra *block*
   a dos cuadras *two blocks away*
cuadro *painting; picture*
cuadros: a cuadros *plaid*
cual(es) *which*
   ¿cuál(es)? *which (one[s])?*
cualquier(a) *any, whatever*
cuando *when*
   ¿cuándo? *when?*
¿cuánto(a)? *how much?*

¿cuántos(as)? *how many?*
cuarteto de cuerdas *string quartet*
cuarto *room; fourth; quarter*
cuello *neck*
cuenta *account; bill; calculation*
   cuenta conjunta *joint account*
   cuenta corriente *checking account*
   cuenta de ahorros *savings account*
cuento *story, tale*
cuero *leather*
cuerpo *body*
cuestión *(f.) issue, matter*
cuestionar *to question*
cuidado *care, attention*
   tener cuidado *to be careful*
culpable *(adj.) guilty*
cumpleaños *(sing.) birthday*
cumplir... años *to turn . . . years old*
cursar *to take (a course)*
curso *course*
cuota *fee*

D

daños *(pl.) damages*
dar *to give*
   dar a luz *to bear a child*
   dar fin a *to end*
   dar la bienvenida *to welcome*
   dar una clase *to teach a class*
   dar una película *to show a movie*
   dar una vuelta *to walk around; to go for a ride (a walk)*
   darse cita con *to meet*
   darse cuenta de *to realize*
   dárselo a *to sell for (give it to you for)*
de *from, of*
   ¿de dónde? *from where?*
   de nada *you're welcome; not at all*
debajo (de) *below, underneath*
deber *to owe; should, ought*
débil *weak*
decano(a) *(n.) dean*
decidirse a *to make up one's mind to*
decir (i) *to say; to tell*
   es decir *that is to say*
   querer (ie) decir *to mean*
dedicarse a *to dedicate oneself to*
dedo *finger; toe; digit*
defectuoso(a) *(adj.) defective*
defender (ie) *to defend*

dejar *to allow; to leave behind*
  dejar de *to stop; to fail to (do something)*
  dejar un recado *to leave a message*
  dejárselo a *to sell at (a reduced price)*
delante de *in front of*
delincuencia *crime*
delincuente *(m., f.) criminal, delinquent*
demanda *claim; lawsuit*
demás: los demás *the others*
demonios: ¿dónde demonios... ? *where on earth . . . ?*
dentista *(m., f.) dentist*
dependiente(a) *(n.) clerk*
deporte *(m.) sport*
deportivo(a) *(adj.) related to sports*
derecho(a) *(adj.) right;* **derecho** *(n.) law; privilege*
  a la derecha *to the right*
  derechos de aduana *import duties*
derrocar *to knock down, to overthrow*
derrota *defeat*
desafiar *to challenge; to defy*
desamparado(a) *(n.) homeless*
desanimar *to discourage*
desarrollarse *to develop*
desayunar(se) *to eat breakfast*
desayuno *breakfast*
descansar *to rest*
descanso *rest*
descender (ie) *to go down*
descongelar *to defrost*
describir *to describe*
descuento *discount*
desde *since; from*
  desde luego *of course*
desear *to want, to desire*
  de desear *desirable*
desechable *disposable*
desempleo *unemployment*
deseo *desire, wish*
desfile *(m.) parade*
desierto *desert*
desmayarse *to faint*
desmayo *fainting spell*
desnutrición *(f.) malnourishment*
despacho *office (lawyer's, doctor's)*
despedida *farewell*
despedir (i) *to fire, to dismiss*
despedirse (i) de *to say good-bye to*
despegar *to take off (plane)*

despegue *(m.) takeoff (plane)*
despertar (ie) *to awaken*
despertarse (ie) *to wake up*
después *after; afterward*
destapar *to open*
desteñido(a) *(adj.) faded*
destinatario(a) *(n.) recipient, addressee*
destrozar *to destroy, to rip apart*
destruir *to destroy*
desvelarse *to stay awake*
desventaja *disadvantage*
desvestir(se) (i) *to undress (oneself)*
detalle *(m.) detail*
detener(se) (ie) *to stop*
detrás de *behind*
día *(m.) day*
  Día de Acción de Gracias *Thanksgiving*
  Día de los Muertos *All Souls' Day*
diablo *devil*
diagnóstico *diagnosis*
diario(a) *(adj.) daily;* **diario** *(n.) newspaper*
dibujo *art drawing*
  dibujos *(pl.)* **animados** *cartoons*
dictadura *dictatorship*
dictar *to dictate*
  dictar una conferencia *to give a lecture*
diente *(m.) tooth*
difícil *difficult*
dilema *(m.) dilemma*
diminuto(a) *(adj.) very small*
Dios *(m.) God*
diputado(a) *(n.) deputy, representative*
directo: en directo *live (performance)*
dirigir *to manage; to direct*
dirigirse a *to approach, to address (a person)*
discar *to dial*
discoteca *discotheque*
discriminado(a) *(adj.) discriminated (against)*
disculpa *excuse*
discurso *speech*
disfrutar (de) *to enjoy*
disminuir *to decrease*
disponibilidad *(f.) availability*
dispuesto(a) a *(adj.) willing to*
distrito postal *ZIP code*
diversión *(f.) entertainment*
divertido(a) *(adj.) entertaining*
divertirse (ie) *to have a good time*
divorciado(a) *(adj.) divorced*
divorcio *divorce*

doblar *to turn (at a corner), to fold*
doblarse *to bend over*
doble *double*
    habitación *(f.)* **doble** *double room*
docena *dozen*
doctrina *doctrine*
documental *(m.) documentary*
doler (ue) *to hurt*
dolor *(m.) pain*
doloroso(a) *(adj.) painful*
domicilio *place of residence*
donde *where*
    ¿dónde? *where?*
    ¿adónde? *to where?*
    ¿de dónde? *from where?*
dormir (ue) *to sleep*
dormirse (ue) *to fall asleep*
dormitorio *bedroom; dormitory*
ducha *shower*
ducharse *to shower*
dudable (dudoso) *doubtful*
dudar *to doubt*
dulce *sweet*
    dulces *(m., pl.) candies; pastries*
durante *during*
durar *to last*

E

echar *to throw*
    echar al buzón *to mail*
edad *(f.) age*
educador(a) *(n.) educator*
efectivo *cash*
    pagar en efectivo *to pay (in) cash*
efectuar *to bring about; to implement*
eficaz *(adj.) efficient; that works*
egresar *to leave; to graduate*
ejecutivo(a) *(n.) executive*
ejemplo *example*
ejercicio *exercise*
ejército *army*
elaborar *to prepare, to put together*
electrodoméstico *(home) appliance*
elegir (i) *to elect*
embarazada *(adj.) pregnant*
embotellamiento *traffic jam*
emoción *(f.) emotion*
empeñarse en *to insist on; to persist in*
empezar (ie) *to begin*
empleado(a) *(n.) employee*

empleo *job; employment*
empresa *company; undertaking*
en seguida *immediately*
enamorado(a) *(n.) boyfriend, girlfriend*
enamorarse (de) *to fall in love (with)*
encajar en *to set in*
encantado(a) *(adj.) delighted*
encantar *to enchant*
encarcelamiento *imprisonment*
encargado(a) *(n.) person in charge,*
    superintendent
encariñarse con *to grow in affection for*
encender (ie) *to light; to turn on (lights,*
    appliances)
encima de *on top of*
encinta *pregnant*
encomienda postal *parcel post*
encontrar (ue) *to find*
encontrarse (ue) con *to meet*
encuentro *meeting*
encuesta *survey, poll*
endosar *to endorse*
enfadado(a) *(adj.) angry*
enfadarse *to get angry*
enfermarse *to get sick*
enfermedad *(f.) illness*
enfermero(a) *(n.) nurse*
enfermo(a) *(adj.) sick person, patient*
enfoque *(m.) focus*
enfrentarse *to confront*
enfriar *to cool down*
engordar *to get fat*
enhorabuena *congratulations*
enojarse *to get angry*
enseñanza *teaching*
enseñar *to show*
    enseñar a *to teach how to*
entender (ie) *to understand*
enterarse de *to find out, to hear about*
entibiar *to cool off*
entonces *then*
entrar *to enter*
entre *among, between*
entregar *to deliver, to hand over*
entrenarse *to train (for a sport, etc.)*
entretenido(a) *entertaining*
entrevista *interview*
entusiasmado(a) *(adj.) enthusiastic*
enviar *to send*
enyesado: estar enyesado *to be in a cast*

época *age, era*
equipaje *(m.) baggage, luggage*
   equipaje de mano *carry-on luggage*
equipo *team*
   equipo de sonido *sound system*
   equipo de video *video camera*
equivocado(a) *mistaken*
equivocar(se) *to (make a) mistake*
escala *scale*
   hacer escala *to stop (airline flight)*
escapar *to escape*
escaso(a) *(adj.) scant; a few*
escena *scene*
escenario *stage*
escenificación *(f.) staging*
escoba *broom*
escoger *to choose*
escombros *(pl.) rubble*
escribir *to write*
escritor(a) *(n.) writer*
espalda *back*
espantoso(a) *(adj.) horrible*
espárragos *(pl.) asparagus*
especialización *(f.) major (field of study)*
espectáculo *show*
espera *wait*
espinacas *(pl.) spinach*
espíritu *(m.) spirit*
esposo(a) *(n.) husband, wife*
esqueleto *skeleton*
esquina *corner*
estación *(f.) station; season*
   estación de ferrocarril *railroad station*
estado *state*
   estado civil *marital status*
estampado(a) *(adj.) printed, stamped*
estancia *room*
estar *to be*
   estar en forma *to be in good shape*
   estar en onda *(colloq.) to know what's going on*
   estar por *to be about to*
este *(m.) east*
estirar *to stretch*
estómago *stomach*
estornudar *to sneeze*
estrecho(a) *(adj.) narrow*
estrella *star*
   estrella del cine *movie star*
estrellarse *to crash*
estreno *première; new movie*
estricto(a) *(adj.) strict*

estudiante *(m., f.) student*
estudiantil *(adj.) related to students*
estufa *stove*
estupendo(a) *(adj.) wonderful*
etiqueta *label*
europeo(a) *(adj.) European*
examen *(m.) exam*
examinarse *to take an exam*
exigir *to demand*
éxito *success*
experiencia *experience*
explicar *to explain*
exponer *to exhibit*
exprimidor *(m.) juicer*
exprimir *to squeeze*
extender (ie) *to extend*
extraño(a) *(adj.) strange; foreign; (n.) stranger*

F

fábrica *factory*
fábula *fable*
fácil *(adj.) easy*
facilidad *(f.) ease*
factura *bill*
facturar el equipaje *to check the luggage*
facultad *(f.) school (in a university)*
falda *skirt*
faltar *to miss; to be lacking; to fail (to fulfill)*
familiar *(adj.) related to family; (n.) family member*
farmacéutico(a) *(n.) pharmacist*
farmacia *pharmacy*
fastidiado(a) *bothered*
fastidio *nuisance*
felicitar *to congratulate*
   ¡Felicitaciones! *Congratulations!*
Feliz cumpleaños. *Happy birthday.*
feria *fair*
ferrocarril *(m.) railroad*
   estación *(f.)* **de ferrocarril** *railroad station*
festejar *to celebrate*
fiebre *(f.) fever*
fiesta *party*
fijarse en *to notice, to pay attention to*
filmar *to film*
filosofía *philosophy*
filósofo(a) *(n.) philosopher*
fin *(m.) end*
   fin de año *New Year's Eve*
   fin de semana *weekend*
   por fin *finally*

financiero(a) *financial*
firma *company*
flecha *arrow*
flor *(f.) flower*
folleto *pamphlet*
fondos *(pl.) funds*
formulario *printed form*
fortalecer *to strengthen*
foto *(f.) photograph*
fracasar *to fail*
fracturarse *to fracture, to break*
franquear *to put postage on*
franqueo *postage*
franqueza *frankness*
   con franqueza *frankly*
frasco *bottle*
frazada *blanket*
frecuencia *frequency*
   con frecuencia *frequently*
fregadero *kitchen sink*
freno *brake*
frente *(f.) forehead*
fresa *dentist's drill (mechanical); strawberry*
fresco(a) *(adj.) fresh*
frescura *freshness*
frijoles *(m., pl.) beans*
frontera *border*
frutería *fruit store*
fuego *fire*
   fuegos artificiales *(pl.) fireworks*
fuera *outside*
fuerte *strong*
fumar *to smoke*
función *(f.) event, show; showing of a movie*
funcionar *to work*
funcionario(a) *(n.) worker; officer*
funda *pillowcase*
furioso(a) *(adj.) angry*
fútbol *(m.) soccer*
   futbol americano *(m.) American football*

G

gabinete *(m.) office; cabinet*
gallo *rooster*
   misa del gallo *Christmas midnight Mass*
gamba *shrimp*
ganadería *cattle raising*
ganadero(a) *(n.) cattle rancher; (adj.) related to livestock*

ganado *livestock*
ganancias *(pl.) earnings; profit*
ganar *to earn; to win*
ganas *(pl.) desire*
   tener ganas de *to feel like*
ganga *bargain*
ganso *goose*
garaje *(m.) garage*
garganta *throat*
gaseosa *mineral water*
gastado(a) *(adj.) worn out*
gastar *to spend*
gemelo(a) *(n.) twin*
generalmente *generally, usually*
gerente *(m., f.) manager*
gimnasio *gymnasium*
ginecólogo(a) *(n.) gynecologist*
girar: girar un cheque *to write a check*
giro *money order*
   giro bancario *bank draft*
globo *globe; balloon*
gobernante *(m., f.) ruler*
golpe: golpe de estado *coup d'état*
golpear *to beat up*
gorro *cap*
gozar *to enjoy*
grabadora *tape recorder*
grabar *to engrave; to record*
gracias *thanks*
graduación *(f.) commencement*
graduarse *to graduate*
grasa *grease*
gratis *free*
gratuito(a) *(adj.) free*
gravedad *(f.) seriousness, gravity*
grifo *water faucet*
gripe *(f.) flu*
grito *shout*
   a gritos *shouting*
grúa *crane*
guantes *(m., pl.) gloves*
guardarropa *wardrobe*
guerra *war*
guía *guide*
   guía telefónica *telephone directory*
guitarra *guitar*
gustar *to like, to be pleasing*
gusto *pleasure*
   mucho gusto en conocerlo(la) *a pleasure to meet you*

H

haber *to possess, to have (auxiliary)*
  haber de + *inf.* *to be supposed to; to be going to*
  haber que + *inf.* *one must, it is necessary to*
había *there was, there were*
habichuelas *(pl.) (green) beans*
habilidad *(f.) ability*
habitación *(f.) room*
  habitación doble *double room*
  habitación sencilla *single room*
hablar *to speak*
  ¡Ni hablar! *Don't even say it!, No way!*
hacer *to do, to make*
  hacer cola *to stand in line*
  hacer un brindis *to make a toast*
  hacerse *to become*
hambre *(f., uses* **el**) *hunger*
  tener hambre *to be hungry*
harto(a) *(adj.):* **estar harto(a)** *to be fed up*
hasta la vista *so long*
hasta luego *see you later*
hasta pronto *see you soon*
hasta que *until*
hay *there is, there are*
  hay que *one has to*
  no hay de qué *you are welcome*
heredar *to inherit*
herido(a) *(adj.) wounded*
hermano(a) *(n.) brother, sister*
herramienta *tool*
hierba *grass; herb*
hierro *iron*
hígado *liver*
hijo(a) *(n.) son, daughter*
  hijo de vecino *any person*
himno nacional *national anthem*
hipoteca *mortgage*
hispánico(a) *(adj.) related to Hispanic culture*
hispano(a) *(n.) Spanish-American (person)*
historietas *(pl.) comics*
hogar *(m.) home*
hoja *leaf; sheet (of paper)*
  hoja de maíz *corn husk*
hojalata *tin*
hombre *(m.) man*
hombro *shoulder*
hongos *(pl.) mushrooms*
hora *hour (clock)*
  es hora de *it's time to*
  ¿Qué hora es? *What time is it?*
  ¡Ya es hora! *Time's up!*

horario *schedule*
hornear *to bake*
horno *oven*
hospitalizar(se) *to put (oneself) in the hospital*
hubo *there was, there were*
huelga *strike*
hueso *bone*
huésped *(m., f.) guest*
huevo *egg*
huir *to flee*
humillado(a) *(adj.) humiliated*
huracán *(m.) hurricane*

I

ida y vuelta *round trip*
idioma *(m.) language*
ídolo *idol*
iglesia *church*
igual *equal*
igualdad *(f.) equality*
imagen *(f.) image*
imaginar *to imagine*
imperio *empire*
impermeable *(m.) raincoat*
imponer *to impose*
importar *to matter, to care*
importe *(m.) sum, amount charged*
impresionar *to impress*
impresos *(pl.) printed matter; forms*
impuesto *tax*
inca *(m., f.) Inca; (m.) Peruvian money*
incendio *fire*
inclinarse *to bend over*
inconveniente *(m.) disadvantage, inconvenience*
indígena *(m., f.) native inhabitant*
indignarse *to get angry*
indudable *unquestionable*
informática *computer science*
informe *(m.) report*
ingeniería *engineering*
ingeniero(a) *(n.) engineer*
ingresar *to enter, to enroll*
ingresos *(pl.) income*
iniciar *to begin*
inmediato: de inmediato *immediately*
inodoro *toilet*
inquietud *(f.) concern, worry*
inscribirse *to register*
insomnio *insomnia, sleeplessness*
intercambiar *to exchange*

interés *(m.)* *interest*
　tasa de interés *rate of interest*
internar *to place in (a hospital, jail)*
interpretar el papel de *to play the role of*
interrogar *to interrogate*
interrumpir *to interrupt*
intervenir (ie) *to intervene*
inundación *(f.)* *flood*
invertir (ie) *to invest*
inyección *(f.)* *injection*
　poner una inyección *to give an injection*
ir *to go*
　ir de compras *to go shopping*
irritarse *to get angry*
irse *to go away, to leave*
isla *island*
itinerario *itinerary; schedule*
izquierdo(a) *left*
　a la izquierda *to the left*

J

jabón *(m.)* *soap*
jamás *never*
jamón *(m.)* *ham*
jarabe *(m.)* *syrup*
jardín *(m.)* *garden*
jardinero(a) *(n.)* *gardener*
jefe(a) *(n.)* *chief, boss*
jeringuilla *syringe*
jornada *day's work*
　jornada completa *full-time*
　media jornada *half-time*
jubilarse *to retire*
judío(a) *(adj.)* *Jewish*
juego *game*
jugador(a) *(n.)* *player*
jugar (ue) *to play*
jugo *juice*
juguete *(m.)* *toy*
justificar to *justify*
juventud *(f.)* *youth*

L

labio *lip*
lago *lake*
lámpara *lamp*
lana *wool*
lápiz *(m.)* *pencil*
largo(a) *(adj.)* *long*
　a lo largo *through; along; by*
　larga distancia *long distance*

lata *can*
latido *throb, beat*
lavabo *sink*
lavadora *washing machine*
lavaplatos *(m., sing.)* *dishwasher*
lavar(se) *to wash (oneself)*
lecho *bed*
lechuga *lettuce*
lectura *reading*
lengua *language; tongue*
　sacar la lengua *to stick out one's tongue*
lenguaje *(m.)* *language*
letras *(pl.)* *letters; humanities*
letrero *sign*
levantar *to raise, to lift*
levantarse *to get up*
ley *(f.)* *law*
leyenda *legend*
libertad *(f.)* **de expresión** *freedom of speech*
libra *pound*
libre *(adj.)* *free*
librería *bookstore*
libreta de cheques *check book*
licenciatura *degree (equivalent to B.A.)*
licuadora *blender*
licuar *liquefy; to blend*
líder *(m., f.)* *leader*
ligar *to make close friends; to get a date*
ligue *(m.)* *close friend; date*
limosna *alms*
limpiaparabrisas *(m., sing.)* *windshield wiper*
limpio(a) *(adj.)* *clean*
línea *line*
　línea aérea *airline*
liso(a) *(adj.)* *plain; straight*
lista *list*
　lista de espera *waiting list*
　pasar lista *to call the roll*
listo(a) *(adj.)* *intelligent; ready*
　estar listo(a) *to be ready*
llamada *call*
　llamada de larga distancia *long distance call*
　llamada equivocada *wrong number*
　llamada local *local call*
　llamada por cobrar *collect call*
　llamada telefónica *phone call*
llamar *to call*
llamarse *to call oneself, to be named*
llano *prairie*
llanta *car tire*
llave *(f.)* *key*

llegada *arrival*
llegar *to arrive*
llenar *to fill; to fill out*
llevar *to carry; to wear; to be . . . time in a place*
   llevarse *to take away, to carry off*
   llevarse bien *to get along*
llover (ue) *to rain*
lluvia *rain*
loco(a) *(adj.) crazy*
lograr *to achieve; to manage to*
luchar *to fight*
lucir trajes regionales *to wear the traditional dress*
luego *later*
lustrar *to shine*
luz *(f.),* **luces** *(pl.) light*

M

madera *wood*
madre *(f.) mother*
madrina *godmother*
madrugada *dawn*
maduro(a) *(adj.) mature; ripe*
maestría *Master of Arts (degree)*
mal *(m.) evil; sickness*
mal *badly*
   mal aliento *bad breath*
malo(a) *(adj.) bad*
maleta *suitcase*
maletín *(m.) small suitcase; briefcase*
maltratado(a) *(adj.) mistreated*
mando *command*
mandón(-ona) *(adj.) bossy*
manejar *to drive*
manga *sleeve*
manguera *hose*
mano *(f.) hand*
manta *blanket*
mantener (ie) *to maintain*
   mantenerse (ie) en forma *to stay in shape*
mantenimiento *maintenance*
manzana *apple*
mañana *tomorrow; morning*
mapa *(m.) map*
maquillar(se) *to put make-up on (oneself)*
máquina *machine*
   máquina de afeitar *shaver*
maravilla *marvel*
marca *brand*
marcar *to dial (a number)*

marcharse *to go away, to leave*
mareo *dizziness, seasickness*
mariachis *(m., pl.) Mexican musical group*
mariscos *(pl.) seafood; shellfish*
masa *dough*
materia *subject*
maternidad *(f.) maternity; motherhood*
matinal *(adj.) morning*
matrícula *registration (fee)*
matricularse *to register*
matrimonio *marriage, married couple*
maya *Mayan*
mayor *bigger; older*
mayoría *majority*
mayúscula *capital letter*
medicamento *medication*
médico(a) *(n.) physician*
medio(a) *(adj.) half*
medios *(pl.) means*
   medios de comunicacíon *media*
mejilla *cheek*
mejor *better*
mejorar *to improve*
mendigo(a) *(n.) beggar*
menor *smaller; younger*
   menor de edad *minor*
mensaje *(m.) message*
mensual *monthly*
mentir (ie) *to lie*
menudo: a menudo *often*
mercadería *merchandise*
mercado *market*
mercancía *merchandise*
mes *(m.) month*
mesa *table*
mestizo(a) *(adj.) mixed-blood person*
meter *to put*
miedo *fear*
   tener miedo *to be afraid*
miel *(f.) honey*
mientras (que) *while; as long as*
   mientras tanto *meanwhile*
mimado(a) *(adj.) spoiled*
minería *mining*
minero(a) *related to mining; miner*
minifalda *miniskirt*
mirar *to look at*
misa *(church) Mass*
   misa del gallo *Christmas midnight Mass*
misionero(a) *(n.) missionary*
mito *myth*

mochila *knapsack*
moda *fashion*
   estar de moda *to be in style*
   estar pasado de moda *to be out of style*
mojar(se) *to (get) wet*
molestar *to bother*
montar en *to ride*
moneda *currency, coin*
mono(a) *(n.) monkey*
montaña *mountain*
moraleja *moral (of a story)*
moreno(a) *(adj.) dark complexioned*
morir (ue) *to die*
mostrador *(m.) showcase; counter*
mostrar (ue) *to show*
moto(cicleta) *(f.) motorcycle*
moverse (ue) *to make a move*
muchedumbre *(f.) crowd*
mudar de *to change*
mudarse *to change clothes; to move (change address)*
mudo(a) *(adj.) mute, silent*
mueble *(m.) piece of furniture*
   muebles *(pl.) furniture*
muela *tooth*
muelle *(m.) (mechanical) spring; pier, wharf*
muerto(a) *(adj.) dead*
mujer *(f.) woman*
muleta *crutch*
muñeca *wrist; doll*
muñeco *dummy, doll*
músculo *muscle*

N

Nacimiento *Nativity scene, crèche*
nada *nothing*
   de nada *you're welcome; not at all*
nadar *to swim*
nadie *no one, nobody*
nalgas *(pl.) buttocks*
naranja *orange*
narcotraficante *(m., f.) drug dealer*
narcotráfico *drug traffic*
nariz *(f.) nose*
narrar *to narrate*
natación *(f.) swimming*
natal: ciudad natal *birthplace*
náuseas *nausea*
Navidad *(f.) Christmas*
negar (ie) *to deny*

negocios *(pl.) business*
   hombre (mujer) de negocios *businessperson*
negro(a) *(n.) black person*
neumático *tire*
nevar (ie) *to snow*
nevera *icebox, refrigerator*
ni... ni *neither . . . nor*
   ¡Ni hablar! *No way!, Don't even say it!*
nieto(a) *(n.) grandson, granddaughter*
nieve *(f.) snow*
ningún *not any*
ninguno(a) *(adj.) not one, none*
no más *only (Mex.)*
noche *(f.) night*
nocturno(a) *(adj.) evening, night*
norte *(m.) north*
nota *grade; note*
notas *(pl.)* **sociales** *social news*
noticias *(pl.) news*
novio(a) *(n.) boyfriend, girlfriend; bridegroom, bride*
nuevo(a) *(adj.) new*
nunca *never*
número *number*

O

obedecer *to obey*
obligatorio(a) *(adj.) compulsory*
obrero(a) *(n.) blue-collar worker*
obtener (ie) *to obtain*
océano *ocean*
ocupación *(f.) job, trade*
ocupado(a) *(adj.) busy*
oeste *(m.) west*
ofender *to offend*
oferta *offer*
oficina *office*
oficio *trade; job*
ofrecer *to offer*
oído *(m.) (inner) ear*
ojo *eye*
¡Ojo! *Careful!, Watch out!*
ola *wave*
olla *cooking pot*
olor *(m.) smell, odor*
olvidar *to forget*
opinar *to express an opinion*
oprimir *to press*
optativo(a) *elective*
orden *(m.) order, sequence*

orden *(f.) command; order of merchandise*
oreja *(outer) ear*
orejera *earflap*
orilla *shore*
orina *urine*
oscilar *to fluctuate*
¡Ostras! *What the heck!*
otro(a) *(adj.) another*
otros(as) *others(s)*

P

paciente *(m., f.) patient*
padecer (una enfermedad) *to suffer (an illness)*
padre *(m.) father*
padrino *godfather*
pagar *to pay*
   pagar con tarjeta de crédito *to pay with a credit card*
   pagar en cuotas mensuales *to make monthly payments*
   pagar en efectivo/al contado *to pay cash*
páginas *(pl.)* **amarillas** *the yellow pages*
pago *payment*
   pago inicial *down payment*
país *(m.) country*
pájaro *bird*
palabra *word*
paloma *dove*
palomita *pigeon*
pampa *grasslands (Argentina)*
pan *(m.) (loaf) of bread*
   pan de molde *sandwich bread*
panadería *bakery*
panadero(a) *(n.) baker*
pantalla *(movie or TV) screen*
pantalones *(m., pl.) pants, slacks*
pantorrilla *calf*
pañuelo *handkerchief*
papa *potato*
Papá Noel *Santa Claus*
papel *(m.) paper; role (in a play)*
   papel de envolver *wrapping paper*
   papel higiénico *toilet paper*
par *(m.) pair*
para *in order to, for*
   ¿para qué? *for what purpose?; why?*
parada *stop*
paraguas *(m., sing.) umbrella*
parecer *to seem*
parecerse *to resemble, to look like*

pareja *pair, couple*
pariente *(m., f.) relative*
paro *strike, work stoppage*
partido *(political) party*
párrafo *paragraph*
pasaje *(m.) ticket, fare*
pasajero(a) *(n.) traveler, passenger*
pasar *to pass; to come in*
   pasar lista *to call the roll*
   pasado de moda *out of fashion*
Pascua *Easter*
pasillo *aisle*
pasta de dientes *toothpaste*
pastel *(m.) cake*
pastilla *pill*
   pastilla para dormir *sleeping pill*
patata *potato*
patillas *(pl.) sideburns*
patinador(a) *(n.) skater*
patria *homeland*
patrocinador(a) *(n.) sponsor*
pavo *turkey*
paz *(f.) peace*
peatón(ona) *(n.) pedestrian*
pecho *chest, breast*
pedir (i) *to ask for; to order*
   pedir la baja *to resign*
   pedir un préstamo *to ask for a loan*
pegar *to glue, to paste; to hit*
peinar(se) *to comb (oneself)*
película *film*
peligro *danger*
pelo *hair*
pendiente *hanging, pending; earring*
pensamiento *thought*
pensar (ie) *to think*
   pensar de *to think of*
   pensar en *to think about*
   pensar en un deseo *to make a wish*
peor *worse*
pepino *cucumber*
pera *pear*
percance *(m.) accident, mishap*
perder (ie) *to lose*
   perder el vuelo *to miss the flight*
perderse (ie) *to get lost*
pérdidas *(pl.) losses*
perdonar *to excuse*
periódico *newspaper*
periodismo *journalism*

periodista *(m., f.) journalist*
permanencia *stay; green card*
permiso *permission; permit*
pero *but*
perseguir (i) *to pursue*
personaje *(m.) character (in a play)*
personajes *(pl.)* **e intérpretes** *(pl.) cast*
personal *(adj.) personal; (m.) personnel*
pertenencias *(pl.) belongings*
perturbar *to disturb*
pesar *to weigh*
    a pesar de (que) *in spite of; although*
pescadería *fish market*
pescado *fish*
peso *weight; currency of several Latin*
    American countries
pestaña *eyelash*
picar *to eat small bits*
pie *(m.) foot*
    pies de foto *(m., pl.) captions*
piel *(f.) skin*
pierna *leg*
píldora *pill*
piloto *(m., f.) pilot*
piratería aérea *hijacking*
piscina *pool*
piso *floor; apartment*
pista *roadway; clue; track*
    pista de aterrizaje *landing field*
placa *license plate*
placer *(m.) pleasure*
plana: primera plana *front page*
plancha *iron*
planchar *to iron*
plano(a) *(adj.) flat*
plano de la casa *floorplan*
planta baja *ground floor*
plantearse *to examine, to study*
plata *silver*
plátano *banana; plantain*
plato *plate; dish*
playa *beach*
plazos *(pl.):* **comprar a plazos** *to buy on the*
    installment plan
pleno(a) *(adj.) full*
plomo *lead*
    sin plomo *unleaded*
pluma *pen; feather*
población *(f.) town; population*
pobreza *poverty*
poder *(m.) power*

poder (ue) *to be able to; can*
podría *could*
policía *(f.) police*
policía *(m.) policeman*
    mujer policía *(f.) policewoman*
político(a) *(n.) politician*
pollo *chicken*
poner *to put, to place*
    poner la mesa *to set the table*
    poner una inyección *to give a shot*
ponerse *to put on, to wear; to become*
    ponerse en cola *to get in line*
por *through; by*
    por favor *please*
    por fin *finally*
    por lo menos *at least*
    por poco *almost*
    ¿por qué? *why?*
    porque *because*
    por supuesto *of course*
posponer *to put off, to postpone*
postulante *(m., f.) applicant*
postular *to apply for*
precio *price*
precisar *to need; to be specific*
preferir (ie) *to prefer*
pregonar *to announce publicly*
pregunta *question*
    hacer preguntas *to ask questions*
preguntar *to ask*
preguntarse *to wonder*
prejuicio *prejudice*
premiar *to give an award*
prenda *jewel*
    prenda de vestir *piece of clothing*
prensa *press, newspapers*
preocupar *to worry (another)*
    preocuparse por *to worry about*
preparar(se) *to prepare (oneself) (to get ready)*
preparativos *(pl.) preparations*
presentar *to present; to introduce*
    me gustaría presentarle(te) a... *I would like*
      you to meet . . .
    presentarse al examen *to show up for the test*
presión *(f.)* **arterial** *blood pressure*
    presión alta *high blood pressure*
préstamo *loan*
prestar *to lend*
    prestar atención *to pay attention*
presupuesto *budget*
prevenir (ie) *to prevent; to warn*

primer, primero(a) *(adj.)* *first*
primo(a) *(n.)* *cousin*
principio *beginning*
prisa *haste*
  tener prisa *to be in a hurry*
probar (ue) *to try; to taste*
procedencia *place of origin*
procedente de *coming from*
proceso *procedure; process; lawsuit*
programador(a) *(n.)* *programmer*
prometer *to promise*
pronto *soon*
  de pronto *soon*
  tan pronto como *as soon as*
propaganda *advertising; advertisement*
propina *tip*
proponer *to propose*
propósito *aim, purpose*
proteger *to protect*
proyecto *project*
prueba *test*
publicidad *(f.)* *advertising*
¿Puedo? *May I?*
puerta *door*
puesto *job, position; market stall*
  puesto de periódicos *newspaper stand*
pulmón *(m.)* *lung*
punto *point*
  punto de vista *point of view*

Q

que *that, which*
¿qué? *what?*
  ¿por qué? *why?*
  ¡qué lata! *what a nuisance!*
  ¡qué lástima! *what a pity!*
  ¡qué lío! *what a problem!*
  ¿qué tal? *how are you?*
  ¡qué tontería! *what nonsense!*
  ¡qué va! *no way!*
quedar bien con *to make a good impression on*
quedar en *to agree on*
quedarle a uno *to have left*
quedarle bien a uno *to suit someone*
quedar(se) *to remain, to stay; to be located*
  quedarse con *to keep*
  quedársele a uno(a) *to be left (remaining) to one*
quehacer *(m.)* *task, chore*
queja *complaint*
quejarse (de) *to complain (about)*

quemar *to burn*
querer (ie) *to wish, to want; to love*
  querer decir *to mean*
querido(a) *(adj.)* *dear, beloved*
queso *cheese*
quien *who, whom*
¿quién? *who?, whom?*
quinceañera *fifteen-year-old girl*
quisiera *I would like to*
quitar(se) *to remove; to take off (clothing)*
quizá, quizás *perhaps*

R

racimo *bunch*
ración *(f.)* *portion, serving*
radio *(m.)* *radio set*
radio *(f.)* *radio*
radioemisora *radio station*
raspar *to scrape*
rato *short while*
raya *stripe*
  a rayas *striped*
rayo *ray; thunderbolt, lightning*
  rayos equis *(pl.)* *X-rays*
raza *race*
razón *(f.)* *reason*
  tener razón *to be right*
realizar *to fulfill, to achieve*
rebaja *discount*
  en rebaja *reduced merchandise*
rebajar *to reduce*
rebozo *shawl (Mex.)*
recado *message*
recámara *bedroom (Mex.)*
recepción *(f.)* *hotel lobby*
receta *prescription*
recetar *to prescribe*
recibir *to receive*
reciclado *recycling*
reclamar *to claim*
recoger *to pick up*
  recoger la mesa *to clear the table*
recordar (ue) *to remember*
recorrer *to travel through, to pass over*
recostarse (ue) *to lean back*
rector(a) *(n.)* *president of a university; chancellor*
recuerdo *memory; souvenir*
reemplazar *to replace*
referirse (ie) a *to refer to*
refrán *(m.)* *proverb, saying*

refresco *drink*
regalo *gift*
regar (ie) *to water*
regatear *to bargain*
régimen *(m.)* **militar** *military regime*
registrar *to examine, to look through, to inspect*
relajar *to relax*
relámpago *lightning*
releer *to reread*
relleno *stuffing*
reloj *(m.) watch; clock*
remedio *remedy*
   no tener más remedio *to have no other choice*
remitente *(m., f.) sender*
renunciar *to quit, to resign*
reñir (i) *to fight; to scold*
repasar *to review*
repetir (i) *to repeat*
repicar las campanas *to ring (church) bells*
reportaje *(m.) news report*
reprobar (ue) *to fail, to flunk*
requisito *requirement, requisite*
resfriado: coger un resfriado *to catch a cold*
resfrío *cold*
resistir *to resist*
resolver (ue) *to solve*
respirar *to breathe*
restar *to subtract*
retirar *to take away*
retirarse *to withdraw, to retreat*
retraso *delay*
reunir(se) *to gather; to meet*
reunión *(f.) meeting*
revendedor(a) *(m., f.) resaler; scalper*
reventar (ie) *to pop, to burst, to explode*
revisar *to review; to check*
revista *magazine*
Reyes *(m., pl.)* **Magos** *the Three Wise Men*
rezongar *to mumble*
riesgo *risk*
riñón *(m.) kidney*
río *river*
ritmo *rhythm*
robo *robbery, theft*
rodar (ue) *to film (a movie)*
rodear *to surround*
rodilla *knee*
rogar (ue) *to beg, to plead*
romper *to break*
ropa *clothing*

ropero *closet; wardrobe*
ruborizado(a) *(adj.) blushing*
rueda *wheel*
ruido *noise*
rumbo a *bound for*

S

sábana *bed sheet*
saber *to know; to taste*
   ¡sabe a demonios! *it tastes horrible!*
sacar *to take out*
   sacar buenas (malas) notas *to get good (bad) grades*
sacerdote *(m.) priest*
sala *room; living room*
   sala de espera *waiting room*
salida *exit*
salir *to leave; to depart*
salón *(m.) room*
saltar *to jump*
salud *(f.) health*
   ¡Salud, dinero y amor! *To your health!*
saludable *(adj.) healthy*
saludar *to greet; to salute*
salvar *to save, to rescue*
sandalia *sandal*
sandía *watermelon*
sangre *(f.) blood*
santo *saint*
sartén *(f.) frying pan*
secadora *dryer*
secar(se) *to dry (oneself)*
   secar los platos *to dry the dishes*
sed *(f.) thirst*
   tener sed *to be thirsty*
seda *silk*
seguir (i) *to follow*
segundo *second*
seguro(a) *(adj.):* **estar seguro** *to be safe; to be sure*
seguro *insurance*
seleccionar *to select*
sello *postage stamp*
selva *jungle*
Semana Santa *Holy Week*
semáforo *traffic light*
sencillo(a) *(adj.) easy; simple*
   habitación *(f.)* **sencilla** *single room*
sendero *path*
sentarse (ie) *to sit*

sentimiento *feeling*
sentir (ie) *to feel*
sentirse mal (bien) *to feel sick (well)*
señal *(f.)* *signal*
    señales *(pl.)* **de tránsito** *traffic signals*
serenata *serenade*
servir (i) *to serve*
sicólogo(a) *(m., f.)* *psychologist*
SIDA *(m.)* *AIDS*
siempre *always*
siguiente *following*
silbar *to whistle*
silla *chair*
    silla de ruedas *wheelchair*
sillón *(m.)* *armchair; rocking chair*
sin *without*
    sin cesar *ceaseless(ly)*
    sin embargo *however*
sindicato *labor union*
sino *but; except*
síntoma *(m.)* *symptom*
sobre *(m.)* *envelope*
sobre *above; about*
sobregirarse *to overdraw*
sobreviviente *(m., f.)* *survivor*
socio(a) *(n.)* *partner*
socorro: pedir (i) socorro *to cry for help*
soldado *(m., f.)* *soldier*
soler (ue) *to be accustomed*
solicitante *(m., f.)* *applicant*
solicitar *to apply*
    solicitar un empleo *to apply for a job*
solicitud *(f.)* *application*
sólo *only*
solo(a) *(adj.)* *alone*
soltero(a) *(n.)* *single (unmarried) person*
sonreír (i) *to smile*
soñar (ue) *to dream*
soplado(a) a mano *(adj.)* *hand-blown*
soplar *to blow out* (candles)
sorprender *to surprise*
sorpresa *surprise*
sortear *to draw lots*
sospechoso(a) *(adj)* *suspicious, suspect*
subasta *auction*
subir *to go up; to take up; to climb*
    subir(se) a *to get on*
subrayar *to underline*
substituir *to substitute* (*also* **sustituir**)
suceder *to take place*

sucio(a) *(adj.)* *dirty*
sucursal *(f.)* *branch (office, store . . .)*
suegro(a) *(n.)* *father-in-law, mother-in-law*
sueldo *salary*
suele ser *(it) usually is*
suelo *floor*
sueño *dream*
    tener sueño *to be sleepy*
suerte *(f.)* *luck*
    tener suerte *to be lucky*
sufrir *to suffer*
sugerir (ie) *to suggest*
sujetador *(m.)* *bra*
sumar *to total, to add*
suplicar *to beg*
suponer *to suppose*
supuesto: por supuesto *of course*
sur *(m.)* *south*
suspender *to flunk* (a student or a subject)
sustituir *to substitute*

T

tablón *(m.)* **de anuncios** *bulletin board*
tacaño(a) *(adj.)* *cheap, stingy*
tacón *(m.)* *heel*
tal *such*
    ¿Qué tal? *How are you?*
talla *size*
tallado(a) *(adj.)* *carved*
tamaño *size*
tampoco *neither; (not) either*
tanque *(m.)* **de gasolina** *gas tank*
tapas *(pl.)* *snacks (Spain)*
taquilla *ticket office, ticket window*
tarea *task; work; homework*
tarifa *fare; fee*
tarjeta *card*
    tarjeta de crédito *credit card*
    tarjeta postal *postcard*
taza *cup*
    taza de café *cup of coffee*
teatro *theater*
techo *roof*
tejado *roof*
tejido(a) *(adj.)* *knit*
telenovela *soap opera*
telepantalla *television screen*
televidente *(m., f.)* *television viewer*
tele(visión) *(f.)* *television (broadcasting)*
televisor *(m.)* *television set*

telón *(m.)* *theater curtain*
temer *to be afraid of, to fear*
temporada *season*
tenderse (ie) *to lie down*
tener (ie) *to have, to possess*
   tener lugar *to take place*
   tener calor *to be hot*
   tener frío *to be cold*
   tener hambre *to be hungry*
   tener miedo *to be afraid*
   tener razón *to be right*
   tener sueño *to be sleepy*
   tener suerte *to be lucky*
tensión *(f.)* *stress*
teñir (i) *to dye*
terminar *to end, to finish*
ternera *veal*
terraza *terrace*
terremoto *earthquake*
tertulia *gathering, conversation*
testigo *(m., f.)* *witness*
tiempo *time*
   tiempo libre *free time*
tila, flor de *linden tree flower(s) (medicinal)*
timbre *(m.)* *doorbell*
tina *bathtub*
tinto: café tinto *black coffee (Colombia)* **vino tinto** *red wine*
tío(a) *(n.)* *uncle, aunt*
tira: tira cómica *comic strip*
titular *(m.)* *headline*
título *title; degree*
toalla *towel*
tobillo *ankle*
tocado *hairdo; headdress*
todo(a) *(adj.)* *all, every*
   ante todo *above all*
tomar *to take; to drink*
   tomar apuntes *to take notes*
   tomar asiento *to sit down*
tontería *foolishness*
   ¡Qué tontería! *What nonsense!*
toparse con *to meet (by chance)*
torear *to bullfight*
tormenta *storm*
torta *cake*
tortilla *corn or flour pancake*
   tortilla española *Spanish omelette*
tos *(f.)* *cough*
toser *to cough*
tostadora *toaster*

trabajador(a) *(n.)* *worker*
traducir *to translate*
traer *to bring*
traje *(m.)* *suit*
trámite *(m.)* *procedure*
tranquilo(a) *(adj.)* *calm, quiet*
tránsito *traffic; transit, passage*
transmitir *to broadcast*
transporte *(m.)* *transportation*
trapo *rag, piece of cloth*
tratar *to try;*
tratarse de *to be about*
tren *(m.)* *train*
tropezarse con *to meet (by chance)*
trotar *to jog*
trueno *thunder*
tumba *grave*
turista *(m., f.)* *tourist*

U

último(a) *last*
único(a) *(adj.)* *only*
   hijo(a) único(a) *only child*
universitario(a) *(n.)* *university student*
unos (unas) *some; a few*
uña *(finger or toe) nail*
uva *grape*

V

¡Vale! *O.K.!*
valle *(m.)* *valley*
valor *(m.)* *value; courage*
vaquero *(m.)* *cowboy*
vaqueros *(pl.)* *jeans*
variedad *(f.)* *variety*
varón *(m.)* *male*
vecino(a) *(n.)* *neighbor*
vehículo *vehicle*
vela *candle*
vena *vein*
vencimiento: fecha de vencimiento *expiration date*
vendedor(a) *(n.)* *salesperson*
vender *to sell*
¡Venga! *Come on!*
venir (ie) *to come*
venta *sale*
ventaja *advantage*
ventanilla *car window; ticket booth*
ventilador *(m.)* *vent; fan*

verano *summer*
verbena *conversational gathering; popular festival*
verde *(adj.) green; unripe*
verdura *vegetable; (edible) green*
verdulería *vegetable market*
verificar *to check*
vespertino(a) *(adj.) evening*
vestido *dress*
vestimenta *clothes, garments*
vestir(se) (i) *to dress (oneself)*
vez *(f.) time, occasion*
    a veces *sometimes*
    otra vez *another time; once again*
viajar *to travel*
viaje *(m.) trip*
viajero(a) *(n.) traveler*
vida *life*
videocasetera *VCR*
vidrio *glass*
Viernes *(m.)* **Santo** *Good Friday*
villancico *Christmas carol*
vino *wine*
virutas *(pl.) wood shavings*

visto: por lo visto *apparently*
viudo(a) *(adj.) widowed; (n.) widower, widow*
vivienda *housing*
voceador(a) *(n.) one who shouts to sell newspapers*
volante *(m.) steering wheel*
voluntad *(f.) will; desire*
volver (ue) *to return*
    volver a *to (do something) again*
    volver en sí *to regain consciousness*
volverse (ue) *to become*
voto *vote*
voz *(f.) voice*
vuelo *flight*
    vuelo directo *direct flight*
vuelta *return*
    estar de vuelta *to be back*
vuelto *change (money)*

Z

zapato *shoe*
zona *zone*
zumo *juice (Spain)*

Índice

Photo Credits

Page 2: J. Raga/Masterfile. **Page 3:** Martin Parr/Magnum Photos, Inc. **Page 8 (top):** Creutzmann Sven/Gamma-Presse, Inc. **Page 8 (bottom):** Jeremy Horner/Corbis Images. **Page 23:** ©AP/Wide World Photos. **Page 24:** Angelo Cavalli//Index Stock. **Page 27:** Scott S. Warren/Aurora Photos. **Page 28 (top left)** Armando Gallo/Retna. **Page 28 (top right):** Vince Bucci/Stringer/Getty Images News and Sport Services. **Page 28 (bottom left):** Nancy Kaszerman/ZUMA/Corbis Images. **Page 28 (bottom right):** Camera Press/Titti Fabi/Retna. **Page 38 (top):** David Bishop/Foodpix/PictureArts Corp. **Page 38 (bottom):** Angelo Cavalli/SUPERSTOCK. **Page 45:** Reuters/Corbis Images. **Page 50:** José Fuste Raga/Age Fotostock America, Inc. **Page 51:** Daniel Aubry/Odyssey Productions. **Page 56 (left):** Peter Holmes/Age Fotostock America, Inc. **Page 56 (right):** Age Fotostock America, Inc. **Page 61:** Stuart Cohen/The Image Works. **Page 65:** Sergio Pitamitz/Age Fotostock America, Inc. **Page 77:** Juan Manuel Silva/Age Fotostock America, Inc. **Page 92 (top):** Joyce Oudkerk Pool/Foodpix/PictureArts Corp. **Page 92 (bottom):** Robert Frerck/Odyssey Productions. **Page 100 (left):** Jim Winkley/Eye Ubiquitous/Corbis Images. **Page 100 (right):** Juan Carlos Muñoz/Age Fotostock America, Inc. **Page 104:** Digital Vision. **Page 105:** Robert Frerck/Odyssey Productions. **Page 111:** Greg Probst/Danita Delimont. **Page 123:** Dave G. Houser/Corbis Images. **Page 137:** Foodpix/PictureArts Corp. **Page 138:** Mark A. Johnson/Corbis Images. **Page 145:** W. Tamboer/Masterfile/US. **Page 150:** SUPERSTOCK. **Page 151:** Ryan McVay/PhotoDisc, Inc./Getty Images. **Page 157:** Erlanson Productions/The Image Bank/Getty Images. **Page 158:** Wolfgang Kaehler/Corbis Images. **Page 165:** Courtesy University of California, Santa Barbara. **Page 166:** Wolfgang Kaehler/Corbis Images. **Page 169:** Ferdinando Scianna/Magnum Photos, Inc. **Page 183 (top):** www.rocoto.com. **Page 183 (bottom):** Age Fotostock America, Inc. **Page 195:** Foodpix/PictureArts Corp. **Page 200:** A. Ramey/PhotoEdit. **Page 201:** Keith Dannemiller/Corbis Images. **Page 213:** David Wells/The Image Works. **Page 227:** Hideo Haga/HAGA/The Image Works. **Page 233:** John E. Kelly/Foodpix/PictureArts Corp. **Page 234:** José Fuste Raga/Age Fotostock America, Inc. **Page 248:** Barnabas Bosshart/Corbis Images. **Page 249:** AFP/Getty Images. **Page 255:** Robert W. Ginn/Age Fotostock America, Inc. **Page 256:** Ricardo Azoury/Corbis Images. **Page 266:** Paul Souders/Aurora Photos. **Page 276:** Brian Hagiwara/Foodpix/PictureArts Corp. **Page 277:** Macduff Everton/The Image Works. **Page 290:** Dennis Degnan/AFP/Getty Images. **Page 291:** Chad Ehlers/Stone/Getty Images. **Page 299 (top):** Lars Howlett/Aurora Photos. **Page 299 (center):** Camera Press Digital/Retna. **Page 299 (bottom):** Jeffrey Spence/Frank Konesky. **Page 308:** Stuart Cohen/The Image Works. **Page 322:** Foodpix/PictureArts Corp. **Page 323:** Andrea Pistolesi/The Image Bank/Getty Images. **Page 331:** Latin Stock. **Page 336:** James Marshall/The Image Works. **Page 337:** Stephanie Maze/Corbis Images. **Page 352:** Crandall/The Image Works. **Page 356:** Angelo Cavalli/Age Fotostock America, Inc. **Page 362:** Stephanie Maze/Corbis Images. **Page 364:** John Maier, Jr./The Image Works. **Page 370:** Burke/Triolo Productions/Brandx/PictureArts. **Page 371:** Stephen Frink/Corbis Images. **Page 386:** Robert Frerck/Stone/Getty Images. **Page 387:** ©AP/Wide World Photos. **Page 392:** Marc Serota/Corbis Images. **Page 404:** Mike Powell/The Image Bank/Getty Images. **Page 411:** Marcelo Salinas/Latin Focus. **Page 418:** Jorge Uzon/Getty Images News and Sport Services. **Page 419:** Alamy Images. **Page 420:** Philippe Eranian/Corbis Images. **Page 426:** Roger Weller. **Page 432:** Macduff Everton/The Image Works. **Page 433:** Rob Crandall/The Image Works. **Page 439:** Courtesy El Sol Caracol. **Page 440:** Sven Martson/The Image Works. **Page 444:** Jeff Greenberg/The Image Works. **Page 449:** ©Torino/Age Fotostock America, Inc. **Page 453:** Quindu Noel/Gamma-Presse, Inc. **Page 466 (top):** Burke/Triolo Productions/Foodpix/PictureArts Corp. **Page 466 (bottom):** Topham/The Image Works. **Page 473:** Stuart Westmorland/Danita Delimont.